“十三五”国家重点出版物出版规划项目

经济科学译丛

环境经济学

（第七版）

埃班·古德斯坦（Eban Goodstein）
斯蒂芬·波拉斯基（Stephen Polasky） 著
郎金焕 译

Economics and the Environment

（Seventh Edition）

中国人民大学出版社
·北京·

《经济科学译丛》

编辑委员会

《经济科学译丛》总序

中国是一个文明古国，有着几千年的辉煌历史。近百年来，中国由盛而衰，一度成为世界上最贫穷、落后的国家之一。1949 年中国共产党领导的革命，把中国从饥饿、贫困、被欺侮、被奴役的境地中解放出来。1978 年以来的改革开放，使中国真正走上了通向繁荣富强的道路。

中国改革开放的目标是建立一个有效的社会主义市场经济体制，加速发展经济，提高人民生活水平。但是，要完成这一历史使命绝非易事，我们不仅需要从自己的实践中总结教训，也要从别人的实践中获取经验，还要用理论来指导我们的改革。市场经济虽然对我们这个共和国来说是全新的，但市场经济的运行在发达国家已有几百年的历史，市场经济的理论亦在不断发展完善，并形成了一个现代经济学理论体系。虽然许多经济学名著出自西方学者之手，研究的是西方国家的经济问题，但他们归纳出来的许多经济学理论反映的是人类社会的普遍行为，这些理论是全人类的共同财富。要想迅速稳定地改革和发展我国的经济，我们必须学习和借鉴世界各国包括西方国家在内的先进经济学的理论与知识。

本着这一目的，我们组织翻译了这套经济学教科书系列。这套译丛的特点是：第一，全面系统。除了经济学、宏观经济学、微观经济学等基本原理之外，这套译丛还包括了产业组织理论、国际经济学、发展经济学、货币金融学、财政学、劳动经济学、计量经济学等重要领域。第二，简明通俗。与经济学的经典名著不同，这套丛书都是国外大学通用的经济学教科书，大部分都已发行了几版或十几版。作者尽可能地用简明通俗的语言来阐述深奥的经济学原理，并附有案例与习题，对于初学者来说，更容易理解与掌握。

经济学是一门社会科学，许多基本原理的应用受各种不同的社会、政治或经济体制的影响，许多经济学理论是建立在一定的假设条件上的，假设条件不同，结论也就不一定成立。因此，正确理解掌握经济分析的方法而不是生搬硬套某些不同条件下产生的结论，才是我们学习当代经济学的正确方法。

本套译丛于 1995 年春由中国人民大学出版社发起筹备并成立了由许多经济学专家学者组织的编辑委员会。中国留美经济学会的许多学者参与了原著的推荐工作。中国人民大学出版社向所有原著的出版社购买了翻译版权。北京大学、中国人民大学、复旦大学以及中国社会科学院的许多专家教授参与了翻译工作。前任策划编辑梁晶女士为本套译丛的出版做出了重要贡献，在此表示衷心的感谢。在中国经济体制转轨的历史时期，我们把这套译丛献给读者，希望为中国经济的深入改革与发展做出贡献。

《经济科学译丛》编辑委员会

前　言

欢迎斯蒂芬·波拉斯基博士成为《环境经济学》第七版的合作者，他对本书的自然资源经济学与生态系统服务等内容进行了改写，使这部分内容的侧重点更为明显。本书第一版出版于 1992 年，也就是里约热内卢地球峰会刚刚结束的时候。当时，距詹姆斯·汉森（James Hansen）著名的国会证词只过去了 4 年，全球变暖问题才刚刚开始成为国家层面和全球层面关注的问题。不久后，布什总统很快签署了《联合国气候变化框架公约》，彼时大气中二氧化碳含量大约为百万分之三百五十六。

21 年后，大气中二氧化碳含量攀升到百万分之四百，并呈现出继续上升的态势。气候变化开始成为一个处于前沿且核心位置的问题，人们不再仅仅将其视为环境问题，而是将其视为对人类文明带来的一种挑战。正如在本书第一版中所提及的那样，全球变暖问题仍然是引起本书所讨论内容的那个主题，而且为本书对环境经济学进行更加广泛的讨论提供了一个框架性示例。经由斯蒂芬·波拉斯基博士的帮助，在考察气候变化和其他一些关键性环境问题的过程中，本书现在可以提供一个更为强大的、基于资源和生态系统过程的视角。

本书保留了较早版本中体现出的三个相互关联的优势：广泛的内容、清晰的阐述，以及适时并融会贯通的例子。本书还提供了一些重要的增补内容，在一些章节的结尾部分还给出了新的问题及练习题，并对案例和贯穿其中的信息进行了更新。

《环境经济学》的使用者可以获得一套完整的辅助材料。这些资源可以在本书的教辅网站中找到，其网址是 www. wiley. com/college/goodstein。

- 教师手册中包含了针对本书提出的教学建议、测验范例以及章节练习题。
- 为课程讲座提供了演示文稿。此外，网站的 Image Gallery 栏目还提供了本书所有图片的电子文件。

在这一版中，本书进行的主要改动包括：

● 之前对新古典主义经济学和生态经济学分别进行论述的章节，被重新改写为两个新的章节："可持续性标准"（第 8 章）和"度量可持续性"（第 9 章）。针对上述两章观点的讨论重新聚焦于弱可持续性（weak sustainability）与强可持续性（strong sustainability）。在这一版中，"度量环境保护的收益"（第 5 章）以及"度量环境保护的成本"（第 6 章）两部分内容被安排在可持续性之前进行讨论。

● 本版本提供了一个全新的章节——"自然资源与生态系统服务"（第 10 章），该章节涵盖的内容包括：利用不可再生资源的最优法则；对价格路径的预测；利用可再生资源的最优策略；对协同产生的生态系统服务价值进行估计的新的经济学方法。

● 我们围绕拉姆齐方程重新讨论了与贴现有关的问题，在那部分我们明确指出，只有在弱可持续性假设成立的情况下，正的贴现率才是有意义的。

● 在本书早期版本中，我们曾专列一章来讨论成本—收益分析，现在，这部分内容有所简化，它成为"效率标准"（第 4 章）这一章的总结部分。

● 之前有关监管执行那一章的内容也有所简化，相关内容包含在"监管记录：成就与障碍"（第 14 章）中。

● 本书针对加利福尼亚州新出台的二氧化碳排放交易以及欧洲碳排放交易体系提供了更新过的、更加深入的讨论。

● 本书还讨论了奥巴马政府对环境监管和执法产生的深远影响。

在内容方面，本书为标准分析提供了严格且全面的阐述，其中包括环境问题的财产权基础、有效的污染控制、收益估算程序，以及基于激励的监管。不过，本书还通过单设章节的方式，将更为广泛的话题纳入分析，此类内容主要包括环境经济学的伦理基础、对生态经济学和强可持续性的关注、基于安全标准的控制污染的方法、对经济增长的生态经济学批判、潜在的政府失灵、对"清洁技术"的推动，以及贫穷国家实现可持续发展的机会。

本书的第二个主要优点是阐述清晰。相比于其他以"专题"——水、石油、森林、渔业——为视角进行讨论的书籍，本书围绕四个明确聚焦的问题展开：

1. 何种程度的污染（或资源退化）可称为过量？
2. 政府能解决问题吗？
3. 我们如何能做得更好？
4. 我们如何解决全球性挑战？

我们通过对 21 世纪的一个"重大"问题——全球变暖——进行详尽的案例研究来引出上述四个问题。然后，本书的第 1 部分开始探讨一个明确的规范性问题："何种程度的污染可称为过量"。我们使用福利经济学及成本—收益分析工具来探讨三个可能的答案。第一个是有效的污染水平。在这里，我们向读者介绍进行成本估计和收益估计的基本方法，以及成本—收益分析法。第二个污染标准是安全标准，它包含了对环境正义的考量，这个考量事实上会带来更多的环境政策。我们还对使用安全标准作为目标时存在的优点和缺点进行了分析。我们还在人们针对经济增长进行辩论的背景下比较了效率标准和安全标准；读者可着重阅读第 11 章"越多就是越好吗？消费与福利"。

第三个标准是可持续性标准，它被定义为一种代际公平约束。在新撰写的两章中，我们探讨了弱（新古典主义）可持续性和强（生态）可持续性，并在讨论过程中考虑了度量自然资本的计量技术、使用贴现率的逻辑、对资源租金进行有效投资的重要性、制造资本和自然资本之间相互替代的可能性、预防原则，以及长期资源稀缺的问题。此外，这一版中比较新颖的是单独提出一章来关注“资源经济学”（对可再生资源和不可再生资源进行管理）、对石油峰值的辩论，以及最近经济学家试图通过生态生产函数对生态系统服务进行建模和度量。

将本书第1部分给出的具有规范性特征的内容放在一起，就构成了一类意义重大的讨论，而这些讨论则是其他教材中所缺少的：规范分析的功利主义伦理基础，以及它与“环境伦理”之间的关系。很多学生在选修环境经济学课程时都认为拯救北极熊是重要的，但是他们不知道为什么是这样。在第2章中，一项基于福利经济学的精确分析要求学生对自己和他人的世界观背后所隐藏的假设进行思考。

通过对第二个大问题——“政府能解决问题吗”（第2部分）——做出回答，本书填补了另一个重要的空白。大多数现存教材只是简单地注意到在纠正市场外部性时可能出现“政府失灵”的问题。在本书中，我们对政府能否有效控制污染进行了仔细研究。该部分内容首先对政府采取有效行动的两个主要障碍进行了讨论：不完全信息以及政治影响政府政策的机会。随后，本书对空气、水、固体废物和危险废物、有毒污染，以及濒危物种的环境保护现有立法和取得的成就进行了一个简要回顾。第2部分通过考察往往被人们忽视的监督和执法问题来结束讨论。

本书第3部分是“我们如何能做得更好”，这部分内容对污染监管进行了更为积极的研究。其中，有两章内容讨论了与基于激励的监管有关的理论和实际应用——可交易的许可证制度以及庇古税（Pigovian taxes）。对真实世界的分析重点关注许可证体系面临的技术性挑战（价格波动和污染热点等问题），以及在税收方面面临的政治障碍。附录考察了面对不确定性时对政策工具的选择，以及具有激励相容特征的监管方式。从这里起，本书不再从财产权利的视角考察造成市场失灵的污染根源，而是开始从科技进步的视角考察这个问题。我们考察了市场往往难以为清洁技术投资提供足够激励的观点，还考察了针对这一问题给出的拟议解决方案的可行性。深度讨论的领域包括了能源政策、污染防治、替代性农业、循环再造、生命周期分析以及“绿色”标签。

本书最后一个部分即第4部分探讨“我们如何解决全球性挑战”。这一部分主要关注的是全球性污染和资源问题，围绕可持续发展的定义和探讨展开论述。涉及的主题包括：对自然资本的保护；人口控制的经济学；人均消费增长产生的压力；在贫穷国家中贫困、可持续发展和环境保护之间的关系；国际贸易与环境；全球性污染控制协定。

总体而言，本书有三大吸引力。首先，它为经济学家提供了一个清晰、简明的环境与资源经济学的演示文稿。相比于其他作者以“主题”形式给出的材料，本书发展出的四类设问的模式提供了一些更加简单也更有用的教学资源。其次，本书提供了丰富的案例资源，并对政府在环境政策中发挥的作用进行了详细考察，这些内容在同类书籍中都是没有的。最后，本书中的附录涵盖了一些高级理论，以确保读者有足够深入的材料来充实跨度为一学期的课程。

本书也会吸引那些希望充实环境与资源经济学相关知识的人。本书在五个方面超越了标准分析。它对环境目标提供了一个严格的规范性分析；对生态经济学和强可持续性进行了深入评价；对在污染控制中可能出现的政府失灵给出了严重关切；对技术变化和路径依赖的动态性问题进行了实质性讨论；对贫穷国家的可持续发展给出了精心论述。本书试图将过去几十年里出现在环境和生态科学中的、得到良好发展的经济学分析思想纳入讨论。

鉴于这种取向，开设环境研究课程的教师也会发现本书有着不一般的用户友好性。那些聚焦于对不可市场化交易物品的价值进行度量、成本—收益分析、污染权市场、为适用技术的投资提供激励、政府在控制污染中发挥的作用、人口和消费压力、全球议价，以及在贫穷国家进行自然环境保护的章节，都为环境研究课程提供了具备社会—科学双重聚焦的可用材料。

最后，对任何一本教科书的检验都应回到课堂里。《环境经济学》是为学生而写的。它解决了学生从生活中提出的重要问题，能够引导他们从经济学家的视角给出解决方案。

类似本书这样的一个综合性成果的完成，依赖的是在本领域工作的数以百计的经济学家和环境学者所做出的贡献。但是，鉴于篇幅有限，我们无法一一列出对本书做出重要贡献的学者。此外，在过去 20 年里，几十位同事和匿名评论者为本书提供了重要的意见与反馈信息。他们的很多建议已经以某种方式进入本书的最终版本。我们对所有为本书做出贡献的人表示感谢。最后，感谢编辑 Courtney Luzzi 和 Joel Hollenbeck，感谢威立出版社的责任编辑 Yee Lyn Song，感谢 Laserwords Pvt Ltd. 的项目经理 Lavanya Murlidhar。

目　录

绪 论

第1章 有关全球变暖的四个经济学问题

1.0 引言

我们两位作者中的一位最近在他的环境和自然资源经济学课堂上遇到几位不速之客。事情发生于我们执教的那所大学的校友周，四位毕业于 1950 年的校友回来参加 60 周年聚会，他们加入了我们的讨论。当时，我们正在谈论可持续性问题，突然，那天的授课变得非常真实。那几位不速之客在 1950 年离开大学后的生活发生了怎样的变化？对经济增长进行的长达 60 年——其间人均国内生产总值（GDP）翻了三倍多——的干预是否让我们的生活变得更好？抑或增长导致的成本让事情变得更糟？经济增长是可持续的吗？在未来的几十年里，你们这一代人的生活质量会上升还是下降？

所以，现在想象一下：你是一位老人，在本周回到当年的教室参加 60 周年聚会。此时，你已经是 80 多岁的人了，面对的可能是 2070 年左右的情况。当你听到年轻教授在教室的一头谈论最新理论时，你坐在教室后面，眼前浮现出这一生目睹的变化。也许你的故事会如下展开：

> 在整个 21 世纪，你经历了严重的经济衰退和快速的经济繁荣，也经历了战争和政治动乱。你经历了惊人的技术突破，前所未有的干旱，经历了海平面上升迫使数千万人撤离他们的家园，以及由此导致的大规模物种灭绝和新型疾病的爆发。在此背景下，你和你那些来自世界各地的同学一直不懈关注的是：重新设计地球上的每一座城市，再造生产流程，重塑全球粮食系统，重塑交通运输行业。
>
> 世界人口从 60 亿增长到 80 亿，在 2063 年世界人口数量才能最终稳定下来，那时的世界人口数量已经达到 100 亿。通过史诗般的努力，到 2020 年左右，你们这一代人才有望逐步淘汰直至完全弃用化石燃料，使新一代可再生能源技术布局在

整个地球上，并最终使全球气候变化得以稳定。

到那一天，你带领人类以及这个星球上的其他物种渡过人类历史上的一个关键性瓶颈期，在这个瓶颈期，人口不断增加，人们期望更高水平的消费，这些因素都加剧了全球关键性资源的短缺问题。最终，在 2050 年，你将导致全球变暖的污染物排放量降低了 80%，使气候变化稳定下来。通过完成这些任务，你创造了数以千万计的就业机会，帮助亿万人民脱离贫困，建立了一个真正可持续发展的全球经济。

这将是你的故事吗？

我们希望它是你的故事。如果是这样，你将会有很多工作要去做！你们将成为“最伟大的一代”，因为你们必须带领地球度过这非同寻常的半个世纪。你的决定将产生深远后果，这个后果不仅会影响你和你的孩子，而且实际上还会影响人类的千万代。

本书将向你介绍一些经济学概念和工具，它们都是你在完成上述旅程时所需要的东西。我们通过研究四个基本问题来为环境经济学赋予一个框架，因为这四个问题可以定义你在一生中经历的环境——事实上也包括文明——所面临的挑战：全球变暖。

1.1 四个问题

你今天开车来上学吗？或者开车去工作吗？你每开车行驶一英里，便将一磅的二氧化碳排入周围空气中。世界各地的人们通过燃烧煤、石油、天然气和木材等碳燃料，每年将超过 250 亿磅的二氧化碳排入空气，你只贡献了其中十分微小的一部分。二氧化碳是一种**温室气体**（greenhouse gas）——它是一种化合物，会聚拢从地球表面反射出来的热量，进而导致**全球变暖**（global warming）。其他的温室气体还包括自然产生或人类制造的肥料中释放的一氧化二氮；在石油和天然气的生产与运输，以及在大米的生产和牛羊的消化过程中排放的甲烷气体；曾经广泛用于空调、制冷和其他工业应用领域的含氯氟烃①（CFCs）。

作为工业化迅速发展导致的后果，我们所处的大气中温室气体数量迅速增加，绝大多数气候科学家认为，在未来几十年里地球表面温度将会持续上升。目前，人们还不能确定全球变暖会达到何种程度。保守估计认为，到 2100 年，地球平均表面温度会上升 3℉。联合国气候变化国际小组（UN's International Panel on Climate Change）给出的官方极端估计则指出，在这段时间里地球平均表面温度会上升 11℉。透过冰河时期末期发生的状况，我们可以对上述数据有所理解：在冰河时期末期，地球平均表面温度只比如今低 9℉。

气候变暖产生的潜在后果可大可小，既可能产生处于控制范围内的影响，也可能造成灾难性影响。气候变暖产生的第一个主要影响是改变气温、洪水、干旱的模式会影响**农业产出**（agricultural output）。随着地球升温，气候变暖会“强迫”水循环加速，提

① 含氯氟烃还会耗尽保护地球的臭氧层。这是有关全球变暖的另外一个独立的问题，我们将在第 21 章对这个问题作更加详细的讨论。

高空气中的水分含量，从而导致更加极端的降水和洪水现象，气温上升还会带来干旱，也会改变干旱出现的模式。实际上，更加偏北的地区可能会出现降水增加和产出增加，但是美国、澳大利亚以及中欧等当前世界的粮食主生产带将会变得更加干燥，这些地区的农业产出可能会下降。人们预计，到21世纪中叶，全球变暖产生的综合影响会是中性偏负的。在许多缺乏灌溉资源和其他自适应措施的发展中国家，情况可能会尤其严峻。数以千万计的人口很可能会受到气候变化引起的饥饿的威胁。

第二，**自然生态系统**（natural ecosystems）也将遭受气候变化的危害。美国国家环境保护局（U.S. Environmental Protection Agency，EPA）估计，到2050年，美国南部边界的森林生态系统可能会向北移动600千米，远快于森林的自然迁移速度。几种主要的植被模型也预测指出，在美国南部、东部以及亚马孙流域等地方，大型森林区域可能会消亡。在一个更加温暖的气候中，人类疾病、动物疾病以及农业病虫害则会猖獗。

在海洋中出现的主要影响不仅源自会直接消灭珊瑚礁的海水升温，还源自海洋对化石燃料燃烧释放的大量二氧化碳的吸收。后者会导致**海洋酸化**（ocean acidification）：自20世纪以来，海洋的pH值明显下降。随着海洋持续酸化，海洋食物链中的基础生物可能开始死亡。无论在陆地还是在海洋，生态系统遭受的大规模破坏以及生物出现的广泛灭绝，都可能对地球上超过30%的生物造成影响。

第三个顾虑是，随着海洋变暖范围不断扩大，格陵兰岛和南极洲的冰帽开始融化，这可能造成**海平面上升**（sea-level rise）。海平面上升3英尺——在你有生之年很可能出现这种幅度的上升——将会淹没佛罗里达州、路易斯安那州、波士顿和纽约城的大部分地区，还会淹没很多地势较低的国家，如孟加拉国和荷兰（除非这些地区或国家用堤坝进行保护）。多达10亿人生活在可能直接受影响的地区。[①]

在未来的100年内，全球范围内很有可能遭受气温进一步上升3℉的困扰。这一水平的气候变暖将会对人类和生态系统带来深远影响，但它仍然可以得到人类的管理。然而，更高水平的气候变暖不仅会带来更大影响，而且会导致真正的**灾难性后果**（catastrophic outcomes）。其中之一就是格陵兰岛和南极西部冰盖的融化与坍塌。如果这一事件发生，那么在未来几百年时间里海平面将会升高40英尺或者更多，并且会淹没世界上许多主要城市。一些科学家认为，如果气候变暖4℉或更高，那么这类事件发生的概率将会显著增大。美国国家航空航天局（NASA）首席气候科学家詹姆斯·汉森博士在2006年年初提出了下述论断：

> 这件事情会带来多大的影响？世界上最后一次比如今高3℃时——我们认为这会在21世纪末发生——海平面比现在高出25米（75英尺!）。如果我们不尽快采取行动，这将是我们要面对的……我认为，在不久的将来海平面上升将会成为一个大问题，甚至比气候变暖本身还要严重……我们还有多长时间来做出应对？我们必须在10年内让二氧化碳排放量达到稳定，否则气温上升将会超过1℃。这时地球的温度会比过去50万年都高，很多事情的发生便难以阻挡了……我们没有

① IPCC（2007）详细描述了此类影响。

多少时间了。①

冰盖的灾难性坍塌具有很大的不确定性，但是正如汉森博士所表明的，在未来10年，针对减少温室气体排放做出的决定可能会产生持续时间达数万年的重大影响。

全球变暖是一个环境现实，它向人类提出了严峻挑战。一方面，在短期内大量减少人类对温室效应产生的影响，将要求西方国家对能源利用模式做出重大变革。尤其是，我们要大大减少在运输、供热和电力供应方面对化石燃料存在的惯性依赖，要开发出新的清洁能源来源。另一方面，不采取行动的后果可能是灾难性的。如果继续污染大气，我们可能正迫使子孙后代面对更大的生存困难。

本书着重考察全球变暖这类因人类活动造成自然生态环境发生重大变化的事件背后存在的经济学问题。在讨论过程中，我们研究以下四个问题。

1. **何种程度的污染可称为过量？**许多人都试图简单地回答道：任何程度的污染都是过量的。然而，稍作思考后会发现，零污染不可能实现，事实上，它也不是一个合意目标。污染是一类生活的副产品；例如，每当你开车的时候，就会将少量二氧化碳排放到空气中，从而加剧温室效应。真正的问题是，"在什么水平上，污染（在开始的时候我们提到的那种廉价运输）带来的好处可以超过其成本？"

因为所依赖的价值体系不同，不同的人可能会以不同的方式来回答这个问题：可以在较窄的范围内定义污染的"成本"，例如主要关注污染造成的经济成本，也可以扩大这个概念的范畴，将类似于公平以及权利保护这类伦理因素也纳入考量。成本也可能是很难衡量的。不过清楚的是，对收益和成本进行一个大体估算，是我们回答"何种程度的污染可称为过量"这个问题的关键的第一步。

2. **政府能解决问题吗？**在回答完第一个问题后，我们必须依靠政府来改变控制污染的法律和监管措施。但是，我们的政府有能力并愿意从事环境管理这项棘手的工作吗？与官僚体系决策过程相关的成本和错误，以及政治对立法和监管过程的影响等，显然都会对政府有效应对环境问题的能力产生影响。

第一个世界地球日是1970年4月22日。也就是在那一年，美国国会通过了第一个重大污染控制倡议，即《国家环境政策法案》(National Environmental Policy Act)，这个法案与其他一些法案共同创设出美国国家环境保护局。回顾40多年来的环境监管历程，我们既有一系列经验需要提炼，也有一系列失败有待总结。这个探索将有助于我们设计一些政策来提高政府应对环境问题的效率。

3. **我们如何能做得更好？**假设作为一个社会整体，我们确定了某个特定目标：比如说，决定在2020年时将二氧化碳排放量降到1990年的水平。鉴于在回答第二个问题时提到的政府可能面临的局限性，我们该如何来最好地实现这个目标？我们可能会使用一长串的政策：监管、税收、许可证制度、技术补贴（或者取消补贴）、激励研究、投资基础设施、出台保障知情权的法律、对产品提供标签、执行法律责任、罚款以及监禁等。哪些政策最可能成功地让企业和消费者达到我们的既定

① 参见 Hansen (2006) 以及 Hansen (2005)。

目标？

4. **我们如何解决全球性挑战？**最后，在单个国家内对污染进行监管是一项困难的任务。类似全球变暖这类问题是超越国界的。巴西人说，只要美国人不再驾驶高油耗汽车，他们就不再为种植农作物和开辟牧场而去砍伐与烧毁雨林（虽然美国人只占世界人口的4%，但是他们排放的温室气体超过全世界排放量的19%）。如何实现这种国际协调？经济发展和环境质量之间一定存在冲突吗？在何种程度上，最终驱动环境问题的人口爆炸性增长和人均资源使用可以得到管理？

让我们回到对全球变暖进行的讨论，看看针对这四个问题我们可能会给出何种类型的答案。全球变暖是所谓的**温室效应**（greenhouse effect）产生的后果。来自太阳的太阳能以可见光和紫外线的方式进入地球生物圈。根据热力学第一定律——能量既不会自行产生，也不会自行消失——进入地球生物圈的能量总是要去某个地方，其中绝大多数都以红外辐射或热能的方式被反射回生物圈。围绕地球的二氧化碳和其他温室气体会让来自太阳的可见光与紫外线进入地球周围。于是，就像一条毯子那样，这些气体将地球表面反射回来的红外辐射（热）困住。

直到目前为止，自然产生的温室效应大多都是有益的。如果没有水汽、二氧化碳和其他气体形成一条包裹地球的毯子，地球的平均温度将比现在低大约91℉——这个温度远低于冰点。今天我们所面临的问题是，从产业革命以来，人类制造的温室气体数量出现稳步增长，并在第二次世界大战后大大加速。在不到2个世纪的时间里，大气中由二氧化碳形成的这条毯子的厚度增加了25%以上，从1880年的百万分之280上升到今天超过百万分之400。如今，这条毯子的厚度每年都会增加大约百万分之2。人类所面临的问题是，我们应该让这条保温毯的厚度增加到多少？应该让它增加到百万分之450，百万分之550，还是百万分之650？还是让它回到百万分之350的水平？

是人类造成了全球变暖吗？在20世纪，地球平均温度上升超过1℉，在过去几十年，气候变暖过程进一步加速。2005年和2010年都创下了气温最高的纪录，过去10年或许是过去几千年里最热的。早在1995年，一个由2 500位科学家参与，在联合国主持下的政府间气候变化专门委员会（Intergovernmental Panel on Climate Change，IPCC）发布的官方申明指出温室效应已经存在。根据政府间气候变化专门委员会的说法，“对各种证据做出权衡后证明，人类对全球气候产生了明显影响。”自那时起，支持人类引起气候变暖的证据变得越发有力。①

今天，科学家几乎一致相信气候将会进一步变暖，但很难对气候变暖的程度做出预测。不过，我们有一个变化范围：记得上文提到是3～11℉。

对全球变暖程度进行预测时产生的不确定性主要源于**正反馈和负反馈效应**（positive and negative feedback effects）的存在。即便仅仅是预测温室气体对全球温度产生的影响，这个问题就已经够难了。但是，温度的变化反过来又会影响地球的许多不同组成部分以及地球表面，这种影响既可能导致气候变暖加速（正反馈），也可能导致气候变暖减速（负反馈）。

带来负反馈的两个例子包括温室气体层增厚可能会减少进入地球大气层的辐射量，

---

① 参见IPCC（1996）以及IPCC（2007）。

以及较高的二氧化碳浓度可能会带来更快的植物生长速度，并因此固化更多的二氧化碳。负反馈显然应该受到欢迎，但不幸的是正反馈似乎更可能发生，而且似乎有过之而无不及。例如，在亚马孙这类地区，较高的温度可能导致大面积的森林火灾和森林消亡；可能导致原本封存在冰冻沼泽与高纬度泥炭地区的甲烷和二氧化碳开始释放；可能让冰盖下能够吸收热量的黑色岩土暴露在地表；可能降低海洋微生物使用其外壳固化二氧化碳的能力。这类正反馈让一些研究人员相信，在某些时点上，随着初始发生的全球变暖向自身反馈，全球变暖将诱发**失控的温室效应**（runaway greenhouse effect）。在这种情况下，政策制定者面对的将不再是4～11℉这样一个连续的温度变化。相反，政策制定者只有两个选项：或是将气温升高维持在4～5℉这样一个最低水平，或是出现诱发正反馈循环的危险，并进而使地球温度快速上升9～11℉，这个温度变化规模相当于进入冰河期时发生的温度变化，只不过那时的温度在下降而不是在上升。

面对这种不确定性，我们应该采取什么行动来防止或减轻全球变暖产生的后果？在以下所述的梗概中，我们可以开始一步步解决这个令人生畏的问题。

1.2 何种程度的污染可称为过量

首先，我们针对全球变暖提出了什么样的减排目标？在1992年有140多个国家首脑参加的里约热内卢地球峰会上，工业化国家签署了一项旨在将2000年温室气体排放量控制在1990年水平的承诺。然而，这项承诺并未得到遵守。在美国，低廉的能源价格和强劲的经济增长使1990—2009年温室气体排放量增加了19%。

鉴于自愿签署的承诺未能生效，在1997年日本京都举行的会议上，全世界的工业化国家共同签署了**全球变暖《京都议定书》**（Kyoto global warming treaty）。该项协议要求，到2012年，议定书签署国要将温室气体排放量减少到比1990年的水平还低5%左右。发展中国家——包括印度和中国等主要排放国——被明显排除在外，当时这么做的原因是人们认为富裕国家应该承担开发风能和太阳能发电等清洁能源技术的责任，让这些技术在长期发展中达到能让发展中国家负担得起时，再让发展中国家进入谈判。欧洲国家和俄罗斯、日本、加拿大都批准了这个议定书，并在2005年年初开始生效实施。所有这些国家现在都采取措施执行这个议定书，但是并非所有国家都能够实现《京都议定书》中设定的减排目标。有关这一问题的更多信息，可见本书第21章。

然而，布什总统推动美国退出了《京都议定书》，他认为美国无法承担解决全球变暖问题的成本。相反，他呼吁各个行业采取自愿措施降低温室气体排放增速（而不是减少温室气体排放量）。在2009年，美国总统奥巴马提出到2020年将温室气体排放削减17%左右，这可以让美国在10年后回到1990年的排放水平，但美国并没有完全实现《京都议定书》设定的目标。《京都议定书》设定的目标是正确的短期目标吗？应该像一些欧洲国家已经在做的那样进一步减少温室气体排放，还是类似布什宣称的那样，温室气体排放是根本无法减少的？

回答这个问题的一种方法是使用成本—收益分析框架。对减少温室气体排放量的成本与收益进行量化分析是一项困难的任务，主要因为气候变化具有很大的不确定性。在收益方，人们要求分析家估计的是，让二氧化碳排放量稳定下来的措施能够在100年之后避免多大的损失，因为这种措施不仅影响全球农业和人类健康，还会影响物种灭绝和生物多样性。此外，从整个地球来看，有些地区将会在气候变暖过程中受益，而另外一些地区则会受损；贫穷国家遭受的影响会更大，富裕国家遭受的影响则会更小。发展中国家将会受到最为严重的打击，因为这些国家往往处在地球上更温暖或更干旱的地区——但更重要的是，它们缺乏使农业适应气候变化或构筑海墙所需要的金融资源。

对此类收益给出一个货币化估计的要求会带来很多困难，其中包括：我们如何处理不确定性，以及出现灾难性变化的可能性？我们如何估计对后代人造成的损失所具有的价值？我们能否估计人类遭受的苦难、避免死亡、保护森林这类无形或“无价”收益的价值？在全球变暖的过程中，一些国家可能会遭受比其他国家更多的损失，我们如何在估计中合理权衡这些国家的利益？这些都是本书后面部分准备详细探讨的问题。

然而，在对这些大的不确定性了然于胸的情况下，最近两位杰出的经济学家——世界银行前负责人尼古拉斯·斯特恩爵士（Sir Nicholas Stern）和来自耶鲁大学的威廉·诺德豪斯（William Nordhaus）——对减少全球变暖污染物排放的净收益给出了十分不同的视角。两位研究者使用不同的方法，对“放任自流”的情况下到2100年为止可能产生的后果进行了估计；也就是说，在不采取任何减少温室气体排放的法律、政府政策，以及补贴的情况下可能发生的全球变暖状况。斯特恩发现，全球变暖水平比当前水平高5～11℉，诺德豪斯则侧重于给出一个具体的全球变暖估计值，“最佳预测值”是5℉以下。

斯特恩的预测指出，在“放任自流”的情况下，全球变暖将会使全球商品和服务产出减少5%～20%，而且预测区间的上限更有可能出现（作为参考点，20世纪30年代的大萧条导致美国国内生产总值减少25%）。诺德豪斯的估计则更加乐观，他认为，到2100年，全球变暖将会产生重大影响，但是其影响会远低于世界产出的3%。①

鉴于可能产生如此巨大的损失，斯特恩的分析要求迅速削减温室气体排放量，从而将全球变暖保持在较低水平：4℉。这就要求到2050年时全球温室气体排放数量削减到比1990年低25%的水平。然而，由于印度、中国和巴西将在一段时间内继续保持排放量增长，所以到2050年，发达国家需要承担80%的温室气体减排任务。斯特恩估计这项政策将产生巨大成本——以降低消费的方式——到2050年，大约每年会降低1%的全球国内生产总值，按照今天的美元价值计算，这大概相当于5 400亿美元。

相比之下，诺德豪斯则呼吁，以“放任自流”情况下的温室气体排放量为基准小幅削减约15%即可，也就是说，到2050年将温室气体排放量增长控制在25%，到2100

① 本段中的讨论来自Stern（2006）和Nordhaus（2008）。Ackerman and Stanton（2010）指出，诺德豪斯的损失函数意味着全球温度上升19℃（34℉）才会使全球国内生产总值减少一半！很显然，诺德豪斯是一位技术乐观主义者。

年将温室气体排放量增长控制在45%。由于在“放任自流”的情况下温室气体排放量会出现大幅上升，所以相比于1990年的水平，诺德豪斯实际上建议到2050年让全球温室气体排放量每年增加40%左右。根据诺德豪斯的分析，将温室气体排放量保持在相对低于不受管制的水平时，可以让全球变暖水平从预期的5℉降低到4℉。诺德豪斯指出，这一全球变暖水平的降低，将会带来7万亿美元的总收益和2万亿美元的成本，因此整个社会可以获得5万亿美元的净收益。

它们是两个非常不同的政策处方：“大幅削减”排放量与“缓开渐增式”削减排放量。但有趣的是，两位研究人员在回答“何种程度的污染可称为过量”这个问题时，给出了类似的答案：两位研究人员都认为，应该将全球变暖水平控制在4℉的较低水平！他们针对削减温室气体排放给出的迥然不同的意见，实际上反映出的是以下三方面不同：(1) 如果“放任自流”，那么全球变暖的程度有多大。(2) 采取行动减缓气候变化的成本是多少。(3) 不采取行动导致的成本是多少。

第一，在气候变暖方面，诺德豪斯坚持用“最佳预测值”来支撑其“缓开渐增式”排放量削减政策建议。如果在“放任自流”的情况下，到2100年气候变暖“只”会上升5℉，那么无须过多进行排放量削减，便可使温度上升回落到4℉。相比而言，斯特恩对二氧化碳堆积与未来温度之间的简单相关性则表现得不那么确定，他更担心可能发生的正反馈作用和上面提及的失控的温室效应。斯特恩认真地考虑了在“放任自流”的情况下全球变暖水平快速超越5℉的可能性，也考虑了在我们有生之年全球变暖水平快速上升超过10℉的可能性。2009年美国麻省理工学院（Massachusetts Institute of Technology，MIT）的研究清楚地支持了斯特恩的观点。该项研究指出，到2100年，在“放任自流”的情况下全球变暖的中位数预测值达到10℉，这个数值是预测区间的上限，将会造成灾难性后果，而且，该项研究还指出，气温有1/9的可能性会上升12.5℉。①

第二，斯特恩看到，相较于全球经济，人类可以在相对较低的成本上实现大幅减排：花费国内生产总值的1%。斯特恩的看法是，提高能源效率，使用风能和太阳能发电等可再生能源技术，可以让经济增长与化石燃料的使用较快脱钩，从而实现以低成本减少排放量。在一些重要的例子中，减少温室气体排放量甚至能够帮助人们获得利润，因为对能源效率和可再生能源的初始投资可被化石燃料支出减少所抵消。与此相反，诺德豪斯并不相信此类替代化石燃料的低成本技术所具有的潜力。例如，要达到斯特恩水平的温室气体排放削减，他估计需要花费的成本将是燃煤发电成本的两倍多，这会大幅削弱全球经济增长速度。有关这一能源成本的讨论可见第18章。

第三，相比于诺德豪斯，斯特恩认为即使气温只上升到预测区间下限的4℉，全球变暖产生的危害也要更大。这个结论基于三个理由。首先，斯特恩更多地将与全球变暖相关的“非市场性”成本包括进来——物种灭绝、失去生态系统服务功能，以及对人类健康产生的负面影响。其次，斯特恩在研究中明确地吸纳了一个事实，即贫穷国家的人民将承担气候变化的最大成本。最后，相比于诺德豪斯的处理，斯特恩对未来几代人所要承担的气候变化成本赋予了更高的权重。正是这些问题——度量非市场性成本、人类

① 参见 Sokolov et al. (2009)。

健康和生态系统服务功能的价值；寻求成本—收益分析中的盈亏平衡；对未来的收益和成本给出一个恰当的贴现率——成为本书后面部分所要处理的主题。就现在而言，我们需要认识到，斯特恩和诺德豪斯是在一类非常严肃的争论中出现的主要经济学观点，这项严肃争论就是：全球变暖对人类文明带来的挑战需要我们立即并大量减少温室气体排放吗？抑或它只是一大堆重要问题中的一个，因而需要慢慢解决？

建议适度削减温室气体排放量的人认为气候稳定是重要的，但它并非决定人类福祉的关键所在。其论点在于，人类可以适应不断变化的资源条件。随着温室气体排放量受到监管，以二氧化碳排放为基础的服务价格将会上升，于是新的降低二氧化碳排放量的技术将会出现，这就确保了温室气体浓度的最终稳定。此外，新的农业技术的发展将确保人类即使面对气候变化也能保持粮食供应的稳定，而且人类可以修建海墙来阻止不断上升的海平面。另外，一些地区的农业也将会从二氧化碳浓度增加带来的更加温暖、湿润的气候中获益，因寒冷导致的死亡也会下降。一些分析师甚至设想让受益于气候变化的人去协助因海平面上升和洪水而导致损失的人（后者大多生活在贫穷国家）。显然，气候变化会让一些人遭受重大损失，但是从更为综合的观点来看，即使面对“温和的”气候变化，大多数国家普通人的生活质量仍然可以继续上升。

这种采取居中态度的成本—收益视角认为，在短期内将二氧化碳排放量削减到正确水平之下的政策成本过高。为减少温室气体排放量提供的资源和人力投资，会将对学校或医疗保健领域的投资分流出来，进而降低后代人的生活标准。成本—收益分析需要在保护气候的投资与其他商品和服务方面的投资之间找到一个平衡。

至关重要的是要认识到，如今几乎所有对气候变化政策做成本—收益分析的经济学家都同意政府应该立即采取行动削减全球变暖污染物排放。最近在对气候经济学家进行的一项调查中发现，有 94%的人都呼吁采取行动。[①] 产生争议的地方不在于是否应在短期内减少排放量，而在于减少多少。如前所述，奥巴马总统要求到 2020 年的短期排放物削减目标是比 2006 年低 17%左右，针对 2050 年提出的长期目标则要求比 2006 年的排放水平低 80%左右。诺德豪斯（不是斯特恩）可能会对 2020 年的慢速减排目标感觉尚可，而斯特恩则会对 2050 年这个雄心勃勃的目标感到满意。也许在未来 10 年中经济学家能够解决这个争论，为接下来半个世纪的减排设定一个恰当目标。

需要注意的是，使用成本—收益分析的经济学家隐含地赞同一个没有得到清晰说明的道德目标：只有可衡量的货币收益大于可衡量的货币成本，控制污染才是应该的。这是对“何种程度的污染可称为过量”这个问题给出的一个答案，我们将其称为减少污染的**效率标准**（efficiency standard）。

然而，除了狭隘地比较经济上的成本和收益外，还有其他方式来思考污染的标准问题。第一，这里存在公平性问题：我们自己无所作为——虽然它可能让我们在今天得到更高的收入，特别是那些富裕国家的公民更是如此——但这样做可能使后代人遭罪，特别是会让贫穷国家的人遭受更大的苦难。例如，我们能够为今天摧毁整个岛屿国家及其文化的行为找到正当理由吗？对“何种程度的污染可称为过量”这个问题的第二个回答强调的是公平性，我们将其称为**安全标准**（safety standard）。安全标准要求将污染减少

① 参见 Holladay，Horne，and Schwartz (2009)。

到“安全”（从社会角度定义的安全）水平，除非这样做的成本高到无法承受。

最后，还存在一个基本的不确定性问题，即人类对地球生态系统产生的影响是不确定的。正如我们了解到的诺德豪斯的看法，成本—收益分析通常假设发生中等程度的可预见损害，但是最坏的情况当然也可能会出现。按照类似的逻辑分析，我们可以把有关收益的数字赋予那些我们一无所知的事物吗？例如，随着物种灭绝的加速，我们失去的某类独特基因代码对后代人能够带来多少价值？当不确定性开始主导成本—收益分析时，这种方法就会成为不那么有效，有时甚至还会产生误导性的一种分析工具。在全球变暖这个案例中，大量优秀的经济学家认为不稳定的气候在未来造成的后果具有很大的不确定性——也许会导致灾难性后果——因而难以主要依靠成本—收益研究法做出决策。面对这种不确定性，第三个标准开始出现——**生态可持续性**（ecological sustainability）。这个标准要求保护自然生态系统免受重大变化——除非其成本让人类望而却步。

源自安全标准和生态可持续性标准的政策都与斯特恩的观点类似：开始着手大幅减少温室气体排放量。我们在第 10 章考察的最后一个论点可以进一步强化上述建议：从长远来看，在美国这样的富裕国家中，为了控制二氧化碳排放量而减少的消费实际上是微不足道的。这是因为，从很多方面来看，从消费中产生的快乐是个相对现象，收入的普遍增加只会加速人们在消费领域的“炫富游戏”，但实际上人们的绝对快乐水平并未变得更高。简单来说，如果对全球变暖的抗击使美国在 2050 年的国内生产总值水平降低 2%，谁会真的计较这些呢？抗击全球变暖意味着我们大家只是比之前略微不那么富裕了一点。回想一下，很多经济学家预计，无论全球是否变暖，全球实际国内生产总值都会以接近每年 2%的速度持续增长。因此，从全球来看，我们只需要等到 2051 年就能收回稳定气候所花费的成本，变得像 2050 年那样富裕！

为了对安全标准和生态可持续性标准的拥趸提出的论点做出回应，捍卫效率标准的人士指出，针对全球变暖采取的大胆行动将会为当代人带来过高成本，因而抑制了当代人在资本品、研究以及教育方面进行的投资，也会降低未来几代人的福利水平。不过，问题的底线在于，无论人们在分析过程中是否使用了正规的成本—收益分析法，有关全球变暖问题的公共辩论仍然由比照成本和收益构成。一方面，效率标准的倡导者强调的是在减缓全球变暖的过程中所需支付的可测量成本，因此建议少量减少温室气体排放。另一方面，安全标准和生态可持续性标准的支持者将会为大规模降低温室气体排放进行辩护，他们关注的是不确定性，以及对未来几代人可能产生的潜在损害。

本书的目的不是去找出哪个答案是“正确的”，而是去更好地理解不同观点。然而，解决任何环境问题所必不可少的第一步是决定何种程度的污染可称为过量。一旦这个问题得以解决，我们就可能开始讨论第二个问题。

1.3 政府能解决问题吗

鉴于我们将在本书中进一步探讨的诸多原因，不受约束的自由市场经济将会产生过多的污染，这种污染可能超过了任何人提出的标准。这意味着政府需要介入并规范市场行为，以此来保护环境。但政府自身又有局限性。政府能解决问题吗？

政府在采取有效行动时面对两个壁垒。第一个壁垒是**不完美信息**（imperfect information）。监管者往往很难准确获得减少污染的收益和成本信息。另外，类似于降低癌症发病率、提高能见度以及生态系统修复等社会福利也很难得到度量，甚至更难量化。由于相关成本依赖于行业在实际运作中的细节，所以这些成本也很难得到准确评估。在这种情况下，即使好心的官僚也可能很难实施真正能够有效控制污染成本的监管措施。

第二个壁垒在于存在**施加政治影响的机会**（opportunity for political influence）。意识形态和原始的政治权力能够在多大程度上决定哪些类型的污染应该得到管制，哪些自然资源应该受到保护，哪些污染者应该受到惩罚？要评估这一问题的重要性，就需要理解有关政府行为的理论。与所有的社会科学一样，经济学并不是一种保持"价值中立"的学科。在政治经济学研究中，这个特点表现得尤其明显，该领域中不同政治派别的学者都在分析政府行为。

传统的**保守主义者**（conservatives）认为政府干预是一种不好但却必不可少的东西，因此认为在所有事务中都应该尽可能地限制政府发挥作用，其中也包括环境事务领域。保守主义者认为，政府的立法者和监管者都是自利的个人，他们会最大化他们自己的福祉，而不是全心全意追求公共使命。从理论上看，此类官员很少为公众利益采取行动，但会服务于一些特殊利益群体。例如，这些特殊利益群体包括特定企业组成的联盟、环保团体、妇女或公民权利团体，以及工会。

相比于保守主义者的观点，**进步主义者**（progressives）认为政府能够从服务于公众普遍利益的角度推动行动议程。类似于保守主义者，进步主义者也承认存在政府失灵的可能性。但是相比于保守主义者的立场，进步主义者认为政府在参与经济活动中出现的问题主要不是因为存在形形色色的特殊利益集团，而是因为在立法和监管过程中大企业的利益和发展诉求占据了主导地位。例如，进步主义者指出，由化石燃料行业的企业资助的游说组织，已经成为解决全球变暖问题的主要壁垒。

正如下一节所示，对政府能否采取有效行动所持有的不同视角，决定了人们对处理全球变暖的最佳政策的看法。

1.4 我们如何能做得更好

如前所述，在《京都议定书》中，很多工业化国家都在原则上承诺将全球变暖污染减少到低于1990年的水平。二氧化碳是最重要的温室气体，大约60%的总温室效应是由其造成的。二氧化碳产生于煤、石油以及植物等碳基材料的燃烧与腐烂。给定刚刚了解到的有关监管的政治经济学，我们该如何控制二氧化碳排放量？

政府可以采取很多可能的行动来控制二氧化碳排放量。我们可将这类措施大致分为三类。一类是**命令与控制型监管**（command-and-control regulation），它是当前进行环境保护的主要方式。在命令与控制型监管方式下，政府可能会命令燃煤电厂之类的企业采取特定类型的二氧化碳减排技术，以此来实现对二氧化碳排放的监管。汽车、天然气生产企业则被要求使用一些其他类型的技术。

正如我们将要看到的，命令与控制型监管受到了广泛的批评，因为人们认为这种方式过于集权而且缺乏灵活性，所以可能花费很多不必要的成本。很多经济学家都主张转向**基于激励的监管**（incentive-based regulation）。基于激励的监管方式会设定一个排放目标，然后把寻找最优履行方式的机会留给产业界。之所以称其为基于激励的监管，是因为它为企业提供了减少排放的激励：例如，向污染征税就是一个例子，另一个例子是总量管制与排放交易体系（稍后讨论）。

最后，政府可以通过鼓励人们发展和推广新的**清洁技术**（clean technologies）来进行更直接的干预。例如，政府可以强制企业满足建筑标准之类的节能设计标准。另外，政府可以通过投资活动来促进清洁技术变革——例如，更多地倾向于选择有利于铁路运输的基础设施，而不是选择有利于汽车通行的基础设施，或者，为太阳能技术提供研究和开发资助。上面哪种方法是最好的？

持有不同立场的经济学家都认为，在可行的情况下，这三种基于激励的监管方式都为减少污染和防止资源退化提供了最好的出发点。有两个主要的政策工具可用来实现这种监管方法：**污染税**（pollution taxes）和**总量管制与排放交易体系**（cap-and-trade systems）。例如，为了应对美国的二氧化碳排放，基于燃料碳含量的税收（碳税或二氧化碳税）或许是我们可以使用的最有效策略之一。通过提高不清洁化石燃料（碳密集型燃料）的价格，市场会推广类似于可再生电力这样的清洁燃料（含碳量低的燃料）的使用。另外一种备选办法——总量管制与排放交易——可以为二氧化碳排放设定一个总量值。然后，政府对大量的二氧化碳排放许可证进行拍卖，直到拍卖的许可证数量加起来等于原先设定的排放总量。类似于二氧化碳税，总量管制与排放交易也会为污染设定一个价格，因而提高了不清洁燃料的价格（为了应对全球变暖污染，加利福尼亚州正在全州实施一部有关总量管制与排放交易体系的法律）。

应该征收多高的税呢？这取决于“何种程度的污染可称为过量”背后隐藏的排放目标。再次回到上一节提及的斯特恩与诺德豪斯之间发生的争论，为了在2050年实现减排80%的目标，斯特恩支持大力提高价格——现在就开始收税，并很快将每吨碳排放的价格提升到50美元。相比之下，诺德豪斯则建议向每吨碳排放收取7美元这样一个相对较低的税率，然后到2050年的时候将其提高到每吨25美元。

让我们通过一些实例来看看上述数字的具体含义：对每吨碳排放设置7美元的价格，会使每加仑天然气价格提高约7美分，会让每千瓦时（kWh）燃煤发电价格上升大约3/4便士——这种价格变化不是那么起眼。但是，每吨碳排放50美元的价格则会使每加仑天然气的价格上升0.50美元，会使每千瓦时燃煤发电的价格上升大约0.05美元——在美国，这将显著提高汽油和电力价格。这种能源价格上涨——如果不进行缓冲——可能造成严重的经济困难，特别是让低收入美国人遭受困难，因为他们收入中的很大比例都花费在汽油、供热和电力上。

如何减轻对消费者产生的冲击，从而使这种政策在政治上成为可能？征收二氧化碳税，或者政府对二氧化碳排放许可证进行拍卖等，都会产生大量收入。为了抵消如此高的能源消费成本所带来的问题，大部分这类收入都应该直接通过折扣返还给纳税人。作为总量管制与排放交易体系的一种变形，“天空信托”（Sky Trust）可以将政府建立的二氧化碳配额总量分解成份额并发行给所有国民。[①] 然后，一个非政府组织以信托的方式持有这些份额，并在每年向释放全球变暖污染物的企业（如炼油厂、电力生产商）拍卖这些份额。在每年，企业每排放一吨二氧化碳，都需要通过拍卖获得一吨的排放许可。到当年年底，每个公民都可以获得一张支票，上面的金额等于他每年允许企业排放全球变暖污染物的拍卖分红。人们估计，平均每人每年可以获得600美元以上的分红。另外，看上去在这个天空信托体系下，大部分美国人实际上都会从中获得经济利益，也就是说，他们获得的红利支票会大于其能源支出的增加。这将是个了不起的方法，因为它是一种能在政治上受到欢迎，同时可以控制全球变暖污染物的想法！

总之，为污染定一个价格——无论是通过税收还是通过总量管制与排放交易体系——都是经济学家为保护环境提出的最重要的一般性建议。如果做得好，这种政策能真正惠及低收入和中等收入消费者。但在全球变暖的情况下，单独为污染定价不足以实现斯特恩提出的到2050年削减80%的目标。为了实现这一目标，斯特恩和其他经济学家建议政府直接推广清洁技术。

政府可以针对燃料、照明和电力提出更高的效率标准；可以改造交通基础设施；可以促进高速铁路替代短途飞机航班；可以重构区域规划法律以鼓励高密度城市的发展；可以针对公共交通增加投资。

最后，政府对新能源技术的研发提供的资助应该得到进一步提高，特别是要对可再生能源以及类似于能源效率、太阳能、风能和燃料电池电源这类非碳基能源来源进行资助与推动。大规模的碳税、政府对清洁能源技术研发提供的大量资助，以及积极推动能源有效利用这三者结合起来，就是在2050年实现全球变暖污染物排放量大幅削减的途径。

保守派经济学家可能会对政府强制提高能源效率的监管，以及政府对清洁能源技术研发进行的资助产生怀疑。他们针对上述议题提出的疑问可能是，在开发适当的技术方面，政府能否比市场做得更好？首先，保守主义者可能指责研发资源会成为政府的另一个政治分肥来源。其次，即使运作是有效的，一些人可能仍然认为政府官僚很难挑出最好的那种技术，也很难决定哪些潜在技术可行、有很高性价比且对环境是无害的。

进步主义经济学家可能回应道，针对化石燃料提供能源税减免、为高速公路建设提供资金、为汽车运输提供补贴、为鼓励城市郊区化发展提供税收和规划的政策，以及为针对性不足的研发提供大规模经费等现有政府决策，事实上都是对环境和经济产生负面影响的那类计划的一部分。因此，我们不是要在自由市场和中央计划之间做出选择，而是要在短视和远视的政府政策之间做出选择。

进步主义者认为，就能源政策而言，我们的市场体制（政府已经大量参与其中）是惨败的，它没能提供适当的技术。因为私人投资者不会考虑碳基燃料对社会造成的巨大成本，但是开发适当技术的激励又不存在。此外，既得利益者形成的网络以及政府的不当补贴都已经存在，其中大量的规模经济机会却又说明政府应该参与。由于市场失灵的本质，进步主义者认为挑出最好的那个技术并不是一件很难的事情：最明显的备选清洁技术是那些能够提高能源效率的技术，以及太阳能光伏电池和风力发电技术，这里仅举

---

① 参见Barnes (2001)。

几例。

我们如何能做得更好？大多数经济学家认为明智的办法是更多地依赖基于激励的监管方法，例如污染税或总量管制与排放交易体系。持有进步主义观点的经济学家和（或）那些认为需要大规模削减全球变暖污染物的人则认为，在促进清洁技术发展和推广的过程中，政府也应采取更加积极的手段。

1.5 我们如何解决全球性挑战

无论政府主要依赖传统的监管机制来实现温室气体减排目标，还是使用更多的基于激励的监管以及直接投资工具，如果其他国家不减少排放量，那么这些努力也将徒劳无果。全球变暖需要全球性的解决方案。

减少二氧化碳排放是一种所谓的**公共品**（public good），它是那种被大众全体消费的产品。例如，如果美国削减 20%的二氧化碳排放量，这意味着整个世界都会从中受益。因此，既然减少排放是昂贵的，那么每个国家都宁愿看着其他国家进行减排，然后搭其他国家减排的“便车”。因为每个国家都会这么做，所以每个缔约国都有很大的激励去违背协议。一些国家不愿致力于大规模减少二氧化碳排放的一个原因就是害怕其他国家不遵守其承诺，从而在长期中它们做出的牺牲变得毫无意义。

然而，经济学家更希望这种逻辑被证明是错误的。事实上，大多数发达国家都走在减少温室气体排放量的前列，这意味着当面对足够的环境威胁时，各国至少可以共同努力来减轻搭便车问题产生的影响。然而，全球变暖这一长期性重大挑战也会将低收入国家卷进来。快速的经济增长（以中国为首）、能源使用量的提高、在一些地区森林砍伐速度的不断加快，都将提高发展中世界在全球变暖污染物排放中所占的份额（有关这一问题的更详细材料请见第 18～20 章）。有些人认为，希望这些国家通过牺牲经济增长来减少二氧化碳排放量，进而获得并不那么确定的环境收益，是不现实和不公平的。

然而，许多贫穷国家的经济增长本身就已经付出了环境代价，这种增长可能会被证明是**不可持续的**（unsustainable）。这些国家的经济增长过程往往源自一种具有剥削性的殖民关系，这种关系鼓励建立一种不平衡的、依赖资源的经济结构。在现代社会中，债务取代了传统的殖民地地位，成为财富从穷国流向富国的机制。当公共财产资源可供开发利用时，往往会出现森林砍伐、过度放牧，以及在矿产和石油行业发展过程中出现的大规模污染，这些现象还会被倾向于支撑本地精英和跨国公司利益的政府政策体系所强化。当在这个过程中得到的经济增长无法弥补自然资源退化时，经济发展过程就变得不可持续；也就是说，今天的增长源自对未来几代人利益的牺牲（想要获知可持续发展的更详细定义，请参见第 19 章）。

很明显，必须把世界上贫穷国家发展经济的诉求放在减少全球变暖之前。只有通过这种方式，控制温室气体污染的全球性协议才最有可能成功。但是，在全球变暖过程中发展中国家可能会遭受更大损失，因为它们为采取自适应措施而提供的资源是不足的，这些措施包括灌溉设施和堤防建设以及居民安置等。或许，通过将提高能源效率和转向更多可再生能源（生物质能、风能和太阳能）这两种措施结合起来，贫穷国家可以大大减缓二氧化碳排放量的增长速度，同时能促进可持续发展，甚至反过来降低人口增长率。

有没有办法推动富裕国家去开发此类技术并向发展中国家转让？幸运的是，这个问题的回答是肯定的。人们提出一种总量管制与排放交易体系，可用它来解决第一世界和第三世界之间的平等性问题。这种体系将以如下方式运作：它是对《京都议定书》的进一步发展，可以在确定全球温室气体排放目标后向每个国家分配配额，例如，基于各国人口总数进行分配。

因此，在一开始的时候，世界上每个人都可以平等地对减少全球变暖做出自己的贡献。但是，因为第三世界国家的人民排放的污染物较少，例如，平均而言印度人的温室气体排放量只及美国人的4%，所以平均而言第三世界国家的人民拥有过多的排放许可证，第一世界国家的人民拥有不能满足需求的排放许可证。

因为排放许可证可以在市场上进行交易，所以需求方可以从贫穷国家那里购买一些排放许可证，从而维持其能源密集型生活方式。然后，由此产生的资金可被用来支持低碳能源类投资——例如风能、太阳能以及生物燃料——这些正是贫穷国家需要发展的东西。此外，因为我们现在要直接为全球变暖做出支付，所以就带来了节约能源和寻找新的清洁能源技术的激励。（《京都议定书》中包含了此类排放量交易制度的一个典型模式，它被称为清洁发展机制，我们会在第21章讨论这一内容。）

此类可交易的许可制度为污染设定了价格。在一国之内，原本免费排放二氧化碳的企业现在发现排放污染物变得昂贵了。这可能为企业提供降低排放量的激励，更重要的是，它还会鼓励企业开发清洁能源技术，例如风能和太阳能，以及由燃料电池驱动的汽车。从国际层面看，出售二氧化碳排放许可证为贫穷国家跨越化石燃料密集型发展阶段和迈入清洁能源发展阶段提供了金融手段。

当然，任何事情都要付出代价。尽管该体系下贫穷国家和普通的美国人都可以从出售排放许可证中获得金融性收益，但是富裕国家的客户（同样是那些普通的美国人）将会为减少污染排放做出更多支付，其方式就是为能源、汽车以及工业制成品支付更高的价格，至少在短期内是这样的。与之前的讨论类似，经济辩论的本质可归结为比较收益（减少全球变暖）与成本（更高的商品和服务价格）。为减少温室气体排放量而采取的积极行动带来的好处大于成本吗？在这一点上，人们仍然没能形成一致结论。一些经济学家认为，减少一定量的污染排放就够了；另一些经济学家则认为应该大规模降低污染排放量。本书为你提供了相应的工具，有助于你更好地理解上述辩论并做出自己的决定。

1.6 总结

本章为大气层中温室气体累积以及随之产生的全球变暖问题提供了引论性的科学事实。但是，全球变暖只是人类活动造成的无数环境挑战中的一个。从地方固体废物填埋场选址，到中央政府发布的对制造业企业化学排放物监管，再到旨在保持物种多样性的国际性协定，我们迫切需要向公众告知与此类问题有关的科学事实。

环境经济学家也必须依赖科学评估，这个科学评估是指有关环境退化对我们以及我们的后代造成的危害。然而，本书并不关注我们的经济活动所造成的特定环境问题。相反，本书的目的是阐述一个经济学家用于解决污染问题的框架。此类问题涉及面广，包括固体废物填埋场选址、对化学工业品的监管以及物种多样性的损失等，但是无论对何种现象产生顾虑，我们都必须回答三个一般性的问题：

1. 何种程度的污染可称为过量？
2. 政府能解决问题吗？
3. 我们如何能做得更好？

当我们的担忧变成一个国际性问题时，还必须解决第四个问题：

4. 我们如何解决全球性挑战？

到目前为止，第1章既初步勾勒出我们提出的问题，又提出了一个概略的答案，这个答案与环境保护的经济学分析密切相关。如前所述，经济学家往往针对正确答案进行激烈辩论。但是，人们都同意这四个问题所处的核心地位。本书其余部分会进一步解释和发掘一系列可能的解决办法。在学习完本书后，我们希望读者能够为解决地方性、国家层面和全球性环境问题做出更好的准备，这些问题是我们以及我们的孩子在21世纪必须克服的问题。

应用1.0

题一，为温室气体污染物排放设定目标

《京都议定书》要求将温室气体数量稳定到足以防止气候系统“产生危险的人为干扰”水平。为了定义什么叫“产生危险的人为干扰”，O'Neil and Oppenheimer (2002) 指出气温升高带来的一些物理效应：

- 如果气温升高2℉，我们会发现在全球范围内“珊瑚礁系统出现大规模灭绝”。
- 如果气温升高4℉，一个不可逆过程将极有可能导致南极西部冰盖坍塌以及海平面上升25英尺。
- 如果气温升高6℉，墨西哥湾流的停止将极有可能导致欧洲北部出现突然的大幅度严寒，并且会加速南大西洋气候变暖。

作者的结论指出，人类是不可能让气温只升高2℉的。基于此，他们呼吁将全球温度上升控制在4℉之内。

a. 这是效率标准、生态可持续性标准，还是安全标准？为什么？

应用1.1

题二，为温室气体污染物排放设定目标

对全球变暖造成的经济成本进行估计是相当困难的。在研究这个问题的一本书中，Nordhaus and Boyer (2000) 在第98页中提出如下免责声明：“对气候变化的影响进行的估计仍然具有高度的猜测性。除了农业以及海平面上升外，人们对气候变化的经济影响进行的学术性研究仍然很少。”不过，他们完成了这一估计，如表1-1所示。

表 1-1　　全球变暖对美国产生的影响：2.5℃/5℉

市场化影响	
农业	−4
能源	0
海平面	−6
木材	0
水	0
加总的市场化影响	−10
非市场化影响	
健康、水质量，以及人类生活	−1
移民	na
人类的舒适度、娱乐，以及非市场化的时间	17
物种损失	na
人类的居住地	−6
极端以及灾难性事件	−25
加总的非市场化影响	−15
将市场化影响和非市场化影响加总起来产生的影响	−25
占 1990 年美国国内生产总值的百分比	−0.5

注：除末行外，单位均为 10 亿美元，按照 1990 年的美元价值表示；带来的好处用正数表示，带来的损害用负数表示。na 是指不存在数据或无法估计。

资料来源：Nordhaus and Boyer (2000).

Nordhaus and Boyer（2000）发现，全球变暖对农业（—40 亿美元）和海平面上升（—60 亿美元）产生的影响较小；他们指出，气候变暖很可能会为户外游憩带来重大收益（粗略计算，会出现更多可以打高尔夫的天气；170 亿美元）；气候变化导致的最大负面影响很可能是对新奥尔良或者华盛顿州奥林匹亚市这类独特的人类历史或文化遗迹造成的毁坏（—60 亿美元），也可能源自灾难性的气候变化（—250 亿美元）。总体而言，他们发现气候变化的负面影响只占国内生产总值的 0.5%。（请注意，这一数字没有包含物种灭绝的成本——这里没有考虑珊瑚礁的问题。）这个分析的言下之意是，只需要对二氧化碳排放收取很“少”的税（每吨 10 美元）。

a. 这是效率标准、生态可持续性标准，还是安全标准？为什么？

b. 有人可能会质疑，确认环境决策价值的数据可能具有“高度的猜测性”。你认为诺德豪斯该如何为类似表 1-1 中的数字所得出的结论进行辩护？

各节主要观点

1.0　这本书探讨了 21 世纪与环境挑战有关的四个关键性经济问题，从气候变化对人类文明造成的挑战开始讲起。

1.1　由**温室气体**积累造成的**全球变暖**，以及由此出现的“碳毯子”，对人类福祉以及自然生态系统提出了潜在的严重威胁。与气候变暖伴随而来的降水模式发生的变化，可能导致**农业产出**下降，这个问题在贫穷国家尤其严重，还会导致**自然生态系统**出现重大变化，这些变化包括物种灭绝加速以及较高的疾病发生率。**海平面**也将上升。虽然科学家在很大程度上同意全球变暖已经是一个现实，但是气候变暖的幅度将最终取决于**正反馈**和**负反馈**效应。为了解决全球变暖问题，经济学家需要回答**四个问题**。

1.2 第一个问题是：**何种程度的污染可称为过量**？对于全球变暖污染物，经济学家斯特恩认为应该“大幅削减”温室气体排放；诺德豪斯则提倡“缓开渐增式”削减。两位分析家都对全球变暖的收益和成本进行了比较。如何权衡这两位专家的意见？这里有三个基本的标准。一个是**效率标准**，它完全依赖成本—收益分析；**安全标准**与**生态可持续性标准**则主张把温室气体排放物减少到更低水平。这基本上是一场哪种方式更适合权衡成本和收益的伦理学辩论。最初试图对全球变暖的有效水平做出定义的研究引发了一场技术性争论，这场争论围绕的问题是我们能以多大程度、多快速度来采用提高能源效率的技术和其他清洁能源技术。

1.3 在市场经济中，政府有必要为减少污染采取行动——但是，**政府能解决问题吗**？政府采取有效行动时面对着两个基本壁垒，分别是**不完美信息**和存在**施加政治影响的机会**。**保守主义者**将环境监管视为是一种不好却必不可少的东西，因此最好将其保持在绝对意义上的最小范围；他们认为政府行为主要是为特殊利益服务的。相比之下，**进步主义者**没有看到政府在环境保护中发挥的任何作用。从进步主义者的角度来看，政府失灵主要源自大型企业和经济发展利益产生的影响。

1.4 如今，**命令与控制型监管**是控制污染的主要方法。在回答“**我们如何能做得更好**”这个问题时，很多经济学家都主张采用**基于激励的监管**方式，例如**污染税**或**总量管制与排放交易体系**。另一个可选方法是通过资助研发、投资基础设施、出台规划法律和推行效率标准等方式直接推动**清洁技术**发展。保守主义者则对政府促进清洁技术来实现环境目标的能力提出了质疑。

1.5 最后一个问题——**我们如何解决全球性挑战**——往往与国际协定有关。这类协定也面临两个主要障碍。其中第一个是环境协定的**公共品**属性。协定一旦得到签署，搭便车的激励可能会很大。第二个是贫困国家往往负担不起环境保护方面的投资。同时，它们也负担不起不对环境保护进行投资所产生的成本；经济增长可能导致**不可持续发展**。在实践中，这意味着解决全球污染问题的资金必须来自富裕国家。用以控制全球二氧化碳排放的总量管制与排放交易体系（1）提出了资助贫困国家的方法；（2）为富裕国家提供正确的激励，可以激发人们去寻找低污染水平的技术。

参考文献

Ackerman, Frank, Elizabeth Stanton, and Ramón Bueno. 2010. Fat tails, exponents, and extreme uncertainty: Simulating catastrophe in DICE. *Ecological Economics* 69 (8): 1657-1665.

Barnes, Peter. 2001. *Who owns the sky*? Washington, DC: Island Press.

Hansen, James. 2005. A slippery slope: How much global warming constitutes "dangerous anthropogenic interference"? *Climatic Change* 68: 269–279.

Holladay, J. Scott, Jonathan Horne, and Jason A. Schwartz. 2009. *Economists and climate change: Consensus and open questions*. Law Policy Brief No. 5. New York: Institute for Policy Integrity, New York University School of Law.

Intergovernmental Panel on Climate Change. 1996. *Climate change 1995: The science of climate change*. Oxford: Cambridge University Press.

——. 2007. *Climate change 2007—Impacts, adaptation and vulnerability*. Oxford: Cambridge University Press.

IPCC. See Intergovernmental Panel on Climate Change.

Jepma, Catrinus, and Mohan Munasinghe. 1998. *Climate change policy*. Cambridge: Cambridge University Press.

Nordhaus, William. 2008. *A question of balance: Economic modeling of global warming*. New Haven, CT: Yale University Press.

Nordhaus, William, and Joseph Boyer. 2000. *Warming the world: Economic models of global warming*. Cambridge, MA: Massachusetts Institute of Technology.

O'Neil, Brian, and Michael Oppenheimer. 2002. Dangerous climate impacts and the Kyoto Protocol. *Science* 296: 1792–1793.

Sokolov, A. P., P. H. Stone, C. E. Forest, R. Prinn, M. C. Sarofim, M. Webster, S. Paltsev, et al. 2009. Probabilistic forecast for 21st century climate based on uncertainties in emissions (without policy) and climate parameters. *Journal of Climate* 22 (19): 5175–5204.

Stern, Nicholas Herbert. 2006. *The economics of climate change*. Oxford: Cambridge University Press.

第 1 部分

何种程度的污染可称为过量

保护环境的第一步是设定一个目标：我们希望环境达到多大程度的清洁水平？实际上这个问题是没有“正确”答案的，不过，无论我们或明或暗地选择了何种答案，都应该在清洁环境的成本和收益之间进行权衡取舍。在这里，我们考察三个不同的环境清洁目标，这三个目标都用不同的方式比较了环境保护的成本和收益，它们分别是效率目标、安全目标和可持续性目标。这里我们既聚焦于伦理问题，也聚焦于实际问题。我们从一个经济学家使用的功利伦理框架开始进行讨论，然后来解释从各种角度看，不受管制的市场都倾向于产生太多污染的两个基本原因。之后，我们会仔细考察由经济学家发展出的、旨在度量环境保护的成本和收益的分析技巧以及成本—收益分析的优点和局限性。此外，还对物质消费增长、资源消耗以及福利增长之间存在的更为广泛的关系进行了讨论。何种程度的污染可称为过量？本部分将为你做出自己的判断提供分析工具。

第 2 章

伦理与经济学

2.0 引言

在阅读完有关全球变暖的绪论之后，你现在对它的了解已经超过了 95%的美国人。假设明天有一场总统选举，候选人 A 支持效率标准。基于目前对减少温室气体排放做出的成本—收益分析，他提倡只征收最小规模的碳排放税。相比之下，候选人 B 认为应该坚持生态可持续性标准，提倡征收更高水平的碳排放税，同时政府应该积极推动清洁技术的发展。如果你是一位拥有一张选票的选民，你会投谁的票？为什么？

一方面，如果对候选人 A 投赞成票，你可能对经济增长或就业机会给予一定的关切。你甚至可能会断定，监管水平提高所导致的经济增长放缓可能通过减少教育、资本和新技术投资的方式对未来几代人造成伤害，这种伤害甚至会超过气候变暖造成的危害。另一方面，如果投票支持候选人 B，也许你这么做的原因是觉得，为保持我们的浪费性消费习惯而让后代人受到惩罚，这是不公平的，为此，应该留给他们一个稳定的气候，这要比为他们提供新的、改进过样式的早餐麦片粥更重要。也许你还会认为，我们担负着保护地球物种的道德责任。最后，你可能觉得控制碳排放的过程会创造出新的就业机会。

“何种程度的污染可称为过量”这个问题就是经济学家所谓的**规范性**（normative）问题——它让我们的注意力聚焦于事情应该是什么上，而不是事情是什么上。一些人尝试搁置规范性或伦理性问题，他们说“这取决于你的态度”。而事实上，在我们的社会中，态度是发挥作用的。立法者、监管者、行业官员和选民所持有的基本伦理观念会从根本上影响污染治理的政策制定。与大多数国家类似，美国已经拥有了一个由法律和监管机构组成的体系，这个体系负责控制工厂、办公室、农场、汽车、香烟甚至人类肺部排放的污染物数量。究竟是现行法律过于严格（正如许多行业内人士所宣称的那样），还是需要进一步收紧这类法律（正如环保主义者所认为的那样）？考察我们自己态度背后存在的伦理基础，将有助于评估什么是法律应该允许的“正确”的污染量。如果不能对这个问题给出一个具有充分理由的回答，那么合理的环境监管将变得不再可能。

在本书第1部分，我们将考察三个不同的污染标准：一是**效率标准**，它仔细地权衡了收益和成本；二是强调人类健康的**安全标准**；三是生态**可持续性标准**，这个标准认为要对当前的生态系统进行保护。在讨论过程中，我们还研究了度量环境保护成本和收益的相关问题。与这些材料打交道可能并不会改变你对“增长与环境”之间争论所采取的立场，但是会帮助你澄清为什么你认为是这样的。这反过来能够让你更有效地倡导自己所持有的立场。另外，还能说服别人你的意见是“更好的”——更符合逻辑，或者更符合广为持有的社会规范——它是我们采取行动来让世界变得更好的基础。

2.1 效用与功利主义

经济分析人士考虑的是人类的福利或福祉。从经济学角度看，应该为了人类的物质利益去保护环境，而不是为了某种严格的道德或伦理原因。对一位经济学家而言，只有能够为当前或未来几代人产生幸福（或是防止悲剧的发生），拯救濒临灭绝的蓝鲸才是有价值的行为。独立于人类而存在的鲸鱼是不重要的。这个在经济分析中隐含的以人为本（或人类中心主义）的道德基础被称为**功利主义**（utilitarianism）。

当然，也存在不同的观点。此类不同观点中的一个就是以生物为中心的视角。生物中心主义（biocentrism）认为，人类有善待地球并给予尊重的道德责任，它与做这件事情是否能够带来效用没有关系。从美国原住民到亨利·戴维·梭罗（Henry David Thoreau）和约翰·缪尔（John Muir）再到地球优先主义运动（Earth First! activism），在美国文化中这是一个古老且为人熟知的观念（当然，在美国的思想史上，为肆无忌惮的开采举行庆祝也曾经占据过主流）。① 奥尔多·利奥波德（Aldo Leopold），曾被很多人认为是20世纪最具影响力的环保思想家之一，指出：“我们之所以滥用土地，是因为我们认为土地是属于自己的东西。当我们将土地当作我们所处的社区共同拥有的东西时，或许能够开始带着爱和尊重去使用它”②。

这句话表明，很多环保主义者对保护环境的功利主义论点怀有敌意。事实上，人们往往将用经济学视角看待地球认为是需要首要进行解决的问题，而不是将其视作解决问题的方案的一部分。哲学家马克·萨格夫（Mark Sagoff）这样说道：

> 对生物多样性的破坏是我们对未来几代人犯下的最不可饶恕的罪过。如果电脑能够设计或存储我们曾经使用过或者需要使用的所有毁灭物种的遗传数据，对生物

① 参见 Nash (1989) 和 Brown (1998)。

② 参见 Leopold (1966)。

多样性的破坏就是一桩大罪过，甚至更大。保护自然的原因远不是经济理由，而在于道德、宗教和文化。①

在本书中，对人类中心主义（anthropocentric）和功利主义论点的关注并不是要去贬低其他伦理学论点。事实上，从长远来看，非功利主义的道德考量将在很大程度上决定我们能将什么状态的地球留给后代。但是在短期内，经济学论点无疑会出现在环境保护的争论之中，而且它们往往担当关键角色。

事实上，单个经济学家可能会接受生物中心主义，并将其作为个人道德准则的一部分。然而，在进行分析时，经济学家针对物种灭绝（或者更一般地说针对污染）的道德性或非道德性持有不采纳的态度，因为他们不愿为更加广泛的社会强加一组特定的价值观念。然而，不对其做出判断本身就意味着一种伦理框架——隐藏在经济学背后的道德哲学基础是功利主义。

在将分析应用在污染之类的问题之前，功利主义者首先需要解决两个难题。第一个是："什么能真正让我们幸福?"这是个很难回答的问题。例如，世界上的几大宗教体系都能够给出各自在精神层面上的答案。经济学家则通过假设物质消费能够带来幸福或者效用，在物质层面对这个问题给出回答。物质的定义是非常宽泛的，可以包含人类想要的任意物品。它们既包含了西红柿、ipod 和篮球鞋这类**可市场化交易的物品**（market goods)，也包含了清洁空气、慈善行为或是山顶风光之类**不可市场化交易的物品**（non-market goods)。什么东西构成物质是因人而异的。生活在 19 世纪的一位经济学家里昂·瓦尔拉斯（Leon Walras）用一种有些挑衅的方式说道：

> 我们不需要考虑自身产生的任何欲望的道德性或非道德性，它只是用来让自己得到满足的一种东西。从其他视角看，药物被医生用来治疗病人还是被杀人犯用来谋杀他人，这个问题是非常严肃的，但是从我们的视角看，二者完全不相干。②

我们可将商品消费和效用之间存在的正向关系表达在一个数学关系中，它被称为**效用函数**（utility function)。我们可以为一个名叫 Aldo 的人给出他在特定一天中的效用函数

$$\text{效用}_{\text{Aldo}}=U_{\text{Aldo}}(\overset{+}{\text{西红柿的数量}},\ \overset{+}{\text{ipod 的数量}},\ \overset{+}{\text{篮球鞋的数量}},\ \overset{+}{\text{清洁空气的数量}},\ \overset{+}{\text{慈善行为的数量}},\ \overset{+}{\text{山顶风光的数量}},\ \cdots)$$

这里的省略号表示 Aldo 在一天里消费的所有其他项目，上面的加号表示 Aldo 的效用会随着相关物品消费数量的上升而增加。另一种给出 Aldo 的效用函数的方式是将他消费的所有商品缩写成一个消费束，将其记为 X_A（这里 A 表示 Aldo)，并将效用函数写为 $\text{Utility}_A=U_A(X_A)$。

现在，在 Aldo 的消费束 X_A 中，很多可市场化交易的物品的生产过程都会产生污染，这是 Aldo 所不喜欢的。所以，让我们从 Aldo 的消费束 X_A 中分离出一个元素

① 参见 Sagoff (1995)。

② 参见 Walras (1954)。

P_A，它是 Aldo 需要面对的污染。现在我们可以将 Aldo 的效用函数记为 $\text{Utility}_A = U_A(\overset{+}{X}_A, \overset{-}{P}_A)$，这里污染变量上面的负号可以提醒我们，随着污染的上升，Aldo 的效用是下降的。

这个效用函数说明了分析环境问题的大多数经济学方法所隐含的一个重要假定：人类幸福水平的一个基本权衡出现在不断增加的物质消费（经济增长）和不断降低的环境质量之间。当 P_A降低时（环境得到清理），X_A也会下降（其他消费品数量下降），反之亦然。换句话说，人们假定清理环境的机会成本会让可市场化交易的物品的产出速度降低。

人们对这种效用—消费之间关系所做的另一个额外假设往往是：**越多越好**（more is better）。也就是说，当得到更多东西时，Aldo 总是感到更加快乐。这或许令人难以置信。如果 Aldo 已经饱了，那么他为什么还想再要一个冰激凌蛋卷？标准回答是，他可以把这个冰激凌蛋卷送给一位朋友（这会使 Aldo 更加快乐），或者将这个冰激凌蛋卷卖掉再去买他想要的东西。

我们应当看到，“越多越好”是一个关键性假设。一方面，它为效率标准的支持者提供了相当大的火力。另一方面，安全标准的支持者则认为它错误地建立了一种对经济增长所持有的“偏见”。先不考虑经济增长造成的额外污染，在越多越好这个假设下，根据定义，经济增长会提高人类的幸福水平。我们会在本书第 11 章仔细考察这一假设。如果越多并非越好，那么用牺牲消费增长换取环境保护的功利主义观点就会变得更加强有力。

总结这一节：在回答什么能真正让我们幸福这个问题时，功利主义者认为是可市场化交易和不可市场化交易的物品的消费让人幸福。用效用函数的形式可以方便地表示幸福感在消费与环境质量之间存在的权衡取舍。第二个更加具有争议的假设往往认为，从个人的角度看，一类物品数量越多，则越能提高幸福感。带着这个答案，我们现在可以转向功利主义者面对的第二个问题：我们如何将个人的幸福感加总成为全社会的幸福感？

2.2 社会福利

如果可市场化交易和不可市场化交易的物品的消费量提高，都能让个人变得更加快乐，这是否也意味着单个消费的增加可以提高社会的整体福利？对这个问题的回答涉及公平和权利的结合问题。我们如何在某人幸福程度降低与另一个人幸福程度提高之间做出权衡？为了对有关公平的假设做出明确说明，经济学家通常会确定一个**社会福利函数**（social welfare function），这个函数能够确定出一种“可取”的方式来对个人效用进行加总。在一个包含了 Rachel（记为 R）、John（记为 J）和很多其他人（记为…）的社会中，我们可以将社会福利函数记为：

$$SW = f(U_R(\overset{+}{X}_R, \overset{-}{P}_R), U_J(\overset{+}{X}_J, \overset{-}{P}_J), \cdots)$$

在这里，加号还是表示社会福利水平会随着个人幸福程度的增加而提高。

一个通用的社会福利函数可以写成个人效用函数之和：

$$SW=U_R(\overset{+}{X_R},\overset{-}{P_R})+U_J(\overset{+}{X_J},\overset{-}{P_J})+\cdots \tag{1}$$

生活在19世纪的最初那批功利主义者认为，上面这个函数是正确的社会福利函数形式，他们认为，“让大多数人得到绝大多数物品”应该是制定公共政策的一个指导性原则。他们认为，为了实施这类政策，需要用精确的方式度量效用，而且他们精心设计了一些方法来对不同人从消费中获得的相对幸福感进行比较。

与古典功利主义者不同，现代经济学家并不依赖于对效用的直接度量。然而，若要从社会福利的角度确定“正确”的污染水平，我们确实需要对不同人的消费进行比较。我们可能做出的一个社会判断是，消费的增加能够对所有人带来相同价值。这就是所谓的**消费的边际效用相等**（equal marginal utility of consumption）假设，它可以让我们直接度量消费模式变化对福利产生的影响。例如，根据这个假设，如果你的收入增加一美元而我的收入下降一美元，那么社会福利将保持不变。①

鉴于上述假设以及方程（1）给出的社会福利函数的具体设定，每个人幸福水平的增加都具有相同的权重——无论是百万富翁（John）还是街头平民（Rachel），当他们的效用水平上升时，社会福利都会以同样的速度得到提高。事实上，如果花费和街头平民Rachel一样的成本，百万富翁John的境况能够变得更好，那么社会福利还可能会上升！当效用函数只是简单的加总关系时，社会福利函数是不考虑类似收入分配之类的公平问题的。

社会福利函数——方程（1）——也没有对后代人的福祉给予特别保护：根据简单的加总规则，如果当代人在牺牲后代人利益的基础上疯狂消费，那么社会福利有可能上升。如果今天人类的消费上升能够不只是抵消后代人的消费下降，那么这种情况有可能出现。

最后，方程（1）这个社会福利函数还假定污染受害者没有特殊权利。例如，如果Rachel生活在John开设的钢铁厂的下风口，那么Rachel的健康将会受到损害，比如说每天产生的损害是25美元，社会福利出现的这种减少将会完全抵消John每天获得的25美元利润。但是，方程（1）对这种同一代人内部、不同代人之间，以及污染受益者和受害者之间收益和成本分配的经济问题“视而不见”。与提高社会福利有关的所有事情都归结为可市场化交易和不可市场化交易的物品的净消费数量增加，而与在这个过程中谁受益谁受损无关。

方程（1）实际上是隐含在污染控制的**效率标准**（efficiency standard）背后的一个“加总”机制。在效率标准下，这种“加总”方式蕴含的思想就是通过仔细权衡收益（更多消费）和成本（污染与资源退化）来最大化经济增长的**净收益**（net benefit，收益减去成本）。但是这个做法并不考虑谁承担成本和谁获得收益。

如何从伦理的角度来为这种立场进行辩护？虽然污染肯定会为某些人带来成本，但是效率标准的倡导者认为，随着时间的推移，如果从污染控制中得到的消费净收益能够

① 在相关领域中，消费的边际效用相等这个假设也隐含在效率标准和希克斯-卡尔多（Hicks-Kaldor）检验中。参见Kneese and Schulze (1985)。

得到最大化，那么绝大多数人都可以从中受益。简单地讲，如果绝大多数人面对的消费品（包括食品和能源等必需品）的价格更低，那么就足以平衡对环境质量和健康进行保护的诉求。

效率标准的支持者对成本和收益分配持有的这种“视而不见”的方式，为我们提供了一种极端情况。相比之下，如果 Rachel 陷入贫困，那么我们可能会假设其收入的边际效用要大于 John；一美元为 Rachel 带来的幸福感要大于 John。然后，从这个社会福祉的角度出发，相比于富裕人群，我们可能会对 Rachel 的消费赋予更大的权重。[①]

在实践中，人们往往对污染控制的严格效率标准做出一定的修改，将“公平权重”包含在社会福利函数中。正如我们会在第 8 章和第 9 章中进一步讨论的那样，尤其要将对未来几代人的公平性纳入考量。例如，我们可能希望使用一个**可持续性规则**（sustainability rule），也就是说，如果我们以后代获得的福利水平下降为代价换取今天的消费增长，那么这类消费不会带来社会福利的上升。假设 Rachel（现在她是个普通人）还没出生，John（他也是个普通人）已经出生，那么我们具有可持续性的社会福利函数可以写为

$$SW = w * U_R(\overset{+}{X}_R, \overset{-}{P}_R) + U_J(\overset{+}{X}_J, \overset{-}{P}_J) + \cdots \tag{2}$$

这里 w 是一个权重，大到足以确保 John 的消费增长不会对 Rachel 的状况产生持续性损害。在这里，与方程（1）不同的是，当代普通人幸福水平的提高，是不能以未来几代人的福利为代价的。

最后，我们将 Rachel 带到现在，她生活在 John 经营的钢厂的下风口。现在，她暴露于空气污染 P_R 之中。不过，回忆到这种污染也可以是 Rachel 消费的一种劣等品，因此可以进入她的效用函数，只不过其符号是负的。**安全标准**（safety standard）的支持者会认为，从个人自由的角度出发，Rachel 有权保护其健康不受未经允许的损害。因此，他们在 Rachel 的效用函数中为污染的负面影响赋予一个很高的权重[②]：

$$SW = U_R(\overset{+}{X}_R, w * \overset{-}{P}_R) + U_J(\overset{+}{X}_J) + \cdots \tag{3}$$

现在，生产钢铁带来的社会福利的上升幅度要远远低于其他一些污染程度较低的商品。极端的安全标准倡导者认为，通过为权重 w 取一个很大的数值，可以拒绝用生产钢铁的收益（更便宜的钢铁，以及含有钢铁的各类产品）来平衡其产生的污染所带来的有害影响。

后两种社会福利函数的具体形式——按照可持续性标准和安全标准给出的社会福利函数——意味着一个幸福的社会并不仅仅是其各部分简单相加后的总和。基于收入分配（同代人之间和两代人之间）的公平性准则，以及个人自由等也都需要得到满足。当在

① 实际上这就是有关收入再分配的经典的功利主义论点。Rawls（1971）提供了一个契约论点，这个论点支持在社会福利函数中为最贫穷的那些人的消费赋予更高权重。

② 方程（3）是对哲学家 John Rawls（1971，61）的字典式偏好（lexicographic preference）排序的一种简要表达，这种偏好将个人自由置于物质消费之上。Kneese and Schulze（1985）明确指出，如果将自由立场作为一种决策规则，这就要求任何拟议的社会政策都必须能够带来事实上的帕累托改进。类似地，在方程（2）中的 w 可能是个二值函数：当 $U_J < U_R$ 时取 1，当 $U_J > U_R$ 时等于 $1 + (U_J - U_R)/U_R$。

本书第 11 章中放松越多越好这个假设后，我们加入了另一个层面的复杂性：因为我从消费中获得的幸福感取决于你以各种方式实现的消费水平，所以幸福感与相对的物质福利水平有关，而与绝对的物质福利水平无关。因此，为了正确地确定社会福利，类似于环境卫生等“非竞争性”的消费项目也需要在社会福利函数中获得相应的权重。

本节给出了三种不同形式的社会福利函数——基于效率标准、可持续性标准和安全标准的社会福利函数——每个函数都给出了如何将个人效用加总为社会福利的方式。虽然这些不同的社会福利函数看上去可能比较随意，但事实上每类函数的支持者都认为他们的看法反映了我们这个社会中针对物质消费和社会福利之间适当关系的“主导观点”。① 社会福利函数具有的优势在于，它可以迫使功利性政策的倡导者精确陈述并捍卫其基本假设和逻辑，正是这些假设和逻辑让他们得出了相应的结论。随着本书第 1 部分的继续展开，我们将会看到，通过对效用函数和社会福利函数的适当形式做出不同假设，我们可以为不同的污染排放标准给出伦理辩护。

2.3 总结

本章为经济学的伦理基础提供了一个初步探讨。经济学家有一个基本假设，即随着可市场化交易和不可市场化交易的物品——包括清洁的空气和水——的物质消费数量的上升，个人的效用水平也可能上升。暂不考虑公平和权利，物质消费的增加是否必然带来社会福利的总体增长有赖于对社会福利函数具体形式的设定。世界上并没有“正确的”社会福利函数。但是经济学家可以使用社会福利函数来澄清规范性辩论，其中包括我们所关切的问题：何种程度的污染可称为过量？

在有关环境保护的经济学讨论中，人们往往采取三种立场。第一，认为应该对成本和收益进行仔细权衡的人往往不关心成本和收益的分配。这种立场被称为效率标准立场。第二，安全标准的支持者认为无论成本为多少，人们都有权保护其健康不受环境损害。

第三种立场是可持续性立场，这个观点认为应该保护后代人的福利。虽然可持续性标准比较容易表达，但是我们会发现在实践中可持续性的含义往往存在很多争论。这是因为当代人影响后代人的方式是复杂多样的。例如，如果我们将地下的石油留给子孙，他们的境况会变得更好吗？或者，如果我们将石油储备开采出来，并将从中得到的利润投资于新型能源的开发，是否能够让子孙的境况变得更好？这个问题的答案不是那么显而易见。

到目前为止，我们对资源和环境的讨论重点关注人们的福利水平，这些讨论仍然从功利主义视角进行，并被限制在经济学领域。需要再次提醒的是，这并不是要淡化有关环境问题的非经济学的伦理视角。然而，经济学方法能够让我们清楚地思考自然以何种方式服务于社会需要。通过对合适的污染水平所持有的不同观点背后出现的伦理基础进行考察，我们可以给出一些更好的概念来解释为什么有些人对减缓全球变暖持有温和

① Arrow (1963) 分析了通过民主方式决定社会福利函数时产生的困难。

或激进的立场。

应用 2.0

社会福利和固体废物填埋场监管

美国国家环境保护局出台的监管措施涵盖了都市固体废物填埋场的设计和施工环节。如果有毒化学物质从固体废物填埋场浸透到周围的地面或表面水域，它就会成为环境健康的一种威胁。

当前监管对固体废物填埋场提出了包括特定的设计、建造以及超越关闭后时期的维护标准。在大多数情况下，这些监管要求会包括安装防渗衬垫和盖子，以及对地下水进行监测。这种监管的目的是确保固体废物容器的安全，避免后代人因当代人的不当处置而支付清理成本。

即使存在监管，10%以下的新建固体废物填埋场仍然会对靠被污染地下水为生的个人构成美国国家环境保护局所谓的“适度”健康风险：使患癌风险上升到超过百万分之一。然而，因为依靠固体废物填埋场浸出范围内的地下水生活的人是如此少，以至当前的监管措施只能将未来300年的癌症病例减少2～3例。没有被美国国家环境保护局计算在内的潜在监管收益还包括，固体废物填埋场选址的简便性得到提升、对地表水破坏的减轻、对后代人公平性的提高，以及因更高处理成本而带来的废物生成和相关上游污染物的整体减少。

总体上，这种监管方式是昂贵的：大约要花去58亿美元，或者每减少一例癌症需要花费大约20亿美元。按照每个家庭计算，这相当于在固体废物填埋场20年的生命周期中，每年的垃圾处理费用提高了4.10美元。

a. 使用上面给出的社会福利的概念，分别用方程（1）和方程（3）来解释为什么美国国家环境保护局对固体废物填埋场的监管（a）过于严格，或（b）不够严格。

应用 2.1

更多有关固体废物填埋场的问题

假设有100个人住在一个危险废物转储站附近。如果这些人在那里继续居住20年，那么其中会有一个人可能患上一种痛苦的非致死性癌症，由此会产生价值100万美元的医疗费用、误工费以及痛苦。假设这是这种危险废物所能造成的所有损害（这种废物的毒性会持续20年）。

美国国家环境保护局有三个选择：

1. 什么都不做。
2. 以400万美元的成本对这个危险废物转储站进行清理。
3. 花费100万美元的成本将这些人迁走，并将他们持有的物业封锁20年。

a. 按照效率标准对上面三个选择进行排序。解释你做出这种排序的理由。

b. 按照安全标准对上面三个选择进行排序。解释你做出这种排序的理由。

各节主要观点

2.0 **规范性**问题考察事情应该是怎样的，而不是事情是怎样的。针对规范性问题进行的经济学分析需要明确说明基本的伦理假设。

2.1 经济学的伦理基础是**功利主义**，它是一种哲学观点，即环境清洁之所以重要，是因为它能够为当代人和后代人提供快乐（效用）。这个哲学观点需要和生物中心论进行比较，后者因为自然的存在而珍视自然。经济学家假设对**可市场化交易的物品**和**不可市场化交易的物品**进行消费可以让人快乐。这种关系可以用一个**效用函数**来表示，污染作为一种带来负效用的消费元素进入这种效用函数。效用函数假定消费增长和环境质量改善之间存在一个基本的权衡。经济学家经常会对消费—效用之间的关系做出进一步的关键假设：**越多越好**。

2.2 经济学家使用**社会福利函数**来将个人效用加总在一起。在这种函数中，人们可以假设**消费的边际效用相同**，从而使社会福利变成个人福利的简单加总，不去考虑收益如何在同代人之间、不同代人之间，或者如何在受害者和污染者之间分配。这种社会福利函数的基础是**效率标准**，旨在将保护环境的各个步骤的**净收益**最大化。另外，人们可能希望对穷人的消费赋予比富人更高的权重，或者对受害者赋予比污染者更高的权重（**安全标准**），或者采取**可持续性规则**确保今天的消费不以未来几代人的福利为代价。没有一种社会福利函数是"正确的"，但是对它们的使用有助于我们澄清正确的污染水平这个规范性问题背后存在的假设。

参考文献

Arrow，Kenneth. 1963. *Social choice and individual values*. New York：John Wiley.

Brown，Paul. 1998. Towards an economics of stewardship：The case of climate. *Ecological Economics* 26（1）：11-22.

Kneese，Alan V.，and William D. Schulze. 1985. Ethics and environmental economics. In *Handbook of natural resource economics*. Vol. 1，ed. A. V. Kneese and J. L. Sweeney，191-220. New York：Elsevier.

Leopold，Aldo. 1966. *A Sand County Almanac*. New York：Oxford University Press.

Nash，Roderick Frazier. 1989. *The rights of nature*. Madison：University of Wisconsin Press.

Rawls，John. 1971. *A theory of justice*. Cambridge，MA：Harvard University Press.

Sagoff，Mark. 1995. Carrying capacity and ecological economics. *Bioscience* 45（9）：610-619.

Walras，Leon. 1954. *Elements of pure economics*. Homewood，IL：Irwin.

第 3 章 作为外部性的污染与资源退化

3.0 引言

任何经济都依赖生态系统，如图 3-1 所示，经济以两种基本方式嵌入生态系统。首先，人类的生产和消费过程依赖于将环境作为原料**来源**（source）；其次，经济还将环境作为废弃物的**排放地**（sink，或存储库）。原料来源和废弃物排放地被经济学家统称为自然资本。**自然资本**（natural capital）是大自然为我们的生产和消费过程提供的投入品。污染是对排放源的过度使用；资源退化则是对原料来源的过度使用。在这个意义上，污染和资源退化是同一过程的两个方面，即都是对自然资本的过度使用。

图 3-1 自然资本：来源和排放地

我们所说的污染到底是什么意思？考虑三个例子：

1. Tyler 在一个乌烟瘴气的厨房中吃饭。他暴露于污染之中吗？

2. Karen 在核电站工作时经常接触低放射性废物。她暴露于污染之中吗？

3. Myles 想去睡一会儿，但他邻居的音响系统突然响了。Myles 暴露于污染之中吗？

就本书的目的而言，正确的答案是“也许”、“可能”和“是的”。经济学家将污染定义为一种**负的外部性**（negative externality）：它是一种买方或卖方并不承担的交易成本。将污染称为外部性，是因为它将成本强加给一些人，而这些人既不是该污染物的消费者，也不是该污染物的生产者。

在第一种情况下，如果 Tyler 是吸烟的，结果会怎样？虽然不可否认烟雾会伤到 Tyler 的肺部，但是他可能已经认识到这种损害，因此吸烟是对快乐和风险进行权衡后的结果，他并不认为自己的情况变糟了。第二个“可能”则更加困难。暴露于放射性废物会增加 Karen 罹患癌症的风险，而且显然这是人类活动的一个副产品。但是，如果她对执行这项工作造成的个人健康风险有充分了解，并且以此为据换取一份薪水，那么接触放射性废物便是交易的一部分。也就是说，暴露在放射性废物中这件事情已经包含在她和她的雇主之间的交易之中，而不再是一个发生于外部的事件。在这种情况下，Karen 将面临严重的职业危害，就这件事情本身来说是需要监管的，但它已经不再是我们之前定义过的污染物。[①] 最后，可怜的 Myles 显然是一位污染受害者。他被迫暴露在邻居收听音乐时产生的消极副产品中。

从经济学家的角度来看，市场体系产生污染的原因在于在生产货物和服务的过程中用到的很多来自自然的投入品——如空气和水——其价格都被“低估”了。因为没有人拥有这些资源，所以在缺乏政府监管或者缺乏对污染受害者进行法律保护的情况下，企业会自由无约束地使用这些投入品，却不顾强加给其他人的外部成本。在美国，燃煤电力生产会将各种污染物释放到大气中，总体而言，这些污染物曾导致成千上万人过早死亡、患哮喘和其他疾病，以及造成人们损失数以百万计的工作日。经济学家最近的估计指出，它对社会运行造成的成本大约是，发电厂每发 1 千瓦时电造成 0.04 美元或更多的损失。[②] 如果强迫电力企业向受害家庭赔偿它们造成的损害［从而**内部化外部性**（internalize the externalities）］，那么这些企业实际上就是在为它们使用的空气进行付费。这反过来会提高企业的生产成本。空气的价格便不再被低估。其结果是，消费者会节约使用电力，电力企业也会找出过滤其排放物的方法。

图 3-2 提供了这种情况的一个简单的供给和需求分析。在今天的美国，不包括外部成本的平均电力价格是每千瓦时 0.08 美元。注意到，当需要内部化这个每千瓦时 0.04 美元的外部成本时，行业的供给曲线会垂直向上平移。这会导致最终价格的上升低于 0.04 美元（假设供给不是完全弹性的，需求也不是完全无弹性的）。这幅图会立刻提供一个预测。如果所有的电力企业都被迫负担其生产过程中产生的所有社会成本，那么竞争性的供给曲线将向上移动。电力的市场价格将会提高，卖出的电力数量会降低。图中表示出一个一般性原则：很难在减少污染的同时不减少造成污染的那种产品的供给。

因为大气是人类共同拥有的，所以它是一个“免费”的商品，电力企业会过度使用这种商品，进而造成很多生活在电力企业下风口的人承担电力生产的负外部性。从经济学的角度看，究其本质而言，许多污染问题出现的原因在于，类似于空气、河流和地下水这类环境资源是人类共同继承的遗产。本章其余部分将进一步仔细考察这种共有产权带来的影响。

---

① 这些断言要求 Tyler 和 Karen 确实充分意识到他们面临的风险。

② 参见 Muller，Mendelsohn，and Nordhaus (2011)。

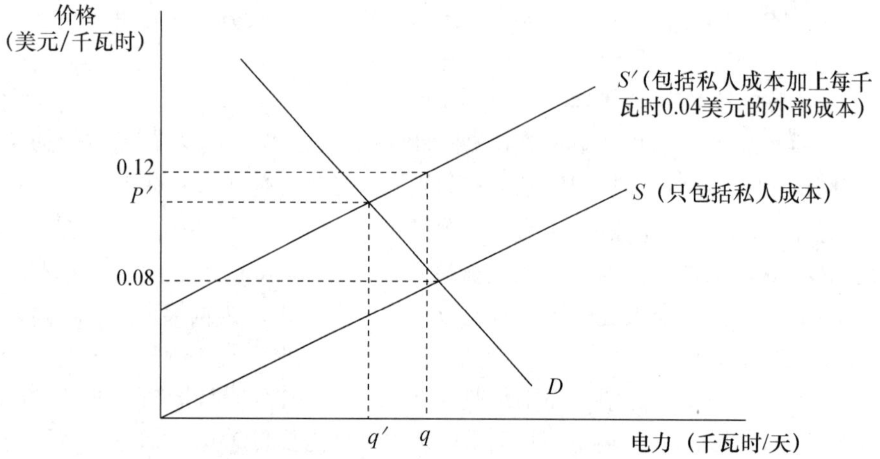

图 3－2　电力市场的社会成本和私人成本

3.1　开放存取问题

包括原料来源和废弃物排放地在内，许多类型的自然资本都不是（也无法变成）私人拥有的。正因如此，按照在本书中讨论过的各类标准——效率标准、安全标准或可持续性标准——度量，完全的自由市场体系将造成过度污染（或资源退化）。导致这一问题的原因有两个：第一个是**开放存取问题**（open access problem），当自然资本共同所有时往往会出现这类问题。第二个原因我们将在下一节讨论，它是公共品问题。我们可以简要地将开放存取问题表述为：如果人们只是针对私人收益和私人成本——而不是私人成本加上外部性成本或"社会成本"——进行衡量，那么在可以开放存取的时候，人们会对共有资源进行过度开发。

这种思想在 20 世纪 60 年代后期相当流行，当时由加勒特·哈丁（Garrett Hardin）提出，他将这个问题称为"公地悲剧"。他提出了一个在公共土地上放牛的人所面临的问题。在牧地上多放养一头牛的私人收益会很大，因为这头牛属于边际消费或边际销售。但是这么做也会带来一点私人损失，因为退化的资源将难以为现有动物提供充足饲料。当然，因为牧场退化造成的大部分损失都被外部化，由其他牧民承担，所以这样做造成的社会成本要大得多。但是，如果牧民寻求的是他自己的个人收益最大化，

> 他唯一明智的做法是向牧群额外增加一头动物。然后，再增加一头，增加一头……这便产生了悲剧。每个人都被关在一个系统里，他们在其中无限制地增加牧群——但资源却是有限的。在这样一个所有人都认为可以自由使用公共品，进而匆匆追逐并最大化个人利益的社会中，最终的结果就是毁灭。①

哈丁指出了公共产权资源和其最终被耗尽之间存在的鲜明且不可避免的联系。但是，事实上在绝大多数的传统社会中，牧业和渔业都是公众所有的，而且在几个世纪中都接受着相当可持续的管理。正是通过非正式的社会制约因素以及防止过度开发的传

① 参见 Hardin (1968)。

统，这个成果才得以实现。然而，当这种限制被“现代化”或人口压力打破后，开放存取问题便出现了，公地悲剧可能是其最终归宿。①

开放存取问题不仅可以解释为什么类似于牧地这样的自然资本会退化，还能解释为什么类似于空气这类环境排放源会遭到污染。例如，即使其家人也住在附近并接触到有毒物质，工厂主可能还是会安装一种低成本的、会产生大量空气污染的技术设备。这是因为该工厂主获得了污染的所有收益（从“低成本”生产中产生的利润），但他的家庭只承担了总体风险中的一小部分。

通过与高效技术的大规模结合，开放存取问题还可以解释过去几十年里商业性鱼类物种数量的急剧下降。接近一半的美国渔业和超过 70%的全球渔业都存在过度捕捞问题；据估计，如今北大西洋中可食用鱼类的数量只有 1950 年的 1/3。底部拖网作业等现代技术的出现还毁坏了海底栖息地，其本质就是对海床进行扫荡式捕捞，但不去复植。

新英格兰海岸地区的渔业曾经遭受过特别严重的打击。从 1990 年达到 18 000 吨的捕鳕鱼高峰急剧下落，在之后的 8 年里，由于渔业资源快速枯竭，捕捞数量下跌到只有 1 000 吨。此类资源的恢复速度非常缓慢，政府也持续减少对渔业的限制。但即使是总体渔获量（又称捕捞量）在急剧下降，渔民仍然反对捕捞限额。被昂贵的船只抵押贷款拖入困境的渔民说，他们认为削减捕鱼量是件自己根本承受不起的奢侈品。事实上，每条船得到的激励都是使用越来越多的复杂技术来提高自己从不断减少的渔业存量中获得的产出。②

通过一个虚拟的例子，我们可以进一步了解这个过度捕捞问题。假设捕鱼成本是每磅一美元，运用一艘船的边际成本——包括燃料以及为船员和船主支付的薪金——是 250 美元一天，于是，渔船的合理反应是持续捕捞，至少要平均捕到 250 磅的鱼。假设在新英格兰湾中船只数量和每天总的渔获量之间的长期关系如图 3-3 所示。于是，在有六艘渔船时，渔获量达到最高，在第七艘船加进来后开始下降，这意味着当地渔业渔获量已经超过了鱼类可持续的繁衍数量。如果还有第八艘船定期出海捕捞，那么原本用来繁衍的那部分鱼类存量也会被捕捞上来，随着时间的推移，鱼类数量便开始下降。③

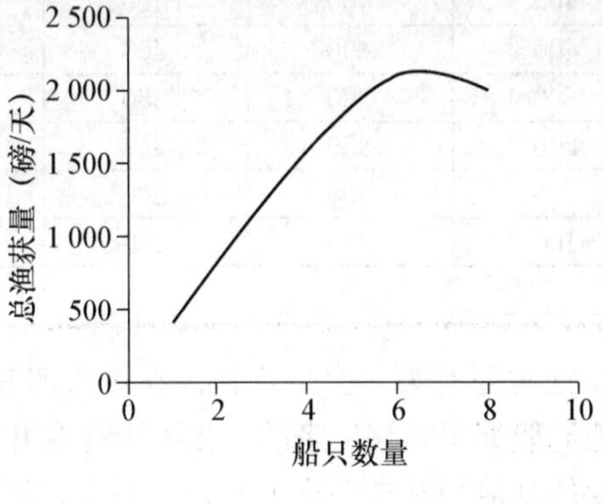

船只数量	总渔获量（磅/天）
1	400
2	800
3	1 200
4	1 600
5	1 900
6	2 100
7	2 100
8	2 000

图 3-3　船只和总渔获量

① 可在 Bromley (1991) 中找到完整的讨论。

② 关于全球渔业渔获量的数据来自 Helvarg (2003)。鳕鱼捕捞业的数据来自美国国家海洋渔业服务局（National Marine Fisheries Service）。

③ 这个模型来自 Gordon (1954)。

给定上述信息，考虑下面的材料：

☞

问题

第 1 部分。如果这个海湾是开放存取的，已经有七艘船在那里捕鱼，你会去这个海湾捕鱼吗?

第 2 部分。如果由你负责政府渔业委员会的运作，并且你想让这个海湾的总利润最大化，你会允许多少艘船出海捕鱼?

解答

第 1 部分。第八艘船的收入是 1 美元乘以 250 磅的平均渔获量，或者说是 250 美元。如果你出海捕鱼，可以赚得 1 天的工资并支出各项开销，因此这件事情值得去做。

第 2 部分。六艘船的数量是猜出来的，但未必正确。六艘船可以让收入最大化，但是利润是指收入减去成本。表 3－1 加入了一些额外的信息，有助于你回答这部分问题。请注意，表 3－1 将关注点从总收入和总成本转向了边际收益和边际成本——派出额外一艘船时增加的收益和成本。

为了让新英格兰湾地区的渔业实现利润最大化，应该一直派出渔船，直到总渔获量的增加所带来的价值刚好超过派出船只的机会成本。渔业委员会应该在出现第五艘船的时候就停止派送船只，因为第六艘船只能带来 200 美元的边际收益，但是它却无法覆盖 250 美元的成本。最后一列被标记为边际利润（每额外增加一艘船所带来的超额利润），明确地说：在五艘船之后，损失开始积累。

表 3－1　计算带来最大化利润的渔获量

船只数量	总渔获量（磅）	边际渔获量（磅）	边际收益（美元）	平均渔获量（磅）	平均收益（美元）	边际利润（美元）
1	400	400	400	400	400	＋150
2	800	400	400	400	400	＋150
3	1 200	400	400	400	400	＋150
4	1 600	400	400	400	400	＋150
5	1 900	300	300	380	380	＋50
6	2 100	200	200	350	350	－50
7	2 100	0	0	300	300	－250
8	2 000	－100	－100	250	250	－350

请注意，除了资源的过度捕捞外，这里还有第二个外部性。在进入四艘渔船之后，一些新进入者捕获的鱼实际上是从其他渔船那里转移出来的。当海湾存在开放存取问题时，每个渔民都不会认识（但是更重要的是他们不在乎这个问题）到此类强加于其他渔船的负外部性；每个人都只对总体渔业资源的减少承担一小部分损失。因此，即使行业中总渔获量和总收入都在下降，渔船还是会继续出海。正是由于存在开放存取问题，在新英格兰和全球范围内，人类和生态系统的悲剧确实正在上演。

图 3－4 分析了开放存取问题。边际收益先是保持不变，然后下降，这反映出派出额外船只后边际生产率的下降。请注意，在第四艘船出现之前，平均收益曲线和边际收

益曲线都是吻合的，但是一旦边际生产率下降，边际收益曲线就会处在平均收益曲线的下方。（这种下降源于边际值与平均值之间的数学关系：只有当增加的收益等于平均收益时，才能保持平均值不变，并且等于边际值。但是，当增加的收益低于平均值时，平均值便开始下降。）最后，每多派出一艘船所带来的固定边际成本被表示为一条在 250 美元处的直线。

再次可见，这幅图告诉我们，只要平均收益能够覆盖成本，即使行业获得的总利润是下降的，私人船只也还是会被派出捕鱼。允许开放存取最终将使八艘船只进入渔场。相比之下，利润最大化的渔获量发生在边际收益刚刚超过边际成本的时候，也就是出现第五艘船的时候。

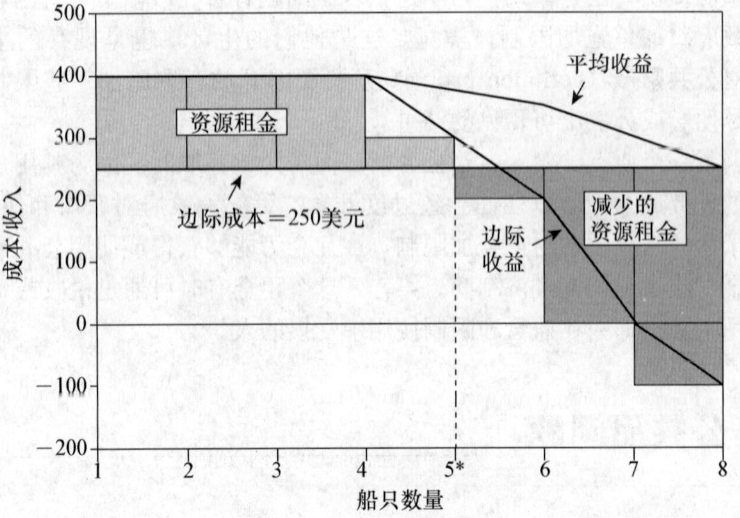

图 3－4　开放存取问题

行业赚取的利润可用每艘出海船只获得的边际收益和边际成本之差的总和来表示，也就是图 3－4 中浅色阴影部分。① 在图中，深色阴影部分表示行业中由于过度捕捞而导致的利润下降。对进入海湾的第六艘到第八艘船，边际收益都小于边际成本，这会导致全行业利润下降。显然，在有五艘渔船时全行业利润总额是最大的。

在第 2 章中我们学到，有效率的结果是指经济产生的净收益最大化。在这里，有效的渔船数量是五艘。确实是这样，因为示例中鱼（以及消费者支付）的价格不受供给量出现微小变化的影响，所以净社会福利正好等于利润。

这幅图还说明了依靠原料来源或废弃物排放地等稀缺自然资本建立的市场所应具有的一个关键特征。当自然资本得到有效使用时，能够获得资源的人可以赚取长期的经济利润。正是这些利润吸引人们进入市场，也导致原料来源或废弃物排放地的过度使用。这种源于自然资本使用受限而产生的长期利润，就被称为**资源租金**（resource rents）。相比于房东在选择物业时赚取的租金，资源租金源于对稀缺自然资源的所有权（或者是有限的获取渠道）。

---

① 从技术上讲，这是生产者剩余，而不是利润，因为我们在这里忽略了固定成本。选择这么做是为了方便阐述。

在我们的例子中，渔业中存在的开放存取问题会导致产业的利润因竞争而耗散。当有八艘船时，平均收益等于平均成本，所有船只都刚好达到收支平衡。但是在有效水平处，边际收益等于边际成本，行业可以赚得相当数量的资源租金。当我们把前五艘船的边际收益和边际成本之差（即边际利润）加在一起后，可得资源租金是每天 650 美元。

在新英格兰湾的例子中，经济学家史蒂文·爱德华兹（Steven Edwards）和生物学家史蒂文·穆拉夫斯基（Steven Murawski）估计指出，为了消除过度捕捞并实现有效获利，新英格兰海岸的渔获量应该削减 70%。这样做反过来会产生大约 1.3 亿美元的行业资源租金。① 这笔租金可能会以捕鱼费的方式转到政府手中，或者以利润的形式留给进行捕鱼的渔民。爱德华兹计算得出，源自收费制度的政府收入足以为因限制捕鱼而无法出海的渔船提供补偿，该结论暗示这个棘手问题有着在政治上可行的解决办法。渔民往往憎恨政府对捕鱼施加限制，毕竟，这是他们的生计，也是现存的生活方式。然而，如果不对**公共财产**（common property）资源的开放存取施加一些限制，资源过度使用直到耗尽便会成为一个可预见的结果。

本节说明了三个要点。第一，当公共财产面对开放存取时，因为其用户不会考虑相关行为产生的外部成本，所以往往导致过度开发。第二，政府对获取和使用渔业资源、清洁空气与干净的水等公共财产施加限制，往往会为能够获得或使用公共财产的人带来一种资源租金，或者说长期经济利润。第三，这个租金有时可通过税收或费用的方式被收集起来，用于补偿那些在监管和限制使用中受损的人。

3.2 公共品问题

开放存取问题或许可以解释清洁的空气和水或渔业这类公共资源为什么会受到过度开发。但为什么政府要决定该怎么办呢？相反，为什么不是负外部性的受害者联合起来，由他们自己来防止资源受到污染或过度开发？正如我们刚才所提到的，这是在传统社会中对牧场和渔场等环境退化做出的一类常见应对措施。人们依赖非正式的社会压力和传统来防止资源的过度开发。在现代美国社会，这相当于去起诉一家违规公司或造成损失的个人并进而要求赔偿。事实上，少数所谓的**自由市场环保主义者**（free-market environmentalists）主张取消许多环境法规，建议由受害方通过法律诉讼来使外部性"内部化"。②

然而，这种针对环境退化的私人补救措施演变出经济学家所谓的**公共品问题**（public goods problem）。公共品是由大众共同享有的物品；一个虽然有点过时但很经典的例子是灯塔提供的警告服务。从技术上讲，经济学家用"非排他性"来描述公共品。一旦灯塔开始运营，它不可能将任何经过的船只排除在外，不可能让任何经过的船只不使用灯塔提供的警告信号。③

---

① 参见 Tregarten (1992)。

② 参见 Greve and Smith (1992) 的引论部分和结论章节。

③ 纯公共品还有另外一个特点：它们都是非竞争性的。这意味着一艘船使用灯塔服务，并不减少其他人获得的服务的价值。

鉴于两个因素的存在，自由市场在提供公共品时会出现问题：交易成本和搭便车。为了说明这个问题，考虑一个通常是享受的公共品——例如，Myles 家附近在晚上 11 点后的噪声水平。现在假设一位叫 Tipper 的邻居把她的音响系统调高了几个分贝。这时，如果 Myles 希望从他的周围邻居获得支持签名，希望收集资金支付提起诉讼的律师费用，希望获得要求 Tipper 关掉音响的法律禁令，Myles 可能会遇到相当大的麻烦。开展这些行动的成本被称为**交易成本**（transactions costs），因为损害具有公共品的性质，所以交易成本会特别高。

如果 Myles 确实做了那些事，那么获益的将不仅是他自己，还包括所有的邻居。一些邻居可能会拒绝帮助他，相反，他们会**搭便车**（free ride）。相反，Myles 可能觉得组织一场诉讼并不是那么值得做的一件事，于是他在床上辗转反侧，希望其他人能够去做这件事。其结果就是，邻居对安静的需求虽然很大，却无法实现。虽然 Myles 那样做的社会福利可能远远大于成本，但是任何个人都不会跨越交易成本，也难以消除提供公益诉讼时存在的搭便车的可能性。

在大多数城镇里，人们使用被称为滋扰法（nuisance law）的政府监管来对噪声污染做出回应。当这种监管手段发挥作用时，Myles 可以打电话给警察，从而大大减少与制止噪声有关的费用。更一般地说，如果污染受害者试图联合起来保护自己或在法庭上寻求赔偿，他们将面临非常高的交易成本。例如，对大多数污染问题而言，即使政府官员也很难获得健康风险、污染暴露途径以及污染排放源等方面的准确信息。鉴于打赢一场官司需要花费相当大的成本，搭便车问题会变得更加严重。基本原则是，如果在环境污染监管中没有政府干预，安全的环境就会变成公共品，将会出现供给不足。这并不是说没有人提供公共品。一些人确实会提供公共品，但是所提供的公共品会少于社会总体愿意支付的那个数量。

要看到这一点，请考虑另一个例子：在美国由私人出钱购买和维护湿地及其他宝贵的生态系统。目前，大自然保护协会（Nature Conservancy）是一家希望通过募集资金来做这件事的组织。假设这个组织向 Peabody 先生和 Massey 先生寄去了一封信，说它们需要以每英尺 50 美元的成本来保护最后 100 英尺的原始阿巴拉契亚鳟鱼溪流。现在，Peabody 先生可能只愿意为每英尺支付 30 美元，Massey 先生愿意为每英尺支付 40 美元，于是总共有每英尺 70 美元的支付。于是，每英尺生态保护的货币价值比保护成本高出 20 美元。

问题

大自然保护协会能够得到足够的资金来买下那块土地吗？

解答

不一定。Peabody 先生如果发现 Massey 先生愿意为每英尺支付 40 美元，那么他自己就会选择为每英尺支付 10 美元。Massey 先生也有同样的逻辑，只会为每英尺捐出 20 美元，于是总和就是每英尺 30 美元。其结果是，每个人都会试着去占别人提供的 100 英尺公共品的便宜，于是大自然保护协会将无法获得足够资金。

通过图形的方式考察公共品需求曲线和更为传统的私人品需求曲线之间的异同，我们可以对这个问题有所理解。在图 3－5A 中，让我们假定鳟鱼溪流可供出售给个人。注意，如前文所述，对这 100 英尺的土地而言，Peabody 愿意为每英尺支付 30 美元，Massey 愿意为每英尺支付 40 美元，但是现在，他们无须共享这块土地。你可能还记得从以前的课程学到的内容，私人品的需求曲线是个人需求曲线的横向加总。在每英尺 30 美元的价格下，Peabody 需要 100 英尺而 Massey 需要 120 英尺，因此总需求就等于 100＋120，也就是 220 英尺。在私人品市场中，消费者面对单一价格，每一个人的消费数量等于其购买的数量。于是总需求得以满足。

相比之下，当商品是公共品时，所有消费者在一个给定的公开数量内决定支付多少。在图 3－5B 中，鳟鱼溪流已经成为一个公共品；无论购买多少，Massey 和 Peabody 都必须共享这个公共品。对这 100 英尺的土地而言，我们知道它的总价值是每英尺 70 美元；依此逻辑，我们可以看到，在任何给定的数量上，这两个人的加总支付意愿（或者说他们的需求）都是个人需求曲线的垂直加总。

公共品的真实总需求数量很少能够在市场中得到表达，原因有两个。第一，与私人品不同，某些第三方必须组织对资金进行收集，以便为公共品提供支付，或者启动对污染者的诉讼。Myles 将不得不从床上把自己拽起来，从邻居那里收集签名完成一份请愿书，然后说服法官要求 Tipper 安静一些。更一般地说，在法庭上为一个具有高度竞争性的环境损害事件提出证明可能会花费很大成本。正如我们所看到的，支持这种努力所需要的东西提高了公共品的交易成本——与完成市场交易相关的成本。

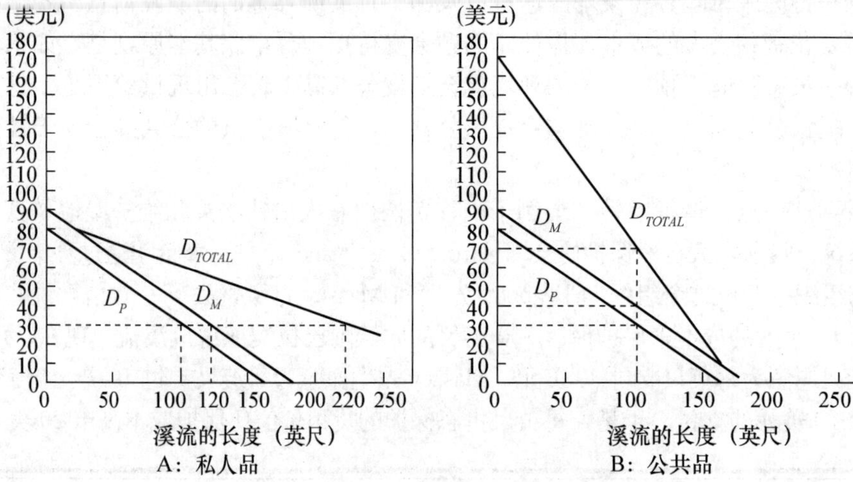

图 3－5　对私人品和公共品的需求

第二，对公共品而言，个人还有搭他人努力的便车的激励。虽然 Massey 和 Peabody 对那块土地的估价都高于人们要求的价格，但是他们可能不愿意向私人机构透露自己的真实偏好，也不愿意在政府为公共品收集资金时表现出自己的喜好。在小团体中，搭便车行为往往能够得到抑制，因为在小团体中，每个人都能看到其他人的个人努力对共同任务的成功发挥的“关键作用”，而且/或者小团体的成员有一定的集体责任感。然而，对大多数控制污染的工作而言，上述条件可能不会成立，这就使得搭便车成为非政府组织提供公共品时面对的一个严重障碍。

总结这一节，相比于私人品，公共品由大众消费。由于过高的交易成本和搭便车行为，在纯粹的市场经济体系中，公共品的真实需求将无法得到满足。信奉自由市场的环保主义者主张仅依靠法院系统来内部化环境外部性。然而，大多数经济学家争辩说，由于交易成本和搭便车行为的存在，在自由放任的市场中，清洁空气或清洁水、雨林、自然公园和其他一些环境设施等公共品都会出现供应不足的问题。① 因此，就需要政府通过监管环境来保证这些公共品的供应。

3.3 具有可持续性的商业活动能够提供一种解决方案吗

近年来，一种围绕经济和环境问题的新范式开始出现，它被称为**具有可持续性的商业**（sustainable business）活动。商业企业可以不将环境和社会问题看作应该置于外部的不必要的成本，而是将其看作一个潜在的获利机会吗？在现有的政策、法律和法规约束下，商业活动能够有效地、大规模地以一种可获利的方式来减少污染和资源退化吗？

一个例子是：在纽约州的特洛伊（Troy），两位企业家开始着力于消除地球表面的聚苯乙烯泡沫塑料。一家名为 Ecovative 的公司能够培养出大型真菌，那种类似于森林原木的真菌，然后把这些真菌烘干，切割出来制造能够运输衣服、花生的材料，甚至可以用它来代替泡沫制作保温墙板。相比于以石油为基础，需要大规模开采和加工才能生产，而且会在自然界存在上万年的泡沫产品，Ecovative 公司的产品生长在具有适宜温度的暗室中，当这种材料完成其使命后，消费者可将其弄碎并埋在自家花园里当作堆肥。

在聚苯乙烯泡沫塑料的整个生命周期中——从石油开采到炼制和制造，再到运输以及用完后的处置——会产生诸多污染问题（外部性）。分别处理这些问题的监管策略——往往是末端治理（end-of-pipe controls）或者是寿命末期管理（end-of-life mandates）——无疑会提高生产聚苯乙烯泡沫塑料的成本，进而会提高消费者运送物品和家庭保温时支付的价格。Ecovative 公司和数以百计的其他绿色公司希望做的就是，通过开发本来就更便宜和更清洁的解决方案，来重新改变相应的成本。

在 20 世纪 90 年代，领军型企业领导人开始追求这一战略，在 21 世纪，具有可持续性的商业活动开始潮涌。人们发现，对成本的节约具有三个层次：

> 降低风险。企业通过主动减少污染来减少它面对的风险——监管风险、法律责任，以及消费者的对抗。
>
> 节省资源。污染往往是一种浪费。企业能够更有效率地使用水、能源和原材料，同时能减少排放，往往还能省钱。
>
> 创新的文化。企业将解决其环境问题视为业务得以盈利的一类方式，创造培育创新的文化。

具有可持续性的商业活动受到人们的广泛欢迎，无论是初创企业还是财富 500 强公

① 使用法律体系解决外部性也会带来大量的管理和交易成本。欲想对法律责任的经济学分析做一个总体回顾，可见《经济展望杂志》[*Journal of Economic Perspectives* 5 (Winter 1991)] 所出版的专题论文集，尤其是 Menell (1991) 这篇文章。

司，它们都在追寻这一策略的过程中获得不断进步。不断涌现的经验证据表明，相比于生产过程不那么环保的企业，在环保方面做得好的企业，利润就算不是更丰厚，也应该不相上下。[①] 但是，与此同时，许多企业的努力只不过是将自己漂绿（greenwash）。最终，我们尚不清楚具有可持续性的商业活动能走多远。在当前政府法规和政策不作重大改变的背景下，生态足迹中的利润下降会达到何种程度？

在第 9 章、第 18 章以及第 19 章中，我们会更加仔细地考察清洁技术发展中存在的机会，我们还将探索企业在追求具有可持续性的商业活动时，能在多大程度上同时减少生态足迹、降低成本并增加利润——所谓的波特假说。但是，即使真正意义上的绿色企业能够创新并获得繁荣，绝大多数对可持续发展方面的创新不甚关注的企业仍然会通过过度使用公共品并将成本外部化等传统方式提高利润。这让我们回到一个基本问题，即需要政府通过政策来内部化外部性，需要创造价格信号来让企业说出真实的生产成本。

3.4 总结

在本章中，我们分析了导致环境退化的公共财产的两个不同方面。首先，开放存取问题解释了为什么个人在明知后果的情况下还会破坏他们所赖以为生的资源：因为开发此类资源的收益归私人所有，但是成本在很大程度上却被外部化。其次，公共品问题部分解释了为什么人们不通过起诉污染者或购买自然服务的方式来“购买”清洁环境：因为这个过程中的交易成本很高，人们倾向于搭别人的便车。

最近兴起的具有可持续性的商业活动为我们提供了希望，通过创新，商业企业可以为一些（也许很多）环境和社会挑战找到具有盈利性的解决方案，在那些与监管结合起来、导致很多内部性外部化的所谓的肮脏产业中尤其如此。本章的中心论点是，一般来说，自由市场的力量无法为适当地照顾和保护我们所处的环境提供正确激励。有鉴于此，我们的应对方式应该是什么？首先，我们注意到，一部分人认为可以充分利用私人诉讼来使污染的外部性内部化。其次，我们会在第 17 章和第 18 章中考察更为常见的应对方式，也就是呼吁开发出更多的无害“清洁”技术，以便在第一时间实现污染的减少。然而，传统的应对方式是政府对污染进行监管，这又将我们带回第一个主要话题：何种程度的污染可称为过量？

应用 3.0

让政府不要参与污染控制吗

商业杂志《福布斯》中的一篇文章抨击美国国家环境保护局正在执行无效、昂贵和腐败的政策：“美国的环境政策不受控制且成本高昂，它降低了人们的生活标准，被政客、诡计多端的商人和社会极端主义分子掌控”（Brimelow & Spencer，1992，67）。其实，我对环境政策由政客在运作这件事情并不感到奇怪；毕竟，这正是人们选举他们去

① 参见 Sturmak and Krosinsky (2011)。

做的一部分事情。幸运的是，这篇文章为消除控制污染的那套烦琐官僚制度提出了一个建议：

有一种与美国的生活方式相适应的环境政策：发展财产权和共同侵权法。诉讼的威胁将阻止污染，其细节将由私人当事方完成。例如，邻居可以使用“滋扰法”来起诉发出恶臭的工厂。

在环境法101课上，法律专业的学生了解到这种方式是不会起作用的，这类似于经济学专业的学生学习到的“市场失灵”——两种情况的解决方案都是政府干预。但是当代学者指出，在政府干预之前，普通法的确在起作用（67页）。

《福布斯》上的文章接着引用了Greve and Smith (1992)，将其作为支持自由市场环境保护主义的一种“现代学术”来源。

a. 虽然在本章中并未使用市场失灵这个术语，但我们确实在公共品问题中发现了这个顽固问题的存在。大多数经济学家确实认为，以私人方式通过诉讼解决污染问题，将会导致更多的污染。请用两个原因来解释为什么是这样的。

应用3.1

开放存取和伐木

下面的数据是指在热带雨林带中完成的伐木次数。如果不含外部性，伐木的私人成本为每周25 000美元。伐得的每根原木可卖1美元。请填写下面的表格。

伐木次数	总伐木数量（千根）	平均伐木数量（千根）	边际伐木数量（千根）
0	0		
1	40		
2	75		
3	105		
4	130		
5	150		
6	165		
7	175		
8	180		
9	182		

a. 最大化行业总利润（忽略外部性）的森林伐木作业量是多少？在这个伐木作业量水平上，能够产生多少总资源租金？

b. 如果开放森林砍伐，有多少人会蜂拥而至进行砍伐？在开放森林砍伐的情况下，伐木工人能够获得任何的资源租金吗？

c. 下面哪些是与伐木相关的外部性？

——失去可运用于医疗或农业领域的遗传学材料。

——伐木工人获得低工资。

——储存在森林“碳汇”中的二氧化碳被释放。

——建设能够使企业获取原木的道路。

d. 假设与森林砍伐相关的总外部性的价值可能是每次砍伐 10 000 美元。那么伐木工人数量达到多少时是有效率的？开放森林砍伐时操作员的数量是多少？

e. 假设进入森林进行砍伐的权利被一个（完全强制执行）收费制度控制。为了保证有效的砍伐数量，应该收取多少（每周）费用？

应用 3.2

开放存取与造纸生产

在大湖周围有四家造纸厂，每家造纸厂每年生产 100 吨纸张。纸张在全国性市场上以每吨 2 美元的价格出售，包括所有的生产成本，每家造纸厂生产一吨纸张的成本都是 1 美元。因此，每家造纸厂可以赚到每吨 1 美元的纯经济利润。这些造纸厂在生产过程中需要淡水，也会产生一种糊状污染物，造纸厂会将这些污染物排入大湖。

新建的造纸厂还是可以在大湖附近选址，并以每吨 1 美元的基础成本进行生产。然而，每新建一家造纸厂，大湖中的水就会进一步受到糊状污染物的侵害，因此每家造纸厂将不得不安装水处理设备，以便获得干净的淡水。这个与新建造纸厂有关的外部性将会提高所有设备的造纸成本，其中包括新建造纸厂的成本，比如，考虑每家新建造纸厂的成本每吨会提高 0.15 美元。

a. 假设现在对大湖实施开放存取。如果只要有任何经济利润可赚，造纸厂就会继续在大湖附近选址，那么，会有多少新的造纸厂得到建设？对纸张生产商而言，造纸厂数量达到多少时，可以带来行业中总利润的最大化？（提示：平均收益仍然保持在 2 美元不变。创建一个表来比较，随着大湖附近新建造纸厂数量的增加，平均收益会随着平均成本和边际成本的变化出现什么样的变化。）

b. 沿着横轴上造纸厂数量的变化，画出边际成本曲线和边际收益曲线。假设在政府的监管下，只允许在行业利润最大化的那个数量范围内的造纸厂向大湖排放污染物。指出允许经营的造纸厂能够获得的资源租金数量。

c. 假设政府通过监管，使造纸厂数量比开放存取情况下的造纸厂数量少一家。指出剩余造纸厂的利润（资源租金）上升确实足以弥补无法运营的那家造纸厂所遭受的利润损失。

应用 3.3

公共品的需求曲线

亚当和夏娃居住在伊甸园的两侧，这是一个小的郊区。在他们搬进来后，他们发现在两人的房子之间有一个旧的多氯联苯垃圾堆。如果总共有 X 吨的多氯联苯可以从垃圾堆中移除，那么亚当和夏娃愿意为这个清理行为提供的真实支付意愿（willingness to pay，WTP）如下所示：

亚当的支付意愿$=10-X$

夏娃的支付意愿$=6-X$

a. 亚当的支付意愿高于夏娃的支付意愿。这意味着夏娃对暴露于多氯联苯污染的担心要小于亚当吗？为什么？

b. 画一幅图来表示两人对清理多氯联苯的需求曲线，以及邻居之间清理多氯联苯的加总需求。清理 3 吨多氯联苯的加总支付意愿是多少？清理 4 吨多氯联苯呢？

c. 如果清理 2 吨多氯联苯需要花费 12 美元，那么在这个小社区中的支付意愿是否能为这个活动支付足够的资金？为什么自愿的清理行为可能会失败？请给出两个理由。

各节主要观点

3.0 **自然资本**是指大自然为我们的生产和消费过程提供的投入品。污染是对**废弃物排放地**的过度使用；资源退化是对**原料来源**的过度利用。**负外部性**是指没有被交易中的买方或卖方承担的成本。使**外部性内部化**，是指强迫产生外部性的源头承担原本强加给其他人的外部成本。

3.1 当类似于空气、水或土地这类**公共财产**可以**开放存取**时，就会出现负外部性。传统的社会会使用非正式法律和限制条件来对公共环境资源的使用进行监管，但是其中的很多方法都已经失效。无论是通过政府行为还是通过私人产权，当获取自然资本受限时，保留使用权利的那些人都可以获得**资源租金**。

3.2 为解决开放存取问题，政府应该对环境加以监管吗？**自由市场环保主义者**相信，无须对污染者进行监管，受害者会对他们提起控告以确保环境质量。然而，大多数经济学家认为，由于清洁的环境是一种**公共品**，也由于存在过高的**交易成本**和**搭便车**行为，在法院进行的私人谈判可能是没有效率的（也是不安全和不可持续的）。所以，需要政府监管来使环境的外部性内部化。

3.3 **具有可持续性的商业活动**关注在当前的政策法规和监管结构中通过减少污染与资源退化来获取利润。利润产生于三个来源：降低风险、提高资源效率，以及不断的创新。除了漂绿行为，更大的问题是大幅改善环境质量并赚取利润的机会有多广泛？毕竟，目前其他类型的企业仍然通过外部化环境成本来赚取利润。

参考文献

Brimelow, Peter, and Leslie Spencer. 1992. You can't get there from here. *Forbes*, 6 July, 59-60.

Bromley, Daniel. 1991. *Environment and economy: Property rights and public policy*. Cambridge, MA: Blackwell.

Gordon, H. 1954. The economic theory of a common property resource: The fishery. *Journal of Political Economy* 62 (2): 124-142.

Greve, Michael S., and Fred L. Smith. 1992. *Environmental politics: Public costs, private rewards*. Boulder, CO: Praeger.

Hardin, Garrett. 1968. The tragedy of the commons. *Science* 162 (3859): 1243-1244.

Helvarg, David. 2003. The last fish. *Earth Island Journal* 18 (1): 26-30.

Menell, Peter S. 1991. The limitations of legal institutions for addressing environmental risks. *Journal of Economic Perspectives* 5 (3): 93-114.

Muller, Nicholas Z., Robert Mendelsohn, and William Nordhaus. 2011. Environmental accounting for pollution in the United States economy. *American Economic Review* 101 (5): 1649-1675.

Sturmak, Bud, and Cary Krosinsky. 2011. "*On performance*" *in evolutions in sustainable investing*, ed. Cary Krosinsky. New York: Wiley.

Tregarten, Timothy. 1992. Fishermen find fewer fish. *The Margin* 7 (Spring).

第 4 章 效率标准

4.0 引言

经济学家有时会指出，实现零污染的目标不仅可能是昂贵的，而且事实上很可能会适得其反。其中表达的观点是，我们应该对减少污染的成本和收益做出综合考虑，在一般情况下，应该寻求实现一种有效率的污染量。有种观点认为任何水平的污染都是“高效”的，这个观点让许多人感到有点奇怪。因此，本章从定义有效率的污染水平开始；然后说明如何在原理上和实践中使用边际分析方法来确定有效率的污染水平；之后，我们讨论功利主义从伦理学角度出发对效率标准的辩护；最后，我们还考察了在真实世界中应用成本—收益分析时面对的挑战。

4.1 定义效率

要理解所谓有效率的污染水平的含义，我们需要看一看效率的概念。在日常的生活用语中，效率是指没有资源浪费的情况。经济学家用一种与之有关但更具体的方式来使用这个术语。意大利经济学家维尔弗雷多·帕累托（Vilfred Pareto）在 1909 年提出了经济学中的效率定义，后来这个定义以他的名字命名。

实现了帕累托效率的情形：它是指一种情况，即如果不使其他人受损，那么不可能让一个人的境况变得更好。

当经济学家说某个结果是有效率的时，他们几乎总是意味着“帕累托效率”。在本书的大部分篇幅里，我们都不会在效率二字的前面提及帕累托，只有当需要提醒读者我们在使用这个具体的定义时，才会在效率前面加上帕累托。

追求效率的好处在于，基于现有的收入分配条件，它能使“经济馅饼”尽可能大。事实上，当结果具有效率时，经济产生的**净货币收益**（net monetary benefits）可以得到最大化。这意味着所有收益的加总能得到一个货币值，它是人造的和自然的价值减去所有由私人承担和外部承担的生产成本，当实现效率时，这个价值应该尽可能大。我们怎么知道这个值是尽可能大的？可以应用效率的定义进行判断。如果在使某人境况不变差的前提下使另外一个人的境况变好（意味着我们处于无效率的那个点），我们就能通过向更有效率的那个点移动，来使净收益这个经济馅饼变得更大。

关于效率需要阐明的第一点是，它并不需要考虑公平的因素。在图 4-1 中我们清楚地说明了这一点，这幅图显示了两个经济馅饼。馅饼 2 的效率比馅饼 1 更高，因为它更大——它最大化了整个社会的收益。然而馅饼 2 的公平性明显比馅饼 1 小。无论从绝对值看还是从相对值看都是这样。在馅饼 2 中，*B* 部分的情况要更糟。因此，就其自身而言，效率标准可能难以为我们推导出一个具有良好社会效应的结果（我们两位作者中的一位回忆起他第一次在微观经济学课上学到帕累托效率时的情景。当时他问老师是否可能存在一个高效率的奴隶社会。答案是肯定的——释放奴隶可能不是“高效”的，因为以货币计算，奴隶主失去的东西可能比奴隶获得的更多）。

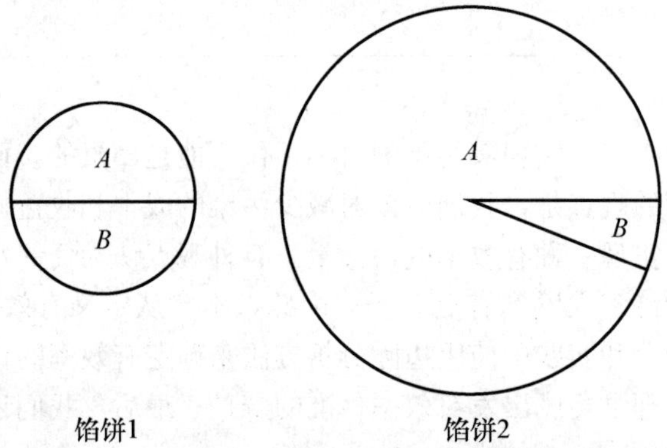

图 4-1　帕累托效率对公平

然而，一旦经济馅饼被做大，至少从绝对值来看，它能让每个人得到更大的收益。在图 4-1 中，从原则上看，馅饼 1 向馅饼 2 的转向能够让 *A* 和 *B* 两类人都得到更大收益。因此，从理论上讲，任何向着更高效率的移动都能带来双赢。我们在上文中已经考虑过这样一个例子：通过在新英格兰海湾限制捕鱼，政府可以得到足够的资源租金来补偿未能允许入内捕鱼的渔民，同时能让其余可在海湾捕鱼的渔民过上体面的生活。让我们看看另外一个类似例子，这个例子与使用加利福尼亚州的稀缺水资源有关。

加利福尼亚州是一个处于半干旱状态的地区，拥有广阔的农业以及快速增长的城市中心。在那里，水是稀缺的，为此，企业化运作的农民和环保人士结成了一个看上去不大可能的联盟，这个联盟支持在公开市场进行用水权交易，希望以此来提高当前供应的淡水的使用效率。①农民希望通过出售他们的水资源来获取利润，而环保主义者则对阻止该州建设具有生态破坏性的新水坝产生兴趣。

为了简化这个复杂的故事，考虑加利福尼亚州的农田获得了某个给定比例的水资源使用权；目前，该州农民使用了大约 85%的水资源。农业用水价格由州政府和联邦政府设定，其价格水平要比大城市的用水价格低得多：一项研究提出，每英亩—英尺（acre-foot）的州用水价格应该是 10 美元，但是城市的用水价格却是每英亩—英尺 100 美元。低廉的农业用水价格导致明显的无效率，但是在死亡谷（Death Valley）等地，灌溉干草产生的利润则在上升。这种做法是低效的，因为它缩小了整个加利福尼亚州经济馅饼的规模。水资源可被用于其他经济部门——非用水密集型农产品、工业产品，甚至是大都市地区的绿色草坪（可以提高房屋的价值）——从而产生具有较高货币价值的产出。一项研究估计，如果水资源能够得到更加有效的分配，加利福尼亚州的地区生产总值大约可以提升 50 亿美元。②

通过假设加利福尼亚州存在农业和城市两个用水市场，而且两个用水市场之间不存在资源转移，我们可以对上述情况进行分析。这个情况如图 4-2A 所示。加利福尼亚州可以通过把两个市场合并成一个市场来转向更有效率的点。如图 4-2B 所示，这样会产生 70 美元左右的单一用水价格。

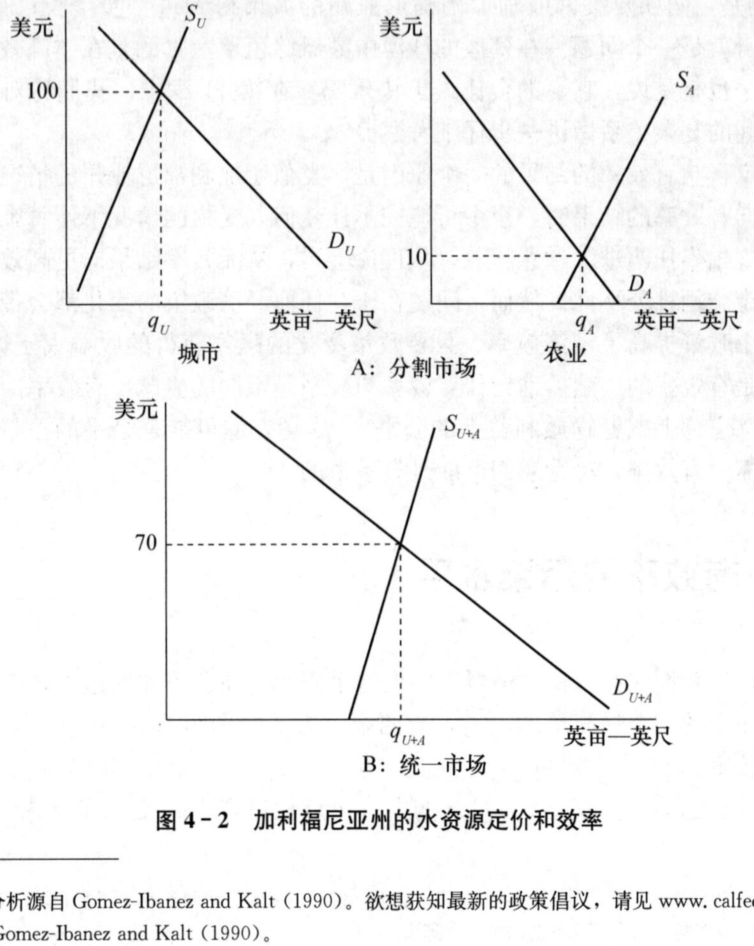

图 4-2 加利福尼亚州的水资源定价和效率

① 这个分析源自 Gomez-Ibanez and Kalt (1990)。欲想获知最新的政策倡议，请见 www. calfed. ca. gov。

② 引自 Gomez-Ibanez and Kalt (1990)。

实现这一目标的一种方法是，政府将价格提高到单一市场的水平，按照这个价格来出售水资源，在这个例子中是 70 美元。不出意料，在全州范围内呼吁类似改革的一项倡议并未得到通过，因为从农场主利益出发的反对意见十分强大。这样做显然是有效率的，因为农民不去购买的那部分水资源现在可以腾出来留给大城市使用。然而，人们认为这种方式不公平，因为它在改变游戏规则的过程中损害了农民的利益。

然而，向有效率的情况转向时往往会出现类似情况，带来**帕累托改进**（Pareto-improving）的替代性政策是存在的——这个政策实际上可以使每个人的境况都变得更好。在加利福尼亚州，农民可以继续按照 10 美元的价格购买其旧的水资源配额，但是允许他们无限制地向城市部门转售。在这种情况下，死亡谷的农民可以继续种植干草，但这样做时他们便放弃了可观的利润。通过简单地转售其拥有的水资源，他们可以获得每英亩一英尺 90 美元的收入！根据这项政策，农民会逐渐放弃效率低下的农业，然后成为“水务大亨”。在加利福尼亚州，人们正在寻求具有这种性质的改革。①

无论是哪项政策——单一价格或者对用水市场进行补贴——都会让大量农民离开农业部门，加利福尼亚州的经济将更多地转向工业和服务部门的生产。总体而言，经济学家预测，随着水资源流向使用价值更高的地方，加利福尼亚州产出的货币价值会上升。因此，这两项政策都是有效率的，不过，从很多方面来看，第一项政策的公平性不足。（值得注意的是，两项政策都鼓励加利福尼亚州的城市得到进一步增长；很多人认为，这种增长本身就是一个问题。在郊区的沙漠中灌溉绿色草坪真的是在“高效率地”使用水资源吗——也就是说，它真的会让人更快乐吗？在第 11 章中，我们将对经济增长和社会福利之间的复杂关系做进一步仔细考察。）

经济学家喜欢有效率的结果的一个原因是，类似于加利福尼亚州的情况，当从无效率的结果转向有效率的结果时，至少可能在不让任何人受损的情况下使每个人都变得更好，从而实现帕累托改进。这意味着，从理论上讲，从无效率结果向更高效率结果转向时，并不一定会牺牲公平性。然而，问题在于，任何经济政策的变化都会带来赢家和输家，即使这个政策提高了经济效率。只要政策变化的赢家获得的收益大于输家的损失，这种变化就是有效率的。然后请记住，效率与公平是不同的概念。有效率的结果不需要具备公平性（道德上或者物质利益上的公平），尽管它们可能是公平的。与此同时，公平的结果不需要有效率，尽管它们可能是有效率的。

4.2 有效率的污染水平

你可能记得我们应该讨论“适量”污染这个问题。在这里如何运用效率概念？让我们考虑有关污染的一个最简单的例子，有两个工人，分别叫 Brittany 和 Tyler，他们在早上来到办公室。

他们坐在自己的办公桌前，Tyler 掏出一包烟然后点上一支抽了起来。Brittany 讨

① 这是有关效率的希克斯-卡尔多测试（Hicks-Kaldor test）；因为它明确地改善了福利，在不同参与方之间消费的边际效用必须相等。请参阅 4.6 节的第一个脚注。

厌香烟，但是办公室里并未规定禁止吸烟。Tyler 每天都会吸五支烟。这让 Brittany 感到相当绝望，所以她考虑去贿赂 Tyler。“我要付多少钱给你，才能让你每天少抽一支烟?”Tyler 思考了一下。他说，“一支烟吗? 给我 4 美元，我可以忍受每天少抽一支烟。”Brittany 进一步问道，“每天少抽两支烟呢?”“那会更难受，你得额外再付 6 美元”。于是，少抽第三支烟需要额外再付 8 美元。如此往复，最终得到的结果可见表 4-1。

表 4-1　　空气清洁的边际成本和总成本

减少的香烟数量	每少抽一支烟要求的额外支付（美元）	要求的总支付（美元）
1	4.00	4.00
2	6.00	10.00
3	8.00	18.00
4	10.00	28.00
5	12.00	40.00

表 4-1 指出，由于吸烟成瘾，Tyler 每少抽一支烟的不情愿程度都在上升。事实上，即使在少抽四支烟后获得 28 美元的总收入，他还是要接受额外 12 美元的收入才能实现彻底戒烟。

Brittany 对办公室中减少污染的好处有着自己的理解。减少第一支烟是至关重要的，因为它可以使环境变得能够容忍：为了这样，她愿意支付 10 美元。接下来再减少一支香烟也能使环境进一步得到很大改善，但这已经并非绝对必要了，因而这支香烟值 8 美元。表 4-2 列出了少抽烟对她带来的私人收益。

表 4-2　　空气清洁的边际收益和总收益

减少的香烟数量	每少抽一支烟额外的支付意愿（美元）	总支付意愿（美元）
1	10.00	10.00
2	8.00	18.00
3	6.00	24.00
4	4.00	28.00
5	2.00	30.00

对 Brittany 而言，随着吸烟数量的下降，减少额外污染的好处是递减的，因为 Brittany 面对的健康损害和不舒服程度也在下降。因此，她只会为减少最后一支烟支付 2 美元，也许是因为当 Tyler 开始抽那支烟时她可以去享受每日的咖啡（选择适合她的那份成瘾物）休息时间。

请注意，我们关注每次少抽一支香烟（将其作为污染单位）带来的效果。经济学家称其为**边际分析**（marginal analysis）。减少的最后一单位污染被称为**边际单位量**（marginal unit)；减少边际单位量的成本（对 Tyler 而言）被称为**边际成本**（marginal costs)，减少边际单位量的收益（对 Brittany 而言）被称为**边际收益**（marginal benefits)。比较边际成本和边际收益，可以帮助我们找到二者平衡的地方，那就是有效的污染水平。

为了帮助我们确定减少香烟消费的有效水平，图 4-3 绘出了少抽一支烟的边际成本和边际收益。在横轴上，我们绘出的是每天减少的香烟数量；在纵轴上绘出的是美元价值。因为边际代表我们从一个单位移动到下一个单位时带来的总价值变化，所以可以方便地沿着横轴上单位量的变动绘出边际值。例如，少抽第四支烟的边际成本是 10 美元。因为这是从少抽三支烟到少抽四支烟时总成本的变化，你会发现，这 10 美元的价值处于第三支烟和第四支烟之间。

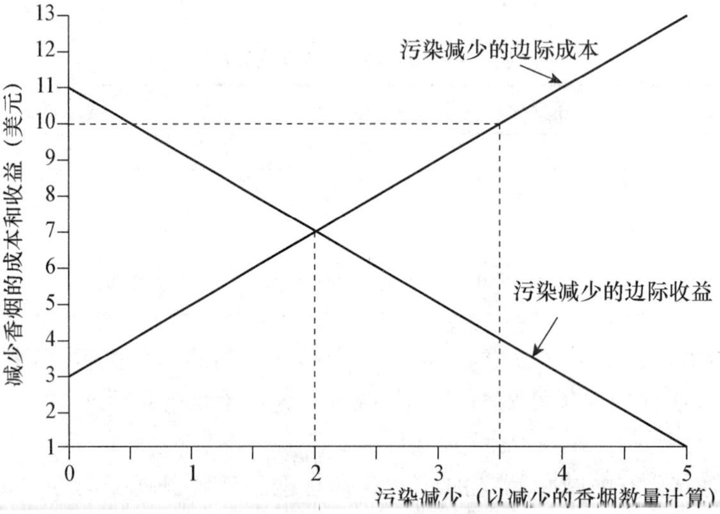

图 4-3　空气清洁的边际成本和边际收益

标记为“污染减少的边际成本”的那条曲线说明的是 Tyler 放弃额外一支香烟的成本。这条曲线向上倾斜，反映出虽然要通过贿赂才能使 Tyler 彻底戒烟，但是对他而言放弃抽第一支烟的成本最低。标记为“污染减少的边际收益”的曲线反映的是 Brittany 对减少一支烟带来的环境大幅改善的估值。这条曲线向下倾斜，因为随着抽烟数量的逐步下降，它对 Brittany 带来的健康风险和不适感在逐步下降。

你可能会猜到哪里可以将污染减少到有效率的水平（在 X 轴标出了这个有效率的点）。事实上，减少的两支香烟是有效率的数量。为什么呢？因为在任何其他污染水平上，双方都可以通过交易而使自身变得更好。为了看清楚这一点，考虑下列事项。

问题

Tyler 喜欢抽烟，如果他自己在办公室里，那么他会通过每天抽五支烟的方式来满足自己的喜好。Tyler 是一个自私的人，他有想抽多少就抽多少的权利。如果 Brittany 在边上，Tyler 会继续抽五支烟吗？

解答

答案是“否”。Tyler 愿意以 4 美元的价格放弃抽第一支烟，Brittany 愿意为此支付 10 美元给 Tyler。于是，通过接受第一次贿赂，Tyler 获得 6 美元的“利润”。同样，Tyler 愿意以 6 美元的价格放弃抽第二支烟，Brittany 愿意为此支付 8 美元给 Tyler。于是，通过接受第二次贿赂，Tyler 获得 2 美元的额外利润。最后，Brittany 只愿意为 Tyler 放弃抽第三支烟支付 6 美元，这要低于 Tyler 为放弃第三支烟而要求的 8 美元。于是，Brittany 将会为

Tyler 少抽前两支烟做出支付，相比于抽五支烟的状态，两人的境况都变好了。

Tyler 显然不会放弃抽倒数第二支烟：为此 Brittany 需要向他支付 10 美元以促使其放弃抽倒数第二支烟，但是对 Brittany 而言，这么做带来的舒适感和安全性所对应的收益只有 4 美元。只有那些边际成本曲线（Tyler 对减少污染要求的补偿）处于边际收益曲线（Brittany 对减少污染的支付意愿）下方的香烟数量，才会使 Tyler 在与 Brittany 的交易中境况变得更好。

这个例子值得仔细研究（就像我们告诉学生的那样，这个例子会出现在考试中）。为了确保你理解这个例子，花一分钟时间向自己解释为什么会是这样，如果污染数量超过三支香烟，双方就可以通过交易来变得更好。吸三支香烟是有效率的污染水平，因为只有在吸三支香烟的情况下，才无法在使一方不变得更糟的情况下让另一方变得更好。

这里会出现一个结果，即这个结果虽然是有效率的，却会让很多人因不公平而抗议。为什么 Brittany 必须向 Tyler 做出支付以求其不要用烟雾毒害自己？我们将会看到，在讨论污染的安全标准时，这个问题至关重要。但是效率标准的捍卫者回应说，不管是污染者有权污染，还是受害者有权防止污染，这都未必需要从受害者的角度出发进行解决。虽然他们同意公平是一个重要的问题，但是他们最终认为这还是个价值判断，因此不属于经济学的研究领域。[①] 但正如我们将看到的，事实上效率标准的存在也是有其“价值判断”基础的。

对效率标准提出的更一致的辩护是，因为有效率的结果使总的经济收益最大化，所以总体而言，始终如一地追求效率的结果，便是让大多数人随着时间的推移而受益。虽然 Brittany 会从这个程度的香烟污染中受损，但是她可以在其他地方的有效管制中获益。例如，如果将农药使用保持在有效率和安全的水平，那么她可以在较低的价格下买到草莓，而不是在更严格的标准下获得成本高昂的草莓。

在本节中，我们使用边际分析来找出有效率的污染水平，也就是减少污染的边际收益和边际成本相等的时候。在任何其他污染水平下，都可以通过向更有效率的结果转变而使各方境况变得更好。本节还说明，有效率的结果并不需要满足公平标准。我们现在要考虑的是，减少污染的边际分析与总成本和总收益之间的关系。

4.3 边际与总和

正如上面所指出的，侧重于边际成本和边际收益分析可以让我们得到有效率的污染水平。这一节先脱离主题一会儿，让我们说明清洁环境的边际成本和总成本与清洁环境的边际收益和总收益之间的关系。图 4-4 中的下图是对图 4-3 中各边际变量间关系的重新绘制，上图则是对清洁环境的总成本（对 Tyler 而言）和总收益（对 Brittany 而言）的绘制。

① 当然，在新古典主义理论的教科书中，公平和效率应该是出台政策所需考虑的两个规范标准。然而，在实践中一些环境经济学家只考察效率。相关讨论请参阅 Bromley（1990）。

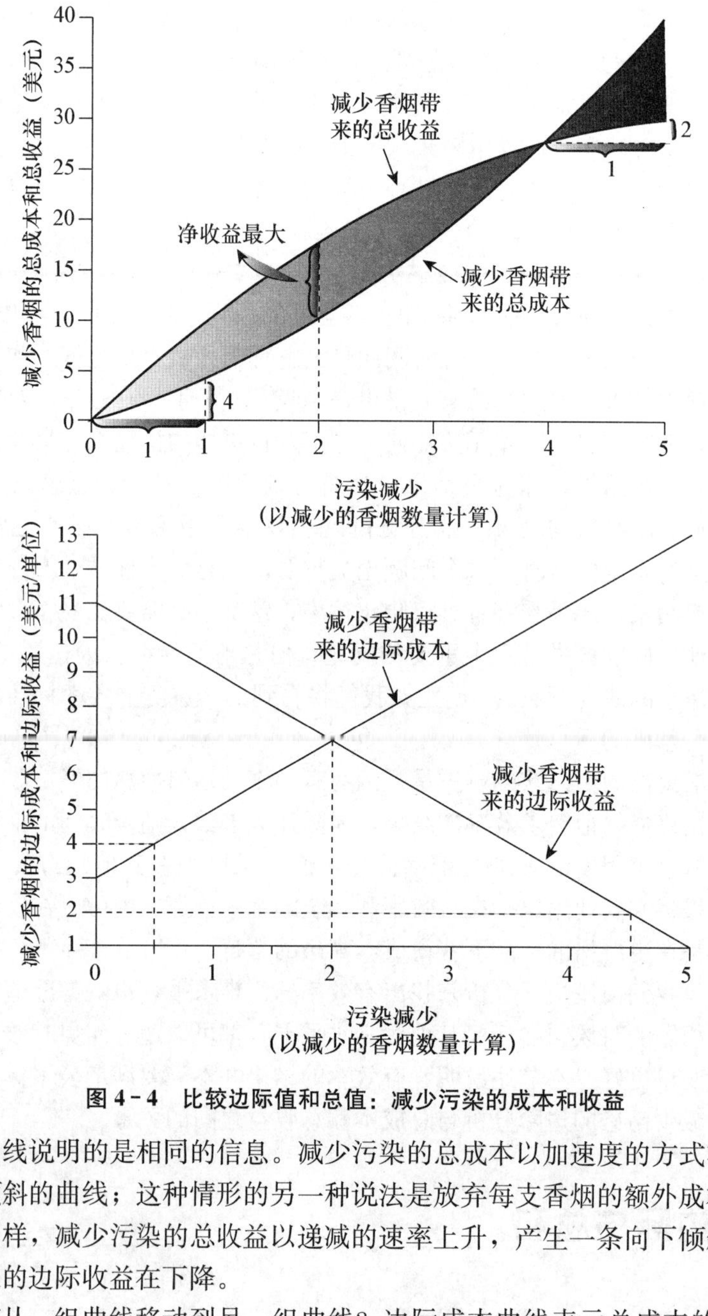

图 4-4　比较边际值和总值：减少污染的成本和收益

这两组曲线说明的是相同的信息。减少污染的总成本以加速度的方式在上升，产生了一条向上倾斜的曲线；这种情形的另一种说法是放弃每支香烟的额外成本或边际成本是上升的。同样，减少污染的总收益以递减的速率上升，产生一条向下倾斜的曲线；因此，减少污染的边际收益在下降。

我们如何从一组曲线移动到另一组曲线？边际成本曲线表示总成本的变化。因此，如图所示，减少第一支烟的边际成本是 4 美元，这是减少的香烟数量从 0 支变动到 1 支时总成本的变化值。类似地，减少第五支烟的边际收益是 2 美元，它是减少的香烟数量从 4 支变动到 5 支时总收益的变化值。边际曲线绘出的就是横轴上一单位变化导致的纵轴上数量的变化值。不过这仅是总曲线变化过程中的上升值。因而，边际曲线绘出的是总曲线的斜率。①

① 对有一定微积分基础的读者而言，边际曲线绘出的就是总曲线的导数。

此外，边际成本曲线下方的面积等于总成本。例如，减少第一支烟的边际成本是 4 美元，再加上减少第二支烟的 6 美元边际成本，等于减少两支烟的总成本，即 10 美元。但是 4 美元只是边际曲线下介于 0 支烟和 1 支烟之间的那部分面积，而 6 美元是边际曲线下介于 1 支烟和 2 支烟之间的那部分面积。在前面的章节中，我们经常使用这种关系。

最后，请注意有效率的污染水平不会出现在总成本等于总收益的地方（也就是少抽 4 支烟的时候），因为在这一点上总收益和总成本相等，“社会”的净货币收益为零。相反，有效率的污染水平发生在总收益曲线与总成本曲线相差最远的地方。在这一点上，Brittany 和 Tyler 的总净货币收益达到最大。在总收益和总成本相等的点上，我们知道减少了“过多”的污染，已经导致其低于效率标准对应的水平。在这一点上，给定常规的收益曲线和成本曲线形状，减少污染的边际成本超过了边际收益。①

总结一下，边际收益曲线和总收益曲线以及边际成本曲线和总成本曲线之间的关系是简单明了的。边际曲线绘出的是总曲线的变化值，或者说等同于它们的斜率。减少污染的边际成本曲线向上倾斜，反映出控制污染的总成本以加速度上升。类似地，减少污染的边际收益曲线向下倾斜源自一个假设，那就是减少污染的总收益会以递减的速度增加。从效率角度看，将污染控制在总收益等于总成本的地方，实际上是对污染进行了过度控制。

4.4 引进科斯定理

效率标准存在一个有趣的方面，那就是在某些情况下，无论污染权的初始分配情况是什么，都不会改变有效率的污染水平！为了看出这一点，考虑一分钟如下情况：Brittany 被赋予了禁止在办公室抽烟的权利。她真的会使用这项权利吗？

依据图 4－3，我们可以看出答案是“否”。一方面，如果 Tyler 愿意为了 12 美元放弃他的最后一支烟，那么就是说抽烟带来的价值要大于 11.99 美元的现金。因此，他应该为了抽烟而支付这笔钱！另一方面，Brittany 现在是收受贿赂的一方，她的边际收益曲线表明，她宁可要 2 美元，也不会去选择一个无烟环境。所以俩人可以就最后一支烟达成一项协议。同样地，因为 Tyler 对倒数第二支烟的估值是 10 美元，所以 Brittany 会卖掉她拥有的“吸烟权”，以此换回 4 美元，这笔交易也是可以发生的。最后，Tyler 会为倒数第三支烟支付 8 美元，Brittany 会接受这笔交易。（虽然她在倒数第三支烟上只赚得 2 美元的利润，但这也是利润啊！）请注意，他们不会在倒数第四支烟上进行交易，因为 Tyler 只愿为其支付 6 美元，但是 Brittany 要求支付 8 美元。

我们只是表明，对一个简单的、不被交易成本和搭便车行为干扰的减少污染的案例而言（在上一章中我们讨论过存在交易成本和搭便车的情况），有效率的结果与污染是否合法无关。如果污染者和受害者可以很容易、很有效地讨价还价，那么，无论谁在一开始时拥有污染权或者防止污染的权利，私下谈判应该都可以达到最有效率的结果。这

① 在一些重要的例子中，两组曲线的形状可能不会像图 4－4 所示。请参考本章末的应用 4.2。

个结果被称为**科斯定理**（Coase theorem），这是以诺贝尔经济学奖得主——经济学家罗纳德·科斯（Ronald Coase）的名字命名的。[①]

有些人认为科斯定理意味着从效率的角度来看，无论是受害者还是污染者，谁为污染支付一笔钱都是无关紧要的。无论使用哪种方式，都能得到一个有效率的解决方案（当然，从公平的角度出发，一般会让污染者为损害做出赔偿）。然而，科斯自己也认为，他的定理只在非常有限的情况下才成立。

事实上，在**污染者付费原则**（polluter-pays principle）下，效率标准通常可以更好地得到满足。出现这种情况源于两个原因。第一个原因是，正如上一章所讨论的，清除污染这件事情天然就具有公共品属性。在现实的环境中，一个污染者通常会对一大片社区造成影响。相比于将污染合法化并要求受害者向污染者支付费用以减少污染的政策，要求污染者为其拥有的污染特权付费则更可能产生有效率的结果，因为污染者付费可以降低与后一类政策相关的交易成本和搭便车问题。

更重要的是，对责权的分配会造成显著的长期影响。如果 Brittany 为了让 Tyler 不抽烟而向他支付，也许很快她就会发现办公室所有抽烟者都到她的办公桌前围着她！更一般地说，如果企业被赋予污染权（或者接受补贴以减少污染），那么它们的成本会更低。从长远来看，这种做法鼓励了污染者进入市场，会导致更多污染。[②] 例如，当大部分纳税人为建设固体废物填埋场付费时，家庭和企业就几乎没有减少垃圾产生的长期激励。另外，如果固体废物填埋场的建设成本都通过购买"垃圾存储袋"的方式进行支付，废物生产者就有动机在长期中改变其废物产出模式。

正如我们稍后将看到的，当在市场化交易的许可证体系中对许可证的初始分配进行分析时，科斯定理是非常有用的。不过，就现在而言，这个例子不仅清楚地说明了零污染水平是昂贵的（可怜的 Tyler 会因严重缺乏尼古丁而受罪），而且说明相比于禁止吸烟，实际上存在能让各方境况都变得更好，具有更高效率的解决方案。

回顾这一节，科斯定理说明在没有交易成本和搭便车的情况下，可以通过谈判实现有效率的污染控制，这个结果与谁有合法的污染权或防止污染权没有关系。然而，在现实世界中，通过遵守污染者付费原则，效率标准通常可以得到更好地满足。之所以是这样，既是因为存在交易成本和搭便车的情况，也是因为污染者付费可以削弱进入污染行业的长期激励。

4.5 巴尔的摩市的空气污染控制：计算效率标准

为了让你感受一下如何在实践中应用效率标准，让我们看看在当前的监管类型下，对巴尔的摩市减少悬浮颗粒物排放带来的边际收益和边际成本进行估计的一项研究。[③] 悬浮颗粒物是能源或运输行业在燃烧化石燃料时产生和排放的一种副产品，它是一种悬浮的灰尘或者烟尘。这种物质会带来呼吸道疾病，其中有些是致命的；此外，它还会导

① 参见 Coase (1960)。
② 参见 Mohring and Boyd (1971)。
③ 参见 Oates，Portney，and McGartland (1989)。

致衣物和建筑物表面沾染尘土，降低能见度。图 4－5 绘出了根据不同的总悬浮颗粒物（total suspended particulate，TSP）标准估计出的边际成本和边际收益。

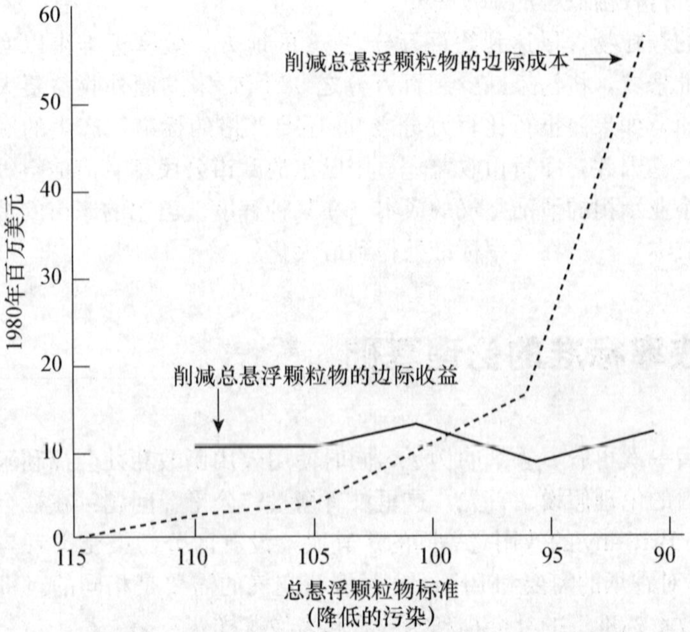

图 4－5　巴尔的摩市的总悬浮颗粒物标准：确定有效率的污染水平

注：为了便于演示，这里没有绘出全部的边际收益曲线。

资料来源：Wallace E. Oates，Paul R. Portney，and Albert M. McGartland，"The Net Benefits of Incentive-Based Regulation：A Case Study of Environmental Standard Setting，" *American Economic Review* 79，no. 5（1989）：1233－1242，fig. 2. Reprinted by permission.

边际成本曲线具有与图 4－3 类似的形状；减少颗粒物排放变得日益昂贵。如果要将空气中的颗粒物含量标准从百万分之 110 提高到百万分之 109，需要花费约 300 万美元，但是如果把这个标准从百万分之 95 提高到百万分之 94，则需要额外花费 1 600 万美元。这是因为，在巴尔的摩市的监管条例下，削减成本较低的排放源要首先调整其排放量。为了满足严格的标准，控制成本较高的设备也面对着减排要求。

另一方面，边际收益曲线是相对平坦的。与吸烟的情况不同，空气中的颗粒物排放的减少所带来的额外好处，不会随着污染水平的下降而下降。该项研究的作者假设，将标准从百万分之 110 提高到百万分之 109 所产生的收益——减少死亡、疾病，以及避免尘埃并提高能见度——与将标准从百万分之 100 提高到百万分之 99 所产生的收益大致类似。他们的估计指出，在特定标准下，每减少一单位空气中的颗粒物，可以带来大约 1 000 万美元的收益。

为了用货币化的数字来表示这个收益，作者考虑每挽救一个生命的价值是 200 万美元，每损失一个工作日的价值是 100 美元，每天因活动受限而造成的成本是 25 美元。作者还对防范尘土以及提高能见度的货币收益进行了估计。在第 6 章中，我们会讨论环境经济学家对我们生活中这些"无价"的东西进行估值的方法。不过这里可以对其进行简要概述，正如在抽烟的那个例子中所表现出来的，经济学家通常使用社会对减少污染的支付意愿来估计减少污染产生的收益。我们在此直接使用 Brittany 为减少抽烟所提供的支付意愿，以此来估计在办公室中减少抽烟所带来的收益。虽然我们在本书后面部分会详细探讨这种支付意愿方法存在的一些问题，但它确实捕捉到了在清洁的环境和所有其他物品之间进行权衡取舍的基本思想。

在空气中的颗粒物含量达到约百万分之 98 的地方，效率标准得以实现。从较为宽松的颗粒物标准来看，将污染减少到百万分之 98 所带来的额外收益要大于由此产生的额外成本。然而，如果要推行比百万分之 98 还要严格的标准，产生的额外成本将大于产生的额外收益。因此，净货币收益——用巴尔的摩市公民享有清洁空气的评估价值减去巴尔的摩市企业承担的清洁空气的成本（在某种程度上巴尔的摩市的消费者最终承担了清洁空气的成本）——在效率标准处得到最大化。

4.6 效率标准的伦理基础

让我们最后一次再看看香烟的例子，同时使用效用函数和社会福利函数来明确地考察效率标准背后的伦理假设。首先，这里没有衡量“公平”问题：在社会的整体福利函数中，Tyler 和 Brittany 的效用是等同的。其次，没有区分污染受害者与受益人之间的效用——Tyler 对香烟的需要和 Brittany 对清新空气的需要是相同的。将这些条件放在一起，意味着效率标准下的社会福利函数看起来像这样：

$$SW = U_{Tyler}(\overset{+}{\#Cigs_T}, \overset{+}{\$_T}) + U_{Brit}(\overset{-}{\#Cigs_T}, \overset{+}{\$_B})$$

注意到，在 Brittany 的效用函数中，在 Tyler 的香烟消费量上有一个负号。因此，对 Brittany 而言香烟是“劣等品”而非“良品”，对它的消费会降低效用。社会福利函数清楚地说明了在效率标准下隐含的价值判断。通过平等地对待受害者和受益者，效率标准的拥护者不承认为人们赋予一个保护自己不受污染物侵害的“权利”。

还记得我们曾经强调过，效率标准并不要求对受损者进行补偿，即使这种补偿是可行的。假设企业最初的政策是禁止在办公室里抽烟，但是办公室经理同意 Tyler 每天抽三支烟，而且可以不对 Brittany 提供补偿。这仍然是一个有效率的结果，因为以美元计算，Tyler 得到的收益要大于 Brittany 面对的损失。

这里值得强调这一点，因为很多教科书都认为效率标准是“最优”或“社会最优”的。但是，除非你是一位经济学家，否则我们必须就社会中谁受损谁获益做出判断，有效率的污染控制结果对社会而言并不一定是最优的。相反，它们只是在净货币收益最大化的水平处，权衡减少污染产生的成本和收益。①

---

① 如果在某种程度上这样的政策可以最大化总体的幸福感或者社会福利，那么它必须是这样的：收入的增加必须使两个人的幸福水平获得相同程度的提高，或者用经济学家的术语来讲就是，这两个人**收入的边际效用**（marginal utility of income）必须相同。这反过来意味着，因为 Tyler 的美元收益超过了 Brittany 的美元损失，所以 Tyler 在幸福感上得到的收益也大于 Brittany 在幸福感上遭受的损失。因此，无论 Brittany 能否得到补偿，通过移向更有效率的结果，总幸福感也得到了提高。如果效率标准能够使社会福利最大化，那么一般来说收入的边际效用相等这个假设必须得到满足：对百万富翁或对街头居民 1 美元产生的幸福感必须相同。然而，这是极不可能的。因此，我们必须总结道，就其本身而言，效率标准的伦理基础有点暧昧。Kneese and Schulze（1985）提出了这个观点。Bromley（1990）还讨论了效率标准的规范基础。

因为向有效率结果的转向几乎总是会带来受损者和受益者，所以这么做并不是“社会最优”的。相反，对效率标准做出的最好辩护在于，随着时间的推移，大多数人（不仅仅是污染者）最终会在转向更有效率的污染标准时受益。具体而言，我们大多数人都既是商品的消费者（环境监管会提高商品的价格）又是更清洁空气和水的受益者。根据其拥护者提出的意见，有效率的监管便是在上述两方面取得权衡的最佳方式。

4.7 真实世界中的成本—收益

到此为止，本章从理论上考察了效率标准和成本—收益分析。在真实世界中，目前成本—收益分析在美国的环境监管中占据了重要但不主导的地位。有关空气、水和危险废物的主要监管都按照安全标准进行，对成本方面的考虑发挥的作用相对较小。例如，《清洁空气法案》要求能够保护人体健康的空气标准，而《清洁水法案》设置的最终目标是在通航水域中实现污染物零排放，这个标准已经是对“水质达到可钓鱼和可游泳”这一目标的折中。在上述任何一个例子中，人们都没有考虑成本因素。

所以，例如在 1997 年，美国国家环境保护局通过了一项旨在收紧烟雾排放标准的监管，它们自己估计出的成本（6 亿美元到 25 亿美元）要大于能够估计出的收益（1 亿美元到 15 亿美元）。既然这样，它们为什么还要出台这个监管？这样做是出于安全的原因。尽管成本—收益分析给出了负面评价，但监管者还是希望能够拯救生命，希望让更多的人可以安全地到户外进行锻炼。① 事实上，法院已经裁定，在空气保护和水保护法规中，以及在国家层面的危险废弃物立法中，明确禁止在新的监管措施中使用成本—收益测试。另外，农药、杀虫剂和其他有毒物质则受到了效率标准的监管。除非得到的好处（大致）超过成本，否则不应该禁止对化学品和农药的使用。

然而，即使对于采取安全标准的法规，美国国家环境保护局也还是被要求对任何预计成本超过 1 亿美元的新监管措施进行正式的成本—收益分析。这些成本—收益研究被称为**监管影响分析**（regulatory impact analyses，RIA），即使此类研究结果无法从法律上影响监管决策，它们也会提供给依照安全标准出台的新法规，例如，在 1997 年提高臭氧排放标准时就是这么做的。为什么要做这件事情呢？在安全标准下，人们仍然要求这些监管机构选择“能在法律范围内最大化净收益的那个备选的监管方案”。用我们的术语讲，就是美国国家环境保护局应该去考察几个都能实现安全目标的不同选项，然后选择效率最高的那个。②

理论上的成本—收益分析和实践中的成本—收益分析之间的主要区别在于在估计成本和收益时存在的不确定性，有时这种不确定性是压倒性的。我们将在后面两章中看到，很难对拟议的环境政策带来的成本与收益进行货币化估计。事实上，与图 4-6 不同，一幅实际的边际成本和边际收益分析图可能看起来更像图 4-7。减少污染的边际成本处于两条粗线之间，边际收益则处于两条细线之间。这使得潜在的有效率结果处于一

① 源自“Clintonites Debate”(1997)。

② 欲知更加广泛的估计，可见 Harrington et al.(2009)。对行政命令的引用源自 Fraas (1984)。

个很宽泛的范围之中，而不是单一的点。巨大的不确定性的存在，反过来又为政治影响成本—收益分析过程提供了潜在可能性，因为并无具体的结果可称为“有效率”。

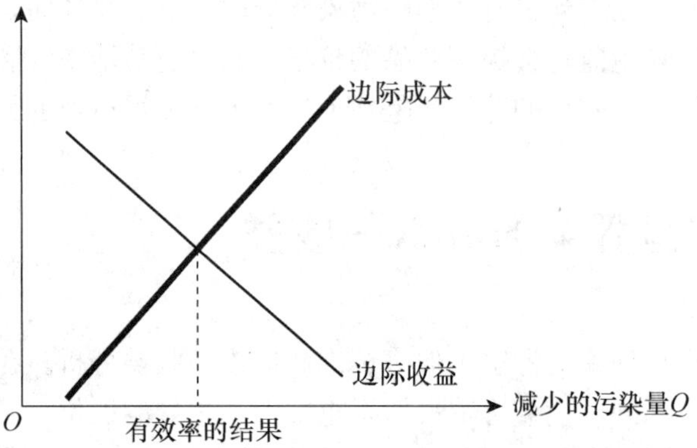

图 4-6　成本和收益确定情况下的有效率结果

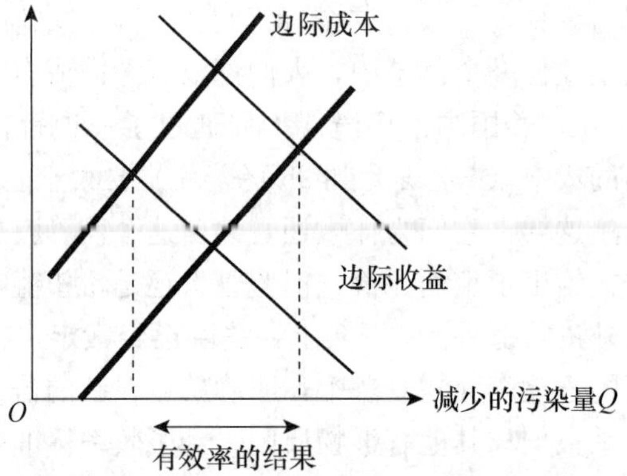

图 4-7　成本和收益不确定情况下的有效率结果

考虑到保守主义者经常将成本—收益测试的使用置于一个非常困难的境地，很多环保人士认为成本—收益分析仅是一种压低环境收益的政治工具，而且可以把部分监管过程埋藏在如山的文书之中。最糟糕的是，成本—收益分析实际上被当作掩饰艰难的道德选择的一个借口，只不过为人们关于行动的正确过程的先入为主的观念提供了一个橡皮图章。

然而，在最好的情况下，成本—收益研究阐明了决策过程。一个**好的成本—收益**（good benefit-cost）研究能够沿着大家都接受的程序来估计成本和收益，对所有假设做出明确声明，指出在哪里存在不确定性，并提出切合实际的误差幅度。好的成本—收益分析能让差的成本—收益分析（那些违反上述基本要求的研究）相形见绌。后者往往见于华盛顿特区的办公室以及各州首府。党派智库往往聘用研究人员来产生能够对其感兴趣的政策提供支持的成本—收益分析。与大多数工具一样，成本—收益分析法既可以被好人使用，也可以被坏人使用。

依照其提倡者所言，成本—收益分析的一个优点是它极大地减少了政策领域的政治影响。支持这个观点的一类天真的看法认为，成本—收益分析“起到了让数字自己说话”的作用。在现实中，如果有人对数字做足够多的拷问，那么他可能会认可分析师的观点。成本—收益分析的真正优势在于它给出了此类可能持续进行的数据处理所存在的局限。例如，一位经济学家可能着手证明，从效率角度出发，更加严格的固体废物填埋场监管是可取的。然而，鉴于存在得到人们广泛认知的局限性，他对收益和成本的估计可能受到所使用的方法的影响，我们会在接下来的两章中讨论这个问题。另外，很可能得到的数字并不能令人信服地支持他提出的看法。

在一项优秀的成本—收益研究中出现的上下限应该具有多大的弹性？本节考察政治影响影响成本—收益过程的三种方式：硬性数字产生的问题、议程控制，以及分析麻痹。

成本—收益研究通常为决策者提供了一种虚假的精确性。这就是所谓的**硬性数字幻觉**（hard numbers illusion）。当不确定性和收益覆盖面不完全等因素发挥作用时，在成本—收益研究的摘要表格中出现的“精确”数字往往是相当不精确的。但是，决策者往往对“不确定性”和不完全性不感兴趣；他们需要一个答案，而且希望这个答案能够支持其特定的政治议程。

在自然科学和社会科学的辩论中，政治影响也会巧妙地发挥作用。通过对特定领域的会议和研究进行资助，企业界的利益集团往往使用其资源来尝试**控制科学议程**（control the scientific agenda）。例如，美国纸业协会（American Paper Institute）与氯气学会（Chlorine Institute）就曾积极资助和推动一些研究，这些研究旨在淡化二噁英对健康产生的影响，因为二噁英是在这两个行业中广泛使用的一类化学品。一份针对致癌剂的调查显示，在来自企业界的科学家中有80%的人认为存在一个阈值，如果暴露于致癌物的水平低于这个阈值，就是安全的，但是在政府科学家和学术界科学家中，持有上述观点的人只有63%和40%。[①] 不过，即使在学术界科学家中，也有不少人从企业界获得资助。

最后，当把效率试验奉为法律时，监管的反对者可以诉诸法律体系，并且去发掘成本—收益分析过程中的不确定性，以此来延迟或阻止监管政策的执行。这就是所谓的**分析麻痹**（paralysis by analysis）。需要通过效率测试的一类主要的环境监管法规是《有毒物质控制法案》（Toxic Substances Control Act，TSCA）。

在《有毒物质控制法案》中，美国国家环境保护局尝试在超过10年的时间里逐步淘汰还在使用的石棉，众所周知，它是一种可能导致肺癌的矿物产品。目前还在使用的石棉主要存在于水泥管道和汽车刹车中。在20世纪90年代早期，基于一些理由，上诉法院驳回了美国国家环境保护局希望在这些产品中逐步淘汰石棉的建议。虽然美国国家环境保护局手上有一个很好的成本—收益研究可用来说明这样做能够产生大量的、可以覆盖成本的收益，但法院还是对美国国家环境保护局做出裁定：(1) 没有充分考虑成本较低的替代品；(2) 没有充分评估替代性产品具有的环境危险性（非石棉刹车和非石棉管道）；(3) 没有遵循适当的程序来征询公众对石棉产生的危害的看法。

我们暂不在上述案例的是非曲直上逗留过多，应该很明显的是，我们几乎无法在法庭上试图去证明一项监管决策不仅可以产生正的净收益（收益大于成本），而且是最有效率的选项（最大化净福利）。正是因为这个原因，一些人总结道，在《有毒物质控制法案》中禁止现有物质继续使用的条款从本质上讲是不可行的。[②]

---

① 参见 Ackerman (2008) 以及 Greider (1992)。

② 参见 Revesz and Livermore (2008，97)。

显然，成本—收益分析无法像图 4－6 所绘的那样精确指出有效率的空气污染水平是多少。鉴于这种不确定性，政治便会对分析成本—收益的过程产生影响，这与其他任何替代性的决策工具一样。一份最近发布的、对成本—收益分析提出严厉批评的报告得出结论说："成本—收益分析无法克服其致命缺陷：它完全地依赖于对生命、健康、自然和未来等无价物品的不可行估价……成本—收益分析并没有丰富公共对话；相反，它使得公共对话变得贫瘠，涉及的主题往往与人们了解甚少的数字相关，而不是为了澄清人们在潜在价值上发生的冲突。"①

但是，尽管这样，成本—收益分析方法确实提供了一个"具有共识"的框架。它可以帮助人们对可衡量的好处和成本进行判断与权衡。另外，确实存在一种好的成本—收益分析。不过，确保好的成本—收益分析得以执行的唯一方法是确保对研究做出适当审阅，确保受影响的各方都有机会提出自己的诉求。鉴于成本—收益分析法具有一定的技术性特征，一些人建议政府向社会团体和其他一些试图挑战政府的研究提供资金。就其本身而言，推出体现效率的法律标准并不是一个好主意。成本—收益分析无法实现法庭要求的那种精确性的效率结果。

4.8 总结

效率方法可以在边际成本和边际收益构成的框架中解决"何种程度的污染可称为过量"这个问题。从原则上看，我们可以将图 4－3 中的"减少的香烟"替换成"减少的污染"，然后那幅图便可以告诉我们与全球变暖相关的污染物的有效率排放量，或者一氧化二氮、二氧化硫、含氯氟烃、二噁英、滴滴涕、地沟油、颗粒物、重金属、垃圾、核废料，以及与多氯联苯相关的污染物在环境中的有效率排放量。当然，要使这种方法能够操作，我们需要对减少一单位污染所带来的成本和收益给出货币化的估计数字。表示收益的数据将会包括可量化的收益，例如节省的医疗费用。但是，正如在巴尔的摩市的那个例子中所表现出来的那样，还必须把不那么容易计算的收益也包含进来，例如对人类生命的拯救以及对癌症的避免。

但是，为什么应该将污染物排放到环境中？社会愿意承受污染，是因为它是一些人类需要的产品或服务的副产品，而且因为我们无法免费清理这些副产品。在图 4－8 中，清理污染的"供给曲线"只是污染减少曲线的边际成本；它指出社会消除额外单位污染物带来的成本是递增的。这个成本由控制污染的技术决定。例如，如果发现了处理污染物的更便宜的方法，那么曲线将向下（向横轴的方向）移动。

另一方面，社会显然有减少污染的需求。清理污染的"需求曲线"是降低污染的边际收益曲线；它说明的是，随着清理数量的减少，污染物对人类或环境造成的危害在增加。曲线的位置取决于各种因素的影响，例如受到影响的有机体（包括人）数量、天气条件，以及受影响的这些人所采取的防御性措施。例如，在巴尔的摩市的案例中，如果更多的人搬到这座城市，那么曲线会向上（远离横轴的方向）移动。

---

① 源自 Heinzerling and Ackerman (2002，20，33)。

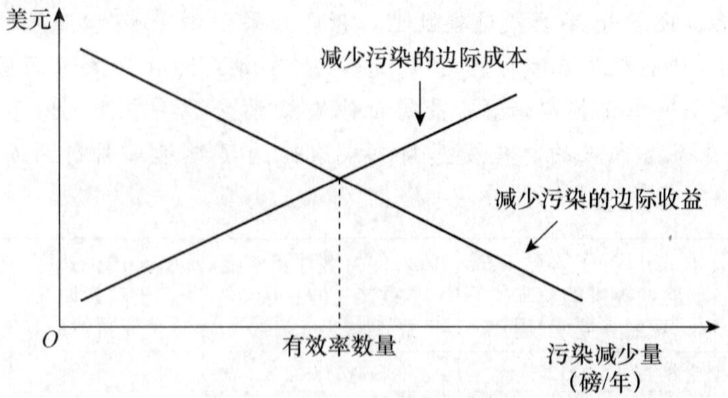

图 4-8　清理污染物的边际成本和边际收益：一般情形

只有当减少污染的额外成本等于额外收益时，生产所需产品带来的污染数量才是有效率的。任何更多数量的污染减少都会使社会成员承担额外的货币成本，这个货币成本会高于得到的额外货币收益；如果在这个水平上减少一些污染物的削减量，就能使全社会获得净货币收益。

正如我们在上一章讨论开放存取问题和公共品问题时所明确说明的那样，经济学家不认为自由市场能够产生有效率的污染量。在香烟的例子中，我们看到关心个人利益的各方通过他们自己谈判，也可能实现有效率的污染程度。但这是一个比较特殊的例子，因为在这个例子中有关成本和损害的信息是完美的，对产权有着明确界定，交易成本为零，不存在搭便车问题。在现实世界中，"污染物市场"极少能够自我发展出来，在办公室里实际可能出现的则是一种效率低下的结果。在 20 世纪 70 年代，开放存取导致的后果是对环境的完全污染——一天抽五支香烟；在那段时间里，更可能出现的是基于安全标准的、全面禁止抽烟的监管。

本章使用了与减少污染有关的边际成本和边际收益的概念，以此来说明一个人如何识别有效率的污染水平。我们也看到，向更有效率的污染控制转向时，几乎总会产生受益者和受损者，因为受损者很少得到补偿，所以不应该将这种变化视为社会最优。因此，对效率标准做出的最好的伦理辩护是，因为这种方法使可衡量的经济馅饼最大化，随着时间的推移，"大多数"人都将受益于更有效率的污染控制。最后，在现实世界中，成本—收益测试并非大多数美国环保法规背后的驱动力，这些法规仍然倾向于以安全标准为基础。然而，当使用成本—收益分析作为行动基础时，经济学家面临的主要挑战在于，为指导实际行动提供充分确定的收益和成本估计。当不确定性隐约看上去较大时，有效率的结果往往不是很确切，然后，通过硬性数字幻觉、议程控制和分析麻痹等机制，成本—收益分析可能会变成一种政治工具。在接下来的两章中，我们探讨经济学家在实际中用来估计环境与资源保护产生的收益和成本的方法，这些方法有的精确性高，有的精确性低。

应用 4.0

Ronald 及其女儿

在 Ronald 家中，客厅地板是公共财产。他的女儿 Joan 真的很喜欢将衣服等东西放到客厅的地板上；Ronald 不喜欢这样乱七八糟。如果任由 Joan 按照她的意愿行事，那么她每周会把 10 件衣服丢在客厅的地板上。下表给出了 Ronald 愿意为停止乱丢衣服提供的总支付意愿——或者换句话说，能够让他继续忍受乱丢衣服的接受意愿。表中还显示了 Joan 停止乱丢衣服的总接受意愿（或者她为了继续那种行为而愿意做出的支付意愿）。

减少的丢衣服的数量（件/周）	Ronald 为了客厅干净愿意提供的总支付意愿（美元/周）	Joan 保持客厅整洁而愿意接受的总接受意愿（美元/周）	Ronald 的边际支付意愿（美元/件/周）	Joan 的边际接受意愿（美元/件/周）
0	0.00	0.00	—	—
1	1.00	0.02		
2	1.80	0.08		
3	2.50	0.15		
4	3.00	0.25		
5	3.40	0.40		
6	3.70	0.70		
7	3.90	1.10		
8	4.00	1.60		
9	4.05	2.20		
10	4.07	3.00		

a. 填写边际支付意愿列和边际接受意愿列，找出有效率的清理水平。在有效率的清理水平处，这个家庭的净收益是多少？完全整洁的地板能够为家庭带来多少净收益？

b. 在图中绘出清理客厅地板的边际成本和边际收益。

c. 假设 Joan 最初拥有想扔多少衣服就扔多少衣服的权利（她的爸爸不得不捡起这些衣服——对小孩子只能这样）。如果父亲和孩子之间的讨价还价过程不存在交易成本，那么 Ronald 的预期结果是什么？具体来说，我们如何实现这个结果？（提示：这个方式与贿赂有关。）

d. 随着 Joan 长大，她的爸爸决定改变财产权利的归属。Joan 不再拥有在客厅乱扔衣服的权利。如果 Joan 乱扔衣服，Ronald 有权进行惩罚（通过扣除零花钱的方式）。假设没有交易成本，Ronald 预测的结果是什么？具体来说，我们如何实现这个结果？（提示：Ronald 将是一个很古怪的爸爸，因为他会做什么？）

应用 4.1

边际与总和

下页图演示了 2005 年一家化工厂在减少苯排放量时产生的边际成本和边际收益。目前，该工厂没有减少任何排放。

a. 假设州立监管机构告诉这家工厂，它必须将每天的排放量减少 20 磅。在图上标明如下区域：(1) 减少排放的总收益；(2) 减少排放的总成本；(3) 减少排放的总净收益。这些价值大约是多少？

b. 如果在取得每天 20 磅的减排成果后，这家工厂还必须将减排量从每天 20 磅提高到每天 21 磅，由此产生的边际收益大约是多少？边际成本呢？净收益会增加吗？

c. 假设人们发现排放的苯不仅会通过空气污染伤害到人类，还会通过污染河流伤害到人类。这会对图中曲线以及有效率的排放量造成什么影响？

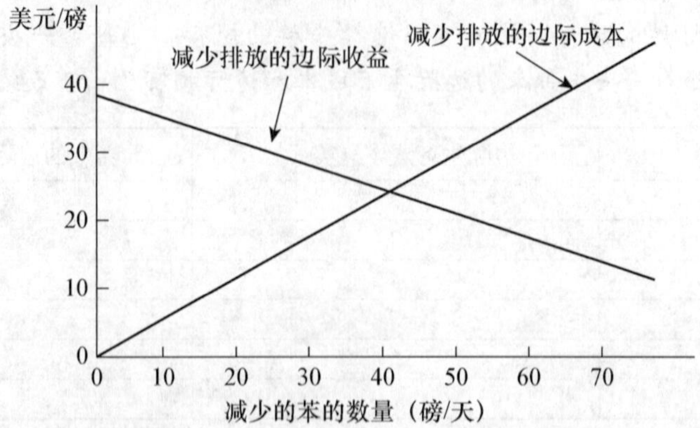

应用 4.2

对有效率的吸烟量做更多阐述

这些吸烟的问题看上去有点傻，但它能够很好地阐述一些有关效率的基本原理。所以，这次是 Groucho 和 Harpo 在同一个办公室一起工作。Groucho 抽烟；但是 Harpo 讨厌抽烟。Groucho 现在每天抽 12 支雪茄。他在减少吸烟的过程中面对的边际成本（脱瘾的痛苦）等于 x 美元，这里 x 是指他不再抽的雪茄数量。换句话说，放弃第一支雪茄的成本是 1 美元，放弃第二支雪茄的成本是 2 美元，依此类推。Harpo 在 Groucho 减少吸烟的过程中获得的边际收益（减少不适和罹患癌症的风险）是（$12-x$）美元。

可以按照每天 10 美元的价格租用一台空气净化机，这台机器可以将空气中的烟雾减少 50%。也可以每天花费 40 美元，让 Groucho 搬到另外一间办公室，这样 Harpo 便无须呼吸任何烟雾。

a. 绘制一幅图来说明减少污染的边际成本和边际收益；在横轴上表示减少的雪茄消费量。如果不允许租用空气净化机，也不允许搬出办公室，那么使用这幅图来确定减少多少的雪茄消费是有效率的。

b. 假设已经安装了空气净化机。有效率的雪茄减少数量是多少？[提示：减少雪茄的边际收益下降为（$6-x/2$）美元。]

c. 回忆 Groucho 每天抽 12 支雪茄。更有效率的方式是租用空气净化机，还是让 Groucho 在另一间办公室办公？

d. 这个问题不存在交易成本或搭便车。科斯定理说，在这种简单的例子中，即使 Harpo 有权将 Groucho 驱逐到另一间办公室并让 Groucho 来支付相应费用，最有效率的结果也还是应该通过谈判来实现。请给出原因。

应用 4.3

迷路母牛的问题

牧场主 Roy 在农夫 Fern 的田地边上有一块牧场。牛往往喜欢散步，有时会走入 Fern 的地块并毁坏她的庄稼。Roy 可以选择牛群的规模。他每养一头牛能够获得 6 美元收入。他每额外养一头牛带来的边际生产成本和边际损害已由下表给出。

牛的数量	边际生产成本（美元）	养牛的边际损害（美元）
1	3	1
2	3	2
3	4	3
4	5	4
5	6	5
6	7	6

农夫 Fern 可以选择种地或不种地。当没有牛在周围散步时，她的生产成本是 10 美元，收入是 12 美元。Roy 每多养一头牛，Fern 的收入就会按照上表中养牛的边际损害那一列给出的数字开始减少。

要回答下面的问题，你需要弄明白四件事：Roy 在利润最大化时的养牛数量，他的利润，Fern 是否会去种地，以及她的利润将会是多少。请记住，有效率的结果是指双方的净货币收益最大化；换句话说，也就是经营牧场的利润加上农场的利润最大化。最后，仅画一幅图是难以回答这个问题的。

a. 如果不承担任何责任（Roy 无须支付任何损害），结果会怎样？

b. 如果 Roy 支付损害，结果会怎样？

c. 有效率的结果（能够最大化总利润的结果）是什么？

d. 假设有可能花费 9 美元的成本来筑起篱笆围住牧场。建造这个篱笆是有效率的吗？

e. 假设农夫可以以 1 美元的价格修建栅栏将其农场围住。建造这个栅栏是有效率的吗？

应用 4.4

末端控制对污染防治

如图 4-5 所示，减少污染的边际成本曲线隐含了一种减少污染的特定方法，这种方法往往被称为末端控制。换句话说，当我们绘出向上倾斜的边际成本曲线时，我们假定企业应对监管的方式是保持基本相同的生产技术，但是通过增加洗涤器或筛选器来清理其排放物。在这些情况下，减少污染很有可能导致边际成本上升。

然而，假设公司彻底改进了它们的生产技术，以至得以完全消除排放物。这就是所谓的“污染防治”战略。我们可以以珠宝生产商为例，珠宝生产商面对的监管要求是采取闭环生产系统。在这种生产系统中，所有的矿物废料产品都会从再循环的废水中得到回收并重新使用。在这种情况下，减少污染的边际成本图看上去是怎样的？

a. 具体来说，假设减少第一个1%的金属污染需要安装一套价值100 000美元的回收系统，但是接下来降低金属污染的边际成本为零。绘出降低金属污染的边际成本曲线。

b. 令降低金属污染的边际收益曲线等于（30 000－1/3×x）美元，其中x是降低金属污染的百分比（范围从0～100%）。在这种情况下，安装回收系统是有效率的吗？有效率的污染清理水平是多少？

应用4.5

对饮用水的有效率管制

当为饮用水中的铅含量设定标准时，美国国家环境保护局考虑了表4-3中给出的三种选择。其中，符号μg/l表示（百万分之一克）微克/升。标准A是最严格的标准，这个标准要求，如果饮用水中铅含量大于5μg/l，那么市政系统（不论是大型城市还是小型城市）都应该采取行动；标准B则有所放宽，要求小型市政系统的饮用水中铅含量不得高于15μg/l；标准C最为宽松，统一将大型和小型市政系统的饮用水铅含量上限定为15μg/l。

表4-3　降低焊接过程中焊料铅水平的拟议行动

选项	市政系统类型	行动水平（μg/l）
A	小型	5
	大型	5
B	小型	15
	大型	5
C	小型	15
	大型	15

资料来源：U. S. Environmental Protection Agency (1991a).

美国国家环境保护局针对拟议的标准进行了成本—收益分析，将其作为监管影响评估的一部分。表4-4和表4-5转载了最后的分析结果（请注意，这里列出了八个问题。问题5～8需要一些额外的材料）。

表4-4　减少焊料铅的成本—收益分析结果摘要

	选项		
	A	B	C
总收益（百万美元）	68 957	63 757	24 325
总成本（百万美元）	6 272	4 156	3 655
收益/成本（%）	11.0	15.3	6.7
边际收益（百万美元）	5 192	39 400	24 325
边际成本（百万美元）	2 117	500	3 655
边际收益/边际成本（%）	2.5	78.8	6.67

注：表中数字基于3%的贴现率和20年的寿命期。所有的货币化数字都以1988年美元计算。
资料来源：U. S. Environmental Protection Agency (1991).

表 4-5　　减少饮用水中铅含量的年度估计收益

	选项		
	A	B	C
成年男性			
高血压			
病例减少数量/年	685 302	635 199	246 479
价值（百万美元）	430	399	155
心脏病发作			
病例减少数量/年	884	818	315
价值（百万美元）	884	818	315
中风			
病例减少数量/年	657	609	235
价值（百万美元）	657	609	235
死亡（心脏病）			
病例减少数量/年	672	622	240
价值（百万美元）	1 680	1 555	599
儿童			
降低的治疗成本（百万美元）	*	*	*
降低的额外教育费用（百万美元）	2	2	2
低智商			
不再受到影响的儿童数量	205 221	188 313	68 133
价值（百万美元）	942	864	313
智商<70			
不再受到影响的儿童数量	784	738	325
价值（百万美元）	40	38	17
总计	4 635	4 286	1 635

*小于 100 万美元。所有的货币化数字都以 1988 年美元计算。

资料来源：U. S. Environmental Protection Agency (1991).

1. 上述三个选项的净收益是什么？哪个选项是最有效率的？它们之间存在安全标准和效率标准之间的冲突吗？

2. 表 4-4 中第四行所列选项 A 的边际收益（5 192 百万美元）来自表中第一行的总收益。这个数字是如何计算出来的？

3. 相对于无监管状态，选项 C 的边际收益和边际成本得到测量。选项 C 的边际收益是否大于边际成本？选项 B 呢？选项 A 呢？这一结果与你在第 1 部分得到的答案矛盾吗？

4. 选项 B 具有最大的收益/成本。这是否与你在第 1 部分得到的答案矛盾？

铅是一种著名的神经毒素。一些人将罗马帝国的衰落归结为饮用水中存在的铅！铅还会对健康产生一些其他方面的影响。表 4-6 阐释了美国国家环境保护局试图纳入考虑的一些影响。然而，这个机构能够量化并纳入表中的收益分析还不到所有这些影响因素的一半（标有*的那些影响）。

鉴于此，以及与度量收益相关的无数不确定性，美国国家环境保护局的作者指出，基于“专业判断”的“假设”，“真正的”收益可能是可度量的收益的两倍，或者是比真实值低 70%。美国国家环境保护局认为，在估计成本时也存在类似的不确定性范围。为了更好地反映这种不确定性，美国国家环境保护局在分析中放入了图 4-9。

表 4-6　　铅泄漏导致的医疗费用

男性（年龄组）
*a. 高血压（成人）
*b. 心脏病、中风以及死亡（年龄在 40～59 岁）
c. 可能是选项 b 中的疾病（年龄在 20～40 岁；年龄>59 岁）
d. 癌症
女性
e. 可能的高血压、心脏病、中风和死亡
f. 母亲受到铅暴露对胎儿造成的影响，其中包括降低儿童期智商水平、减少孕龄和降低出生体重
g. 可能增加的婴儿死亡率
h. 癌症
儿童
i. 成长过程受到干扰
*j. 降低智力
k. 损害听力，导致行动发生变化
l. 干扰周围神经系统（PNS）发展
m. 对新陈代谢产生的影响，损害血红素合成，以及贫血
n. 癌症

*美国国家环境保护局能够直接考察的项目。

资料来源：U. S. Environmental Protection Agency (1991).

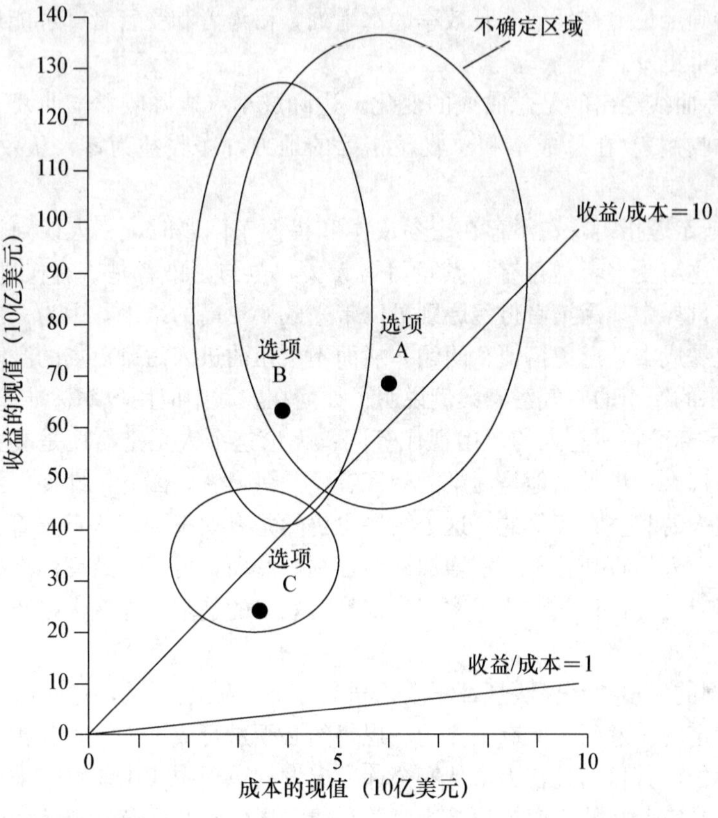

图 4-9　对控制腐蚀性污染进行成本—收益分析的不确定性评估

资料来源：U. S. Environmental Protection Agency (1991a).

5. 鉴于这种不确定性，所有三个选项都能通过选项B优于选项C的检测吗？

6. 鉴于这种不确定性，选项A真的比选项B更有效率吗？选项A相对于选项C是怎样的？

7. 表4-4中给出的成本—收益分析的最终结果是否阐述了“硬性数字幻觉”这个问题？

8. 如果你是负责做出决定的人，你会选择选项A还是选项B？为什么？

各节主要观点

4.0 效率标准主张审慎地权衡控制污染的成本和收益。

4.1 我们用**帕累托效率**来定义效率。帕累托效率结果能够最大化向社会提供的可度量的**净货币收益**。因此，为获得效率结果而进行的任何行动都可以让受益者补偿受损者，这就是所谓的帕累托改进。然而，效率标准不要求补偿，所以有效率的结果并不一定是公平的结果。

4.2 可用**边际分析**来比较减少污染的**边际成本**和**边际收益**，由此可对有效率的污染水平做出精确定位。在任何非有效率的水平处，污染者和受害者都可能通过谈判来使自己的境况变得更好。

4.3 边际曲线绘出的是总曲线的变化。边际成本（边际收益）曲线下方的面积等于总成本（总收益）。在总成本和总收益相等的地方，净收益为零，从效率的角度看，污染被“过度控制”。

4.4 **科斯定理**指出，在不存在交易成本和搭便车问题时，私人谈判将实现有效率的污染水平，这与受害者是否有权禁止污染无关，也与污染者是否有权进行污染无关。然而，在现实世界中，**污染者付费原则**可以带来效率更高的结果，因为一般来说这种做法可以降低交易成本，避免搭便车问题，从而不会扭曲进入污染市场的激励。

4.5 巴尔的摩市的空气污染案例说明了如何在实践中应用效率标准。

4.6 效率标准将所有人的效用视作等同：无论这个人是富裕还是贫穷，无论他是当代人还是后代人，也无论他是污染的受害者还是污染者。因此，即使一组人的消费增加是以另一组人的利益为代价的，这个结果也仍然是有效率的。这意味着，在转向有效率的结果时，个人的行动并不一定增加社会福利。然而，可以对效率标准做出如下的最好辩护：随着时间的推移，如果每次变化都是对效率的追求，那么大多数人将会在消费过程中受益。

4.7 美国的大多数环保法规都不要求进行成本—收益测试，这些法规一般都是基于安全标准制定的。然而，所有主要的法规仍然必须进行成本—收益分析，人们将其称为**监管影响评估**，其目的是在大量从安全标准出发的选项中找出能够带来更高效率的那个结果。经济学家面临的主要挑战是为收益和成本提供具有充分确定性的估计。如果在评估过程中存在很大的不确定性，最有效率的结果就不会很清楚，然后，通过**硬性数字幻觉**、**议程控制**和**分析麻痹**等机制，成本—收益分析有可能成为一种政治工具。

参考文献

Ackerman, Frank. 2008. *Poisoned for pennies*. Washington, DC: Island Press.

Bromley, Daniel. 1990. The ideology of efficiency: Searching for a theory of policy analysis. *Journal of Environmental Economics and Management* 19 (1): 86-107.

Coase, Ronald. 1960. The problem of social cost. *Journal of Land Economics* 3 (October): 1-44.

Gomez-Ibanez, Jose A., and Joseph P. Kalt. 1990. *Cases in microeconomics*. Englewood Cliffs, NJ: Prentice Hall.

Heinzerling, Lisa, and Frank Ackerman. 2002. *Pricing the priceless: Cost-benefit analysis of environmental protection*. Washington, DC: Georgetown Environmental Law and Policy.

Kneese, Alan V., and William D. Schulze. 1985. Ethics and environmental economics. In *Handbook of natural resource economics*, ed. A. V. Kneese and J. J. Sweeney. Vol. 1. New York: Elsevier.

Mohring, Herbert, and J. Hayden Boyd. 1971. Analyzing "externalities": "Direct interaction" versus "asset utilization" frameworks. *Economica* 38: 347-361.

Oates, Wallace E., Paul R. Portney, and Albert M. McGartland. 1989. The net benefits of incentive-based regulation: A case study of environmental standard setting. *American Economic Review* 79 (5): 1233-1242.

Revesz, Richard L., and Michael A. Livermore. 2008. *Retaking rationality: How cost-benefit analysis can better protect the environment and our health*. Oxford: Oxford University Press.

——. 1991a. *Final regulatory impact analysis of national primary drinking water regulations for lead and copper*. Washington, DC: U.S. EPA, Office of Drinking Water.

——. 1991b. *Addendum to the regulatory impact analysis for the final criteria for municipal solid waste landfills*. Washington, DC: U.S. EPA, Regulatory Analysis Branch, Office of Solid Waste.

第 5 章 度量环境保护的收益

5.0 引言

在上一章中讨论的效率框架似乎能够给我们的问题提供一个非常精确的答案：我们产生的污染太多了吗？如果减少污染的边际收益（现在的和将来的）超过边际成本，那么答案是肯定的。然而，确定有效率的污染水平要求我们首先能够对降低污染的收益和成本设计一个准确的度量方法。

控制污染的收益可以分为两类：**市场性收益**（market benefits）和**非市场性收益**（nonmarket benefits）。例如，清理一条河流可能提高商业性渔业的捕捞量，可能带来对旅游服务设施的更多使用，可以通过减少水中传播的疾病来降低医疗费用并减少工作时间的损失。一个自然的方法是以美元为单位测量这些市场性收益。

然而，经济学家还设计出度量非市场性收益的方法。在我们的例子中，这些收益包括提高河流的娱乐功效（划船、游泳以及钓鱼），享受河流中物种多样性增加带来的快乐，以及降低汲取低品质水导致疾病的过早死亡。估计非市场性收益的方法是假设存在一个市场，然后推测人们愿意为这些福利支付多少钱（或者可以用多少钱换取他们不享受这些福利）。

使度量非市场性收益变得更加复杂的地方在于，需要估计与工业污染物相关的风险。例如，考虑多氯联苯的例子，直到 20 世纪 70 年代末，这类工业化学品还被广泛用作润滑油、电力变压器中的流体、涂料、油墨和纸张涂料。如今，全国各地仍然普遍存在大量被多氯联苯污染的废物转储站。接触多氯联苯可能导致人类发育异常，并会使实验动物致癌。然而，目前尚不清楚人类接触多大数量的多氯联苯才会产生风险，这个风险只能被确定在一个可能范围内。既然不能直接进行度量，需要估计，这就意味着对非市场性收益和风险进行的收益度量只能是相当粗略的。

类似的情况是，可将新的污染控制措施花费的成本以及为了确保法规遵从性而需要额外增加的监管人员视作减少污染的直接成本。然而，像污染减少对生产率和就业产生的影响这类间接成本就只能用推断的方式得出了。

接下来两章会详细考察度量方法，然后比较清理环境的收益和成本。得出的主要结论是，成本—收益分析远不是一门精确科学。因此，只能将"有效率"的污染水平定位在一个相当宽泛的范围内，或者根本就得不出"有效率"的污染水平。

5.1 使用价值、可选价值与存在价值：非市场性收益的类型

环境保护的非市场性收益可分为三类：使用价值、可选价值和存在价值。**使用价值**（use value）是指使用该种环境物品产生的价值。回到我们刚才讨论过的河流的例子，如果人们更有效地在清洁的河里游泳、划船、饮水，或者在不支付费用的情况下洗涤衣物，这些都是非市场性的使用价值。

如果未来可能产生的收益是不确定的，而且事实上这种资源的耗尽是不可逆的，就说这类环境资源具有**可选价值**（option value）。在此类情况中，人们会愿意给出一定支付，目的主要是为了保留这种资源在未来可能的价值。在某些情况下，可选价值可能是负的；也就是说，人们认为一种资源在今天的价值低于其预期的未来使用价值。然而，在许多重要的环境应用中，可选价值都会是正的。①

最后，在被命名为**存在价值**（existence value）的功利主义理论框架下，经济学家已经间接考虑到环境退化的伦理关切，以及对其他物种的移情。例如，如果一个人认为所有生物都有"权利"在这个星球上蓬勃发展，那么他应该可以从保护类似于斑点猫头鹰或露脊鲸这类濒危生物中获得满足，即使这些物种并没有使用价值或可选价值。为后代留下一个未遭破坏的星球的愿望（遗赠动机），便为物种或生态系统赋予了存在价值。

作为说明潜在的存在价值所具有的重要性的一个例子，一项基于调研的研究估计指出，美国威斯康星州的纳税人愿意每年支付 1 200 万美元来保存扁吻鮈（striped shiner），它是小鲦鱼中濒临灭绝的一个物种，几乎没有使用价值或可选价值。我们将会看到，此类研究结果必须得到仔细解释。然而，结果似乎表明，大量物种保护的需求都是为了寻求存在价值。②

---

① 我在这里对可选价值的关注源于其不确定的供给，它似乎最适用于资源问题。Freeman (1985) 指出，如果供给有保证，那么供给面的可选价值就是正的。如果一个项目只会以某个正的概率交付供给，那么资源的独特性越强，则可选价值为正的可能性就越大。但是，可选价值往往只在具有独特性的资源中表现出来。为了给出一个例子来解释供给面的可选价值可能是负的，考虑一个具有完全替代性的资源，例如一张美元钞票。只有对风险厌恶的人做出一定的支付，他才愿意将这一张美钞保留起来留待将来使用。

② 参见 Boyle and Bishop (1987)。

环境资源的**总价值**（total value）是这三个组成部分的总和：

总价值＝使用价值＋可选价值＋存在价值

5.2 消费者剩余、支付意愿与接受意愿：对收益的度量

在定义过不可市场化交易的物品产生的收益类别后，接下来的步骤就是对其进行度量。经济学家用**消费者剩余**（consumer surplus）的增加来度量污染减少产生的收益。消费者剩余是指一个人对产品或服务的意愿支付和实际支付之间的差别。一个简单的例子是：假设这是很热的一天，你很渴。你走进最近的商店，非常愿意花掉 1.50 美元来买一小杯饮料。然而，你惊喜地发现这杯饮料的价格只有 0.50 美元。在这种情况下你的消费者剩余是 1.00 美元。

为了说明如何将消费者剩余的概念应用于环境物品，让我们回到在第 3 章中使用过的例子，在那个例子中，Peabody 对保存阿巴拉契亚的鳟鱼溪流有着私人需求。这种需求可能源于他预期中鳟鱼溪流的使用价值、可选价值或存在价值，或者是上述三类价值的总和。他的需求曲线如图 5－1 所示。

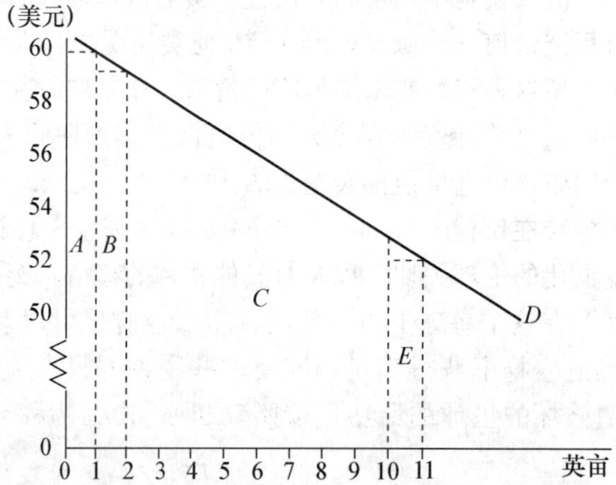

图 5－1　从资源保存中获得的消费者剩余

最初，已经有 10 英亩的鳟鱼溪流得到保存。假设 Peabody 没有为这个公共品提供支付。尽管如此，他仍然可以从中受益。他从保留第一英亩的鳟鱼溪流中获得的消费者剩余是支付意愿（60 美元）减去价格（0 美元），也就是 60 美元。我们可以用图形的方式描出这个消费者剩余，它就是区域 A，是第一单位需求曲线下方直到价格（0）处围成的区域。类似地，他对第二英亩的支付意愿约是 59 美元，这也是他的消费者剩余，因为这个商品的价格还是零。这一单位鳟鱼溪流带来的消费者剩余是区域 B。从图形上看，Peabody 对最初 10 英亩鳟鱼溪流的总消费者剩余可由 $A+B+C$ 围成的整个区域表示。

现在假设大自然保护协会购买了额外 1 英亩的鳟鱼溪流土地。这一行动为 Peabody 带来的收益将是他的消费者剩余增量，对应区域 E。但这仅是他愿意为额外 1 英亩给出

的支付价格！当消费者可免费享用的公共品——类似鳟鱼溪流或清洁的空气或清洁的水——出现存量小幅上升时，人们愿意支付的价格就是对消费者剩余的增加给出的一个很近似的估计。

这个分析表明，通过确定人们对此类改进的**支付意愿**（willingness to pay）并将结果加总，我们可以对改善环境带来的收益进行简单测算。然而，支付意愿不是衡量消费者剩余的唯一方法。另一种方法是向人们询问，为了接受环境质量的退化，他们对补偿的最低**接受意愿**（willingness to accept）是多少。在我们的例子中，我们可以说服 Peabody 放弃第 11 英亩的土地，然后对他做出比 52 美元多一点的补偿。①

从理论上讲，当环境质量这类公共品的供给发生微小变化时，支付意愿和接受意愿都能对消费者剩余的变化给出一个很好的近似。经济学家预测，接受意愿将会略高于消费者剩余，因为当人们得到损害补偿时，人们实际上变得更加富裕了。另外，支付意愿应该比消费者剩余低一点，因为如果人们真的为环境改善进行支付，那么他们会变得更穷。然而，在理论上这个差异不应该很大，因为它造成的收入变化不是很大。

但有趣的是，证据不支持这种预测。这是什么样的证据？在过去几十年里，经济学家进行了许多实验。在实验中，被试要对范围广泛的市场性商品和非市场性商品——一个咖啡杯、狩猎许可证以及大峡谷中能见度的提高——回答他们愿意给出的支付。另外一组被试会被问及，为了让他们放弃咖啡杯、狩猎许可证以及大峡谷中的休憩，他们愿意接受多少补偿。即使对咖啡杯这样的日用品，接受意愿也通常要高于支付意愿。对类似于保护土地不被开发这类不可市场化交易的物品而言，接受意愿通常是支付意愿的 7 倍。②

我们如何解释在度量收益时支付意愿和接受意愿之间存在的差异？一种可能的解释是，基于心理的原因，人们更愿意做出牺牲以维护现有环境质量，而不是将环境品质改善到超越自身体验的水平。人们可能将现状作为参考点，进而对环境退化寻求一个较高补偿，这个补偿可能会高于他们愿意为改善环境做出的支付。这一假设被称为**前景理论**（prospect theory），如果这个理论是正确的，它将重塑图 5-2 中减少污染的边际收益曲线。在这里，当前污染水平范围内减少污染的边际收益会出现大幅度上升。③

对支付意愿和接受意愿之间存在的差异给出的第二种解释源自环境质量与其他消费商品之间的替代程度。例如，在一个案例中人们被问及，对减少空气污染以降低社区成员癌症死亡风险这件事情，你们的支付意愿和接受意愿分别是多少。对许多人而言，极少有东西可以替代死亡危险的大幅减少。然而，当一个人的收入很有限时，他只能为此类保障给出很少的支付。另外，由于我们无法买到能够代替死亡风险下降的东西，所以接受这种风险所要求的补偿必然非常大，甚至可能大于个人的全部收入。

一些人认为，"不存在很好的替代品"这个论点对解释支付意愿和接受意愿之间的差异几乎没有价值。例如，本地公园中的树木不足以替代社区中的人，这个观点成立吗？在附录 5A 和第 11 章中，我们会用更加详细的笔墨对此进行解释，从效用的角度

---

① 在这个例子中，我使用人们对改进现状的支付意愿以及对现状退化的接受意愿，这里的现状是指原来保有的 10 英亩土地。它们都是补偿，实际上是对同一个度量的不同方面而言的。你也可以使用人们对改进现状的支付意愿以及对现状退化的接受意愿。

② 参见 Horowitz and McConnell (2002)。

③ 参见 Kahneman and Tversky (1979)。

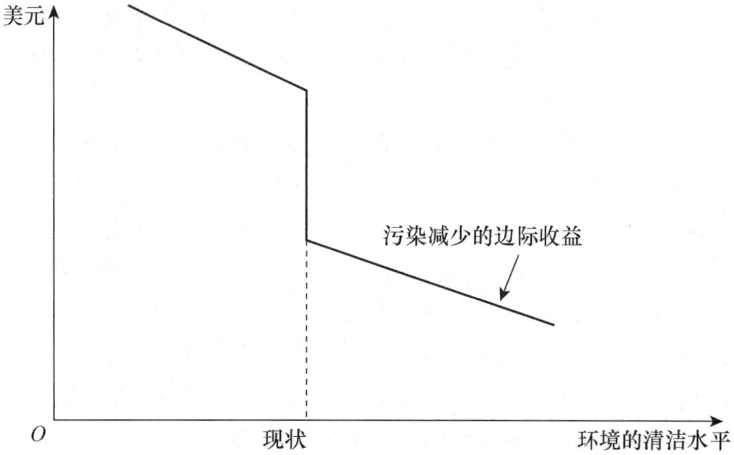

图 5－2　前景理论和清洁环境的边际收益

讲，环境商品和更常见的消费商品之间实际上可能存在相互替代的关系。

无论何种解释，由于经济学家尝试对改进或退化的环境质量给出一个价值，所以接受意愿和支付意愿之间存在的差异显然具有十分重要的意义。在调研性研究中，人们的标准做法是使用支付意愿，因为对接受意愿的度量十分困难，所以得出的结论会不可靠。但是，正确的度量方法可能依赖于潜在的财产权利。如果我们认为清洁的空气和水属于公共财产资源，因为它属于“所有人”，那么，用来补偿资源退化的接受意愿看起来就是一个对污染损害更加正确的度量。通过给予寻求损害赔偿的权利，对危险废物和石油泄漏事件的立法显然向民众赋予了拥有清洁环境的权利。根据这种财产权利制度，支付意愿显然是一个错误的估计，它会低估潜在的资源价值。①

无论将支付意愿还是接受意愿作为对收益的度量，都会产生另外的顾虑。富人拥有更高的收入，所以他们会为环境改善给出更高的支付，也会对环境退化要求一个更高的补偿。换句话说，在使用支付意愿或接受意愿来度量发生在富裕地区和贫困地区的相同污染控制措施带来的收益时，富裕地区产生的收益价值会更高。稍后我们会看到，当比较富国和穷国针对降低死亡或疾病风险给出的支付意愿和接受意愿时，这种度量方法提出的伦理困境最为明显。

5.3　风险：评估与感知

在实际度量污染减少的收益时，第一步是评估与污染有关的风险。正如在引言中所指出的，这可能是个艰难的过程。与健康风险有关的信息有两个来源：流行病学和动物研究。流行病学研究试图通过考察过去人类暴露于污染物的情况来评估相应风险。例如，在多氯联苯的例子中，生活在三个不同社区，接触到相当数量多氯联苯的母亲抚养的孩子都出现出生体重低、头围小，以及认知和运动技能欠发达等发育异常现象。还有

① 参见 Arrow et al.（1993）；Bromley（1995）；Knetsch（2007）。

一些有限的证据表明，职业性接触多氯联苯与几类癌症之间存在关联。

在动物研究中，人们将大鼠和小鼠置于相对高水平的污染环境中，然后考察污染物的致癌作用。在动物研究中人们发现，多氯联苯导致癌症。结合流行病学和动物研究得到的证据，美国国家环境保护局将多氯联苯标记为可能的人类致癌物。

鉴于对多氯联苯（和其他工业污染物）可能污染大湖的担心，研究者对食用密歇根湖垂钓鱼的风险进行了评估。① 这项研究与其他进行风险评估的研究类似，都必须估计不同的污染物接触水平可能导致的癌症数量。根据动物研究，我们知道大量接触多氯联苯会提高额外生成的肿瘤数目。但是，将这个信息应用到人类则需要两个步骤：第一，要用动物大量接触多氯联苯情况下的癌症发病率来推测接触量较低情况下的癌症发病率；第二，要用动物的癌症发病率来推测人类的癌症发病率。

在将高剂量的动物研究结论推广到低剂量的人类接触水平的过程中做出的假设，构成了**剂量—反应模型**（dose-response model）。此类模型的典型模式可能是假设在暴露在污染物的水平与肿瘤数目之间存在线性关系，然后用一个表面积比例因子来将动物测试结果推广至人类，并假设人类会在长达 70 年的时间里接触此类物质。使用另外的模型就会发现，这种方法会对人类罹患癌症的风险做出过高的估计：例如，如果假设接触多氯联苯的数量存在一个安全阈值，如果基于体重来设定表面积比例因子，或者假设对污染物的接触是间歇性的和短暂的，那么风险都会小很多。

这里要说明的要点是，即使基于大量的动物实验研究，风险评估也可能是很不精确的。正是因为这种不精确性，研究人员经常采取保守的建模立场，也就是说，在建模过程中做出的每个假设都可能高估真正的危险。如果模型的所有假设条件都是保守的，最后估计结果代表的就是个人暴露于污染物的真实风险的上限。然而，鉴于存在协同效应，即使这样做也还是会低估对健康的危害。当暴露于多种有毒物质时，某些污染可能会造成更多伤害。

鉴于这种不确定性，有研究估计指出，由于四种工业污染物（多氯联苯、滴滴涕、狄氏剂、氯丹）对大湖造成的高污染，如果每周吃一次密歇根湖产出的鳟鱼，保守估计，罹患癌症的风险大约等于 1/100。那就是说，对每周吃一次鳟鱼的人而言，每 100 个人中就会有一个人因暴露于这四种物质之一而罹患癌症。研究结论还指出，较高的鱼类消费很可能还会导致生殖损伤。当然，在密歇根湖水域中还存在着数以百计的其他潜在有毒污染物。只是，这些其他物质的风险并不被大家获知。为了进行比较，表 5-1 列出了在接触其他一些常见污染物时估计会产生的死亡风险，以及其他风险，需要注意的是，所有这些评估都具有一定的不确定性。

表 5-1　　年死亡风险

事件	年死亡风险
汽车事故[a]	万分之 1.4
警察被罪犯杀害[b]	万分之 1
加利福尼亚特定的空气污染[c]	万分之 5

① 参见 Glenn et al.（1989）。

续前表

事件	年死亡风险
接触氡导致的肺癌[d]	万分之 0.6
花生酱（四汤匙/天）[e]	万分之 0.008（百万分之 8）
吸烟[f]	万分之 15

资料来源：a. National Safety Council (2010); b. Johnson (2008); c. American Lung Association (2009); d. U. S. Environmental Protection Agency (2010); e. Wilson and Crouch (1987); f. National Cancer Institute (2010).

表 5-1 中给出的风险数字显示了评估的接触污染物后每 10 000 人每年的死亡数量。于是，每年加利福尼亚州每 10 000 人中大约有 5 个人会死于空气污染。对花生酱有着狂热爱好的人也许会感到沮丧，因为从表中他们会发现，花生酱中包含一种名叫黄曲霉素的自然致癌物。不过，每天吃四汤匙花生酱，才会使癌症风险提高到百万分之 8。

按照美国人口面对的总体风险大小，美国国家环境保护局的科学咨询委员会对环境危害物进行了一个排名。表 5-2 介绍了这个委员会给出的结果。特定污染物或环境问题的总体风险等于个人面对的实际风险乘以暴露在此种风险中的人数。因此，在美国国家环境保护局的排行榜上，排名越靠前，则越可能是影响全体美国人的环境问题——全球变暖、臭氧层消耗和生物多样性的丧失。风险相对较低的问题往往是那些剧毒物质，如放射性核素、石油泄漏，以及地下水污染物。不过也有例外，2010 年英国石油公司的石油井喷裂影响的远不止是当地的区域。

表 5-2　美国国家环境保护局认为的相对风险

相对高风险
生存环境发生改变和破坏
物种灭绝和丧失生物多样性
臭氧层消耗
全球气候变化
相对中等风险
除莠剂/杀虫剂
有毒物质、营养成分、生化需氧量，以及地表水的浊度
酸性排放物
航空有害物
相对低风险
石油泄漏
地下水污染
放射性核素
地表水酸化
热污染

资料来源：U. S. Environmental Protection Agency (1990).

具有相同级别的风险未必引起类似的关注度。例如，虽然加利福尼亚州的城市空气污染风险要略小于吸烟的风险，但是全社会每年花费数百亿美元来控制城市空气污染，对吸烟的风险则注意得很少。另一个例子是，尽管乘飞机比坐汽车更安全，但是航线的安全性仍然受到媒体和政府的严密监视。一个人对风险的接受程度，受到他对周围环境控制程度的主观感知的影响。空气污染和飞机安全就是类似的例子，在这些情况下，个人面对的风险由其他人强加而来；相比之下，吸烟和汽车安全风险则得到了“自愿”接受。

公众对风险的认知存在巨大差异的另外一些原因源自对风险的实际评估，其中包括缺乏相应知识或对专家不信任。鉴于很多估计结果都存在不确定性，所以对专家的不信任是很正常的。上述两类因素都可以解释为什么公众要求政府采取大规模行动来清理危险废物转储（该转储造成每年发生 1 000 例癌症病例），但是不要求减少自然产生的、出现在各自家中的氡暴露（该物质造成每年发生 5 000～20 000 例的癌症死亡）。在这里，外部强加的风险也是一个因素。所以，鉴于缺乏知识而导致公众对控制污染存在特定优先级，环境政策的一个重要组成部分就是加强有关风险的教育。[①]

最后，经济学家知道，人们一般都是**风险规避的**（risk averse），也就是说，人们不喜欢存在风险的情况。例如，风险规避情绪解释了为什么人们会去购买汽车盗窃保险，即使平均来看，他们支付给保险公司的钱超过了自己车辆经风险调整后的预期重置价值。通过购买保险，人们为将来不面临意外损失所需具备的特定知识支付一笔保费。风险规避情绪也部分地存在于自然资源的可选价值之中。

如果人们是风险规避的，那么他们会格外重视能够规避环境灾难的措施。对全球变暖和核电等问题的高度关注可能就源自人们的风险规避情绪。即使出现最坏情况的概率相当低，很多人也还是感到需要在今天采取措施来避免未来发生灾难的可能性。实际上，如果人们具有相当的风险规避情绪，这就会成为他们在环境清理中选择安全标准而不是效率标准，在自然资本保护中选择生态标准而不是新古典主义标准的另一个原因。

5.4 度量收益Ⅰ：条件价值评估法

当我们知道额外一单位污染造成的风险后，估计环境质量变化带来的收益的最后一步就是获取对真实价值的度量。人们可能会认为，最直接评估收益的方法就是去问问大家的支付意愿或接受意愿是多少。经济学家确实使用调研的方法来度量环境保护的收益；它们被称为**条件价值评估法**（contingent valuation，CV），这是因为调研得到的回答视涉及的问题而定。于是，对条件价值评估法下得到的结果进行解释远不是一个简单的过程。

一个例子是：Johnson（1999，2003）考察了华盛顿州居民对加速清理加油站地下储油罐泄漏的支付意愿。这样做可以保护地下水免受污染。电话调查员获得了受访者的基本背景信息，其中包括他们估计出的每月石油支出，对环境风险的关注水平，以及受访

① 有关癌症死亡的材料来自 Gough（1989）。欲获知这类问题的更多相关材料，可见 Kammen and Hassenzahl（1999）。

者对环境问题的总体立场。在提供了一些拟议的清理政策可以带来的好处后，调查员问道：

> 如果你有机会，如果选票上有要求石油公司立即着手对储油罐进行大修的选项，你会为这个选项投票吗？

在获得是、否或不知道的答案后，调查员会告诉受访者这一清理政策的"价格"：

> 当决定是否要支持这类措施时，人们通常不仅考虑看得到的环境问题，还会考虑这会带来多大成本……假设（你要为环境清理支付费用）在未来18个月中，你必须每月花费 X 美元的汽油费用（这个数字随受访者的不同而随机变化），这比你在之前报告的当前支出的每月家庭汽油支出 Y 美元高。在这种情况下，你认为这项保护地下水资源的措施还值得推行吗？

注意到，当询问受访者愿意为环境清理提供多少额外支付意愿时，调查员提醒他们，要注意到每月在汽油上的开支是多少（Y 美元），因此受访者会认真考虑机会成本。不出所料，将个人成本引入清理政策会大大降低该项政策的得票数目——成本越高，不为该项政策投票的人数越多。通过在调查中改变要求人们支付的额度（也通过统计手段控制了受访者的收入差异以及预先存在的亲环境情绪等因素），约翰逊（Johnson）得以构建一条清理废物的"需求曲线"，这条曲线与图5-3看上去十分相似。

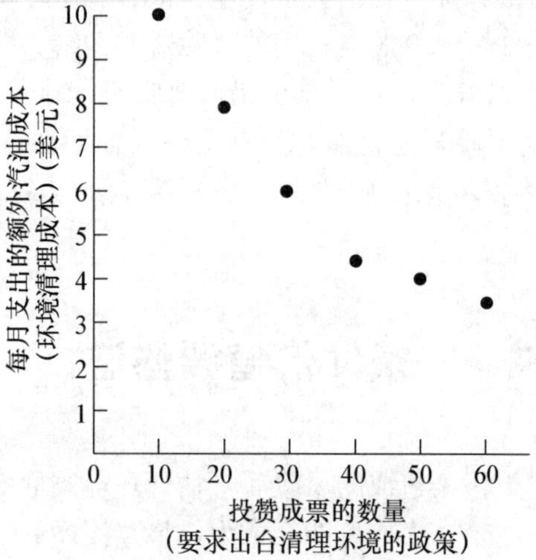

图5-3 使用条件价值评估法度量消费者剩余

这里，让我们进行一个快速测验。

☞

测验

如果环境清理政策实际上得以出台，需要每人承担4美元的费用，那么样本中个人的消费者剩余大致能够增加多少？

答案

前10个人大约能获得 $10-4=6$ 美元；接下来的10个人大约能获得 $8-4=4$ 美元；处于第20和第30之间的人每人能够获得 $6-4=2$ 美元；处于第30和第40之间的受访

者每人能获得 4.50－4＝0.50 美元；接下来，处于第 40 和第 50 之间的那些人，他们的支付意愿等于成本，所以既无收益，也无损失；最后一批人——处于第 50 和第 60 之间的那些人——其处境因这项政策而变得有点糟糕，因为他们的支付意愿低于成本：3.50－4＝－0.50。将每个组的收益乘以 10，就能得到清理废物带来的消费者剩余净收益，它等于 60＋40＋20＋5＋0－5＝120 美元。

从原理上看，旨在引出支付意愿与消费者剩余的条件价值评估调查是容易理解的。然而，解释条件价值评估调查的结论则不是那么容易。正如任何一个调查那样，能够得到的答案严重依赖于问题的提出方式。对希望引出人们对环境质量变化的真实支付意愿（或接受意愿）的调查而言尤其是这样，因为受访者必须认识到与其答案相关的实际成本。使用条件价值评估法的研究者已经识别出四类可能产生误差的来源：假设偏差、搭便车、策略偏差，以及嵌入偏见。

在解释条件价值评估调查的结论时，可能出现的第一种可能是存在**假设偏差**（hypothetical bias）。由于提出的问题大都是某种可能性，所以受访者也同样会提供具有假设性的答案——思考不周甚至毫无意义的答案。第二，正如我们在第 3 章中所讨论的那样，当要求人们为一项公益事业付费时，总是存在**搭便车**（free riding）的可能性。在约翰逊的调查中，如果受访者认为提供一张同意的选票实际上意味着要求自己为清理储油罐泄漏付费，那么他可能选择不为这一政策投票，但却希望其他人都投赞成票——让其他人承担相关费用。在这种情况下，作为公共品的地下水保护将会无成本地提供给那些搭便车的人。此时，约翰逊的受访者存在向条件价值评估研究者低估其真实支付意愿的动机。

相比之下，如果人们认为他们真的不需要根据其宣称的支付意愿（或放弃其接受意愿）来对地下水保护这类产品进行支付，就会出现**策略偏差**（strategic bias）。例如，假设受访者认为大型石油公司最终会支付相关成本，石油价格不会超过他们宣称的假设价格。这时，他们为什么不去夸大自己宣称的支付意愿呢？如果受访者认为在调查结果中较大的支付意愿（表现为投票中通过比例的提高）将会提高强制性地下水保护的可能性，那么夸大支付意愿就是一个特别好的策略。

最后，为人们所观察到的**嵌入偏见**（embedding bias）揭示出条件价值评估调查中存在的最严重问题。受访者提供的答案受到问题所处的上下文环境的强烈影响。当估值问题被嵌入一个更广阔的背景中时，这个问题尤为突出。在本章引言部分提到的扁吻鮈案例中，如果威斯康星州的居民被问及对保护希氏美丽蚌——另一种濒临灭绝的物种——的支付意愿是多少，他们可能会对这个问题感到异样。在这种情况下，对一类物种的保护可能会代替对另一类物种的保护。也就是说，平均而言，通过对保护扁吻鮈宣称一个 4 美元的支付意愿，威斯康星州的居民实际上更有可能会将资源用于保护一类“小的水生生物”。①

另一方面，通过为扁吻鮈提供保护，威斯康星州的居民是在表达维护更为广泛的环境的意愿吗？抑或是希望为高尚事业给予一种“温情”？如果存在这种嵌入偏见，对条

① Bishop and Welsh (1992) 指出了这一点。

件价值评估调查中得到的回复进行解释就会变得相当困难。在一个实验中研究者发现，当受访者第一次被询问其对改善灾备水平的支付意愿时，人们对改善救援设施给出的中值支付意愿从25美元降至16美元。当受访者第一次被询问其对环境服务的支付意愿时，他们对灾备的支付意愿，以及之后对改善救援设施和提高救援人员水平的支付意愿降至1美元。对救援设施而言，上述哪个估计值才是人们“真正”的支付意愿?①

约翰逊对地下水所做的研究，实际上被设计用来考察的问题是，在条件价值评估研究中提供的背景信息会在多大程度上影响人们对支付意愿的回答。在你之前读到的那个版本中，受访者被问到，如果强迫石油公司执行环境清理工作，他们的支付意愿是多少。另外一个版本则用加油站代替石油公司，并加入了以下警告：“大多数加油站都是自主经营的，因为它们都非常有竞争力，所以往往可以获得小部分利润。虽然知名石油品牌都由大型石油公司进行推广，但大多数加油站并不属于这些石油公司。”在告知受访者的过程中，约翰逊还随机地改变了可以转嫁给消费者的清理费用（对大的石油公司和小的加油站都是如此），这些费用表现为更高的石油价格。

约翰逊发现，如果受访者认为企业也为环境清理支付了它们应该做出的那笔支付，那么他们愿意为因清理储油罐而提高的汽油价格投赞成票。另外，如果监管只针对小型的独立加油站提出清理要求，大型石油公司也还是为清理行为进行了支付，那么这种效应会表现得更加强烈。她的结论是，人们对这项政策所具有的公平性的认知，会强烈影响个人的支付意愿。这进一步证实了一个要点，即条件价值评估法呈现的背景信息不同，则这种研究方法得到的答案便会千差万别。

特别地，嵌入偏见问题吸引了大量研究的关注。基于这项研究，条件价值评估法的倡导者认为，在大多数研究中，受访者事实上会以一种可预见的方式来改变其回答，这依赖于所提问题的范围或后果。这意味着，一个精心设计的调查——关注身边的具体的政策建议——可以提供确凿的、可复制的信息，至少能为支付意愿提供此类信息。但是，这种高质量的研究可能比较昂贵。例如，依照条件价值评估法完成的，由埃克森-瓦尔迪兹（Exxon Valdez）石油泄漏引起的损害的研究就花费了300万美元。

此外，这种雄心勃勃的努力也是比较少见的。针对条件价值评估法的一份得到广泛采用的回顾这样总结道：“从足够可靠而且能够用于政策分析的条件价值评估调研中获取数据是相当困难的，但是，试图从未能很好地构思或执行的研究中获取结论的危险也很大。”因此，在接受其作为对支付意愿或接受意愿的合理估计之前，必须对大多数条件价值评估结果进行仔细考察，应该检查其中是否存在潜在的偏差。②

尽管有这样一些批评，条件价值评估法还是被越来越多的经济学家、决策者和法院使用。这是因为它是基于自估计环境保护的非市场性收益（如保护扁吻鮈的收益）的唯一可用手段。这类存在价值带来的收益可能会很大。在发生于阿拉斯加的埃克森-瓦尔迪兹石油泄漏事件中，条件价值评估法估计出的损害为每个家庭30美元，总计损害为30亿美元。这大约是埃克森公司实际支付的损害赔偿的三倍。③

---

① 参见 Knetsch and Kahneman (1992)。

② 引自 Mitchell and Carson (1989，15)。Alberini and Kahn (2006) 讨论了这一问题的最新进展。

③ 来自“Value of Intangible Losses”(1991)。

条件价值评估法被称为引出非市场性价值的一种“表示偏好”法，因为在调查中要求人们陈述其偏好。现在，我们转向另外两种方法，它们依赖的是消费者的“显示偏好”。这些方法为某种资源的非市场性价值赋予了一个价格标签，这个价格的计算来自对与之紧密相关的可市场化交易的物品的消费者需求，或者说消费者的“显示偏好”。我们将会看到，因为显示偏好法依赖于消费者对非市场化交易的物品的实际使用，所以这种方法得出的是使用价值和可选价值，而不是存在价值。

5.5 度量收益Ⅱ：旅行成本

基于市场估计非市场性价值的第一个方法被称为**旅行成本法**（travel-cost method）。这种方法用于度量与休憩活动相关的资源价值，例如公园、河流或者海滩。这个方法的基本思路是度量人们为使用此类资源需要花费的成本（也就是他们的“旅行成本”）。通过将旅行成本的不同与消费量的不同联系起来，我们就可以得到此类资源的需求曲线，进而估计出消费者剩余。

图 5-4 给出了一个简单例子。假设有三个同心圆环区域 A、B 和 C，每一个区域中都生活着 1 000 个人，围绕这些同心圆的是国家森林。所有生活在这些同心圆中的人都具有相同的收入和偏好。生活在区域 C 中的人离森林最远，如果想使用森林公园这个资源，他们需要花费每天 50 美元的旅行成本；于是，他们每年只旅行 1 次。生活在区域 B 中的人只需支付 25 美元便可以参观森林；于是他们每年旅行 6 次。最后，生活在区域 A 中的人可以在森林中自由漫步，他们每年去森林旅游 15 次。

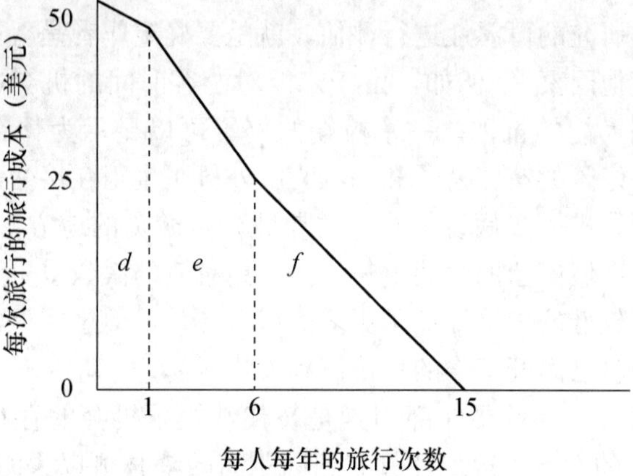

图 5-4　从旅行成本数据中得到的需求曲线

我们可以使用这一信息来获得图 5-4 所示的需求曲线，这条曲线绘出的是旅行成本与去森林旅游次数之间的关系。在得到这条需求曲线后，我们可以通过下面的公式确定总消费者剩余：

$$\begin{aligned}\text{总消费者剩余} &= \text{区域}A\text{的剩余}+\text{区域}B\text{的剩余}+\text{区域}C\text{的剩余}\\ &= 1\,000\times(d+e+f)+1\,000\times[(d+e)-6\times25]\\ &\quad +1\,000\times(d-50)\end{aligned}$$

居住在区域 A 的 1 000 人获得大量剩余——需求曲线下方的所有区域，或者说从他们的 15 次旅行中可以得到的来自区域 $d+e+f$ 的剩余，而且他们无须支付旅行成本。区域 B 的居民可以得到区域 $d+e$ 所示的消费者剩余，但是需要为每年 6 次的旅行支付每次 25 美元的成本。最后，注意到区域 C 的居民几乎没有得到什么净剩余（$d-50$）。他们只会去旅行一次，而且去与不去几乎是无差异的。

当然，在现实世界中，人们不会都是同质化的——他们有着不同的收入、爱好，以及旅行的机会成本。在运用旅行成本法时，经济学家该如何处理这种复杂性？

针对佛罗里达海滩游客的娱乐收益进行的研究提供了一个很好的例子。这项研究的作者调查了 826 位正准备通过飞机或汽车等交通方式离开佛罗里达州的游客，获得了他们在沙滩上花费的时间以及使用海滩产生的开支的信息，包括在旅馆/汽车旅馆住宿或露营时花费的成本，还包括在海滩吃饭，到达海滩、使用海滩，以及访问费和其他一些相关费用。他们还收集了进入和离开佛罗里达州的初次旅行成本、逗留时间、年龄、收入，以及对海滩拥挤程度和停车条件的感受等信息。其基本假设是，保持其他所有因素不变，在海滩上的开支越低，则越可能让游客在海滩上停留更长时间。①

使用被称为多元回归分析的统计技术，作者可以控制所有其他因素，将在海滩上的花费对消费的影响隔离出来。他们发现需求是价格无弹性的，在其他条件保持不变时，“价格”上升 10%只会将人们在海滩上花费的时间降低 1.5%。游客平均会在海滩上停留 4.7 天，估计由此产生的每日花费是 85 美元。使用这个信息，这项研究估计，在这 4.7 天里，消费者剩余是 179 美元，平均每天 38 美元。以每年 7 000 万游客日计算，作者指出佛罗里达州的海滩每年为游客产生的价值流等于 23.7 亿美元。

对一项旅行成本研究的可靠性进行评估，就是要确定作者是否很好地控制了可能会影响旅游需求的“其他因素”。例如，由于未能对游客时间的机会成本进行控制，针对海滩进行的研究受到人们的批评。一个极端的例子可以显示为什么这样会影响研究结果：假设有一位游手好闲的花花公子和一位心脏外科医生正在接受调研，这俩人在其他所有方面都完全相同。进一步假设，在那位花花公子游览的地方，酒店的价格比较低，人们观察到他在那个区域停留的时间更长，去当地海滩的次数也更多。于是，不正确的推理可能认为，相对较低的价格导致了更多的旅行次数，但事实上，外科医生不去那里的原因仅仅是他认为自己离开工作的代价高到无法承受。②

旅行成本分析的另一个重要外部因素是替代性娱乐机会的存在。以图 5-4 为例，假设一些住在区域 C 的人有了第二片具有相同距离的森林可以去游玩。在这种情况下，他们可能选择每两年去一次原来的那片森林，因此会导致观察到的需求曲线向内移动，并且会降低 C、B、A 区域中所有居民可度量的剩余。但是，对游玩原来的那片森林的

① 来自 Bell and Leeworthy (1990)。

② Shaw (1991) 指出了这一点。

区域 A 的居民而言，第二片距离更远的森林的存在事实上对他们的剩余几乎不产生影响。人们也对旅行成本方法进行扩展，以此解决这种类型的问题。[①]

5.6 度量收益Ⅲ：hedonic 回归

类似于旅行成本法，用于评价非市场性资源的最后一个方法要去估计观察到的市场行为产生的收益。这种方法被称为 **hedonic 回归**（hedonic regression），它使用相关（互补）商品的价格变动来推断人们为一个更加健康的环境所给出的支付意愿。单词 hedonic 的意思是“与享乐有关”，hedonic 回归估计的是与改善后的环境有关的乐趣或效用。类似于旅行成本法，这里要用回归分析的技巧来控制那些可能会造成价格变动但又不属于环境质量退化的固定因素。

hedonic 回归法的一个很好的应用，是去估计马萨诸塞州新贝德福德港持续的多氯联苯污染沉积物造成的损害。人们在 1976 年第一次知道多氯联苯的存在，到 1983 年，大约有一半的居民都对这种污染物有所了解。研究人员试图通过考察与危险废物存在相关的房地产价格下降来衡量相关社区遭受的损害。

研究人员的第一步是收集 780 户被卖过不止一次的独栋住宅的相关数据。作者的方法是考察在污染期间被反复出售的住宅的价格相对下跌，他们使用回归分析的技巧来控制房屋品质改善、利率、同一所住宅被重复销售的间隔时间、物业税变化，以及新贝德福德的人均收入。假设到 1982 年时，人们已经对该种污染物有了广泛了解，在其他条件不变的情况下，对离禁止捕虾、捕鱼和游泳这类危险区域最近的房屋，其价格下跌了约 9 000 美元。在限制深水垂钓和捕虾这类污染水平次之的地方，房屋价格经历了接近 7 000 美元的下跌。

将平均损失数量乘以受影响的房屋数量，作者得出结论，独栋业主遭受的总损失接近 3 600 万美元。这个估计还不包括对租房者或附近出租房房东产生的影响。基于这项研究和其他一些研究结果，应该对相关污染负责的企业至少要为自然资源损害提供 2 000 万美元的赔偿。[②]

与旅行成本法类似，hedonic 回归研究的关键挑战在于控制其他可能会影响相关商品价格变化的因素。下一节说明了当把 hedonic 回归用于最具争议的问题时产生的困难：度量人类生命的价值。

5.7 人类生命的价值

成本—收益分析法在伦理上遭受的最大责难在于它要求为**人类生命赋予货币价值**

① 可用随机效用模型来完成。可见 Freeman（1993）中的讨论。

② 参见 Mendelsohn et al.（1992）。

(monetary value on human life)。我还记得我第一次在大学经济学课程上学到这个概念时的震惊。然而，当分析环境改善的价值时，我们显然必须将人类死亡率的下降作为最重要的收益之一。如果我们寻求应用成本—收益分析法来确定有效率的污染水平，那么我们别无选择，只能为生命赋予一个货币价值。作为选择，如果采取的是安全标准，那么我们可以只关注某项活动所挽救的生命数量（或成本），但是避免直接用货币形式对生命进行估价这个问题。

然而，因为监管资源也是有限的，即便是安全标准也为人类生命赋予了一个隐含的价值。在过去，一般只有当隐含的生命价值等于或超过 100 万美元时，美国运输部（U. S. Department of Transportation）才会启动监管行动，美国职业安全与卫生管理局（Occupational Safety and Health Administration）采取监管行动的生命价值门槛在 200 万～500 万美元，美国国家环境保护局使用的价值范围是 47.5 万～830 万美元。[①] 当法院判定案件中存在非正常死亡造成的损害时，它们也会介入对生命进行估价的事情中。在过去，法院经常使用一个人在其生命期间预期收入流的贴现来计算其生命价值。这种方法存在一些明显的缺陷：例如，它将退休人士的价值记为零。

效率标准的拥护者争辩说，可以为生命赋予的最佳估值就是个人自己在市场上选择的价值。hedonic 回归可被用来估计这个值。通过将因个人接受具有特殊风险的工作——警察、消防队员或矿工——而获得的高工资溢价隔离出来，这种方法有可能估计人们对死亡风险升高的接受意愿，或者说，这个意愿隐含着生命的价值。

例如，我们从表 5-1 中可以知道，警务人员被重罪犯杀害的概率是万分之一。假设回归分析中的年龄、工作经验、教育程度、种族和性别等变量保持不变，人们发现，与其他类似个人相比，警务人员愿意在每年为此获得平均 700 美元的额外收入。然后我们可以推断，总体上看，警务人员愿意用 700 万美元（10 000 名警察乘以每人 700 美元）来换取一条生命。然后，我们可能会在估计降低风险进而挽救个人生命的环境收益时使用每条生命 700 万美元的估值。

需要注意的是，这里得到的数值都不是针对某个特定生命给出的价值。大多数人都会倾其全部收入来挽救自己或自己所爱的人的生命。相反，回归分析试图度量的是整个社会为了接受更高的死亡风险而要求的“平均”意义上的货币数量，在我们的例子中，这个死亡风险特指环境质量退化。为此，一些经济学家更愿意将其称为“统计意义上的生命价值”，而不是“生命价值”。我使用后一个术语的原因在于，即使是从整体人口中进行随机抽取，危在旦夕的生命也还是太真实了。死亡风险的总体上升确实意味着人类生命事实上被用来交换更高水平的物质消费。

即使就其方法本身而言，我们也能够确定这种度量方法存在至少三个问题。第一个问题是对信息准确度的质疑：在应募警察时，人们真的知道自己的死亡概率会增加吗？他们可能会低估这种危险，非理性地假设这种风险“不会发生在我身上”。另外，鉴于经常出现的警察暴亡，他们可能会高估警察的死亡风险。这种方法存在的第二个问题是样本的选择偏差。考虑到风险偏好，成为警务人员的个人可能并不是“平均”

① 来自“Putting a Price Tag on Life”(1988)。

意义上的代表人。能够被警察这份工作所吸引的人，可能往往要比大多数人更加偏好风险。

在将这种度量方式运用在环境污染问题时，产生的第三个问题是风险生成的非自愿特征。在劳动力市场上，为了换取更高收入，人们可能愿意承担较高的死亡风险；然而，对相同的风险，如果人们未经同意便暴露于这种风险，那么他们可能要求一个更高的补偿。我们往往从违反“权利”的角度入手讨论饮用水污染或者空气污染；权利通常是非卖品，但劳动力可以出卖。当我们在第 7 章中讨论安全标准时，会再次考察拥有清洁环境的“权利”问题。

进行 hedonic 回归的研究人员试图尽可能对这些因素进行控制。回顾工资—风险之间关系的相关研究会发现，在美国或其他富裕国家中，统计意义上的生命价值的中位数大约是 700 万美元。相比之下，在孟加拉国进行的研究发现，那里的生命价值仅为 15 万美元。这种巨大的差异再次揭示出在使用消费者剩余（支付意愿或接受意愿）度量生命价值时隐含其中的伦理选择：因为穷人的收入较少，所以他们愿意在低得多的工资水平上接受高风险工作。这意味着，对这些人而言，在成本—收益框架下降低死亡风险带来的价值是不那么高的。①

在使用 hedonic 回归对生命进行估价时，会产生一个基本问题：在何种程度上，劳动力市场是真的“选择”接受更高风险？请考虑下面 Vicente Guerrero 的典型生活，他现在在墨西哥城现代运动鞋厂工作，只有 12 岁：

> 他将大部分时间花在十分肮脏的工作上：用手在鞋底涂胶。他伸手指蘸胶的罐子上标记的是“有毒物质……长时间或重复吸入会导致严重的健康损害；不要放在未成年人可以接触的地方”。所有的男孩都忽略了这个警告。②

Vicente 在父亲的督促下工作，用他每天约 6 美元的工资补贴家庭收入。

从一个角度看，确实是 Vicente 选择在这个工厂工作。这样他就能尊重其父亲的意愿，可以提高家庭的生活水平。然而，可以提供给他的备选项则是非常残酷的。Vicente 要在因有毒物质中毒而早逝和死于营养不良之间做出选择。从一些重要的方面看，Vicente 的决定源于他出生后即面对的高度贫困和失业状态。

同样地，发达国家的工人“选择”接受更高风险，也与总体收入水平和一系列政治决定因素产生的影响有关，这些政治决定因素包括失业率和收入水平、能否在遭到损害后向法院或监管机构寻求补偿、累进税制结构、社会保障、残疾人补助、食品券和福利金，以及能否获得公共教育和卫生保健服务。所有这些社会因素都会影响工人在接受高风险工作时面对的替代性选择。在计算生命价值时使用 hedonic 回归，分析家或者隐含地赞同当前收入分配的政治性决定因素，或者隐含地假设这些社会因素的变化不会在很大程度上影响度量值。

通过“接受”风险以换取更高工资来度量生命的价值，反映了任何基于市场度量环境收益的方法都不可避免地存在收入歧视。仅仅是因为 Vicente 家收入非常低，hedonic

① 来自 Viscusi (2004)；Khanna and Chapman (1996)。

② 来自“Underage Workers”(1991)。

回归方法对 Vicente 的估价就远小于任何年龄段的美国工人。这种方法的支持者可能认为这样做是适当的，因为它真正反映了穷人和富人面临权衡取舍时的行为差异。当我们在第 7 章讨论危险废物处理设施时，会对这个问题进行进一步讨论。这里的论点在于，在使用 hedonic 回归决定生命价值时，应该认识到这种方法所提出的核心伦理困境。

5.8 总结

本章讨论了经济学家用来评估非市场性环境质量收益的方法。讨论的重点一直是相关度量方式存在的问题。例如，考虑在估计清理多氯联苯的收益时分析家必须回答的下列问题：

1. 消费者剩余是度量收益的一个好的指标吗，特别是在度量生命价值的时候？
2. 应该用哪个度量指标：支付意愿还是接受意愿？
3. 风险评估有多可靠？
4. 应该将多大范围内的收益包含进来？
5. 对收益的度量有多精确和可靠？

这些问题都没有得到普遍接受的答案。一个好的收益分析只能清楚列明每个节点上做出的假设，并邀请读者判断在替代性假设下得到的估计值会发生多大变化。

然而，尽管存在很多不确定性，法庭和政策制定者对非市场性环境收益进行估计的需求却在不断上升。随着环保意识的普及，人们越来越频繁地通过法庭上诉来对自然资源损失提起索赔。一项重要的法庭判决确认了人们对自然资源非使用价值损害提起诉讼的权利，明确赞同将条件价值评估法作为决定此类存在价值和确认可选价值的方法。[①]此外，政策制定者要求用多种形式的成本—收益分析来估计相关收益。正如我们在前一章所讨论的，当法律不禁止这种测试时，所有联邦政府出台的新的重大监管措施都被要求通过一项成本—收益测试。

在《自然》杂志的一篇雄心勃勃的文章里，跨学科小组的科学家试图为全球生态系统服务的总价值给出一个估计——这类生态系统服务范围从废物处理到大气调节再到营养物循环。[②] 他们在强调这个估计中存在的巨大不确定性后总结道，生态系统每年提供的市场和非市场的使用价值流超过 33 万亿美元，而地球上每年生产的产品价值（世界国内生产总值）只有 18 万亿美元！

作者使用了本章所述的很多工具。在为其成果进行解释时，他们说道，“尽管针对生态系统的价值评估存在一定困难且充满不确定性，但是我们必须做这件事。相反，作为一个社会整体，我们在对生态系统做出决策时，也隐含地对其进行着估值（虽然不一

① 来自 Kopp，Portney，and Smith (1990)。
② 来自 Costanza et al. (1997)。

定要表现为货币价值的形式)。我们可以选择以明确方式进行估值或者选择某种隐含方式……但是一旦必须做出选择，我们就要经历一个估值过程"①。

最终，经济学家基于务实的理由捍卫收益的度量。虽然针对这些方法所有缺点的争论一直在上演，但它们仍然是对高质量环境相关的巨大优势进行量化估值的最佳手段。另一种选择是给出我们在第10章中将要讨论的环境影响报告书(EIS)等影响分析，这类方式能够为环境保护的物质收益给出详细分析，但无法用具有一致性的、有用的方式总结相关信息。

在这一点上，收益分析是一门仍然处于相对不成熟阶段的社会科学；然而，人们却要求它能解决非常困难的问题，而它已经对公共政策产生了重大影响。在过去的20年中，人们完成了数以千计的环境损害研究。也许当前正在着手的这些研究成果能够为本章指出的问题给出一个具有更大共识且能够为大家所接受的解决方案。

应用 5.0

运用旅行成本法的一个例子

现在，你第一次承担起环境经济学家的咨询工作。森林服务部门想要了解，是否应该在伐木之前为徒步旅行者预留一些国家林地。你正在用旅行成本分析法来估计这些预留土地带来的收益。

通过调查，你收集到500位曾经去过邻州森林的徒步旅行者的相关数据。使用一种被称为回归分析的统计方法，你已经控制了收入、就业状况、年龄和其他可能影响徒步旅行次数的重要因素。将这些因素考虑进来后，你给出以下关系：

去徒步旅行区域的成本(美元)	每人每年完成的徒步旅行次数
20	8
40	6
80	2

1. 将徒步旅行次数作为"价格"——旅行成本——的函数，绘出徒步旅行的需求曲线。

2. 基于拟议的森林公园附近居民的人口统计信息，你估计有5万人平均每年会进行4次徒步旅行。请针对普通人计算：(1)去一次新公园的消费者剩余；(2)普通游客的总消费者剩余(提示：三角形的面积是1/2 $[B\times H]$)；(3)拟议的森林公园每年能够实现的预期总消费者剩余。

应用 5.1

计算生命的价值

在你的第二项咨询工作中，你一直试图估计劳工阶层的风险接受意愿。你收集了从

---

① 来自 Costanza et al.(1997, 258)。

文书工作到卡车驾驶再到煤炭开采等各类蓝领职业的相关数据。在控制了年龄、性别、教育水平、工作经验和种族后，你发现了以下关系：

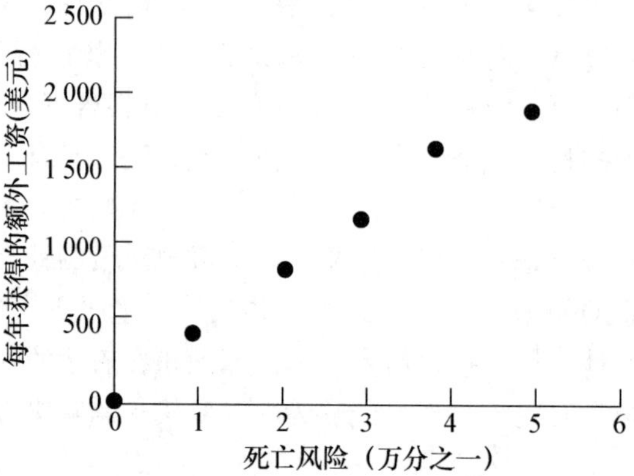

1. 你估计的“统计意义上的生命价值”是多少？它有什么含义？

2. 为什么说并没有很好地估计出污染减少所拯救的生命的价值（给出三个理由）？

应用 5.2

保护千鸟

针对第三项咨询工作，假设你正在分析公共海滩的使用价值。在控制了收入、年龄、偏好和其他可能影响海滩旅行天数的因素后，你得到以下数据：

旅行成本（美元）	每年的旅行天数
0	40
20	20
39	1
40	0

1. 如果在 0 美元、20 美元和 39 美元这三个旅行成本类别中各有 1 000 人，那么在这个海滩游玩一天带来的总消费者剩余近似是多少？

2. 你的老板需要你帮他评估一项决策，这项决策是为了保护一种濒危海鸟的栖息地而关闭这个海滩，这种海鸟被称为千鸟（plover），它只会栖息在这片海滩上。通过运用条件价值评估法进行研究，你知道美国公民为保留千鸟提供的支付意愿是每年 150 万美元。基于你的分析和你对这类收益分析法的有用性及局限性的理解，你能得出保护千鸟是有效率的这个结论吗？请给出一些论据。（这个答案至少需要写四段！）

3. 根据《濒危物种法案》，你的分析能从法律上对保护千鸟的决策产生什么影响？

应用 5.3

成本—收益之争

当把成本—收益分析的逻辑推到极致时，会产生一些奇怪的结论。在一个案例中，研究人员想要确定母亲为其孩子的生命设定的价值。在1985年的印第安纳州，尽管法律要求父母将婴幼儿放进汽车安全座椅，但即使不这么做，警察也不会对父母进行罚款。另外，一些父母也不会花时间去正确地系好汽车安全座椅。两位经济学家认为，父母的这种行为（未能购买或正确使用汽车安全座椅）会导致他们的孩子在出生到4岁之间的死亡风险上升0.000 4，也就是说万分之4。他们收集了190个带着孩子离开购物中心的人（都是女性）的数据；其中只有33%的人安装或正确使用了汽车安全座椅。①

作者计算指出，在4年时间里，正确将孩子放入安全座椅需要花去父母约69小时。他们假设妇女时间的机会成本将是汽车座椅是否安装或正确使用的重要决定因素。使用一种统计模型，他们事实上得出的结论是，在控制了（一些）其他因素后，从统计上看，时间的机会成本越高的母亲（一般来说，是指放弃了较高工资），越不太可能（虽然这个估计值的可信度不是很高）安装或正确使用汽车安全座椅。

从这一点出发，研究人员计算出，在其他条件相同时，每小时工资提高约2.40美元，便会让母亲不去安装或正确使用汽车安全座椅——所有这些研究最终就带来了对孩子生命价值的估计：

每小时节省2.40美元×每位母亲节省69小时/每位母亲0.000 4个生命损失
=414 000美元/生命损失

请注意，即使算上自那项研究以来的通货膨胀率，这一数字也远远低于美国国家环境保护局使用的700万美元。

1. 这个结论对你而言有意义吗？如果没有，为什么？

应用5.4

重新思考生命的价值

在围绕成本—收益分析出现的政治较量中，一些经济学家认为，与其将挽救人类生命作为监管的结果，我们不如更加珍惜“寿命年”(life years)。这里的原因是，很多保护空气质量的监管带来的效果是延长老年人的寿命，也就是说，主要是老年人从污染控制中受益。

所以，与其用700万美元来表示每万人中挽救的生命所带来的价值，不如使用700万美元×5/80，也就是说，平均而言，监管措施将样本中老年人的寿命从75岁提高到80岁。当然，这个新的算法会减少能够通过成本—收益测试的监管措施，因此受到保守派政客的欢迎。当乔治·W. 布什政府提出在成本—收益分析中使用得到挽救的寿命年进行计算时，这个提议遭到广泛攻击，因为人们认为它是“高级死亡折扣”，于是，这项提议被迅速撤回。②

a. 在经济学的框架里，你可以想象出为什么其他经济学家会反对在估值过程中将挽救的生命数量改为挽救的寿命年吗？尤其是，你能否想出两个原因来说明，为什么75岁的老人在降低死亡风险并增加一年寿命方面的价值要高于年轻人？

① 来自Carlin and Sandy (1991)。
② 参见Revesz and Livermore (2008，77-84)。

b. 这就是说，忽视 5/80 这个分数，为了挽救 75 岁老人生命而推出的监管措施，其收益要高于挽救 40 岁中年人生命的监管措施，你能被这个一般性的逻辑所说服吗？为什么？

各节主要观点

5.0 环境保护具有**市场性收益**和**非市场性收益**。可以用美元价值来度量市场性收益；对非市场性收益的估计必须使用经济学工具。

5.1 环境收益的**总价值**可被分为三个部分：**使用价值**、**可选价值**和**存在价值**。

5.2 经济学家认为，环境保护的收益应该等于个人从这种环境改善措施中获得的**消费者剩余**。对清新的空气或水这类免费提供的公共品，消费者为供给小幅提升给出的**支付意愿**，或者为供给小幅下降给出的**接受意愿**，都应是对消费者剩余增加或减少的一个很好的近似。然而，在现实中，度量出的接受意愿几乎总是远远高于实测的支付意愿。**前景理论**为这种差异提供了一个解释；第二个解释则取决于所考虑的公共品的替代品是否容易获得。

5.3 必须通过流行病学或动物研究来估计环境风险。估计得出的人类面对的风险状况，会因**剂量—反应模型**等因素的影响而有所不同。广大民众面对的环境危害风险取决于污染物的毒性以及人或动物在污染物中的暴露程度。公众对基于科学的风险评估得出的相对风险往往有着不同认知。在其他因素中，这可能源于不信任科学家以及**风险规避情绪**。

5.4 用于估计非市场性收益的第一种方法依靠从调研中得到的回复，因此也被人们称为**条件价值评估法**。由于存在**搭便车**、**策略偏差**、**假设偏差**和**嵌入偏见**的可能，条件价值评估研究存在一定争议。然而，条件价值评估法是基于**存在价值**估算环境保护收益的唯一可用方法。

5.5 估算非市场性收益的另一种方法是**旅行成本法**，它主要被用来估算公园、湖泊和海滩的价值。研究人员在保持其他因素不变的前提下，通过将旅行成本与资源使用密集度两类信息联系起来，为资源构造一条需求曲线。

5.6 估计环境保护的非市场性收益的最后一种方法被称为 **hedonic 回归**。这种方法在保持其他因素不变的前提下，通过考察相关商品价格变化来估计环境质量提升带来的收益。

5.7 利用高风险工作产生的工资溢价，hedonic 回归被人们用来为**人类生命赋予货币价值**。如果要用成本—收益分析来确定适当的污染数量，这样做就是必要的。这是一个令人毛骨悚然的任务；然而，即使监管部门并不明确给出生命的美元价值，当要做出监管决策时，也要对生命的价值做出某种选择。作为一种基于市场的估计，hedonic 回归会为富人赋予一个更高的生命价值，因为他们避免风险的支付意愿更高。这显然会带来伦理困境。

参考文献

Alberini, Anna, and James Kahn. 2006. *Handbook on contingent valuation*. Northampton, MA: Edward Elgar.

American Lung Association. 2009. *State of the air*. http://www.lungusa.org/about-us/publications/.

Arrow, Kenneth, Robert Solow, Edward Leamer, R. Radner, and H. Schuman. 1993. Report of the NOAA panel on contingent valuation. *Federal Register* 58 (10): 4201-4614.

Bell, Frederick, and Vernon Leeworthy. 1990. Recreational demand by tourists for saltwater beach days. *Journal of Environmental Economics and Management* 18 (3): 189-205.

Bishop, Richard C., and Michael P. Welsh. 1992. Existence value and resource evaluation. Unpublished paper.

Boyle, Kevin J., and Richard C. Bishop. 1987. Valuing wildlife in benefit-cost analysis: A case study involving endangered species. *Water Resources Research* 23: 942-950.

Bromley, Daniel. 1995. Property rights and natural resource damage assessments. *Ecological Economics* 14 (3): 129-135.

Costanza, R., R. d'Arge, R. de Groot, S. Farber, M. Grasso, B. Hannon, K. Limburg, et al. 1997. The value of the world's ecosystem services and natural capital. *Nature* 387 (6630): 253-259.

Freeman, A. Myrick Ⅲ. 1985. Supply uncertainty, option price, and option value. *Land Economics* 61 (2): 176-181.

——. 1993. *The measurement of environmental and resource values: Theory and methods*. Washington, DC: Resources for the Future.

Glenn, Barbara S., J. A. Foran, and Mark Van Putten. 1989. *Summary of quantitative health assessments for PCBs, DDT, dieldrin and chlordane*. Ann Arbor, MI: National Wildlife Federation.

Gough, Michael. 1989. Estimating cancer mortality. *Environmental Science and Technology* 8 (23): 925-930.

Horowitz, J., and K. McConnell. 2002. A review of WTA/WTP studies. *Journal of Environmental Economics and Management*, 44: 426-447.

Johnson, Kevin. 2008. Police deaths plummet in first half of '08. *USA Today*, 10 July, Page 1.

Johnson, Laurie. 1999. Cost perceptions and voter demand for environmental risk regulation: The double effect of hidden costs. *Journal of Risk and Uncertainty* 18 (3): 295-320.

——. 2003. Consumer versus citizen preferences: Can they be disentangled? Working paper, University of Denver.

Kahneman, Daniel, and Amos Tversky. 1979. Prospect theory: An analysis of decisions under risk. *Econometrica* 47 (2): 263-291.

Kammen, Daniel, and David Hassenzahl. 1999. *Should we risk it?: Exploring environmental, health, and technological problem solving*. Rutherford, NJ: Princeton University Press.

Khanna, Neha, and Duane Chapman. 1996. Time preference, abatement costs and international climate change policy: An appraisal of IPCC 1995. *Contemporary Economic Policy* 13 (2): 56-66.

——. 2007. Biased valuations, damage assessments, and policy choices: The choice of measurement matters. *Ecological Economics*, 63: 684-689.

Knetsch, Jack, and Daniel Kahneman. 1992. Valuing public goods: The purchase of moral satisfaction. *Journal of Environmental Economics and Management* 22 (1): 57-70.

Kopp, Raymond J., Paul R. Portney, and V. Kerry Smith. 1990. Natural resource damages: The economics have shifted after *Ohio v. United States Department of the Interior*. *Environmental Law Reporter* 20: 10127-10131.

Mendelsohn, Robert, Daniel Hellerstein, Michael Huguenin, Robert Unsworth, and Richard Brazee. 1992. Measuring hazardous waste damages with panel models. *Journal of Environmental Economics and Management* 22 (3): 259-271.

Mitchell, Robert Cameron, and Richard T. Carson. 1989. *Using surveys to value public goods: The contingent valuation method*. Washington, DC: Resources for the Future.

National Cancer Institute. 2010. *FactSheet*. www. cancer. gov/cancertopics/factsheet/Tobacco/cessation.

National Safety Council. 2010. http://www. nsc. org/news_resources/Documents/nscInjuryFacts2011_037. pdf.

Putting a price tag on life. 1988. *Newsweek*, 11 January, 40.

Shaw, W. Douglas. 1991. Recreational demand by tourists for saltwater beach days: Comment. *Journal of Environmental Economics and Management* 20: 284-289.

Underage workers fill Mexican factories, stir U. S. trade debate. 1991. *Wall Street Journal*, 8 April.

U. S. Environmental Protection Agency. 1990. *Reducing risk: Setting priorities and strategies for environmental protection*. Washington, DC: U. S. EPA.

——. 2010. *What's your EnviroQ*? www. epa. gov/epahome/enviroq/index. htm#lungcancer.

Value of intangible losses from Exxon Valdez spill put at $3 billion. 1991. *Washington Post*, 20 March.

Viscusi, W. Kip. 2004. The value of life. In *New Palgrave dictionary of econom-*

ics and the law (2nd ed.) New York: Palgrave Macmillan.

Wilson, Richard, and E. A. C. Crouch. 1987. Risk assessment and comparisons: An introduction. *Science* 236: 267-270.

附录 5A　再次回到接受意愿与支付意愿

在第 5 章中我们注意到，在估计人们为环境清洁给出的支付意愿和环境退化给出的接受意愿时，两个估计值之间存在大幅且持久的差异。人们对此提供了两种解释。第一种是前景理论：人们会对现状形成一定依赖，因此，对环境清洁的感知要弱于对环境退化的感知。第二种解释来自传统的经济学理论。如本附录所示，事实证明，当物品的替代品很少时，接受意愿应该高于支付意愿。在这里我们还回顾了一个有趣的实验结果，这个实验试图弄清楚，“没有很好的替代品”这一论点或前景理论是否能够为观察到的接受意愿和支付意愿之间的差距给出最好的解释，然后进一步想想为什么会是这样。

□ 5A.1　一个无差异曲线分析

因为本附录是选学内容[①]，所以我们假设通过之前的课程，你已经详细了解了无差异曲线分析的作用原理，可以直接运用图形进行分析。图 5A－1 给出了我（埃班）对标准的 25 美分银币和 25 美分怀俄明州纪念币之间的无差异曲线图。这条无差异曲线被绘成一条直线，意味着对我来说，两类物品是完全替代品，替代率（边际替代率）是 1∶1。我不是钱币收藏家，只是喜欢钱而已。所以对 4 枚标准的 25 美分银币和 1 枚 25 美分怀俄明州纪念币与 1 枚标准的 25 美分银币和 4 枚 25 美分怀俄明州纪念币同样喜欢。

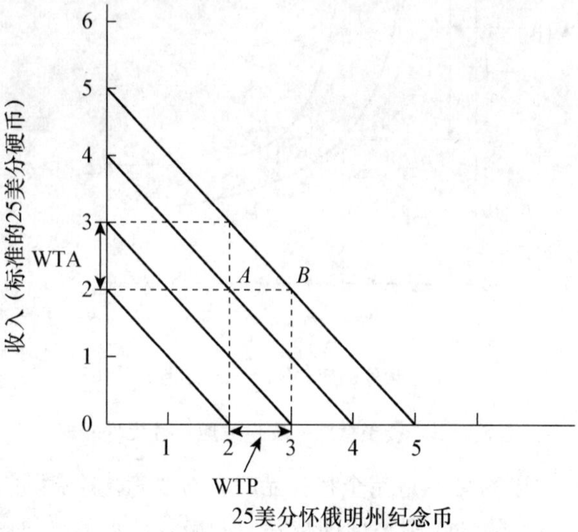

图 5A－1　接受意愿—支付意愿：完全替代

① 这个论述源自 Hanneman (1991) 以及 Shogren et al. (1994)。

现在假设我在点 A（2，2）处。要想移动到点 B（3，2）处，也就是多获得一枚 25 美分怀俄明州纪念币，我的最大支付意愿是多少？这个问题的答案由图中标记的支付意愿的长度决定；如果我付 0.25 美元到点 B，那时我和在点 A 处一模一样——如果支付少于 0.25 美元，那么我的境况会变得更好。因此，0.25 美元是我的最大支付意愿。

让我们改变规则。假设我仍然在点 A（2，2）处。如果让我放弃移动到点 B（3，2）的机会，我的最小接受意愿是多少？为了让我与在点 B 处时一样开心，我需要获得一笔收入，直到我回到点 B 所在的那条无差异曲线。这是图中标记了接受意愿的那段距离——也是 25 美分，或者说 0.25 美元。当物品是完全替代的时，接受意愿和支付意愿应该是相同的。①

在图 5A－2 中，上述交易变得更加严肃。我现在面临的是通过花钱来减少死亡风险的选择：让我们假设，我可以每个月多花些钱购买无农药有机蔬菜，从而减少死亡风险。在横轴上，随着我向原点方向移动，死亡风险变得越来越大。为了说明起见，让我们假设每月在无农药有机蔬菜上多花费 1 美元，能额外减少百万分之 1 的死亡风险。

请注意这些无差异曲线不是直线；相反，它们有传统的向内弯曲的形状。随着风险水平的降低，无差异曲线的斜率也会下降，这反映出递减的边际替代率。在风险水平高的时候，我愿意用大量收入换取风险的少量下降。但是随着我面对的风险水平下降，我已经不愿意拿现金换取进一步的安全。换句话说，在风险水平高时，现金并不能很好地替代风险的下降。

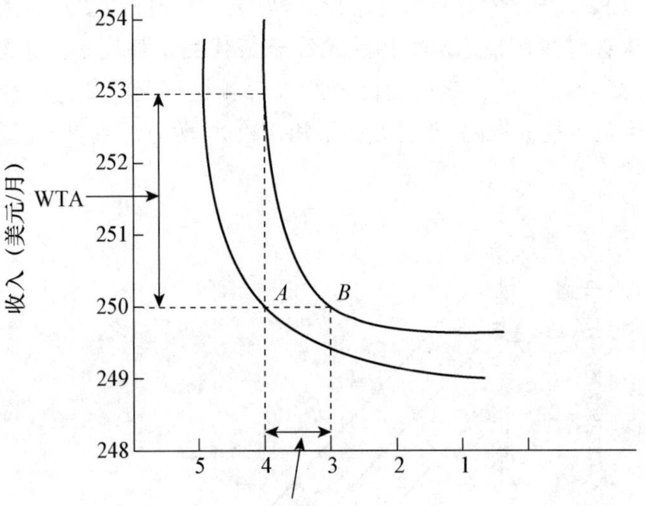

图 5A－2　接受意愿—支付意愿：替代性较弱

如图 5A－2 所示，当物品不是完全替代品时，接受意愿会倾向于比支付意愿高——高得越多，无差异曲线越陡峭，则替代性越差。如果我从点 A（每月花费 250 美元，对含农药蔬菜的消费使我的死亡风险提高了百万分之 4）开始，那么移向百万分之 3 的死

① 忽略小的收入效应。

亡风险时，我的最大支付意愿就是标记了支付意愿的那条线段——相当于1美元。相比之下，为了补偿我继续保持百万分之4的死亡风险水平，我的最小接受意愿表现在收入轴上。为了让我的境况和在点 B 时一样好，我会被支付足额的钱来帮助我离开更高的无差异曲线，或者说3美元。从这幅图中可以很明显地看出，接受意愿通常会比支付意愿高，随着一个人在横轴上不断向原点处移动，也就是随着风险水平越来越高，让他保持无差异的支付也会越来越多。

□ 5A.2 是前景理论还是可持续性

一组研究人员对通过一组大学生做实验来厘清这两种理论——前景理论或不完全替代品——对观察到的接受意愿和支付意愿之间的差距的解释产生了兴趣。在第一个实验中，小组成员都得到3美元的初始财富和一块小小的糖果。然后研究人员进行了一系列试验来研究，为了将糖果升级到名牌单包装糖果，学生的支付意愿是多少。在另外一些替代性实验中，研究人员为不同学生提供了现金和名牌单包装糖果，然后询问如果将糖果降级到小块，他们的接受意愿是多少。①

第二个实验提高了赌注：研究人员为学生提供了15美元现金和类似于常规熟食店提供的那种三明治，后者显然是感染沙门氏菌这类病原体风险较低的食品。然后，研究者要求学生给出他们愿意支付多少钱来将食物升级到经过严格筛选、感染细菌风险更低的食品。学生除了听到一些关于沙门氏菌感染的症状外，研究者还为他们提供了以下信息："每年感染沙门氏菌病的可能性是1/125。在那些生病的人里，每年的死亡率是千分之一。轻度沙门氏菌感染造成的医疗费用和误工损失等成本平均是220美元。"

在实验的最后阶段，研究者改变了财产权归属。这次，他们向学生提供经过筛选的食品和15美元，然后询问学生，如果将食物降级到常规产品，他们的接受意愿是多少。（当然，在这两种情况下，学生实际上必须吃掉他们的三明治！）每个人都参与了两个支付意愿实验或两个接受意愿实验，但是没有人同时参加支付意愿实验和接受意愿实验。最后，142个参与者都通过几项试验获得了参与实验过程的经验。

在名牌单包装糖果的实验中，接受意愿和支付意愿快速收敛到接近0.50美元的市场价格。然而，在减少风险的实验中，即使经过20次试验，接受意愿仍然高于支付意愿。在暴露于沙门氏菌风险的试验中，实验参与者的平均接受意愿为1.23美元，它是0.56美元支付意愿的两倍多。作者对这项实验总结道，随后的一系列实验支持用"不存在好的替代品"这个理论来解释接受意愿和支付意愿之间存在的差异，但实验结论并不支持前景理论。你同意吗？

前景理论的拥护者可能会回应道，名牌单包装糖果和其他一些低价值物品并不能为两类理论提供很好的检验：人们对某个名牌单包装糖果或某个咖啡杯产生的依赖，可能不太类似于对当地公园的某片树林产生的依赖。在这个意义上，两种解释开始变得一致。人们重视现状，是因为没有什么物品可以成为环境现状退化的好的替代品！

无论何种解释，这个实验说明，在某种意义上，对支付意愿或接受意愿的选择很自然地来自财产权利的分配。如果人们拥有那份常规三明治，这时询问他们对升级食品的

---

① 来自 Shogren et al.（1994）。

支付意愿才是有意义的；如果他们拥有更加高级的三明治，则很自然地要去询问降低食物等级时他们的接受意愿是多少。

参考文献

Hanneman，Michael. 1991. Willingness to pay and willingness to accept：How much can they differ? *American Economic Review* 81 (3)：635-647.

Shogren，Jason，Seung Y. Shin，Dermot Hayes，and James Kliebenstein. 1994. Resolving differences in willingness to pay and willingness to accept. *American Economic Review* 84 (1)：255-270.

第6章 度量环境保护的成本

6.0 引言

当美国国家环境保护局提高大气层（地面层臭氧）国家空气质量标准时，该机构提供的一项官方成本估计认为，这一监管措施将会带来每年6亿～25亿美元的费用。这些数字从何而来？①

从表面上看，与度量环境清理的收益相比，度量环境清理的相关成本要显得更加容易。人们可以简单地将企业花费在污染控制设备和人员上的成本加起来，再加上本地、州和联邦政府在监管活动方面的支出，这些监管活动包括起草、监测和强制执行相关法规。迄今为止，这种度量成本的**工程造价法**（engineering approach）是在实际中得到最广泛使用的方法。

然而，由于工程费用的估计往往包含对成本的预测，这就需要对未来的行为做出一些假设。例如，在估计成本时可能假设企业完全遵守污染法律，或者假定企业会采取特定的污染控制技术以满足标准。一旦这些假设不能准确地预知未来，那么工程造价估计便可能出现误导。在一个出现了错误的著名案例中，美国国家环境保护局将控制二氧化硫的成本高估了2～4倍；“可信的”业界估计值则是实际值的8倍高。②

---

① 来自“EPA Plans”(1997)。

② 参见 Harrington，Morgenstern，and Nelson (1999)。

此外，从经济学的角度看，工程造价法还存在其他问题。经济学家使用一个被称为**机会成本**（opportunity cost）的概念来度量成本：资源在次优用途中表现出的价值。假设新的空气法带来每年20亿美元的成本。作为社会整体，如果我们不为污染控制投入这20亿美元，那么我们担负得起20亿美元的其他商品和服务吗？能够担负更多，抑或是只能担负不足20亿美元的其他商品和服务？这个问题的答案为我们提供了真正衡量环境保护成本的标准。

考虑到政府可能参与活动，所以对工程费用的估计将会夸大真实社会成本，这些活动包括：（1）通过提高资源使用效率来增加生产率，推动技术变革，或者改善工人健康水平和生态系统服务水平，以及/或（2）通过创建“绿色就业”减少失业。

另一方面，在政府参与的以下活动中，工程成本估计有可能低估真实的社会成本：（1）因转移投资而降低了生产率增长，以及/或（2）导致结构性失业。在本章中，首先，我们考察美国国家环境保护局针对全国范围的经济活动进行的工程成本估计，其中还包含了一个减少全球变暖污染的潜在成本的例子。其次，我们考察这些数字在多大程度上高估或低估了环境保护的“真实”成本。最后，我们考察成本—收益分析，以及它在生成更高效环境保护措施方面的作用。

6.1 工程造价成本

工程造价成本估计要求使用“年化”资本投资这一会计惯例——换句话说，将厂房和设备的投资成本平摊到预期生命周期内。表6-1提供了美国国家环境保护局对20世纪70年代初出台主要的联邦计划以来美国在污染控制投资中的“年化”历史工程造价成本。

在表6-1中，1990—2000年的数字是估计出来的，假设企业完全遵守污染控制规定。每年的固定资本成本则根据直线法折旧以及假设企业为融入资金支付7%的利率计算出来。

这张表为四个类别的污染——空气、水、土地和化学品——提供了历史年度污染控制支出，此外还给出了一个“其他”类别，这个类别列支的是美国国家环境保护局未分配的行政和研究经费。上面列出的成本包含为了遵从污染控制法规和监管而需要花费的所有直接成本，其中包括对污染控制设备和人员的投资、建设市政水处理厂，以及你的家庭为当地垃圾回收站支付的费用。（注意，这些费用并不等同于环境监管成本：即使没有监管，私营部门也会完成一定数量的污水处理和垃圾处理！）

作为一个国家，美国的确正在将更多的注意力放在污染控制上。在25年的时间里，控制污染的总开支从430亿美元上升到超过2 600亿美元。也许更重要的是，按照在国民生产总值中的占比计算，污染控制费用从1972年占比不到1%，一直上升到1990年占比2.1%，直到2000年占比超过2.8%。因此，污染控制在国家资源中的占比翻了一倍还多。

在美国和世界其他地区，下一个污染控制的重大步骤就是遏制全球变暖。某个研究①提供了在全球层面上减少全球变暖气体排放量所带来的非常详细的工程成本评估，显示了使用多种方法和技术后减少一公吨 CO_2e（指二氧化碳“当量”或二氧化碳加上其他温室气体）所需花费的边际成本，这些方法和技术有些已经存在，有些接近商业化。此后，这一研究还给出了采取这些步骤后每年 CO_2e 的总降低数量。

表 6-1　美国每年的污染控制成本（按照 2005 年美元计算，单位是 10 亿美元）

污染类别	年份			
	1972	1980	1990	2000
空气				
空气	12.9	28.8	45.1	71.5
辐射	0.0	0.2	0.7	1.5
水				
质量	14.9	37.3	63.5	93.4
饮用	1.3	3.2	5.6	10.7
土地				
废弃物处理	13.7	22.2	40.5	61.9
有毒废物堆场污染清除基金	0.0	0.0	2.8	13.1
化学品				
有毒物质	0.1	0.7	0.9	2.0
杀虫剂	0.1	0.8	1.6	2.8
其他	0.1	1.5	2.7	3.7
总计	43.3	94.6	163.6	260.3
在国民生产总值中的占比	0.9%	1.6%	2.1%	2.8%

注：1990—2000 年的成本和国民生产总值都是估计出来的。除最后一行表示的是百分比数值外，其他数字单位均为 2005 年 10 亿美元。

资料来源：Carlin (1990).

人们将减少 10 亿吨二氧化碳排放量这个任务称为减缓全球变暖的一个“着力点”。要将全球气候变暖稳定在较低水平（温度上升 4℉，大气层中二氧化碳浓度为百万分之 450），要求到 2040 年左右将二氧化碳排放量减少 380 亿吨。这反过来要求所有适用技术都要得到采用，或者说达到相当于此的一个水平。②

注意到，研究人员认为前 120 亿吨碳排放量削减付出的是负成本——这些措施将帮助企业和家庭节省资金。因此，让我们以“照明——让居民使用 LED 灯”为例。LED

① 参见 Beinhocker et al.（2008）and Romm（2008）。

② 正如 Romm（2009）所描述的那样，减少 380 亿吨二氧化碳排放量的策略大致等同于 12～14 个着力点的碳方法。

(light-emitting diode，即发光二极管）光源的能耗大约只是紧凑型荧光灯（compact fluorescent bulbs）的一半，约是传统白炽灯的 1/10。使用 LED 灯可以带来能耗下降，可以帮助消费者在每吨碳排放量中节省 120 美元。

总体而言，到 2030 年，估计每年减少 380 亿吨碳排放的成本是全球国内生产总值的 1%左右——目前已达到 5 000 亿美元。假设美国积极应对全球变暖问题，那么未来 10 年我们预期每年花费在污染控制上的工程成本会上升 1%，也就是从大约占美国国内生产总值 3%的水平上升到大约占 4%的水平。在本章其余部分我们寻求回答的问题是：对这些工程成本的估计是低估还是高估了环境保护的真实社会成本？

6.2 监管对生产率的影响

毫无疑问，在估算环境保护的成本时，最大的未知是它对生产率的影响。生产率，或者说每个工人的产出，是一项关键的经济指标。提高生产率意味着每个工人得到的经济份额都在上升。经济总量越大，则社会越容易应对人口增长，越容易满足人们对更高物质生活水平的需要。

在 1974—1995 年，美国平均的生产率增长只有 1%，远低于 20 世纪 50 年代和 60 年代经历的 3%的增长。因为增长是一个累积过程，所以生产率的微小变化可以带来巨大的长期效果。如果 1974 年后美国生产率不是下降的，而是继续延续其增长趋势并在 20 世纪 50 年代到 70 年代实现 3%的生产率增长，那么 2007 年美国的国内生产总值将会比现在高数万亿美元！

虽然在 1995 年之后生产率增长出现反弹，但是有些人指责环保法规是生产率增长放缓的主要原因。相比之下，其他人则认为，通过迫使企业更有效地利用资源、采用新的更加便宜的生产技术，对污染的控制可以带动生产率增长。我们将会看到，这场辩论远未尘埃落定。但是，因为随着时间的推移，生产率的增长具有复合效应，环保法规对生产率产生的影响——无论是积极影响还是消极影响——都是决定环境保护“真实”成本的一个关键因素。

首先，让我们评估一下赞成环境监管的论断。从理论上讲，环境监管可以在以下三个方面提高生产率：(1) 提高资源使用的短期效率；(2) 鼓励企业增加投资，或者能够使企业着眼长远，进行“更有效率”的投资；(3) 降低卫生保健支出和企业层面的环境清理费用，从而腾出资金用于长期投资。

为应对全球变暖污染而估计成本曲线的经济学家相信，他们发现在全球经济体系中存在数以千亿美元的浪费。只要企业（和家庭）采用现有的节能技术——更有效率的照明、冷却、加热和机械系统，就能立刻获得巨大的成本节约。这些节约能够腾出资金让经济中其他部门进行更有生产率的投资。然而，其他经济学家则怀疑这些所谓的免费午餐实际上是否真的广泛存在，他们基于一些理论依据争论说，“没有这样的事”。如果这类效应真的存在，为什么竞争性企业会忽略如此巨大的成本节约机会？本书第 19 章就专门讨论能源政策和免费午餐之间出现的争辩。就现在而言，需要认识到的是，如果对污染进行监管的法规迫使企业更高效地使用能源，迫使企业通过较少投入实现更大产出，那么，这将带来生产率的提高。

其次，对污染进行监管的法规可能会提高生产率的第二个理由是加速或改善资本—投资过程。这就是所谓的波特假说，它以哈佛大学商学院的迈克尔·波特（Michael Porter）教授的名字命名，这个假说指出，监管虽然会对企业造成短期成本，但是往往能够提高企业的长期竞争力。[①] 如果监管措施对具有前瞻性的公司是有利的，能够预见趋势，能够加速现代生产过程中的投资，能够鼓励研发，或者能够改进外部环境并促使人们进行非常规思维，那么提高企业长期竞争力的结果可能会发生。

举个例子，很多企业并未通过安装“终端”设备来治理排放，相反，它们通过开发一些新的生产方法来大幅减少浪费，同时实现成本削减和降低环境污染。在这种情况下，监管发挥了一种**强制技术升级的作用**（technology-forcing role），通过设定企业必须达到的标准，鼓励企业开发更有效率的生产方法。更广义地说，正如我们在第3章中所讨论的，通过降低风险、提高资源效率，以及开发出能够创造性地改进污染产品和工艺的技术，旨在解决环境问题、提高利润水平并实现优异的经营绩效的整个可持续的商业活动正方兴未艾。大量研究都支持波特假说，它们发现在环境保护方面具有领导地位的企业并未因此出现利润下滑，相反，它们的盈利水平往往高于行业平均。[②]

最后，监管对生产率产生的第三个积极影响源自环境保护带来的健康和生态方面的收益。在没有污染控制措施时，美国人会经受更高的患病率和更多的过早死亡。此外，依靠干净的水或清洁空气进行生产的企业则要面对内部生产过程中产生的环境治理费用。由于卫生保健和企业自己做出的环境治理行为都会显著提高成本支出，所以这些因素会直接或间接地降低生产率。反过来，这类支出意味着对生产性投资资源的挤占，其规模与资源的控制污染支出大致相当。

人们也可以通过各种方式降低生产率。第一，监管将直接提高受监管企业的成本；这些成本可能会挤占传统的投资资本。第二，当对新的污染源实施更加严格的监管时，新投资会出现进一步放缓，实际情况往往也是这样。第三，监管将导致对整个经济运行有重要影响的能源类投入品和废物处理的价格上升。这些成本的增加，反过来会导致并未直接受到监管的次一级行业的总资本投资出现下降，例如健康和金融部门。

最后，监管可能会阻碍创业活动。商业人士经常抱怨与监管（包括环境监管）有关的“监管负担”和“繁文缛节”。填制表格、获得许可和举行公众听证会等所有事项都会增加商业活动的额外成本，从而阻止一些投资。

然而，虽然出现将环境监管作为美国生产率增长水平低的主要罪魁祸首之一的声音，但是支持这一立场的证据不够有力。总的来说，主要出现在20世纪70年代和80年代的联邦环境监管确实让一些受到严格管制的行业的生产率出现下降；但是，这类效应在总体的生产率增长放缓中只占了很小一个比例。此外，在缺乏监管的年代，由于发

---

① 来自 Porter and van der Linde（1995），Goodstein（1999）以及 Ambec et al.（2011）。

② 参见 Sturmak，Bud，and Cary Krosinsky. 2001. *“On performance” in evolutions in sustainable investing*，ed. Cary Krosinsky. New York：Wiley。

病率上升以及由此导致的投资资源向卫生保健领域转移，生产率反而可能下降。最后，也有一些零散证据表明监管可以带来生产率的改进，后来，这些证据就演化成波特假说和能源效率观点。让环境法规回到1970年的状况，即使这是可能的，在环境监管会降低美国的劳动生产率这个问题中，它所造成的影响充其量也是很小的而且可能更容易让事情变得更糟。①

然而，由于生产率增长的微小下降可能会对产出增长造成巨大的累积性影响，所以尽量减少对生产率产生的潜在消极影响，是合理设计监管政策的最重要方面之一。我们会在第15章和第16章中看到，可以对监管进行结构化设计，从而使其更好地鼓励企业引进更有效率和更低成本的污染控制技术。其底线是：监管对长期生产率的影响是重要的，会对整个经济领域产生总体影响，但是这种总体影响很难得到评估——无论是影响方向还是影响大小，都很难得到评估。因此，现行或拟议的环境治理措施的真实成本可能很难评估——这是基于成本—收益分析进行决策时需要面对的另一个挑战。

6.3 监管对就业的影响

环境保护是"工作机会的杀手"，是"绿色就业"的引擎，抑或二者都不是？事实上，许多人都认为存在严肃的**就业与环境之间的权衡取舍**（jobs versus environment trade-off）。在一项调查中，有1/3的受访者认为他们自己的工作也许或很可能受到环境监管的威胁！②

许多此类看法都是过于狂热的政治修辞。一个典型的例子是1990年出台的《清洁空气法案修正案》，这个法案的目的是对酸雨中的二氧化硫排放和工厂的有毒排放物进行监管。在立法之前，受雇于行业团体的经济学家预测，这个法案在短期内对就业产生的影响将使"至少"20万人失去工作，在极端情况下可能导致200万人失去工作，同时他们指出，到2000年，这一法案的通过将会使美国沦为"二流工业强国"。

虽然出现这样的悲观预测，该项法案还是得以通过。就业下降确如预测的那样吗——或者接近预测值？在1992—1997年，美国实现了二氧化硫排放量的大幅减少——作为《清洁空气法案修正案》造成的直接影响，在全国总计5 000名失业人口中，全国平均每年有1 000名工人因此失业。在一个正常年份中即使没有环境问题也会出现200万失业人口的经济中，这个数字实在是太小了，它远低于预测出的20万这个"最低限度"。

在过去的40年里，经济学家仔细地考察了环境保护对就业的影响。从中清晰地得出四个教训：

① 参见Goodstein (1999) 中的回顾，以及Boyd and McClelland (1999)，Xepapadeas and de Zeeuw (1999)，Morgenstern，Pizer，and Shih (1997)，Ambec et al. (2011) 和Graff Zivin，and Neidell (2011)。

② 参见Goodstein (1999)，5。

● **不存在事关经济全局的权衡。** 在宏观层面，逐步出现的失业至少与逐步出现的就业是匹配的。

● **绿色就业在增长。** 当经济并非充分就业时，环境保护开支（相对于在其他一些能带来更多进口或具有更高资本密集度的部门进行投资）可以使就业岗位出现净增长。

● **真正的失业人数是很少的。** 因环境保护导致工厂倒闭所造成的直接失业数量是很小的：在美国每年大约是 2 000 人。

● **更少的污染避难所。** 污染密集型企业不能再逃向大量监管规则较为宽松的发展中国家。

□ 对经济全局的影响

需要在 20 世纪 80 年代和 90 年代“去工业化和去规模化”的背景下理解人们对环境保护导致失业的普遍担心，在当时，那个过程对美国公民的影响日益明显。在过去几十年里，主要由于第一世界国家和新兴工业化国家的进口竞争，美国失去了数以百万计的制造业就业机会。与此同时，美国制造业厂商开始越来越多地转向海外生产，在低工资国家投资生产设施，而不是在本国进行相关投资。在美国，高薪制造业工作曾是蓝领中产阶级的支柱。环境监管确实导致了这种就业从工业到服务业的戏剧性转变吗？令人惊讶的是，答案是：否。

一方面，严格的污染监管可能会妨碍某些特定行业的投资，采矿和一些“环境不友好”的制造业尤其如此。这造成的是**结构性失业**（structural unemployment）问题，从长期看，大部分此类失业都会消失，因为被替代的工人可以在其他地方找到新的就业机会。从本质上说，监管不可能“创造出”长期失业；相反，它将有助于经济体实现就业类型的转变。事实上，在今天的美国境内，有好几百万的就业岗位都直接或间接与污染治理有关。①

在经济学入门课程中，你就应该对工作转移这一概念有所了解，在该课程中，我们肯定见到过一幅类似于图 6-1 的图。生产可能性边界（或者转换曲线）指出了经济是如何从 1970 年发展到 2014 年的。如果监管确实造成广泛失业，那么经济应该从点 A 转移到点 C。

然而，再次回到你的经济学入门课程，你知道，直到 2008 年经济衰退之前，美国经济的运行都非常接近充分就业：也就是处于点 B。事实上，在过去 20 年里美国联邦储备委员会曾多次上调利率，试图通过提高失业率来遏制经济过热。过去 20 年，经济全局层面上的限制就业增长一直是美国联邦储备委员会对通胀问题的恐惧来源，而不是环境保护在总产出中所占的 2.8%。

---

① 我在此所说的“直接或间接”效应包含了乘数效应。例如，在再生铝行业，完整的职业类别组成包括了钢铁行业的工人，他们提供了制造回收铝的机器所需要的钢铁，以及为生产钢铁提供设备的工人，诸如此类。经济学家使用投入—产出模型来研究这些间接影响。美国国家环境保护局（1995）提供的估计指出有 200 万的就业规模。

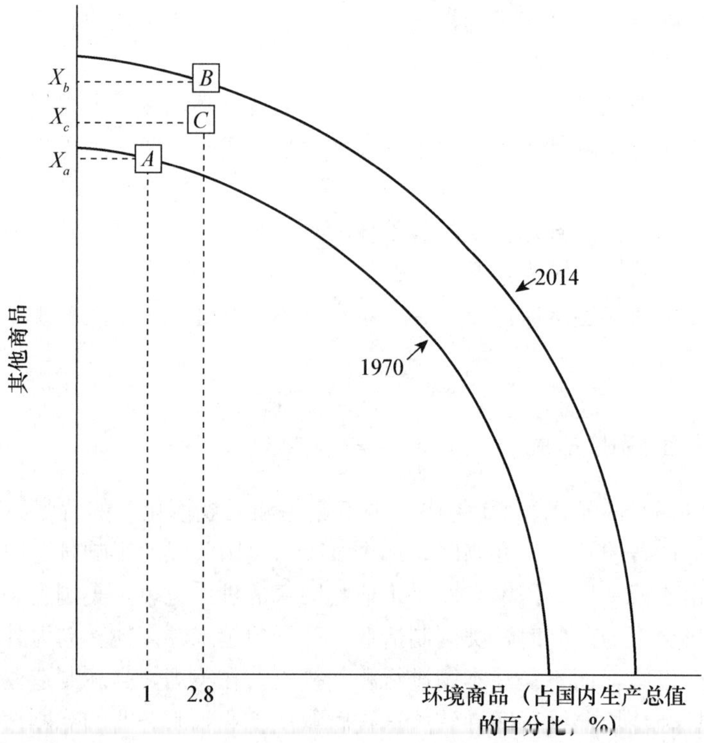

图 6-1　工作—环境的权衡取舍？

在保护环境的支出中产生了什么样的就业机会？事实上，环境保护主要是为传统蓝领制造业及建筑业提供了就业机会。图 6-2 说明了这一点，它对非农就业机会中直接与间接依赖环境保护支出的工作机会构成进行了分解估计，同时与整体经济中的就业进行了比较。

在所有非农就业岗位中，制造业和建筑业虽然只占 20%的比例，但是由环境保护支出产生的工作机会中有 31%是属于这两个行业的。相比之下，在环境保护支出产生的工作机会中，只有 12%与批发和零售贸易、金融、保险或房地产有关，而这些行业在整个经济中的占比为 29%。虽然人们批评说环境监管只是为从事文案工作的监管者创造了就业机会，但是在与环境相关的就业中只有 12%是政府类的，相比之下，在整个经济中政府类的就业达到 17%。

我们如何解释这些结果呢？环境保护是一门产业生意。私营部门在控制污染的企业、设备和服务上花费数以百亿计的美元，范围从污水和固体废物处置到购买与保养烟囱和车辆的空气污染控制设备。联邦、州和地方政府花费数十亿美元来建设市政污水处理设施。此外，在所有环境支出中，还有很小比例是为支撑政府的直接监管和监测能力而进行的建设。因而，大量环保支出依然保留在私营部门，并且在制造业和建筑业中产生了不相称的就业需求，远离服务业。这并不是说环境支出只创造出了高质量和高收入的就业机会，但它确实对传统蓝领行业的工作提供了很大支撑。

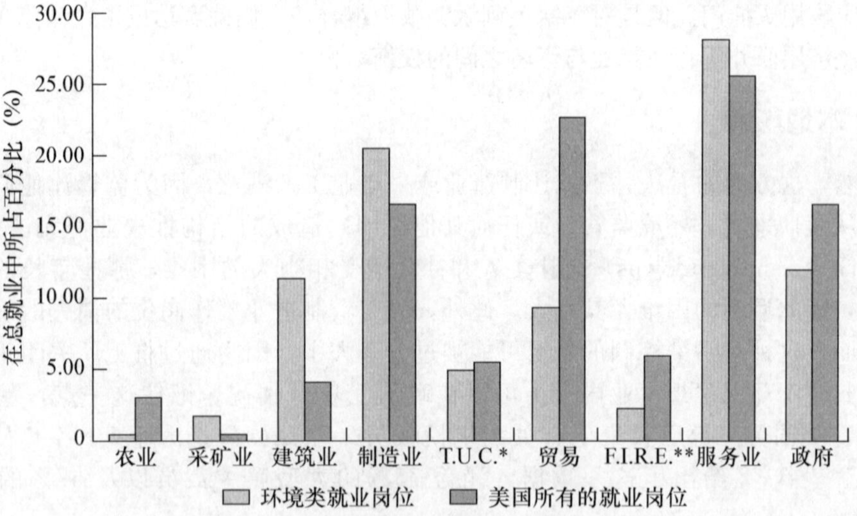

图 6-2 依托环境支出产生的就业岗位

* 运输、公用事业和通信。

** 金融、保险和房地产。

资料来源：U. S. Environmental Protection Agency (1995) and *Employment and Earnings*, Washington, DC: U. S. Department of Labor. Data are from 1991.

□ 绿色就业

当然，在环保产业中的几百万个就业机会并不是创造出的净就业机会。如果资金没被花在环境保护上，它也会被花费在其他地方——也许是卫生保健、旅游、进口商品，或是投资于新的工厂和设备。这种消费也会创造就业机会。从长远来说，整体经济层面的就业水平由经济周期、政府财政和货币政策相互作用决定。然而，从短期看，从本地看，我们把钱花在哪里，确实与本地区的结构性失业有关。有一项规则是说，如果把钱花在（直接的和间接的）更加劳动密集型，并且有着（直接的和间接的）更高国内增加值含量的部门，就会在短期内为美国创造更多的就业机会。环境支出通常是劳动密集型的，或者具有较高国内增加值含量。

为了进行说明，最近一项研究考察了奥巴马政府提出的"绿色刺激"政策组合，这个政策组合需要在两年里在如下领域花费 1 000 亿美元：(1) 改造建筑物以提高能源利用效率；(2) 扩大公共交通和铁路货运规模；(3) 构建"智能化"太阳能电力网格；(4) 投资于风力发电和第二代生物燃料。作者估计，此项政策组合估计总共可创造 190 万个新增就业岗位。相反，如果这笔钱只是简单地提供给家庭用于一般性消费，那么只能创造 170 万个新增就业岗位。如果这笔钱被用在海上钻井，只能创造 55 万个新增就业岗位。在这里，"绿色"又一次获胜，这是因为相对于其他两个选择，拟议的政策降低了能源进口，更加依赖国内生产的投入品，而且/或者是更加劳动密集型的。①

底线：在大多数情况下，如果你听到一句以"所有经济学家都同意"开头的句子，

① 来自 Pollin et al. (2008)。

那么你应该用头撞门。但是对“绿色刺激”政策组合，人们确实达成了一致意见，认为在整体经济层面并不存在**就业与环境之间的权衡取舍**。

□ 本地影响

当然，这方面的看法并不能让制造业或采矿业工人满意，因为监管让他们失去了工作。从短期来看，环境监管（或任何其他原因）造成的结构性失业都无法最小化。**工厂倒闭**（plant shutdowns）会让工人和社区遭受相当大的困难，那些年长的工人很难调整，因此遇到的困难尤其巨大。此外，高工资制造业工作岗位的消失的确令人担忧。然而，这种对污染控制的恐惧可能被过分夸大了，因为通过将工厂关闭正常业务的原因归咎于环保法规，业内人士可以在政治上获得收益。记住这一点，基于雇主的反应，美国劳工部已收集了有关大规模裁员（即裁员数量大于 50 名工人）原因的信息。表 6－2 给出了这一数据，涵盖 75％的大型雇主裁员以及 57％的制造业工厂。

表 6－2　　大规模失业的来源

失业的原因	失业事件			失业人数		
	1995	1996	1997	1995	1996	1997
总计，包括所有原因	4 422	5 692	5 605	926 775	1 158 199	1 103 146
与环境相关的原因*	**9**	**7**	**5**	**2 816**	**1 098**	**541**
使用自动化设备	6	14	9	4 284	5 522	2 117
破产	78	103	80	20 144	21 247	21 637
企业所有权的改变	120	167	121	28 482	46 425	25 141
订单取消	103	87	61	18 700	19 269	11 813
订单完成	459	557	759	100 289	124 506	175 572
在国内为企业重新选址	63	76	76	11 059	11 323	15 241
出现财务困难	249	263	153	58 473	56 749	39 634
进口竞争	51	72	66	8 527	13 684	12 493
劳工管理纠纷	20	32	32	3 370	14 119	16 149
缺乏原料	19	21	14	2 666	2 821	1 705
经营模式转变	17	18	18	7 589	6 799	5 716
自然灾害	7	16	5	2 117	3 599	892
海外选址	14	26	38	3 713	4 326	10 435
工厂或设备检修	31	23	19	3 867	5 169	2 362
中断生产线运行	20	35	45	4 392	6 037	9 505
企业内部的重新组织	384	578	482	86 331	115 669	78 324
季节性工作	1 688	2 173	2 434	385 886	488 398	499 331
工作懒散	515	831	656	78 514	112 313	90 382
假期	66	69	92	14 221	11 844	13 499

续前表

失业的原因	失业事件			失业人数		
	1995	1996	1997	1995	1996	1997
与天气有关的生产缩减	87	97	63	10 619	9 802	8 652
其他	253	266	211	42 153	55 265	39 821
未报告	163	161	166	28 563	22 215	22 184

* 包括因为环境因素和安全因素导致的企业关闭。
资料来源：U. S. Bureau of Labor Statistics, Local Area Unemployment Statistics Division.

平均来看，根据雇主自己的估计，在全国性的、规模占到前1%的大型裁员中，由环境监管引起的不到1/10。在调查中，因环境问题平均每年引起七家企业关闭。为了考虑其余部分的制造业工作岗位，我们将得到的数字乘以2，那么，平均来说，每年可以部分归因于环境监管的就业岗位流失大约是2 000个。有一项研究对加利福尼亚州南部受到严格监管的（所有类型的）化学品和制造业企业进行了非常详尽的考察，并与国内其他类似企业进行了比较，这项研究得到的结论与我们得出的数据十分接近。这项研究发现，在现有的加利福尼亚州工厂中，并未发现就业的流失，破产企业数量增加或投资数量减少都没有对加利福尼亚州的就业产生影响。事实上，作者得出结论："相比于人们普遍认为环保法规会以牺牲就业为代价，美国最严格的空气质量监管实际上还可能创造出一些就业机会"。

这就是说，除了为保护原始森林而对太平洋西北地区的木材行业施加限制，或者为提高空气清洁度要求阿巴拉契亚地区的高硫煤行业做出限产等个别情况，将失业归因于环境监管是有些夸张了。在几年时间里，一些地区出现过失去几千份工作的情况。除了这些数字外，很多就业机会的流失相对出现在拥有"好"工会和高工资的职位上，对一些职工而言，再就业机会也受到限制。我们不应忽视这些负面影响，通过政府的就业培训计划或对退休生活的经费筹措，可以部分地缓解这个问题。

□ 污染避难所

毫无疑问，实际上由环境监管导致的失业数量要比大众认为的数量少很多。如前所述，占整个美国劳动力1/3的工作都受到环境保护措施的威胁！在现实中，由经营所有权改变导致的失业数量，是环境保护措施引起的失业数量的40多倍。① 然而，除了关闭工厂外，贫穷国家不那么严格的环境监管措施可能会带来新的投资。这种飞往所谓污染避难所的问题有多么严重？

在针对这一问题进行的长达25年的研究中，Jaffe及其同事（1995，133）得出结论："试图衡量环境监管对净出口、整体贸易流量以及企业选址问题产生多大影响的研究得出的估计结果是，这种影响很小，在统计上不显著，而且无法通过针对模型设定进行的稳健性检验"。换句话说，虽然看上去存在很大影响，但是最初经济学家几乎未能发现美国制造企业竞争力受到环境监管影响的证据。然而，最近的证据再次激发了人们

① 这里，劳工部给出的数字与20世纪70年代和80年代早期进行的各类调查得到的数据是吻合的，这些调查还将小企业纳入研究。可见Goodstein (1999)。

对美国重污染工业在何种程度上缓慢迁至国外的争论。通过仔细观察面临高监管成本的一些美国重污染行业，同时控制与重污染工业品运输相关的高物流成本，人们发现了一种新的模式，即污染密集型产品的贸易构成正在缓慢发生变化，这种变化对中等收入国家是有利的。①

这种污染避难所效应并非那么显而易见，而且并非广泛存在。例如，由于接近美国，墨西哥北部边境地区将合乎逻辑地成为污染避难所的候选地区。但是，对该地区投资活动的广泛调查证实，相对而言，一般意义上的环境因素不那么重要。具有更高污染治理成本的行业尚无法代表该边境地区的产业特征，但是具有更高劳动力成本的行业却可以代表该边境地区的产业特征。基于这一点，我们可以得出结论：与污染控制有关的直接成本并不是影响企业选址决策的主要因素。与其他企业相同，高污染行业搬迁到贫穷国家的主要原因是当地的低工资水平。

为什么这种影响不会变得更大？第一，污染控制的成本是总运营成本的一小部分；第二，成本只是影响商业选址决策的因素之一。除了成本外，市场进入、生活质量等各式各样的因素，都是商业选址决策的重要组成部分。市场规模、工资、税率、政治稳定程度、能否进入欧洲市场、到美国的距离等，都是美国在国外进行投资时考虑的一些主要决定因素。第三，很多污染控制技术开始进入现代化工厂的设计。这意味着，由跨国公司在中国南方建立的化工厂，实际上与它们在西弗吉尼亚州建立的化工厂很类似。鉴于这些因素，美国进行的大多数外商直接投资仍然发生在与美国有着类似环境法规的发达国家。②

这一节内容已经指出，第一，从整体经济的层面看，净失业并不是由环境保护造成的，如果新工作岗位不比流失工作岗位更多，那么新工作岗位和流失工作岗位一样多。从全国层面看，对就业与环境之间的权衡取舍的假设建立在纯粹的神话之上。第二，纯粹由环境保护造成的工作岗位流失数量小得惊人。最近几年来，每年大约有 2 000 名工人失去工作，其原因部分来自环境监管。第三，美国制造业的资本向海外外逃似乎更可能是被工资差距推动，而不是由严格的环保规定造成的。尽管存在这些事实，正如前面提到的民意调查结果所显示的那样，人们对失业的恐惧仍然普遍存在。很多针对环境保护的政治抵抗仍然出于这种担心。

一般来说，在讨论环境保护时，相关的就业问题被夸大了。在通常情况下，当新法规生效时，既不会造成大量工作岗位流失，也不会创造大量工作岗位。新法规生效带来的结果是一国就业类型发生改变，并逐渐将资源转向环境保护，这种转变不会增加环境保护的成本，也不会提高环境保护的收益。

6.4 一般均衡效应与双重红利

环境监管可能带来的最后一个“隐性”成本（或收益）就是经济学家所说的**一般均**

① 最近的研究“揭示出”一种污染避难所效应，Brunnermeier and Levinson（2004）对此进行了很好的总结。

② 对墨西哥的研究来自 Grossman and Krueger（1995）。

衡效应（general equilibrium effects）。相比于在受监管的特定行业中感受到的影响（局部均衡效应），我们能够从总体经济中感受到监管造成的一般均衡效应。

为了使这个问题更加具体，假设你在为美国国家环境保护局工作，试图估计新的空气质量监管对燃煤电厂造成的成本。为了简化问题，首先假设全国有100家燃煤电厂，每家电厂都要安装价值1亿美元的过滤装置。在这种情况下，我们可以估计出该项监管活动的成本将是100亿美元（100家燃煤电厂×1亿美元）。然而，即使我们撇开遵守该项监管的其他可选方法（如转向低硫煤），这个成本仍然是一个局部均衡估计值。

事实上，电力成本的提高会降低电力需求，因为人们此时会更加节省。因此，与其对燃煤电厂进行改造，还不如让其中几家退役，这可以降低总体成本。考虑到电力市场的一般均衡效应，该项监管的真实成本将会低于你在局部均衡下得到的估计值。当然，你也会希望计算更高电价对整个经济造成的影响。或许，最重要的一般均衡效应贯穿于所谓的双重红利假说（double dividend hypothesis）。这个想法是说，污染税可以为经济带来两个有利影响。第一个影响是将外部效应内部化，于是企业和消费者都可以停止过度消费“重污染”产品。第二个影响是来自对税收收入的有效使用。例如，假设碳税收入被用来降低劳动工资税。这将鼓励企业雇用更多工人。通过把来自“好事”的税收用于处理“不好的事情”，排污费可以降低环境清洁对经济产生的总成本。

虽然双重红利的想法在直觉上具有引人入胜的特点，一些经济学家却质疑其大小，甚至质疑这种效应是否存在。例如，因为针对燃煤排放收取的污染税可能会提高无关商品和服务（如依赖燃煤发电的医院提供的医疗服务）的成本。更高的商品和服务价格又会反馈给消费者，造成消费减少，甚至可能造成劳动力供给的降低。

将这些各种各样的相互关联放在一起，理论上存在的各种相互作用可以迅速让你变得头晕目眩。一般均衡效应是很难理解的，而且很难明确进行评估，因为它们相当复杂。从政策的角度看，准确地说因为一般均衡下的成本（和收益）隐藏得实在太深，除了（几个）经济学家之外，目前还没有人在乎一般均衡效应。然而，这些间接成本——如果它们能够得到可靠的度量——与更加明显的直接成本一样真实可见。这一节内容想要传达的核心信息是，对环境保护的成本进行仔细计算时面对的困难和计算环境保护收益一样大。

6.5 对成本—收益分析的最后思考

我们通过考察真实世界中美国国家环境保护局最近完成的一项成本—收益分析来结束本章，这项分析被称为监管影响分析，该项研究完成于2011年，目的是对要求燃煤电厂减少汞排放的监管提供支持。（可以读读第12章和第17章的内容，了解一下为什么这项法规被推迟了40年才生效！）在这里我们复制了这项研究的执行摘要、表6-3，以及在第一段中出现的监管影响分析的警句。（PM 2.5是指2.5微米或更大尺寸的颗粒物质。）①

① 完整的监管影响分析报告可见网址：http://www.epa.gov/ttn/ecas/regdata/RIAs/matsriafinal.pdf。这里给出的监管收益估计值按照3%的比率进行贴现，我们将在第8章讨论这个过程。美国国家环境保护局还使用7%的贴现率，由此得到的收益估计值更低，为了阐述方便，我们省略了这个估计值。

这项规则将减少有害空气污染物（Hazardous Air Pollutants，HAP）的排放，这些污染物中包括来自发电行业排放的汞。另外可以得到的一个附加好处是，如二氧化硫等某些PM2.5粒子的排放量也会下降。美国国家环境保护局估计，这项最终得以推行的规则将会每年产生370亿～900亿美元的货币化收益（按照2007年的美元价值计算）。在估计出的收益中，绝大多数来自减少PM2.5相关排放物后可得避免的4 200～11 000例过早死亡。减少汞排放的货币化收益，如果使用3%的贴现率，那么在2016年，仅就儿童游憩捕鱼时避免的伤害，其货币化价值就达到了400万～600万美元，如果使用7%的贴现率，其货币化价值是50万～100万美元。如果用合规成本做一个近似度量，那么每年花费的社会成本大约是96亿美元（按照2007年的美元价值计算），年化的货币价值是270亿～800亿美元。根据收益估计和贴现率的不同，社会收益超过社会成本的数字分别是3和1，9和1。还存在一些美国国家环境保护局没能货币化的成本和重要收益，例如汞排放减少带来的其他福利，以及在汞之外的其他有害空气污染物排放量的减少。即使考虑到这些局限性和不确定性，该监管活动带来的收益也远远大于成本。人们估计得出，与最终规则关联的就业影响也很小。

在这一段中还有很多复杂问题，但在之前两章内容的学习中我们知道，我们会一项一项地解决上述问题。首先要注意的是，成本与收益都被“年化”了——表6-3以年为单位报告了清洁空气的预期成本和收益，而不是对成本和收益的加总。这方面我们还需要进一步认识。

表6-3　美国国家环境保护局对最终的监管措施在2016年能够产生的年化收益、年化成本和年化净收益的总结（单位：10亿美元，以2007年美元价值计算）

描述	估计
成本	9.6
收益	$37-90+B^*$
净收益	$27-80+B^*$

* *B*代表未能得到量化分析的收益。可见相关讨论。

成本。美国国家环境保护局用一种“简单的”方法来测量成本：“总社会成本由合规成本来近似替代”。为了得到这个成本，美国国家环境保护局使用燃油发电和燃煤发电行业中的一个详细模型来估计以下各项：安装污染控制设备所产生的直接费用；将要被关闭的老工厂的数量；使用者为稍微升高的电力价格支付的成本。美国国家环境保护局还将监测、报告和记录过程中产生的成本包括在内。注意到，这里并不存在与成本相关的不确定性：美国国家环境保护局对估计出的96亿美元年成本感到满意。

上述说法与本章主旨相关，在执行摘要的最后部分，美国国家环境保护局指出：

这项研究用合规成本来近似度量监管规则带来的社会成本。由于经济中先前就存在的扭曲，以及由于一部分合规成本可能变成租金的转移（这就是我们所说的一般均衡影响），所以社会成本可能会高于或低于合规成本，而且是与合规成本不同的另一个概念。

该分析并未度量出就业中发生的变化，但是工人可能在同一家公司接受再培训，或者在经济的其他部门再就业。

技术创新也未能纳入对成本的估计。因此，当其他条件不变时，该项分析得到的成本估计可能高于在未来实际发生的成本。

这些成本不确定性凸显出合规的工程造价估计法和实际发生的全体社会机会成本之间存在的区别。另外，一如既往地，这些问题都为各类党派攻击美国国家环境保护局使用的方法提供了空间：来自汞排放法规的业界的批评指出，合规成本，以及更高电价对行业带来的成本，可能是美国国家环境保护局估计出的数字的三倍。①

在分析中，人们用 6.15%的贴现率对成本进行年化：这意味着 96 亿美元是企业和电力用户每年需要支付的成本，这种成本要支付接近 20 年。例如，如果电力公共事业企业先借钱来支付所有新设备的总成本，它们需要在第 1 年削减排放量，但是不得不支付 96 亿美元的本金和大约 20 年的利息来偿还这个初始成本。

收益。监管影响分析承认在分析中存在巨大的不确定性。首先，370 亿～900 亿美元这个范围只反映出两类收益：减少儿童食用受汞污染的鱼，可以减少他们的认知能力受到的影响，削减汞排放还能产生减少过早死亡和患病这两类“附加”的收益：减少导致呼吸道疾病和心脏病的微小颗粒（PM2.5）。事实上，度量出的收益中 99%都来自第二类收益，与减少汞排放并无直接关联！

特别地，美国国家环境保护局总结道，这项监管在每年能够产生的效果是，“使因汞吸入而造成的儿童智力下降降低到 510 分以下，以及避免 PM2.5 相关的负面影响，其中包括避免 4 200～11 000 例过早死亡，避免 4 700 例非致命性心脏病发作，避免 2 600 例与呼吸系统和心血管系统疾病有关的住院治疗，避免 540 000 个工作日损失，以及避免 320 万天由于 PM 2.5 呼吸道症状加剧而受到限制的成年人活动天数。我们还估计出，减少和降低呼吸道疾病、急性支气管炎和哮喘发作等改善儿童健康水平的成果可以带来巨大的额外收益”。

在每年为儿童挽回的 510 分智商得分是这样计算出来的：(1) 估计人们消费的受污染鱼类以及面对的汞暴露程度；(2) 假设一个剂量—反应函数，这个函数给出了汞暴露程度降低和更高智商之间存在的关系。从更少污染中获得的智商增加对应的估值是 400 万～600 万美元，这个估计的依据来自生命周期中提高的净收入减去增加的补救性教育成本。(应该可以想见，其中每个步骤都存在不确定性!) 避免 4 200～11 000 例过早死亡的估计来自科学模型，使用了每避免一例死亡便可带来 800 万美元价值这一统计意义上的生命价值，这部分收益在 340 亿～870 亿美元。在之前确定的额外健康收益——减少疾病，避免损失工作日，降低受限制的活动天数——大约每年能够带来 30 亿美元的额外收益。这里可以得出的一般性结论是：降低过早死亡率倾向于成为监管带来的最大收益。

减少汞排放本身只能带来每年 400 万～600 万美元的收益吗？不。这就是表 6-3 中“$+B$”符号的来历——它表示未能量化分析的收益。监管影响分析就美国国家环境保护局未能量化部分的收益列了整整 3 页纸，其中包含以下类别：

---

① 参见 ALEC's Utility Maximum Achievable Control Technology Rule Policy Guide，http://www.alec.org/publications/epas-regulatory-train-wreck-2/utility-mact-rule/。

- 降低因暴露于臭氧而导致的死亡。
- 降低因暴露于臭氧、二氧化硫和氮氧化物而造成的发病。
- 降低对空气能见度的损害。
- 降低气候变化造成的影响。
- 降低对一些物质产生的影响。
- 降低微小颗粒沉积（金属和有机物）造成的影响。
- 降低暴露于臭氧对植物和生态系统造成的影响。
- 减少酸性物质沉降造成的影响。
- 减少富营养化造成的影响。
- 减少被二氧化硫和氮氧化物包围造成的植被效应。

就减少汞排放而言，它能够为人类健康带来的那些无法量化的收益还包括：其他一些不限于智商损害的神经系统影响（例如，发育迟缓、记忆力衰退和行为异常）；对心血管的影响；遗传毒性、免疫丧失及其他一些毒害影响。这项研究既未去量化分析汞排放减少对鱼类和野生动物健康带来的改进，也未去度量商业和休闲钓鱼和打猎的价值。

为什么美国国家环境保护局列出但不去量化分析这些额外收益？部分原因是这样做困难且昂贵。另外，部分原因是降低 PM2.5 对健康带来的附加收益是如此之大，以至无须去量化分析其他影响，即使存在相当大的不确定性，该规则还是明显通过了成本—收益测试。也就是说，从成本—收益的角度来看，如果没有降低 PM2.5 带来的附加收益，那么减少汞排放的监管几乎无法通过。

就业机会。监管影响分析总结道，这项监管规则对就业机会的影响是很小的。事实上，美国国家环境保护局估计更有可能出现小规模的净就业机会增加，它估计出的净就业机会增加数是−15 000～+30 000。与此同时，该项研究估计得出，从短期看，制造和安装所需的污染控制设备将创造 46 000 个工作机会。当然，既有电力价格上升导致的未受监管的行业缓慢丧失就业机会，也有低汞发电企业生产能力回升带来的就业机会增加，因此，对就业机会的影响需要综合考虑上述有利和不利因素。与本章前面进行的讨论相符，因环境监管导致的就业机会的出现或丧失数量都不大，不足以拿来决定政策走向。

在本节中，我们引入了一些最近才获得的认识，以此来帮助我们了解美国国家环境保护局如何进行成本—收益分析。再次，在真实世界的应用中，尤其是在对收益进行分析时，不确定性将总是显得尤其突出。尽管这样，当监管可以挽救很多生命时，我们往往有信心断言监管带来的收益可以超过推行该项监管措施所造成的成本。

6.6 总结

本章探讨了评估环境保护的成本的不同方法。相比于与非市场性收益有关的信息，与工程成本法相关的数据更容易获得；因此，美国国家环境保护局能够给出联邦、州和地方控制污染的代价，它约是美国国内生产总值的 3%。

然而，就其本身而言，工程成本估算只是对合规成本和污染控制技术成本的一个还过得去的预测。更重要的是，工程成本估算一般不包括间接效果，例如对生产率产生的消极或积极影响，以及一般均衡效应。就生产率而言，如果企业通过更好的风险管理、更有效的资源使用方式、对具有利润的创新领域进行投资、改变存在环境污染的产品和生产过程来响应监管，那么它们保护环境的总成本是可以降低的。另外，环境保护还可以降低整个经济在健康方面花费的成本。另一方面，提高末端控制成本可能吞噬原本用于其他领域投资的资金，并使得严重依赖高污染产品的行业提高产品价格。烦琐的手续和监管的拖延还可能减缓投资与创新。综合各方面影响来看，它对整个经济中生产率产生的净影响可能很小。不过，生产率增长的小幅下降很可能带来大的长期影响，这应该成为监管设计中需要重点关注的问题。

在就业方面，环境监管并没有导致经济中出现任何就业岗位的净损失；也没有证据表明“就业与环境”之间存在长期的权衡关系。相反，监管会导致就业类型发生变化。令人意外的是，监管带来的就业明显以制造业为主，远离服务业。当绿色消费主要依赖于具有更多国内增加值的行业和劳动密集型行业时，环境监管可以通过“绿色就业”来创造净就业增长。在 20 世纪 90 年代，由环境保护造成的就业机会丧失导致每年有 1 500～2 000 人失业，只是总失业的一部分。最后，几乎没有证据可以证明广泛存在资本飞往“污染避难所”。

环境政策可以改变整个经济中的价格，改变企业和消费者行为。特别是，如果用污染税或污染许可证拍卖收入来削减其他税收，那么这种双重红利便可降低在经济实现环境和资源保护目标时付出的总成本。

鉴于上述三个不同的间接影响，环境监管的“真实”社会成本（其机会成本）可能远不同于基于工程造价法计算出的成本。这一点再次凸显出用来决定“有效率”污染水平的成本—收益分析的相对不精确性。在本章结束之时，我们考察了美国国家环境保护局在真实世界中使用的成本—收益分析。人们预期，对汞排放进行监管会带来成本，大约每年要花费 96 亿美元，得到的收益则在 370 亿～900 亿美元，同时应考虑到那些未能量化分析的收益“*B*”。这一案例说明，进行环境监管的巨大收益主要来自过早死亡的减少。此外，虽然这项研究仔细强调了估计环境保护收益时存在的不确定性，但在估计环境保护的成本时，它仍然表现出一些**硬性数字幻觉**的特点。部分原因在于，美国国家环境保护局需要反击产业界对环境监管进行的攻击。虽然缺乏官方给出的不确定性边界，行业团体还是认为监管造成的成本可能是美国国家环境保护局估计值的三倍，并认为它是历史上最为昂贵的监管规则。

在过去的三章中，我们已经详细地探讨了问题“何种程度的污染可称为过量”的第一个答案。效率标准的拥护者争辩道，环境政策措施必须通过成本—收益测试，事实上也就是要权衡清理环境的收益与成本，从而向社会提供最大化的净美元收益。当然，要做到这一点，需要对环境保护的美元成本和美元收益进行具有一定准确性的度量。我们已经看到，这项工作会相当困难。所以，即使假设效率标准的确是清理环境的正确的伦理目标，我们仍然无法回答如何更有效率地执行它。下一步，我们将把注意力放到问题“何种程度的污染可称为过量”的另一个答案上，这个答案隐藏在大多数当前美国政策中：安全标准。

应用 6.0

生产率的重要性

两位知名经济学家威廉·鲍莫尔（William Baumol）和艾伦·布林德（Alan Blinder）曾说过，长远而言，相比于生产率增长，“没有什么能够为减少贫困、增加休闲、提高国家资助教育和公共卫生能力、环境改善和艺术贡献更多的作用”（1991，356）。

1. 定义生产率。

2. 通过下面这个练习，看看你是否能够为鲍莫尔和布林德说出的这一长段话提供证明。假设美国的国内生产总值是 10 万亿美元，保持劳动力不变和充分就业。如果生产率增长速度是 3%，计算一年后的国内生产总值。如果生产率增长速度仅有 2%，这个计算结果会是多少？如果两年时间里生产率增长速度保持在 2%而不是 3%，计算结果是多少？如果三年内都保持这个速度呢？

3. 为什么环境监管会降低生产率增长速度？

4. 为什么环境监管会提高生产率增长速度？

5. 即使总体来看环境监管并未减缓生产率增长，环境监管对生产率产生的负面影响还是我们需要担忧的事情吗？

应用 6.1

就业机会与环境

在 2009 年，保守的传统基金会（Heritage Foundation）将美国众议院正在进行辩论的全球变暖上限和交易法案称为“就业机会毁灭者”，并发表一份分析宣称，如果该法案获得通过，将会在未来数十年里平均每年造成 100 万人失业。①

1. 基于本章中提供的信息，全球变暖法案真的会导致整体经济下行并使美国失去就业机会吗？为什么？

2. 在特定行业中的部分美国工人确实可能因为这项法案而失去工作岗位吗？如果全球变暖上限法案带来的影响类似于过去出台的新监管法规，那么每年有多少工人可能会被裁员？如何对这些工人面临的冲击做出补救？

3. 再次，基于过去的经验，全球变暖法案会导致能源密集型行业开始向国外迁移吗？如果不，什么因素让它们留在了国内？

4. 在传统基金会的分析中，你认为作者是如何得出这么大一个失业人数的？这个问题需要你自己去解决，因为答案不在本书中。

应用 6.2

计算控制气候变化的总成本

根据相关资料，为了实现 380 亿吨二氧化碳当量减排任务，从而完成 2030 年的

① 参见 Beach et al.（2009）。

减排要求，需要花费的总成本大约是多少？提示：这个问题的答案与两个三角形的面积有关。

应用 6.3

这幅图有什么问题

作为州长 Blabla 的助手，你要对是否应该在农村地区安置一个低级核废料处理设施提出意见。核工业领域中的专家已经为你提供了一个成本—收益研究，它包含以下信息：

拟议的废物处理设施的成本—收益摘要

由核问题客观研究中心准备。

结论： 该项目将带来 30 亿美元的净收益，收益—成本比为 13。当然，尽管这些数字取决于研究者提出的研究假设，但是如此大的净收益和如此高的收益—成本比都意味着在最合理的假设条件下该项目仍然具有吸引力。因此，我们强烈建议执行这项拟议的行动。

假设：

1. 10%的贴现率。
2. 主要的成本：
   a. 暴露于核辐射的工人遭受的危害。
   b. 在运输过程中造成核辐射风险意外暴露。
   c. 储存点土地价值将降为 0。
   d. 建设和维护成本。
3. 主要的收益：
   a. 降低了当地的临时核废料储存点的风险。
   b. 创造就业——1 000 个临时就业岗位和 200 个永久就业岗位。
   c. 将现存的核能发电厂使用寿命提高 10 年。
      i. 消费者使用电力的成本更低。
      ii. 挽救 7 000 个工作岗位。
   d. 提高本地服务业的利润。
4. 风险评估：
   a. 美国能源部对核辐射暴露/死亡率给出的假设。
   b. 运输事故导致致命核泄漏的概率：1/100 000 000 英里（来源：美国能源部）。
   c. 统计意义上的生命价值：100 万美元。

1. 你相信这份报告吗？
2. 看看你能否从这份研究中找出六个不同的关切。

各节主要观点

6.0 对环境保护的成本进行估算的标准方法是简单地将合规成本和监管成本加起来，这种方法被称为**工程造价法**。然而，经济学家想要度量因投资于环境保护而放弃的产品和服务的**机会成本**。机会成本包括三种间接效应：对生产率的影响、对就业的影响和一般均衡效应。

6.1 在2000年，如果按照工程造价法进行计算，美国在污染控制上花费了大约2 600亿美元。在1970—2000年，环境保护支出从不足国民生产总值的1%跃升至国民生产总值的2.8%，它在国家资源中所占的份额提高了两倍多。

6.2 20世纪70年代出现的生产率增长放缓被部分归咎于环境监管。主要的论点是，监管支出转移了原本可用于建设工厂和购买设备的投资。一些经济学研究表明，生产率增速下滑中只有一小部分（不到10%）可归结于环境保护措施。然而，这并未考虑到资源使用效率提高、**波特假说**效应或者更健康的人口和资源基础可能对生产率增长产生的积极影响。然而，即使对生产率增长带来很小的负面影响，从长远看也会付出大的代价。

6.3 本节考察了环境监管对就业产生的影响，提出四个要点。第一，在整体经济层面，环境保护并不会导致**就业与环境之间的权衡取舍**。第二，对**绿色就业**进行的投资会在某些情况下带来就业岗位的净增长。第三，从雇主提供的大样本数据中推断，在20世纪90年代，环境监管带来的**工厂倒闭**造成每年1 500～2 000个总的失业。因此，只有很少的**结构性失业**问题可归因于环境监管。第四，看来只有少数几个例子中出现了美国企业为了规避环保法规而在**污染避难所**进行投资。

6.4 在环境和资源保护中隐藏的最后一个成本和收益来源是**一般均衡**效应。由于监管措施不仅会改变受监管商品的价格，还会改变整个经济中商品的价格，所以这种效应就会导致企业和消费者改变他们的行为。在上限和交易下污染税或污染许可证拍卖收入带来的一般均衡效应可以通过**双重红利假说**发挥作用，在这个假设中，污染税或污染许可证拍卖收入可用来减少针对就业收取的税，从而带来更大水平的就业。

6.5 美国国家环境保护局针对电厂汞排放控制所做的成本—收益分析（**监管影响声明**）强调了收益估算中存在的不确定性，也阐述了与成本相关的**硬性数字幻觉**。监管影响分析还确认，与环境政策措施相关的就业影响——正面影响和负面影响——是很小的，而且有相互抵消的作用。

参考文献

Ambec, Stefan, Mark A. Cohen, Stewart Elgie, and Paul Lanoie. 2011. *The Porter hypothesis at 20 can environmental regulation enhance innovation and competitiveness*? Discussion paper 11-01. Washington, DC: Resources for the Future.

Baumol, William, and Alan Blinder. 1991. *Macroeconomics: Principles and policy*. New York: Harcourt Brace Jovanovich.

Beach, William, David Kreutzer, Karen Campbell, and Ben Lieberman. 2009. Son of Waxman-Markey: More politics makes for a more costly bill. Heritage Foundation, WebMemo 2450, 18 May.

Beinhocker, Eric, Jeremy Oppenheim, Ben Irons, Makreeta Lahti, Diana Farrell, Scott Nyquist, Jaana Remes, et al. 2008. *The carbon productivity challenge: Curbing climate change and sustaining economic growth*. London: McKinsey Global Institute.

Boyd, Gale, and John McClelland. 1999. The impact of environmental constraints on productivity improvement in integrated paper plants. *Journal of Environmental Economics and Management* 38 (2): 121–142.

Brunnermeier, Smita B., and Arik Levinson. 2004. Examining the evidence on environmental regulations and industry location. *Journal of Environment & Development* 13 (1): 6–41.

Carlin, Alan. 1990. *Environmental investments: The cost of a clean environment, Summary*. Washington, DC: U. S. EPA.

EPA plans to tighten pollution rules. 1997. *Wall Street Journal*, 6 June, A16.

Goodstein, Eban. 1999. *The trade-off myth: Fact and fiction about jobs and the environment*. Washington, DC: Island Press.

Goulder, Lawrence, and Ian Parry. 2000. Green tax reform and the double dividend. *AERE Newsletter* 20 (1): 9–13.

Graff Zivin, Joshua, and Matthew J. Neidell. 2011. The impact of pollution on worker productivity NBER working paper no. 17004, issued in April.

Grossman, Gene M., and Alan B. Krueger. 1995. Economic growth and the environment. *Quarterly Journal of Economics* 110 (2): 353–377.

Harrington, Winston, Richard Morgenstern, and Peter Nelson. 1999. Predicting the costs of environmental regulation. *Environment* 41 (7): 10–14.

Jaffe, Adam B., Steven R. Peterson, Paul R. Portney, and Robert N. Stavins. 1995. Environmental regulation and the competitiveness of U. S. manufacturing: What does the evidence tell us? *Journal of Economic Literature* 33 (1): 132–163.

Morgenstern, Richard, William Pizer, and Jhih-Shyang Shih. 1997. *Are we overstating the real costs of environmental protection*? Discussion paper 97-36-REV. Washington, DC: Resources for the Future.

Pollin, Robert, Heidi Garrett-Peltier, James Heintz, and Helen Scharber. 2008. *Green recovery: A program to create good jobs and start building a low-carbon economy*. Amherst: University of Massachusetts Political Economy Research Institute.

Porter, Michael, and Claas van der Linde. 1995. Toward a new conception of the environment-competitiveness relationship. *Journal of Economic Perspectives* 9 (4): 97–118.

Romm, Joe. 2009. How the world can (and will) stabilize at 350 to 450 ppm. ClimateProgress Blog, posted 26 March.

——. 2008. McKinsey 2008 research in review: Stabilizing at 450 ppm has a net cost near zero. ClimateProgress Blog, posted 29 December.

U. S. Environmental Protection Agency. 1995. *The U. S. environmental protection industry: A proposed framework for assessment*. Washington, DC: U. S. EPA, Office of Policy Planning and Evaluation.

Xepapadeas, Anastasios, and Aart de Zeeuw. 1999. Environmental policy and competitiveness: The Porter hypothesis and the composition of capital. *Journal of Environmental Economics and Management* 37 (2): 165-182.

第7章 安全标准

7.0 引言

在第4～6章中，我们探讨了将污染控制在有效率水平的逻辑。效率分析法强调权衡取舍——必须对控制污染的机会成本与保护环境的收益进行比较。然而，这并不是人们在日常讨论中提到的控制污染那种论调。相反，人们更一般地将污染等同于不道德，甚至是刑事犯罪行为，这是一种不惜一切代价控制污染的方法。在本章中，我们探讨安全标准的利弊，与流行的观点类似，这个标准拒绝接受用成本—收益分析法来决定“正确的”污染水平。

从根本上说，**安全标准**（safety standard）源于对公平的追求，而不是对效率的追求。记得在效率标准中，我们并不对污染的肇事者和受害者进行区分。相反，效率标准主要考察污染对受害者的健康所产生影响的货币价值，以及消费者和污染者因控制污染产生的收益损失，然后对两者进行比较。在决定污染水平时，上述两者得到了平等的考量，所基于的原因则是，从长远看，通过能够带来效率提升的监管，作为消费者，绝大多数人都能从更大的经济收益中获益。另外，安全标准的支持者则坚持认为我们的社会在以下问题上已经取得广泛的共识：人们有权保障自己周围环境免受无故和重大损害。由于效率标准侵犯了这项权利，所以它根本就是不公平的。

奇怪的是，即使选择以安全标准为准则，其中也存在对效率问题的争论。我们知道，效率标准要求对环保法规带来的成本和收益进行仔细的测量与权衡。然而，正如我们在第5章和第6章所看到的，因为存在无法度量的问题，保护环境的很多重要收益都没能进入成本—收益分析。此外，正如在第11章中将要讨论的，在我们富裕的社会中，物质增长可能主要带来炫耀性消费，除了激发一种炫富竞赛外，并没有使人们的境况变得更好。正如因为存在这种炫富效应，实际度量出的环境保护成本会更大，而且，因为保护环境的很多收益都无法量化，所以对它存在低估，因此，安全监管可能在实际中满足成本—收益测试。然而，即便存在这些情况，人们仍然更多地用基本权利而不是效率因素来为安全标准进行辩护。

7.1 对享有安全的权利进行定义

有句谚语是这么说的，你有向四周挥舞拳头的自由，但是一旦（拳头）碰到我的鼻子，这个自由就不存在了。在类似情境下，许多美国人认为，当开始伤害到人类的身体时，污染环境的自由便不存在了。防止对公民造成主动性伤害，是经典的自由主义者（classic liberal，用现代的说法是 libertarian）认为政府应该限制他人自由的理由。在极端情况下，对引起人类不适、疾病或死亡的负外部性的允许，可能会被视为为了获得物质利益而毒害他人的行为。

于是，人们辩称安全标准是保护**个人自由**（personal liberty）的必然需要。从这个角度看，我们应该要求将污染减少到对人产生“最小伤害”的水平。当然，至于最小伤害由哪些因素构成，这个问题则是可以进行公开辩论的。在实践中，美国国家环境保护局似乎认为，对大规模人口而言，低于百万分之一的风险是可被接受的，或者说“无须”监管者关注。另外，美国国家环境保护局和其他联邦机构倾向于对小众人口中高于千分之四的风险以及大众人口中高于万分之三的风险采取行动。介于两者之间的风险则依照成本、收益的一个非正式的权衡取舍以及法定要求，决定是否采取行动。于是，追求安全标准的监管机构也希望将技术和经济因素考虑进来，但是为了不断进步，需要不断降低污染对环境和人类健康造成的那个“最小”伤害水平。①

基于这个来自现实世界的经验，同时为了本书的写作目的，我们可以将死亡风险小于百万分之一的状态定义为**安全**（safety）；将死亡风险大于万分之一的状态定义为**不安全**（unsafe），介于两者之间时则视情况而定。（相比之下，警务人员在工作过程中被重罪犯杀害的风险大约为万分之一。）癌症风险是用这种方式量化计算的最常见健康风险。

当然，除了癌症外的其他许多健康风险也与污染问题有关，例如对免疫系统、神经系统和生殖系统产生的影响。然而，这些领域中的风险是很难量化的，并且从当前的司法记录看，社会还未能就这些风险的数量级达成共识。因为我们对非致癌、非致命性的健康风险的认识还不够清楚，而且对癌症风险的估计仍然存在大量误差，所以安全标准传达出的含义是相当模糊的。其结果是，有关安全的精确定义必须以一事一议的方式确定下来，这个过程往往是一个政治妥协过程。（正如我们在第 4 章中所看到的，确定有效率的污染水平也会是一件相当困难的事情！）

然而，尽管存在这种不确定性，实际上安全标准仍然是制定很多环境政策时采取的既定目标。当我们在第 13 章进一步探讨相关主题时，涵盖空气、水和土地污染的基本

① 想要做进一步的扩展讨论，可见 Goodstein (1991)。

防污法律要求将环境定期治理到“安全”的水平。在立法中并没有提及成本—收益检测。同样地，国际气候协议呼吁各国防止将气候破坏到“危险”状态。

然而，最终来看，在决定安全的污染水平这一政治过程中，对成本的考虑仍然必须发挥相应作用。在一些领域，达到“客观”的安全标准将会昂贵到令人难以负担的程度。事实上，虽然美国法院已经不再单独基于成本—收益分析为与安全标准相关的立法给出监管标准，但它们同时允许将实现安全标准的成本纳入考虑，将其作为影响监管尺度的一个因素。它们还对安全标准进行了解释，指出安全并不是指不存在任何风险，而是指不存在“重大”风险。另外，法院不允许在确认重大风险时将成本作为一个考虑因素。

人类健康面临的某些危险是不可避免的，对这一观点的接受并不要求放弃安全标准。例如，得到普遍接受的观点是，我们在生活中有不受邻居的暴力行为侵害的自由。现在，这种权利和其他权利一样，不会在绝对意义上得以执行：我们只愿意在一定水平上为警察部门、法院系统、新设监狱、教育和职业培训项目，以及戒毒康复中心等提供资助。此外，穷人得到的保护要比有钱人少。最终，对我们生活中能够接受多少暴力行为做出决定仍然是一个政治问题，这个问题不仅仅由支付意愿决定。

人们可以这样来描述上述方式：保护所有人不受暴力犯罪侵犯是一项社会权利，为此，当成本上升时，应该以个案分析的方式来放弃这一目标。这是一个与警务部门通过成本—收益分析确定凶杀案侦破预算截然不同的结果。特别是，前一种方法通常会导致较少的暴力犯罪。回到环境问题，从经济上而言，将癌症风险降低到不高于百万分之一的安全目标未必可行。但是，放松成本过高的安全标准和采用效率标准是完全不同的两件事情。

在现实世界中，安全水平肯定会受到相关消费水平下降的影响。然而，安全标准的倡导者认为，在环境保护领域，成本不是也不应该成为决策过程的主导因素。

调查研究似乎对这一认识提供了广泛的支持。多数美国人一致同意这样的声明：“保护环境是如此重要，以至对它提出的要求和标准不能太高，并且要不计成本地对环境进行持续改善”①。这是一个很强硬的立场。效率标准的拥护者则表明，如果从字面意思解释这句话，就是一种傻乎乎的思维，但是很明显人们就是这么做的。不过，对调查数据做出的不那么严苛的解释则认为，因为目前的污染水平极大地影响了人类的健康和福祉，所以人们认为要在相关的可能范围内不计成本地对环境进行清理。

为了说明这一观点，一项研究对内华达州的社区居民进行了询问，问他们是否愿意用 1 000 美元、3 000 美元和 5 000 美元的年度税收来交换居住点附近有潜在危险的废物处理设施。与研究人员的预期相反，增加税收返还并不会影响居民对废物处理设施的支持水平。这个结果“与阈值选择模型相一致，在研究中，如果人们感知到的风险落在不可接受的范围，那么居民不会考虑接受任何税收返还。对那些感知到存在过高风险的居民，他们不仅认为税收返还是充足的，而且认为这么做是不当的……从内华达州得到的样本中，大部分人认为风险从本质上看不可以进行补偿”②。

此类行为体现出环境保护的一个重要好处——不受侵害的权利——是无法度量的。以满足个人自由为目的，如果将这一观点纳入我们的社会福利函数，相当于安全标准的

① WSJ Online (1991)。

② Kunreuther and Easterling (1992)。

倡导者对污染造成的健康危害赋予了很高的权重。为了说明这一观点，让我们回到第 4 章的示例中，在那里，Brittany 和 Tyler 就是否应该在办公室里吸烟进行争吵。对安全标准的倡导者，社会福利函数可能看起来应该是这样的：

$$SW=U_{Tyler}(\overset{+}{\#\mathrm{Cigs}_T},\overset{+}{\$_T})+U_{Brit}(w*\overset{-}{\#\mathrm{Cigs}_T},\overset{+}{\$_B})$$

其中，权重因子 w 表示吸烟对 Brittany 造成的负面影响十分严重，这个影响足以为禁止吸烟提供一个好的理由。①

应该依照安全标准来禁止在公共场所吸烟吗？这是一个应该由选民和法院来决定的问题。安全标准的一个特点是它不够精确。没有任何权利是绝对意义上的，因为不同的权利之间经常出现互相冲突，于是，政治舞台便是做出最终决定的地方。安全标准所坚称的是，如果针对反对提出的论点不具有“说服力”（可能包括但不限于实现安全标准的成本），那么污染对人类健康造成的损害应该是比较小的。个人有权不受二手烟造成的损害。

7.2 安全标准：无效率

根据安全标准的定义，对它提出的第一个反对意见是它可能不考虑效率。效率标准的支持者针对安全标准给出了如下具有规范性的反对理由：将环境卫生视为一项“权利”会让我们将“太多的”社会资源用于环境保护。

实现安全标准所要求的污染水平可能导致的后果是，监管者和选民选择的污染控制程度往往“过分高于”成本—收益分析或效率标准下的污染控制水平。例如，考虑《清洁空气法案修正案》中针对有毒空气提出的条款，该条款被设计用来控制有害污染物向空气的排放。当 1990 年这项法案得以通过时，美国国家环境保护局估计指出，在全国范围内的 149 个工业设施中，当地居民面对有害气体造成的最大癌症风险要超过万分之一，其中 45 个工业设施产生的癌症风险超过了千分之一。于是，这项法规要求企业安装一些控制污染的设备，人们预期可将风险降至万分之一以下的水平。

虽然我们很难对立法的成本和收益做出精确计算，但是经济学家保罗·波特尼（Paul Portney）估计，如果这项法规得到完全实施，其总成本将会是每年 60 亿～100 亿美元（每个家庭要承担 60～100 美元的成本）。他还预计，这项立法的总收益将低于每年 40 亿美元（平均每个家庭低于 40 美元）。因此，“如果这些估计接近正确答案，那么国会和总统会……（握手）在一项成本可能远高于收益的法案上签字”②。

---

① Kneese and Schulze（1994）将自由主义的社会福利函数正规化为一个单一函数，在这个函数中，当社会福利增加时，将必然发生帕累托改进。这里讨论的安全标准并不受这一限制。

② Portney（1987）。在 Greider（2006）中作者对这份报告进行了讨论。在同一篇文章中，Portney（1987）认为《清洁空气法案》中整治酸雨的条款很可能没有效率。但是，Burtraw et al.（2007）则指出该法案中整治酸雨的措施是可以从效率标准入手加以辩护的。在任何可以做出的假设下，可度量的收益（大多来自死亡、疾病的减少，以及空气能见度的提高）都会大于成本。事实上人们度量出，仅酸雨控制计划的收益就在 230 亿～260 亿美元——远远超过波特尼一开始时对整个法案的收益给出的 140 亿美元的估计。但是，波特尼对污染气体的控制是无效率的这一观点在很大程度上仍然是正确的。

在除了有毒空气外的其他情况中，对安全标准的追求无疑带来很大程度的无效率。例如，请考虑在应用 2.0 中美国国家环境保护局对固体废物填埋场的监管。在这个例子中，即使出台了新的规定，对向被污染的地下水取水的人而言，大约略低于 10%的固体废物填埋场将仍然带来美国国家环境保护局认定的“中等”健康风险：将罹患癌症的风险提高到大于百万分之一（但小于万分之一）。然而，因为在固体废物填埋场距离范围内汲取地下水的人是如此之少，以至人们预期，在未来的 300 年内，新的规定只会减少两例或三例癌症。美国国家环境保护局未能量化分析的监管可能收益包括对固体废物填埋场选址带来的方便、降低对地表水造成的损害、对未来几代人更加公平以及生成的总体废物数量的减少，而且，更高的垃圾处理成本还鼓励企业在“上游”解决污染问题。

总的来说，这项监管的成本仍然十分昂贵：要花费 58 亿美元，或者说每减少一例癌症要花费大约 20 亿美元。从每个家庭的角度看，这相当于在固体废物填埋场的 20 年使用周期中，每个家庭每年要多支付 4.10 美元的垃圾处理费用。效率标准的拥护者会说，花这么多钱只能使得风险下降这么一点，简直是疯了（让人恐惧的效率低下）。每个家庭每年多支付的 4.10 美元，是一种不合理税收。

固体废物填埋场和有毒空气物质这两个例子都说明了一个更为普遍的观点：保护小众人群不受环境风险影响的措施往往是低效率的，因为即使相对较高的风险也不会造成太多的人员伤亡。这是效率和公平（用小众和大众获得的风险保护水平来度量）发生冲突的典型场景。也许，经济学家之所以往往是效率标准的倡导者，要归因于他们受到的专业训练，所以我们经常会发现，经济学家会对基于安全标准的环境保护法规做出规范性批评。经济学家对基于安全标准的环境立法提出的效率批评不是错的；在一些情况下，尤其是当进一步进行监管的边际收益接近零时，他们提出的看法尤其令人信服。然而，重要的是要记住，当决定什么才是污染控制的适当目标时，经济学家并没有特别的权力。①

当经济学家指出受影响群体的生活质量发生真正提高主要源于环境保护目标从安全标准转向效率标准时，针对安全标准提出的效率批评最为有力。例如，一群经济学家争辩说：“既然现有一系列针对环境和其他问题提出的公共政策措施，并且这些措施可以以更低的成本防止癌症（要比农药监管中挽救一个生命花费 3 500 万美元的成本低），我们应该可以通过资源重置来降低癌症发病率（比如放松农药监管）”②。

与这类推理有关的问题是，从不那么严格的农药监管中腾出的资源（在某种程度上，它们被适当地估计）将会再次成为农药厂家高利润的来源，也会为消费者带来更低的食品价格。这些似乎都不会转化为改进环境卫生的其他“公共政策措施”。因此，为了提高效率收益而放松农药监管，只能带来一个潜在的、可能不会真实发生的帕累托改进。

7.3 安全标准：无法带来成本效益

针对安全标准提出的第二个，也许是最显著的批评是它无法带来**成本效益**（cost-

① 参见 Bromley (1990)。
② 参见 Cropper et al. (1991)。

effectiveness）。成本效益型方案是指可以以尽可能低的成本实现预期目标。在污染控制方面，这一目标通常被定义为“每一美元花费所能挽救的生命”。基于成本效益提出的批评并不是说安全标准本质上是糟糕的，而是说它并没有依托可用资源来确保最大程度的安全。如果确保安全是控制污染的唯一目标，那么人们可能会采取尽量实现“最小”风险这种极端措施。

例如，在美国国家环境保护局出台超级基金立法后，它们尝试对有毒物质泄漏地点的地下水进行提纯，使其达到能够饮用的水平。在这一过程中，人们将数以千万计的美元花在一小部分有毒物质泄漏点上，但事实证明，将水提纯到可饮用水平实际上是件非常困难的事情。随着工作人员尝试实现接近100%的环境治理，提纯水的边际成本开始大幅上升。批评者认为，与其将水恢复到最初的可饮用水平，还不如简单把污染物收集起来。这样的话，便可将美国国家环境保护局有限的资源用于防止未来可能发生的泄漏。

更一般地，经济学家莱斯特·拉夫（Lester Lave）指出，由于儿童会在学校接触到石棉材料制成的建筑，每100万名儿童中约有5名患上肺癌。这个风险要显著小于儿童在生活中遇到的其他死亡危险，于是拉夫建议，如果我们的兴趣是保护生命，那么我们应该在降低其他风险方面花费更多的资金，例如暴露在二手烟中导致的癌症、汽车事故，以及产前营养和护理不足。①

安全标准的拥护者可能回应说，为本书一开始提出的三个问题提供更多资源肯定是正确的。事实上，解决这三个问题所面临的制约并非资源约束，而是缺乏相应的政治意愿。更一般地说，安全标准的倡导者可能回应道，拉夫进行的比较是不对的，因为从“过度控制”环境污染中释放出的资金更可能被相对富裕的人群用于增加消费，而不是用于挽救儿童生命。纳税人的确对政府解决环境问题、交通安全和儿童福利问题时的政府资源给出了约束。然而，安全标准的倡导者认为，资金最终更可能通过政治过程进行分配，而不是基于成本—收益测试进行分配。

也就是说，从成本效益的视角看，因为安全标准具有政治过程决定的特征，所以它也更容易失败。以个案分析的方法确定“重大损害”的政治过程，远不是一种完美的机制，在这个过程中，金钱、关系以及选民保护环境的意愿将会发挥巨大作用。

本书第12章将探讨政府在环境政策中的作用，那一章还将考虑纠正此类政府失灵的措施。就目前而言，安全标准的倡导者可以回应说，虽然政治过程不完美，但投票机制却是做出决策并进行强制执行的最佳机制。此外，正如我们将看到的，作为替代工具的成本效益分析法确实不是“价值中立”的，它无疑也是政治过程本身要去影响的一类对象。

然而，最后，鉴于可用于控制污染的资源有限，单独使用安全标准显然不是做出决策的一个充分标准。对监管机构提出确保环境安全的要求，可能使它们集中精力根除一些风险，却忽略了其他一些风险。为了解决这个问题，可以用所谓的风险—收益研究来比较不同监管方案的成本效益。在这种方法中得到广泛使用的度量方法是考察每花费1美元能够挽救多少生命。这种成本效益分析法为避免将资源过度承诺给一些棘手问题提供了有效指导。然而，采用符合成本效益的方法，也并不意味着不再将安全标准作为目

① 参见 Lave (1987)。

标。相反，它意味着用政治过程决定的资金分配来换取尽可能高的安全程度。

总结过去的两节，针对安全标准提出的批评指出了两类“非理性”：（1）无效率，或者说对环境问题给出过度的资源投入，以及（2）在解决这些问题中缺乏成本效益分析。批评（1）具有彻底的规范性，因此是公众辩论的题目。在这类辩论中，成本—收益研究能够有效指出在追求安全标准的过程中存在多少无效率。然而，批评（2）并不质疑安全标准希望达到的目标。相反，它认为如果盲目追求安全标准，实际上可能阻碍人们获得最高的环境质量。

7.4 安全标准：对收入分配产生回归作用吗

对安全标准提出的最后一个反对意见基于收入平等性。安全标准的局限性通常比效率标准高；其结果是，它会导致其他商品和服务做出更大牺牲。引用效率标准倡导者艾伦·布林德的话：“他们宣称人有获得洁净空气和水的‘权利’，这听起来很高尚。但是，如果实现这一权利的成本是要牺牲相当程度的营养、医疗和住房水平，那么究竟会有多少人想要行使这种权利?”①

布林德担心的是，过度监管可能导致一定数量的人无法实现体面的生活水准。虽然这种戏剧性结果不太可能出现，但是鉴于我们的社会中存在饥饿、贫穷和无家可归现象，穷人很可能负担不起严格的环境标准。目前，为了遵守环境保护法规，美国每年投入国内生产总值中超过 2 000 亿美元的资源。假设将改善环境的安全标准转换为效率标准可以帮助我们省下 300 亿美元。穷人的处境会变得更好吗?

第一个问题是：谁最终支付了我们假设的 300 亿美元额外污染控制费用？似乎因为太多的污染产生于必需品的生产过程——基本的制造业商品、垃圾处理、食品、饮用水、电力和运输——所以，环境监管产生的费用并未得到平均分担。在一般情况下，污染控制对收入分配具有**回归**（regressive）作用，这意味着，相比于有钱人，当监管造成消费品价格变高时，这些消费品在穷人的收入中会占有更高的比例。

举个例子，有一项研究旨在观察拟议的税收政策对全球变暖污染产生的影响。每吨 70 美元的二氧化碳税将会使收入处于最低 10%的家庭的能源支出增加 11%，对收入水平处于最高 10%的那些家庭而言，这只会让它们的能源支出上升 5%。与此同时，因为高收入人群会消耗更多能源，所以他们缴纳的碳排放税的绝对数量更大：人均 1 475 美元对 215 美元。② 这种回归模式相当典型，可以将其推广到污染控制措施对整个经济的总体影响。

另外，虽然穷人和工薪阶层对环境保护的支付在其收入中占比较高，但是一般来说，他们从污染控制中得到的收益也比富人多。以空气污染治理为例，此类控制政策的主要受益者是城市而非城郊地区。由于处在收入分配后 50%的那些人很难买得起空气和水过滤器与调节器，很难承担宽敞且维护良好的公园旅行，也不太能够在假期去乡下休假，所以他们很难为自己提供一个更加清洁的环境，这个影响也会进一步放大穷人和工薪阶层的收

① 参见 Blinder（1987，138）。

② 参见 Boyce and Riddle（2008，table 7）。

益。低收入人士受到空气污染影响的著名证据来自对洛杉矶贫穷地区 100 名年轻死者的验尸报告。根据病理学家的说法，“80%的青少年存在显著的肺部异常……这个比例高于吸烟甚至是呼吸道病毒感染者患有肺部异常的比例……肺部异常更加严重，也更加普遍”①。

在危险废物设施的选址这个领域中，污染暴露程度不仅与收入特征相关，而且与种族特征明确相关。表 7-1 报告了最近完成的对全国 413 个危险废物设施周围的人口统计数据研究结果。与危险废物设施距离越近，则居住在那里的人的富裕水平明显表现下降，而且白种人的比例也在下降。在研究制造业工厂有毒物质排放影响、机动车辆造成的空气污染以及其他污染途径时，研究结论也表现出这一特征。在大多数研究中，种族都成为解释污染暴露程度的一个重要且独立的因素。②

表 7-1　　种族、贫穷和危险废物设施

	在 1 千米以内	在 1 千米和 33 千米之间	在 3 千米和 5 千米之间	超过 5 千米
有色人种占比（%）	47.70	46.10	35.70	22.20
贫穷的比例（%）	20.10	18.30	16.90	12.70
平均家庭收入（美元）	31 192	33 318	36 920	38 745

资料来源：Bullard et al.（2007，table 7）.

从这些数据中浮现出一个重要问题：为了利用不那么有效的政治阻力和（或）较为廉价的土地，污染行业会将污染地点选择在穷人和少数族裔居住的社区吗？还是因租金较便宜，低收入人士选择在接近危险设施的地方居住？一项分析具体地考察了美国南部的五个危险废物处置场。研究人员发现，在做出选址决策时，企业能够对付以白人为主的政治权力结构，这种权力结构能够漠视多数被剥夺权利的黑人的需求。在对五个危险废物处置场周围的非洲裔美国人进行的调研中发现，大多数人都觉得选址过程不公平。在五个社区中的四个社区里，明显大多数人都不认为建立危险废物处置场的收益超过了成本；在第五个案例中，社区闹翻了。③

不管什么原因，如今在污染物暴露过程中存在的不平等已经得到确凿揭示，还被贴上了**环境种族主义**（environmental racism）的标签。它还激起人们的政治参与意识，要求强力执行基于安全标准的法律，这一活动又被称为环境正义运动。其结果是，一些来自低收入和少数族裔社区的人也成为基于安全标准的、具有强制性环境保护法规的坚定拥护者。

相对于其收入，由于穷人、工薪阶层和少数族裔虽然为环境保护付出了更大代价，但同时他们从环境保护中获得了更多收益，所以我们很难从收入分配入手评价环境保护产生的影响。因此，我们不能确凿地认为污染控制监管使收入水平处于后 50%的那些人享受到了好处或造成了损害。然而，在通过碳排放税来减缓全球变暖这个重要例子中，相关法规会提高生活必需品的价格，这时就需要认真权衡分配问题。正如在第 1 章中所指出的，在这里，经济学家会建议，应该通过减税的方式，将大部分税收收入返还给居民，并且应该向处于收入水平后 50%的人做更大幅度的减税。

在分配效应的问题之外，从效率标准入手对安全标准提出的评论正确地指出，强加

① Mann (1991)。

② 若想获知这类文献的相关回顾，可见 Bullard et al.（2007）。

③ 参见 Bullard (1991，86-95)。

于社会的额外成本是真实存在的。正如布林德所言，在效率标准下节省下来的资金，很有可能用于资助人类的基本需求：营养、适当的医疗，以及住房。然而，安全标准的倡导者则可能会回应道，省下的资金更有可能被社会的中层、上层阶级用于消费。

前面的三节分别考察了针对安全标准提出的批评——效率低下、无成本效益的可能性，以及对收入分配产生的回归影响。所有这些批评都有一定道理。另外，只要基于安全标准的监管出现净效应逆转的情况，安全标准的倡导者就无法在自认为比效率标准“更加公平”的道德高地上站住脚。然而，正如我们所看到的，备选的效率标准愿意接受批评。也许，没有什么比有害废物处理更能戏剧化地体现这两个标准之间存在的差异。

7.5 安置有害废物处理设施：安全标准对效率标准

在交给工作人员的一份臭名昭著的内部备忘录中，劳伦斯·萨默斯（Lawrence Summers）——世界银行前首席经济学家，后来担任奥巴马总统的经济顾问——写道：“这段话就是你和我之间的，世界银行难道不应该鼓励将更多的污染产业转移到（较不发达国家）吗？……我认为向具有最低工资水平的国家倾倒有毒废物背后的经济逻辑无懈可击，我们应该勇敢面对。”这份备忘录被泄露给《经济学人》杂志，之后激起相当大的争议。巴西环境部长对萨默斯这个愚钝的分析回应道，“这完全合乎逻辑，但也完全是疯了”，然后他呼吁萨默斯从世界银行辞职。

在给《经济学人》杂志的一封信中，萨默斯声称他的挑衅性言论被断章取义。“这不是我的观点，也不是世界银行的观点，任何理智的人都不会鼓励污染，也不会认为将未经处理的有毒废料倾倒在穷国是能在道义上或经济上站得住脚的。我那份备忘录的本意是希望从经济学这个狭隘的角度出发，尽可能地深化人们对这一问题的辩论。”[①] 这个“狭隘”的看法源自我们所谓的效率角度。然而，我们也知道可以从道义上和经济上捍卫效率标准——在对废物进行贸易时也是如此，因为它提供了一个让所有各方变得更好的机会。对废物进行交易的伦理性取决于各方履行承诺的程度。

处置废物——有害、有放射性，甚至是简单的无害生活垃圾——已成为一个令人日益烦恼且日益昂贵的问题。这种“地方性非意愿土地使用”（locally unwanted land uses，**LULU**）将负的外部性成本强加给住在这片土地上的人，它带来污染物暴露产生的危害，降低了土地价值，却为更广泛的社会群体提供了收益。甚至在采取非常昂贵的保护措施来降低预期风险时，这个情况都是真实存在的。对在其后院建有废物转储站的人而言，“合适”的安全边际是指零风险。根据定义，社区不想在周围存在地方性非意愿土地使用，社区的富裕（和组织）程度越高，它对安全级别的要求也就越高。

由于建设有毒废物处理设施能够为更广泛的社会群体带来很大利益，所以其选址问题的一个可能解决方案是利用学校、医院、图书馆以及排水系统产生的税收收入来“补偿”社区。较贫穷的社区当然会接受较低的补偿水平；因此，为了降低有毒废物处置成

① 对萨默斯的引述来自 Let them eat pollution. 1992. *The Economist*, 8 February, 66；以及 Polluting the poor. 1992. *The Economist*, 15 February, 6。关于环境部长的论述摘自 *These Times*, 8 March 1992。

本，一些人（包括萨默斯）认为，在地方性非意愿土地的使用中，政府政策应促进这种“交易”。应该鼓励贫穷的社区（或国家）接受有毒废物处理设施并以此来交换美元吗？倾倒有毒废物的争议为我们提供了一个典型的例子，可以用它来考察污染控制的效率标准和安全标准之间存在的立场冲突。争议双方都认为他们的政策促进了整个社会的福利。

首先，让我们考虑效率立场背后的逻辑。萨默斯通过两个论点来为其提出的有毒物质贸易理论做出辩护。第一个论点是，如果因有毒物质的贸易增加而造成污染危害上升，那么，相对于在污染比较严重的地区进行污染，在世界上较为清洁的地方进行污染，造成的危害会更小。换句话说，萨默斯假定清洁环境符合边际收益递减这种典型特征。正如他所说的：相对于墨西哥城或洛杉矶，“我一直认为，非洲那些人口稀少的国家几乎都未曾被污染”。

萨默斯的第二个论点是，贫穷国家的人们对清洁环境的“估值”较低。用他的话说就是：“相比于5岁以下儿童的死亡率为千分之200的国家，在人们与前列腺癌进行抗争的国家中，一个人对得前列腺癌的概率上升百万分之一的变化显然会更加担忧。”这种事物在优先级上存在的差别，最终就表现为低得多的环保项目货币价值，其中也包括降低死亡风险的价值。因此，对废弃物进行贸易，不仅降低了环境遭受的损害，还带来更低（或者说低得多）的、以美元价值衡量的损害，这些损害是指社区在充分知情时愿意接受废弃物的意愿。企业将能够以较低成本（甚至包括补偿成本）倾倒废弃物，从而腾出资源来增加产量并提高全球生产总值。

图7-1中呈现的图形分析了萨默斯的观点。由于收入较低（在某些情况下是人口密度较低），贫穷国家进行环境治理的边际收益低于富裕国家。此外，因为贫穷国家目前的污染水平相对较低（在图中表现为 PC_1 对 RC_1），所以它治理污染的边际收益也相对低于富裕国家。将富裕国家10%的废弃物转移到贫穷国家，以美元价值衡量，减少的损害（在富裕国家）就是图中的阴影部分，以美元价值衡量，增加的损害（在贫穷国家）就是图中的画线部分。总体而言，通过贸易，以美元价值衡量的污染损害得到了减少。

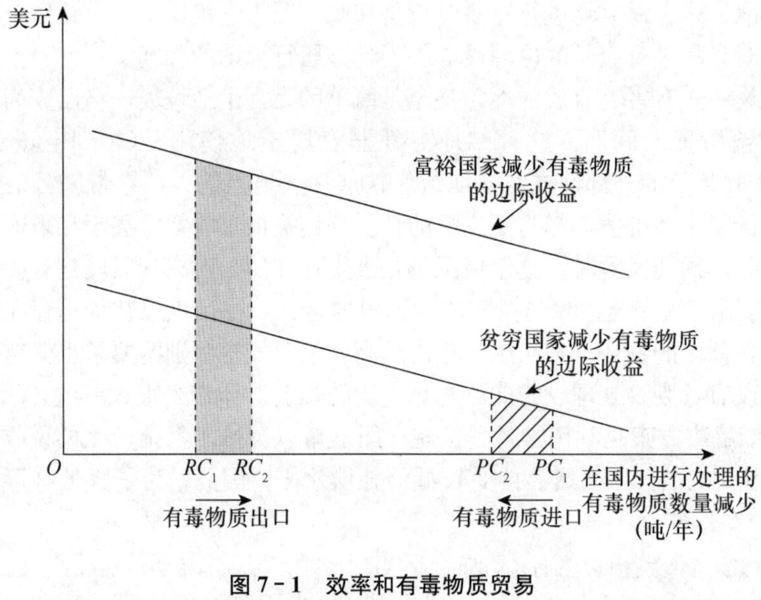

图7-1　效率和有毒物质贸易

显然，在这一过程中会出现受益者和受损者。受益者包括那些在富裕国家不再暴露于废弃物的人，世界上那些在产出增加后可以更便宜地购买产品的人，获得了更高利润的企业经理和股东（假定处于不完全竞争状态），以及在贫穷国家的废弃物倾倒点工作的那些获得相对高工资的工人，或者向倾倒企业征税后获得收益的那些人。受损者则是那些生活在贫穷国家的个人——现存的和尚未出生的——这些人都会因面对污染物而罹患癌症或其他疾病，还有就是那些以自然资源为生的人，他们的自然资源将会在废弃物运输和处置过程中受到损害。

因为倾倒有毒物质确实是有效率的，所以我们知道受益者获得的总货币收益大于受损者遭受的总货币损失。因此，在理论上，受益者可以补偿受损者，然后每个人的境况都会变得更好。例如，如果从接受废弃物中获得的收入被用来建造污水处理设施，那么，在贫穷国家，接触废弃物引发的癌症高风险可以被不安全饮用水带来的死亡风险降低所抵消。然而，在实践中进行完全补偿则不太可能。因此，正如我们在第 4 章所看到的，有毒物质倾倒——类似于其他的各种有效策略——并不是“社会最优”，只能是通过功利主义的理由对其进行辩护，随着时间的推移，绝大多数人都可以从这个行动中受益。萨默斯显然认为接受有毒废物符合贫穷国家人民的利益。

对这一论点做出的第一个回应是，当穷人不得不卖掉他们以及子女的健康来获取干净饮用水时，我们生活在一个什么样的世界？是否应该重新分配财富，以防止人们不得不做出此类浮士德式的交易？但是，效率标准的支持者可能会注意到，社会主义革命并非当前的政策选择。既然富裕国家或个人不可能把自己的财富送给穷人，为什么我们还要否认穷人通过贸易改善其福利的机会，哪怕这种改变只是边际上的？

对萨默斯的论点更加务实的回应是，事实上，向穷国倾倒废弃物所得收益大部分都流向了较为富裕的人，但是穷人则承担了相应的成本负担。存在于许多发展中国家的后殖民政治结构远不是民主的。此外，贫穷国家很少有资源用于有效监管。你可以很容易地想象，废物处理公司只会向几个有权势的个人给出丰厚补偿，同时支付了很低的税，还会忽略任何现有法规。事实上，正如我们前面所提到的，一个类似过程也颇能解释美国在选择有毒物质处理地点时存在的种族差异。

对效率标准提出的基本批评是，具有帕累托改进潜力并不一定能够提高全社会整体福利。在有毒物质的国际贸易中，这个问题尤为明显：在贸易过程中，相关收益可能只会归于富裕国家和贫穷国家的富人，但是成本则由贫困国家的穷人承担。与此相反的是，我们期望污染控制政策实际上提高受污染影响的绝大多数人的福利。

其次，安全标准的倡导者在地方性非意愿土地的使用问题上也面临困难。因为只有一小部分人会担负一些正面风险，所以在政治上可接受的安全定义起不到作用。没人想在他的后院中出现地方性非意愿土地使用。其结果是，在危险废弃物处置设施的选址问题中，补偿通常会发挥重要作用。企业和政府会倾向于找出较贫困的社区，这样就能让补偿降低。要确保受影响的绝大多数人实际上受益于选址决策，需要至少满足两个先决条件。其中第一个是政府能够提供有效监管。第二个是在选址过程中将开放的政治过程与灵活的民主决策相结合。

地方性非意愿土地使用的选址问题，为我们提供了一个案例，可以用它来阐述效率标准的拥护者所持洞见——一个接近帕累托改进的方案——是可能得以完成的。但是，这需要强制执行的污染标准接近安全标准。它还要求人们对此知情，并且具有公民权。

7.6 总结

在过去的四章中，我们通过复杂的论点构成的大量篇幅来考察同一问题“何种程度的污染可称为过量”的两个不同答案（当然这也影响了我们的叙述方式）。表 7-2 总结了两个不同答案的各自特征。

第一个是效率标准，它主要依赖于对成本—收益的估计。从理论上讲，这需要精确计算边际收益和边际成本，并能够对从环境保护得到的净货币收益进行最大化。在实践中，正如我们稍后将看到的，成本—收益分析家只可能大致平衡收益和成本。效率标准要求人们相信，无形的环境效益能够得到充分的衡量和货币化。这就是所谓由“技术官僚”决定的“何种程度的污染可称为过量”。

表 7-2　比较效率标准和安全标准

1. 社会目标
效率标准：边际收益等于边际成本 安全标准：对健康和环境造成的损害能够得到“最小化”
2. 隐含的社会福利函数
效率标准：$SW=U_A(\overset{+}{X}_A,\overset{-}{P}_A)+U_R(\overset{+}{X}_R,\overset{-}{P}_R)+U_T(\overset{+}{X}_T,\overset{-}{P}_T)+\cdots$ 安全标准：$SW=U_A(\overset{+}{X}_A,w*\overset{-}{P}_A)+U_R(\overset{+}{X}_R,w*\overset{-}{P}_R)+U_T(\overset{+}{X}_T,w*\overset{-}{P}_T)+\cdots$，这里 $w>1$，表示权重
3. 优点和不足
效率标准：最大化可度量的净货币收益；严重依赖于成本—收益分析中做出的假设 安全标准：看上去与大众观点一致；往往没有成本效益，而且往往会再次回到收入分配问题

与此相反的是，安全标准忽略正式的成本—收益比较，该标准希望通过明确的政治过程来寻求以健康为导向的监管目标。在理论上，根据安全标准，监管机构希望尽可能将罹患癌症的风险降低到百万分之一，当然也会提出一些含糊不清、与癌症无关的安全目标，所有这些都有赖于政治体系给它们分配的资金。在实践中，监管机构在面对高昂的合规成本时经常会不遵守安全标准。

安全标准的社会福利函数依赖于一个可以自由设定的参数，这个参数对污染导致的福利下降赋予很大权重。因此，如图 7-2 所示，人们要求更严格的污染标准，这个标准比效率标准下隐含的污染标准还严格。效率标准的拥护者会攻击安全标准的支持者所谓的“公平”，因为安全标准又会带来不公平，不过，一般来说，这个观点很难验证或反驳。

在表 7-2 中没有得到强调的一个观点是，在这两个标准之间做出的选择并不影响长期的就业状况。正如上一章所述，安全标准越严格，则越有可能导致一些短期的结构性失业；不过，它能够在环保产业中创造更多就业。真正的权衡出现在增加物质消费和提高环境质量之间。

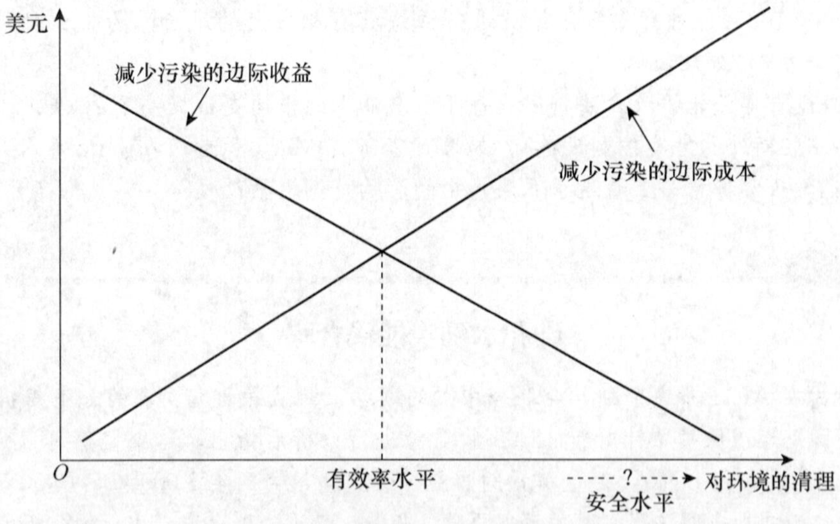

图 7-2 成本、收益、效率和安全

在公平问题之外，安全标准和效率标准之间的选择也取决于一个关键假设：越多越好。回忆一下，成本—收益分析的基本前提是，随着收入和消费上升，现代社会能够变得更好。但是，如果为了增加消费而牺牲更严格的环境监管，我们从中能得到什么实际好处呢？如果对收益的估计仍然很难量化分析，或者如果物质消费的增加只是一种炫富竞赛，并未让任何人得到更多快乐，那么安全标准可能会比效率标准“更有效率”！在本书后面部分，我们会再来探讨这个想法。

然而，在此之前，接下来的三章会考虑一个我们尚未提及的问题：可持续性。我们如何在今天采取的环保措施中考虑后代人的利益？

应用 7.0

控制有毒气体

正如这一章所述，美国政府于 1990 年通过《清洁空气法案修正案》的目的之一是控制有害空气污染物排放。在那一年，美国国家环境保护局出版了一份报告，这份报告针对全国 149 个工业设施进行了估计。其结果指出：当地居民中接触有毒物质最多的那些人，其癌症风险超过万分之一；其中，在 45 个工业设施附近，居民的癌症风险超过千分之一。

《清洁空气法案》要求企业使用污染控制技术，希望能将风险减少到低于万分之一的水平。在污染控制设备安装好后，美国国家环境保护局又进行了一次后续的风险分析，希望看看是否有必要做进一步的污染控制以减少不安全的污染物暴露。虽然法律并没有要求将风险减少至百万分之一的水平，但这仍然是一个长远目标。

1. 显然，对有毒气体的控制基于安全标准的理由。假设立法得到的总收益恰好等于总成本，是每年 50 亿美元，那么对有毒气体的控制符合效率标准吗？

2. 正如我们所指出的，一位经济学家事实上对基于效率标准的立法进行了批评。他估计指出，这样做的总成本是每年 60 亿～100 亿美元，总收益每年只有 0～40 亿美元（Portney 1987）。对有毒气体排放进行立法具有相当大的风险。为什么估计出的收益（低到接近 0）如此之低？

3. 假设有毒气体排放立法将家庭每年在汽油上的平均支出提高了 20 美元（由于炼油厂需要安装额外的污染控制设备）。如果百万富翁 Mary 和看门人 Jane 每人为此支付了 20 美元，从哪种意义上看这个立法产生的影响是倒退的？

应用 7.1

砷和水确实能混合吗

请考虑在 AEI-布鲁金斯学会联合中心的网站上就监管研究发表的如下声明：

美国国家环境保护局针对新的砷化物监管进行分析后指出，这个监管可以每年带来 2.1 亿美元的成本和 1.4 亿～2 亿美元的收益……也就是会产生 1 000 万～7 000 万美元的净成本。这清楚地表明该规则是效率低下的，但是，最近由联合中心进行的分析估计指出，每年的真实净成本接近 1.9 亿美元……除了这些高额费用外，伯内特（Burnett）和哈恩（Hahn）（联合中心研究报告的作者）提高了这项规则在执行过程中可能导致死亡的可能性。这个监管造成的成本如此之高，它可能会降低个人用于医疗的资金。由砷引起的癌症具有较长的潜伏期，这意味着医疗资金的减少会导致健康风险增加，其增加规模大约为每年 10 例。

美国国家环境保护局在执行砷监管标准时存在的上述困难，以及对其进行的成本—收益分析等，都清楚地表明应该撤销这个监管（"Drinking Water," 2006）。

1. 你怎么知道美国国家环境保护局选择了安全标准而不是效率标准？

2. 在争取支持效率标准的过程中，伯内特和哈恩是如何使用帕累托改进这个想法的？描述他们如何看到这个结果会发生。

3. 在这个例子中，帕累托改进令人信服吗？为什么？

各节主要观点

7.0 本章定义并批判性地考察了污染控制的**安全标准**。人们主要基于公平的理由来对安全标准进行辩护。然而，如果难以量化分析的收益规模很大，以及/或者因“炫富竞赛”的存在而夸大了环境保护的真实成本，那么基于安全标准的监管将比那些通过传统的成本—收益测试的效率标准更有效。

7.1 人们用捍卫**个人自由**的理由来支持安全标准。目前已经形成了一种政治共识，即如果环境诱发的癌症风险小于百万分之一，这就是**安全的**，如果这个风险大于万分之一，就是**不安全的**。但是介于两者之间的风险是否安全则没有共识。对非癌症风险或者生态系统保护而言，目前还不存在确切的安全标准。在这些领域，安全水平在个案分析的基础上由政治过程决定。

7.2 针对安全标准的第一个批评是它往往过于严格而缺乏效率。这是一个规范性的批评，因此也是政治和道义辩论的适当主题。

7.3　针对安全标准的第二个批评是它没能为确保实现**成本效益**提供足够的指导。人们往往用挽救每个生命所花费的美元来计算成本效益。如果监管机构在每件事情上都追求安全，那么它们可能会在消除不重要的风险时投入过多资源，与此同时，忽视重要风险。通过使用**风险—收益分析**，这个问题能够得以缓解。成本效益批评并不是说将太多的资源用于环境保护，而是指这些资源没有得到合理使用。

7.4　针对安全标准的最后一个批评是，它可能造成收入分配问题的回归。虽然穷人为污染控制给出的支付占其总收入的比重要高于富人，但是穷人、工薪阶层和少数族裔社区在这个过程中得到的收益也更大（少数族裔承担更多环境风险的情况被称为**环境种族主义**）。因此，环境监管对收入分配的总体影响是不确定的。此外，尚不清楚从环境控制中腾挪出的资金是否能够增加穷人的福祉。

7.5　人们往往拿**地方性非意愿土地使用**的选址问题来对比污染控制的效率标准和安全标准。在这种情况下，效率标准是一项很难得到执行的标准，因为它忽略了公平问题。因此，一般人们都是对类似于安全标准之类的监管进行强制执行。然而，如果通过有效监管能够提供基本水平的"安全性"保护，具有帕累托改进效果的补偿方案可以带来有效监管。

参考文献

Blinder, Alan. 1987. *Hard heads, soft hearts*. New York: Addison-Wesley.

Boyce, James, and Matthew Riddle. 2008. Cap and dividend: How to curb global warming while promoting income equity. In *Twenty-first century macroeconomics: Responding to the climate challenge*, ed. Jonathan Harris and Neva Goodwin, 191-222. Cheltenham and Northampton, U.K.: Edward Elgar.

Bromley, Daniel. 1990. The ideology of efficiency: Searching for a theory of policy analysis. *Journal of Environmental Economics and Management* 19 (1): 86-107.

Bullard, Robert D. 1991. *Dumping in Dixie: Race, class and environmental quality*. Boulder, CO: Westview.

Bullard, Robert, Paul Mohai, Robin Saha, and Beverly Wright. 2007. *Toxic wastes and race at twenty: 1987-2007*. Cleveland, OH: United Church of Christ.

Burtraw, Dallas, Alan Krupnick, Erin Mansur, David Austin, and Deidre Farrell. 1998. Reducing air pollution and acid rain. *Contemporary Economic Policy* 16 (4): 379-400.

Cropper, Maureen L., William N. Evans, Stephen J. Berardi, Marie M. Ducla-Soares, and Paul R. Portney. 1991. *The determinants of pesticide regulation: A statistical analysis of EPA decisionmaking*. Discussion paper CRM 91-01. Washington, DC: Resources for the Future.

Burnett, Jason, and Robert Hahn. 2006. Drinking water standard for arsenic. AEI-Brookings Joint Center for Regulatory Studies. www.aei-brookings.org/admin/authorpdfs/ page. php?id=54.

Goodstein, Eban. 1994. In defense of health-based standards. *Ecological Economics* 10 (3): 189–195.

Greider, William. 1992. *Who will tell the people? The betrayal of American democracy*. New York: Simon & Schuster.

Kneese, Alan V., and William D. Schulze. 1985. Ethics and environmental economics. In *Handbook of natural resource economics*. Vol. 1, ed. A. V. Kneese and J. L. Sweeney. New York: Elsevier.

Kunreuther, Howard, and Douglas Easterling. 1990. Are risk benefit trade-offs possible in siting hazardous facilities? *American Economic Review* 80 (2): 252–256.

Lave, Lester. 1987. Health and safety risk analyses: Information for better decisions. *Science* 236: 297.

Mann, Eric. 1991. *L. A.'s lethal air*. Los Angeles: Labor Community Strategy Center.

Portney, Paul. 1990. Policy watch: Economics and the Clean Air Act. *Journal of Economic Perspectives* 4 (4): 173–182.

WSJ Online. 2005. Nearly half of Americans cite "too little" environment regulation. *Wall Street Journal*, 13 October. http://online. wsj. com/public/article/SB11291 4555511566939. html.

第 8 章 可持续性标准

8.0 引言

据说易洛魁的印第安人在一种传统指令下思考他们的决定对接下来七代子孙产生的影响。我们会将什么样的世界留给我们的孩子、孙子以及孙子的子孙的子孙的子孙？在本章和接下来的两章中，我们不再考察污染控制中效率标准与安全标准之间存在的争议，而是考虑环境保护的长期影响。在此过程中，我们的关注重点从使用何种污染控制标准转向如何在长期中维护环境质量与自然资源。

许多当前做出的决定都会产生污染，会对环境产生持久影响。具有长期后果的污染物被称为**存量污染物**（stock pollutant）。尽管在20世纪70年代早期，美国就已经禁止使用农药滴滴涕，但是我们每一个人的身体脂肪细胞中都仍然携带有农药滴滴涕的残留物。几十年来，释放到大气中的含氯氟烃一直在造成臭氧层消耗。某些类型的高级核废料的毒性将会保持数万年。另外，当前源自石油、天然气和煤炭燃烧的二氧化碳排放，将会使我们的地球持续变暖超过100年。与此相反的是，**流量污染物**（flow pollutants）造成的损害相对较为迅速，然后会被稀释到无害的水平，或是转化为无害物质。此类例子包括烟雾、噪声和热污染。

通过使用**自然资源**（natural resources）和耗尽**环境汇**（environmental sinks），人们还会改变环境。自然资源是经济发展的投入品——既可以是可再生资源（水、树木、鱼类和土壤等），也可以是不可再生资源（矿物、石油，以及物种携带的基因密码）。如果自然资源的开发速度超过其再生速度，就会减少自然资源存量，从而使未来几代人可资利用的自然资源数量变少。一旦可再生资源在提取和再生之间取得平衡，当代人对自然资源的使用就不会减少后代人的可用性。然而，对不可再生资源的使用会降低其存量。例如，提取和燃烧石油会减少剩余石油的存量。经济学家将自然资源存量、环境质量，以及环境吸收污染物的能力统称为**自然资本**（natural capital）。自然资本的变化已经成为当代决策影响未来的一个重要途径。

但是，当代人的决策也会通过其他途径来影响未来几代人。自 18 世纪末到 19 世纪早期发生的产业革命以来，科学发现、新技术和新的做事方式层出不穷，带来经济快速发展。创新改变了医疗保健（疫苗、药品和 X 射线）、运输（汽车、高速列车和飞机）、粮食生产（人工合成化肥、农药，以及高产农作物品种）与通信（电视、手机和互联网）等经济部门。建设新的厂房和机械（**制造资本**，manufactured capital）、提高教育水平及员工经验（**人力资本**，human capital）等活动，都使全球经济变得更具生产率。社会成员之间建立的信任，以及社会机构的运作（**社会资本**，social capital）等，也对经济的生产率产生重要影响。在过去的 200 多年里，各种形式的资本的增加，让许多（但不是所有）人的生活水平有了大幅改善。但是，正如前文所述，这些改善都以污染和自然资源存量减少为代价。

本章关注的主要问题是，所有这些变化会对未来产生什么影响？由于环境、社会和技术的飞快变化，对今天的我们而言，很难预测 100 年或 200 年后的未来会变成什么样子。试想一下，如果将生活在 19 世纪的人突然送到现代社会，当他们第一次看到人口达到 1 000 万的城市、电脑、手机和飞机后，会有何感受。确实，如果要把今后七代人的境况都考虑进来，就需要我们仔细考察当前行动的长期后果。

我们会从可持续性的一般性定义开始本章，然后快速考察为了在实践中实现可持续性，如何确定在多大范围内，制造资本、人力资本和社会资本的增长能够替代自然资本的损失。这也将有助于我们确定经济“增长”是否真的能够带来人类福利的增加——或者，换一种说法就是，以损害自然资本为代价而对其他资本形式进行的投资，是否真的能够让我们的境况变得更好。

一方面，如果经济增长使我们的境况变得更好，那么，通过使用修正过的、能将当期成本和未来收益纳入公式的成本—收益分析，我们可以探讨如何在保护自然资本和扩大制造资本之间求得一个平衡。另一方面，如果自然资本是独特且不可替代的，它不是制造资本、人力资本或社会资本的替代品，那么，我们可以落实哪些政策，从而使发展决策可以保护其余大部分自然资本，并可以将确保可持续性的行动落到实处？本章和下一章是本书中最难的概念性章节——它们将引导我们深入新古典主义经济学家与生态经济学家之间的争论——所以，系好安全带吧。

8.1 可持续性：新古典主义的方法与生态学的方法

大多数人接受这样一个理念，我们有责任来管理环境以及地球上的自然资源，以便为今后几代人提供高质量生活：这就是**可持续性**（sustainability）的理念。可持续性的最常用定义来自世界环境与发展委员会（1987）的一份报告，这个委员会又被称为布伦特兰（Brundtland）委员会，它以挪威前首相格罗·哈莱姆·布伦特兰（Gro Harlem

Brundtland）之名命名，此人为该委员会的主席。布伦特兰委员会将可持续发展定义为“一种发展模式，它既满足当代人的需求，又不损害子孙后代满足其自身需求的能力”。经济学家发现很难对“需求”给出精确定义，因而一般性地用人类福祉代替。所以，在经济学中，可持续性的定义通常如下所示。

> 一个具有可持续性的经济是这样的，相比于当代人中的典型个体，全部后代中的典型（平均意义上的）个体能够获得更高福祉，或者实现至少相同的福祉水平。用另一种方式来表达，就是可持续性意味着全部后代的典型个体不会发生效用水平的下降。①

虽然定义是精确的，但是将其用在实践中则存在争议。例如，每次开车时我们都会燃烧一加仑石油，那会不会因为我们剥夺了未来几代人获取这种源自自然的、独特的、不可再生的、高能燃料的具有神奇魅力的礼物，从而导致后代人变得贫穷？石油消费如何可能成为可持续的？然而，如果技术发展同时能够为下一代人提供可替代的能源来源（太阳能和风能），并能以大致相同的价格提供具有可比性的能源供应，我们这样做就是可持续的。这里的想法是，只要我们能找到可以提供相同或更好结果的替代品，就不需要维持任何特定资源。这取决于一点，即在改善人类福祉的过程中，制造资本、人力资本或社会资本可以代替自然资本。问题的关键在于，我们是否能够实现这一点。

如果总体而言替代性是可能实现的，那么实现可持续性并不要求保护任何特定形式的资本。这时，对可持续性给出的相关定义就被称为**弱可持续性**（weak sustainability），它要求支撑高质量生活的整体资本存量——制造资本、人力资本、社会资本和自然资本——得到维持即可。例如，在粮食的生产中，如果化肥和杀虫剂等制造资本的增加能够代替土壤中养分的流失和病虫害控制，弱可持续性就能实现。换句话说，即使自然资本出现损失，只要其他形式的资本能够提供足够的替代性，那么弱可持续性就可以实现。

如果一种投入品可以取代另一种投入品，并能保持生产水平不变，就说这两类投入品在生产中是**替代品**（substitutes）。（如果你学习过中级微观经济学，那么请回忆一条光滑的、呈弓形的等产量曲线，然后回忆一下资本和劳动力这两类投入品是如何在保持总产出水平不变的情况下进行相互替代的。）

弱可持续性并不意味着要去生产相同的产品组合。和生产类似，如果对一种商品消费量的增加可以代替对另一种商品消费量的减少，并且能够保持人们的满意程度不变，那么在消费时也有可能在不同商品之间进行相互替代。（再次回忆，如果你已经上过中级微观经济学课程，思考一下无差异曲线，在那条曲线上商品 X 可以代替商品 Y，并且能够达到相同的效用水平。）如果人们乐意用视频游戏和游乐园来代替在自然界中的活动，那么自然界的丧失并不会减少人们在娱乐和旅游方面获得的满意度。作为一个典型例子，考虑人们在佛罗里达州的旅游次数。在 2010 年，大约有 1 700 万人到访迪士尼乐园的魔法王国，但是探访大沼泽地国家公园的人则少于 100 万。

人们很难知道经济是否沿着满足弱可持续性的路径发展。正如我们所看到的，物质增长通常要以环境质量为代价。如果一些地方得到改进，而另外一些地方出现退化，这

① 这是对可持续性的标准的经济学定义，可见 Pezzey (1992)。若想获知最近对这个概念提出的批评，可见 Bromley (2007) 以及 Howarth (2007)。

时在判断未来是否变得更好时就需要做出价值判断，要去判断收益是否能够覆盖损失。并不是所有人都具有相同的价值判断。但是对典型意义上的人而言，相比于大沼泽地国家公园，他对迪士尼乐园的需求可能更加强烈一些，但是对狂热的赏鸟者或热爱大自然的人来说，如果要用大沼泽地国家公园来交换迪士尼乐园，他们的状况就会变得更糟。当然，在判断可持续性时，对未来几代人的价值判断确实在起作用。相比当前的世界，未来几代人会认为我们留给他们一个更好的世界吗？如果在留给他们更多物质财富的同时，我们也留下了更多污染，或者说留下更多视频游戏和游乐园的同时，也减少了他们在大自然中漫步的机会，那么我们的后代会认为这是一笔好的交易吗？因为他们现在还不存在，所以我们无法确定这个问题的答案。

这种困难促使一些经济学家在评估可持续性时采取不同策略。与专注于度量社会总体福祉补贴不同，**强可持续性**（strong sustainability）则要求保持每一类资本的总存量（自然资本、制造资本、人力资本和社会资本）。尤其是，强可持续性侧重于保护自然资本的措施。无论是否能够带来制造资本、人力资本或社会资本的增加，只要自然资本下降，便违反了强可持续性。强可持续性倾向于强调具有不可替代性的资本，这些资本没有替代品。如果我们失去一片森林或湿地，拿什么来代替这样一整套具有复杂生态功能的系统？至少，自然资本的某些组成部分可能是关键的，因为它们构成了人类和其他物种的生命支持系统。人们需要氧气来呼吸，但我们无法制造出人类所需的那种量级的氧气；我们要依靠树木和其他植物在光合作用中产生的副产品——氧气。如果所有植物都灭绝，那么人类也会很快灭绝。

不可替代性的资本是指资本的唯一性。在20世纪60年代，美国垦务局（U. S. Bureau of Reclamation）设想在科罗拉多河上建造一座大坝，这可能会淹没一部分大峡谷（Grand Canyon）。这座大坝从未建成，在很大程度上是因为批评家指出大峡谷是独一无二的，不可能对它的损失做出足够赔偿。

围绕弱可持续性和强可持续性进行讨论的经济学家可以分为两大类：新古典主义经济学家和生态主义经济学家。（为了讨论的目的，我们非常极端地对经济学家进行了分类，但在现实中，这两类阵营中的许多经济学家是跨界的。）**新古典主义经济学家**（neoclassical economists）倾向于认为，在生产中自然资本和其他形式的资本可以相互替代。他们也更像是技术乐观主义者，相信随着资源变得稀缺，价格会上升，人类会通过创新来发现更好的替代品，从而再次降低价格。新古典主义经济学家还倾向于认为自然具有高度弹性；生态系统面对的压力会带来稳定和可预测的自然资本退化，但是不会带来意外惊喜。这种投入品的小幅（边际上的）变动，以及投入品之间的替代性，都是新古典主义经济学传统理论的核心概念。

从更广泛的角度来看，新古典主义经济学家普遍认为，在全球广泛存在的以市场为基础的经济体制，为在未来实现可持续发展提供了一个强有力的基础。同时，了解到需要通过政府监管来控制环境污染和资源枯竭后，新古典主义经济学家普遍认为，随着市场体制在全球范围内的推广，世界各地的生活水平将继续增加。这反过来会导致人口增长率下降，并出现增加环境保护以便将环境退化保持在可接受范围内的要求。这并不是说新古典主义经济学家相信不同资本之前不存在权衡取舍，而是说一个运作良好和适当管制的市场体系最有可能实现可持续发展。

相比之下，**生态经济学家**（ecological economists）认为其他形式的资本不能用于代替自然资本；自然资本是必要且不可替代的（对喜欢微观经济学的人而言，这就是一条L形的等产量曲线）。生态经济学家强调自然界作为支持经济的系统所具有的关键和不可替代的作用：经济是自然的一部分。生态经济学家认为，我们的经济嵌入全球生态系统，但是全球生态系统是脆弱的，不断积累的应力可能导致系统本身出现灾难性变化。例如，未受抑制的全球变暖导致的气候变化，或者未受抑制的臭氧消耗导致的紫外线照射增加等，都可能会彻底改变自然生态环境。

生态经济学家也担心自然界发生的突然和急剧变化可能会导致灾难性问题。例如，气候变化可能导致格陵兰岛和南极洲的冰盖解体，进而导致海平面迅速上升，或者带来迅速出现的洋流和气候突然变化。当然，生态系统始终都在遭受灾难——例如，当闪电引起森林火灾时。如果灾难变得足够严重，事实上它会让更能适应新条件的物种快速生长，从而使自然界变成不同物种在演化中相互倾轧的地方。因此，并不是自然本身遭受到威胁。"拯救地球"也不是问题。问题在于要维护支撑人类生命和福祉所需的条件。

本地和全球**生态系统服务**（ecosystem services）——水的净化、养分循环、区域气候调节、废物处理、土壤稳定、病虫害防治和农作物授粉——为我们的经济福祉提供了关键性基础。生态经济学家认为，我们的经济依赖于如今存在的自然环境提供的复杂服务网络，这种服务网络通过无数微妙的方式在发挥作用。其结果是，随着人口和消费水平的加倍与再加倍，由此造成的压力使环境发生重大变化，也可能导致人类福利出现非常大且非常突然的下降。

生态经济学家也倾向于是一类技术悲观主义者。他们认为近年迅速提高的生活水平可能是暂时现象，是对自然资本进行不可持续的使用后产生的。持续恶化的自然资本可能导致人类福祉出现下降。新的创新不可能拯救我们，因为它们往往会带来意想不到的后果，可能导致更多的污染和资源枯竭，从而加剧可持续性问题。

相比新古典主义经济学家，生态经济学家认为当前的全球化模式和经济增长模式是不可持续的，人口增长和消费增长带来的生态压力进一步加剧了这个问题，很可能会导致灾难。虽然他们对基于市场或激励等方式解决环境问题的办法没有敌意，但是生态经济学家看到，在保护我们逐渐减少的自然资本存量的行动中，需要政府发挥更大、更积极的作用。

在第9章中，我们将回到新古典主义经济学家和生态经济学家之间出现的辩论，在那里，我们将讨论如何度量可持续性，以及实证记录能够带给我们的启示。本章其余部分主要用来给出思考可持续性的基本点——随着时间变化的资源分配和资本存量状态。我们从如何对待未来与眼前的收益和成本以及贴现的作用和意义开始。

8.2 未来的收益、成本与贴现

在本节中，我们思考如何对当前行为给未来几代人带来的收益进行估值。请考虑下列情况：

测验

按照实际购买力，你愿意在今年还是在明年收到100美元？你对两个选择是无差异的吗？“实际购买力”的意思是，如果你选择在明年获得这笔钱，那么这段时间里出现的通货膨胀将得到补偿。假设你今年不“需要”比明年更多的钱。

解答

此项测验需要一点商业触觉。提前拿到这笔钱会更好，因为可以把它存入银行赚取利息。因此，相比于今年，明年你将会获得更多的“实际购买力”。例如，假设储蓄账户的利率是3%且没有通货膨胀。如果今年你把100美元存入银行，明年你将有103美元可用于消费。

现在，停下来想想，多出来的3美元来自哪里？很明显，它来自银行。[当被问及为什么要去抢银行时，著名的银行大盗威利·萨顿（Willie Sutton）说道：“因为那里有钱。”] 但是，银行从哪里获得这额外的3美元？银行会将你的钱借给一位商人（或者借给政府），他们会将资金投资到实际的生产性资产中：机器、建筑物、道路和学校。一年后，幸亏你做出了储蓄的努力，同时加上其他人的智慧和劳动，将经济作为一个整体来看，它产生出价值额外3美元的东西。在国家的层面上，这种年复一年的生产能力的增加，可以带来国内生产总值按照平均每年2%～3%的速度增长。这种增长是利润、利息和工资增长的源泉。

这个测验说明了一个重要观点：投资是生产性的。因此，至少从个人的角度看，在今天，100美元的价值超过了明年的100美元，也会超过50年后的100美元。从社会的角度看，今天的资源价值也会高于未来相同数量资源的价值，因为今天的资源能够用于投资，并在未来产生更多资源。

这种观察与环境问题有何关系？考虑一个简单例子：今天做出清理有害废物的决定，会耗费纳税人130万美元。如果我们不去清理，那么到2050年时，住在附近的某个居民（可叫她Joanne）可能会患上非致命的癌症，从而使Joanne承担很多成本——包括医药费、误工费、疼痛和遭受的苦难——相当于150万美元。假设这是有毒废物造成的唯一损失。进一步假设，如果给Joanne支付150万美元，便能对Joanne做出完全的补偿。换句话说，她在不得癌症和得癌症并获得150万美元之间无差异（这里存在的一个重要问题是，货币是否真的能够补偿良好的健康状况，这个问题类似于人们在强可持续性与弱可持续性之间存在的争论，也类似于找到适当的替代品多么容易）。基于这些假设，现在出现的问题是：我们是否应该在今年花费130万美元以防止在40年后出现150万美元的损失？

效率标准的倡导者会争辩说，不。要了解为什么，请考虑以下回应：把今天要使用的资金收集起来，在40年后就能超额补偿污染受害者，即可以超过Joanne需要的医疗保健和补偿性赔偿金额。然而，我们不需要把这130万美元存起来。我们今天可将很少的钱放入银行。通过不断地赚取利息，这笔钱将会随着时间的推移而增长，并最终达到150万美元。事实上，按照3%的年利率，2053年的150万美元只相当于今天（2013年）在银行中的45.9万美元（经过通胀调整后）。把今天的资金存入银行来补偿未来几代人在污染中遭受的损害，或者用来补偿自然资本的损耗，这种做法被称为发布**环境债券**（environmental bond）。

阿拉斯加永久基金就从当前的石油收入中拿出一笔钱留给当前和未来的阿拉斯加居民，这就是真实世界中的环境债券。第二个例子是按瓶金（bottle deposit）。目前，美国有 10 个州为每个汽水瓶或果汁瓶支付 5～10 美分的可退还押金。如果你选择将此类容器抛出车窗，那么这笔押金将存起来用于清理此类废物（这笔押金还鼓励第三方清理相关废物）。在规模较大的层面，人们有时必须为矿业公司和发电机产生的危险废物积累足够的资金，以确保在此类物品被遗弃后监管机构能够进行回收。

发布环境债券的潜在用途在于，它能够为今天减少消费并保护环境提供一个理由，从而避免我们人为地造成环境破坏并与后代人发生冲突。当我们对未来的利益赋予的权重没有当代人的利益那么重大时，就说未来人的利益被**贴现**（discounted）。贴现背后的基本理念是，因为投资是生产性的，所以，无论是从个人的角度来看，还是将社会作为一个整体来看，相比于在未来某个时点才能使用的资源而言，今天已经在手上的资源都更加珍贵。

前面提到的 459 000 美元这个数字被称为 2053 年收到或支付的 150 万美元的**贴现值**（present discounted value，PDV）。正式地说，在第 T 年收到的 X 美元的贴现值，就等于在今天进行投资，并按照指定利率［或者说**贴现率**（discount rate）］r 能够在 T 年后获得 X 美元的那笔钱。我们使用利率这个术语来表示资金在未来的增值速度，贴现率这个术语则是指为了给未来的资金找到一个可比的当前值，资金减少的速度。但是，这两个术语是完全相同的概念。有一个简单的公式可以被用来计算今天的美元在未来的价值。如果贴现率是 r，T 年后 X 美元的贴现值就是

$$\text{PDV}=\$X/(1+r)^T$$

在刚才描述的例子中，

$$\text{PDV}=\$1\,500\,000/(1.03)^{40}=\$459\,000$$

让我们考虑一个现实世界中的私人投资决策，以此来看看贴现是如何发挥作用的。

8.3 有关贴现的一个例子：灯泡

最近出现的一类科技创新有望大幅降低世界各地的电力使用量。这个技术可能减少人们对化石燃料和核燃料的依赖，因此带来环境质量的大幅改善。这个产品就是常见的灯泡。新的发光二极管（light emitting diode，LED）灯泡可以取代标准的白炽灯泡，在产生类似质量的光源的同时，能将使用的电量降至白炽灯泡的 1/10，将使用寿命提高到白炽灯泡的 40 倍左右。那么，是什么阻碍了发光二极管灯泡的使用？使用发光二极管灯泡的前期投资要高得多。每个发光二极管灯泡的成本都在 30～40 美元，相比之下，传统白炽灯的初始投资只有 1 美元左右。

假设你是一家新开业的酒店的物业经理，需要安装 1 000 个灯泡，现在必须决定在新式灯泡上的投资是否合算。你会如何进行这项决策呢？第一步是整理在整个生命周期中两类可选方案的成本和收益。我们在表 8－1 中完成了相关工作。

表 8-1　　照明投资中的现金流支出　　单位：美元

选择	年份				
	1	2	3	4	总计
发光二极管灯泡	40 500	500	500	500	42 000
传统的白炽灯泡	13 000	13 000	13 000	13 000	52 000
从使用发光二极管灯泡中获得的成本节约	−27 500	12 500	12 500	12 500	10 000

表 8-1 中的数字考虑了一个 4 年内的例子，但是对问题进行了简化。假设用来购买 1 000 个发光二极管灯泡的初始投资是 40 000 美元，用来购买 1 000 个传统的白炽灯泡的初始投资是 1 000 美元。现在，因为发光二极管灯泡的使用寿命是传统白炽灯泡的 40 倍之多，所以假定发光二极管灯泡能够持续使用 4 年，并在第一年出现 40 000 美元的一次性投资。假设传统的白炽灯必须每年更换 10 次。这意味着每年在白炽灯上的投资成本是 10 000 美元。假设发光二极管灯泡每年的电费成本是 500 美元，传统白炽灯泡的电费成本是每年 3 000 美元。正如在本书中所做的那样，我们还假设零通货膨胀（或者换句话说，相关数字都是经过通货膨胀调整的，反映了实际购买力）。面对这些假设，购买发光二极管灯泡看上去是个好主意，因为在 4 年的生命周期中，它能够节省 10 000 美元。

遗憾的是，在上述选项中进行选择可能并不会这么简单。原因在于：发光二极管灯泡要求在第一年完成一个额外初始投资。如果你在第一年没去购买发光二极管灯泡，而是购买了传统的白炽灯泡，那么可将第一年省下的钱存起来放在银行里产生利息。如果利率水平合理，你可能仍然会选择投资于发光二极管灯泡。但是，当利率足够高时，购买传统的白炽灯泡可能是更好的选择。

事情突然变得更加复杂。幸运的是，有一种简单方法可以解决这个问题：计算投资于发光二极管灯泡带来的净成本节约的贴现值。这个贴现值会告诉你，按照今天的美元计算，投资于发光二极管灯泡而不是传统白炽灯泡能够节省多少钱。为了计算这项投资的贴现值，可以简单地将每年节省的现值计算出来然后相加：

$$\text{PDV} = -27\,500/(1+r)^0 + 12\,500/(1+r)^1 + 12\,500/(1+r)^2 + 12\,500/(1+r)^3$$

表 8-2 给出了相关计算结果。我们如何对表中数字进行解释？考虑 9 391.43 美元，这个数字对应于第 4 年、贴现率为 0.10 的那个表格。当贴现率为 10%时，这就是在第 4 年节省下的 12 500 美元成本的贴现值。换言之，一个人在今天以 10%的利率将 9 391.43 美元存入银行，在第 4 年将会得到 12 500 美元。如果利率是 0（对应于第一行），要使第 4 年能够有 12 500 美元，现在就必须拥有 12 500 美元。

表 8-2 中的最后一列说明，如果利率为 0，发光二极管灯泡确实能够节省 10 000 美元。然而，随着利率上升至 5%和 10%，这项投资的吸引力看上去越来越小，不过总体看仍然是一个好的投资。然而，当利率上升到 20%的时候，发光二极管灯泡变成了更加昂贵的投资选择。在如此高的利率下，还不如将初始投资中一开始花掉的资金省下来存进银行赚取利息，这样就可以支付后几年的电费成本和投资成本。这里需要学习的主要经验在于，贴现率越高，则（1）在投资过程中获得的收益的重要性就越来越低，

以及（2）初始成本的重要性越来越高。

表 8-2　　　　在不同贴现率下发光二极管灯泡节省出的资金的贴现值

贴现率	年份（美元）				总计（美元）
	1	2	3	4	
0	−27 500	12 500	12 500	12 500	10 000
0.05	−27 500	11 904.76	11 337.87	10 797.97	6 540.60
0.10	−27 500	11 363.64	10 330.58	9 391.43	3 585.65
0.20	−27 500	10 416.67	8 680.56	7 233.80	−1 168.98

当对未来收益和当前成本进行比较时，像酒店经理这类私人部门利润决策者无须自行决定决策过程中使用的贴现率。寻求利润最大化的商业活动应该使用具有类似投资风险水平的市场利率，这就是它们的资本的机会成本。5%、10%或 20%的利率水平都是从金融市场中决定出来的。这就带来一个问题：市场是如何决定利率的？我们会在下一节对这个问题进行讨论。不过，政府的政策制定者并不需要依赖市场利率。相反，他们在分析允许出现多少污染的政策决定时，也需要选择一个贴现率。在清理危险废物收集点或确定合法的二氧化碳排放水平等公共选择中，正确的贴现率是多少？在理解了影响市场利率水平的各类因素后，我们可以考察社会决策的正确选择。

8.4　储蓄、投资与市场利率

私人部门贴现率——或者等价地说市场利率——是由个人、商业和政府加总起来的投资决策与储蓄决策决定的，这与生产者和消费者的选择决定市场价格大致相同。事实上，贴现率确实像价格一样在发挥作用：它决定了未来的收益与成本相对于当前的收益与成本的价值，就像价格决定了各类产品的相对价值那样。

有一种简单方法可以帮助我们理解什么因素确定了利率，或者说什么因素决定了银行为储蓄账户提供的利息支付，它就是对**“可贷资金”市场**（market for “loanable funds”）进行供给和需求分析。图 8-1 对此进行了说明。

可贷资金的供给由银行存款——来自个人和商业在银行储蓄账户中的资金——决定，它构成了银行贷款的基础。为了鼓励人们多储蓄并减少消费，必须为人们的储蓄提供一个更高的价格或者回报，所以可贷资金的供给曲线向上倾斜。储蓄的动机是什么？人们存钱的目的是在未来购买商品和服务，主要是为了退休后生活所需。这里有一点疑惑的事情是，人们似乎并不会将收入中的更多部分储蓄起来——美国的储蓄率通常是 5%或更少。造成这一现象的部分原因在于经济学家所谓的**正的时间偏好率**（positive rate of time preference）：无论明天发生什么，人们总是希望在当下消费更多。正的时间偏好率可能有一个生物学基础。我们以捕猎采集为生的祖先没有安全的储蓄方式，为此，确保遗传基因可以生存的最好策略就是在今天吃一顿饱饭。无论是文化还是生物学基础，正的时间偏好率都明确地遏制储蓄。因此，发达资本主义国家都存在类似于社保这类强制性储蓄制度，以此避免人们为退休后生活储蓄太少的自然倾向。这种正的时间偏好率也可以部分解释为什么要用更高的利率来诱导人们储蓄更多资金。

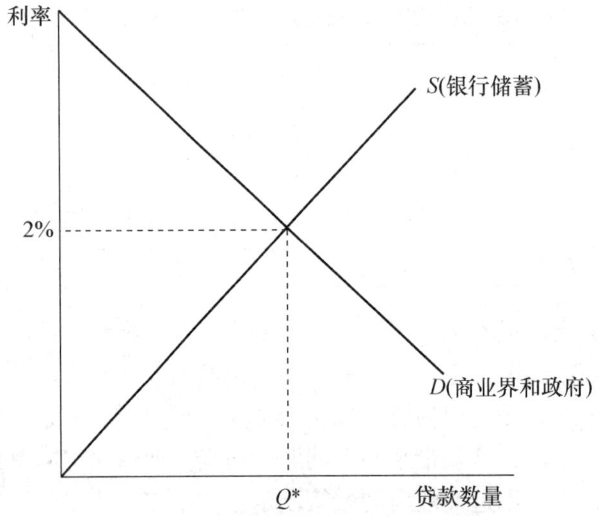

图 8-1　可贷资金市场中的利率决定过程

在市场的另一面，可贷资金的需求曲线反映了经济中——制造资本、自然资本、人力资本或社会资本——生产性投资项目的机会。向下倾斜的需求曲线反映的思想是，在任意给定时点，能够支付高利率的高回报率投资机会都是有限的，但是向贷方支付低利率的投资机会则有很多（正式地说，这反映出资本的边际生产率递减）。在这个市场达到均衡的时候——在这幅图中是 2%——借方在边际美元上的投资收益正好等于储蓄方为投资提供的资金所需要的收益（在投资存在风险的市场中，储蓄的供给曲线会向左上方平移，这会提高储蓄者在向投资者或政府提供资金时所需的利率）。

这里蕴含的要点在于，市场利率，或者等价地说贴现率，由两个关键因素决定。首先是投资的回报率，它是指经济能够通过各种类型资本的生产性投资所实现的真实收益率。生产率越高，则可贷资金的需求曲线就会越往外移，这就提高了利率。其次是时间偏好率——为了让储蓄者进行储蓄而不是在今天将收入消费掉，必须为储蓄者提供回报。时间偏好率越高，则储蓄的供给曲线会向内移动，从而提高利率。

8.5　社会贴现率与动态效率

对储蓄和投资决策如何交互作用进而产生市场贴现率的理解，还成为我们理解社会决策中使用的贴现率的关键。现在，我们可以对政府应该花费多少钱清理危险废弃物，将温室气体排放监管设定在多少，或者以多快速度消耗自然资源存量等政府决策中所使用的贴现率进行讨论。

在 1928 年，一位名叫弗兰克·拉姆齐（Frank Ramsey）的年轻数学家写了一篇论文，试图回答的问题是，为了在今后最大化一国收益的现值，该国应该储蓄多少、投资多少。约翰·梅纳德·凯恩斯（凯恩斯主义宏观经济学就是以他的名字命名的）是弗兰克·拉姆齐的同龄人，他说拉姆齐的那篇文章是“无论从问题本身的重要性来看，还是从这个主题的困难程度来看，都是迄今为止对数理经济学做出的最重要贡献之一”(Keynes，1933)。尽管那篇文章并不是针对环境问题的，但是拉姆齐的分析仍然与如何确定贴现率这个问题直接相关，在针对气候变化、存量资源污染和自然资源使用等问题进行分析时，我们都要用到这个贴现率。虽然拉姆齐在 26 岁那年就去世了，但是可以说他是对分析政策的长期影响做出核心贡献的人之一，而且对经济学产生了持久影响。

拉姆齐推导出了可用于最大化社会整体净收益的现值的贴现率。虽然拉姆齐在分析中使用的数学要比我们在这里呈现的复杂一些（他使用的是“变分法”，即 calculus of variations，可以将其看作是对泛函的微积分），但是其中蕴含的逻辑则与我们在上一节中学到的利率决定的供需分析有异曲同工之处。拉姆齐方程将贴现率（r）分解为两个不同的部分。

$$r=\delta+\eta g$$

第一部分是时间偏好率，我们将其记为 δ（念 delta）。如果 $\delta=2\%$，那么基于今天消费要比未来多这个单纯“短视”欲望出发，人们会按照这个比例对未来的消费进行贴现。当时间偏好率为 2%时，在今天用少于 100 美元的钱，便可换取 5 年后的 100 美元。具体而言，就是 $100/(1+0.02)^5=90.57$ 美元。

贴现率的第二部分包括两项，η（念 eta）和 g。符号 g 是指经济增长速度。如果 $g>0$，说明经济在增长，总体上人们在将来会变得更加富裕，能够比今天的人消费更多。符号 g 也具有前一节讨论的思想。生产性投资产生的回报 g 越高，则放弃投资导致的机会成本就会越高，今天的美元价值越高，因此，贴现率也就越高。

符号 η 指消费的边际效用弹性。经济学家经常假设消费的“边际收益递减”，也就是说，对富人或富裕国家而言，一美元的价值要低于它对穷人或贫穷国家带来的价值。所以，如果人们在将来变得更加富裕，在那时消费也更多，那么额外消费对他们带来的边际收益会倾向于变得比较低。①

为了解决环境和资源问题，我们必须对拉姆齐模型做一定的修改。与使用 g 表示经济增长速度不同，我们必须将 g 看作生产性投资带来的人类福利的实际增长速度。在下一章中，我们会对这一问题给予更多关注，在那里，我们会知道国内生产总值增长实际上并不是度量总体福利水平的实际增长速度的一个好指标。

为了对拉姆齐公式中的贴现率所蕴含的意义有一些感受，我们可以对时间偏好率、经济增长速度以及消费的边际效用弹性赋予一些具体数值。个人的时间偏好率往往可以取正数（从享受的角度看，越早越好），但是总体上看这个数值相当低，比如我们将其设定为 1%。美国经济的长期增长率为 1%～3%，因此我们可以将其设定为 2%。针对

---

① 增速更快的经济体往往使用更高的贴现率——不仅是因为投资的产出效益更大，而且是因为更加富裕的人对未来的额外收入不是那么看重。人们用符号 η 捕捉这个效用。如果 $\eta>1$（边际收益是下降的），那么随着 g 变得越来越大，贴现率的上升可能要比 g 还大。通过下面的方式来思考一下。假设你现在是一名学生，对你来说未来拥有很多机会（否则你为什么读这本书呢?）。学生往往没有很多钱。但是像你这样的好学生会在未来得到高收入的工作，然后会变得很有钱（希望如此）。当你目前还相对比较贫穷的时候，是什么让你做出放弃当前消费并在未来富裕时进行更多消费的决策？大部分人可能会说，在这些条件下，他们需要一个很高的回报率，才会愿意放弃当前的消费。

消费的边际效用弹性得到的估计值一般在 2 左右。在这个例子中，社会贴现率应该是

$$r=\delta+\eta g=1\%+2\times2\%=5\%$$

然而，其他人则认为**社会贴现率**（social discount rate）应该低得多。首先，一些经济学家认为从整个社会看，时间偏好率应该等于 0。著名经济学家 A. C. 庇古（在 1920 年提出这个观点，著名的“庇古税”就是以他的名字命名的）认为正的时间偏好率是一种“错误的短视行为”产生的结果；弗兰克·拉姆齐则于 1928 年认为，正的时间偏好率意味着后代人没有当代人重要这一主张，“在伦理上是站不住脚的”。对经济增长而言，一些生态经济学家认为，长期经济增长值得怀疑，在很大程度上是因为经济增长过程伴随着环境质量的下降和自然资源数量的受限。此外，尚不清楚按照传统方式度量的经济增长是否真的改善了当今人类的福利水平，我们会在第 9 章和第 11 章探讨这个问题。如果长期经济增长停止，也就是 $g=0$，那么拉姆齐方程中的第二项也是 0。因此，如果时间偏好率不是正的，而且没有人均福利水平的长期增长，那么社会贴现率应该是 0!

现在，假设新古典主义者是正确的，也就是说 g 是正的。我们很容易迷失在计算贴现率的数学公式中，不过，我们可以停一分钟来了解一个非常重要的事实：如果拉姆齐方程中的 g 大于零，那么根据定义，我们的经济是（弱）可持续的！这是因为 g 被定义为人类福祉的增长率，如果它能一直保持为正，这将意味着平均来看人类福利将一直上升。再次看到，这反映出新古典主义对制造资本可以替代自然资本的乐观态度。在下一章中，我们将通过考察一些数据来评估这种假设。

也就是说，新古典主义者承认在个别情况下，商业可能“过度开发”自然资本，进而为未来几代人带来效率极低的损害。也就是说，将存量污染物注入空气或水中，或者消耗自然资源等行为，都会对当代人和未来几代人造成损害，这些损害要大于开采这些资源对当代人和未来几代人产生的收益。如何避免这种情况？如果经济确实是弱可持续的，那么在新古典主义语境下，使不同代人的净收益最大化的“最好”政策便是通过对成本—收益视角做适当调整，来做出耗尽自然资本的决策。因此，我们是否应该保护自然资本，是否应该清理危险废物储放地，或者是否应该对气候变化采取行动等，都取决于这样做的好处是否超过了成本（效率标准）。

当成本和收益发生在不同时间时，我们用贴现的方式将所有因素放入一个现值的统一框架，并实现所谓的**动态效率**（dynamic efficiency）。根据动态效率的方法，如果某种行为的收益现值大于成本现值，这个行为就是合理的。当然，只有将所有人（当代人和未来几代人）面对的所有成本和收益（市场性的和非市场性的）都包含进来，这个结论才是对的。从理论上讲，这种方法适合于人们在保护自然资本还是投资于制造资本、社会资本或人力资本之间进行权衡取舍。

在之前那个需要花费 130 万美元并在后续 40 年里获得 150 万美元收益的危险废物处理点案例中，如果使用 3%的贴现率，那么成本的现值（130 万美元）将会超过收益的现值（45.9 万美元）。因此，对危险废物处理点进行清理的行为没有任何意义。这 130 万美元能更好地被用在其他能够带来更高回报率或者产生当期收益的投资中。事实上，比如说在适当高的贴现率下，因为当代人在人力资本或制造资本中拥有很多生产性投资机会，动态效率规则可能会让我们选择几乎不对危险废物清理做任何投资，或者不

对气候变化采取行动，或者不去保护自然资本。许多快速增长的发展中国家往往会给出这些观点，在这些国家中，提高生活水平的重要性往往胜过污染问题。

本节强调了长期经济增长率以及假设的时间偏好率等因素在决定恰当的社会贴现率时发挥的重要作用——当所考虑行为带来的成本和收益随时间发生变化时，社会贴现率是用来进行成本—收益分析的一个关键参数。遗憾的是，由于经济学家在时间偏好率或长期经济增长速度等问题上没有形成共识，所以人们对在分析中使用哪类社会贴现率也没有统一的看法。该使用哪类正确的贴现率——特别是考虑到 g 是否实际上大于零——就成为“生态经济学家”和“新古典主义”经济学家之间产生的主要分歧。在许多方面，对社会贴现率的选择又会回到人造资本和自然资本之间是否存在替代性，以及经济增长能否改善人类福利前景这类问题上。在第 9 章和第 11 章，我们会回到精确度量长期经济增长以及经济增长和幸福感之间关系等问题。就现在而言，我们已经认识到，这种共识的缺乏会产生关键后果，因为它会对有关环境政策的建议产生重大影响，我们会在下一节进一步讨论。

8.6 对气候变化进行贴现

对贴现率的选择会对政策的成本—收益分析产生重大影响。对气候变化这类问题尤其如此，因为现今的减排政策带来的绝大部分收益都在 50 年甚至 100 年后才能看到。如表 8-3 所示，高贴现率会大大降低未来收益的现值。即使使用只有 5%的贴现率，在 100 年后能得到巨大好处在现在看来也是微不足道的。在 100 年后的 100 万美元，在现今的价值仅为 6 738 美元！

表 8-3　100 年后 100 万美元的现值

贴现率（%）	现值（美元）
0	1 000 000
1	367 879
2	135 335
3	52 033
5	6 738
10	45.40
20	0.01

事实上，我们在第 1 章的讨论中指出，经济学家斯特恩和诺德豪斯给出了存在巨大差异的政策建议，在很大程度上这个结果是由对贴现率的选择不同造成的。记得斯特恩在成本—收益分析中建议，到 2050 年发达国家应该将全球变暖污染物排放量削减 80%，而诺德豪斯则要求允许全球碳排放量增长 40%——这个排放量是巨大的，但是仍然低于什么都不做时碳排放量的惯常发展轨迹。斯特恩在分析中假定贴现率很“低”，只有 1.4%，诺德豪斯选择的贴现率要高很多，达到 5.5%。斯特恩用拉姆齐方程来确定他使用的贴现率。他假定时间偏好率接近零（0.1%），经济增长速度是 1.3%，边际效用弹性是 1。这些假设暗示贴现率应该是

$$r=\delta+\eta g=0.1\%+1\times1.3\%=1.4\%$$

诺德豪斯认为，在分析中应该使用的正确贴现率是市场对制造资本给出的回报率，这个贴现率要高很多，为5%～6%。类似于在上一节中提到的例子，诺德豪斯能够通过在拉姆齐方程中设定一些更高的参数来得到5%～6%的贴现率，其中，假设时间偏好率为1.5%，长期经济增长率为2%，边际效用弹性为2%。

不同的贴现率意味着未来发生的相同损害——比如说，在2100年发生的1 000亿美元损害——在不同经济学家的分析中会以非常不同的方式出现。在1.4%的贴现率下(斯特恩使用的贴现率)，这1 000亿美元的价值已经大大降低，其现值只有293亿美元，但是在5.5%的贴现率下（诺德豪斯使用的贴现率），这个损害的现值降到只有9.5亿美元——差别实在是太大了。有鉴于此，斯特恩给出比诺德豪斯更为激进的建议就毫不令人意外了。

那么，这场辩论谁是正确的？从我们的角度来看，这取决于资本的社会机会成本，这反过来又取决于拉姆齐方程中的几个元素：应该将经济福祉的长期增长率（g）假设为多少（以及随着收入的增长，消费的边际收益的下降速度）？此外，“社会”应该或确实有一个正的时间偏好率吗？总体来看，如果投资于教育、卫生保健、经济以及更为一般性的社会领域，而不是重组全球能源系统以稳定气候变化，我们可以得到的真实回报率是多少？是5%、1%抑或是0？再次发现，我们需要在下一章看到更多的实证证据。

8.7 生态经济学、强可持续性与预防原则

我们从考察当前行为对环境和未来几代人造成的长期后果入手开始本章的讨论。正如有两种方式来思考何种程度的污染可称为过量这个问题，也就是效率标准和安全标准，现在也有两种方式来思考长期后果：弱可持续性和强可持续性。

我们已经看到，新古典主义经济学家通常假设弱可持续性，建议通过对未来的成本和收益进行贴现来完成成本—收益分析，从而避免在资源枯竭或存在存量污染物等个别情况下对未来几代人产生不利影响。相比之下，生态经济学家相信，在很多重要情况下，自然资本是无法被制造资本替代的，必须追求强可持续性。因此，生态经济学家拒绝成本—收益分析中的关键潜在假设——存在相互替代的可能性——相反，他们认为自然资本存量必须得到保留。但很明显的是，并非所有自然资本都能得到保护——一些森林将被转换为农业用途，一些石油将被燃烧，一些铜矿也将会被开采。社会应如何确定优先顺序？

一位著名的棒球运动员兼播音员尤吉·贝拉（Yogi Berra）曾经说过，“很难做出预测，尤其是关于未来的预测。”在本章开头，我们从易洛魁的指令开始思考当前行为对以后七代人产生的影响。我们注意到环境、社会和技术都以惊人的速度发生着变化，很难预测今后100年或200年里世界会变成什么样子。思考当前行为对未来产生的影响，以及思考可持续性，都要求我们面对不确定性。

从生态角度考虑的基本问题是：如果有可能，在何种程度上我们可以进一步消耗现

有的自然资本存量？可持续性的概念最初被用在特定的资源语境中。例如，当采伐速度不超过新林木的生长速度时，就可以实现木材的“可持续收益”。通过给出下列建议，生态经济学家早已将这个思想推广到整个经济层面：

> **预防原则**（Precautionary Principle）：绝不让自然资本存量低于能够产生可持续生态服务的水平，除非这类自然资本产生的服务出现了好的替代品。如果对是否出现好的替代品存在疑虑，那么还是要对自然资本进行保护。

预防原则经常被用在是否引入新化学品的争论中。但是，受到未知化学品潜在影响的“存量自然资本”是什么？是人体的吸收能力！第二个例子是：当欧洲国家依靠预防原则限制转基因作物的引入时，它们这样做是为了保护体现在传统农业中的自然资本服务，例如，避免可能出现的“超级杂草”。

有关预防原则需要注意的第一件事情是，这个原则就像是一条命令——它指出，必须不计成本地“保护不存在好的替代品的自然资本”。换句话说，在后代将受益于资源保护的这个假设下，预防原则要求当代人站在后代人的立场上做出可能的巨大牺牲。例如，在转基因作物的例子中，通过限制这一领域的发展——从而保护人类健康不受潜在退化的影响，如由新过敏引起的潜在退化——我们可能面临更高的食品价格。在某些方面，这个原则类似于安全标准，保护自然资本的成本可能很容易就变得很高，以至这类预防原则逐渐难以得到政治支持。

鉴于这个警告，为了应用预防原则，我们首先需要解决所谓的资源“产出”问题。从我们的功利主义角度来看，自然资本的重要性不在于这类资本本身：也就是说，不在于石油、原始森林或清新空气本身。相反，其重要性在于从自然资本中获得的服务流：廉价运输、生物多样性资源、在荒野中获得的经历，以及环境卫生。

为了确定是否存在替代品，就需要关注**唯一性**（uniqueness）、**不确定性**（uncertainty）和**不可逆性**（irreversibility）。首先，所考虑的自然资本目前提供的服务有替代品吗？例如，由于热带森林遭到破坏和砍伐，世界上每天都有一百多个物种的植物或动物灭绝。这些自然资本提供的主要使用价值是其药用和遗传特性；目前，可从药店购买的药物中，每四种里面就有一种含有来自雨林的衍生化合物。假设在森林里生活的数百万类物种中，只有一类含有能够有效治疗多种癌症的复合化学物质。在这种情况下，显然这类物种及其栖息的雨林都具有独特的自然资本。

与唯一性密切相关的一个问题是替代品表现出的技术潜力。例如，每一类物种都代表经过数百万年演化后形成的独特 DNA 图谱。尽管我们可能想象，某类先进技术可以提供雨林产品的替代品，但是在可能的时间范围内，这种方案可行吗？在自然资本存在独特性的情况下——目前被破坏的自然资本所产生的服务还不存在好的替代品，或者说至少在短时间内不存在——根据预防原则，这时应该对存量自然资本进行保护。

当然，有可能在某个时点上，以当前速度发展的物种灭绝进程不再让人类损失独特的药用或遗传价值。在可持续生产的基础上，剩下的（数以百万计的）物种可能会为药品开发和生物技术发展提供足够的资源基础。但是，也许事情不会如此。这个例子凸显出我们在使用可持续性标准时出现的另外一个问题：从自然资本中产生的收益存在不确定性。雨林的基因资源可能会让健康服务业和农业等领域的生产力得到很大提高，或者它们可能被证明是相对徒劳的。在雨林的例子中，除了制药材料出现损失外，生态系统出现如此巨大的破坏后，我们还不知道最终会带来什么样的后果。同样地，正如我们在绪论中所看到的，大气可能会吸收目前人类排放的温室气体，从而使全球温度变化变得可控，但是最终出现重大灾难的可能性还是存在的。

虽然一些自然资本的潜在产出具有很大的不确定性，但是使热带雨林或大气等自然资本退化的决策通常是不可逆的。一旦这些资源出现枯竭，只有花费很大代价才能使其恢复，也许这个成本大到无法承担。不确定性与不可逆性结合起来，就产生了所谓的自然资本的可选价值（我们在第 6 章做过进一步讨论）。也就是说，仅仅从保持可选价值的角度看，对存量自然资本的保护也是具有价值的。不确定性越大，不可逆性越严重，则自然资本的开发就应该越谨慎。我们现在看看预防原则是如何在现实世界中发挥作用的。

8.8 实践中的强可持续性：濒危物种、环境影响评价与 REACH

在美国的司法体系中，目前只有一类主要的法律强制要求执行强可持续性：它是《濒危物种法案》。我们将在第 13 章和第 14 章考察这个法案的运作情况，但就现在而言，要认识到这个法案要求不计成本地保护被列为濒危物种的生物。其理由符合我们在上面进行的分析：物种灭绝是不可逆的，在许多情况下，物种具有独特的文化和科学价值。

除了濒危物种，《国家环境政策法案》(National Environmental Policy Act，NEPA) 也对美国的很多开发决策提出了“轻型”版的预防原则。在 1970 年的那一版法案中，有一节要求政府机构为“立法或其他会对人类环境质量产生显著影响的联邦活动”提供**环境影响评价**（environmental impact statement，EIS)。这份评价必须包含

1. 拟议行为带来的不可避免的对环境产生的任何不利影响；
2. 拟议行为的替代性行为；
3. 对人类环境的局部、短期使用和对其维护与强化长期产出能力之间的关系；
4. 拟议行为可能对资源造成的任何不可逆和不可弥补的影响。①

这部法律还要求在起草环境影响评价时征求公众意见并反映这些意见。为了协助决策制定，随后超过一半的州都通过了各自版本的环境影响评价。

环境影响评价背后的基本哲学是，政府应查明其行动的潜在不良环境影响，并推荐更好的替代方案。进一步，通过开放公众意见征询过程，很多从更广视角思考得出的环境影响有可能被纳入决策过程。作为一种规划工具，环境影响评价已经获得相当的成功。当它很好地发挥作用时，能够鼓励政府官员回应公众——环保主义者、开发人员、工人和市民——提出的环境关切，从而在发展问题上推敲出一个具有生态审慎特征的折中办法。

① 参见 Glasson et al.（2005)。

然而，即使就其本身而言，这个过程也还是有缺点的。确认负面影响这个相当模糊的要求被提出后，可能导致出现一种情况，即“对决策者而言，《国家环境政策法案》过程的有用性往往被大量文档中所包含的无关或高度技术性数据所削弱。没人愿意去读这种文件：市民不想去读，公共利益团体成员不想去读，法官不想去读，当然决策者也不想去读”①。更重要的是，并无一个过程来对“更好的替代方案”进行判断，也没有一个有效程序来确保项目实施后确实能够缓解对环境造成的影响。最后，环境影响评价过程还对政府和私营部门造成成本。从行业角度来看，环境影响评价为环保主义者提供了一个拖延项目许可过程的机会，也就是他们可以参与所谓的**分析麻痹**（paralysis by analysis）。

奥巴马当局在 2013 年春天就遇到了一个基于预防原则的重大决策。奥巴马要求国务卿约翰·克里（John Kerry）阻止一条拟议管道的建设，这个管道会将加拿大北部开采出的“油砂”运至休斯敦的炼油厂。由于进行环境影响评价的过程存在法律争议，而且在华盛顿还出现了大规模的抗议活动，克里必须决定这些管道的建设是否违背了美国的国家利益。问题在于：使加拿大的油砂得到大规模开采的管道，是否会成为加速全球变暖的二氧化碳污染的一个新的主要来源。

环境影响评价是一个旨在鼓励预防原则的政府直接监管。在过去，新古典主义的假设经常出现摇摆。一般来说，随着时间的推移，对自然资本的开发会提高人类福利，自然资源保护者则需要证明相反的逻辑，从而减缓资源开采速度。环境影响评价将一些举证责任转移给了开发者。

最近实施预防性监管的行为发生在欧盟的化学品监管体系 REACH（化学品的注册、评估、授权和限制体系，registration，evaluation，authorization and restriction of chemicals，REACH）中。与美国的化学品监管政策不同，欧洲的体系要求化学品制造商在引入新化学品之前开展健康和环境安全测试。这个方法可以与美国对新药提出的监测体系相媲美。REACH 还允许欧盟政府对那些可能对环境和健康造成不可接受风险的化学品做出限制，限制的方式或是施加风险管理措施和部分禁止，或是全面禁止。再次看到，在预防原则的逻辑下，监管将化学品安全性的举证责任转移给了制造商。最后，REACH 中的成本负担是合理的，它允许通过欧盟立法过程来实现这种预防原则（Ackerman，2005）。

对预防原则的应用意味着当受威胁资源具有唯一性、风险很高或者会产生不可逆影响时，扩大市场的决定作用。可以是类似于环境影响评价这类相当温和的政府监管，也可以是类似于 REACH 这类比较激进的监管政策，从保守主义者的角度来看，后者看起来有点像可怕的“生态社会主义”。生态经济学无疑呼吁更强的政府干预，我们通常看到这些措施都能促进可持续性。

8.9 总结

像易洛魁印第安人那样，我们可以认识到，我们有着大幅改变后代人福利的能力，

① 这段话引自 Bear（1987，74）。可见 Glasson et al.（2005）。

这种能力既可能提高后代人的福利，也可能降低后代人的福利。在物质领域，我们显然有责任为今后几代人赋予生产性资本——自然资本、人力资本、制造资本和社会资本——从而足以产生一个能够和我们当今生活可比的生活质量。然而，实现这一可持续发展目标的方式仍然成为激烈辩论的主题。

所有经济学家都对可持续性持有一个共同定义：所有后代人的典型代表面对的福利水平都不下降。本章考察了思考这一目标的两种方法。新古典主义经济学家从两个基本假设开始：(1) 一般来说，人类创建的资本可以替代生产过程中需要使用的自然资本。(2) 随着自然资本变得稀缺，技术进步将可以让人类发现相关替代品。这两个假设暗示，我们并没有将“资源消耗光”。在一般情况下，新古典主义经济学家认为，运作良好且得到妥善监管的市场经济能够或多或少确保“弱可持续性”。

新古典主义者确实承认，在特别情况下，如果对资源和环境汇做出了“过度开发”的决策，那么未来几代人的境况会变得更差。因此，他们主张针对消耗存量自然资本的行为进行成本—收益分析，从而创造其他类型的资本：制造资本、人力资本或社会资本。这种分析如果能将未来所有的成本和收益都包含进来，并且用拉姆齐方程所描述的贴现率进行贴现，那么确实能够确保未来的净收益可以得到最大化，也就是说，确保动态效率。

如果制造资本确实可以代替自然资本，而且现在和未来几代人的总体经济利益还是增长的，那么使用成本—收益分析和贴现等工具就可以最大化这个总体经济利益。然而，即使在新古典框架下，对社会决策进行贴现仍然存在争议。经济学家对社会作为一个整体应该采取的适当贴现率存在不同意见。这是至关重要的，特别是对那些可以在几十年里产生收益的项目。在这些情况下，人们在对建议进行评估时所选的贴现率出现的微小变化，可能会大大改变成本—收益测试的结果。

相比于新古典主义的看法，生态经济学家认为，在许多情况下，很难在制造资本、人力资本或社会资本中找到自然资本的适当替代品。对具有唯一性的资源和资源汇，当造成此类存量自然资本出现退化的决策不可逆转时，生态经济学家认为应该使用预防原则。类似于安全标准，预防原则要求，只要在政治上是可行的，就应该尽可能对资源和资源汇进行保护，而不是试图找出某种资源和资源汇退化的有效水平。例如，生态经济学家认为，全球气候稳定没有很好的替代品。如果大气层安全存储二氧化碳的能力出现进一步退化，可能会导致人类出现大规模且影响面不断扩大的灾难。与此同时，在今后数十年间，淘汰化石燃料的成本是可以得到管理的——面对的障碍不是来自技术或经济，而是来自政治。因此，如果我们要避免灾难性气候变化，就需要各国政府采取更为积极的行动来解决这一问题。

从化学品污染到可负担的能源和水供应，再到生物多样性和农业产出潜力，生态经济学家对当前人口和消费增长轨迹下的可持续性前景并不乐观。唯一的解决办法将是政府政策向预防性转变，以及大规模采取具有可持续性的商业活动（我们在第 3 章中对此进行过讨论）。

如我们所见，新古典主义的成本—收益法（斯特恩使用的）可以为解决气候变化所采取的行动给出激进的政策结论，这个结论和持有预防原则的生态主义者给出的政策结论是一样的。但是新古典主义经济学家也可以得出一种“比较慢”的减排政策（诺德豪斯的），再次看到，这两种结论的差异主要源于对贴现率的选择不同。

凝视未来200年，新古典主义者对可持续性的前景相当乐观。事实上，通过断言在未来几十年里拉姆齐模型中的 g 会继续以每年1%、2%或3%的速度发展，新古典主义经济学家传统上认为弱可持续性是能够得到保证的。为什么？他们说，给定政府能够给出合适的环境汇和资源的监管，市场体系建设将会为人类克服任何广泛存在的自然资本短缺提供必需的技术创新。然而，在过去10年里，许多国家的政府并未能从根本上减少全球变暖污染——甚至才达到诺德豪斯的成本—收益分析所建议的较慢减排速度——这使得乐观情绪大为不足。

与此同时，生态经济学家对全球经济的可持续发展充满悲观。他们认为，如果在政府政策（朝向预防原则发展）和商业实践（朝向可持续性发展）中不出现大规模改变，从今往后数的第七代将面临相当具有挑战性的发展前景。在下一章中，我们将针对如何度量单项资源和环境汇以及整体经济具有的可持续性进行更仔细的考察。我们还将考察在实施预防原则的过程中所面临的挑战。这种探索将进一步阐明生态主义者和新古典主义者之间发生的辩论。

应用 8.0

思考可持续性

从经济学的角度来看，可持续性是指为子孙后代维持高质量生活。要看到解决这一问题有多么困难，请尝试回答下列问题：从生活质量的角度来看，指出你愿意出生在1930年、1960年还是1990年？假设你出生在相同的国家和地区，但是你不知道自己父母的收入，或者无法提前知道自己的性别或种族。如果你选择出生在1990年，这可能表明到目前为止我们还都处于可持续发展的轨道上。它意味着我们现在正处于可持续发展的轨道上吗？如果你选择更早出生，你的父母或祖父母会做出何种不具有可持续性的决策？

应用 8.1

动态效率、平等与可持续性

假设Pandora正在对如何处置一些有害废物做出决策。她可以花费175美元的成本将其安全收集起来，也可以将其埋在当地的固体废物填埋场。如果她选择第二种方式，那么在10年时间里，废物渗漏出的东西可能会对Bacchus的葡萄园造成永久性损害，因为Bacchus正好住在固体废物填埋场隔壁。对Bacchus而言，10年后葡萄园对他的价值是450美元（也就是说，到那时他可以以450美元的价格卖出葡萄园）。这是这类危险废物唯一能够造成的损害。假设没有通货膨胀。

1. 10年后，按照10%的贴现率计算，450美元的现值是多少？

2. 如果不存在监管，Pandora可能会将这些有害废物掩埋起来，从而节省175美元的成本。如果利率是10%，这个利率水平足以让Pandora将其有害废物埋在固体废物填埋场吗？要回答这个问题，讨论如果Bacchus有权阻止Pandora倾倒有害废物，他会如何做来最大化其效用（考虑Bacchus并不是一个热情的环保主义者）。在两种可选方案下总的净货币收益的相对大小说明了什么？总的净货币收益与效率有什么关系？

3. 如果存在环境债券，使用它能够解决公平问题吗？

4. 从新古典主义的观点看，掩埋有害废物是具有可持续性的行为吗？为什么？

应用 8.2

Onceler 正在考虑移植树木

Onceler 为开辟空地而砍伐了一批楠木，并考虑在原地再植。如果在原地再植，那么 40 年后，他会拥有另外一批树木进入收获期，他可以从这些资源中赚取 1 000 万美元的资源租金（已经经过通货膨胀调整）。在移植过程中，要每年花费 100 万美元的成本，持续花费 3 年。Onceler 的资本的机会成本是投资于共同基金并获得每年 6%的收益。

1. 填写下表以确定移植树木的决策是否能够产生利润。

年份	成本（百万美元）	收益（百万美元）	贴现后的成本（百万美元）	贴现后的收益（百万美元）
0	1	—		
1	1	—		
2	1	—		
40	—	10		
总计				

2. 如果 Onceler 确实移植了树木，那么黑天鹅等许多珍稀动物都会因栖息地的改善而出现。从第 40 年开始，它们的数量可以得到足够的恢复，从而永远产生一系列每年价值为 100 万美元的收益（人们喜欢和这些生物在一起休憩）。新古典主义的可持续发展部门在评估这个移植行为时，应该使用多大的贴现率？通过填写下表来评估移植和砍伐、移植和不砍伐或不移植这三个选择的可持续性。

年份	移植成本（百万美元）	移植后的收获收益（百万美元）	移植后的休憩收益（百万美元）	贴现后的成本（百万美元）	贴现后的收获收益（百万美元）	贴现后的休憩收益（百万美元）
0	1					
1	1					
2	1					
40		10	1			
41			1			
42			1			
43			1			
44			1			
45			1			
46			1			
47			1			
48			1			
…						
总计						

3. 假设在此示例中，砍伐和不移植的收益超过成本。对经济上具有可持续性的决策而言，什么是对的？

各节主要观点

8.0 我们以两种方式减少可供未来几代人使用的存量自然资本：首先，通过**存量污染物**的排放，它可以耗尽**环境汇**。其次，通过开发可再生和不可再生的**自然资源**（**流量污染物**不会带来长期影响）。自然资本与**制造资本**、**人力资本**和**社会资本**结合起来，构成生产人类福祉所需的商品和服务的基础。本章表明，可持续的经济依赖制造资本的增长水平，特别是，制造资本可以代替减少的存量自然资本。

8.1 本节将**可持续性**定义为所有后代的典型成员“效用不下降”。实现**弱可持续性**并不需要保护任何特定形式的资本，这反映出**新古典主义经济学家**的核心理念，用实际的语言来说，就是制造资本可以普遍代替用于生产人类所需要的商品和服务的自然资本：我们并没有“耗尽资源（或者环境汇）”。相比之下，**强可持续性**要求保留甚至是强化各种形式的自然资本（以及人力资本、社会资本和制造资本），从而确保后代人的福祉。基于一般来说制造资本并不是自然资本的一个好的替代品的假设，强可持续性得到**生态经济学家**的倡导，并将其作为目标。

8.2 若要比较跨期的成本和收益，经济学家依靠一个被称为**贴现**的过程。贴现反映了**资金的时间价值**（the time value of money）：因为投资是生产性的，因为社会（和个人）在今天拿到资金可以使境况变得更好，因为为了明天他们可将资金投资于扩大经济总量规模。按照 r 的贴现率，在 T 年后获得的 X 美元的**贴现值**就等于你在今天以 r 的利率存入银行，并在 T 年后获得 X 美元的那笔钱。

8.3 我们用灯泡的例子演示了如何在私人成本—收益分析中使用计算出的贴现值。**贴现率**越高——在这个例子中，贴现率就是市场利率——意味着贴现值越低。因此，高的贴现率意味着相比于未来发生的成本和收益，人们对当前发生的成本和收益赋予更高的权重。私人决策者使用市场利率或利润来做决策。但是当需要做出社会决策时，我们往往需要选择另外一个不同的贴现率。

8.4 本节阐述了如何在**可贷资金市场**中确定市场利率。影响可贷资金（在储蓄账户中的存款）供给的一个因素是**正的时间偏好**。时间偏好越高，则储蓄水平越低，因此会提高市场利率。在需求方面，回报率较高的投资将会转移商业和政府投资者所需要的贷款资金，也会提高市场利率。当经济增长速度较高时，会伴随出现较高的投资回报率。因此，时间偏好和较高的经济增长率倾向于提高利率——这里，商家和消费者将利率作为贴现率来评估替代性投资机会。

8.5 **拉姆齐方程**是确定**社会贴现率**的基础——在设定有关污染控制和资源退化的政策时，政府需要使用这个贴现率。我们专注于两个关键因素：再次看到，是时间偏好率（δ）和人类福祉的增长率（g，注意，它与经济增长速度是不一样的）。由于人类并没有对这两个因素的取值达成普遍一致的意见，所以对贴现率的选择往往存在争议。新古典主义经济学家断言，g 是正的，事实上，他们假设经济是（弱）可持续的。在这些情况下，保护自然资本的投资可能出现投资不足，也可能出现投资过度，所以需要用成本—收益分析（和贴现）来确定在保护自然资本与创建其他类型资本的投资之间的恰当平衡点。如果使用得当，成本—收益分析将确保**动态效率**：在做出用光还是保护自然资本的决策时，是这个决策能够最大化当代人和后代人的净收益。

8.6 在寻求确认全球变暖污染物减排的动态效率时，诺德豪斯和斯特恩都使用了成本—收益分析，但是却得到非常不同的结论。再次说明，这是因为他们对拉姆齐方程中的参数值选取了不同价值，从而产生非常不同的贴现率，并进而导致对未来50～100年里的污染物控制收益出现非常不同的评估结果。

8.7 在弱可持续性下，具有贴现的成本—收益分析可以指导人们做出保护或不保护自然资本的决策。相比之下，实现强可持续性则需要运用**预防原则**。类似于安全标准，预防原则需要最大化自然资本保护的政治可行性。在这个标准下，评估哪类资源应该得到保护时，需要将**不确定性**、**不可逆性**和**唯一性**等因素考虑进去。

8.8 应用预防原则的例子包括美国的《濒危物种法案》，《国家环境政策法案》要求的**环境影响评价**过程也是一个例子，不过它比预防原则的要求要宽松一些。环境影响评价要求，如果联邦政府要参与某个项目，就需要确定这个项目的负面环境影响以及其他更好的替代做法，但是，环境影响评价几乎无法确保出现符合预防原则的结果。最近，欧盟出台的化学品监管措施 REACH 便是推行预防性监管的最新案例。

参考文献

Ackerman, Frank. 2005. The unbearable lightness of regulatory costs. *Fordham Urban Law Journal* 33: 1071-1096.

Bear, Dinah. 1987. Does NEPA make a difference? In *Environmental Impact Assessment*, Nicholas A. Robinson (Ed.). Albany, NY: New York Bar Association.

Bromley, Daniel. 2007. Environmental regulations and the problem of sustainability: Moving beyond market failure. *Ecological Economics* 63: 676-683.

Glasson, John, Rika Therivel, and Andrew Chadwick. 2005. *Introduction to Environmental Impact Assessment*. London: Taylor & Francis.

Howarth, Richard. 2007. Towards an operational sustainability criterion. *Ecological Economics* 63: 656-663.

Keynes, John Maynard. 1933. Frank Plumpton Ramsey. In *Essays in Biography*. London: Macmillan and Co.

Pezzey, John. 1992. Sustainability: An interdisciplinary guide. *Environmental Values* 1 (4): 321-362.

Pigou, Arthur. 1920. *The Economics of Welfare*. London: Macmillan and Co.

Ramsey, Frank. 1928. A mathematical theory of savings. *The Economic Journal* 38: 543-559.

The World Commission on Environment and Development. 1987. *Our Common Future*. New York: Oxford University Press.

第 9 章

度量可持续性

9.0 引言

在过去的 200 年中，以一系列各类标准进行衡量，人类福祉都显示出明显的改善迹象。即使人口从 1800 年的不到 10 亿上升到今天的超过 70 亿，这个结论也还是成立的。芝加哥大学的经济学家盖尔·约翰逊（Gale Johnson）对过去两个世纪的发展趋势总结道："人类福祉的改善远远超出了全球产出价值的巨大增加。在减少饥荒、增加热量摄入、降低儿童和婴儿死亡率、提高预期寿命、大幅减少工作时间以及大规模提高识字人口百分比方面，取得的改善是明显的"（Johnson，2000）。今天，普通人变得更加富有，饮食水平更高，而且比祖先活得更长。目前，即使在贫穷国家，预期寿命（普通人的寿命）也远远超过了 1800 年最富有的那些国家的预期寿命。例如，2000 年时印度的预期寿命是 65 岁，但是 1800 年时英国的预期寿命只有 36 岁。这个进步激动人心。在印度，1900 年的预期寿命只有 23 岁。

为什么在有限的自然资源和人口不断增长的背景下，人类生活水平还是有了大幅上升？经济学家指出，人类的聪明才智是关键因素。新的产品、生产过程中使用较少投入品的新生产方式，以及对可代替稀缺自然资源的低成本资源的发现，都使得如今人类面对的资源限制似乎看上去不如过去那么重要。本章讨论的关键问题是，在最近几十年中，这个趋势是否能够继续，以及在未来是否能够持续？

我们已经探讨了乐观论调（新古典经济学）和悲观论调（生态经济学）的理论基础，两者之间存在的关键区别是制造资本、人力资本或者社会资本是否可以用来抵消自然资本的损失。持有新古典主义论调的一方认为，聪明才智仍然可以起到主导作用。生态经济学家虽然承认了过去增长带来的成就，但同时认为，当前我们所在的“这个星球”的经济已经完全不同于低人口数量和低人均消费的那个时代。

逐渐地，生态经济学家认为，我们正在取得的经济增长是以牺牲未来几代人的利益为代价的。我们通过消耗自然资本，耗尽如石油和其他化石燃料等不可再生资源，虽然提高了污染水平，但是推动了当前繁荣。气候变化、物种灭绝、生态系统退化、自然资源枯竭、有毒废物增加，以及严重的空气和水污染等，都表明关键性自然资本的下降会损害后代人的福祉。著名生态经济学家赫尔曼·戴利（Herman Daly）总结了很多生态经济学关于当前经济增长范式的观点，他指出：“人类必须过渡到可持续发展的经济范式——一种兼顾全球生态系统固有的生物物理极限，从而可以在未来继续实现长期发展的模式。如果不推动这种转变，我们不仅可能会受到无效增长的诅咒，还可能导致出现大幅度降低生活标准的生态灾难”（Daly，2005）。

新古典主义经济学家与生态经济学家的意见勾画出对未来前景非常不同的看法。谁是正确的?

有两位著名学者，决定采取非学术的方法来证明谁是正确的，其中一位是经济学家，另一位是生态学家：他们为此打了一个赌。在 1980 年，经济学家朱利安·西蒙（Julian Simon）和生态学家保罗·埃利希（Paul Ehrlich）针对五种金属（铬、铜、镍、锡、钨）的价格打赌，看在 1980—1990 年，这五种金属的价格是上升还是下降（Tierney，1990）。西蒙代表许多新古典主义经济学家的观点，他认为，尽管人口和经济都在增长，但是随着技术的进步，以及随着使自然资源变得不那么重要的新资源的发现，在 20 世纪 80 年代这 10 年中，自然资源的价格会下降。埃利希代表许多生态经济学家的观点，他认为，源于人口增长和人均消费量上升的需求增加会让原本已经供给有限的自然资源更加吃紧，因而自然资源的价格会上升。

这次打赌谁赢了？在本章结束时我们会回答该问题。不过，在此之前我们要考察针对可持续性提出的大量辩论。我们通过考察过去来探知未来，讨论关于可持续性发展提出的辩论的历史根源。然后，我们回到如何评估可持续性这个问题上。判断经济和环境是在可持续还是不可持续的轨道上运行的正确衡量标准是什么？我们也会回顾一些判断当前趋势是否为可持续的证据。然后，我们回到一开始提出的这个赌约。

9.1 马尔萨斯与生态经济学

在 1798 年，牧师托马斯·马尔萨斯写了一本名为《人口原理》（*An Essay on the Principle of Population*）的书，自那以后，经济学的名声就不太好了（Malthus，1798）。马尔萨斯在书中给出了一个简单的命题和一个可怕且看似不可避免的结果。他假设（1）食品供应以算术速率增长（以恒定的速率增长，比如说每年增加 1 000 万吨粮食），（2）健康人口以几何速率增长（每 30～50 年翻一番），那么从长期来看，人类进步的前景是暗淡的。最终，马尔萨斯认为人口增长将超过食品供应，从而导致越来越多的人类苦难、饥荒、疾病或战争。这反过来会为进一步的人口增长提供一个“自然”检查。

这个**马尔萨斯人口陷阱**（Malthusian population trap）如图9-1所示。因为人口以几何速率增长，但是食品供应只是以算术速率增长，所以人均可用食品数量会下降。最终，食品的缺乏会限制生育、增加死亡，甚至会停止或扭转人口增长态势。马尔萨斯属于第一代现代经济学家，他最著名的这部作品导致经济学被人们称为一门“沉闷的科学”（当然，你可能有认为经济学是一门沉闷的科学的其他原因）。

马尔萨斯的理论听起来应该很熟悉。生态经济学家事实上就是追随着马尔萨斯的世系，所以有时他们被称为**新马尔萨斯学派**（Neo-Malthusians）。马尔萨斯的理论强调自然资源带来的制约。粮食生产受可用土地的限制。当然它也认为新的知识或技术改进几乎不能带来粮食生产的提高。

但是，马尔萨斯确实没错吗？自马尔萨斯写出他的那本书以来，人口确实出现了迅速增长。但是并没有出现大规模饥荒，相反，粮食生产的增长更为迅速。到目前为止，我们确实避免了马尔萨斯所称的命运，因为在农业、医疗和生育控制领域出现了让人叹为观止的技术发展。

这些技术进步对马尔萨斯的基本假设提出了挑战。第一，农业产出增长并非只是算术级的。从大约1950年到20世纪80年代，农业中发生的**绿色革命**（Green Revolution）使世界各地的主要农作物产量大大增加。绿色革命带来了新的杂交型小麦、大米和玉米种子，它们能够带来比常规种子大很多的英亩产出。结果是戏剧性的。从1950年到1984年，全世界的谷物产量增长了2.6倍，但是在同一时期世界人口大约只翻了一番。

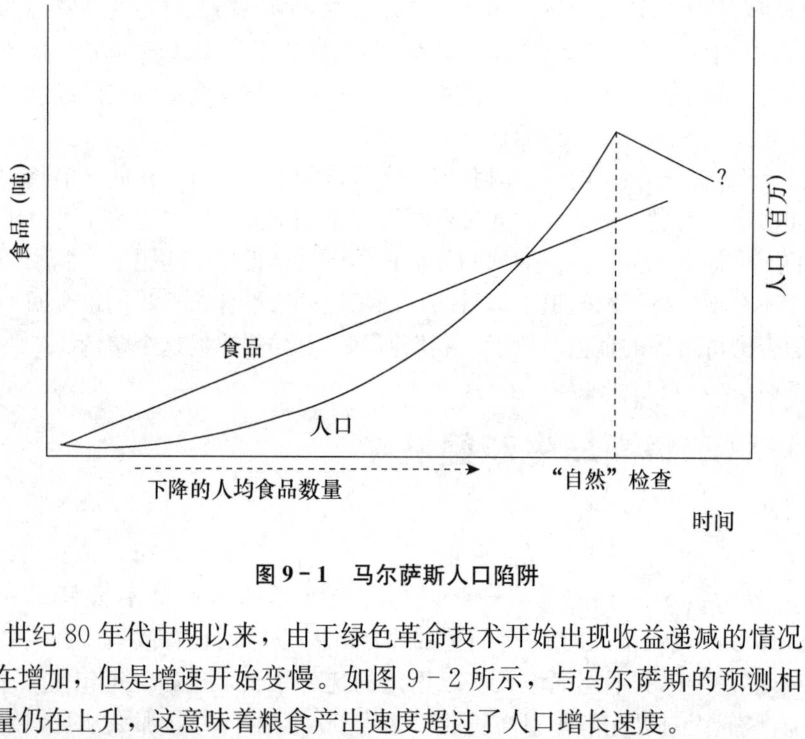

图9-1　马尔萨斯人口陷阱

自20世纪80年代中期以来，由于绿色革命技术开始出现收益递减的情况，农业产出虽然还在增加，但是增速开始变慢。如图9-2所示，与马尔萨斯的预测相比，人均总粮食产量仍在上升，这意味着粮食产出速度超过了人口增长速度。

马尔萨斯的第二个假设——人口总以几何级数倍增——也是不成立的。除了移民，发达国家的人口增长率很低——经常低于零。随着马尔萨斯未预见到的有效避孕节育措施的使用，家庭能在不压抑欲望的同时控制它们的“自然”生殖倾向。随着国家经济的发展，正如我们将在第 20 章看到的，因为各种原因，大多数家庭事实上选择了较小的家庭规模。非常好的消息是，尽管人口增长存在巨大动力——这个星球上每年增加 8 000 万人——到 2050 年，许多人口统计学家认为地球人口将稳定在 90 亿～100 亿。

然而，多出来的 30 亿人口也是个巨大的数字。例如，这 30 亿人口，已经是马尔萨斯提出人口压力超过食品供应论述的那个时代的人口数量的三倍。到 2050 年，将会出现广泛的粮食短缺问题吗？假设人口确实稳定在 90 亿～100 亿，那么地球会有足够的土地来种植我们需要的食物。事实上，在许多低收入、农业产量远低于潜在水平的国家，通过应用现代农业技术，仍然可以带来很大收益。通过弥补这个“产出缺口”，让目前所有用于作物种植的土地都达到在相同气候条件下可以达到的最佳产出水平，有可能将粮食产出再提高 50%（Foley et al.，2011）。此外，生物技术、转基因生物和其他新技术的进展也可能会进一步提高产量。

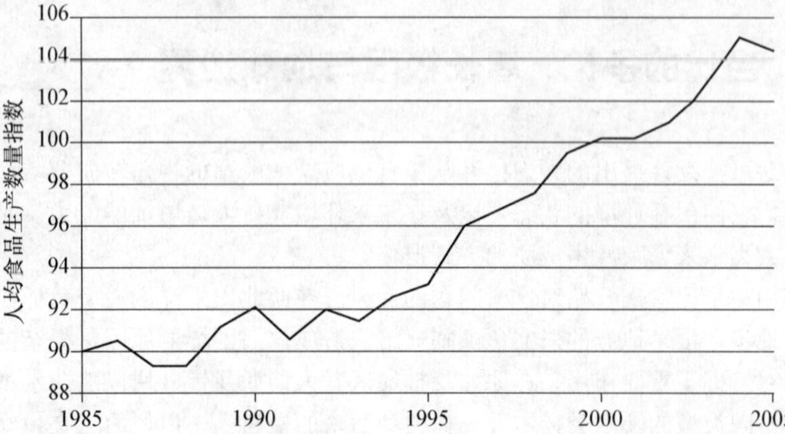

图 9－2　全球人均粮食生产量，将 2000 年的水平正规化为 100

资料来源：Food and Agriculture Organization of the United Nations (FAO). 2006. FAOSTAT Online Statistical Service. Rome: FAO. http://apps.fao.org.

生态经济学家指出，除去简单的土地约束外，资源约束问题还会以其他方式发挥作用。农业发展需要大量新鲜的水，以及能源、肥料和农药。在现代农业中出现的径流，是世界上大部分地区水环境污染的主要来源。例如，为了种植玉米和其他农作物，美国中西部地区的化肥使用有所增加，这导致从密西西比河流出的水中营养物质显著增加，进而造成墨西哥湾出现大量“死亡区域”。当藻类因吸收营养物质而大量繁殖时，就会将鱼类和其他海洋生物维持生命的氧气吸走，出现“死亡区域”。另外，气候变化还会干扰世界上主要的农业地区的气候模式。干旱或过热都会造成庄稼损毁。在 2012 年出现的干旱和高温天气中，虽然美国种植了更多玉米，但是玉米产量比 2011 年下降了超过 150 万蒲式耳。生态经济学家很快就指出，虽然过去的粮食生产增长快于人口增长，但是我们无法确保未来也会这样。

这并不只是基本粮食生产跟上人口增长速度的问题。财富的增加导致人类的饮食习惯发生改变，饮食习惯的改变进而提高了每个人对粮食生产的需求。随着人们越来越富有，他们会消费更多的肉。在过去的 15 年中，全球肉类消费量已经翻番。相比于直接消费粮食，肉类的生产需要更大规模农业产出来支撑。对用谷物饲养的牛而言，生产 1

磅肉需要 7 磅谷物。令人震惊的是，肉类生产还要为全球 15%～25%的温室气体排放负责。肉类生产需要大量新鲜的水。以每千克计算，相比于大豆类蛋白，生产肉类蛋白需要的化石燃料要多出 6～20 倍。最后，随着石油价格随时间推移出现上涨（见第 10 章对石油峰值的讨论），以及人类富裕程度的增加，人类对生物燃料的需求也会上升，进而导致出现“要粮食还是要燃料”的矛盾。生态经济学家担心最终结果是出现一个两极化的世界：在世界的发达地区，出现食品价格上涨与肥胖流行，却导致贫穷国家和社区中存在贫困、营养不良与饥饿问题的人占比增加。

马尔萨斯真正是生态经济学的先行者。他发现了自然资本有限这一本质特征会对供给产生约束性限制，当与来自不断增长的人口的上升需求结合起来后，最终会导致不可持续的后果。虽然他对人均可用食物将会下降的预测被证明是不正确的，但至少到目前为止，他所持逻辑的回响依然荡漾在当代关于可持续性的辩论中。

9.2 当代的争论：增长极限与地球边界

很多针对可持续性提出的顾虑已经从粮食供应这一较窄的视角转向覆盖面更为广泛的一些问题，它们包括环境的状态，以及在未来环境支持人口增加的能力。是否自然资本正在以对人类未来繁荣产生威胁的方式退化？

让我们用一个比喻来开始对这个问题的探讨。在西北太平洋的三文鱼捕捞业已经发展到崩溃的地步，很多地方的三文鱼濒临灭绝。造成这一困境的原因是复杂的，但是灭绝型捕捞绝对发挥了重要作用。在原始森林地区，人们砍伐针叶树以建造水坝转而开发湖泊并种植不同类型的硬木类树木——枫树和后来的桤树——以便为三文鱼幼子提供食物。在整个流域中，暴雨期间大型树木保护溪流免遭破坏性泥石流。渐渐地，原生态的树木被移走，代之而来的是缺乏多样性的二次生长森林，从而破坏了生态系统的复原力。现在，类似于泥石流之类的灾难性事件——曾经是溪流再生的一部分——往往会冲刷和摧毁三文鱼的栖息地。

生态经济学家声称，从根本上说，我们正在用对待野生三文鱼的方式来对待我们自己；通过复杂且也许不可知的方式，我们正在拆解我们所依赖的生态系统复原力所具有的微妙的物理和生物结构。这反过来又会极大地提高经济的脆弱性，因为它可能引起大规模生态系统变化。

现代生态经济学的出现，部分是源于 1972 年出版的一本题为《增长的极限》（*The Limits to Growth*）的书，这本书将马尔萨斯的逻辑拓展到更加广泛的主题上，其中包括地球是否能够维持不断膨胀的人口和经济活动等问题（Meadows et al.，1972）。这本书认为，“如果当前世界人口、工业化、污染、粮食生产和资源枯竭的发展速度仍然继续而不加以改变，在接下来的 100 年之内，我们这个星球将会在某个时间点上触及增长的极限。最可能的结果将会是人口和工业生产能力出现突然与不由自主的下降”。然而，作者进一步说，这个未来并非命中注定。向智能化方向的转变可以改变该趋势，实现“生态和经济的稳定，这种稳定可以带来到久远将来的可持续性发展”。但是，要实现这种发展方向的转变，就需要对经济运行的组织方式做出重大改变，还需要大量减少消费。参与《增长的极限》这本书的许多作者后续又出版了一些著作，例如1993年出版的《超越增长的极限》(*Beyond the Limits*，Meadows et al.，1993)，该书为全球社会已经深度进入不可持续发展道路提供了进一步的证据。

最近，一组自然科学家定义了一组“地球边界”，如果越过这些边界，则可能为人类带来灾难性后果（Rockström et al.，2009)。他们鉴别出一些已经被人类跨越的地球边界：气候变化、生物多样性丧失、多余的氮流动，以及一些可能在近期被跨越的危险边界。与马尔萨斯以及《增长的极限》中表达的观点类似，这篇文章的主旨在于，除非人类改变发展方式，否则它将走向崩溃。

鉴于种种你现在应该已经熟悉的原因，新古典主义经济学家在《增长的极限》和有关“地球边界”的文章中表达的观点遭到严厉批评。威廉·诺德豪斯指出，在对《增长的极限》进行考察的过程中，人们发现其中假设“不存在技术进步，不存在发现新的资源，无法发明替代性材料，没有价格体系来引导人类发明稀缺资源的替代性资源”(Nordhaus，1973，1158)。如果将上述任何一个或所有因素纳入分析，都会使未来变得不那么暗淡。诺德豪斯也对在建模过程中缺乏数据和使用的具体方程提出了批评。保罗·克鲁格曼对《增长的极限》进行的评价则显得更为直白，“这项研究是一个典型的垃圾中的垃圾”，他认为各位作者“对经济增长的经验证据一无所知，对过去的建模工作过程也知之甚少”(Krugman，2008)。

回到另一方面，《千年生态系统评估》(Millennium Ecosystem Assessment）为我们提供了对当前环境状况所做的最全面考察，这项研究由超过1 300位科学家完成，其中也包括一些经济学家。《千年生态系统评估》强调了生态系统过程和生物多样性在支持人类福祉中发挥的重要作用。在《千年生态系统评估》中，核心概念是**生态系统服务**(ecosystem services)，也就是人类从自然界获得的好处。生态系统服务的范围包括：食品、能源和清洁的水这类生态系统供应服务；通过碳封存、水净化、授粉和病虫害防治等方式提供的生态系统调节服务；休闲和生态旅游构成的生态系统文化服务。《千年生态系统评估》记录了广泛存在的生物多样性下降和很多生态过程的普遍下降。自然资本的流失导致许多重要的生态系统供应服务出现减少。事实上，《千年生态系统评估》发现，大多数生态系统服务功能都在下降，其中包括几乎所有的调节功能和文化服务功能(Millennium Ecosystem Assessment，2005)。

但是，在大部分生态系统服务都在减少的同时，人类的福祉如何可以实现大的提高(回忆在本章开始时经济学家盖尔·约翰逊引用的证据)？如果生态系统服务功能在下降，这不是应该转换为人类福祉的下降吗？其实不一定是这样。第一，并不是所有的生态系统服务功能都在下降。很可能的情况是，类似于粮食生产这类真的很重要的服务是在增加的，并且能弥补其他服务的下降带来的影响。第二，技术在不断进步，使人类福祉更少依赖于自然资本。第三，自然资本下降和生活水平下降之间可能存在时间滞后。最近一次的回顾发现了一些可以支撑上述解释的证据（Raudsepp-Hearne et al.，2010)。

类似于全球生态系统正在崩溃，或者它们其实还不错等沉重的话题确实很难装入你的大脑。经济学家是实际操作型的，如果某种东西无法衡量，我们就很难去谈论它。具体而言，你是怎么知道我们能或不能实现可持续发展的？你可能会去收集一些关于可持续发展的众说纷纭的意见和事实，但是却发现很难找到确凿证据。事实证明，可持续发展是很难度量的。我们对经济状态或环境状态进行的大部分现有度量捕捉到的都只是对可持续发展进行完整衡量的一部分。

接下来两节将探讨度量可持续性的实证方法，以及不同方法的优点和缺点。第一类方法源自强可持续性，它要求我们保护存量自然资本。这些方法侧重于度量自然资源和环境质量的生物物理特征。生态经济学家倾向于强调这些类型的可持续发展度量方式。第二类方法源自弱可持续性，它要求我们保持人类的福祉水平，以便于典型个人在未来的生活水平不会差于当代典型个人的生活水平。此类方法关注度量收入和财富（所有各类资本存量的加总价值）。新古典主义经济学家倾向于强调这些类型的可持续发展度量方式。

9.3 度量强可持续性：影响与足迹

回到1971年，两位科学家——保罗·埃利希和约翰·霍尔德伦（John Holdren）（现在是总统奥巴马的科学顾问）——提出了考虑环境问题的一个影响巨大的方法。他们的方法现在被称为**IPAT方程**（IPAT equation）：

环境影响＝人口×富裕程度×技术

IPAT方程意味着我们可以考虑影响环境问题的三个主要因素：人口增长、人均消费量的增长（富裕程度），以及在当前可用技术的局限下每单位消费所产生的环境损害。

IPAT方程还在很大程度上指出了解决方案：解决人口过剩和过度消费的问题，同时改进技术以减少每单位产出对环境造成的破坏（“清洁技术”）。为了让这个方程更加具体，考虑2013年汽车带来的全球二氧化碳排放量①：

$$\begin{aligned} &\quad\ \mathrm{I} \qquad\quad = \qquad \mathrm{P} \qquad\qquad\quad \mathrm{A} \qquad\qquad\qquad\quad \mathrm{T} \\ &\text{二氧化碳排放量/年}=\{\text{70 亿人}\}\times\frac{\{\text{0.1 辆汽车}\}}{\{\text{人}\}}\times\frac{\{\text{5.4 吨二氧化碳}\}}{\{\text{辆汽车/年}\}} \\ &\qquad\qquad\qquad\ \ =\text{38 亿吨二氧化碳/年} \end{aligned}$$

现在，让我们做一些令人感到沮丧的数学演算。到2050年，全球人口预计将增加到90亿～100亿，或者说会比目前的水平增加约40%。随着中国、印度、巴西，以及其他许多目前处于中等和低收入水平的国家变得越来越富有，富裕水平（以人均汽车拥有量计算）很可能翻四倍。IPAT方程告诉我们，假设技术水平不变，汽车造成的二氧化碳排放量的增加倍数会是$1.4\times4=5.6$。换言之，为了让二氧化碳排放量保持恒定，技术必须进步到让每辆车的二氧化碳排放量是目前的约1/6。这将是一件特别艰巨的任务。然后进一步回忆，为了让大气层中二氧化碳数量保持稳定，我们需要大量减少二氧化碳排放量，而不仅仅是保持恒定。

所以，我们的前途注定如此吗？是否可能在人口越来越多、富裕程度越来越高的情况下实现二氧化碳减排？如果技术变化足够快，那么答案是肯定的。例如，自1970年

① 参见Ehrlich and Holdren (1971)。由美国能源效率经济委员会（American Council for an Energy Efficient Economy）提供的估计数字。

以来，美国的二氧化硫和其他空气污染物的排放量已经开始下降，虽然同期美国的人口和经济都在增长。对二氧化碳排放量和汽车而言，这种情况也是可能发生的。例如，我们可以开发出以太阳能发电作为燃料的电动汽车，从而将二氧化碳排放量减少到非常低的水平。但是，IPAT方程有着更大的意义。为了支撑数量更大且更富裕人口的需要，采矿、石油钻井、粮食生产、木材生产和制造业的规模要增加六倍，考虑由此对环境产生的影响。那么，即使是生产这么多的电动汽车和太阳能发电设施，也会对环境产生影响。另外，考虑随着汽车的普及，道路建设的增加对自然生态环境产生的影响。

可用IPAT方程来了解环境影响以及潜在的减少环境影响的方式。尤其是，它告诉我们，为了保证自然资本不退化，需要多少规模的制造资本来替代自然资本。然而，它未必能够告诉我们维持人类福祉至关重要的自然资本存量的相对稀缺性。因此，为了衡量可持续性，生态经济学家倾向于使用自然资源存量的物理性度量方式，以及将人口和消费压力纳入考虑后的生态系统复原能力。

用另一种方式来说，生态经济学家考察的是在IPAT方程中I的现值，并且考察P、A和T的发展趋势，从而对政府是否应该采取进一步行动以减少I做出判断。回顾前文可知，从生态的角度看，确保后代人不被当代人的行为所损害的唯一途径是对存量自然资本手下留情——特别是如果自然资本的价值不确定，或其退化是不可逆转的。例如，这意味着在全球变暖和臭氧消耗等方面，我们当前产生的影响具有不可持续性。之所以得出这样的结论，是因为大家都同意这些不加控制的影响将导致全球环境出现大规模的消极变化。（当然，一些新古典主义经济学家认为我们能适应气候变化，因此不一定需要停止这种影响。）

生态经济学家期待生态研究能够找到其他可表征“增长极限”的迹象。例如，Vitousek et al.（1997）计算指出，现在人类直接或间接地完成了大约40%的“净初级生产”，人们用这个名词来度量依赖将太阳光转换成化学能量的光合作用生存的植物生物量的增加。净初级生产是对生态系统生产率进行度量的一个很好的指标。换句话说，人类消耗了当前生态系统的近一半的有用产出。从生态学的角度看，光合作用是无可替代的！对趋势的预测提出，“如果我们把这一百分比作为地球承载人类的指数，然后假设在摧毁生态圈的功能完整性之前，经济增长将会占光合作用产出的80%，那么在接下来的……35年里，人类在初级生产中的占比可能从一半增加到100%”（Rees and Wackernagel，1994，383）。别忘了，上述说法是差不多20年前写的，我们剩下的时间已经不多了。

让我们停下来先做一个测试。

☞

测试

在之前提到的内容中，作者正在使用IPAT方程，假设人口增加和消费增加产生的总体效果是在未来35年里人类在生物中的占有量翻一番。在做这个推断的过程中，作者“忘记”了什么？他们为什么会忘记这些因素？另一种提问的方式是：新古典主义经济学家如何回应这个可怕的预言？具有生态意识的作者又会如何回答？

答案

新古典主义的回答是：这种“增长的极限”方法忘记了技术和价格可以产生的作

用：随着土地变得稀缺，其价格将会上涨，从而导致人们采用最佳管理方法以弥补相应的“产出缺口”，以及推动生物技术和植物育种技术的进步，所有这些行为都将提高每英亩粮食产量，从而弥补 P（人口）和 A（富裕程度）的增长带来的后果。历史也能为我们提供一些安慰。例如，虽然粮食产量在增加，但新英格兰地区现在的森林覆盖率比 19 世纪中期提高了很多。我们前面已经讨论过，粮食产量的增加速度已经超过了马尔萨斯时代以来人口增长的速度。

生态经济的回答是，对呈几何级数的持续经济增长所产生的影响，历史几乎无法指导我们对这种影响进行评估。虽然在过去的 200 年里，技术可能帮助我们这个原本几乎是“空着”的地球容纳 60 亿或 70 亿人及其消费需求，但是进一步改进的空间可能很小，而且并不能保证我们可以继续通过“绿色革命”来提高产出水平。面对人口增长以及饮食习惯转向更多的肉类消费，我们需要在 35 年里，在拥挤的星球上实现翻一番的粮食生产。是的，技术将会进一步改善，但是生态经济学家认为可用土地和廉价能源构成的制约将会在相对短期内带来一个根本性问题。因此，我们有理由“忘记”技术。在这一章末尾，我们将再次回到这一分歧所在的核心领域。

针对可持续性进行的另一个生态核算的例子与淡水的使用有关。现在，基于方便的原因，人类使用大约 54%的地表水。在未来 30 年，新的大坝建设可以让人类容易获得的地表径流增加 10%，但是在同一时期，预计人口会增加 45%。当然，也存在其他的技术可能性；其中主要是提高用水效率。然而，生态经济学家认为，在接下来的几十年中，淡水的价格很可能大幅度增加，但是不太可能出现足够的替代品（Postel，Daly，and Ehrlich，1996）。

然而，从更根本的角度看，遵循 IPAT 逻辑的生态经济学家会让我们考虑水需求的大幅提高所产生的更广泛的生态影响。例如，在偏远地区建设的大坝往往存在较高的生态外部性成本。在世界各地，因水而发生的冲突已经让许多淡水生物濒临灭绝，此外，在此过程中还破坏了产业和生活。一些人认为，很快就会出现国家之间因水而引发的战争。除了获得廉价水这样一个“简单”的问题外，生态经济学家认为资源稀缺性将会对我们的经济和文化生活赖以存在的很多生态系统造成根本性损害。

除了 IPAT 方程外，生态经济学家有时依赖另外一个度量强可持续性的方式：**生态足迹**（ecological footprint）。生态足迹将土地、水和环境等我们刚才讨论过的各种限制总结为一个数字。特别是，一个社区（或国家）的生态足迹要去计算的是，为了给社区的生产和废物吸收提供资源，需要多少的土地和水。计算种植粮食或木材所需的土地面积是比较容易的，但是计算其他类型的生产或废物吸收所需的土地或者水资源数量就很困难了。

例如，生态足迹如何计算使用化石燃料的能源所需的土地面积？显然，我们需要一些土地来进行煤矿开采、安置石油钻井平台和炼油厂，但是这种直接使用的土地面积相对较小。如我们所见，化石燃料的使用是加快全球变暖的二氧化碳排放量的主要因素。生态足迹要问的是：为了将化石燃料燃烧释放的二氧化碳封存，我们需要种植多大面积的森林？这个吸收废物所需要的面积，也就是为了保持大气总二氧化碳存量稳定而需要的面积，就可以被加入能源生产所需的面积中，最终达到能源生产和消费所需的总土地面积。

将所有地区为了支撑生产和废物吸收所需要的土地数量加总到一起，就得到全球经济的生态足迹，这个数字告诉我们，为了适应以后的所有需求，我们需要的土地面积是地球的 1.5 倍。很显然，我们只有一个地球，所以任何度量值超过 1 的生态足迹都意味着我们的生活难以为继。生态足迹可以为我们快速提供一个摘要指标，以此显示从长期可持续发展的角度看，全球经济在多大程度上超出了地球可支持的程度。当然，正如 IPAT 所示的那样，能够提高资源效率的技术进步，是可以降低给定人口和消费水平下的生态足迹水平的。

为了了解可持续发展对全球社会构成的挑战具有多大难度，请考虑图 9-3。这幅图绘出了国家层面的生态足迹，以及不同国家在这一指标上存在的差异，同时绘出了广泛用于衡量人类福祉的**人类发展指数**（human development index，HDI）。人类发展指数包括人均收入、受教育水平和预期寿命等度量指标。每个国家的人类发展指数得分都是相对于得分最高的那个国家计算出的相对值，因此这个得分介于 0 和 1 之间。人类发展指数得分高的国家大多都是如美国、加拿大、澳大利亚和许多欧洲国家这类高收入发达国家。挪威的得分最高（0.94）。人类发展指数较低的国家主要是非洲和亚洲的低收入国家，这些国家的教育系统相对落后，预期寿命也比较低。刚果民主共和国的得分最低（0.29）。①

最理想的情况是得到一个高的人类发展指数，它显示出高水平的人类幸福感，同时得到一个低水平的生态足迹。为了实现可持续发展，生态足迹应该处于垂直线的左边，达到每人 2.1 公顷，这个水平将会让全球生态足迹等于 1（也就是说，我们只需要一个地球来支持全球经济要求）。在人类发展指数高于 0.9 的国家中，没有一个的生态足迹低于 2.1。但是，为了实现可持续发展，世界上所有国家都应该做到这一点。根据《2011 年人类发展报告》，即使在图 9-3 中做得相对较好的古巴，其人类发展指数得分也低于 0.8（0.78）。

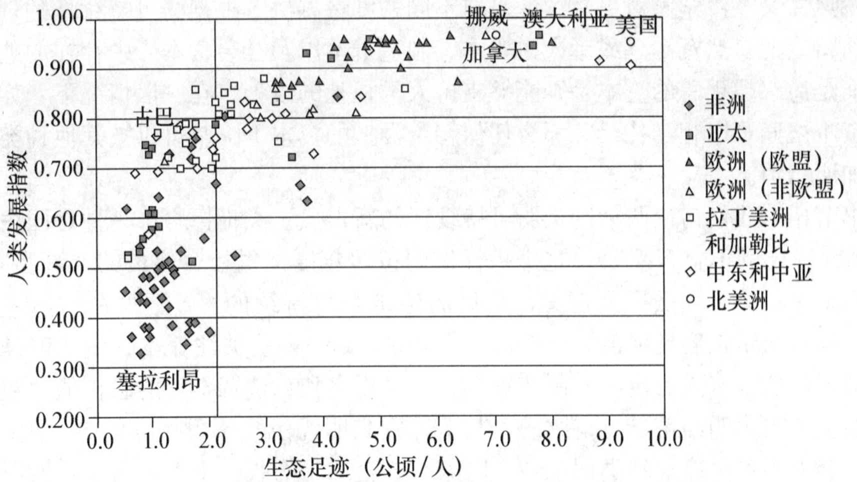

图 9-3　度量人类福祉和国家的生态足迹

注：地球容量为 2.1 公顷/人。

资料来源：Global Footprint Network 2008 Report（2005 data）and UN Human Development Index 2007/08.

① 按国家发布的人类发展指数可见联合国《2011 年人类发展报告》。

虽然生态足迹的优点是易于展示，但是它的批评者认为这是一种过于简单化的方法，无法产生内涵丰富的结果。我们如何能将可持续性所需要的各类重要方面表现出来并转换成所需的土地或水资源数量？例如，需要大片面积的土地才能将二氧化碳吸收进森林，这能够极大地改善生态足迹。相反，如果像碳捕捉和封存（carbon capture and storage，CCS）项目那样将二氧化碳捕获并存储在地下，那么使用化石燃料所需的土地面积将会大大减少。于是，使用碳捕捉和封存技术可能让我们变得更加可持续。但是，碳捕捉和封存技术又会带来其他问题。这么做代价高昂，人们担心二氧化碳并不能永远被封存在地下，最终它还是会泄漏到大气中。在下一节中我们将看到，是否可能将可持续性总结为一个单一数字这个问题，也成为新古典主义经济学家在衡量收入和财富过程中的一个核心问题。

在本节中我们看到，为了判断对自然资本的使用是否为可持续的，生态经济学家依赖对资源存量和环境汇吸收废物的能力进行物理意义上的度量。如果地球上的自然资源不存在好的替代品，但是在当前的供给（水、能源供应和净初级生产力）中很大一部分源自迅速增长的需求，那么我们对自然资本的使用便是不可持续的。如果超出了环境汇的吸收能力，进而导致环境因存量污染物而发生长期性改变（由含氯氟烃和二氧化碳排放造成的臭氧损耗），那么我们对环境汇的使用也是不可持续的。再次说明，这里的重点在于，保护特定存量自然资本——大气吸收能力、特定的森林或渔业，以及区域性的水供应——的政策目标是确保强可持续性。

9.4 度量弱可持续性：国民净福利与包容性财富

新古典主义经济学家对可持续性采取不同的度量方法。根据弱可持续性的理念，他们对任何特定的自然资本（或者人力资本、制造资本以及社会资本）中存在的趋势不感兴趣，而是感兴趣于总的资本是否能够支持人类福祉的改善。在一般情况下，如果不同类型的资本之间可以相互替代，那么任何特定类型的资本下降都可以被其他种类资本数量的增加所抵消。

在本节中，我们讨论两种度量弱可持续性的新古典主义指标。第一种是**国民净福利**（net national welfare，NNW），这个指标试图按照年度衡量社会成员的“真实”福祉。如果幸福水平上升，那么根据定义，我们的经济是可持续的——至少在当前来看是这样。第二种方法是**包容性财富**（inclusive wealth，IW），它关注资本存量，但是希望获取所有形式的资本（人力资本、制造资本、社会资本和自然资本）的总价值。包容性财富水平的上升将表明经济是可持续的，其下降则表明经济是不可持续的。[如果你学过会计学，会发现国民净福利类似于一个国家（或全球）的收入水平，而包容性财富则类似于一个国家（或全球）的资产负债表，侧重于国家资本存量的价值。]

我们通过考察标准的度量经济绩效的宏观经济指标——国内生产总值——来开始对可持续性核算进行考察。国内生产总值是一项在国家层面上的度量指标，用来衡量每年在市场上生产并消费的所有商品和服务的最终价值；它也等于消费者赚取和花费的收入。国内生产总值是对市场活动的一个合理衡量。但是国内生产总值对可持续性的度量则很糟糕——无法告诉我们从长远来看典型个体的境况是否会变得更好。在可持续性方面，国内生产总值至少存在四个众所周知的问题。

1. 国内生产总值未能将不可市场化交易的产品和服务的价值纳入考虑。家务劳动、儿童保育和志愿者工作是三个最重要的方面。但是从可持续发展角度来看，国内生产总值的主要问题是它并不包括许多生态系统的服务功能。提高空气或水的质量，欣赏野生动物和美丽景色的价值，娱乐机会的上升等，所有这些都能产生好处，但是很多此类好处的价值并不反映在经济核算的账户中。不过，一些价值可能间接地包括在内。例如，湖水质量的变好有可能提高钓鱼、游泳、划船等活动的质量，从而吸引更多的人到湖边休憩，进而增加了本地销售、提高了湖畔住宅的物业价值。在第5章中，我们已经对度量非市场性收益价值的方法进行了讨论。

2. 国内生产总值无法将减少有害活动所支付的成本排除在外。一个真正能够衡量福利水平的标准应该考虑到这个事实，即国内生产总值的提高可能会为社会带来成本。这些成本包括外部性：污染和拥挤对第三方的健康与生产率造成的直接影响。有时这些外部性成本以所谓的防御性支出的形式表现出来——人们通过支付一笔开销来保护自己免受不断恶化的环境或生态系统服务的影响。此类例子包括医生出诊次数的增加、净水器和手机（让交通堵塞变得可以忍受）使用的增加。当防御性支出刺激最终消费者的需求时，国内生产总值反而会增加，但很明显人们的境况并未因此变得更好！增长的成本还包括为了内部化外部性而不断增加的开支。其中包括行业和政府在控制与清除污染中的直接花费（美国每年在此类事情上的花费超过2 250亿美元）。这里需要再一次说明，国内生产总值将消除和清理污染的开支记为正数。因此，在2010年英国石油公司在墨西哥海湾发生石油泄漏事件后，该公司在清理过程中的花费会被计入当地消费者的消费，进而提高了国内生产总值。

3. 国内生产总值没有考虑生产中使用的资本折旧。一个能够快速提高当前收入的方法是快速耗尽资本。例如，不具有可持续性的捕捞行为可以提高当前捕捞量，进而提高捕鱼收入，但这么做是以损失今后收入为代价的，因为它在不断消耗渔业资源。同样地，如果不花钱保养机械，那么当期收入确实可以增加，但是其代价是未来的维修和更换费用更高。美国政府公布调整后的国内生产总值指标，人们将其称为国民生产净值（net national product，NNP），这个指标考虑了制造资本的折旧。然而，这里我们主要担心的问题在于，缺乏对国内生产总值生产过程中的**自然资本折旧**（depreciation of natural capital）——环境资源和环境汇——进行类似核算的会计方法。

4. 国内生产总值反映的是"平均数"，并不考虑分布状况，或者不关注公平性。人们按照人均水平来报告国内生产总值，告诉我们社会中的平均值。平均收入不会告诉你很多关于我们这个社会中最贫穷的人（或最富有的人）的境况的信息。平均收入也没有考虑收入分配或者公平性。为此，一个更好的衡量指标是收入的中位数。例如，自1980年以来，美国人均国内生产总值已经有了大幅增加，但是典型家庭的收入中位数几乎没有发生变化。为什么会出现这种情况呢？因为国内生产总值增长带来的几乎所有好处都流向了收入水平最高的那20%的家庭。收入水平非常高的人群占比上升提高了平均收入，但并未提高典型（中位数）个体的收入水平。请注意，当比尔·盖茨走进一间挤满人的房间后，平均而言所有人都突然成了百万富翁，但是除了比尔·盖茨，没有人有这么高的收入！对可持续性而言，它要解决的是不同代人之间的福利公平性，同一代人之间的公平性也是一个可能关注的问题。

为了给可持续性提供一个度量指标，我们需要依照上文所述的四个问题对国内生产总值做出调整。其中一个方法是构建国民净福利指标。就目前而言，这种环境/经济核算还没有形成普遍一致的度量方法。然而，因为这种度量方法十分有用，所以经济学家对如何计算国民净福利倾注了大量心力。①

从原则上看，可将国民净福利定义为可市场化交易与不可市场化交易的产品和服务的年度总产出量，再减去与这些产出相关的总外部性以及清理费用，同时减去生产中用到的自然资本和人造资本的折旧。图 9-4 给出了这个算法。

国民净福利＝总产出－增长的成本－折旧

＝国内生产总值＋非市场性产出－外部性成本－污染消除和环境清理成本

－人造资本的折旧－自然资本的折旧

图 9-4 计算国民净福利

注：必须对国家范围内的国民净福利的度量进行调整，从而反映收入分配上发生的变化，因为可持续性要求典型个人的境况不恶化。

计算国民净福利的第一步是将非市场性消费——闲暇时间的价值、大扫除和儿童保育等非市场性活动——的价值加入国内生产总值，以及将房主自用住宅提供的资本服务价值加入国内生产总值。在得到这个有所上升的国内生产总值后，我们还要减去与经济增长相关的市场成本和外部性成本。这些成本类别众多，从明显的污染控制费用，到通勤上班中拥塞导致的成本，再到人们为了抵抗环境损害而在医疗健康方面的花费。经济学家已经开发出各种技术来估算控制污染和环境损害的成本。我们在第 5 章和第 6 章中详细考察了这些方法。

作为对这种算法所做的最后一点阐述，我们必须减去资金折旧——为了替换国内生产总值生产中用尽的自然资本和人造资本以及为了支撑人口增长而必须花费的资金。这些资金包括机器、工厂、设备和有形基础设施的折旧，以及政府在教育和卫生保健等人力资本投资中完成的支出。人造资本的折旧相对直白，但是我们如何对生产中用尽的不可再生资源进行估值？计算表层土损失、物种灭绝或石油储备损失的“正确”贴现率是很困难且有争议的，它将是下一节的主题。

图 9-4 中的公式为国家层面的国民净福利给出了一个数值。但是最后还需要对收入分配中的变化做出调整。与考察平均水平（或人均值）不同，我们还希望考察在收入分配中发生了什么，尤其是最贫穷和最脆弱的社会群体的生活是否得到改善。

图 9-4 至少从原则上告诉我们想要的东西——一种衡量可持续性的方法。我们在国民净福利的那幅图中同时包含了经济增长在物质方面带来的正收益和在环境方面带来的负收益。在能够使用新技术或者新增人力/制造资本来弥补环境质量下降这类新古典

① Nordhaus and Kokkenberg (1999); the special issue on green accounting of *Environment and Development Economics*, vol. 5, nos. 1 and 2 (February-May 2000), World Bank, 2006.

主义的假设下，用增长的物质收益扣除其环境代价确实是有意义的。总体来看，如果收入能够代表所有产品和服务的价值，而且已经得到适当的折旧调整，随着时间的推移，收入是增加的，那么我们确实实现了经济的可持续发展，至少就当下来说是这样。

国民净福利旨在直接衡量可持续性：随着时间的推移，人们会变得更好吗？好的，因此重要的问题是：例如，美国的国民净福利真的提高了吗？还是说它是下降的？在 9.6 节我们会对此做更多讨论。在考察实证数据之前，让我们先考虑第二种衡量可持续性的方法：包容性财富。与关注结果不同，包容性财富考察经济的生产潜力的健康程度。包容性财富被定义为包括人力资本、制造资本、自然资本和社会资本在内的所有资本存量的价值。包容性财富背后的想法是，如果我们能够给子孙后代留下更大规模的整体财富，他们就能变得更好。但是，如果我们将这些财富资源耗尽，那么后代人将无法过上等同于当前生活水平的生活。

从原则上看，一项资产的价值等于它创造的净收益流量的现值。例如，自己拥有的一栋公寓楼的价值是多少？假设大厦中有 10 间公寓，每间公寓的租金为每月 1 000 美元，或者说每年 12 000 美元。于是，这幢公寓楼每年总计产生 120 000 美元的租金收入。如果这幢建筑物的保养费用是 20 000 美元，它的主人每年就能赚取 100 000 美元（租金收入减去保养费用：120 000 美元－20 000 美元）。假设贴现率是 5%，这幢大楼能够持续经营 20 年。使用在第 8 章中讨论过的现值计算公式，我们可以发现该公寓楼的现值等于

$$
\begin{aligned}
\text{PV} &= 100\,000+\frac{100\,000}{1+0.05}+\frac{100\,000}{(1+0.05)^2}+\cdots+\frac{100\,000}{(1+0.05)^{19}} \\
&= 1\,308\,532 \text{ 美元}
\end{aligned}
$$

我们可以用类似方式计算其他资产的价值。农地的价值是多少？它是从农地上收获的作物的利润的现值。石油储备的价值是多少？它是从石油提炼和销售中获取的利润的现值。教育的价值是什么？它是人一生中增加的收入的现值。

实际上，教育的价值可能远远超过一生收入的改变。教育可以让人更明智，能够让人更多参与一些公民生活，从而增加了社会资本，或者它能够提高人们对艺术或自然的欣赏水平，从而在收入增加之外提高幸福感。因此，从这个意义上看，教育提供了很多“正的外部效应”，在度量包容性财富时这些内容也应该包含进去。类似地，在对农场的包容性财富进行度量时，需要从利润流量中减去负外部性造成的损失，例如，从身体健康得到的收益中减去农药造成的影响。正是这些观点将我们带回一个问题，即对 GDP 做出调整来反映国民净福利：如何正确地考虑不可市场化交易的商品和服务的价值。

在这样的背景下，我们可以考虑如何衡量包容性财富。从原则上讲，我们需要知道两件事：

1. 每类资本存量 K_j 的数量，其中 $j=1, 2, \cdots$，代表 J 类资本存量。例如，对农地而言，K 可以按照英亩来度量；对企业而言，K 可能要用美元价值来度量。

2. 每种类型的一单位资本存量的价值。在早些时候我们看到，这个价值等于从资本存量中获得的未来利润的现值，然后用相关的外部性成本和收益对这个现值进行调整。我们将用 V_j 来表示单位资本存量 j 的价值。

于是，包容性财富就是所有类型资本存量的价值之和：

$$\mathrm{IW}=V_1K_1+V_2K_2+\cdots+V_JK_J=\sum_{i=1}^{J}V_jK_j$$

所以，要计算包容性财富，我们需要尝试将各种类型的人力资本（教育和经验等）、制造资本（公寓建筑、机械、工业设施、基础设施等）、自然资本（石油和矿产资源，能够提供生态服务功能的生态系统现状等）、社会资本（社会机构、组织以及信任等）价值加总起来。类似于度量国民净福利，计算包容性财富也是一项艰巨任务（在 9.6 节，我们会针对这一问题做更多阐述）。但是，这种方法的优点在于，我们只要知道包容性财富的总值是增加还是减少，便能判断是否实现了可持续发展。考虑所有的资本存量价值（V_js）都是固定的，当任何一类资本存量下降一单位时都有相同数量或更具价值的资本存量上升一单位，那么就能实现可持续性。

这一特征突出表明了理解如何思考自然资本折旧（下降）的重要性：在美国，我们会每天“用光”7.25 亿加仑原油。为了交换这些不可再生资源，我们能够为后代人提供些什么？一旦开始探讨这个问题，我们就会回到 9.6 节将讨论的主要问题，即我们有什么证据来说明已达到可持续发展的水平。

9.5 自然资本折旧

人类取得的任何资本品在其用坏之前都具有一个相对固定的使用寿命：例如，比萨饼送货卡车可能能够使用 5 年。那么，我们可以说这辆卡车的价值每年都在“折旧”。折旧是一种度量指标，用来表示在送货过程中卡车每年会有多少损失，折旧必须从企业的利润表中扣除，因此会降低净利润。作为一个社会，我们应该如何为由于生产过程使用而损失的自然资本——例如石油、木材或物种多样性——进行估值？我们需要知道这个数字，以便对国内生产总值做出调整，从而实现我们对弱可持续性进行度量的目的：国民净福利。我们还需要知道这个数字，以便对国家资本存量的变化有所了解，也就是计算包容性财富。

让我们从下面这个测试出发来做出回答：

测试

假设 Bill 先生拥有一片储油量为 100 桶油的油田。

Bill 先生可以从邻近的城镇雇用一家公司，以每桶 1 美元的总经济成本开采他拥有的石油——因为石油是稀缺的，每桶石油的价格是 2 美元，这个价格远远高于成本。[①] 石油的稀缺性意味着 Bill 先生可以从其生产中赚到每桶 1 美元的**资源租金**（resource rent）。资源租金的出现源自资源的绝对稀缺性，因此，其价格会被抬高到生产的总经济成本之上（见第 3 章）。因此，它们是经济利润的一种形式。

① 总经济成本包括借入资本的利息和任何股权融资所要求的“正常”利润。若想获知有关这一概念的更多信息，请参阅相关的各类介绍性微观经济学教科书。

如果所有石油都在今天生产并出售：

1. 今年 Bill 先生的净收入（经济利润）会提高多少？

2. 如果 Bill 先生将所有收入都花费在一夜狂欢中（但是没有带上他的家人），他的孩子的境况将会受到何种损害？

3. 如果 Bill 先生一家是 Billsville 国的唯一居民，Billsville 国的国内生产总值将会上升多少？

4. Billsville 国的国民净福利会上升多少？

5. Billsville 国的包容性财富会出现何种变化？

Billsville 国需要处理的大问题在于：由于当代人耗光了自然资本存量，所以国内生产总值将真实的国民净福利或包容性财富夸大到何种程度？我们正在寻找一种方法来测量当代人因使用稀缺自然资本而占有了后代人多少财富。

答案

经济利润等于总收入（200 美元）减去总经济成本（100 美元），也就是 100 美元。这正是资源租金。如果 Bill 先生将这笔钱花在某种消费热潮上，那么他的孩子便失去了 100 美元的资源租金（不是 200 美元，因为他们也将不得不支付 100 美元来把石油从地下开采出来）。因此，如果这笔增加了的收入被用于 Bill 先生的消费，就是一种不具有可持续性的发展。他需要将所有这 100 美元资源租金进行投资，从而取代自然资本，进而确保他的孩子不会因他的行为而境况变差。①

Billsville 国的国内生产总值也增长了 100 美元，这是净收入增加。Bill 先生现在可以选择在当地进行疯狂购物。但是，Bill 先生无法在增加消费石油利润（资源租金）的同时不对其孩子造成负面影响。因此，国民净福利不会因此增加！另外，为了反映出自然资本价值的损失，包容性财富实际上还下跌了 100 美元。将 Bill 先生的逻辑应用到现实世界中的美国石油行业，政府分析人士估计，过去美国的国内生产总值将国民净福利夸大了 230 亿～840 亿美元。

请注意，在这个例子中，Bill 先生在今天抽干石油这件事并不一定对他的孩子造成负面影响。如果他对资源租金的投资富有成效，那么相比于留下一片未开采的油田，在当前开采石油也会使他的孩子在未来更加富裕。对资源租金的投资会带来回报，尤其是，如果由于技术变化，未来的自然资源价格实际上还可能下降。新古典主义经济学家再次表现出一种隐晦的技术乐观主义，他们经常基于这个原因督促人们尽早开采资源。不考虑开采石油的成本，如果石油价格上涨的百分比要低于利率上升的百分比（平均而言，过去的 50 年里确实发生了这种情况），那么，如果在今天开采油田并对资源租金进行投资，将显然会使 Bill 先生的家人变得更好。然后，包容性财富也将得到恢复，事实上，增加的财富足以完全替代失去的资源租金，可能还有剩余。

盛产石油的阿拉斯加州实际上就在推行这种做法，将一些石油税收收入投入所谓的永久基金（Permanent Fund）。从这一庞大的投资基金（为了保持该基金的完整，会对其

① 如果实际利率超过油价的实际增长率，这就不完全真实了。在这种情况下，Bill 先生可能使用他获得的一小部分利润来进行消费，依赖复利的威力，便能让孩子的境况不出现恶化。

做一定水平之上的再投资）中取得的收益每年都为所有阿拉斯加人提供支付，每人每年大约能收到 1 000 美元。阿拉斯加也进行了大量人造资本——道路、电信设施，以及受过更好教育的人口——的投资。永久基金和更大规模的人造资本也许无法完全向阿拉斯加人的后代补偿耗尽的资源。然而，这确实告诉我们如何通过直接创造财富来替代自然界提供的财富，从而在经济意义上实现资源消耗的可持续发展。

在上文中，Bill 先生面对的问题为我们提供了一个自然资本的**折旧规则**（depreciation rule）：折旧等于度量出的资源租金价值。① 资源租金并非资源全部的市场价值，它是因开采这种自然资本而使后代人失去的价值。如果要使资源消耗变得可持续，那么它也应该恰好等于需要储蓄和投资（例如，一个永久基金，或是教育、生产性基础设施，以及研发）的数量，也就是说，要立刻避免包容性财富的减少，并在长期中避免国民净福利的减少。

当人们砍伐森林，收获鱼类、野生动物或药用产品，使用地下水，开发矿山时，都会获得资源租金。图 9－5 说明了如何从资源供给和需求关系图中计算资源租金——我们以砍伐热带硬木为例进行考察。长期供给曲线（你肯定能从入门课程中回忆起相关内容）反映了生产的全部成本。随着价格的上升，高成本生产者进入市场。最后一个进入的生产者出现在数量为 Q_1 的地方，在这个水平上该生产者刚好可以实现盈亏平衡。因此，介于供给曲线和价格之间的区域 A 反映的是企业在硬木行业中赚取的资源租金。区域 A 是后代人因我们今天做出的砍伐决定而失去的价值。②

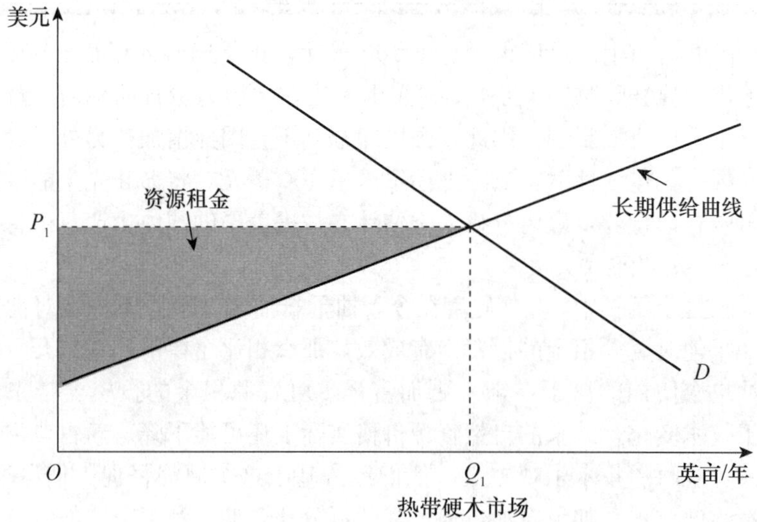

图 9－5　测量资源租金

总之，Bill 先生的世界说明了资源租金是如何成为自然资本折旧的正确度量的。从原理上看，这反过来使我们要去正确地度量国民净福利（按年度衡量的福祉）以及包容性财富（社会的总资本存量的价值）。如果得到正确度量的国民净福利或者包容性财富

---

① Solow (1992) 给出了这个看法，而且为这个问题提供启发；参见 Nordhaus and Kokkelenberg (1999)。

② 只要今天的价格反映了代际财富的公平分配，这就是对的。若想获知有关这一主题的更多内容，可见 Howarth and Norgaard (1990)。

随着时间的推移而上升，那么我们可以自信地说社会会变得更好，因为物质福利的增加不是以后代人受到损害为代价的。在Bill先生的例子中，对油田的完全开采并没有增加国民净福利，但是可能会减少包容性财富，这是为了适当地反映他已将宝贵资产耗尽这个事实。目前，对石油的开采带来国内生产总值增加100美元。

在油田耗尽的那一年，Bill先生可以获得收益，但是要付出的代价是让其家庭拥有的财富减少，进而减少在未来的收入。国内生产总值与国民净福利以及包容性财富之间的区别在于，国民净福利以及包容性财富都要对资源枯竭做出说明，并且要显示出，为了确保可持续发展，需要储蓄并有效投资多大规模的资本——这个数字正好等于资源租金。这笔储蓄可以通过创建资本的方式进行储存（把钱放入大学基金）。然而，如果当代人过于消费导向，拒绝投资（Bill先生在一夜狂欢中花掉所有钱），就不得不通过放弃一些原本要保护的自然资本来弥补储蓄缺口，因此国内生产总值将会降低。Bill先生的孩子应该要求取消对油田的开发，而不是让Bill先生飞到镇上花掉所有收益。

这一节处理了一个重要的技术性问题：我们如何衡量可持续发展取得的进展？从新古典主义的角度来看，国民净福利和包容性财富正确地考虑到自然资源的耗竭：国民净福利要从国内生产总值中减去资源租金，包容性财富通过减去当期耗尽的资源价值来度量资源存量价值发生的变化。此外，我们已经看到，对资源租金进行消费而不是投资，有可能对后代人造成负面影响。新古典主义经济学家与生态经济学家都同意，单纯以消费为目的，不进行投资的资源消耗型发展决策是不可持续的。

9.6 我们在实现可持续发展吗

在本章开始时，我们注意到新古典主义经济学家与生态经济学家对未来有着迥然不同的看法，新古典主义经济学家趋于乐观，而生态经济学家倾向于悲观。在思考未来的环境影响时，新古典主义经济学家强调技术进步（IPAT方程中的T）有助于减少相关影响，而生态经济学家则强调日益增加的人口和富裕水平（IPAT方程中的P和A）会加剧相关影响。生态经济学家担心这种影响导致发挥关键作用的自然资本遭遇侵害，最终可能使后代人福祉出现急剧下降。相关证据能够带来什么信息？这些证据能够佐证新古典主义经济学家的乐观态度吗？抑或在当前人类不对自身行为做出重大改变时，生态经济学家持有的悲观态度才是正确的？

解决这些问题的一种方法是考察对国民净福利和包容性财富的度量结果，看看它们是增加还是减少。遗憾的是，国民净福利和包容性财富往往要求对指标中的一些数据不足或缺失部分做出判断。如果不同专家做出不同判断，而且每个判断都是有效的，就会得出不同结论，我们就难以用一种“科学的方式”来判断经济发展是否为可持续的。在某种程度上，这种情况应该是明显的。人们对典型个体在经济增长中境况是变好还是变糟有着非常不同的观点。这些不同观点反映出一种潜在复杂性，使得国民净福利和包容性财富很难得到衡量。

然而，人们曾有几次试图衡量国民净福利和包容性财富，这些尝试能告诉我们一些与实现可持续发展前景相关的信息。在计算国民净福利和包容性财富时，一项核心价值就是看看国内生产总值的增长是不是一个能够真正度量社会福利增长的好指标。在新古典主义经济学家做出的两项早期尝试中，他们估计出国民净福利的增长速度为0.5%~1%。该项研究表明，美国的国内生产总值增长与国民净福利增长之间没有明显相关性（Nordhaus and Tobin，1972；Zolatas，1981）。事实上，这两项研究考察的都是国民生产总值，这是一个与国内生产总值密切相关的指标。例如，一项研究发现，在1947年之后，国民净福利的增长速度下跌了50%以上；与此同时，国内生产总值的增长速度则加快。从中我们可以看出，将国内生产总值作为衡量经济福利的流行看法很可能被误导了。

一个位于加利福尼亚州，名叫国际发展重新定义（Redefining Progress）的智库在近期完成了一项雄心勃勃的尝试，它要去计算国民净福利。表9-1说明了它的度量方法，这种方法是在2004年提出的，被称为真实发展指数（Genuine Progress Indicator，GPI）。它或多或少遵循了早些时候我们在本章中确定的公式：

国民净福利=国内生产总值+非市场性产出-外部性和清理成本
-自然资本折旧-人造资本折旧

从国内生产总值中减去1.9万亿美元的污染和清理成本，就可以得到真实发展指数，在被减去的这1.9万亿美元中，最大一笔来自气候变化。短期环境影响（空气污染、水污染、噪声污染以及家庭削减支出）所产生的总成本大致为2 000亿美元。真实发展指数还要扣除自然资本折旧。根据前几节内容，你应该知道估计自然资本折旧的正确方式：失去的湿地、耗尽的可再生和不可再生资源。从原则上看，国际发展重新定义的研究人员应该将资源开发所产生的资源租金用作一个衡量指标。对湿地，我们需要认识到，大部分原位值（或者说租金）都以非市场服务的形式存在。研究人员估计，在2000年，有超过2万亿美元的自然资本被耗尽，其中包括530亿美元的湿地服务、500亿美元的成熟生态森林服务以及17 610亿美元的不可再生资源损失。

表9-1　　2004年的真实发展指数
（单位：10亿美元，按照2000年美元价格计算）

国内生产总值*	7 588
非市场性产出	
家务活与家长教育	+2 542
义工	+130
教育的价值	+827
高速公路服务价值	+743
其他	+11
外部性和清理成本	
家庭削减	-21
水污染	-120
空气污染	-40
噪声污染	-18
臭氧破坏	-478
长期性全球变暖带来的影响	-1 182
自然资本折旧	

湿地	−53
农田	−263
不可再生资源	−1 761
成熟生态森林	−50
人造资本折旧	388
增长的其他成本	
通勤和汽车事故	−699
收入分配不平等	−1 260
失业	−176
净国外借款	−254
失去闲暇时间	−401
其他	−360
真实发展指数	4 419

* 真实发展指数实际上是从国内生产总值中个人消费类别入手的（不包含政府支出、企业支出和净出口）。但是为了展示的方便，而且为了与本章的叙述关系相吻合，我们将个人消费定义为国内生产总值。实际上，2004 年的美国国内生产总值是 10.7 万亿美元。

资料来源：Talberth，Cobb，and Slattery (2006).

最后，真实发展指数还要减去“其他社会成本”，其中包括对“平等性权重”的使用，这个权重主要用来调整社会福利函数，目的是提高不平等水平，进而提高失业的成本和失去闲暇时间的成本。在 2000 年，真实发展指数的研究者得出结论，虽然国内生产总值合计为 6.2 万亿美元（按照 1996 年的美元价格计算），真实发展指数只有 2.6 万亿美元。值得强调的是，这只是对调整后的国内生产总值的一个估计；这个指标在构建时存在许多有争议的假设，但是真实发展指数确实从原理上阐述了研究人员如何尝试计算国民净福利。

除了简单地为真实发展指数给出一个数值外，图 9-6 显示了人均国内生产总值的增长率与估计得到的真实发展指数的增长率之间的比较。在 20 世纪 50 年代到 60 年代之间，这两个增长速率大致相同。到了 20 世纪 70 年代，真实发展指数的增长出现大幅放缓，在 20 世纪 80 年代它的增速是负的，然后在 20 世纪 90 年代期间有所恢复。在 20 世纪 70 年代和 80 年代，真实发展指数增长低迷的主要原因是中位数家庭收入的停滞、收入不平等水平的提高、不可再生资源的消耗，以及对环境造成的长期损害。20 世纪 90 年代出现的经济复苏反映了中位数家庭实际工资的上升，不平等水平的发展有所缓和，以及自然资本——农田、湿地、成熟生态森林和矿产资源流失率的下降。①

与先前的研究结果一致，图 9-6 说明了国内生产总值增长和真实发展指数增长之间没有明显关联。因此，国内生产总值的增长似乎没能告诉我们整体福利的增长趋势。最后，在整个研究时期，人均真实发展指数的平均增长率是 1.1%；自 1970 年以来，这个速率一直是 0.1%。总的来说，从有限的证据中我们发现，从长期来看，美国国民净福利的平均历史增长率似乎是 1%或更少。

① 参见 Talberth，Cobb，and Slattery (2006)。有关真实发展指数的材料可见 www.redefiningprogress.org。

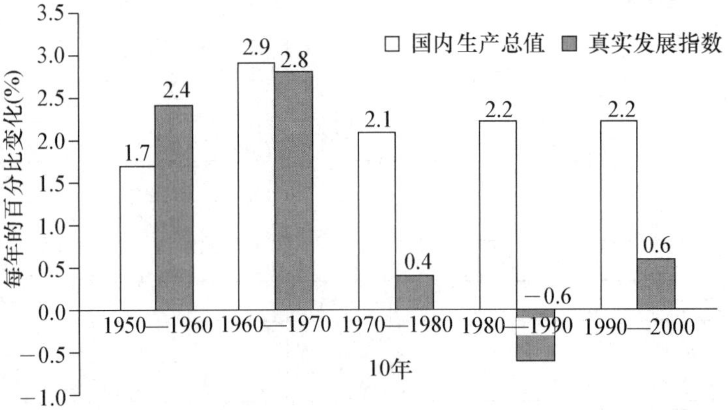

图 9-6 人均国内生产总值增长速度与人均真实发展指数增长速度的比较

资料来源：Talberth，Cobb，and Slattery (2006).

新古典主义经济学家也有几次尝试去估计包容性财富的变化，将其作为我们是否正在实现可持续发展的指标。World Bank (2006) 估计了"真实储蓄"(genuine savings)，它是对包容性财富的变化进行的度量。当真实储蓄是正值时，意味着该国包容性财富的价值是增长的。不过，它们发现所有国家平均起来的真实储蓄是正的，但是也有一些例外。一些国家报告说自己国家的国内生产总值是增长的（见图 9-7），但是真实储蓄确是负的。类似于安哥拉和尼日利亚等国，它们出售石油和其他资源，但是未能将获得的资金再投资于国内生产总值的健康增长，这些国家降低了国家财富，损害了未来的前景。

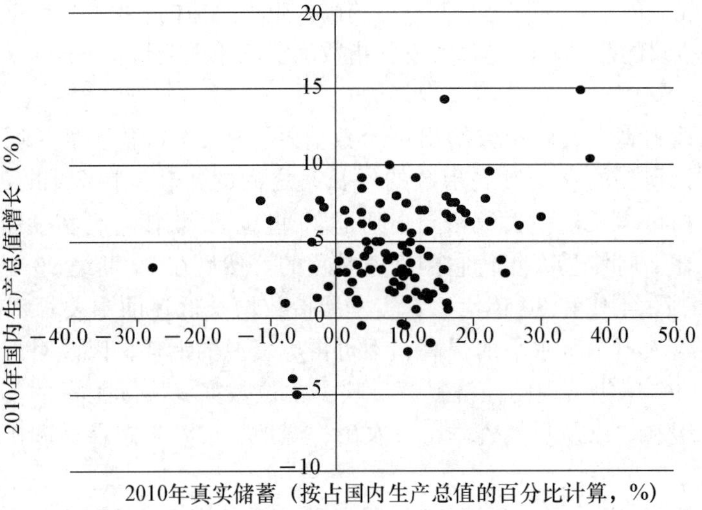

图 9-7 2003 年的真实储蓄增速与国内生产总值增长百分比变化的比较

资料来源：World Bank 2005 (printed on p. 45 of World Bank 2006).

最近，一组研究人员尝试对五个国家的包容性财富的变化做更加深入的分析，这五个国家是美国、中国、巴西、印度和委内瑞拉（Arrow et al.，2012）。使用与 World Bank (2006) 类似的技术，研究人员估计了包括人力资本、制造资本和自然资本在内的资本存量的价值变化。除了委内瑞拉，其他国家的包容性财富（被他们称为综合财富）都是增加的（见表 9-2）。然而，在所有国家，人均包容性财富的增长速度都低于人均国内生产总值的增长速度，这进一步强化了人们在其他研究中发现的结论，即随着时间的推移国内生产总值的增长倾向于高估福利改进水平，因为国内生产总值未能针对自然资本折旧做出调整。

对大多数国家来说，自然资本的价值只是构成总财富的一小部分。例如，在 2000 年，美国的自然资本价值占资本总值的 6.7%。自然资本的价值占比偏低，部分源于美国是一个发达国家，在人力资本和制造资本上拥有大笔财富的事实。在低收入的发展中国家，自然资本往往在总财富中占有较高比例。然而，计算出的较低的自然资本价值，也反映出在计算过程中被包括、被排除以及被看重的那些组成部分。自然资本包括石油、天然气、矿产、木材、土地以及在生态系统中封存的碳的价值。自然资本并不包括环境质量的其他方面，也不包括生态系统状况，许多生态经济学家认为这种疏忽可能导致得到的数字存在扭曲。

表 9-2　1995—2000 年五个国家的包容性财富增长速度与国内生产总值增长速度

国家	人均包容性财富增长速度	人均国内生产总值增长速度
美国	1.70	2.93
中国	5.63	7.60
巴西	0.14	0.50
印度	2.70	3.99
委内瑞拉	−2.94	−1.20

资料来源：Table 3 in Arrow et al.（2012，343）.

到目前为止的证据似乎表明，在大多数国家，国民净福利和包容性财富都是增长的，但是这两个指标的增速速度要慢于国内生产总值的增长速度。国民净福利和包容性财富的增速慢于国内生产总值增速的原因之一是，国民净福利和包容性财富正确地考虑了在国内生产总值中被忽略的自然资本折旧。然而，它们是否真的是可以证明实现了可持续发展的证据，则是值得商榷的一件事。这些报告的作者深知的事实是，为了得出相应的估计值，他们不得不做出大胆的假设，但是由于缺乏数据，自然资本的很多方面都难以纳入考察，从而使分析变得不完整。遗憾的是，鉴于科学和数据的状态，从数据中得出的证据很难改变铁杆乐观者或铁杆悲观者的看法。从科学的角度看，我们还不能令人信服地回答“我们的境况是否变得更好”这个问题。

9.7　贴现、可持续性与为未来投资

国民净福利的增长率——如果我们有信心了解它——将有助于回答经济的潜在可持续性。这也是贴现过程中的关键输入数据。在上一章中，我们探讨了贴现的逻辑，了解到拉姆齐方程可指导我们正确选择在时间推移过程中实现社会成本和收益最大化的贴现率：

$$r=\delta+\eta g$$

这里的关键参数之一是 g，它被定义为典型个体福利的增长率。事实上，这正是国民净福利的增长率。正如我们在上一节中所看到的，在美国，这个数值很可能低于 2%，有

时甚至可能会低于零。假设社会时间偏好（δ）的增速很低，这意味着在评价长期经济运行成本和收益时，像 0～2%这样一个较低的贴现率是合适的，但是如果将美国的贴现率运用在发展中国家的开发决策中，却可能导致这些国家耗尽自然资本存量。美国政府在实际中使用的贴现率是多少？在最近针对气候变化带来的成本和收益所做的一项分析中，美国国家环境保护局使用的贴现率是 3%～5%（US EPA/NHSTA，2009）。在评估气候变化的影响时，英国政府使用了 1.4%的贴现率（Stern，2007）。

与此同时，上面提出的证据表明，在中国等快速增长的发展中国家，g 会比较高。这里，对制造资本的投资有着较高的回报率，具体表现在能够帮助人民摆脱贫困、提高预期寿命，以及能够扩大教育机会进而提高人力资本存量增速。在某种程度上，这也解释了为什么发展中国家较少关注自然资本的长久保存。然而，在中国的一些地区，极其严重的水污染和空气污染显然损害了制造资本改善人民福祉的能力。此外，随着中国的化石燃料消费量上升到美国、日本和欧洲的人均水平，由此导致的全球变暖污染大幅增加将会损害全球可持续性的长期潜力。

相比于政府机构，私营部门的决策者面对的时间跨度往往较短。为了启动一项投资，企业通常要求大约 15%或更高的收益率。私营部门企业投资项目的回收期很少会高于 7 年；大多数投资回收期为 5 年或更短。这一点很重要。鉴于公共财产存在开放存取问题（见第 3 章），**较高的市场贴现率**（high market discount rates）可以解释为什么我们今天做出的很多决定可能是不可持续的。由于高的贴现率，我们无法做出更多的、有利于我们后代的长期投资。①

人们有时怀疑为什么私营部门的能源公司及其他投资者——知道石油是有限资源——不将资源投入生物柴油或氢燃料电池等替代性燃料的研发当中。难道这些部门无法提供高额利润吗？也许吧。但问题是，利润不会持续 10 年或更长时间。私人投资者使用较高的市场贴现率来评价项目，这反映了他们拥有的资本的私人机会成本。事实在于，能源公司可以在石油资产的常规性投资中获取 20%的投资回报，这意味着它们可以在 5 年里赚回投资。由于拥有这种较高的市场回报率机会，市场参与者只会针对很短的时期进行决策。

作为一个整体，如果社会以低得多的回报率受益于这些投资，为什么人们要求的利润率如此之高？第一，这些高收益率要求只反映了私人投资带来的好处，并没有考虑这些活动对经济增长带来的外部成本。第二，其中一些利润来自资源租金，但是在生产中使用的自然资本出现的任何折旧都没有反映出来。第三，正如我们在第 8 章中所看到的，高回报率可以诱导人们将其收入进行储蓄并投资，而不是在今天消费掉。这部分是由于正的时间偏好，部分是因为投资存在固有风险：投资者并不相信公司会持续经营超过 5 年，所以需要短期回报。

这将我们再次带到新古典主义与生态主义之间发生的辩论。尽管私营部门存在高贴现率，新古典主义经济学家还是认为我们仍然在制造资本、人力资本和社会资本上进行

① 低贴现率并不总是“亲环境”的。如果贴现率低，那么任何存在昂贵的前期成本的事物，都将表现出较好的未来收益流。使用低贴现率，巨型大坝的建设就会受到人们的青睐，因为人们可以在几十年里享受廉价的电力和娱乐机会。这里想要表达的是，使用 15%或 20%的市场贴现率，将会大大低估后代人从当前投资中获得的好处——无论这些好处是来自水力发电厂的低成本能源，还是来自更清洁的环境。

了足够的投资，从而确保了可持续性。他们争辩说，因为快速的技术进步，国民净福利仍在上升（尽管不可能很快）。其结果是，即便我们是短视的，我们的后代也仍然会比我们过得更好。与此相反的是，生态经济学家认为存在两个基本的经济学问题——公共财产的开放存取以及较高的市场贴现率——导致自然资本被不可持续地开采。换句话说，他们坚持认为，我们未能就自然资本的保护进行投资的行为已经开始让我们的后代受到不利影响。

9.8 生态经济学与新古典经济学之间发生的争论

从许多方面看，生态主义经济学家和新古典主义经济学家之间就可持续发展出现的争论，反映了安全标准阵营和效率标准阵营之间存在的差异。生态经济学家和安全标准的倡导者认为，环境保护是一种特殊商品，不应该用来交换数量更多的其他东西。安全标准的倡导者偏爱洁净的环境，认为这是个人自由，也是保护自身不受伤害的权利；在一般情况下，生态经济学家认为自然资本没有很好的替代品。这两类团体都拒绝成本—收益分析，他们争辩说，保护环境的收益无法得到充分研究，因此，这两类团体都用物质化而不是货币化的方式来度量其基本目标：安全和可持续性。

请注意，在提倡严格的环境保护标准时，安全标准的倡导者和生态经济学家都提出了功利主义的论点：环境保护对人类是好的，因为从全社会来看保护环境的机会成本相对较低。此外，就这一点而言，我们并未质疑其中隐含的越多越好这个假设。正如我们将在第 11 章考察的那个假设，如果事实上日益富裕的物质生活并未带来更大的福祉，那么安全标准和生态主义者持有的“机会成本较低”的看法将得到进一步加强。

效率标准的倡导者和新古典主义经济学家认为，安全标准和生态主义的立场过于极端。他们坚持进行权衡取舍，并且坚持认为，我们可能会为一个纯净的环境付出过多成本。举个例子，如果在降低发生概率很小的癌症风险和保护三文鱼溪流过程中花费大量资源与人力，这些资源和人力就无法用来投资于教育或卫生保健领域。我们需要进行成本—收益分析，以便在投资于环境保护与投资于其他商品和服务之间求得一个适当的平衡。此外，在针对可持续发展进行的辩论中，新古典主义经济学家认为历史站在他们这一边：马尔萨斯的预言已经一次又一次被证明是错误的。

从马尔萨斯开始，所有这些早期预测中存在的问题在于，它们极大地低估了不断变化的技术所带来的影响。事实证明，过去人们仅仅关注 IPAT 关系中的 P 和 A 并明显漠视 T（技术）的做法是不对的。新古典主义经济学家通过指向这些失败的预测来支持他们的基本假设，也就是自然资本和人造资本确实是两个不错的替代品——我们不是在“耗尽”自然资源，也不是在浪费环境汇。

生态经济学家回应说，历史并不能很好地指导未来。在产业革命开始后的 200 年里，不断积累的环境应力已开始从根本上削弱经济发展最终依赖的局部和全球生态系统的复原力。事实上，在很大程度上，生态经济学家已经将他们在 20 世纪 70 年代关注的不可再生矿产和石油耗尽问题转移到了其他资源上：这些资源包括生物多样性、淡水资源、环境的废物汇集能力，以及农业生产用地等。虽然可追溯到马尔萨斯的生态经济学家确实做出狼来了的举动，但是这并不意味着大灰狼真的不会来。

我们可以针对一种特定形式的稀缺自然资本——表层土壤——来说明新古典主义经济学家和生态经济学家之间的争论。戴维·皮门特尔（David Pimentel）是一位生态学家，也是国际生态经济学学会（International Society for Ecological Economics）的一位重要成员。他与几位合作者在《科学》杂志上发表了一篇文章指出，因表层土壤损失而导致的农业生产力下降，让美国每年付出 270 亿美元的成本（Pimentel et al.，1995）。这是一个巨大的数字——大约占美国农业总产出的 1/4。

新古典主义经济学家皮埃尔·克罗森（Pierre Crosson）提出的辛辣回应指责皮门特尔等人忽视了与其立场相左的证据（Crosson，1995）。克罗森自己先前曾发表过一篇文章，指出土壤侵蚀对农业造成的损失估计为每年 5 亿美元——是皮门特尔等人的估计的 1/50。两篇被皮门特尔等人所忽视的研究文章支持克罗森的立场。

所以，我们正在耗尽表层土壤吗？我们不是土壤科学家，因此不打算在这里为你解释这次辩论。（它是一篇学期大论文的主题!）但要了解的第一点是：IPAT 方程中的 I——在这个例子中，就是表层土壤流失造成的生产率下降——源自给定的人口水平、给定的需求水平（也就是富裕程度）以及给定的技术类型，这些因素都很难确定。第二点是：我们知道，除非开发出更多的环境友好型农业技术，面对 P 出现 50%的增长，或者至少 A 的加倍，这种影响将会迅速增长。

事实上，克罗森自己也明确地提出了这一点。他的立场是，因为表层土壤流失造成的生产率下降虽然确实存在，但是与未来 50 年里世界粮食需求量增加 3～4 倍相比，仍然相形见绌（Toman and Crosson，1991）。在世界粮食供应这个研究领域，虽然有些乐观主义者看到不断提高的产量能够跟得上需求的日益增加，但许多新古典主义经济学家也开始担心粮食体系应对需求增长的能力，特别是考虑到潜在的气候变化，以及试图结束 10 亿人口的脱贫问题。[①] 即使我们不以皮门特尔等人所宣称的那个速度去毁坏现存的表层土壤，考虑到全球粮食供应的前景，IPAT 的逻辑以及牧师马尔萨斯的幽灵都还环绕在我们四周。

9.9 总结

本章通过描述乐观的经济学家朱利安·西蒙和悲观的生态学家保罗·埃利希之间发生的一个著名赌约来开始论述。西蒙和埃利希将赌注下在五种不可再生的金属产品 1980—1990 年的价格趋势上。西蒙预测金属价格将会下降，因为人类的聪明才智将会找到如何使用更多、更便宜的材料的方法，并从根本上使资源供给更加丰富，而埃利希则预测价格将会上涨，因为来自不断增加的人口和富裕程度的需求面对的是有限供给。这个打赌最后谁赢了？

西蒙赢了。在 20 世纪 80 年代，所有五种金属的价格都下降了。金属价格下降是因为发现了新的金属矿床、引入了效率更高的采矿和冶炼方法，以及发现了其他更便宜的

① 参见 World Resources Institute（2009）的第 10 章。

材料来代替金属。例如，直到 20 世纪 80 年代，人们都还在依靠铜线传输电话信号，但是现在我们使用光纤电缆和无线技术，再也不使用铜导线了。

那么这意味着乐观主义者是正确的，悲观主义者预测错了吗？倒也未必。如果他们在 2000 年打赌，那么埃利希可以轻松取胜。因为在 2000—2010 年，包括多数金属在内，几乎所有商品的价格都在迅速攀升。对埃利希而言，他打赌失败的原因可能是选错了时机。

但更重要的是，关于可持续发展的核心问题的涉及面更加广泛，它考虑的是人类行为是否会破坏生态系统服务功能和一系列各式各样的自然资本——从淡水到星球温度再到生物多样性，这要比金属价格上涨或下跌更为宏大。只要人口和消费继续增长，资源和环境汇集能力就要面对无情压力的这个逻辑便始终存在，甚至可能会加速。当被问及那个赌约是否终结时，埃利希回答道“绝对没有……我仍然认为这些金属的价格最终会上涨，但这只是一个很小的方面。我最担心的资源是我们这个星球承受和缓冲人类影响的能力在下降。看看已经出现的新问题：臭氧层空洞、酸雨、全球变暖……如果我们真的造成气候变化，使生态系统的各类功能持续下降，那么我们可能会面对巨大的人口崩溃”（Tierney，1990）。

那么，我们该做些什么？如何决定我们对资源和环境的使用是否为可持续的？实现强可持续性涉及在资源层面应用 IPAT 方程：不断增长的因素（I）会造成资源水平的下降吗？如果是这样：就应该使用预防原则，并采取更加积极的政策措施来保护自然资本。使用足迹分析方法，我们还可以在社区或国家层面评估强可持续性。这能够为社会消费水平与总资源使用和环境汇枯竭水平是否相互契合提供一些指导。

可以用两种方法来评估弱可持续性。第一种方法是国民净福利，通过调整国内生产总值，可以发展出一种直接评估福利水平上升还是下降的方法。这需要在国内生产总值中加上非市场性产品，同时减去成本增长和自然资本折旧，以及对收入分配的变化做出调整。第二种方法是测量包容性财富，它是对资本总存量——自然资本、制造资本、人力资本和社会资本——的货币估值。如果包容性财富上升，那么社会有能力继续向其公民提供可比的或不断上升的生活水平。

要理解这里所述内容的一个关键概念是自然资本折旧。我们指出，当开发油田、砍伐森林或收获鱼类时，社会的收入（国民净福利）是不变的：我们只不过是按照一个可比价格，对存在于地上、地下或者海里的资源租金进行交易。然而，与此同时，社会资本存量（包容性财富）价值的下降水平正好等于资源租金。随着时间的推移，社会的资本存量是否能够得以恢复和上升，并最终带来国民净福利的增加，则取决于资源租金是否富有成效地投资于其他替代性资本。

针对国民净福利和包容性财富进行的实证估计相当复杂，也比较新颖，需要对一些尚未达成共识的问题做出很多专业的判断。这些指标是上升的还是下降的？我们尚无给出相关答案的充分信心。针对当前经济可持续性引发的新古典主义/生态主义辩论也还是无法用科学的方法来判断对错。然而，研究确实一致地发现，这两个指标的增长速度要小于国内生产总值的增长速度。人们度量出美国的国民净福利增长速度很可能不超过 2%，还有可能会小于零。

国民净福利的增长速度会通过拉姆齐方程反馈给社会贴现率。假设时间偏好率低，那么发达国家应使用 0～2%的贴现率，从而实现跨期的资源消耗成本收益最大化。在快速发展的发展中国家中，制造资本和人力资本投资能够带来减贫、提供教育、扩大公民自由、延长寿命，进而带来人类福祉的真正增加，这些事情都能提高生产率，因此设定较高的贴现率是合理的。

私营部门的贴现率要高得多：通常达到 15%或更高。这意味着私营部门的参与者只考虑短期内的事情。在通常情况下，必须在 5 年或更短时间内收回投资。这有助于解释为什么私营企业和市民无法做出能够带来中期或远期收益的一些长期投资：从针对太阳能的技术投资，到降低投入的耕作方法，再到气候领域或其他提高利用效率的家庭投资。由于公共财产存在开放存取问题，较高的市场贴现率代表经济可持续发展的两个基本挑战。

让我们用一幅在未来实现可持续发展的路线图来结束本章的讨论。我们如何在资源有限的世界里真正满足 90 亿～100 亿人的需要？最终，政策会将我们带到哪里？在本书第 3 章结尾部分我们讨论了可持续的商业活动，它有望为我们提供一些指引。一位名叫保罗·霍肯（Paul Hawken）的商人出版了一部有影响力的著作，名叫《商业生态学》（*Ecology of Commerce*，1995），他为我们提供了一种通过商业行为模仿自然系统来改造经济模式的洞见。他提出三个原则：

> **不存在能源危机：**像大自然一样，商业行为也需要依托丰富的“太阳能收入”（直接的阳光、风力发电和生物量）来运行，而不是依赖“太阳能财富”（化石燃料）等不可再生且产生污染的资源。
>
> **无污染：**在自然界中，“所有废物都是食物”。这意味着它是一个闭环生产系统，在其中，一个生产过程产生的废物会成为另一个生产过程的投入品。最终污染得以消失。
>
> **不存在大而不能倒的系统：**自然界依托多样性、创造性破坏与系统复原力来实现自身的发展和繁荣。大型企业控制政府并寻求其自身利益的裙带资本主义将会带来脆弱和非生产性的系统。

有关生态设计的一个有趣例子是所谓的活性机器（living machine）——它由一系列水池组成，支持复杂的人工湿地，可以消化人类废料，可将未经处理的污水变成新鲜的饮用水。生态视角旨在扩大这类闭环控制隐喻——一个部门产生的废物成为另一个部门的投入品——并将这种闭环系统扩大到整个宏观经济层面。当我们的商业系统学会模仿自然生态系统时，我们就可以看到通向公平和繁荣的未来之路。

正如我们所指出的那样，应该说，上一章和本章内容涉及的概念具有相对挑战性，我们也希望这些内容能够提供一些智力上的兴奋。在生态经济学家和新古典主义经济学家之间发生的辩论，也许是我们这个时代要面对的基本问题：如果不对沿着惯常轨迹的人类行为做出重大改变，人类会持续进步吗，抑或我们正在破坏这种进步的基础？更明智、更加基于激励机制的监管是否足以确保可持续性（这是新古典主义的看法）？或者，政府必须在保护自然资本、促进清洁技术、鼓励减少资源密集型消耗以及降低人口增长速度中发挥更积极的作用（生态主义的看法）？这些不同的政策组合是本书第 3 部分和第 4 部分所要处理的主题。

本章要对我们就控制污染和资源退化的不同标准的讨论画上一个句号。表 9-3 概要介绍了四种不同方法。前两个分别是效率标准和安全标准，侧重于控制污染的标准。后两个分别是弱可持续性标准和强可持续性标准，是保护自然资本的标准。当保护自然资本（例如，大气对二氧化碳的吸收能力）时，这些概念融入彼此，也需要控制污染。如果经济体系确实是弱可持续的，那么可以使用一个动态效率准则来做出资源保护的决策，那就是使用来自拉姆齐方程的贴现率的成本—收益分析。

表 9-3　有关环境质量的四类规范性标准

标准	规则	执行
效率标准	降低环境污染的边际收益＝降低环境污染的边际成本	成本—收益分析
安全标准	健康风险小于百万分之一	风险评估
新古典主义的可持续性	按照国民净福利增长速度对未来进行贴现；将所有的资源租金进行投资	成本—收益分析
生态主义的可持续性	保护自然资本	权衡自然资本存量的价值与人口和消费增长的价值

我们现在不再讨论各种标准，而是将重点放在下一章将要讨论的有关自然资源管理的特定经济工具。然后，我们可以用最终而且关键性的“大”讨论来对本书第 1 部分“何种程度的污染可称为过量”做出总结：金钱真的能买到幸福吗？

应用 9.0

一个有关增长的比喻[①]

假设有一种生活在试管中的细菌，其数量每分钟增加一倍，于是，1 分钟后试管里有两个细菌，2 分钟后试管里有四个细菌，依此类推。假定到第 15 分钟结束时，细菌所需的食物供给已经耗光。

1. 到第 15 分钟结束时，试管中会有多少数量的细菌？

2. 到第 14 分钟结束时，试管中会有多少数量的细菌？

3. 什么时候试管中一半的食物将被耗尽？

4. 在第 13 分钟末，多少百分比的食物将被耗尽？你认为 13 分钟后，一个普通细菌会相信食品危机近在咫尺了吗？

5. 假设不管你对第 4 个问题的回答是什么，在第 13 分钟开始时，细菌都收到一通唤醒电话。它们要做一个具有颠覆意义的科学项目，也就是让细菌中最聪明的那个来研究如何增加更多食物。它们成功了！在第 14 分钟开始时，细菌设法使试管中剩余的食物翻了两番。细菌为自己赢得了多少生存时间？

6. 考虑到长期生存的希望，细菌和人类所面对的问题有什么区别？如果有区别，有可能通过 P、A 或 T 来解决问题吗？

---

① 感谢 Dennis Palmini 建议我提出这个问题，该问题源自 Perry (1994)。

应用 9.1

让三文鱼绝种吗

在整个星球上的野生三文鱼都濒临灭绝的同时，美国超市里仍然在广泛供应三文鱼，价格也相对便宜。这是为什么呢？因为三文鱼养殖业出现了爆炸式增长。

a. 生态经济学家是否应该将杂货店里较低的三文鱼价格看作他转向新古典主义经济学家的证据？答案当然必须是"否"。花一点时间在互联网上做一些小研究，然后给出你的答案，讨论：(1) 三文鱼养殖的生态代价。(2) 野生三文鱼灭绝所丧失的，而且无法由养殖类三文鱼替代的价值。(3) 三文鱼养殖的可持续性的长期前景。

应用 9.2

矿业与经济发展

最近受到研究关注的一个经济发展悖论是许多在第三世界国家"黯淡"的经济表现。平均来看，这些国家的经济表现都很差：在被研究的 15 个国家中，有 3/4 的国家中人均国内生产总值出现下降，它们积累的相对债务水平也在世界上处于最高。

从很多方面来说，这些国家不良的经济绩效表现都令人吃惊，总体看，源自采矿业的经济租金可以用来对经济的其他行业进行投资，进而带动经济增长。一位作者对这种明显的矛盾解释说，这部分是因为对经济租金进行了非生产性投资。"因为浪费和不必要的高生产成本，租金都损失了，没能对经济增长提供任何贡献。对将资源租金用于当前消费，或者被外国公司夺取并投资于国外而言，这个情况也是成立的。甚至是，对经济租金的不明智使用还可能阻碍经济增长"① (23 页)。

1. 如果在这些依赖矿产的国家中人均国内生产总值得到提高，那么这些国家是否实现了"可持续发展"？为什么？

2. 提出的证据是否表明，一国能够通过不开采其矿产财富而变得更好？

各节主要观点

9.0 本章着重考察如何度量可持续性：我们如何辨认出我们正在耗尽资源和浪费环境汇？我们能做出辨认吗？

9.1 生态经济学的知识谱系可以追溯到马尔萨斯和他的**人口陷阱**；生态经济学家有时被称为**新马尔萨斯学派**。在很大程度上要感谢农业的**绿色革命**，它使得马尔萨斯的

① Tilton (1992) 还确认了另外两个因素："扭曲"，如由采矿业繁荣诱导的工资增长和货币升值，以及来自投资者感到不安全引发的矿产开发进度缓慢。然而，从可持续发展的角度看，鉴于废物和扭曲可能产生的影响，低速矿产资源开发最终可能会成为非首要手段。如果矿产价格相对下跌，那么这个事实就不太可能成立了。也可参阅 Sachs and Warner (1999)。

结论“错了”。然而，近年来绿色革命的成果已开始逐渐减弱。生态经济学家分享了马尔萨斯关于人口（和消费）压力的看法，认为它最初能够让人类保持稳定的福利水平，但是最终会走向灾难，并导致人类福利的下降。

9.2　现代生态经济学起源于1972年《增长的极限》一书的出版，最近的工作则是对地球边界进行的研究。生态经济学家与马尔萨斯的区别在于，他们将源自人口的压力扩展到消费，将源自土地的资源约束扩展到整个**生态系统服务**。

9.3　生态经济学家使用**IPAT方程**来标识为了确保强可持续性而需要大力保护的特定形式的自然资本。他们使用**存量资源的物理度量，或者与人口和消费压力相权衡的**污染影响来作为可持续发展的衡量标准。如果针对不存在很好替代品的资源提出的需求占到总供给的很大比例，那么我们对其的使用就是不可持续的（例如，水）。如果超出环境汇的吸收能力，导致存量污染物造成生态系统发生变化，那么我们对环境汇的使用也是不可持续的（例如，在大气和海洋中的二氧化碳）。生态经济学家还使用**足迹分析**来评估整个经济层面的可持续性。以较低的足迹水平实现较高的**人类发展指数**等级，是一项具有挑战性的目标。

9.4　可以通过两种方式来度量弱可持续性：**国民净福利**，这个方式要对国内生产总值做出调整，才能更好地衡量年度福利水平；**包容性财富**旨在评估社会资本存量的总价值：自然资本、制造资本、人力资本和社会资本。如果随着时间的推移，其中任何一个指标出现下降，那么经济都是不可持续的。计算这两个指标的关键挑战在于如何正确地考虑外部成本、收益以及**自然资本的折旧**。

9.5　自然资本的**折旧规则**是，资源的折旧等于资源消耗活动所产生的**资源租金**的价值。例如，当开发油田时，由于租金的价值，国内生产总值会出现增长，但是国民净福利不会改变：社会只不过是用手上的现金换取了地下的石油。与此同时，包容性财富的下降正好等于租金价值。要使包容性财富上升，并最终使国民净福利得到增长，就必须将这些资源租金有效地投资于其他形式的资本。阿拉斯加**永久基金**为我们提供了一个示例。

9.6　因此，事情变得更好或是更糟了吗？遗憾的是，这个问题目前还不能得到科学的解决。然而，国民净福利和包容性财富的增长率都普遍低于国内生产总值的增长率；在美国，这个数字可能不到2%，甚至有可能小于零。在高增长的发展中国家，国民净福利和包容性财富的增长速度都比较高，反映出保护自然资本的机会成本很高：例如，这些国家投资于减贫和改善教育，能够得到高的收益率。

9.7　国民净福利的增长率不仅决定了一个经济体是否为弱可持续的，它还可以通过拉姆齐方程中的变量g来确定在环境或资源保护项目的成本—收益分析中最大化净收益的贴现率。如果社会的时间偏好率较低，那么在发达国家，针对项目具有长期收益和成本的情况，其贴现率就应该接近g——一般在2%以下。美国国家环境保护局使用3%的贴现率来研究气候变化造成的损害。市场中使用的贴现率特别高，大约在15%以上。这意味着市场参与者的时间视野很短——一般为5年或更短。因此，**较高的市场贴现率**是一个关键因素，可能会破坏针对自然资本保护做出的投资水平，也会破坏确保可持续性所需做出的具有替代性的制造资本投资。

9.8　最后，污染的安全标准和效率标准之间出现的争论，与新古典主义和生态主义之间针对自然资源开发出现的辩论，具有相似性质。安全标准的倡导者和生态经济学家认为，人类社会作为一个整体，最好在较高的水平上保护环境质量，不要去考虑权衡取舍问题。生态经济学家持有这个观点的原因在于，他们认为自然资本和人造资本之间无法实现很好的替代。新古典主义经济学家则反驳说，权衡取舍是真实存在的，因为通过技术进步，我们能够克服感受到的资源限制。围绕表层土壤发生的争论表明，这个问题并不容易解决。

参考文献

Arrow, Kenneth J., Partha Dasgupta, Lawrence H. Goulder, Kevin J. Mumford, and Kirsten Oleson. 2012. Sustainability and the measurement of wealth. *Environment and Development Economics* 17 (3): 317-353.

Crosson, Pierre. 1995. Soil erosion and its on-farm, productivity consequences: What do we know? RFF discussion paper 95-29. Washington, DC: Resources for the Future.

Daly, Herman E. 2005. Economics in a full world. *Scientific American* 100-107.

Ehrlich, Paul R., and John P. Holdren. 1971. Impact of population growth. *Science* 171: 1212-1217.

Foley, Jon, Navin Ramankutty, Kate A. Brauman, Emily Cassidy, James Gerber, Nathan D. Mueller, Christine O'Connell, et al. 2011. Solutions for a cultivated planet. *Nature* 420: 337-342.

Hawken, Paul. 1995. *The Ecology of Commerce*. New York: Harper.

Howarth, Richard B., and Richard B. Norgaard. 1990. Intergenerational resource rights, efficiency and social optimality. *Land Economics* 66 (1): 1-11.

Johnson, D. Gale. 2000. Population, food and knowledge. *American Economic Review* 90 (1): 1-15.

Krugman, Paul. 2008. Conscience of a Liberal Blog, *New York Times*, April 22, 2008.

Malthus, Thomas. 1798. *An Essay on the Principle of Population*. London: printed for J. Johnson.

Meadows, Donella H., Dennis L. Meadows, Jorgen Randers, and William W. Behrens, Ⅲ. 1972. *The Limits to Growth*. New York: Universe Books.

Meadows, Donella H., Dennis L. Meadows, and Jorgen Randers. 1992. *Beyond the Limits*. White River Junction, VT: Chelsea Green Publishing Company.

Millennium Ecosystem Assessment. 2005. *Ecosystems and Human Well-Being*. Washington, DC: Island Press.

Nordhaus, William D. 1973. Measurement without data. *Economic Journal* 83: 1156-1183.

Nordhaus, William, and James Tobin. 1972. *Economic Growth*. New York: Columbia University Press.

Nordhaus, William, and Edward Kokkenberg, eds. 1999. Nature's Numbers: Expanding the National Economics Accounts to Include the Environment. Washington, DC: National Academy Press.

Pimental, David, C. Harvery. P. Resosudarmo, K. Sinclair, D. Kurz, M. McNair, S. Crist L. Shpritz, L. Fitton, R. Saffouri, and R. Blair. 1995. Environmental and economic costs of soil erosion and conservation benefits. *Science* 267: 1117-1123.

Postel, Sandra L., Gretchen C. Daily, and Paul R. Ehrlich. 1996. Human appropriation of renewable fresh water. *Science* 271: 785-788.

Raudsepp-Hearne, Ciara, Garry D. Peterson, Maria Tengö, Elena M. Bennett, Tim Holland, Karina Benessaiah, Graham K. MacDonald, and Laura Pfeifer. 2010. Untangling the environmentalist's paradox: Why is human well-being increasing as ecosystem services degrade? *BioScience* 60 (8): 576-589.

Rees, William E., and Mathis Wackernagel. 1994. Ecological footprints and appropriated carrying capacity: Measuring the natural capital requirement of the human economy. In *Investing in Natural Capital: The Ecological Approach to Sustainability*, A. Jansson, M. Hammer, C. Folke, and R. Constanza (eds.), pp. 362-391. Washington, DC: Island Press.

Rockström, Johan, Will Steffen, Kevin Noone, Å sa Persson, F. Stuart Chapin, Ⅲ, Eric F. Lambin, Timothy M. Lenton, et al. 2009. A safe operating space for humanity. *Nature* 461: 472-475.

Solow, Robert. 1992. An almost practical step toward sustainability. Washington, DC: Resources for the Future.

Stern, N. H. 2007. *The Economics of Climate Change*. Cambridge: Cambridge University Press.

Talberth, John, Clifford Cobb, and Noah Slattery. 2006. *The Genuine Progress Indicator*, 2006. San Francisco: Redefining Progress.

Tierney, John. 1990. Betting the planet. *The New York Times Magazine*, December 2, 1990.

Toman, Michael, and Pierre Crosson. 1991. Economics and sustainability: Balancing trade-offs and imperatives. Discussion paper ENR-91-05. Washington, DC: Resources for the Future.

United Nations Development Program. 2011. *United Nation's Human Development Report 2011. Sustainability and Equity: A Better Future For All*. New York: United Nations.

US EPA/NHTSA (National Highway Traffic Safety Administration). 2009. Proposed Rulemaking to Establish Light-Duty Vehicle Greenhouse Gas Emission Standards and Corporate Average Fuel Economy Standards. Docket No. EPA-HQ-OAR-2009-

0472/NHTSA-2009-0059.

Vitousek, Peter M., Harold A. Mooney, Jane Lubchenco, and Jerry M. Melillo. 1997. Human domination of earth's ecosystems. *Science* 277: 494–499.

World Bank. 2005. *World Development Indicators 2005*. Washington, DC: World Bank.

World Bank. 2006. *Where Is the Wealth of Nations? Measuring Capital for the 21st Century*. Washington, DC: World Bank.

World Resources Institute. 2009. *Earth Trends Data Bank*. http://earthtrends.wri.org.

Zolatas, Xenophon. 1981. *Economic Growth and Declining Social Welfare*. New York: New York University Press.

第10章 自然资源与生态系统服务

10.0 引言

你可能会在你舒适的公寓里阅读这本书，或者也许是在咖啡厅、图书馆或办公室里。无论你身处何处，你都被人类制造的东西所包围，并且会很容易地认为我们并不依赖自然资本。但是，更深入思考一下。你的椅子是木头或金属制成的，并用布或皮革包裹。你所在的那幢建筑取暖和使用空调要通过燃烧化石燃料；或者通过核电，核电要用到铀作为燃料源；或者通过使用类似于风能和太阳能那样的可再生能源。你可能会驾驶着汽油动力汽车或乘坐公交车到达你现在的位置，这些交通工具都是由各种金属、橡胶以及源自石油或其他碳氢化合物的塑料制品组装而成。你随身携带的手机里含有少量的铍、镉、钴、铜、铅、汞、镍、钯、银和锌。虽然许多经济学教科书中描述的生产过程也都依赖资本，这些内容通常意味着制造资本（包括工业厂房和设备）和人力资本，但是事实上，我们彻底、完全地依赖于自然资源。

之前两章侧重于可持续性，并将其作为我们经济的目标。正如我们已经看到的，决定社会是否实现可持续发展的一个重要因素是我们是否为下一代留下合适的存量资本，这些存量资本包括自然资源存量。（注意：在这一章里，我们所说的物质资本存量是指树木、地下的矿物以及海洋中的鱼类，而不是指类似于股票那样代表一个企业所有权的资本存量。）在这里，我们围绕利用自然资源的经济学问题做深入了解。

“自然资源”包含的种类非常多，包括维持人类福祉且不直接由人类生产的所有原材料。所有的制造资本，以及所有的最终产品和服务，都依赖某种形式的自然资源，都是“自然资本”的一种形式。自然资本还包括提供生态系统服务的生态过程。在这一章里，我们将探讨三大类自然资本的经济学分析：不可再生资源、可再生资源，以及提供生态系统服务功能的生态过程。

不可再生资源（nonrenewable resources）是指类似石油、煤或矿物等供给有限的资源。在长达数百万年的地质时期中，石油或煤炭是可以再生的，所以，从某种意义上看，这些资源只是更新非常缓慢的资源。但是出于实际考虑，或者至少从思考未来1 000 年的事情出发，我们只拥有现在存在的那些石油和煤炭，自然无法提供更多。相比之下，**可再生资源**（renewable resources）是指有着自然生长功能的生物资源。鱼类、猎物、树木、水果和谷物等，只要我们有足够的智慧，就可以为那些在捕获或收割后还能再次成长的东西留下足够存量，那么这些资源便不会灭绝。

传统上，“资源经济学”只专注于前两个类别：可再生资源和不可再生资源。归入第三类的**生态系统服务**（ecosystem services）功能则将“自然资源”一般化为一个更加现代化的概念——自然资本，到目前为止，我们一直在本书中使用这个概念。生态系统服务是指人们从自然界获得的好处。它既包括从利用可再生和不可再生资源中获得的收益，又超越了这些收益。生态系统服务还包括生态过程带来的收益，例如，生态系统过滤污染物并提供干净的饮用水，或者将二氧化碳固化在植物中以减少大气中二氧化碳的含量。要了解如何从经济学角度来管理这些生态系统服务功能，我们还必须了解提供这些服务的潜在的**生态系统过程**（ecosystem process）。

《千年生态系统评估》（2005）将生态系统服务功能定义为四个类别：

> 供应服务：从生态系统中获得的产品，其中包括不可再生资源（石油、煤和矿物）和可再生资源（鱼类、猎物和木材）。
>
> 调节服务：通过过滤养分或污染物提供干净的饮用水，通过授粉提高农作物生产率并控制病虫害，这些生态过程能够控制水、碳、养分以及能量的流向，并惠及人类。
>
> 支撑服务：底层的支持系统或者说“自然基础设施”，能让一切继续发挥其作用。
>
> 文化服务：从生态旅游、娱乐和精神激励等方面获取的非物质性收益。

与其他的自然资源经济学不同，为了对生态系统进行管理以便于提供生态系统服务，要求我们将多个生态系统服务的生产过程结合起来考虑，还要考虑到在不同服务之间、影响生态过程行为的意外结果之间，以及生产生态系统服务的生态过程的特定位置和空间格局之间做出权衡。

在之前的两章中，我们将评估可持续性作为经营自然资本的中心目标。在这一章，我们将更加注重考察有助于实现这一目标的自然资源管理的经济学。

10.1 不可再生资源与霍特林模型

亿万富翁保罗·格蒂（J. Paul Getty）是格蒂石油公司的创始人，在其一生中，他一直是世界上最富有的人之一，他给出的成功公式是“早起，努力工作，打出石油”。很好理解为什么有时人们将石油称为“黑色黄金”。在 2010 年，全球石油消费量为每日约 8 700 万桶。每桶 100 美元左右的价格意味着每天人们要花费 87 亿美元来购买石油！

加起来每年购买石油的钱超过了 3 万亿美元。

石油有着如此价值的原因在于它是具有高能量含量的独特燃料，而且其有用的化学结构还可用于塑料和化工行业的生产。它为运输行业的轿车、卡车、巴士、船只以及飞机提供燃料。另外，运输行业要用到的道路本身也由石油产品（沥青）制造而成。石油可用来取暖和发电。石油是各种各样的化学品（“石化产品”）的主要成分。如果没有石油，现代经济将难以运行。用美国前总统乔治·W. 布什的话说就是，“美国对石油上瘾了”（其他国家也是如此）。

但是，石油是一种有限资源。埋在地下的石油只有不多的一些。另外，我们正在以飞快的速度将其耗光。在石油供给有限的情况下，我们该如何分配石油以满足当前和未来的需求？我们会在某个时点上将石油耗光吗？在未来，石油是否会变得十分昂贵，以至我们耗尽了石油供给并让后代人受到惩罚？

为了回答石油以及其他不可再生资源的生产和价格方面的问题，经济学家通常从一个简单的模型开始，这个模型由哈罗德·霍特林于 1931 年发明。霍特林对拥有类似石油等不可再生资源的企业该如何选择使用其资源存量以最大化利润这个问题有个基本的看法。对霍特林而言，拥有一类存量资源是一种投资行为。如果资源能够提供具有竞争力的回报，企业就应该选择牢牢持有这类存量资源，如果资源无法提供具有竞争力的回报，企业就应该选择将其卖出。如果一家企业准备出售其石油储备并将得到的资金放在银行，那么这家企业将获得相应的利息收入。但是存在地下的石油是不会产生利息的。看上去存在地下的石油也不会产生任何回报。那么，为什么有人会选择持有石油储量？

如果价格上升，存在地下的石油就会变得更有价值。为了让企业愿意将一些存量资源保存到未来，类似石油等不可再生资源的价格必须随着时间的推移而上升。霍特林指出，在市场均衡的状态下，存量资源的回报率（资源租金收入的百分比增加）将等于从另外一类投资中获取的回报率（利率）。这将为企业在随后时期内保存一些（并非全部）资源提供一种激励，这个过程被称为基于利润的资源保护。更重要的是，价格上涨将向投资者发出信号，告诉他们开发替代性产品是有利可图的。

我们可以使用一个例子来看清楚霍特林模型中蕴含的基本逻辑，这个例子是随着时间的推移生产和销售一种不可再生资源。假设在 Billsville 国发现了 100 吨的一种全新矿物，Billsville 是地球上唯一拥有这种矿物的地方。Billsville 国的总统 Bill 先生谦虚地将这种新资源命名为 Billite。为简单起见，假定 Billite 可以无成本生产（很容易开采，不需要提炼）。Billite 行业也是一个竞争性行业，因为其中有很多小生产者，它们将价格视为给定。

在这个国家的其他地方，投资者可以赚取 10%的利息（或者说“贴现率”）。假设在两个时期中，Billite 的反需求曲线是相同的：$P_t=260-q_t$，在这里，P_t是 t 期的价格，q_t是 t 期的总需求量。为简单起见，我们假定只有两个时期，因此，所有的 Billite 都必须在第一或第二个时期售出（可将类似逻辑扩展到一个多期模型）。于是，图 10-1 就给出了一个给定时期的模型设置。如果在第一期将所有的 Billite 都售出，那么它们将会在每吨 160 美元的价格上被卖出。但很明显，企业不会轻易地在第一期将其售罄，而会拿着一些存量资源在第二期进行销售，在这一期，资源的价格最高可以达到 260 美元。将资源持有到第二期，将会提高第一期资源的价格。

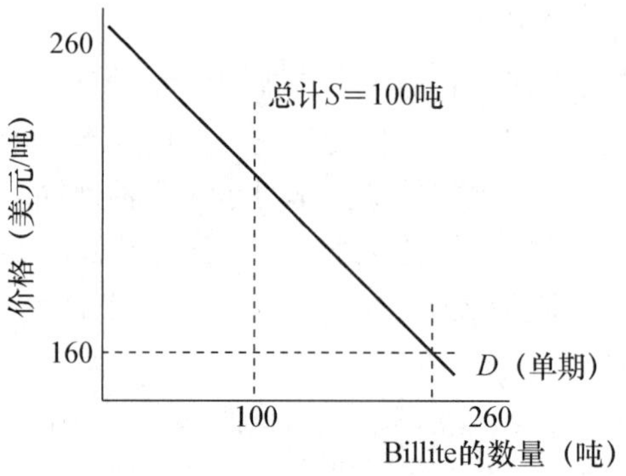

图 10-1　Billite 的年度需求和总供给

问题

在第一期和第二期，企业分别会生产多少的 Billite？在第一期和第二期，Billite 的价格分别是多少？

任何一本经济学原理教科书都会告诉你，完全竞争的企业将会在价格等于边际成本处进行生产。当价格超过边际成本时，企业可以通过增加生产来提高利润。但是，尝试将生产提高到价格等于边际成本（这里假定边际成本为 0）的地方，就需要企业在单一时期内卖出 260 单位的存量资源。当然，现在只有 100 单位的存量资源，所以卖出 260 单位的存量资源是不可能的。即使企业是充分竞争的，价格也不会降到边际成本处，因此，拥有 Billite 的企业将会赚得一些利润。之所以出现这种利润，是因为资源相对于需求是稀缺的，以及——正如我们在第 3 章中所讨论的——我们称这种利润为**资源租金**（resource rent）。①

回到上面那个问题。在第一期和第二期，企业会生产和销售多少 Billite？首先要认识到，企业会在某个时点生产和销售它们拥有的所有 Billite，因为这样做能产生利润，如果不将资源卖出，便无法产生利润。因此，我们知道两个时期内的总销售额将等于资源总存量，即 $q_1+q_2=100$（或者 $q_2=100-q_1$）。因为生产者面临的是向下倾斜的需求曲线，所以他们分两个阶段平均地卖出存量资源似乎是比较合理的。这样，他们在每个时期按照每单位 210 美元（=260−50）的价格卖出 50 单位。

然而，这不是一个利润最大化的结果。考虑一家企业，它在第一期卖出一单位资源，然后将得到的资金用于投资，到第二期结束时，它拥有的资金就是 231 美元 [=210×(1+0.1)]。这要比在第二期等待出售并且只得到 210 美元划算，因此，在第一期应该卖出更多单位的资源，在第二期应该卖出较少单位的资源。换一种表达方式就是，在第一期卖出一单位 Billite 的现值是 210 美元，在第二期卖出一单位 Billite 的现值是 190.91 美元 [=210/(1+0.1)]。只有当企业在第一期和第二期都赚得相同数量时，这种在第一期多卖出一些、在第二期少卖出一些的压力才会消失。也就是说，第一期的

① 当合意资产供给有限时，也会出现资源租金。例如位于曼哈顿中城的物业或者位于南加州的海滨地产。

价格 P_1 等于第二期的贴现价格$\frac{P_2}{1+r}$：

$$P_1=P_2/(1+r)$$

用一点代数学知识，我们可以重新排列这个表达式，发现存量资源价格上升的百分比正好等于利率：

$$P_1(1+r)=P_2$$
$$P_1\times r=P_2-P_1$$
$$r=(P_2-P_1)/P_1$$

这就是**霍特林规则**（Hotelling's rule），用语言来表述就是资源价格的百分比增长［$(P_2-P_1)/P_1$］等于利率（r）。

我们正在接近上面提及的那个问题的答案：在各期应该出售多少单位资源？我们知道它不是 50 对 50，在第 期卖出的数量应该更多（这会使第一期的价格下降），在第二期卖出的数量应该更少（这会使第二期的价格上升）。那么，究竟应该上升和下降多少？一种解决方法可能是猜测和检查：试试 51 对 49、52 对 48，看看哪种组合能够解出霍特林规则下的解，使得两个时期的贴现价格相同。不过，我们还是用代数学来给出答案。

使用霍特林规则，并在每一期使用市场需求曲线的反函数（$P_t=260-q_t$），我们可以解出每一期中出售的数量：

$$r=(P_2-P_1)/P_1$$
$$0.1=[(260-q_2)-(260-q_1)]/(260-q_1)$$
$$0.1(260-q_1)=q_1-q_2$$

使用两个时期总销售额等于总的存量资源这个规则：$q_1+q_2=100$ 或者 $q_2=100-q_1$：

$$26-0.1q_1=q_1-(100-q_1)$$
$$126=2.1q_1$$
$$q_1=60$$

第二期的数量将会是 $q_2=100-60=40$。因此，我们最后能够最大化两个时期利润的数量是 60 对 40。通过这种分配规则，不再有企业愿意在一个时期多销售资源并在另一个时期少销售资源。

回到价格：第一期的价格将会是 $P_1=260-q_1=200$。第二期的价格将会是 $P_2=260-q_2=220$。注意到，第二期价格的贴现值正好等于第一期价格（220/1.1=200）。

图 10-2 为我们提供了一个可用来显示这个例子中所得结论的有用方法。在图 10-2 中，其总宽度为 100 单位，代表总计可用的 Billite 数量。我们从左边的 0 开始计算第一期生产的 Billite，沿着图形越往右，数量越多。我们从右边的 0 开始计算第二期生产的 Billite，沿着图形越往左，数量越多。根据我们对图形的构造，横轴上任意点都代表了在第一期和第二期之间针对 100 单位 Billite 的生产任务进行的分配（$q_1+q_2=100$）。

同样地，我们绘制出第一期（从左边 260 起的那条向下倾斜的线）和第二期（从右边 260 起的那条向上倾斜的线）的需求曲线。请注意，如果不考虑贴现，那么两条需求曲线会在每个时期生产 50 单位的地方出现交叉，相应的价格为每单位 210 美元。然而，正如我们前面所提到的，生产者真正关心的是如何让贴现价格相等，也就是 $P_1 = P_2/(1+r)$。第二期中贴现后的需求要低于原来那条向上倾斜的曲线。如图所示，当 $q_1 = 60$ 且 $q_2 = 40$ 时，贴现价格实现均衡，因此第一期的价格为 200 美元，第二期的价格是 220 美元，后者按照 10%的比率贴现后就是 200 美元。

图 10－2 看上去几乎与第 4 章中的图 4－3 完全相同，那幅图显示的是减少污染的有效水平。图 4－3 给出了减少污染的边际收益，它是一条向下倾斜的曲线，意味着污染减少得越多，则相应的边际收益便会越小。图 4－3 还给出了减少污染的边际成本，它是向上倾斜的曲线，意味着得到清理的污染越多，则相应的边际成本会越高。这里绘出的这幅图与之类似。在第一期使用的 Billite 越多，则越能够为生产者提供更多的边际收益（源自销售的利润），它由图 10－2 中向下倾斜的需求曲线表示。然而，在第一期使用的 Billite 越多，在第二期能够使用的就越少。因此，也就是说在第一期使用更多 Billite 是有成本的，这个成本就是在第二期失去的利润。因此，在第一期增加的边际成本就应该等于第二期贴现后的需求曲线。在第一期和第二期的有效生产量出现在 MB＝MC 处，这正是贴现后价格相同的地方：$P_1 = P_2/(1+r)$。

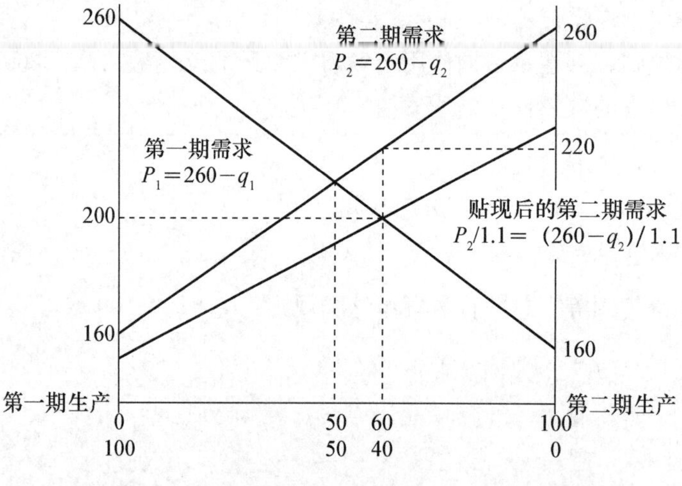

图 10－2　在两个时期中使用资源，以及霍特林规则

这个两期决策的示例说明了几个基本观点。第一，既然不可再生资源的供给是有限的，而且相对于需求是稀缺的，那么那些拥有这类资源存量的人将会从中获得一个正的资源租金。在这个简单示例中，拥有 1 单位 Billite 价值 200 美元（以现值计算）。第二，如果存在一个正的利率，那么不可再生资源的价格将会随着时间的推移而增加。霍特林规则是说，持有资源的回报率等于在另外一项投资中获得的回报率。资源价格的上升便带来了持有存量资源的正的回报率。第三，如果类似于我们在上面这个简单示例中所假设的，跨期需求固定，那么价格上升意味着随着时间的推移消费数量下降。在例子中，第一期生产和销售的数量较多（60），第二期生产和销售的数量较少（40）。贴现率越高，在另外一项投资中放弃的收益就越高，于是对资源的开采速度就会越快，价格上涨得也越快。再次需要说明的是，价格的稳步上涨会触发企业在替代性物品上进行投资。

遵守霍特林规则也是一种动态有效的做法。当存量资源随着时间的推移而进行分配时，最大化其使用价值的现值，便可以实现动态有效。当不同时期的贴现后价格相等时，就无法通过跨期重新配置资源来提高回报。既然市场竞争激烈，生产者有完善的信息，也许这一结果不应令人惊讶。然而，我们经常会有这种感觉，即市场带来的结果是资源被迅速耗尽。如果某类资源的使用与污染相关联，往往会出现这样的情况。然后，就像我们之前所显示的，与污染相关的活动（对石油和其他化石燃料等导致温室气体排放、气候变化以及局部空气污染的资源而言，人们确实有此担忧）往往会过多出现。但是，如果不存在污染的外部性或其他扭曲，市场将会实现不可再生资源的跨期有效分配。

可以将基本的霍特林模型进行大幅扩展，使之远远超出我们上面提及的只有两个时期且不存在生产成本的简单例子。假设我们可以按照固定的每单位 c 美元的边际成本生产某种不可再生资源。在这种情况下从不可再生资源的生产和销售中获得的资源租金就是价格减去边际成本：$R=P-c$。企业关心的是租金，而不仅是价格。在市场均衡处（在这个地方，企业不再会将生产从一期转移到另一期），在不同时期中，贴现后的资源租金将会相同：

$$(P_1-c)=(P_2-c)/(1+r)$$

所以，例如假设在 Billite 的那个例子中，生产的边际成本是每单位 42 美元。这样，当下面的条件满足时，贴现后的边际租金将会相等：

$$(P_1-c)=(P_2-c)/(1+r)$$
$$(260-q_1-42)=(260-q_2-42)/(1.1)$$
$$(218-q_1)\times 1.1=218-(100-q_1)$$
$$q_1=58$$

由于成本比之前的要高，所以第一期的产量会下降，第二期的产量会上升。思考为何会发生这种情况的一种方法是进行贴现，这意味着企业希望将成本推到未来，这将延缓生产。在一般情况下，成本的增加或需求的下降都将导致资源租金下降。较低的资源租金往往使跨期的生产分配变得更加平均。

当存在多个时期时，霍特林模型的基本逻辑也是成立的。在生产的边际成本恒定时，在任何一个需要生产和出售资源的时期，贴现后的资源租金（价格减去边际成本）都应该在所有的 t 个时期内相同。

在 t 期的需求曲线为 $q_t=a-P_t$，每单位生产的边际成本为 c 的例子中，得到的随时间变化的价格和生产数量如图 10-3 所示。当价格上升到**遏制需求的价格**（choke price，也就是 a 点）水平时，需求量降为零（需求被遏制）。当在时期 T、存量资源被消耗尽时，便会出现这种情况。

如图 10-3 所示，存在一个时点，在这个时点上存量资源被开采殆尽（图中的时期 T）。随着时间越来越接近 T，价格会逐渐增加，需求则会逐渐下降，直到达到遏制需求的价格，人们便不再对不可再生资源产生需求。从可持续发展的角度看，这是什么意思？

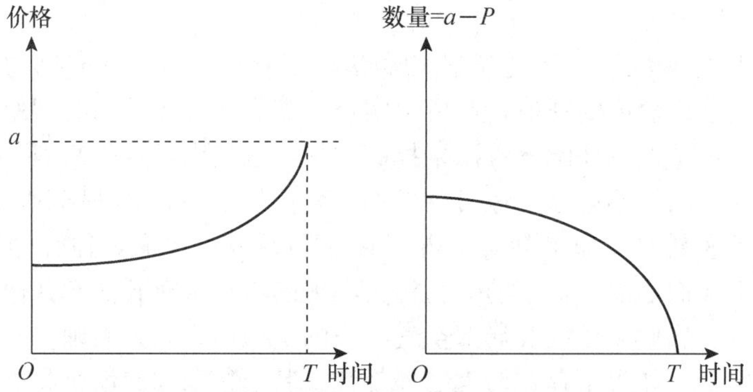

图 10-3 随时间变化的霍特林价格和生产路径

在此模型中隐含的意思是，不可再生资源存在替代品。随着石油变得越来越稀缺，其价格就会上涨，进而推动企业在较低成本水平上寻求和开发具有类似功能的技术，或者提高现存石油的使用效率。例如，随着石油存量的消耗，太阳能、风能和生物质能技术可以为氢燃料电池或电动汽车供电，也可以提供热量和电能。作为一个强大的社会机制，市场可以用另外一种类型的资本来替换某种形式的自然资本。消费者行为也可能会发生转变。在高油价时期，人们会更多使用更小的节油型汽车（当油价较低时，会倾向于采用高能耗卡车）。驾驶习惯也对石油价格比较敏感。当汽油价格高时，人们会减少旅行，一般来说开车时间也会减少。

事实上，如果石油价格太高（接近遏制需求的价格），那么人们对石油的定价很可能将所有市场需求都挤出。最终，如果石油价格继续上涨，太阳能电动汽车将比石油更加便宜。可以将太阳能和电动汽车视为一种现成的**备用技术**（backstop technology），它能够用可再生资源来代替不可再生资源。拥有了类似于太阳能这样的备用技术后，石油价格便出现一个上限。

但是，不是说一些资源是不可替代的吗？这个问题让我们回到前两章提到的新古典主义和生态主义之间发生的辩论。石油属于最独特的不可再生资源，它含有的能量高，有着各种广泛用途，目前还没有现成的低成本替代品。鉴于我们对石油的依赖性，除非有充足的能源替代品，否则突然限制石油供应无疑会引起经济活动的大规模缩减和生活水平的大幅下降。这个理由足够让我们做出大规模的研发努力，以便发明出新的可再生能源供应来源。但是，在石油真正耗光之前，霍特林模型预言石油价格将出现显著上升，从而反映其稀缺性。价格上涨将触发更多人去寻找一系列替代品。如果石油价格太高，那么它可能会退出市场，因为消费者会去寻找更加便宜的替代品。

我们能够依据霍特林模型预测的资源价格上涨来提醒人们可能会出现短缺吗？我们首先通过一系列的商品来看看实证证据，然后再考察“石油峰值”问题。

10.2 检验不可再生资源的模型

真如霍特林模型所言，不可再生资源的价格趋于上升，供给数量趋于下降吗？在整个 20 世纪，在控制了通货膨胀的影响后，自然资源的实际价格是相对平坦的，甚至有点向下走的趋势（回忆第 9 章中的“打赌”，在 20 世纪 80 年代，五种金属的价格出现了相当显著的下降）。有一项研究全面考察了 1967—2001 年六种矿物质（铝、铜、铅、镍、锡和锌）的实际价格（Krautkraemer，2005）。尽管存在一些上下起伏，但是在此期间，这六种金属的价格变化的总体趋势是向下的。由 Barnett and Morse（1963）所做的一项早期研究发现，在 1870—1958 年，除了木材外，其他自然资源的开采成本都是下降的，但是木材显然是一种可再生资源，而不是不可再生资源。直到最近，自然资源似乎都没有显示出随时间推移而本应该出现的更大稀缺性。

两个可能的解释也许可以说明不可再生资源的价格缺乏随时间变化而上行的原因。第一，对可能的供给和需求条件进行预判后，消费者或企业也许在一个相关的时间期限内——比如说 20 年——没有看到这些基本商品会出现长期短缺的迹象。所以，即使在未来的某个时间这些资源会成为稀缺的，这些因素也太遥远了，几乎不会被消费者或企业纳入其行为决策之中（Krautkraemer，1998）。第二种解释涉及成本的下降。随着开采和加工技术的不断进步，人们可以经济高效地开采低品位矿石。这有效地将供给曲线向下推，进一步缓解了迫在眉睫的稀缺性。

有关新技术影响资源可用性和价格的一个生动例子是过去几年美国天然气开采过程中对水力压裂技术（或者简称为“压裂”）的运用。水力压裂是一个过程，可以利用注入地下的高压水打开地下岩层中的小裂缝。这些裂缝能够让石油和天然气更自由流动。众所周知，尤其以页岩为代表的某些类型的岩石中有时会含有大量石油和天然气。然而，在水力压裂技术出现之前，人类没有经济可行的办法来获取其中蕴含的石油和天然气，因为它们被紧紧地锁定在坚固岩石中。随着水力压裂技术的出现，这些石油和天然气储量成为可供商业开采的资源。

在美国，水力压裂技术带来一场繁荣，尤其是推动了天然气和石油生产。在 2006—2012 年，美国的天然气生产数量上升了 25%，从 2006 年的 235 亿立方英尺上升到 2012 年的 298 亿立方英尺。[①] 供给的快速增加导致天然气价格急剧下降，从 2008 年的每千立方英尺超过 10 美元下降到 2012 年 4 月和 5 月的每千立方英尺不足 2 美元。[②] 供应的增加与价格的降低为依靠天然气的美国产业和消费者提供了恩赐。然而，人们开始关注水力压裂技术对环境产生的影响，其中包括在水力压裂过程中天然气和注射用化学物质对地下水水质造成的潜在污染、废物处理不善造成的表面水域污染、空气污染以及二氧化碳排放。如何监管水力压裂技术进而最小化环境损害，已成为当下流行的一个辩论主题。

然而，除了天然气外，近年来自然资源的价格存在一直上涨的趋势。中国和印度这类快速增长的发展中国家的需求大幅上升，推高了矿物、能源以及食品等范围广泛的一系列自然资源的价格（见图 10-4）。似乎霍特林模型超越了它所在的时代。在 20 世纪，对存量资源的新发现和新技术的发明似乎足以抵消资源耗竭产生的影响。到了 21 世纪，

① 参见 U. S. Energy Information Administration. U. S. Natural Gas Gross Withdrawals. http://www.eia.gov/dnav/ng/hist/n9010us2A.htm。

② 参见 U. S. Energy Information Administration. U. S. Natural Gas Wellhead Price. http://www.eia.gov/dnav/ng/hist/n9190us3m.htm。

人们几乎很难进一步发现新的存量资源，再加上迅速增长的需求，也许在这个时代中，霍特林对资源价格出现上升的预测终于会趋于正确。石油峰值可以作为典型的例子吗？

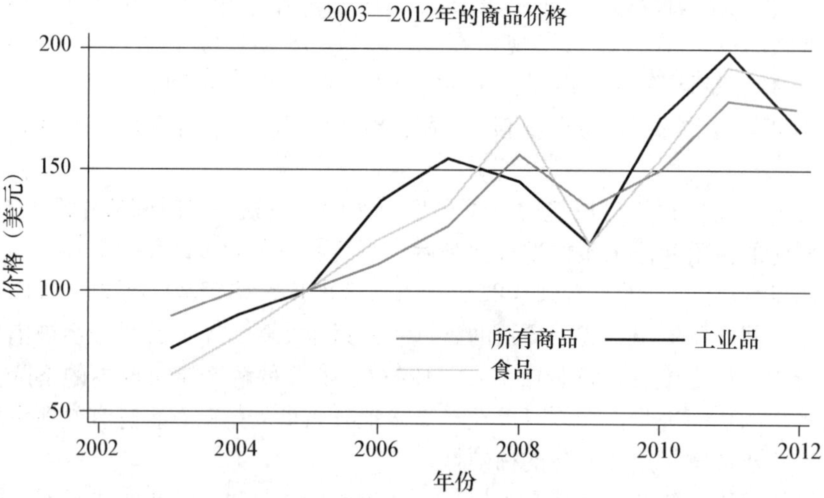

图 10-4　2003—2012 年的商品价格

资料来源：*IMF Data and Statistics*，http://www.imf.org/external/np/res/commod/Table1.pdf.

10.3　"石油峰值"

在 1956 年，一位在壳牌石油公司工作的地球科学家金·哈伯特（M. King Hubbert）在美国石油研究所的一次会议上提交了一份报告，预测美国大陆的石油生产顶峰将会在 20 世纪 60 年代晚期或 70 年代早期达到。从哈伯特开始，许多分析师开始试图预测**石油峰值**（peak oil）出现的时间，也就是石油生产达到顶峰并开始下降的时间。在哈伯特第一次对美国石油峰值做出预测时，很多石油工业的从业者都认为这是无稽之谈。在当时，生产稳步上升，很多人认为它将在长期内继续上升。然而，事实上美国石油产量在 1970 年达到 960 万桶/天的峰值。自那以后，石油生产从峰值稳步下降，直到在 2008 年达到 500 万桶/天的低点。不过，从 2008 年开始，美国的石油生产又开始出现恢复，达到 1970 年左右的产出水平，造成这一结果的很大一部分原因是前面讨论过的水力压裂技术的使用。

在 1974 年，哈伯特还预测世界石油产量将在 1995 年达到峰值。他的这次预测远没有第一次预测那样准确。事实上，世界石油产量一直在持续增加（见图 10-5），现在已接近 9 000 万桶/天。但是，许多观察家担心现在离石油峰值已经不远了。考虑这份 2008 年由一家主要的石油公司发布的新闻。

> 根据荷兰皇家壳牌集团的说法，在未来 7 年内，世界对石油和天然气的需求将远远超过供给。

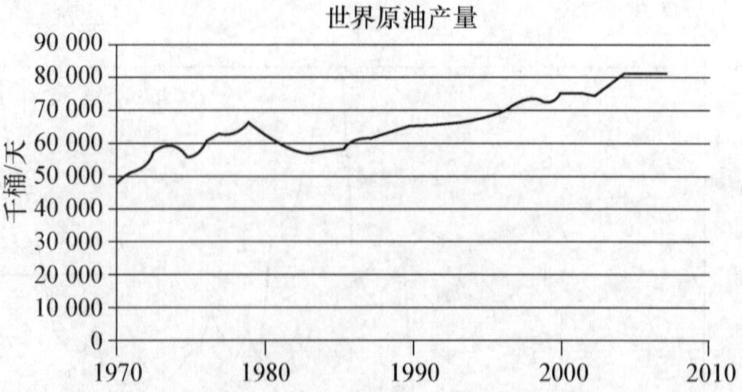

图 10-5　石油峰值：我们到这里了吗

资料来源：US EIA，International Energy Statistics，http://www.eia.gov/cfapps/ipdbproject/IEDIndex3.cfm?tid=5&pid=53&aid=1.

跨国石油集团预测，石油的常规供给将无法跟上不断飙升的人口增长以及经济快速发展的步伐。壳牌集团的首席执行官 Jeroen van der Veer 在一封发给公司工作人员的电子邮件中说，常规石油和天然气的产出正在接近峰值。他写道："壳牌集团预计，在2015 年后，易于开采的石油和天然气的供应将无法跟上需求。"①

从某些角度看，不断增长的需求可能耗尽有限供给这件事，确实有其物理学意义上的现实性。所以在某种意义上，人们不应该对石油峰值进行争议。真正的问题是我们何时达到石油峰值，而不是是否会达到石油峰值。石油峰值将会在 2015 年达到，还是生产仍将会继续攀升几十年？与壳牌集团类似，世界资源学会认为峰值会在不久后达到，大约在 2014 年之前的某段时间里。② 但是，其他人则继续认为产量会增加。例如，国际能源署最近预测石油产量激增将会使美国成为最大的石油生产国，到 2020 年将会超过沙特阿拉伯的产量，到 2030 年将会实现能源独立。③ 哈佛大学的研究人员 Leonardo Maugeri 预测指出，到 2020 年，世界石油产量将会增加到每天超过 1.1 亿桶(Maugeri，2012)。

当真的出现石油峰值时，即使存在备用技术，峰值产出也难以满足不断增长的需求。面对停滞或下降的生产，石油价格必然上升。在高峰期，世界上将不会出现"耗尽石油"的现象，相反，我们会耗尽廉价的新开采石油。事实上，在过去的几年里，我们可能看到第一个真正意义上的石油峰值出现的迹象。在过去几年里，石油价格猛涨（见图 10-6)。石油价格已经好几年保持每桶 100 美元以上，这个价格远高于历史平均价格。

然而，直到最近，也还没有证据能够表明石油价格已经反映其长期稀缺性。在图 10-6 中，在 20 世纪的大部分时间里石油实际价格的走向是平坦的。这幅图揭示出几次因政治经济事件引起的石油价格大跳跃。在 20 世纪 70 年代中期和 80 年代初期，石油卡特尔组织石油输出国组织利用其垄断权力提高价格；在 1990 年，海湾战争导致石油的短期供应出现极大不确定性。在早期，石油输出国组织提高价格确实对能源使用产生

① 参见 Shell Oil (2008)。

② 参见 MacKenzie (2000)。

③ 参见 IEA (2012)。

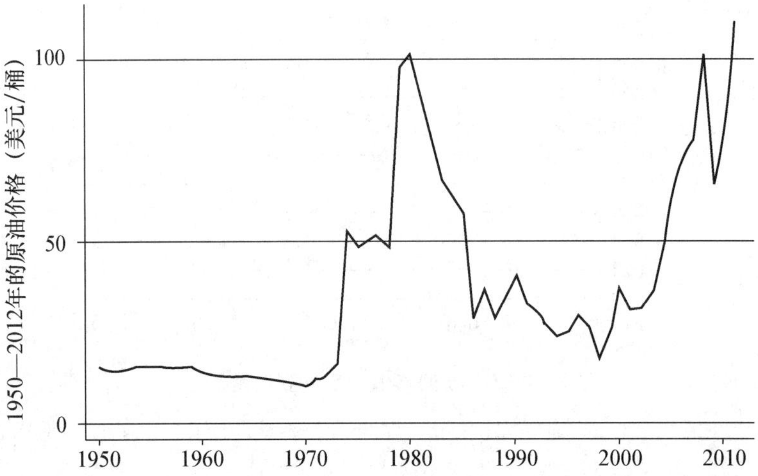

图 10－6　1950—2012 年的原油价格（以 2011 年每桶石油的美元价格计算）

了它预想的影响。在 20 世纪 80 年代初期，发达国家的石油消费出现急剧下降，因为企业和消费者都开始采用提高能源效率的措施，但是在 1985 年以后，能源消费再次上升。然而，在伊拉克战争之后，受中国和印度长达几十年的爆炸式增长的助推，从 2002 年开始，石油价格再次暴涨，最后将其价格推高到历史最高水平。随着 2008 年全球经济衰退的爆发，价格下跌，需求——也许很明显——也没有回到 2000 年早期的水平。随着全球经济的复苏，石油价格已经开始再次攀升。

没有人确切地知道石油峰值将会在何时出现；然而，在未来 5～30 年里的某个时候，石油生产很有可能达到峰值，石油价格也可能大幅上升并超过今天的水平。这可能是因为规模大、方便存储的石油都已经被发现并得到开采。企业将不得不在更偏远的地区将油井钻得更深，还可能远离大陆，在深水中，或者在那些储量更小、产出水平更低的地区寻找石油。在这些条件下生产出的石油将会更加昂贵。可能石油产品也要从存量更加丰富但是污染更高且更昂贵的来源中提取，例如焦油砂、页岩以及煤。

让我们暂时停下先来做一些总结。霍特林预言，市场将会通过按照大致低于或高于经济中利率的方式推动价格稳步上涨来传递稀缺性。尽管从根本上看它们的供给都是有限的，但是对石油价格而言则并不是这样，至少从最近来看不是这样。一个关键原因是，很少有市场参与者能够对全球石油储备规模有很好的了解。我们也不知道在 5 年、20 年或 50 年后能够极大改变石油前景的能源技术可能会出现什么样的突破。因此，石油峰值可能会很快发生，几乎是在没有提前预警的情况下发生，伴随着价格的迅速上涨，而且伴随着对经济可能产生的严重影响，或者未来石油峰值的发生伴随着价格的稳步上升，这些都会激励新技术，并让这种过渡变得易于管理。但是，没有办法确定地知道这一切。

如果对石油生产和消费产生的主要环境影响熟视无睹，则会导致后代人因得不到廉价石油供应而造成其利益受损吗？直到 2002 年，因为石油价格一直没有出现长期上涨，所以美国的私人投资者不再大规模投资于能源技术。但是随着石油价格的上涨，这种局面开始发生改变。然而，在其他许多国家，由于税收、石油和汽油价格要高得多，市场力量正在更加成功地促进替代性技术的发展。例如，在丹麦和德国，高电价和雄心勃勃的政府税收项目，导致风能和太阳能发电出现爆炸式增长，现在已经可以满足该国总需求的 20%以上。这种清洁电力基础设施有可能为运输行业系统性利用可持续资源替代石油打下基础（Sharman，2005）。

然而，美国对石油的使用是不可持续的，因为价格太低，而且政府提供的研发经费水平也太低，很难充分鼓励替代性产品的开发。有鉴于此，生态经济学家认为，后代人的利益可能会因更高的运输价格和石化等塑料产品价格而受到损害（更重要的是，化石燃料的燃烧将会带来城市的空气和水污染以及全球变暖，从而对区域性和全球性生态系统的复原力造成长期威胁）。①

在第 19 章，我们将更加仔细地考察美国的能源政策。现在，对霍特林模型的考察为我们了解不可再生资源的经济学分析提供了一个基本理解，也有助于我们理解信息充分的市场如何通过信号来显示稀缺性。

10.4 可再生资源

许多重要的自然资源都是可再生资源，其供给不固定，但是会随着时间的推移而增长（“更新”）。只要不将其利用到灭绝，海洋中的鱼类、嬉戏的禽类以及森林等，都是能够再生和成长的生物资源。甚至水的供给也是可再生的，因为雨和雪可以成为补充性来源。与石油或金属等不可再生资源不同，我们可以用一种可持续的方式利用可再生资源。**可持续利用**（sustainable harvest）是一种不超过自然增长的利用，从而使可再生资源的存量得到增加或保持不变。

在这里，我们用一个**增长函数**（growth function）来表示可再生资源的增长，它将增长（每一期新出现的单位）表达成现有资源存量规模的函数。如果当前有 100 条鱼，下一期将会有 120 条鱼，那么我们说增长是 20 条鱼。增长函数告诉我们从当期任一给定水平的存量开始，下一期的资源存量会有多少的增加（或减少）。在通常情况下，资源存量的增长将取决于存量在当前的规模。例如，随着鱼类数量的增加，它们周围能够得到的食物来源开始变少，出生率和成活率都会出现下降。这种生物资源领域常见的增长函数特征被称为**密度依赖性增长**（density-dependent growth）。

图 10－7 给出了渔业的密度依赖性增长函数的一个示例（类似的函数也适用于森林或牲畜）。在图中，横轴显示原始的资源存量大小（在某一期的鱼类总数）。纵轴显示存量的增长（下一期出现的新鱼），它是原始资源存量的函数。图 10－7 中给出的增长函数会达到一个最大值，这个资源存量水平被标记为 S_{MSY}，S_{MSY} 表示**最大可持续产量**（maximum sustainable yield，MSY）。当资源存量超过承载能力 K 时，增长会降为零。在这一点上，对食物和其他资源的竞争会将出生率降低到死亡率以下。当不存在资源存量时，增长也是零。（灭绝的鱼类是不会再去繁殖的！）

当资源存量处于 S_{MSY} 时，应该将利用水平设定在最大可持续产出处，即图 10－7 中

① 参见 Daly（1996，83）。

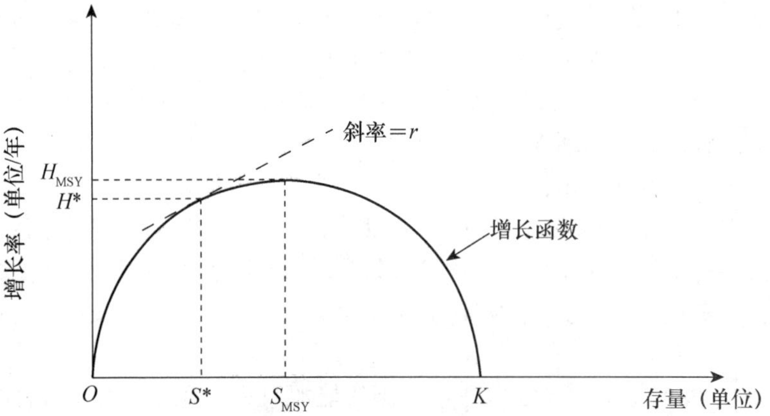

图 10-7　增长函数、最大可持续产量以及最优利用水平

的 H_{MSY}处（将每年中所有的存量增长部分都捕捞出来）。最大可持续产出 H_{MSY}正好等于存量资源的自然增长，因此，如果每年都捕捞该数量的鱼类，那么存量资源的规模将会维持在 S_{MSY}处。通过这种方式来管理可再生资源存量，实际上是用可持续的方式最大化了捕捞数量。

但是，我们会用这种方式来利用可再生资源吗？如果企业寻求利润最大化，那么它是不会去这么做的。我们将表明，利润最大化的企业有时会让资源存量减少至低于 S_{MSY}。

要了解在市场经济中对可再生资源利用速度的问题，我们需要考虑资源使用者的激励。就像在不可再生资源的霍特林模型中那样，一家利用可再生资源的企业会将存量资源视为一种投资。然而，与地下的石油不同，海洋中剩下的鱼类和森林里剩下的树木都会生长，它们也将进入企业利用多少可再生资源的决策之中。资源的增长意味着，即使价格不上涨，节约下来的资源存量也会提供正的回报。如果资源的增长速度足够快，那么相比于马上利用资源，持有资源会变得更有价值。但是，如果资源的增长速度太慢，那么利用当前的一些资源可能会带来更多的利润。

为了对竞争性企业将会利用和保存多少可再生资源提供更多细节，让我们回到 Billsville 国。沿着 Billsville 海岸有许多滩涂，其中生长着一种蛤类生物。假设每个滩涂的每一部分都由一家单个采蛤企业拥有。这家企业要决定在第一期和第二期捕捞多少数量的蛤类。

在第一期末，留在滩涂上的蛤类会继续生长并进行繁殖。用 $G(S)$ 代表蛤类的增长函数，它依赖于当前的蛤类数量（S）。如图 10-7 所示，假设目前存在的蛤类数量越多，则其增长率会越低［现存每单位蛤类的生长速度是：$G(S)/S$］，在某些情况下增长实际上会下降到零。我们可以将**边际增长率**（marginal growth）$MG(S)$ 定义为增长函数的变化。因为增长速度和增长率的变化都取决于存量的水平，所以我们都将其写为存量的函数。事实上，一些基本的微积分学告诉我们，$MG(S)$ 是图 10-7 中增长函数的斜率。注意，这个斜率开始时很大并且是正的，随着它移向曲线的顶部，斜率开始下降并最终在顶部等于零。然后，随着这条曲线不断超过最大可持续产量水平，增长开始变得更小，这意味着 MG（曲线的斜率）变成负值。当你开始接近 K 时，增长进一步下降并回到零。在点 K 处，达到了蛤类承载能力的绩效，增长停滞。

综上所述，资源存量的增长从零开始，在顶部达到最大可持续产量，然后下降到零。资源存量的增长率开始时高，然后会降低并达到零，然后会变成负值，直到最后达到 K 点，这时增长本身变成零。

假设在第一期开始，单个企业的蛤类存量是 S_1，第一期的捕获数量是 H_1。这意味着 $S_R=S_1-H_1$，它是捕捞后剩下的蛤类数量。正是这一数量为 S_R 的蛤类，能够在第二期生长并孵育出新的蛤类。在第二期开始时，经过生长后的蛤类数量就等于 $G(S_R)$：

$$S_2=S_R+G(S_R)$$

因为第二期是最后一期，所以该企业将在第二期出售所有剩余的蛤类：$H_2=S_2$。假设捕捞每单位蛤类的成本是 c，在第一期和第二期蛤类的价格分别是 P_1 和 P_2，利率是 r。在第一期捕捞一单位蛤类，企业可以赚取 Π_1：

$$\Pi_1=P_1-c$$

另一方面，如果保留同一单位蛤类并任其生长，那么在第二期企业将有 1＋MG 单位的蛤类。① 企业在第一期保存一单位蛤类并在第二期收获额外蛤类的价值（Π_2）等于：

$$\Pi_2=(P_2-c)\times(1+\mathrm{MG})$$

当然，如果该企业想要在第二期卖出蛤类，那么它必须将第二期的价值折成现值。类似于霍特林模型，如果 $\Pi_1>\Pi_2/(1+r)$，企业将愿意在第一期就捕捞完所有的蛤类。另一方面，如果 $\Pi_1<\Pi_2/(1+r)$，那么企业会把所有的蛤类都保留在第二期然后一并捕获。然而，在均衡处，贴现后的价值应该是相等的，因此，让上面两个等式相等，我们就得到了可再生资源的霍特林规则：

$$P_1-c=\frac{(P_2-c)\times(1+\mathrm{MG})}{1+r}$$

如前所述，为了确保一些存量资源能够随着时间的推移而得到保存，可再生资源的价格并不一定要上涨。即使价格不变，人们也有激励来保存一些资源存量，因为这些资源存量会生长。假设价格的确是不变的：$P_1=P_2$。当 $P_1=P_2$ 时，$P_1-c=P_2-c$。这意味着从上面的公式看，$\frac{1+\mathrm{MG}}{1+r}=1$，或者简单地说，$\mathrm{MG}=r$。这种关系被称为**增长的黄金法则**（golden rule of growth）。

黄金法则告诉我们资源管理者可以一直对资源进行利用，直到存量资源的增长率 MG 回落到 r。或者，如果利用水平非常高，以至增长率（MG）小于 r，就需要降低利用水平，让资源存量进行增长，直到 MG 等于 r。在均衡时，资源的投资回报率必须等于经济中其他地方的回报率，这样才能实现动态效率。对具有固定价格的可再生资源，资源的投资回报等于边际增长。在经济中其他地方的投资回报只是利率 r。

---

① 请注意，在 MG 变负之后再来保存蛤类（例如，实现最大可持续产量）的决策并不是个好主意，因为额外保存的蛤类将会降低整个系统的生产率。多保存一单位蛤类意味着你将在下一期中得到少于一单位的蛤类！

回到图 10-7，当资源存量为 S^* 时，增长的黄金法则得到满足。在这个存量水平上，MG=r，注意到在 S^* 处增长函数的斜率等于利率 r，这个现象正是对上述事实的反映。在多期情况下，黄金法则能够指导我们对存量资源利用多少和保存多少。在每一期，利润最大化的企业都应该保存 S^* 单位的蛤类，捕捞 H^* 单位的蛤类，它正好对应于 S^* 处蛤类的自然增长。

最后，请注意这是一种具有可持续性的利用方式，因为它能够将蛤类的数量保持在 S^*。换句话说，如果你按照 H^* 的速率捕捞蛤类，那么你拿走的正好是从存量 S^* 中新生长出来的那部分：假设现有体系不受到冲击，那么在年复一年中，蛤类的数量既不会减少，也不会增加。

让我们停下来做个总结：到目前为止，我们已经讨论了能够获取最大可持续产量以及带来利润最大化的资源利用方式。如果利率是正的，请注意模型预期的利润最大化产量将小于最大可持续产量。这是为什么呢？

我们该解决一个问题了。

问题

利润最大化的产量小于最大可持续产量是如何做到的？

针对这个问题，让我们使用一个在研究可再生资源时通常使用的特定增长函数，该函数被称为 logistic 增长函数。logistic 增长等式是

$$G(S) = g \times S \times (1-S/K)$$

这里，S 是资源存量，K 是承载能力，参数 g 叫作内在增长率（是个常数）。如果你绘出这个函数，就会发现它类似于图 10-7 中的图形，在图中，当资源存量是承载能力的一半时，也就是当 $S=K/2$ 时，出现最大可持续产量。随着 logistic 式的增长，边际增长速度［函数 $G(S)$ 的斜率，我们需要运用微积分学来求出这个函数］是

$$MG(S) = g(1-2S/K)$$

请注意，正如我们在上面所讨论的，边际增长率开始时很高并且是正的（如果 S 相对于 K 比较小），然后，当 S 达到承载能力的一半时（即等于 $K/2$ 时），增长率的变化降为零。当超过这一点后，边际增长率变成负的，因为整个系统的生产率开始下降。

这里我们将假设 $K=100$，$g=1$。图 10-8 给出了在上述参数下，承载力在 0 和 100 之间的不同存量水平时的增长速度。最大可持续产量出现在 $S=50$ 时。最大可持续产量是 25。

在增长的黄金法则中，我们会设置 $MG(S)=r$。我们将假设对蛤类的捕获面对较高的利率水平：$r=20\%$。满足增长的黄金法则，同时能够实现捕获利润最大化的存量水平是 $S=40$。［$MG(S)=r$ 意味着 $1-2S/100=0.2$，对 $S=40$ 来说，这是成立的。］对 $S=40$，具有可持续性的捕获量是 24。

现在，既然捕获 25 单位要好于捕获 24 单位，为什么最大可持续产量不是最优的捕获量？

存量规模	增长率（%）
0	0
10	9
20	16
30	21
40	24
50	25
60	24
70	21
80	16
90	9
100	0

图 10-8　可再生资源存量在不同水平时的自然增长率

解答

最大可持续产量并不会带来最高的捕捞利润现值，其原因在于当捕捞企业获取利润时它们要进行贴现。

假设捕捞企业从 50 单位的蛤类存量开始。如果企业根据最大可持续产量进行捕捞，那么它每一期应该捕捞 25 单位的蛤类。如果企业能够从现在开始一直销售蛤类，并且 $r=20\%$，那么它捕捞出的蛤类的现值是

$$V=(P-c)\times 25+\frac{(P-c)\times 25}{1.2}+\frac{(P-c)\times 25}{(1.2)^2}+\frac{(P-c)\times 25}{(1.2)^3}+\cdots=150(P-c)$$

如果该企业按照增长的黄金法则进行捕捞，它将会在第一期捕捞 35 单位的蛤类。（自然生长出的 25 单位的蛤类，再加上 10 单位的存量，这时资源存量将会从 50 下降到 40。）从这个时点开始，企业会捕捞 24 单位的蛤类。遵守黄金法则得到的蛤类的现值是

$$V=(P-c)\times 35+\frac{(P-c)\times 24}{1.2}+\frac{(P-c)\times 24}{(1.2)^2}+\frac{(P-c)\times 24}{(1.2)^3}+\cdots=156(P-c)$$

该公司可以从第一期的额外捕捞中获得额外收益，因为这一期没有贴现，由此获得的收益超过了之后每一期中损失的蛤类数量的价值。

换句话说，黄金法则的直觉应该是这样的：

1. 如果 MG(S) 大于 r，那么该企业让资源存量变得更大是有利的，因为可以从未来的产出中获取更多利润。这反过来又会让 MG(S) 变小，从而向 r 收敛。

2. 如果 MG(S) 小于 r，那么该企业应该卖出部分资源存量以获取更多流动性并将其存入银行获取利息。这反过来又会让 MG(S) 变大，从而向 r 收敛。

这个问题显示出，贴现是解释最大可持续产量和最大化回报现值的黄金法则下得到的产量之间区别的关键。实际上，如果贴现率是零，那么黄金法则下的利用率和最大可持续产量之间的结果就完全一致。这两个规则都会将资源存量设置在最大化增长的那个点上（这可以从图 10－7 中看出），在这个点上，增长函数的斜率为零［即 MG (S)$=r=0$］。

但另一种极端呢？如果贴现率很高或者资源增长速度非常缓慢呢？在 1973 年，数学生物学家科林·克拉克（Colin Clark）写了一篇题为《利润最大化与动物物种的灭绝》的文章（Clark，1973）。在这篇文章中，克拉克指出，对增长非常缓慢的物种而言，或者对急于利用资源的人而言，利润最大化的解决办法就是一直对资源进行利用直至存量为零，也就是故意导致其灭绝！这个令人讨厌的结果的逻辑其实相当简单。资源利用型企业可以通过利用资源来赚取更多的钱，然后将这笔钱投资于其他高收益资产，而不是用来保护生长缓慢（低回报）的物种。在这里，克拉克提出的主要观点不是要提倡将资源利用到灭绝的水平。他主要是展示了利润最大化的一个必然逻辑及其对物种可能意味着什么。①

几个重要因素可能会阻止这种可怕的结果发生。第一，随着一类物种的逐渐绝迹，对其利用量也会下降，其价格将趋于上升（回忆前面我们讨论过的因稀缺性而带来的租金）。对未来高价格的预期可能足以让资源存量的拥有者保存一些存量。第二，物种往往具有独特的价值。大多数人喜欢大熊猫和长颈鹿，对它们的存在赋予很高价值，即便它们并无收获意义上的价值。许多物种有**存在价值**（existence value），它是人们对物种的继续生存所赋予的价值。如果存在价值足够高，资源的所有者就可以获得支付，永远不会出于利润最大化的目的使其灭绝。一般来说，可再生资源和不可再生资源的私人拥有者有动力从事某种程度的**基于利润的养护**（profit-based conservation），而不是立刻将自己拥有的资源变现。

物种灭绝的压力可能来自另一条路径——对具有开放存取特性的资源的采伐将会导致“公地悲剧”（见第 3 章）。假设现在不是蛤类生物，而是 Billsville 国著名的“长咀鱼”，这种鱼生活在远离海岸的深海中。另外，假设任何想去捕捞的人都能去捕捞。因为捕鱼能够带来利润，所以有人会去捕鱼，而且可能捕捞很多。对任何渔民个人而言，他没有保护存量鱼类的动力，因为其他人还会去捕鱼。在开放存取的例子中，就好像有着无限高的贴现率，因为没人能负担得起思考未来的重任。即使物种已经非常稀有，只要对其捕获仍然有利可图，人们就会去捕捞，然后物种就会被猎杀或捕捞到灭绝。

10.5 可再生资源政策：渔业与濒危物种

正如在第 3 章中所讨论的，解决公地悲剧的方案是为利用自然资源设置某些类型的限制。存在配额体系的渔业大多都成功地将鱼类资源捕捞限制在可持续发展的水平上，与此同时它们没有出现过度捕捞的情况，丰富的资源存量也没有出现大幅下降（Costello，Gaines，and Lynham，2008）。

来自经济学家的有关渔业管理的标准监管建议是一种名叫**个体可转让配额**（individual transferable quota，ITQ）的总量管制与排放交易体系（要想获知关于出售许可证的更多更全面的利弊分析，可见第 16 章和第 17 章）。其基本思想是，渔业委员会设置总可捕量（total allowable catch，TAC），最好这个捕捞量处于有效水平，但肯定持

① 本着同样的思路，在霍特林模型中，高贴现率将导致人们对当前的利益更加重视的资源利用模式，这也会进一步推高资源价格。

平或低于最大可持续产量。然后每个渔民都能收到一个许可证，允许他按照总可捕量的某个百分比进行捕鱼，相当于指定捕获鱼类的吨位。然后，渔民可以对这些配额进行买卖，但是在本季结束时，渔民必须拥有足够的配额来覆盖其总捕获量，如果没有，就要面对高额罚款。个体可转让配额该如何分配呢？可以由政府进行拍卖，或者基于“祖父条款”对现有渔民进行赠送；也就是说，可以依渔民的捕捞历史向其赠送相应配额。

个体可转让配额制度为具有刚性特征的许可证制度赋予了灵活性。如果一艘渔船在捕鱼期的收成特别好，其拥有者就可以向运气不好的渔船购买或租用额外配额。从长远来看，效率更高的渔民可以向效率较低的渔民购买配额。有人批评个体可转让配额制度的这种影响。个体可转让配额制度鼓励小型经营者离开渔业，从而让更高效的渔船（有时是那种带有巨型作业拖网的渔船）占有更大的市场份额。虽然这可能会让行业的成本降低，但是会带来行业中传统的小型独立生产者的整合。

对包括个体可转让配额制度在内的任何渔业管理制度的执行，都将遇到各类固有的实际问题。这些范围广泛的问题包括渔业委员会受到的政治影响力，这可能导致总可捕量过高，以及在对不具有许可证的渔船进行监督的过程中存在的困难。所谓的打鱼副产品——渔船往往在没有获得许可的情况下进行捕鱼——也是个问题。为了避免被罚款，渔民往往将偷偷捕捞到的鱼倾倒在大海里——这是个浪费的过程。新西兰一直是个体可转让配额的主要试验地：该国大多数渔业都采用了这套体系。其带来的结果总体上是积极的。虽然有些小的渔民已退出这个行业，但首先是无利可图的那些人退出。

研究者发现，“整个行业开始变成由几个大的参与者（特别是捕捞和食品加工企业之间的垂直整合）和大量小的渔业企业组成，看起来和今天的行业结构很类似。然而，大企业拥有的市场份额得到了提高”。换句话说，规模较小的企业大多在努力获得生存，但是大企业则变得更大。在个体可转让配额制度下已经实现了鱼类种群数量的稳定或改善，渔民为避免被发现偷捕而改变其行为或者将捕捞数量维持在允许水平之下。最终，在1990—2000年，渔业产生的总价值翻倍。①

个体可转让配额体系是克服开放存取问题的一种方法。第二种方法是将海洋资源的财产权分配给个人。**水产养殖**（aquaculture）——一种在海洋环境中喂养并捕捞鱼类的商业化运作方式，这种方式可以赋予渔民排他性所有权——是一个古老的行业，源于牡蛎养殖。但是，近年来这个行业已扩大到鲶鱼、罗非鱼等淡水物种养殖，以及三文鱼和虾等海洋物种养殖。在1985—2000年，美国这个行业的规模增加了不止一倍。②

水产养殖在大大降低天然渔业压力并提高海洋生产率方面具有潜力。然而，当前的实践则表明，水产养殖会产生显著的负外部性，其中包括鱼类废物、重金属、杀虫剂和抗生素对海洋环境产生的影响。此外，为三文鱼这类食肉生物提供的鱼食，往往是在开放海域中进行不可持续捕捞后获得的；如今，在世界上每年总的海洋渔获量中，约有1/3被用于制造鱼食！最后，水产养殖可能破坏本地的生物栖息地。例如，很多泰国的红树林沼泽——它们能够对海岸线起到稳定作用——被砍倒并转换为养虾场。③

---

① 参见 Sanchirico and Newell (2003)。

② 参见 Fisheries Statistics and Economics Division，U. S. National Marine Fisheries Service (www. nmfs. gov)。

③ 参见 Goldberg (2001) and Nash (2001)。

在一个 2050 年的居住人口可能比当下多一半以上的世界中，我们需要对海洋公共品进行维护，因为它是食品和生物多样性的一个重要来源。有效管理和恢复渔业则是一项关键任务。用于管理开放海域中渔业资源的个体可转让配额制度（以及其他一些配套制度）和可持续性水产养殖模式一定能够提供解决问题的答案。

需要强调的一点是，很多资源存量在未来的水平都存在很大的不确定性。很多物种的数量都可能出现巨大波动。疾病暴发或不利天气（干旱、洪水，以及极冷或极热）可以导致大量人口的突然减少。甚至一些看似轻微的环境变化也可能导致大的变化。尤其是有一些鱼类的新增数量存在年度间的大幅波动，鱼类的新增数量是指能够存活到成熟期的鱼类数量。对数量变化巨大的鱼类而言，保持一个稳定的渔业捕获政策（例如将捕捞数量控制在最大可持续产量或增长的黄金法则处）往往可能带来问题。例如，假设不利的环境条件导致鱼类数量的增速被降低 50%。那么将捕捞数量设置在正常情况下的最大可持续产量水平，可能导致捕捞数量大幅超过鱼类的自然增长数量。于是，鱼类的存量也会下降。随着存量的下降，鱼类增长数量也会下降。如果捕捞数量仍然被维持，这将导致鱼类存量数量的进一步减少，最终可能导致一个恶性循环。

高度可变的资源存量要求资源管理者不断调整捕捞数量，以便将资源存量维持在所需水平。事实上，一些针对鱼类新增数量存在巨大变化的那些鱼群所做的研究表明，最佳管理政策是维持一个恒定的资源数量，在鱼类数量多的年份提高捕捞量，在少的年份则降低捕捞量，从而让捕捞与鱼群增长相匹配。① 然而，这往往要求获取精确的信息，还让资源管理者与捕捞者之间产生不快，因为捕捞者并不希望被告知要减少捕捞量。另外，即使有证据说明鱼类存量在下降，也存在维持捕捞量持续上升的政治压力，这将进一步加剧资源减少问题。②

当未来的环境条件存在高度不确定性时，人们往往不可能像在确定性条件下那样来对收获率以及养护方式做出决策。例如，如果在设置鱼类捕捞配额时以年均数据为依据，但是这一年的鱼类数量很低，那么配额制很可能大幅超过可持续的捕捞水平。这个事实使得一些经济学家对未来价值不确定的受威胁资源提出所谓的**最低安全标准**（safe minimum standard，SMS)。最低安全标准的倡导者认为，只要代价不是高得出奇，具有独特性的资源都应被保持在防止其出现不可逆性枯竭的水平。③ 因此，最低安全标准是预防原则的另外一个版本。在渔业领域，最低安全标准往往表现为向物种数量的恢复提供**海洋保护区**（marine protected areas)。

图 10－9 阐述了最低安全标准背后的基本思想。横轴显示了一种可再生资源的当前存量，在这个例子中，可以是指森林地区正在配对的斑点猫头鹰。S 形曲线描绘的是现在存活的斑点猫头鹰存量与明年的斑点猫头鹰存量之间的关系，后者出现在纵轴上。所以，例如，如果今年有 7 对斑点猫头鹰存活，那么明年会有 5 对存活，因此这意味着自然死亡率超过了出生率。沿着这个逻辑继续，如果明年有 5 对存活，后年则只存在 2.5 对，依此类推，直到灭绝。那条 45°线反映的是稳定的斑点猫头鹰数量，因为下一期的

① 参见 Reed (1979) 以及 Costello，Polasky，and Solow (2001)。

② 参见 Ludwig，Hilborn，and Walters (1993)，该项研究为不确定情况下的可再生资源管理问题进行了评估。

③ Bishop (1978) 介绍了“不合理成本”限制。Bishop (1978) 和 Ciriacy-Wantrup (1968) 认为，基于全社会保持的成本可能较低。

斑点猫头鹰数量正好等于当期的斑点猫头鹰数量。

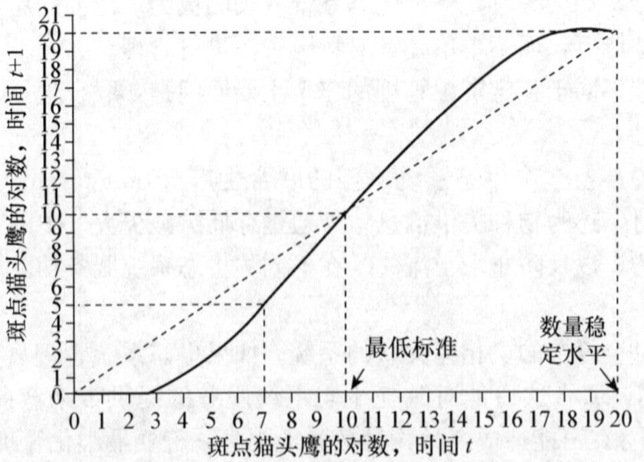

图 10-9　最低安全标准

S形曲线第一次与45°线相交的点（10对）被称为最低标准（minimum standard, MS）；如果斑点猫头鹰数量少于最低标准，那么这个种群的数量将会下降并最终陷入灭绝。然而，如果斑点猫头鹰数量大于最低标准，这个种群的数量将会得到恢复，因为这一期给定的存量将会在下一期带来更大的存量，依此类推。最终，斑点猫头鹰的数量规模将会稳定在20对。（一个可以得到额外加分的问题是：为什么S形曲线会向下弯，而不是继续上升？）

最低安全标准就落在最低标准的右面——12对或14对处——在那个点上可以保证斑点猫头鹰可依赖自身实现恢复。如果离最低标准太近，则会出现一些不好的后果。如果斑点猫头鹰的数量低于最低标准，这将会把斑点猫头鹰带上一条灭绝之路。

最低安全标准往往被应用于对濒危物种的讨论。每个物种都有非常独特的生物学特性，以及在未来不确定的遗传价值；与《侏罗纪公园》不同，物种灭绝是不可逆转的。此外，濒危物种作为**指示物种**（indicator species）通常还可成为生态系统受到威胁的一种信号。因此，在西北太平洋地区拯救斑点猫头鹰的行动，实际上是在拯救一个复杂、多样的古老森林生态系统。特别是考虑到它们作为指标的作用，濒危物种显然值得依照预防原则进行保护。

事实上，正如我们在上一章中所指出的，以及将在第13章做进一步探索的内容，《濒危物种法案》是国家的一部重要法律，它将生态可持续发展作为一项基本发展目标。这部法律指出，必须对表现为物种的自然资本进行保护，要不计成本地防止其灭绝。

10.6　生态系统服务功能与自然资本

对可再生资源和不可再生资源的经济学分析关注特定资源存量的使用速率。这类分析显然与商业性捕鱼、从地下开采石油以及金属开采等事项有关。但是，自然界对人类福祉做出贡献的途径要远比提供一些资源供给广泛得多。生态系统会净化污染、为农作物授粉、调节气候、改善土壤肥力，并能为人类生存提供众多必须依赖的其他生态系统服务。在本节中，我们会考察与管理生态系统有关的更为广泛的问题，将其应用在一系列生态系统服务功能上，而不单单是针对特定资源进行管理。

生态系统管理不同于特定资源管理的三个主要原因是：联合生产、意外后果，以及空间分析的重要性。

生态系统管理涉及多个生态系统服务的**联合生产**（joint production）问题。例如，森林不仅产生木材，还为物种提供栖息地、通过存储碳减少大气中的二氧化碳数量、过滤空气和水污染物，以及防止水土流失。在不同的生态系统服务功能之间，往往存在着重要的权衡取舍。

生态系统是一个复杂的、相互关联的系统。如果生态系统管理只有增加木材产量之类的单一目标导向，那么这可能对其他生态系统服务的提供带来**意外后果**（unintended consequences），例如，可能造成森林物种栖息地损失。若要最小化管理行为的意外后果，需要首先了解生态系统是如何发挥功能的。对特定位置上的木材进行砍伐，会如何影响森林的生态过程？例如，采伐木材会增加土壤流失，从而导致淤泥堆积在附近的溪流，这会影响到鱼类和其他水生生物吗？对这种问题进行理解主要是环境科学家所面对的问题。

但是，还需要为最小化意外后果提供激励措施，以便让私人土地所有者、企业或政府机构等决策者适当考虑多个生态系统服务受到其决策产生的各种影响。例如，如果在溪流附近砍伐树木会带来水质问题，那么可能需要通过监管来为溪流保持一个缓冲区，或者设置某种激励机制，让在溪流附近砍伐树木并且不对水质问题采取预防措施的人付出沉重代价。设计监管或激励措施的任务就落在了环境经济学家手上，他们经常同环境科学家密切合作。

生态系统服务功能的生态系统管理也重视**空间分析**（spatial analysis）。很多经济学研究都会忽略对事情发生的地点的分析。但是，对生态系统服务而言，其发生地点往往是问题的关键。由于气候、土壤和其他环境变量的不同，不同地方的生态系统有着很大的差异性，所以，生态系统服务只能在某个特定地方而不是其他地方得到提供。森林只有在拥有足够水分和合适温度的地方生长。沙漠则出现在少雨的地方。生态系统所在的位置与人类所处的位置也有关系，进而使之成为决定生态系统服务价值的重要决定因素。例如，沿海湿地能够吸收海浪中的能量，从而减少洪水进一步侵袭内陆的风险。如果沿海湿地能够对内陆更远地区的城镇或城市提供保护，那么海岸提供保护服务的价值将会更高。但是，如果没有人住在湿地附近，那么海岸保护服务就几乎没有价值。一些生态系统服务功能需要与不同元素产生紧密的联系。例如，授粉这一生态系统服务就取决于能够密切接触传粉者，它们往往需要自然栖息地，以及有授粉需要的农田。出于所有这些原因，针对生态系统服务功能的生态系统管理需要进行空间分析，也就是解决事情发生在哪里的问题。

在经济学中，对生态系统服务功能的分析是相对较新的议题。随着 2005 年《千年生态系统评估》的发布，经济学家针对生态系统服务进行了大量工作，其中大部分都完成于刚刚过去的几年。在 2005 年之前完成的一篇有影响力的文章旨在解决完好保护生态系统所带来的经济价值是多少这个问题（Balmford et al.，2002）。这个分析对相对完整的自然生态系统产生的收益和经过人类深度改良后的生态系统产生的收益进行了比较。

作者比较了马来西亚的“降低影响式伐木”和“常规伐木”；比较了喀麦隆的“降低影响式伐木”和“种植转化”；比较了泰国的“完整红树林”生态系统和对虾养殖；比较了加拿大的“完整湿地”和精耕细作的土地；比较了菲律宾珊瑚礁生态系统中的“可持续捕鱼”和“破坏性捕鱼”。这项研究包括了一系列生态系统服务的价值，例如木材采伐、农作物生产、渔业、水供应、狩猎和采摘活动、娱乐、碳封存，以及保护濒危物种的价值。在所有五个得到分析的案例中，由相对完整的自然生态系统提供的生态系统服务的价值，都超过了深度改良后的生态系统提供的价值。在喀麦隆的人工林实际上带来的是负的净收益（操作成本超出了相关收益），只是因为政府补贴才能进行下去。

在可供选择的生态系统管理方式中进行比较，要求人们了解在每个可选方式下生态系统提供的服务水平。既可以通过考察相对完整的自然生态系统和经过人类改良后的生态系统产生的数据来估计所提供的服务，也可以通过使用**生态生产函数**（ecological production functions）进行估计。在经济学中，生产函数被用来预测一定量投入品（劳动力、机械和原材料）所生产的最终产品数量。生态生产函数能够预测给定生态系统状态（输入）下的生态系统服务量（产出）。如果生态系统因气候变化、土地用途改变或管理方式改变而发生改变，那么生态生产函数在预测生态系统服务会发生何种改变方面是有用的。

由 Nelson et al.（2009）在最近针对生态系统服务供给完成的一项研究中，他们将生态生产函数与经济学评估相结合，给出了俄勒冈州威拉米特盆地中土地用途改变对生态系统服务产生的影响。这项研究使用了一个名叫 InVEST（生态系统服务与取舍的综合价值评估，Integrated Valuation of Ecosystem Services and Tradeoffs）的模型来预测在三类情景（不变、开发、保护）下土地用途改变会如何影响碳封存、洪水、水质（磷负荷）、侵蚀、生物多样性保护，以及木材生产、农作物生产和住宅发展形成的综合市场价值。

使用 InVEST 模型，纳尔逊（Nelson）和他的同事将保护方案下生态系统服务功能的提高与另外两个方案进行了量化比较。相比其他两个方案，保护方案能够保留更多的自然区域，能够提供更多的生态系统服务。这个结果的唯一例外是，在保护方案下，木材生产、农作物生产和住宅发展形成的综合市场价值变低了。如果土地所有者只得到了市场价值，那么他们将会倾向于选择保持不变或开发的方案。然而，将社会作为一个整体，其他生态系统服务的价值使得保护方案的价值高于另外两个方案。纳尔逊和他的同事指出，即使只对一个生态系统服务——碳封存——进行支付，也足以使土地所有者从保护方案中获得比其他方案更高的价值。在这种情况下，为碳支付制订一套计划，将能够为土地所有者提供足够的激励，促使他们保留更多土地，这可以为土地所有者产生更高的支付，也有利于生物保护（见图 10-10）。

由更加完整的生态系统带来的很多好处都源自公共品。私人土地所有者或企业一般无法获得这些好处。经常出现的情况是，他们能够通过实现土地的私人收益而使境况变得更好，即使这么做会导致很多公共品的收益无法实现。例如，一位农夫将湿地中的水排干并种植农作物，便可从出售农产品中获益。尽管保护湿地可以为鸭子和其他物种提供栖息地、可以净化营养物质以提供更清洁的地下水、可以固碳，以及可以调节水流量，但是这些功能都无法为农夫带来收入。为此，农民通常会选择排干湿地中的水。所以，需要向农民提供激励措施以便让他们保护湿地并提供公共品。

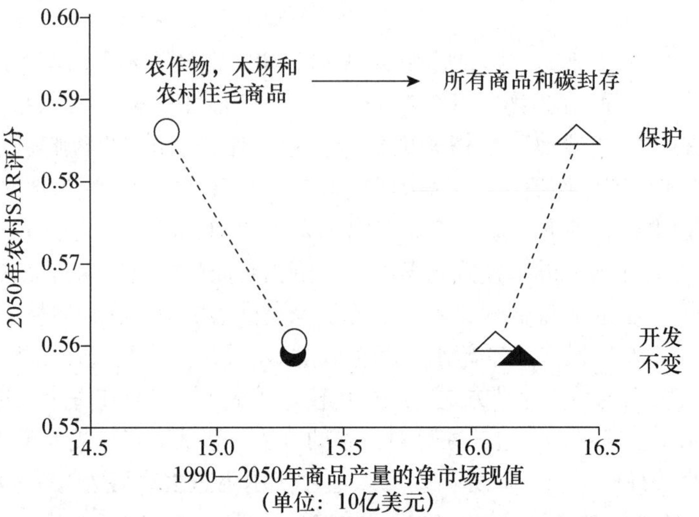

图 10－10　在市场上销售的商品的价值以及在保护、开发和不变这三种方案中对保护生物多样性的价值。如果不为生态系统服务功能进行支付，保护生物多样性和土地所有者的价值（用圆圈表示）之间存在权衡。通过为碳进行支付，在保护方案下土地所有者获得的价值和保护生物多样性的价值要更高（用三角形表示）

资料来源：Nelson et al.（2009）.

一种提供这种激励的直接方式是出台一个**为生态系统服务付款**（payment for ecosystem services，PES）的项目。在这个项目中，如果土地所有者同意某种土地用途，或者同意某种产生生态系统服务的管理操作，那么他将因此获得一笔支付。例如，在厄瓜多尔的基多和纽约城的市政供水机构已经为水源地土地所有者提供了有针对性的支付。一个得到合理设计的为生态系统服务付款项目将会带来足够有吸引力的支付，让土地所有者通过保护土地获得更高的收入，而且城市也会变得更好，因为相比于建造一批昂贵的水处理工厂来清洁受污染的水，这些城市获得了更加便宜的淡水。通过出台一项计划来保护卡茨基尔山的水源流域（它是这座城市饮用水的来源），纽约城可以不用建设昂贵的水过滤系统。迄今为止，为生态系统服务付款项目的成本——向采用最佳牲畜管理实践方法的农民提供的支付、为城镇家庭升级污水处理系统提供的资金——已经远远低于水过滤系统的建设和营运成本。

生态系统服务的价值可能很大，如果适当地考虑到这些价值，它将会对生态系统管理带来许多变化。目前，人们有极大的兴趣来了解经济决策如何影响生态系统服务功能，以及社会是否能够从更大程度保护特定生态系统的过程中获益。在评估本地性和区域性项目的成本与收益时，此类信息可能是重要的。在国家层面计算国民净福利或包容性财富（见第 9 章）时，这些信息也是重要的。

10.7　总结

本章更进一步地考察了可再生资源和不可再生资源的经济学（传统的资源经济学）

分析，以及最近出现的很多针对生态系统服务功能价值进行的分析。资源经济学为感兴趣于从其所有的资源中获取最大利润的企业提供了建议。假设企业遵循这一建议，那么资源经济学还能为企业如何保护或利用资源存量做出预测。

资源经济学的关键在于，能够认识到持有资源是一种形式的投资。如果不可再生资源的价格（或者更技术地讲，是资源租金）上涨的速度低于利率上涨的速度，那么霍特林模型指出，对资源持有人而言，为了实现经济意义，他在今天应该开采更多的资源存量，而不是将其持有到未来。在这种方式下，他可以立刻使用资源变现后的资金，将这笔钱以更高利率存入银行。这反过来又降低了未来的资源供给，并会提高未来的资源价格（和资源租金）。最终，均衡处的价格必须上升到与利率持平的水平，从而阻止任何可能的套利。反过来的逻辑也成立：假设价格上升速度快于利率水平，给自己一个该怎么做的建议。

依此逻辑，该模型得出的结论指出，在一个能够完美预见未来的世界中，竞争性企业应该用以下方式来对不可再生自然资源存量的使用做出分配：价格足以上升到确保资源租金的增长速度接近利率水平。我们观察到在过去的 40 年中资源价格未能持续上涨的现实，这既反映出没有迫在眉睫的短缺问题，比如石油就是这样的，也反映出人们对全球石油储备的信息不够完全，后一个原因部分是源于人们对可以开采低品位石油储备的技术进步速度所做出的不同估计。

因此，最好可将人们对石油峰值的担忧理解为对霍特林模型预测失败产生的担忧。如果在触及石油峰值之前，石油价格没能实现很好的稳步上涨，就很难有很强的市场信号来促使人们开发替代性技术。在这个例子中，沉迷于石油消费的全球经济将遭受长时间的痛苦回撤。事实上，如果在那个时候石油的清洁替代品尚不可用，那么我们还不清楚能否对这样一个残缺的全球经济体系进行挽救。

类似于不可再生资源市场，为了在未来获得收获而去保存可再生资源的行为也是一种形式的投资。然而，这里事情变得更加复杂，因为可再生资源会随着时间的推移自然生长。这时，增长的黄金法则可以告诉资源管理者如何改变其获取可再生资源的做法（或者降低资源存量，或者提高资源存量），从而让资源存量的边际增长率（生长速率的变化）等于利率。

这里需要再次说明，因为企业要设法获得短期收益，并将这些收益存入银行，所以高贴现率将会促使人们在短期内提高开采速率（和较小的最优存量水平）。如果利率足够高，或者资源增长速度足够缓慢，那么冷血的、利润最大化的资源开采战略将会使资源陷入灭绝境地，然后将变现后的利润投资到经济中的其他地方。再次注意，经济学家并不同意这种想法。我们只是注意到它是在可再生资源市场中利润最大化的一种逻辑。

在一般情况下，在不可再生资源市场和可再生资源市场，资源所有者为了获取利润，确实会产生一些保存资源的激励，这种激励或者来自对价格上涨的预期，或者来自对潜在资源增长速度的考虑。开放存取——资源的所有权未能得到定义时出现的问题——可被认为是贴现率非常高时出现的一种资源利用局面。如果一位参与者被限制捕捞鱼类（或者被限制在某块公共所有的地下开采石油或水），那么他在未来几乎得不到任何利益，因为这种收益权（或者石油或者水）被赋予了另外一位竞争对手。因此，源自利润的保存资源的激励就遭到破坏。

在现实世界中，一些资源的增长函数通常并未得到很好的定义，或者呈稳定的倒U形，在本章中我们已经对此有所阐述。例如，渔业管理人员会设置总可捕量来维持物种，这个捕捞总量未必处于利润最大化水平。个体可转让配额制度可以提高效率，帮助资源管理者将渔业捕捞量维持在总可捕量之下。在限制条件变化很大而且允许捕捞的数量存在不可持续的风险时，就需要实施最低安全标准；在渔业中，这种措施可能包括划出一片海洋保护区来支持足够数量的育种，进而确保物种恢复。最低安全标准是预防原则的应用。

最后，通过与环境科学家一起工作，经济学家在最近才开始为产生生态系统服务的复杂生态系统过程建立模型。这些生态系统服务包括资源调配、调节、支持和文化服务。生态系统过程通常涉及多项服务的联合生产；因此，管理生态系统中木材生产这种单一服务时，可能会对碳封存等其他服务的提供产生意外后果。此外，必须从空间的角度研究生态系统服务功能。由生态系统生产的服务功能的规模和类型将会因一系列潜在的地球系统特征的差异而出现变化：这些差异包括地质、水文、小气候等。

之前三章探讨了今天做出的决策会如何影响后代人的福祉，并且评估了可持续发展的根本目标。我们可以很容易地从概念上理解这个目标——我们想要维持或改善后代人中典型个体的生活质量。然而我们看到，要将这个目标付诸实践，需要对制造资本、社会资本和人力资本能在何种程度上抵消自然资本的减少做出判断，而自然资本在生产事关人类福祉的商品和服务中发挥着关键作用。现在，我们可以离开此类讨论，转向最后一个辩论：经济增长真的为我们带来了什么？如果我们变得更富有，我们变得更快乐了吗？如果不是，为什么要“把天堂铲平只为建一座停车场”？

应用 10.0

矿物中的难得素（unobtainium）是一种宝贵的不可再生资源，人们估计其总供给为 7 400 万吨。假定在两个时期中，每一期难得素的反需求曲线都是 $P_t=200-2Q_t$，其中 Q_t 是 t 期中度量出的资源总量，单位以百万吨计，P_t 是时期 t 的价格。贴现率是 10%。

a. 使用霍特林规则，求解第一期和第二期中生产的难得素数量，以及第一期和第二期中难得素的价格。

b. 假设新发现的大型难得素矿床提高了供给量，因此现在有 9 500 万吨而不是 7 400 万吨的难得素。使用霍特林规则求解第一期和第二期中生产出的难得素数量，以及第一期和第二期中难得素的价格。与问题（a）中得到的答案相比，你现在得到的产量和价格答案分别是多少？解释这种变化背后的经济学直觉。

c. 现在假设利率从 10% 降至 5%，并且供给是 9 500 万吨。使用霍特林规则求解第一期和第二期中生产出的难得素数量，以及第一期和第二期中难得素的价格。与问题（b）中得到的答案相比，你现在得到的产量和价格答案分别是多少？解释这种变化背后的经济学直觉。

应用 10.1

有一种鱼数量的增长模式符合 logistic 增长模型：

$$S_{t+1}=S_t+g\times S_t\times\left(1-\frac{S_t}{K}\right)$$

这里，S_t 是时期 t 中鱼的数量，S_{t+1} 是下一期（$t+1$ 期）鱼的数量，K 是与自然承载力对应的数量（也就是鱼的最大数量），g 是内在增长率。假设 $g=1$，$K=500$。假设市场上这种鱼的价格是每条 10 美元。为简单起见，假设捕捞每条鱼的成本是 5 美元。假设贴现率是 10%。

a. 如果在 t 期有 200 条鱼，那么在下一期（$t+1$ 期）会有多少条鱼？当增长等于 $S_{t+1}-S_t$ 时，鱼数量的增长是多少？

b. 通过在 $S_t=0$、50、100、150、200、250、300、350、400、450 和 500 时求解 $S_{t+1}-S_t$，将鱼数量的增长绘成当前鱼数量的函数。

c. 使用你在问题（b）中得到的答案，在鱼数量达到什么水平时，其增长达到顶点？注意到，这里存在一个最大可持续产量。在这个总量水平时，鱼的增长达到多少？注意，这就是最大可持续产量。如果捕捞人在最大可持续产量水平上进行捕捞，他能够从中得到多少利润？

d. 如果鱼总量达到承载水平（$S_t=K$），鱼的增长将会发生什么？如果出于某些原因，鱼的数量暂时超过了承载水平，鱼的增长将会发生何种改变？

e. 对 logistic 增长模型，其边际增长函数是 $MG(S_t)=g\times\left(1-\frac{2S_t}{K}\right)$。使用增长的黄金法则来寻找能够最大化当前捕捞价值的资源存量水平。与最大可持续产量处的资源存量相比，本问中得到的资源存量有什么不同？捕捞量之间存在什么不同？

f. 现在假设贴现率为零。使用增长的黄金法则寻找能够最大化当前捕捞价值的资源存量水平。与最大可持续产量处的资源存量相比，本问中得到的资源存量有什么不同？

应用 10.2

Greenlandia 县有四个区域。表 10－1 给出了这四个区域的相关信息。假设有三类土地利用类型：(1) 农业；(2) 受管理的森林；(3) 作为天然栖息地而进行保护的区域。作为土地管理者，你必须为四个区域各选择一个土地用途。（注：你可以在不同地区选择不同的土地用途。）你对下列目标感兴趣：(1) 碳封存；(2) 水质；(3) 农业生产；(4) 木材生产；(5) 森林鸟类；(6) 草地鸟类。请考虑下面这个提供生态系统服务和生物多样性保护的简单“模型”：

- 碳：在原始森林中有 100 单位，在受管理的森林中有 70 单位，在原始草地上有 50 单位，在农业中有 20 单位。
- 水质：天然栖息地（森林或草地）：在高影响区域为 100 单位的水质，在低影响区域为 50 单位的水质；受管理的森林：在高影响区域为 60 单位的水质，在低影响区域为 30 单位的水质；农业：在高影响区域和低影响区域的水质均为 0 单位。

表 10-1　　　　有关 Greenlandia 的信息

区域（1） 天然栖息地类型：草地 农业生产率：高 森林生产率：低 对水质的影响：高	区域（2） 天然栖息地类型：森林 农业生产率：低 森林生产率：高 对水质的影响：低
区域（3） 天然栖息地类型：森林 农业生产率：高 森林生产率：高 对水质的影响：高	区域（4） 天然栖息地类型：森林 农业生产率：低 森林生产率：低 对水质的影响：低

● 农业生产（只发生在用于农业生产的土地上）：在农业生产率高的区域，生产达到 100 单位，在农业生产率低的区域，生产达到 20 单位。

● 木材生产（只发生在用于受管理的森林的土地上）：在木材生产率高的区域能够生产 100 单位的木材，在木材生产率低的区域能够生产 20 单位的木材。

● 森林鸟类：在原始森林中栖息着 100 单位的鸟类，在受管理的森林中栖息着 50 单位的鸟类，在草地和农业用地上栖息的鸟类数量为 0 单位。如果受管理的森林与农业用地之间接壤（边角不算），那么森林中的鸟类数量将会减少 50%。

● 草地鸟类：在原始草地上是 100 单位，在农业用地上是 20 单位，在原始森林或受管理的森林中为 0 单位。

a. 如果你想最大化森林鸟类数量，你会选择什么样的土地使用计划？对这项土地使用计划，你的每个目标（碳、水质、农业生产、木材生产、森林鸟类和草地鸟类）的数量是多少？

b. 如果你想最大化草地鸟类的数量，你会选择何种土地使用计划？对这项土地使用计划，你的每个目标（碳、水质、农业生产、木材生产、森林鸟类和草地鸟类）的数量是多少？

c. 假设私人土地所有者想最大化其土地中产出的市场价值，假设每单位农业产出的价值是 2 美元，每单位木材产出的价值是 1 美元（即，他们想要最大化 2×农业产出+1×木材产出）。为了最大化其市场回报，每个土地所有者会选择什么？作为这个土地使用决策带来的后果，你的每个目标（碳、水质、农业生产、木材生产、森林鸟类和草地鸟类）的数量是多少？

d. 假设我们设立了一个“为生态系统服务付款”的项目。如果土地所有者因每单位碳和每单位水质各获得 1 美元的支付，如果土地所有者感兴趣于最大化其市场总回报（2×农业产出+1×木材产出），以及为生态系统服务付款，每个土地所有者将选择什么？作为这片土地的使用结果，你的每个目标（碳、水质、农业生产、木材生产、森林鸟类和草地鸟类）的数量是多少？

e. 假设我们扩大了“为生态系统服务付款”项目，以便该项目还能为每单位森林鸟类和每单位草地鸟类向土地所有者分别支付 1 美元。如果他们希望最大化其市场总回报（2×农业产出+1×木材产出），以及为生态系统服务付款和保护鸟类，那么土地所有者会选择什么？对这项土地使用计划，你的每个目标（碳、水质、农业生产、木材生产、森林鸟类和草地鸟类）的数量是多少？

各节主要观点

10.0 传统的资源经济学侧重于**不可再生资源**和**可再生资源**。最近，更多的分析认识到自然资本还包括**生态系统过程**，这个过程中存在的是**生态系统服务功能**。这些服务包括资源调配、调节、支持和文化服务。

10.1 **霍特林规则**说明，在竞争性市场中会出现利润最大化的均衡，在这个均衡中，资源租金因稀缺性而产生，不可再生资源的价格增速将会上升到与利率相同的水平。**遏制需求的价格**被定义为让需求降为零的价格：遏制需求的价格反映出存在一种**备用技术**，在给定的价格下使用者可能会转向这种技术。

10.2 霍特林预测市场会通过价格的稳步上涨显示资源稀缺信号，为企业投资于替代品开发提供时间和激励。直到 2000 年时，针对不可再生资源提出的这个看法都没能实现，但是自从那时起，包括石油在内的大多数商品的价格已经开始上升（例外情况是天然气，因为新的“水力压裂”技术意外增加了全球天然气储备）。在 2000 年以前，大多数资源市场都没有发出资源稀缺的信号，但现在看来似乎开始出现这种信号了。

10.3 从历史上看，个别油田的产出呈现倒 U 形的形状。哈伯特预测，区域性和全球性石油供应也同样如此。在对全球**石油峰值**的出现时间进行评估时将面对的挑战包括：对现有石油存量信息不足，对当前能够比较经济地开采边际石油资源的技术进步持有不同看法。因此，我们不知道石油峰值是否会很快出现并突然造成大规模破坏，抑或石油峰值会缓慢出现并得到管理。

10.4 可以用**增长函数**来描述可再生资源，增长函数与给定时期内存量规模从期初开始的增长有关。增长函数有时表现出**密度依赖性增长**。**可持续性利用**是指资源存量规模不会随时间的推移而减少，**最大可持续产量**是指具有最大可能性的可持续收获水平。对可再生资源而言，**增长的黄金法则**告诉追求利润最大化的管理人员如何去向上或向下调整其利用水平，从而使**边际增长率** MG(S) 等于利率。如果贴现率足够高，或是增长速度足够低，那么利润最大化的方式可能带来资源的完全变现，然后将获得的资源租金投资在别处。然而，一般来说，可再生资源和不可再生资源的所有者都有**基于利润的养护**的激励。

10.5 在渔业中，人们往往设置一个**总可捕量**水平，试图以此来对开放存取问题进行控制，进而确保渔业的可持续发展。**个体可转让配额**制度可以降低过度资本化的问题：太多渔船追逐给定数量的鱼类。**水产养殖**也有助于解决开放存取问题，但是它自身会带来环境方面的挑战。**最低安全标准**管理被用于受威胁和濒危物种，这种方式要求物种存量能够确保物种实现恢复。因此，最低安全标准是对预防原则的应用。

10.6 **生态系统服务**由潜在的**生态过程**提供。人们使用**生态生产函数**来为从生态过程到生态服务的流动过程进行建模。生态系统通常存在**联合生产**；将注意力聚焦在最优化某个单一产品的产出或利用水平，将会导致其他产出减少这种**意外后果**。最后，生态生产函数会随着区域的不同而不同，因此要求关注**空间分析**。对生态系统服务的建模是最近才进行的工作，但其结果表明，保存完好的生态系统的价值可能高于通过降低生态环境水平而得到的个别产品的价值。维护生态系统服务的一种方法是推行**为生态系统服务付款**的政策。

参考文献

Balmford，Andrew，Aaron Bruner，Philip Cooper，Robert Costanza，Stephen Farber，Rhys E. Green，Martin Jenkins，et al. 2002. Economic reasons for conserving wild nature. *Science* 297：950－953.

Barnett，Harold J.，and Chandler Morse. 1963. *Scarcity and growth：The economics of natural resource availability*. Washington，DC：Johns Hopkins University Press.

Bishop，Richard C. 1978. Endangered species，irreversibility，and uncertainty：The economics of a safe minimum standard. *American Journal of Agricultural Economics* 60（1）：10－18.

Ciriacy-Wantrup，S. V. 1968. Resource conservation：Economics and policies. 3rd ed. Berkeley：University of California Press.

Clark，Colin. 1973. Profit maximization and the extinction of animal species，*Journal of Political Economy* 81：950－961.

Costello，Christopher，Steven Gaines，and John Lynham. 2008. Can catch shares prevent fisheries collapse? *Science* 321：1678－1681.

Costello，Christopher，Stephen Polasky，and Andrew Solow. 2001. Renewable resource management with environmental prediction. *Canadian Journal of Economics* 34（1）：196－211.

Daly，Herman. 1996. *Beyond growth：The economics of sustainable development*. Boston：Beacon Press.

Goldberg，R. J.，M. S. Elliot，and R. L. Taylor. 2001. *Marine aquaculture in the United States*. Arlington，VA：Pew Oceans Commission.

Hotelling，Harold. 1931. The economics of exhaustible resources. *Journal of Political Economy* 39：137－175.

International Energy Agency（IEA）. 2012. *World energy outlook 2012*. Paris：International Energy Agency.

Krautkraemer，Jeffrey. 1998. Nonrenewable resource scarcity. *Journal of Economic Literature* 36（4）：2065－2107.

Krautkraemer，Jeffrey. 2005. Economics of natural resource scarcity：The state of the debate. Discussion paper 05-14. Washington, DC: Resources for the Future.

Ludwig, Donald, Ray Hilborn, and Carl J. Walters. 1993. Uncertainty, resource exploitation, and conservation: lessons from history. *Science* 260: 17, 36.

MacKenzie, James. 2000. *Oil as a finite resource: When is global production likely to peak?* Washington, DC: World Resources Institute.

Maugeri, Leonard. 2012. *Oil: The next revolution.* Discussion paper 2012-10, Belfer Center for Science and International Affairs. Cambridge, MA: Kennedy School of Government, Harvard University.

Millennium Ecosystem Assessment. 2005. *Living beyond our means: Natural assets and human well-being.* Washington, DC: Island Press.

Nash, Colin, ed. 2001. *The net-pen salmon farming industry in the Pacific Northwest.* Seattle, WA: Northwest Fisheries Science Center.

Nelson, Erik, Guillermo Mendoza, James Regetz, Stephen Polasky, Heather Tallis, D. Richard Cameron, Kai M. A. Chan, et al. 2009. Modeling multiple ecosystem services, biodiversity conservation, commodity production, and tradeoffs at landscape scales. *Frontiers in Ecology and the Environment* 7 (1): 4-11.

Reed, William. 1979. Optimal escapement levels in stochastic and deterministic harvesting models. *Journal of Environmental Economics and Management* 6: 350-363.

Sanchirico, James, and Richard Newell. 2003. Catching market efficiencies. *Resources* 150: 8-11.

Sharman, Hugh. 2005. Why wind power works for Denmark. *Civil Engineering* 158: 66-72.

Shell Oil. 2008. World demand to outstrip supply. *Press Release*, 25 January. http://royaldutchshellplc.com/2008/01/24/the-times-shellchief-fears-oil-shortage-in-sevenyears/.

第11章 越多就是越好吗？消费与福利

11.0 引言

在1955年，当你的祖父和祖母在二十出头的年纪时他们在做什么？他们在大学里读书吗？还是在工作？如果他们在美国的学校里读书，那么平均来看他们的收入大约是你收入的30%。用另一种方式看，按照经过通胀调整后的数值计算，你一星期能够花费100美元，但是当年他们只能花费30美元。这意味着什么呢？他们在没有空调的小房子里长大；不太可能拥有一台自己的汽车、录音机或者是打字机；可能没坐过商业性航班；几乎不去外面的餐馆吃饭；也很少离开他们所在的城市去旅行；没有泰诺、Advil或治疗过敏的药物（只有阿司匹林）；很明显，他们也不可能拥有智能手机、互联网、有线电视或ipod。你认为你比他们更幸福吗？如果不是，为什么？如果是，那你比他们幸福了多少？是更幸福一点儿，还是幸福了很多？我们正在取得进展吗？抑或是我们这个社会深陷"过度消费"？

在成本—收益这种效率性分析框架内并无过度消费的概念。毕竟，进行成本—收益研究的所有目的都是确保没有在追求环境质量的过程中牺牲太多消费。从效率的角度看，相比于父辈，我们这一代人消费的增加清楚地反映出我们要比父辈更加进步。

如何将过度消费视作一个环境问题？第一，消费（或富裕水平）出现在第9章的IPAT方程中：

环境影响＝人口×富裕程度×技术

IPAT方程表明，造成环境恶化的三个主要原因之一是物质产品消费的增长。为什么？

从生态的角度看，人们对技术进步能够跟得上消费（和人口）增长的速度表现出悲观态度。因此，对生态经济学家而言，消费水平很高，并且会继续增长并转化为过度消费的事实，已经变成一个严重的环境问题。相比之下，效率标准的倡导者大多对技术持乐观态度，他们并不将消费本身看作一个严肃问题。

如果正如生态主义者所坚信的那样，技术进步无法抵消未来50年里消费翻两番对环境造成的影响，那么从某种意义上说，过度消费确实是个重大的环境问题。但是，本章关注人们对高消费提出的第二个不同意见。我们可以对效率标准和成本—收益分析中的一个关键假设——“越多越好”——提出质疑。

还记得我们将有效率的结果定义为在无法不使其他人境况变差的同时让另一个人境况变好。在实践中，更好意味着“拥有更多产品”。我们应该记得，产品也可以包括与环境相关的活动，如在山脉中徒步、美好的景色或是清新的空气，但是，对进行成本—收益分析的经济学家而言，他们认为这些都是简单的商品，基本上可以与护发素、空调或视频游戏等商品进行交换。它们是可交换的，意味着如果要多拥有某种商品，就需要放弃其他一些商品。这反过来意味着人们最终都是按照货币价值对这些商品的价值进行估计，如果只是间接计算，则类似于我们在第5章中所指出的。

但是，如果并不是越多越好呢？如果物质层面的收获事实上并不能带来更大水平的幸福，有效率的结果就真的不一定会增加福利。如果不是越多越好，由成本—收益分析确定出的权衡取舍——更多的环境保护意味着其他东西会变少——就失去了分析能力，安全或生态可持续性目标就会更有意义。最后，如果越多并非越好，那么我们可以相当公平地讲，这个社会确实在“过度消费”其拥有的资源。

11.1 金钱与幸福

将隐藏在成本—收益分析中的越多越好假设用比较直白但是准确的方法表达出来，就是“金钱能够买到幸福”。真的吗？根据耶稣、佛陀、穷理查以及最近的暴发户，答案是“否”。然而，让我们看看研究人员在这个问题上进行的更加科学的调查结果。

在超过50年的时间里，研究者一致致力于揭示不同群体的人在其收入与生活幸福之间存在的关系。在美国和西欧国家进行的许多研究结果揭示出一个惊人的相似结论：金钱确实能买到幸福，但是幸福感增加的速度是下降的。表11-1给出了最近对得克萨斯州的900名劳动妇女所做的一项调查结果。请注意，与之相比，美国家庭的中位数收入约是50 000美元。这些数字与其他大多数研究中发现的数字相同，可以用来阐述所谓的**伊斯特林悖论**（Easterlin paradox）：收入上升显然能够增加生活的满意度，但是这个关系仅在收入上升到中位数收入左右的过程中存在。这个结论很好地阐述了富裕人群并不会比中产阶级幸福更多的事实。[1]

此外，在西方国家，在较富裕国家的人们经常报告说他们没有那些较为贫穷国家的

① 参见 Easterlin (1974)，Layard (2005) 以及 Kahneman and Krueger (2006)。

人幸福。例如，爱尔兰的人均收入只及美国的 2/3，但是在生活满意度排名中持续上升。[①] 在美国，自 20 世纪 50 年代以来，报告自己“非常幸福”的人在总人口中的占比大体上保持不变，虽然目前的人均消费支出比过去多了一倍多。[②]

表 11-1　　收入与报告的幸福感

收入（美元）	感到“非常幸福”的人口占比（%）
<20 000	22
20 000～49 000	30
50 000～89 000	42
≥90 000	43

资料来源：Kahneman et al.（2004）.

为什么金钱买不到太多幸福？为什么只是在收入达到某个点之前才能让金钱买到幸福？我们为这个问题考虑了两个答案：第一个答案来自消费心理，第二个答案来自现代生活的物质现实。

11.2 社会规范与炫富游戏

这是著名的经济学家亚当·斯密在 1759 年写下的一段话：

> 然而，遍及人类所有不同阶级的相互较量、模仿与竞争又是源自何处？改善我们的处境，被我们称为伟大的人生目的。然而，透过这个目的，我们指望得到哪些好处呢？透过这个目的，我们所能指望获得的全部好处，就在于吸引别人以同情、满足、赞许的态度注视我们，倾听我们和礼遇我们。我们在意的是虚荣，而不是悠闲或逸乐。[③]

如果在 250 年前亚当·斯密便宣称人民寻求改善其物质条件的主要原因是“虚荣”，而不是能够增加消费的“悠闲或逸乐”（效用），想象一下，从多个角度进行衡量，如今很多生活在贫困线以下的人都比亚当·斯密时代的上层阶级还要富有，斯密将得出什么结论？

一位年仅 11 岁的小朋友最近告诉他的妈妈，他想要一条由名叫 Skidz 的企业制造的鲜艳宽松裤子。这条裤子的零售价为 54 美元，所以他母亲有点儿不想给他买这条裤子。他的妈妈提出给他做一条看上去几乎一样的裤子，然后算出她做这条裤子的成本还不到 10 美元。她的儿子说道，“没门”。自家制造的裤子是不会带上 Skidz 的标签的，但这却正是让他感到很酷的东西。这位小朋友的妈妈问他，他是否真的很想花 44 美元

---

① 其中存在大量的国家间差异。例如，法国人声称他们没有荷兰人那么快乐。研究者得出结论说，这部分反映了报告生活满意感时存在的社会规范。

② 参见 Layard（2005）。

③ 参见 Smith（1759，70）。

来买一个标签，她的儿子毫不犹豫地说“是的”。

在我们这个富裕社会中，有大量方法来为我们的基本生存获取足够的食物和住所，当然，这些方法并非普遍存在。在这些情况下，人们对很多商品和服务的消费都源自深刻的“社会性”特征。对那位小朋友而言，相比于“这种方式很酷”的感觉，Skidz 牌裤子的实用价值——温暖、舒适和快乐——的重要性要小很多。同样地，让一辆昂贵跑车的所有者感到高兴的事情并不仅在于快速驾驶带来的兴奋，还在于他给自己和其他人留下的那种能够快速驾驶的形象，也许后者要更加重要。

我们通过消费获得满足的社会规范建立于社区之中，我们要在社区中寻求成员资格和认可。社区的类型可能是由两人组成的浪漫社区，可能是一个更大的家庭，可能是朋友圈甚至是邻居，可能是宗教或种族群体，也可能是一个工会和职业性组织，但是，属于其中某个组织的需要则成为一股强大的推动力。经济增长的批评者认为，我们的大部分消费——从我们穿的衣服、吃的食物到驾驶的汽车——的目的都不只是保持身体温暖、供应营养、提供舒适感或者运输，而是希望获得某个社团的会员资格和认可。

这里的关键不是对我们所有人都参加的某个过程做出某种价值判断。相反，消费领域的社会规则可以简要地解释我们观察到的金钱无法买到太多幸福的事实。一方面，更高的收入提高了人们获取本质上有用的商品和服务的可能。另一方面，随着人们变得更富裕，个人所属社会团体的预期也在提高，社会消费规范也会跟上这个步伐，让其变得更加昂贵。

人们可以将消费的社会动机划分成大致三个类别：从众效应、势利效应和凡勃伦效应。[①] **从众效应**（bandwagon effects）是指渴望消费某种东西的愿望，因为其他人也在这么做，从而顺应社会规范。电视广告经常在制造从众效应。麦当劳打出的一个竞争广告是“食品，乡亲们，乐趣”。其中传达的信息很明确：快来加入我们的聚会，并顺便说一下，你也可以在这里吃。

在同一时间，汉堡王试图从大众认知中脱身而出，它们的口号是：“有时候你要打破规则”。在这里，这个口号针对的就是**势利效应**（snob effect）——做到或消费某种别人没有的东西。我们往往可以将势利效应归结到那些购买昂贵产品以使自己区别于常见人群的行为。但是，情绪也可能被利用，例如，汉堡王的例子就是为了出售低档汉堡包。或者还可以举出另一个例子，我们有时可以看到一位大学教授会自豪地驾驶一辆破旧汽车，通过这种方式，他显示出自己与世界上其他人不同，并不关心物质商品。那位小朋友表现出的希望获得 Skidz 牌裤子的愿望，则既受到从众效应的影响，又受到势利效应的影响——这种裤子很酷，因为酷的人才会穿它，不酷的人不会去穿它。

人们对从众和势利这两个词的选择可能不够好，因为它们都含有相当消极的意思。但事实上，希望加入和希望与众不同的愿望都反映了正常的、通行的、重要的社会驱动力。例如，在很多活动——体育、音乐、科学——中，“走在前列”的愿望既反映出势利效应（在某个同类人组成的团体中走在前面），也反映出从众效应（与走在前面的那

① 参见 Leibenstein (1950)。Bagwell and Bernheim (1996) 考察了在现实信号的情景下凡勃伦式消费决策的微观基础。

些人变得类似）。

消费中存在的最后一个社会动机以索尔斯坦·凡勃伦（Thorstein Veblen）的名字命名，凡勃伦是一位经济学家，他认为在我们的社会中，通过公开展示财富就可以获得地位，这被称为“炫耀性消费”①。**凡勃伦效应**（Veblen effect）是指购买昂贵的产品来向某个社会团体表达其拥有者是个“人物”，也就是拥有金钱以及金钱带来的权力的那种人。其目的是为了引起别人嫉妒，如“他戴的是劳力士”，或者“她开着宝马”，以及“他加入了上流社会的乡村俱乐部”。在 Skidz 牌裤子传达的“酷”的感觉中，有一部分正是来自其高价——穿上这条裤子后，相当于对班上其他孩子说：“我的父母拥有我想要什么就能得到什么的权力，即使花了很多钱也在所不惜”。虽然凡勃伦效应与势利效应有关，但这两种效应并不相同。凡勃伦商品的显眼之处在于，它的昂贵代表的是一种特定的社会阶层；正如人们所指出的，势利性商品出现在消费者和消费者之间，并不一定是昂贵的商品。

鉴于物质消费的目的并不是获得实用功能，而是为了满足成为社会团体成员并维持地位的一种社会需要，所以毫不令人惊讶，获取更多的物质商品并未能显著提高幸福程度。在穷人和富人之间，从众效应和势利效应将会极大地影响从消费中获得满意的程度。无论是能够让你朋友眼前一亮的智能手机，是能够加入某个摩托车团体的车子，是参加一个派对需要穿的 T 恤，是搭配野餐的啤酒，是让你的心上人感到开心的餐厅，是与职业相符的西装，是适合孩子的学校，抑或是能够加入高尔夫四人组的正确街址，团队成员资格和别人的认可，都是消费的一个重要副产品。随着人们越来越富裕，“基本”需求也在扩大；换句话说，要花费更多成本去满足社会规范。

话虽如此，但是很明显，很多人确实想要更多的物质产品。事实上，调查研究揭示出，收入上“走在前列”与报告得到的生活满意感的增加明显相关。虽然平均而言富人只是比穷人过得快乐一点，但是最近变得比较富有的人体会到的满意度要高于最近变得更加贫穷的人。源自消费的社会满意度显然不仅需要保持，而且要走在前列。超越某个对照组、家庭以及个人预期的消费标准，显然是从物质消费走向幸福的路径。②

然而，虽然从个人角度来说走在前列是有意义的，但是如果全社会都开始追求这些事物，那么竞争性消费只能是以一种给个人产生更小收益的战略。如果每个人都希望挤进更高一级的社会团体，那么成功实现这个目标将会变得更加困难，这个竞争中出现一个赢家，就会出现一个输家。此外，现在每个人都要更加努力，这样才能保证自己还处在原来的位置上。

这种情况的常见名称是**炫富游戏**（rat race）。炫富游戏有两个特点：(1) 如果比赛取消，每个人的境况都会变得更好。(2) 考虑到其他人都在竞争，每个人最好更加努力去获得胜利。

可以通过所谓的囚徒困境模型来分析这种情况（建议：通过询问你的教授来了解“囚徒困境”这个名字）。图 11－1 说明了两个学生 Arnold 和 Maria 面临的情况，他们俩要将软性饮料带到一个聚会上去。每个学生都可以选择带可口可乐或预算牌可乐。为

① 欲知最近提出的阐述，可见 Bagwell and Bernheim (1996)。

② 在 Daly (1987)、Schor (1991) 以及 Layard (2005) 中，这些想法得到了进一步发展。

了讨论的目的，假设两类产品的质量是相同的——如果被蒙上眼睛，人们基本区分不出二者（建议：在你的课堂上引入味觉测试）。但是，鉴于可口可乐拥有大型广告预算，它已经有了一些品牌识别度。

		Maria	
		可口可乐	预算牌可乐
Arnold	可口可乐	$U_M=8$ $U_A=8$	$U_M=7$ $U_A=12$
	预算牌可乐	$U_M=12$ $U_A=7$	$U_M=10$ $U_A=10$

U_M是Maria的效用

U_A是Arnold的效用

图 11－1　炫富游戏是一个囚徒困境

假设在学生之中，初始的社会规范是喝预算牌可乐。如果双方都去购买预算牌可乐，就不会有人因自己带来一个廉价产品而感到尴尬。于是，这两个学生的效用都是 10。这显然要比社会规范是买可口可乐的那个结果更好——因为产品质量是相同的，但是可口可乐的成本更高。因此，可口可乐—可口可乐这个结果只能为每个学生带来 8 个效用。

但是依照这里的设置，很难将预算牌—预算牌选项作为社会规范。考虑如果 Arnold 买了预算牌可乐而 Maria 买了可口可乐后会发生什么。Maria 会因自己超过社会规范而得到（微妙）赞扬，所以她的效用上升到 12，而 Arnold 可能（很轻微地）有点羞愧，发现自己的效用降到了 7。反过来，如果 Maria 购买预算牌可乐而 Arnold 购买可口可乐，其结果也是一样的。

虽然双方应该选择预算牌—预算牌这个结果，但是两者都有强烈的动机不去遵守非正式协议，更愿意维持预算牌—可口可乐这个社会规范。一方面，如果 Maria 选择预算牌，那么 Arnold 可以通过选择可口可乐来超过社会规范并获得收益，当然这是以损害 Maria 为代价的。另一方面，如果 Maria 超出社会规范，那么 Arnold 最好也选择 Maria 的选择，这样他的境况也能够变得更好。无论 Maria 做出什么选择，对于 Arnold 来说可口可乐总是更好的选择，反之亦然。

有人曾经通过一项有趣研究来确认在专业组织这个真实世界中出现的囚徒困境。作者在对律师事务所的调查中发现，律师都是“过度工作”的，因为他们想用时间交换收入的增加。但是在公开场合，律师都不敢承认他们对更短工作时间的渴望，担心这会将自己生产率不高（即使事实并非如此）的信号传达给合伙人。其结果是，社会规范下的工作时间太长了——如果能够商定并执行较低的标准周工作时间，每个人都会从中受益。这种规范的改变将会减少炫富游戏，降低收入和物质消费，却可以增加闲暇时间。①

① 参见 Landers，Rebitzer，and Taylor (1996)。作者用信号模型来整合其论点。关键的假设是，专业人员能够从拥有更多更具生产率的团队成员中获取溢出效益，长时间工作则是生产效率高的一个信号。欲知更多针对过度工作的研究，可见 Schor (1991) 以及本章的应用 11.0。

通过一个囚徒困境的分析框架来研究炫富游戏，我们看到社会消费规范是如何出现波浪形上涨的。每当人们通过消费行为或职场行为发送社会信号时，炫富游戏的现象就会出现，当从众效应、势利效应或凡勃伦效应成为驱使人们消费更多物质商品的主导因素时，这种情况尤其明显。如果从物质占有中得到的社会满意度实际上与自己身边的人息息相关，经济增长就不能熄灭人类尝试通过提高消费来获取满意的欲望。

11.3 位置商品与消费外部性

钱似乎买不到很多快乐的一个原因是消费的社会心理。然而，另一个原因则植根于当代的增长现实。我们的富裕社会存在一个悖论：虽然我们变得越来越富有，但是某些商品的获取却变得越来越困难。考虑最近发生的“房地产泡沫”。任何一个市场中的投机活动都源于缺乏弹性的供给，至少在短期内是这样的。所以，在21世纪初，股票市场的科技股泡沫中赔得一塌糊涂的投资者开始转向住宅投资。矛盾的是，虽然在一些城市和郊区的住房价格发生快速上涨，但同时在许多其他城市又出现了人们将建筑封闭以及高的空置率。所以，显然不是房屋短缺推动了房地产泡沫，而是人们对邻里的期望带来了房地产泡沫：繁荣、安全、能够上好学校、上班工作和娱乐设施都能在通勤距离之内到达。

在理想社区中的物业是一种从长期来看供给弹性很小的商品，在这些社区里，投资者在看到房价一飞冲天的过程中感到安全。因此，其价格上涨似乎是一种长期趋势的延续。在美国，过去50年里发生的大规模“郊区城市化”所产生的一个影响是，在所有主要城市，通勤距离之内的房价都是上升的。与此同时，这些地区在开发过程中也出现了很多人们试图远离的城市问题：日益拥挤、交通堵塞、更长的通勤时间、偏高的犯罪率，以及居民平均而言较低的生活质量。同时，留在城里的公民则看到，随着社区里的中产阶层成员逃往郊区，他们的社区快速恶化，这又进一步缩小了城市的税基。

受这一进程推动，私人对“更好住房”的需求开始增加。虽然很多人确实购买了此类住房，但是产生的社会成果则并不那么积极。在郊区中，这类供给有限的房子受到价格更高和拥塞程度上升的限制。同时，城市中物业的价值则出现直线下降，在那里，很多居民的生活质量变得越来越差。两个经济学概念有助于解释这一现象：位置竞争和消费外部性。

能够快速到达城市却不拥挤的社区是一类长期供给固定或缺乏弹性的商品，它们都被称为**位置商品**（positional goods）。**位置竞争**（positional competition）指这类商品之间相互竞争。比如，50码线处的超级碗比赛门票、伦勃朗的绘画以及宽敞的海边度假屋等，都是位置商品的一些简单实例。不太明显的例子包括通勤的高速公路、在著名的四年制大学里的学习机会、创造性工作、具有地位和权威的工作、城市里的绿色空间、可触及的旷野以及清洁的空气和水。

随着人们日渐富裕，他们对这些位置商品的需求也在增加。面对日益增长的需求，一些限制性的机制就显得十分有必要了。对足球门票这类私人拥有的物品而言，价格会上涨，从而消除过度需求并使市场出清。然而，对许多**公共品**（public goods）而言，价格机制是无效的。于是，限制性机制就表现为拥塞，例如，我们看到的交通阻塞。

在消费位置商品的过程中，相对更高的价格和不断增加的拥塞致使许多人的生活质量出现下降。与此同时，电视、洗碗机、智能手机、快餐店、计算机、止痛药和其他数以百万计的商品的人均消费量开始增加。为了能够获得很多上一代人认为理所当然的商品，我们必须将更高比例的收入支付出去，或者接受生活质量的下降。这并不是说平均来看经济增长产生了负面影响。这里的重点是，位置竞争的增加成为经济增长的一种重要的、往往无法识别的成本。

人们将位置竞争比作一座音乐厅。如果在前排的某个人为了得到一个更好的视角而站起来，那么剧场里的所有人都必须站起来。最终，每个人都很不舒服地踮起自己的脚尖，但是没有人能比坐下时看得更好！我们再次看到，从个人的角度来看，走在前列是好的，但是其社会结果可能是每个人的境况都变得更糟。

位置竞争往往产生**消费外部性**（consumption externalities）。它是指在消费过程中产生但不由消费者承担的收益和成本——例如在之前提供的示例中，人们可能会挡住后排人的视线。或者考虑开车上下班这样一个私人决定。虽然它可能会为驾驶人节省 20 分钟时间，但这种做法也加剧了交通堵塞，因为它降低了其他人的上班速度。更一般地看，数以千计搬到郊区居住的私人决策产生的影响累积起来，就带来很多城市问题：日益去人性化的社区、教育水平的降低、犯罪率的持续上升，以及环境的退化。

除了房地产以外，其他市场上出现的消费外部性也是重要的。一个人做出的接受教育程度的决定，可能会产生重要的外部性影响，这种影响可能是积极的，也可能是消极的。一方面，让民众能够读书和写字显然带来了社会福利，所有人都同意政府必须为此提供补贴，并强制推行民众接受基础教育。另一方面，在很多方面高等教育都是一种位置竞争。一个人做出获得工商管理硕士学位的决定，能够让他更可能获得一个稀缺的“有地位”的工作机会，但同时会减少其他没有这种学历的人获取此类工作的机会。“证书通胀”——在竞争过程中，进入某一特定职业的要求出现波浪形上涨——就是一种负的消费外部性。

单纯的位置竞争是经济学家所谓的**零和博弈**（zero-sum game）。只要有一个人获得一个相对较好的位置，必然有另外一个人放弃这个位置。随着在我们的经济中位置商品变得更为重要，收入的增加转化为位置竞争，但是它并没有全面提高人类的福利。类似于住房和接受高等教育①的例子，当消费决策存在重要的负外部性时，这种问题显得更加真实。这两个因素有助于解释个人增加财富的理性行为与总体上我们并未因此变得更快乐之间存在的悖论。

11.4 与社会消费相关的福利

将我们在前一节讨论的内容纳入效用/社会福利函数的框架，能够为接下来的讨论带来不少益处。为此，我们需要将个人消费束划分成**竞争性**（competitive）和**非竞争性**

① 当然，高等教育也能带来积极的消费外部性。源于高级培训的技术进步就是最明显的例子。

（noncompetitive）部分，分别记为 X^{c}、X^{nc}。竞争性部分包括：（1）炫富游戏对应的商品——效用主要来自消费超过社会规范的商品；（2）位置商品；（3）具有显著的消费负外部性的商品。非竞争性部分则包含除此之外的一些商品：效用主要来自其实用性的商品（能够产生味道、温暖，带来放松）；与家人和朋友的休闲时光；身体或智力上具有挑战性的活动；类似于清洁的空气和水、健康等环境产品。

在实践中，人们可能很难对竞争性和非竞争性做一个区分。应该把骑自行车归到哪个类别呢？骑自行车的经历本身是非竞争性的，但是一些极其爱好这项运动的人则认为这项运动受到竞争性社会规范的驱使——穿最新潮的衣服或拥有最新潮的设备。然而，从原理上看，源于运动本身的消费组成，我们是可以将消费组合划分为时尚驱动和地位驱动的。

于是，我们可以将 Aldo 的效用函数（来自第 2 章）记为

$$U_A = U(\overset{+}{X_A^{nc}}, \overset{+}{X_A^{c}}, \overset{-}{X_{NA}^{c}})$$

式中最后一项 X_{NA}^{c} 是指除 Aldo 外的所有人的竞争性消费束；在 X_{NA}^{c} 上面的负号表示随着其他人的社会消费数量上升，Aldo 的幸福感会下降。不过，通过提高非竞争性商品（X_A^{nc}）和竞争性商品（X_A^{c}）的消费数量，Aldo 可以变得更加幸福；对 Aldo 个人而言，越多确实越好。不过，他现在的幸福感还依赖于他周围群体的消费水平。

从这种形式的效用函数中可以得到两个教训。第一个教训是，能够增加竞争性消费产品供给的经济增长未必能够提高幸福感（尽管它可能会提高幸福感）。每当团体中的某人走在消费前列时，他就会为这个团体建立一个新的标准。事实上，竞争性消费品往往通过让那些不购买此类商品的人变得不开心来销售（例如，考虑经典的除臭运动，被这个运动排除在外的人可能会感到不安全及不幸福）！

第二个教训是，根据这种形式的效用函数，非竞争性消费品存量的增加一定会提高社会福利。很多（如果不是大多数）环境商品——人类的健康、自然的审美、对人类和非人类生命的尊重——大多是非竞争性的。一个人对其健康的享受将不会使其他人想要"提高标准"。同样地，预留给公园的土地不能用于私人开发，从而不会造成位置竞争的强化。因此，在社会福利函数中，对这些项目赋予的权重应该比物质消费更高。

上述观点的经济学含义是什么？当相对消费变得重要时，我们可以得出三个结论：第一，对位置商品的消费征税变成一件有效率的事情；通过阻止过度工作并增加休闲，社会的整体福祉有望得到提高。这样做还可以减少不必要的生产和污染。第二，人们倾向于高估私人消费（鉴于它会将负外部性强加给别人）增长的价值，低估非竞争性公共品和环境质量提高的价值。因此，需要向上调整人们的支付意愿，从而反映一个更加清洁的环境对人类福祉产生的真正提高。例如，在全球变暖的例子中，研究人员估计，相较于传统的成本—收益分析得出的结论，针对二氧化碳收取的有效税率应该提高 50%。[①] 第三，在位置商品发挥重要作用的经济体中，国内生产总值的增长将无法反映社会福利的实际增长。正如在第 9 章中所进行的讨论，经济学家事实上曾多次试图构建

① 这个观点由 Brekke and Howarth (2002) 给出。

一个社会福利指数，用它来反映经济增长的某些不适之处。其想法主要是对我们度量经济增长的基本指标——国内生产总值——做出调整，从而更好地反映在过去的几十年中社会福利的“真正”趋势。如果你回到表 9-1，你会发现那里有对真实发展指数的描述。

真实发展指数的支持者声称，在过去的几十年里虽然国内生产总值继续稳步上升，但是他们发现平均生活质量的改善出现大幅放缓。通过考虑在本章中所讨论的位置商品带来的消费负外部性，真实发展指数可以对国内生产总值做出一定调整。例如，除了常规的外部性成本外，研究人员还从国内生产总值中剔除了通勤时间的增加和汽车事故等城市化的成本。他们也根据不断上涨的土地价格进行了调整。

从构建指标的目的来看，真实发展指数的研究者接受了越多越好这个传统假设。根据真实发展指数的作者所指出的：“幸福水平与财富或消费的相对水平有关，而不是与绝对水平有关，但是我们对经济福祉的计算未能将这些因素考虑进来。相比于过去几代人，如今实现更多消费已经显得不那么重要了。由于我们没有办法度量这种相对的幸福感，所以只能像其他人那样，在构建指标中忽略这个重要发现”①。如果他们能够发明出此类度量方法，那么，虽然过去 30 年里国内生产总值增长幅度巨大，但是国民净福利的增长可能还要低于我们得到的估计值。

总结一下，如果社会规范带来更多的物质消费，而且在经济中位置商品和消费外部性也是相对重要的，那么我们可为环境保护提出一个强大的功利主义观点。在环境保护与经济增长之间出现的对幸福感的权衡取舍并不是看上去那么重要。

11.5 控制消费的影响

在一个消费成为实现社会地位的主要手段的社会中，这种现象又被称为**消费文化**(consumer culture)。在富裕国家，消费文化进步的原因是复杂的，其中包括工人和工作岗位流动性的增加带来的社会多元化，随之而来的社会分裂，电视和广告在生活中出现得越来越多，以及宗教的道德影响力下降，因为后者往往传达出一种反物质主义的信息。

一些人认为，随着环保意识的传播，富裕国家的居民能被说服放弃其富裕的生活方式，例如，开始骑自行车上班。然而，消费文化的进步似乎具有普遍性和深层次性。有人认为通过比较代际态度，能够对这个问题有个最好的认识。必须得承认，当我（埃班）问 6 岁的侄女为什么不让我剪掉她新球鞋上巨大的 L. A. Gear 标签时，我被她的回答吓到了。她说：“这个东西让我觉得很酷。”我的小侄女有了强大的品牌识别力——这双鞋让她高兴的原因在于标签——这是服装企业营销战略转变的结果。在我们（斯蒂芬和埃班）小时候，企业向孩子的父母兜售儿童服装，它们强调的是衣服的耐用和实用。现在，星期六早上的动画片充满了直接针对儿童的服装广告，强调的是美丽和地位。当然，我们的父母当时对营销的接触也很少，对我们对于衣服的闪光小亮片的兴趣

① 来自 Daly and Cobb (1989, 415)。

也费解不已。

因此，即使你认为富裕国家的高水平消费是主要的环境威胁，也很难想象能够通过道德论据来对反对消费文化取得大的进度。本节将讨论减少消费的三个潜在的经济手段：**消费税**（consumption taxes）、**欧洲式的强制休假**（mandated European-style vacations），以及**对广告的监管**（regulation of advertising）。

许多经济学家从非环境因素入手说明美国的消费率太高，或等价地，说明美国的国民储蓄和投资率太低。在20世纪80年代，美国的国民储蓄率从占国民生产净值的8%下降至2.4%左右，到2000年，这个占比实际上已经是负的，同期，美国的外债规模飙升。人们认为，在过去的20年中，我们一直以损害投资的方式来为当期消费融资，鉴于投资可以创建资本，这种行为预示着生活水平可能会下降。实际上，诺德豪斯为减少当期消费提出了一个非环境可持续性观点。

人们呼吁政策应该对此做出反应，其结果是提高税收水平（所得税或销售税），以此降低消费并增加储蓄和投资。然而，这么做的最终目的是提振未来的消费。这显然不是我们在这里提出的政策目标。然而，如果从税收收入中得到的收益被投资于开发新的清洁技术，那么正如将在第17章和第18章中讨论的那样，这种政策能够实现减少消费对环境造成影响的目标。即使只是暂时性减少消费水平，这个目标也是可以实现的。

或者，可以用税收收入来将富裕国家的消费转变为贫穷国家实现可持续发展的资源。资金可以用于各种目的：从债务减免到计划生育、土地改革、资源保护，以及清洁能源和制造技术向贫困国家的转移。

最后一点，在富裕国家，社会消费理论有着相当惊人的含义：除了为人们降低预期消费水平提供一个初始的调整期外，将资源从当前消费转向投资或发展援助也不会减少社会的整体幸福或福利水平。

更加实际地讲，假设美国的所得税以渐进的方式被逐步提高，于是，收入最高的那部分家庭面对的边际税率最终将达到50%，但是美国的穷人面对的还是相同的税率。还假设从中额外获得的资金将被用于环境技术的投资：对科学家和工程师的培训，以及研发。社会消费理论认为，平均而言，长期中人们都会满意。（顺便说一下，在20世纪整个50、60和70年代，美国的富人确实支付着70%或更高的边际税率。）当然，这个理论的问题在于，它存在一个初始调整时期，在这期间人民可能是不满意的。有鉴于此，通过增加税收来推动可持续发展——环境或经济意义上的可持续发展——的政治前景要遭遇挑战。

有时人们认为，高消费水平是现代经济运作的必要条件，消费水平的减少将会导致高水平的长期失业。这是不一定的。如果增加的储蓄能够转化为开发清洁技术和人力资本等面向长期可持续发展的国内投资，那么减少消费带来的弊端可以得到缓解。

此外，一个非常具有可持续性，可以在不显著增加失业率的同时降低消费水平的方法就是**欧洲式的强制休假**。在西欧，法律规定雇主要为工人提供至少四周的带薪休假，外加几天的带薪假期，几乎所有国家也都有带薪事假。相比之下，1/4的美国人没有带薪假期，而且很少有美国人能够获得带薪产假。[①] 实际上，欧洲人对这些休假和假期的

① 参见 Ray and Schmitt (2007)。

资助最终转化成较低的小时工资——欧洲人接受稍慢的经济增长和消费，用以换取更多的休闲时光。

除了提高储蓄率和增加休闲时间外，最后的可能策略是通过对广告进行监管来控制消费。要使这一策略能够见效，首先要说明的是广告确实提高了总体消费水平。有可能广告只起到了让人们转换品牌的作用，但是并没有带来整体消费的增加。在美国，我们收到大量的广告信息。事实上，可以将电视看作 21 世纪的教会。典型的美国人在进入大学读书之前，他们每周要花费 3～4 个小时观看电视广告，加起来这些广告可能达 100 000 则。[①] 所有这些广告都通过各种形式来宣扬一个相同的潜在社会信息：通过购物来获取满意。这种持续不断的宣传攻势很可能引诱我们做出过多消费。

假设广告对整体消费产生了重要的正面影响，但是对广告进行有效监管仍然是个困难的任务。从经济学的角度看，广告具有重要的作用——通过向消费者提供可用性、质量以及产品价格等信息来促进竞争。广告本身就可以被认为是一种有用的产品，此类产品的生产过程会产生负的外部性，类似于纸张的生产会产生水污染那样。对广告的监管集中于控制负外部性——消费文化的推广——而不是针对产品本身。

传统上，人们通过对儿童电视广告进行监管来完成这个任务。政府对每小时中可以用于广告的分钟数做出约束，并在过去禁止过广告和娱乐节目混合在一起播出。例如，瑞典就禁止针对 12 岁以下儿童的商业广告。[②]

另一种方法则是通过不同的媒体来将“好”广告和“坏”广告区别开来。相比于电视广告，在印刷品和广播媒体中出现的广告就很难利用人们的情绪弱点来寻求品牌识别。因此，它们往往提供更多关于价格、质量和可用性的有用信息。地方性广告和针对特定交易目的的广告也往往要比全国性广告提供更多更详细的信息。也许是因为全国性广告能够带来的经济益处是有限的，所以许多欧洲国家都存在免费的商业性电视台（它们用纳税人的钱来资助电视节目的制作）。

在美国，一个可能的政策措施是针对全国性电视广告收取“污染税”。与其他税种类似，这种措施会导致企业将原本用在电视上的广告资源转移到其他媒体，甚至可能完全取消广告。

长远来说，在富裕国家遏制人均消费量增长的任何成功尝试都将需要广泛的、挑战消费文化及其价值观的社会运动——对它的讨论远远超出了本书的范围。[③] 鉴于其高税率、慷慨的假期以及对广告施加的控制，瑞典或德国这类西欧国家既部分地展现出走向可持续发展的文化转型的可能性，也表现出旨在抑制消费的战略的局限性。例如，虽然相比于大多数美国人，欧洲人在全球变暖中留下的足迹要小得多，但是他们仍然对我们这个星球产生了很大的影响。平均而言每位德国人每年要排放约 11.9 吨的二氧化碳；平均而言每位美国人则要排放 22.5 吨。全球平均水平是 5.6 吨。[④]

最终，通过政府政策可能控制 IPAT 方程中“A”的增长——但这是一个渐进的过

---

① 参见 Layard (2005)。

② 参见 Layard (2005，143)。

③ 例如，可见 Daly and Cobb (1989)，Schor (1991) 以及 Layard (2005)。

④ 参见 World Resources Institute (2009)。

程，其中涉及比简单立法更加深层次的文化变革。然而，经济分析确实为我们提供了一些有用的见解。首先，如果从消费中产生的快乐是相对的，那么让大家在消费上做出共同牺牲的做法实际上可能几乎没有减少整体福利。如果这一观点得到广泛接受，意味着人们将更有可能接受税收的增加，以此减少他们出于“正当理由”的消费，例如孩子的福利。其次，在富裕国家降低消费并不会带来失业增加。相反，劳动力和其他资源可以转移到为贫穷国家生产消费品，或是转到针对清洁技术的投资。最后，限制消费文化的一项常用建议是对广告进行监管，这件事情必须审慎推进，因为广告可以生产信息——它在经济上是有用的。

11.6 总结

在成本—收益分析和效率标准背后的核心隐喻是一种被人们感知到的环境与增长之间的权衡。对消费者来说，表现为监管、禁令和红头文件等形式的环境保护最终意味着更高的成本和较少的“商品”。为什么不不计成本地让每个人都拥有一种未受破坏的环境?

批评过度消费的人对此有两种回应。首先，生态经济学家认为技术越来越不能为自然资本提供替代品，“一切如常式的消费主义”的长期成本要比效率拥护者想象的高。其次，一些经济学家质疑越多越好这个基本假设，其构成效率标准防御的基础。因为大部分来自消费的满足感都是社会性的，而不是来自此类消费的固有效用，同时，也因为不断增加的位置商品的竞争所带来的负外部性，以及经济增长产生的收益要比传统方式度量出的小很多。

如果效率分析背后存在的越多越好的假设是完全错误的，追求安全性或生态可持续性的意见就能得到加强。当更多并非更好时，“有效”的结果实际上并非真正有效——所谓的福利提升。因此，更严格的安全标准或生态可持续性标准实际上可能比根植于传统的成本—收益分析法得到的结论更具效率。

随着越来越多的人将物质消费视为对社会中成员资格和地位的一种满足，也就是消费文化的进步，消费增长对全球产生的影响正变得越来越大。人们寻找到三类政策来控制消费增长。第一类政策是征税，由此得到的收益可以用来资助清洁技术的投资，或者用来提高贫穷国家的消费。重要的一点是，富裕国家消费的下降并不会降低总体的就业水平；相反，它可以代表包括劳动力的资源向其他生产性部门的转移。然而，正如社会消费理论所预测的那样，税收政策降低了短期内的效用，因此在政治上很难获得通过。

第二类政策可以是强制性的带薪休假；这将减少工作时间和产出，并导致用更低的总消费来换取更多的休闲时间。第三类政策与广告监管有关，理由是它促进了一种不可持续的消费文化的发展。这里的危险是，广告本身能够发挥有用的经济功能，它可以提供信息并促进竞争。一种可能的政策选择是对全国性电视广告征收“污染税”，主要针对的是那些情感诉求强烈但是信息内容不多的广告。

本章是本书第 1 部分的结尾性章节，在第 1 部分中，我们讨论了何种程度的污染可称为过量。这个问题的一类答案以效率为目标。通过学习效率标准，我们探讨了经济学家发展出的、用来度量环境保护效益和成本的方法，以及对成本—收益分析工具的使用。我们也曾通过贴现来研究随时间变化提升效率（动态效率）的逻辑，其中使用了新古典主义的假设，认为技术进步将抵消所有的资源短缺，其结果就是，人类福利将会继续上升。

对第1部分提出的核心问题给出的另外一类回答则是，我们要考虑两种更为严格的标准：安全标准和生态可持续性标准。这两种方法拒绝使用成本—收益分析法，认为对环境的保护应该“不惜成本”。但是，在评价这些方法时，我们了解到世界上并无免费的午餐；虽然不会像新古典主义者认为的那么重要，但是权衡取舍还是会出现。

那么，何种程度的污染可称为过量？这最终是个价值观问题，单独用经济学无法解决，不过，前11章的目的主要是提供一些能够帮助你更好地解决这一问题的信息和分析工具。在下一届总统大选中，全球变暖可能会是个重要的问题。无论你支持的候选人对二氧化碳排放持有的是效率标准、安全标准还是生态可持续性标准，现在你都能对你的决定做出更好的解释了。

应用 11.0

过度工作的美国人

在美国，过去30年里消费增加的另一面是工作小时数的不断上升。工作小时数的增加是令人惊讶的，因为它违背历史趋势：直到1940年，工作日的长度都在不断下降，工人也能获得额外的休假时间。在大多数有着强大工会的欧洲国家，这个趋势得到了持续。如今，美国制造业员工每年的工作时间要比德国或法国的同行多出接近两个月。

工作时间的增加也让经济学家感到惊讶，因为他们认为休闲是一种正常品：当人们越来越富裕时，对休闲的消费也会越来越多。相反，在美国休闲似乎是一种劣等品。自1948年以来，美国的单位工人产出增加了一倍多。换句话说，我们少工作很多年，便可以获得我们的父母在其壮年时的生活水平。相反的是，我们工作的努力程度仍有些许增加，消费水平确实是父母在其壮年时的两倍还多。

1. 经济学家朱丽叶·肖尔（Juliet Schor）发现了周工作时间增加背后的两个罪魁祸首：一是招聘中存在的激励；二是缺乏一个强大的工会运动来帮助工人争取更短的工作时间。即使雇主必须根据法律规定为工作时间支付工资，并为加班时间支付一倍半的工资，鉴于存在招聘激励，他们似乎还是更愿意招聘新员工。你认为为什么会出现这种情况？

2. 在受薪和专业员工当中，肖尔认为竞争加剧导致人们在办公室的时间出现向上增长的趋势。年轻医生整周疯狂工作的经历正在变成律师、会计师、建筑师及其他专业人士的普遍现象。在竞争日益激烈的环境中，“人们不是按照某种预先存在的标准来定义‘足够’的工作日长度，而是根据人类可容忍程度的极限进行定义”（Kanter，as cited in Schor 1991，70）。一些经济学家认为，这种每周工作时间的延长也没什么问题。如果人们不喜欢它，可以通过辞职或选择要求较低的工作来实现转换，并为自己提供更多的闲暇，当然也会导致更少的消费。你同意吗？

应用 11.1

大峡谷中的豪宅

考虑下面这个社会福利函数：

$$SW=U_a(X_a^{nc},X_a^c,X_{\sim a}^c,P_a)+U_b(X_b^{nc},X_b^c,X_{\sim b}^c,P_b)+U_d(X_d^{nc},X_d^c,X_{\sim d}^c,P_d)+\cdots$$

其中，

X＝消费束。

P＝污染。

nc＝非竞争性。

c＝竞争性。

a，b，d ＝人。

$\sim a$，$\sim b$，$\sim d$＝除了 a、b、d 外的其他人。

1. 对函数中所有项标出正号和负号，用以说明它是增加还是减少了每个人的效用。

2. 非竞争性消费水平的总体增加会提高社会福利吗?

3. 令 X_b^c 为能够俯瞰峡谷的新房子。令 P 为周围社区中风景减少的数量。最后，令 $X_{\sim b}^c$ 为不是 b 的那些人从新的豪宅中感受到的地位压力。假设 X_b^c 中 b 的上升对个人效用带来正的增加，增加值为消费者剩余 10 000 美元，对其他人则带来负的效应，价值为－500 美元。也假设 X_b^c 的一单位增加可以带来 P 增加一单位，这会对每个人带来－1 000 美元的影响。在一个由 5 个人组成的世界中（包括 b），b 从多消费一单位 X_b^c 中获得的私人收益是多少？增加一单位 X_b^c 带来的外部成本是多少？增加一单位 X_b^c 将会使社会福利提高多少?

4. 在问题 3 中，哪部分开发决策看上去是传统的成本—收益分析得到的结论？它没有考虑到什么?

各节主要观点

11.0 本章探讨的是“过度消费”这个想法。其论点是，在富裕国家，持续的经济增长事实上并不会带来更多快乐，但以失去自然资源基础和关键生态系统服务功能为代价。

11.1 **伊斯特林悖论**是指从调查数据中显示出来的结果，即收入增加只能使幸福感略有提高，而且只限于收入达到中位数水平的时候。

11.2 一种解释伊斯特林悖论的方法是，从消费中获取的满意度取决于一个人相对于社会规范所获取的消费。社会消费模式受**从众效应**、**势利效应**和**凡勃伦效应**的影响。当人们试图通过消费水平的竞争来获得幸福时，这个过程往往会蜕变为弄巧成拙的**炫富游戏**，可以用**囚徒困境**来为这种情况进行建模。

11.3 **位置竞争**是指对长期供应有限或**位置商品**的竞争。私人的位置性商品是通过高价格来调整竞争关系的；**公共品**则要通过堵塞来实现竞争。纯位置商品的竞争是**零和博弈**。**负消费外部性**往往在位置竞争中生成。

11.4 本节说明了存在社会性消费和位置商品时，效用函数会发生何种变化。商品只能分为**竞争性消费束**和**非竞争性消费束**。虽然从个人层面看，东西确实越多越好，但是，如今由别人消费产生的外部性会降低每个人的效用。因而，增加全社会消费不再必然提高幸福水平。

11.5 **消费文化**是指实现社会地位的主要手段是通过物质消费。可以使用三类经济政策来减少消费文化的传播，它们分别是**消费税、欧洲式的强制休假**，以及**对广告的监管**。然而，只有当经济工具变成更广泛的文化运动的一部分时，它才能真正改变人们的态度。

参考文献

Bagwell, Laurie Simon, and Douglas Bernheim. 1996. Veblen effects in a theory of conspicuous consumption. *American Economic Review* 86 (3): 329-348.

Brekke, Kjell Arne, and Richard B. Howarth. 2002. *Status, growth and the environment: Goods as symbols in applied welfare economics*. Northampton, MA: Edward Elgar.

Daly, Herman E. 1987. The economic growth debate: What some economists have learned but many have not. *Journal of Environmental Economics and Management* 14 (4): 323-336.

Daly, Herman E., and John J. Cobb Jr. 1989. *For the common good*. Boston: Beacon Press.

Easterlin, Richard. 1974. Does economic growth improve the human lot? Some empirical evidence. In *Nations and households in economic growth: Essays in Honor of Moses Abramovitz*, ed. Paul A. David and Melvin W. Reder. New York: Academic Press.

Kahneman, Daniel, and Alan B. Krueger. 2006. Developments in the measurement of subjective well-being. *Journal of Economic Perspectives* 20 (1): 3-24.

Kahneman, Daniel, Alan B. Krueger, David A. Schkade, Norbert Schwarz, and Arthur A. Stone. 2004. A survey method for characterizing daily life experience: The day reconstruction method. *Science* 306 (5702): 1776-1780.

Landers, Renee, James B. Rebitzer, and Lowell J. Taylor. 1996. Rat race redux: Adverse selection in the determination of work hours in law firms. *American Economic Review* 86 (3): 349-372.

Layard, Richard. 2005. *Happiness: Lessons from a new science*. New York: Penguin Press.

Leibenstein, Harvey. 1950. Bandwagon, snob and Veblen effects in the theory of consumers' demand. *Quarterly Journal of Economics* 64: 183–207.

Ray, Rebecca, and John Schmitt. 2007. *No vacation nation*. Washington, DC: Center for Economic Policy Research.

Schor, Juliet B. 1991. *The overworked American*. New York: Basic Books.

Smith, Adam. 1759. *The theory of moral sentiments*. New York: Augustus M. Kelly.

World Resources Institute. 2009. Climate Analysis Indicators Tool. http://cait.wri.org/.

第 2 部分

政府能解决问题吗

本书第 1 部分集中于考察一个明确的规范性问题：何种程度的污染可称为过量？我们既从伦理角度，也从实际角度出发分析了这个问题的几种可能答案——效率标准、安全标准和生态可持续性标准。在设定了这样一个目标，或者说至少在自己的头脑中设定了目标后，我们现在可以考虑如何实现这个目标。事实证明，我们有一类重要的工具：政府。从第 3 章中我们知道，无论从效率标准还是从安全标准的角度看，私人市场都会产生过多的污染。因此，需要政府制定政策以改进市场行为并减少污染。

从法规和禁令到污染税和市场性许可证制度，再到补贴政策与基础设施和研发方面的投资，政府在抗击污染问题时有各式各样的工具可以利用。但是在讨论策略的详细信息之前，我们首先需要考虑一个更为核心的问题：政府能解决问题吗？

近年来，很多人已经对政府实现有效目标的能力产生了怀疑。可能是由于我们期待政府解决的那些问题出现了数量上升和类型多样化的情况，人们对政府愈加不信任，这些问题包括：通过打击恐怖主义为公民提供安全，为破产家庭提供支持，对付暴力犯罪和药物滥用，减少失业、贫穷、无家可归者和饥饿，控制通货膨胀，为员工提供培训和再培训，确保消费者和工人的安全，以及保护环境。随着对政府提出的要求变得越来越多，或许我们开始更加认识到政府的局限性。

本书在这一部分概述了政府在控制污染问题的过程中做出的努力。本部分从为政府行为发展出一套理论开始，主要突出两个问题：环境监管过程中的信息密集特征，以及政治影响力对监管过程造成的潜在影响。根据这一理论，第 13 章回顾了主要的环境立法，第 14 章对监管成就以及局限因素做出评估，其中包括对环境监管中经常被忽略却十分重要的一类组成部分的考察：执行和遵守。

在本书这一部分中得出的结论可能会显得刺耳。在最好的情况下，监管者能够整理有关环境影响的可用信息，控制成本，并且通过一种稳健但烦琐的方式定义和实现环境保护的目标：效率、安全或可持续性。在最坏的情况下，监管机构成为腐败过程的一环，它会不顾环境后果而大行方便之门。更一般地，起草、设立和执行法规都是复杂且烦琐的事情，其结果还可能表现出受到各种组织利益影响的痕迹。在一般情况下，拥有的资源越多，则利益集团拥有的影响力也就越大。

正如市场未能带来包括清洁环境在内的许多合意的社会目标那样，政府也有其自己的弱点。但是政府还会天真地不以为然。本部分的重点是分离并识别这些问题，让政府促进地球清洁的政策可以变得更加成功。政府能够精心制定合理和有效的政策来保护环境吗？这看上去真像一个反问句。如果不能，那么我们最好尽量对政府政策做出合理利用。因为它是我们拥有的主要工具。

第 12 章 环境监管的政治经济学

12.0 引言

美国国会在 1970 年通过了《清洁空气法案》，这部法案宣称它是一部国法，要求美国人呼吸的空气应该“拥有充足的安全边际……能够保障公民的健康”。然而，在 21 世纪初时还有成千上万的美国人仍然不时面临着地面臭氧（烟雾）浓度过高的危险；某些工业设施向空气排放的气体中含有的有毒物质仍然高到足以使周边居民的癌症风险大于千分之一。

这是政府失灵的证据吗？有人会把这些数字看个遍，然后说，“看看，我们走了多远”。现在，很多城市实现的臭氧标准要高于 1970 年的水平；更重要的是要考虑到，如果我们不采取这些已经实施的措施，不知道今天的环境状况会变得多糟。在接下来的几章中，我们会更详细地了解监管带来的总体影响，可以将这种影响看作一个半空或半满的玻璃杯。然而，很多人仍然认为，用 40 余年来等待一项法律的执行，这个时间还是太长了。

进展缓慢的背后隐藏着什么？“充足的安全边际”这种说法存在科学上的不确定性吗？依从法律会带来高成本吗？美国国家环境保护局还存在其他一些更加优先的工作领域吗？国会拨给美国国家环境保护局的资金不足吗？行业会对立法者和监管者产生影响吗？所有这些因素都在发挥作用。然而，这里的要点在于，我们只是想阐述一项法律的通过只不过是改变市场行为的漫长过程的第一步。

经济学家发现了政府有效控制污染的两个主要障碍。首先是监管者拥有的高度**不完美信息**（imperfect information）。有鉴于此，监管者永远无法给出一个明确目标。对大多数污染物而言，以纯粹的科学术语定义“安全”的排放水平是困难的，或者是不可能的。因此，需要根据技术信息提出一个针对安全的政治意义上的定义。更一般地，即使有可用的风险评估方法，它也只能为健康风险给出粗略估计，对成本的估计同样也不可靠。此外，监管机构往往必须将监管对象作为获取信息的重要来源。因此，正如我们将看到的，很多经济学家将改进监管者获取信息的途径作为改善监管的一项关键战略。

然而，对“事实”的终极不确定意味着，虽然能够对相关情况的技术特点有所了解，但是任何旨在促进安全标准或效率标准的决定，都将为官僚体系的裁量留下大量余地。与自由裁量权机会伴随而来的是产生**政治影响**（political influence）的机会。在履行法律条文之外，政府官员显然会产生其他动机：例如，这些动机包括对仕途的考虑或是对某种意识形态的满足。鉴于存在官僚酌处权，产业和环保团体动用大量资源影响选举、政府立法与监管决定。

本章从详细说明环境监管的一般过程开始，然后在某些细节上探讨信息不完善和政治影响力带来的障碍。最后，我们会简要考察苏联为对抗西方市场经济体系而出台的灾难性环境政策带来了什么样的教训。然后，第 13 章将对当前生效的主要环境法规做一番更为详细的概述。

12.1 环境监管的过程

今天，政府正式指定的，能够提供“充足的安全边际”的空气臭氧浓度水平（被称为环境污染水平）是百万分之 0.08。这个特定的环境法规，以及成千上万的类似法规是从哪里来的？类似于臭氧控制这类监管过程实际上分为三个步骤。

第一步，美国国会通过法案。

当然，第一步不是凭空出来的。首先，必须有一个得到广泛感知的环境问题。其次，一些进取的国会议员或国会助理决定将这一问题作为首要问题。再次，草拟法例，来自业界和环境领域的游说者排队表示支持或反对态度，他们还会抱着友好的态度尝试将自己的修订加入法案。最后，立法通过，得到总统签署。

尽管第一步就需要数年时间，但是立法内容通常不是很具体。由于要在各方之间达成妥协，所以草案使用的语言往往故意含糊不清，有时甚至是相互矛盾的。这一切带来第二步。

第二步，美国国家环境保护局草拟监管条例。

国会通常将找出安全、谨慎、合理的平衡这类词语的确切含义的艰难任务委托给美国国家环境保护局。美国国家环境保护局试图将该法案的语言转化为实际规定，确定允许的排放量或合适的环境污染水平。

正如我们在第 4 章中所看到的，创建一个新的重大监管事项要求美国国家环境保护局进行监管影响分析，这是一份内容详尽的文档，其中包括对相关决定进行科学分析的广泛依据，包括合规成本在内的可能的经济影响。然而，在污染物产生的环境影响以及进行控制的可用技术方面，美国国家环境保护局往往只拥有有限信息。因此，在法规起草过程中，这个政府机构要寻求产业和环保团体的意见。在条例成为法律之前，它们也必须正式地进行几轮公众意见征询，而且法律要求这个机构对公众意见做出回应。于是，利益团体就被正式地纳入决策过程。

第二步中有一部分是美国国家环境保护局的自我辩护——这个机构做出的许多决定都被人们提出过上诉，一方或另一方也要为此应诉。美国国家环境保护局前局长威廉·拉克尔肖斯（William Ruckelshaus）估计，在美国国家环境保护局出台的条例中，有80%都在随后的实施过程中受到法庭质疑。① 例如，在20世纪70年代后期，在业界提起诉讼的威胁下，美国国家环境保护局提高了先前提及的臭氧标准，将其从百万分之0.08修订为百万分之0.12，这一修订本身又在法庭上受到业界和环保主义者的质疑。在1997年，这个标准再次遭到环保主义者起诉，而且在新的科学证据面前，美国国家环境保护局又做出收紧臭氧标准的决定，将其再次改回当初的百万分之0.08。

可能需要几年的时间，才能让这个信息收集和公众评议阶段实现顺利运行。然而，在通常情况下国会无法为美国国家环境保护局完成其所有任务提供足够资金，于是，对某些特定监管的执行就被置之脑后。最后，管理和预算办公室（Office of Management and Budget，OMB）的总统工作人员会重新审查新的监管措施，可能在提出修订建议后将其送回美国国家环境保护局。

通常，美国国家环境保护局出台的监管条例能够为业界和市政当局提供可遵循的一般准则。然而，执行的细节则留待第三步。

第三步，州政府实施和执行监管。

美国国家环境保护局往往需要州政府提交计划，详细说明它们打算如何实现政府提出的目标。例如，在臭氧的案例中，州政府需要告诉美国国家环境保护局它们打算采取什么样的措施来控制车辆排放和石油炼油厂等固定污染源的排放，从而使其遵守百万分之0.08的空气控制标准。从理论上看，如果这个标准未能实现，那么美国国家环境保护局将会对某些特定措施进行授权，但是这样做可能只会导致更多延迟。因此，艰难的经济选择往往留给州政府的官员。尽管美国国家环境保护局确实有自己的执法部门，它们是州政府进行环境保护的有益补充，但是执法仍然主要是州政府的职能。

从上述法律程序的简要综述中可以得到三个要点。首先，即使按照计划运作，草拟监管规定也是一个烦琐和耗时的过程。因为针对效益和成本的信息极不完善，而且可能并未得到广泛使用，所以立法者和监管者就为相关受影响团体解释其立场提供了许多机会。

在此过程中，美国采取了一种**监管的司法模式**（judicial model of regulation）。它要求美国国家环境保护局在接受和处理意见的过程中坚持严格的程序准则，必须为每个即将出台的重大监管建立一个准法律的案例。即使在理想情况下，监管机构也是在各方都尽力掩饰（而不是说明隐藏问题）的情形下收集相关案例的信息。这一过程往往会夸大科学性问题和经济性问题之间的差异，而不是达成能够被监管机构接受并作为“真理”的共识意见。

此外，通过为监管者提供大量冗余信息，那些希望拖延监管发布的人拥有充分机会来实现这个目的。例如，为了保存超过1 200条评论，监管机构需要几英尺的货架空间，所有这一切都需要美国国家环境保护局进行回应，而这只是美国国家环境保护局在某个单一提案中需要完成的答复。②“分析麻痹”是一个频繁出现的结果。

---

① 来自Bryner（1987，117）。

② 来自Jenkins，Kopits，and Simpson（2009）。

最后，监管过程可能会受到许多其他方面的影响。这里只列出有关各方影响最终结果的一部分机会：初步起草监管条例或插入修订；与美国国家环境保护局的高级官员展开讨论，或者与参与监管机构日常工作的中层技术人员展开讨论；正式和非正式的公众意见；限制或扩大国会和州立法者为监管机构提供的工作预算；在管理和预算办公室会见总统的监督机构；影响州层面的实施计划和执法机制；一旦监管最终得以实施，就在法庭上对相关变动做出起诉；最后在法规遵从性方面与执法官员讨价还价。

鉴于监管任务的复杂性，监管机构必须向行业和私人团体寻求与监管相关的潜在收益和成本的信息。此外，因为国会本身也无法知道美国国家环境保护局是否做出了明智的决策，再加上我们熟悉的制衡体系，监管过程本身实际上有意识地向感兴趣的各方开放。一个复杂的、具有法律约束力的决策过程（司法模型）已经到位，目的是防止推行监管的官僚滥用权力。然而，信息收集本身存在的政治问题往往会导致监管僵局。

12.2 在不完美信息下进行监管

美国国家环境保护局成立于 1970 年，当时它是政府行政部门内的一个独立机构。现在，美国国家环境保护局拥有 10 个区域性办事处和华盛顿特区办事处，总计工作员工超过17 000 人，年度预算超过 70 亿美元。政府要求美国国家环境保护局在几十部不同的法律下制定、实施和执行监管。美国国家环境保护局有很多正在进行的项目和承担的责任，其中包括对成千上万的水污染源进行监管，它在每年还要对有害废物倾倒、数以十万计的固定空气污染来源、数以百万计的汽车，以及数以百计的新型化学品和农药使用进行监管。

为了完成这些任务，美国国家环境保护局显然只得到有限的资源。因此，美国国家环境保护局不得不确定优先事项——鉴于人员太少，并不是所有的监管职能都能得到充分实现。其结果是，在几乎所有决定中，美国国家环境保护局在采取行动前收集或生成的信息都太少了。

在美国国家环境保护局和阿莫科（Amoco）联合完成的一项研究中，人们发现了这种信息差距的存在程度，当时这项研究针对的是弗吉尼亚州阿莫科石油精炼厂的苯空气污染问题。美国国家环境保护局发布了对炼油厂废水池含苯废气排放的控制性监管条例。这些监管条例基于 1959 年完成的一项研究，这项研究得到的结果已经与实际情况存在相当大的距离。当该联合研究项目完成时，人们发现，废水池的污染水平为预测结果的 1/20。真正的苯污染问题实际上出现在装卸码头，因为在那里人们要将燃料注入驳船。

阿莫科公司最终建设了一个价值 4 100 万美元的处理系统来处理废水池污染问题。与此同时，针对装卸码头处产生的影响范围更广的污染，原本使用 600 万美元便可得以控制，但是相关污染却没有得到管理，也没有减少。[①]这种情况是如何发生的？一般情况下，在出台监管条例之前，美国国家环境保护局既无人员也无法律权利来对工业设施（在阿莫科案例中最终所做的）进行类似的广泛研究。在通常情况下，美国国家环境保

① 参见“What Really Pollutes?”1993。

护局自己只能赞助有限的研究；因此，在大部分时间里，它必须向业界、环保团体或大学里的研究人员寻求相关数据。

除了依靠过时或不良信息外，当希望从业界获取遵从监管可能导致的成本信息时，美国国家环境保护局还必须应对所谓的**陈述偏见**（reporting bias）。为了说明这个问题，假设美国国家环境保护局希望对地下水中存在的农药污染进行监管。美国国家环境保护局正考虑在风险程度较高的县禁止使用农药。如下一章中所述，美国国家环境保护局在效率标准下对农药进行监管——国会已指示美国国家环境保护局要在这个案例中权衡收益和成本。图 12－1 说明了我们的效率标准图。

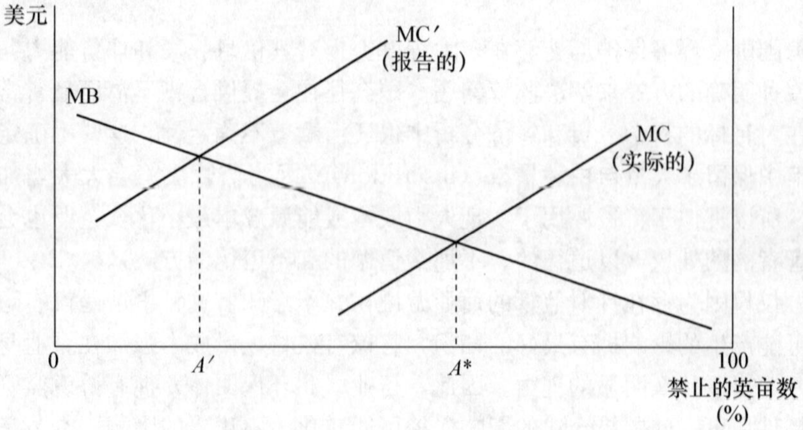

图 12－1　不完美信息下的监管

这项禁令的真实边际收益与边际成本反映在标记为 MB 和 MC 的曲线中。如果美国国家环境保护局能够获取此类信息，那么效率标准要求在 A^* 处做出禁令。然而，假设美国国家环境保护局只能依赖农业化学公司来获取这项禁令下农民转向替代性虫害控制方法时产生的成本信息。那么，很明显业界有激励撒谎和夸大成本（MC′）。如果业界真这么做，然后美国国家环境保护局也使用了来自业界的估计值，那么这项禁令将出现在 A'处，这将导致一个无效率的过低的监管水平。

人们针对陈述偏见提出了两种回应。首先是提高机构**内部的分析能力**（in-house analytic capability）。虽然美国国家环境保护局将永远不会有足够资源来资助和执行它所需要的所有研究，但是，把注意力放在培训和留住技术人才上，是改进监管的一个基本方面。然而，政治事态的发展可能与此目标背道而驰。例如，在公共服务私营化的大趋势下，美国国家环境保护局的大量技术性工作都已经被外包给私营咨询公司。表面上看，这么做的动机是为了省钱（事实上，很难证明实现了这个目标），但最终结果是降低了美国国家环境保护局的技术能力。一些评论家认为，美国国家环境保护局对外包商的依赖已经达到极限，以至美国国家环境保护局甚至无法评估正在执行合同的工作是否绩效良好。此外，很多咨询公司还将它们的生计建立在受美国国家环境保护局监管的那些产业之上。减少外包作业将有助于建立美国国家环境保护局的技术专长，并可以减少利益冲突。

解决信息问题的第二个方法是依赖所谓的具有激励相容特点的监管。设计用来激发人们报告真实信息的监管被认为是激励相容的，因为被监管方的动机与监管的目标相互兼容。通过一系列可用手段的组合，监管者事实上可以做得比图 12-1 更好。在附录 15B 中我们会对此做更充分的讨论，事实证明，如果监管者要通过征税而不是禁令来控制农药的使用，企业就会有动机低估而不是高估其控制成本。在附录 15B 中我们还发现，适当的征税和可市场化交易的许可证制度（在第 15 章和第 16 章会得到更充分讨论）组合起来使用，将有助于为说真话提供正确的激励措施。

12.3 官僚酌处权与政治影响力

无论美国国家环境保护局能够在多大程度上提升其信息收集和评价能力，它永远都无法通过一种明确的方式来解决监管问题。国会往往会提供含糊不清而且常常相互矛盾的目标，在对目标的科学分析和经济分析中也还潜藏着不确定性，这些不确定性让官僚在管理决策中保留了大量**自由裁量权**（discretion）。因为监管决策会大大增加受影响行业的成本，所以类似于将资源用于实现人力成本或能源成本最小化，企业也会投入资源来影响监管者的酌处权（以道德的、不那么道德的和不道德的方式）。

此外，仅仅因为存在针对监管的商业游说，并不意味着这种事情是没有道理的。业界对监管可能产生的影响拥有最好的知识，官僚有权将大量成本强加在企业身上，这种做法可能并非出于什么明显的理由。因此，行业（和环保团体）拥有游说监管机构的能力不一定是件坏事。问题是合法的影响途径可能转化为不正当的影响。本节考虑会导致官僚不选择“忠于职守”的原因。

公众期望环境监管者在控制污染过程中追求国会授权的效率目标或安全目标。然而，与所有其他人一样，他们也会考虑个人利益。在能够实现的范围内，官僚会利用职务之便实现三类目标：机构建设、外部事业建设和工作满意度。

很多针对官僚机构（政府和企业）的观察家说，管理者的一个主要目标是**机构建设**（agency growth）。当然，通过保护和扩大机构的预算，可能使机构在完成其首要工作的同时变得更有效，但是会为机构人员带来更多额外收入（新的计算机、旅行以及晋升机会等）和荣誉。官僚对这种无端增长的寻求，可能导致机构偏向于“过度监管”（尤其是从效率的角度来看），因为机构人员要通过从事新的活动来证明他们确实需要更多资金。但是另一方面，这样做可能只是浪费金钱。

监管者会记在心里的第二个因素是**外部事业建设**（external career building）。我（埃班）曾经去面试过美国司法部反托拉斯司的工作。在那里我被告知，典型的职业发展轨道是先在司法部工作 5 年，到那时，工资收入就触及了天花板。然后，大多数人都会去律师事务所或经济咨询公司工作，帮助企业应对反托拉斯诉讼。这种在行业和监管机构之间存在的所谓旋转门现象其实很普遍。在做出严厉的监管决策时，美国国家环境保护局的雇员要在心中牢记未来的职业选择。

虽然在环保组织或学术机构有一些工作机会，但是需要在美国国家环境保护局有工作经验的职位机会绝大多数都来自私营部门，而且几乎所有的高薪职位都来自私营部门。因此，不同利益群体之间的潜在冲突显然存在。更重要的是，在努力对什么是公众利益给出精确定义的时候，最高决策者往往清楚地知道业界所处的位置，因为他们往往在某些地方与相关业界人士有着密切交往。但是，这些决策者对住在危险废物弃置场旁边的人是谁则不那么清楚。

这将我们带到可能影响监管政策的第三类官僚动机：**工作满意度**（job satisfaction）。官僚可能使用酌处权来起草和实施某些强硬或温和的法律吗？这里有三个因素在起作用：**意识形态**（ideology）、**权力**（power）和**平静生活**（quiet life）。第一，监管机构要么带着环保主义的意识形态，要么带着自由市场的意识形态，它们倾向于通过更多或更少的监管来满足自己在意识形态方面的喜好。第二，监管机构可能对行业施加苛刻限制，因为这能够为监管者带来权力和权威。保守派经常指责美国国家环境保护局的工作人员是渴望权力的环境狂热者。从表面上看，能够被美国国家环境保护局的工作吸引的人应该是那种对环境问题表示出同情的人。

那些经营美国国家环境保护局的被任命者更有可能通过旋转门的方式从产业进入政府，他们往往持有放松管制的哲学，如果这项任命是保守派总统做出的，那么情况尤其严重。大概最让人瞠目结舌的官僚酌处权案例来自乔治·W. 布什当政期间做出的决定，这个决定允许阿巴拉契亚的煤矿通过“山顶移除”的方式进行开采。在这个做法中，企业基本上可以通过削平山顶来彻底开采埋藏在底层的煤。然后，这些企业将碎石倾倒在周围地区，包括倾倒在从山顶涌出的泉水中。在过去的 20 年里，阿巴拉契亚接近 1 000 英里长的河流里都埋有采矿产生的废物。

通过削平山顶开采矿产的做法显然违背了 1983 年出台的一项管理法规，这项法规要求采矿类企业避免在溪流周围 100 英尺以内的地方进行开采作业，而且这个做法似乎也显然违反了旨在保护地表水质的《清洁水法案》。但是，鉴于官僚在监管过程中使用了酌处权，地表采矿办公室和陆军工程兵团允许企业定期倾倒废物，在从 2000 年到 2008 年的这段时间里，情况尤甚。在这期间的大部分时间里，这个监管允许过程都是由前煤炭行业游说者进行监督的，他们由布什总统任命开展相关工作。①

最后一个可能助推这一进程的因素是监管机构人员希望“平静生活”的心态。在官僚机构内部，通往进步的道路往往可能是避免对抗外部利益，并在这样做时小心谨慎。其结果实际上会更多地强调过程，而不是强调事情的本质。这就导致出现大量偏安现状的情况。一名美国国家环境保护局前雇员认为，美国国家环境保护局的官员更感兴趣的是保持低调姿态，而不是被枪打出头鸟。因此，业界对监管条例的起草细节保持高度关注，中层官僚发现自己在日常工作中经常与行业人员进行接触。在这里，“除了暗示就业机会外”，美国国家环境保护局的官员逐渐明白，“与游说人员进行合作的那些官员发现，这些游说人员还会为了自己的晋升与更高层管理者进行游说。但是那些不与游说者合作的人则发现，游说人员会去游说其上司”②。

本节指出了官僚在立法任务之外可能追求的三个潜在目标：机构建设、外部事业建设和工作满意度。机构建设很多时候意味着一种向过度监管发展的趋势；外部事业建设将会导致放松监管；工作满意度则既可能带来过度监管，也可能带来放松监管。其结果是，无法在事先找出究竟是哪种官僚偏见在起作用。然而，值得牢记的是，官僚也是

---

① 参见 Broder (2007)。

② 援引自 Sanjour (1992，9)。

人。像其他人一样，他们也会对自己做得不错的工作——为公共利益服务——感到自豪，这正是他们应该对待工作的态度。

12.4 谁能在这场影响力比拼中获胜

当然，这个问题的答案取决于你向谁提问。环保主义者会指出，在过去的 20～30 年里对《清洁空气法案》存在拖延执行的情况；业界则会回应说，法律本身提出的是不切实际的要求。除了对这个问题做出彻底回答外，我们还可以分析两边可以使用的资源，以及两边倾向于使用的武器。

在政治的世界中，**选票**（vote）和**美元**（dollar）是两种可以利用的资源类型。一般情况下，环保主义者较擅长于获取投票支持，而业界则有更多可资利用的货币资源。即便人们已经明确考虑到严厉的环保法律产生的机会成本会表现为更高的价格，这些法律也还是能够得到广泛的公众支持。因此，环保主义者往往拥有一个规模巨大的自然形成的政治选区。此外，在公众之中，相比于业界或政府官员，环保主义者成为有关环境问题的更值得信赖的信息来源。

这种优势可以转化为在国家制定环境保护法规过程中产生影响。10 个主要的全国性环境组织［塞拉俱乐部、美国国家野生动物联合会、国家奥杜邦学会（National Audobon Society）、美国环保协会、美国自然资源保护委员会、荒野协会、大自然保护协会、绿色和平组织、Ducks Unlimited，以及世界野生动物基金会］能够代表的成员超过 1 000 万。这些团体聘请专家来对新出台的政策进行成本和收益分析，游说人员则传播相关信息并推动环境立法，然后律师对政府机构提起诉讼。每年，这些团体花费在政策分析、游说以及法务方面的预算达到数千万美元——这是一笔巨额款项，却远远低于业界能够承受的资源水平。不过，环境组织花费的美元往往能够在许多立法委员中产生更大影响力，因为它们代表的选票多，而且具有更高的公信力。

公平地说，在过去，环保主义者在国家环境保护法律的起草和通过过程中获得了相当的收益。反映在环境法律的一般性趋势中，这就表现为污染控制往往按照安全标准而非效率标准进行，以及在保守的布什总统（老布什）和里根总统时代通过的那么多具有实质性意义的环境立法。

鉴于这些组织动员选民投票的能力，在地方一级，草根阶层的环境保护运动也做得很好，特别是在阻止某些新设施（发电厂、垃圾填埋场和焚烧炉）选址方面，以及在某些情况下推动可循环利用的替代性设施方面。环保主义者有时也能在州（如纽约州、加利福尼亚州、威斯康星州）层面上成功利用他们掌控选票的权力，但是在一些特定传统产业（例如，路易斯安那州的石油、天然气和化学品行业；肯塔基州的煤炭行业）占据主导地位的州中，他们也面对着严峻挑战。

在最近的气候立法中，上述面临的挑战表现得尤为明显。2009 年年初，在化石燃料行业中，十有八九的企业在环境游说者身上花费的资金都出现超支。在广告费用上，比率则达到 3∶1：在那一年的头四个月中，该行业在广告上的花费达到 7 600 万美元，包括戈尔气候保护联盟（Al Gore's Alliance for Climate Protection）、美国环保协会和塞拉俱乐部在内的环保团体在同期的花费只有 2 800 万美元。与此同时，在 2008 年的选举周期中，可以决定最初法律形态的 7 名关键的众议院民主党国会议员从石油、天然气和煤炭行业中各自收到超过 100 000 美元的资金。①

除了化石燃料行业外，其他一些主要行业的贸易团体也在华盛顿拥有强大的游说势力，它们包括化工产业协会（Chemical Manufacturers Association）、美国肥料研究所（Fertilizer Institute）、美国纸业研究所（American Paper Institute）以及氯气研究所（Chlorine Institute）。此外，大部分大型化工、石油和制造业企业都在华盛顿拥有雇员，并且（或）雇用了华盛顿的律师代表它们进行游说。

可以用美元来购买一系列能够对监管辩论产生影响的有用东西：技术研究、游说人员、对未来职位的承诺，以及接触立法者、监管机构和选票（通过广告）。

正如我已经强调过的，对信息进行控制是监管的一个重要方面。因此，聘请“专家”对收益和成本进行**技术研究**（technical studies）的能力，将成为产生影响力的一个重要渠道。一个很好的例子是行业向美国国家环境保护局发起的针对危险废物注入深水井拟议技术标准的“全场紧逼”。化工产业协会连同其他很多成员——孟山都、CYRO、陶氏化学、杜邦、英国石油化学、塞拉尼斯、氰胺（Cynamid）和 ARCO——与美国国家环境保护局的中层官员举行多次会见，向这些官员提供有关新提案的成本信息，以及对关闭工厂的警告。一些说客威胁说，如果美国国家环境保护局不对此做出回应，那么将产生政治后果。一位美国国家环境保护局的官员说，“我们在技术方面遭到攻击——他们觉得如果我们不屈服就要对簿公堂。业界则对此争辩说，如果通过了拟议的规则，那么将会给我们带来巨大成本。这件事情究竟是怎样的，有赖于你听谁的话，对我们来说，这就是世界末日”。

美国国家环境保护局的规则最终被大大地冲淡。这里的要点不在于企业的说法是否正确，当然也许它们的说法确实是正确的。相反，在围绕监管影响实施的信息战中，环保主义者没有足够资源来承担很多专家的证词。此外，即使他们拥有获得相关成本的信息，环保团体也没有化学品制造企业那样的**人员**（staff）能力。数十个行业的游说人士可以不断向美国国家环境保护局的中层官员以及总统工作人员发送相同信息。在特定情况下，有证据表明，与总统关系密切的顾问施加的压力，将对美国国家环境保护局的决定产生影响。②

金钱可以买到信息、游说和法律工作人员，以及与政治家和监管者的**接触**（access）。彻头彻尾的贿赂——如果你投票反对条例草案 X，我就为你的竞选贡献 5 000 美元——在美国是不常见的，当然也不是没有发生过。相反，对某个政治运动（或党派）提供的资金越多，就越有助于会见相关的政治家，或者会见这位政治家任命的在美国国家环境保护局的相关人员。在信息战中，所有各方都可以在表面上“合理”的情况下将某种接触转化为影响力。在立法层面，业界无法将资金优势转化为较多的胜利。严厉的环保法律只会停留在法条里。不过，业界在利用资源冲淡这些法律产生的影响方面更为有效。通过利用在信息生成和执行领域中存在的旋转门，以及接触大量法律人员、政客和任命人员的高级途径，业界在法律通过之后的后续步骤中获得的胜利，恐怕要远多于在法律通过过

① 可见 Goldenberg (2009)。

② 参见 Greider (1990，138-140)。

程中出现的失败。从美国国家环境保护局在草拟监管条例的公众评议阶段开始，通过州政府官员实施和强制执行相关法律，通过对这些机构的资源预算，通过在法院挑战相关法律，以及通过在遵从法规过程中的讨价还价，业界有很多机会影响监管过程的最终运作。

劳埃德·卡特勒（Lloyd Cutler）是来自华盛顿的律师，他所在的律师事务所代表着很多企业客户。他是这样说的："如果你认为要把企业放在优先位置，那就错了。它们会觉得自己被击败了，或者放在很靠后的位置。它们确实在试图生存，处理事务或将事务推后——它们认为监管增加的成本大于收益（编者注：从效率角度出发的结论!）——但是它们会说，它们现在控制或支配健康和安全机构的说法简直是疯了"。尽管如此，卡特勒解释说，"通过一项法律要比终止一项法律难得多。从整体上看，我会说专业的游说人士和律师宁愿生活在这样一个世界里，这个世界中有那么多按钮要去按，如果你失败了，还有那么多其他地方可以去"①。

在这种力量平衡的状态下——环保主义者在国家立法舞台上有优势，业界则在监管领域拥有优势——这是一种遗憾的动态变化。预期到条例的执行力度会被削弱，环保主义者将试图在国会通过非常严格的法律，有时这些法律甚至会制定出无法实现的目标。对业界而言，由于受到这种威胁，它们会注入更多资源来减轻监管措施产生的影响。

可以有许多潜在方案来解决官僚酌处权和政治影响问题；在本书后面部分，我们会对其中一些进行研究。在这里，我们先专注于对监管过程本身进行政治改革的可能性。

12.5 监管的政治改革

努力获取政治影响力往往是一种位置竞争，我们在前一章中对这个问题进行了讨论。在这样一种零和博弈或负和博弈中，一方的得益只能以另一方的付出为代价。在这种情况下，一种自然的倾向是将资源过度投资在非生产性的竞争中。通过囚徒困境模型，我们可以对这种情况做出分析，可见第 11 章中对炫富游戏问题的讨论。图 12-2 说明了在一项针对排放标准的假设出的监管决策中出现的情况。

		环保主义者	
		不游说	游说
产业	不游说	百万分之 4	百万分之 2
	游说	百万分之 6	百万分之 4

图 12-2 零和的游说竞争

每一方都必须决定部署多少说客。如果每个团体都不使用说客，那么标准将会设定在百万分之 4 的水平。注意到，如果双方都使用说客，得到的结果也是相同的——双方使用说客的努力会被相互抵消。如果环保主义者不游说而业界游说，会将标准放松到百万分之 6。另外，如果业界不游说而环保主义者游说，那么将会出现百万分之 2 这样一个比较严格的标准。

① 来自 Greider（1990，134）。

这种格局可能的结果是什么？如果没有协议来限制游说，环保主义者必须假设业界会使用游说（业界也会这么来看环保主义者）。因此，出于防御目的，即便可以在更低的成本下取得相同的结果，各方也还是都会选择游说的策略。此外，这一进程很可能会演变成一场完完全全的"游说竞赛"，因为各方都会试图阻止另一方获得优势。

达成一项限制游说的协议似乎符合双方利益。如果违反这一协议的行为能够很容易地被观察到，那么该项协议将自然而然地得到执行：如果企业界观察到环保主义者违反了该项协议，它通过派遣自己的游说力量就可以实现报复。然而，如果违反协议不容易被观察到，正如在游说的例子中，那么这项协议将很难得到遵守，因为各方都有违反的可能，所以相应一方都会通过违反协议来对自己做出保护！

囚徒困境模型意味着合作（而非竞争）有可能符合大家的最佳利益。那么，如何将这种洞察力运用在监管领域？一种方法是采用**监管合作主义模式**（corporatist model of regulation）。在这里，应该通过"合作"团体的代表人——美国国家环境保护局、私营公司和环保组织——之间的讨价还价来对监管做出明确决定。为了能够取得坐在台面上讨论的机会，所有参与方都需要同意遵守和支持最终得到的结果。通过这种方法，美国国家环境保护局在确定政策时能够获得更多的灵活性，而且能避免随后可能出现的诉讼。从本质上看，合作主义模式接受"一些最大利益者"来决定政府环境政策的细节，并为实现这一目的提供一个更有效的论坛。

相比于美国，欧洲国家采取了更加合作主义的监管方式。在荷兰就可以看到努力推动合作主义后结出的硕果；自 1989 年以来，荷兰政府出台了一系列针对不同行业的"环境公约"。这些公约是政府监管部门和行业之间的自愿协议，目的在于将特定污染物排放减少到一个指定数量，这些公约一旦得到签署，便具有了民法规定的合同效力。①

然而，尚不清楚推行合作主义模式的监管是如何运作的，也不清楚这种模式是否可以成功复制到美国。合作主义要求将公众对环境问题的看法经过整理后呈现给决策者，这种做法往往被认为是对民主的一种制约。例如，谁能出现在相关问题的讨论桌上？的确，有人认为环保运动已经被拆分为以华盛顿为大本营的"保守型"全国性团体，以及更加"激进的"基层组织，后者指责前者向企业界出卖利益。此外，全国性团体还有少量的成员来自工薪阶层或少数族裔社区，它们有着自己的环境利益。

与欧洲国家（和加拿大）不同，美国并没有一个强大的劳工政党或社会民主主义政党来抵消企业界带来的政治影响力。部分出于这个原因，相比于欧洲人，美国人对将自由裁量的决策权交给政府官僚显得更加不信任。在美国，人们并不清楚一个不对选民负责任的环保团体——或者事实上就是美国国家环境保护局——是否有权代表全体民众并按照全体民众的利益去执行环境保护监管。所以，很多人都会反对将当前司法监管模式下对官僚酌处权施加较多限制的运行模式转换为更具目的性，但缺少开放、合作主义的运行模式。

如果用过多资源影响政治过程，那么从经济学出发的一个直接的回应就是免除游说行为**在业务费用中的税收抵扣**（tax-deductible business expense）地位，进而提高游说成本。更一般地说，**竞选资金改革**（campaign finance reform）可能有助于减少各方通过游说来获取优势。遗憾的是，鉴于当权的政客从中获取的利益，事实证明，真正意义

① 参见 Arentsen，Bressers，and O'Toole (2005)。

上的竞选资金改革很难实现。最后，通过将更多监管责任转移到州层面，一项被称为**环境联邦制**（environmental federalism）的政策既可以让受影响的各方更加接近监管，也可以降低总部设在华盛顿的那些利益集团的影响力。反对这种环境联邦制的理由是，各州之间在商业上的竞争将会导致较低的环境保护总体水平。后者所造成问题的严重性目前尚不清楚。①

通过降低金钱在政治中的作用，提高游说成本或竞选资金改革以及权力下放，以司法模式转向合作模式为主的监管过程政治改革有可能实现。然而，虽然可能会有所帮助，但是这些改革措施几乎无法从根本上挑战监管过程中存在的不完全信息和政治影响力等问题。事实上，这两个问题使一些人从一开始就对政府遏制环境恶化的能力感到绝望。一个极端的例子是政府失灵，这里我们简略谈谈苏联的教训。

12.6 更好的信息、更多的民主

在1989年柏林墙倒塌后，有限信息以及缺乏政治问责制造成的环境后果表现得淋漓尽致，在当时，前期所造成的残酷的环境代价才得以公之于众。虽然这些国家制定了严格的环境保护法律，但是为了不惜一切代价推动工业化，企业的官员不断地提高土地、水和空气中危害物质的含量，直到这些物质达到致命的地步。鉴于滴滴涕等剧毒杀虫剂被广泛使用；农业水资源受到污染并耗尽；城市中心的空气污染物水平通常是法定水平的五倍高；河流和海洋中充满了未经处理的农业、工业和人类废弃物；还有切尔诺贝利核事故和军事核废料造成的死亡与疾病。一些作者得出结论："当历史学家最终对苏联和苏联共产主义国家进行分析时，他们会得出因生态灭绝而走向死亡的裁定"②。

我们从这个故事里能学到些什么？传统的保守派人士认为这个教训可以简要地总结为："自由市场经济是好的；政府干预经济是坏的"。然而，虽然苏联模式的计划经济体制不值得完全信赖，目前全球面临的环境问题则主要是由市场经济和市场驱动的经济增长造成的。因此，传统的保守主义也只能为我们提供有限的指导。显然，政府可能会造成环境灾难，其造成的后果有可能比私营经济行动者产生的后果更加严重。然而，在资本主义国家里，政府不是环境问题的主要来源。

相反，随着世界人口和经济活动的持续增长，可将苏联的故事视为最好的反面教材：如果没有一种有效的政府过程来强制经济活动者为他们强加在别人身上的外部性付费，那么很多国家可能会经历生态灭绝，也可能在未来某个时点上整个地球都要经历生态灭绝。

在共产主义和资本主义之间进行的绝大多数经济学比较都专注于市场体系与私有制之间的区别。然而，在资本主义国家里，环境退化是市场交易之外的因素造成的结果。**对环境保护的需求**（demand for environmental protection）只能通过政府行动得以表达。因此，问题的关键是政治体系对这种需求的响应能力。

① 可见 Oates (2001) 中的讨论。

② 来自 Feshbach and Friendly (1992, 1)。

有鉴于此，相比于市场体系和公有制之间的区别，西方国家和苏联国家在政治上的区别——民主与极权——更有可能与环境问题相关。当苏联的科学家或环保主义者试图公布一些相关信息时，他们发现这样做只会为个人带来风险，而且自己与各类有效通信手段都已隔绝。当经济决策者可以与受污染者实现隔离时，这类政治制度是不太可能考虑到相关外部因素的。

例如，无须去苏联实地考察，你便能发现政府在滥用环境资源。在美国，许多最具危险性的废物处置场都源自美国的军事项目，笼罩着一种冷战时期的神秘感。例如，在华盛顿州东部的汉福德（Hanford）核工厂为美国能源部带来了一个艰巨的核废物处理问题，经过 50 多年严格的信息控制后，到现在这个废物产生的影响范围才逐渐清楚起来。如果真的要去实施相关清理活动，汉福德的清理任务至少要花费 600 亿美元——比改造民用垃圾场的超级基金的规模还要大。然而，在美国出现的这种政府对环境的滥用，在很大程度上来自公众对重大决策进行监督的过程中得到的授权：就是我们在第 9 章描述的环境影响声明过程。

考虑另一个例子。在许多贫穷的市场导向型国家中，农业工作者使用的破坏环境的农业技术与苏联国家相同。这其中包括广泛使用发达国家已经禁止的滴滴涕之类的农药。在这种环境代价中，首当其冲受到伤害的农业工人及其家属既无法获得替代性产品的信息，也没有足够的政治力量来挑战从这些化学品中获利的企业做出的营销努力。（事实上，在美国，相比于能够为主要环保团体提供核心支持的基层人士，农业工人对环境政策的影响力要小得多。）

因此，**获取信息**（access to information）和推动**有效且广泛的民主**（effective and widespread democracy），是成功的环境政策的必要组成部分。没有这两个因素，公民就无法将他们对环境保护的需求转化为现实。如果受影响者施加的压力无法影响决策，政府就既无权力也无意愿来强迫经济决策者——不论是国有企业中的官僚，私有企业中的经理人，还是普通公民——将他们的活动所产生的外部环境成本进行内部化。

本书第 4 部分探讨了如何将这种由知识与权力组成的解决方案应用在贫穷国家，用以解决这些国家从人口增长到环境保护等诸多问题。在这里，美国逐渐推广问责制这一总体趋势已经体现在环境法中，其中包括《环境影响声明》、公众对监管过程的公开聆讯，以及到最近才出现的一些创新，例如**《有毒物质释放名录》**（Toxics Release Inventory）。在印度博帕尔一家化工厂发生爆炸并导致数千人死亡或致残后，1986 年美国国会通过了《应急计划与社区知情权法案》（Emergency Planning and Community Right-to-Know Act）。这项法案要求企业对 450 种已知有毒或疑似有毒的化学品的排放情况进行公开报告，其中有很多都是尚未受到监管的化学品。

《有毒物质释放名录》可以在全国范围内以企业为单位逐一提供由企业自己上报的化学品排放状况。这些信息现在可以在 www. epa. gov/tri 上查阅到；你可以在这个网站上查询你家附近的某个工厂的排放状况！设立《有毒物质释放名录》可以实现多个目的，但是一个重要的目的是让企业决策者对其工厂所在的社区更加负责。《有毒物质释放名录》还催生了各种减少化学品排放的活动，这些活动往往基于社区并且不是由监管推动的。《有毒物质释放名录》提供了一个很好的例子，可以说明扩大信息面和有效的民主如何内部化经济活动的外部效应。（欲知更多关于《有毒物质释放名录》的内容，可见第 13 章和第 14 章。)[①]

那么，苏联带来的环境方面的教训是什么？鉴于政府需要采取行动迫使市场参与者为相关外部成本负责，苏联的经验带给人们的教训是“不负责任的政府干预是不好的”。当政府使用权力压制批评声音或歪曲事实并控制信息流动，或者承受环境外部性的那些人几乎没有被赋予真正权利时，政府在环境领域是有可能失灵的。如果对环境问题知情且警惕的公民很少，那么严格的环保法律只不过是废纸一张。

12.7 总结

本章为监管的政治经济学提供了一个概论。监管过程始于国家立法。之后，美国国家环境保护局将法律转化为具体的监管措施。最后，州政府实施和执行由美国国家环境保护局制定的监管指导方针。美国目前已经针对监管采用了一种司法模式，在这种模式下，美国国家环境保护局被要求完成一个正式且详尽的信息收集和公开听证过程，必须为其主要的监管行动建立一个准法律的基础。设计这种司法模式的目的是限制执行监管的官僚滥用职权，但是很容易被人利用产生监管僵局。

从经济学的角度来看，有效监管的主要障碍是不完美信息。监管机构只能用非常有限的资源来收集与拟议规则相关的成本和收益信息，所以，它们必须经常向被监管对象寻求有关问题的信息。这就产生一种陈述偏见的问题：监管机构如何确保它们得到的信息是正确的？一种方法是在监管机构内部培养和留住合格的技术人员。另一种方法是设计监管政策，尽量减少人们报告失真信息的激励。

然而，无论监管机构收集的信息有多好，都还是会为监管机构中的官僚留下大量解释环境法律如何实施的自由裁量权。官僚对利益的考虑——机构建设、外部事业建设和工作满意度——并不会必然导致过度监管或监管不足。但是，自由裁量权会带来政治影响力的问题。

在这场有关影响力的游戏中，谁会胜利，谁又会失败？鉴于环保主义者具有强大的动员选票能力，他们有时会在立法领域获得相当大的优势，但是，鉴于产业界拥有的资金优势，他们倾向于在监管过程中脱颖而出。在这种对抗结构里，最大的输家是公众对法治的信心。公众认识到，作为一个有效的和受人尊敬的监管机构，作为控制市场外部性的主要工具，美国国家环境保护局本身才是一个严重的问题。

囚徒困境模型表明，环保主义者和行业通过竞争来影响官僚的行为，往往导致高水平的无效游说和诉讼。有人针对这个问题建议取消监管的司法模式，因为这种模式对美国国家环境保护局施加了很多法律限制，而合作主义模式则能为美国国家环境保护局赋予更多的自由裁量权。而合作主义可能在企业界和环保人士之间孕育出一种合作精神，这种模式在欧洲更为普遍。然而，合作主义的批评人士则认为，在美国这种政府官僚相对弱势的地方，合作主义相当于是将利益卖给企业界的利益集团。

减少游说的更简单明了的方法包括取消游说活动的税收减免政策，同时推动竞选资

---

① 参见 Fung and O'Rourke (2000)。

金改革。环境联邦制也有助于减少来自围绕华盛顿特区产生的影响力，但是可能会导致不同州之间竞相降低环境保护标准。

许多人都认为，苏联的解体说明，在维护生态方面以市场为基础的经济体系有着比中央计划经济体系更大的优势。发生在苏联的环境灾难指出，国家社会主义不是解决环境问题的答案。但是，问题依然存在：以市场为基础的经济体系有可能最终导致生态灭绝，其水平是可以与苏联相媲美的。

来自苏联的有关教训是，缺乏有效的民主制度，会导致善意的政府环保措施注定失败。经济决策者——不论他是政府部门的规划人士还是私营部门的经理人，只有承担成本的人有政治权利来强迫进行内部化，才能将环境的外部成本（将其内部化）考虑进来。反过来，对有效民主制度的培育要求赋予公民权利并提供获取信息的途径。在美国，《有毒物质释放名录》是个很好的例子。

本章一直专注于信息密集型监管过程在试图实现其立法目标——污染控制的效率标准、安全标准或可持续性标准——时遇到的障碍。这里讨论的潜在解决方案集中于更好的信息收集、向合作主义转向、竞选资金改革，以及知情权等程序性改革或政治改革。

与此相反，本书第3部分侧重于污染控制过程的经济改革。第15章和第16章探讨了一个可选的方式：依托经济性激励构建一种所需信息和官僚决定都比较少的监管体系。在第17章到第19章我们讨论了第二种可能性。在改革监管过程之外，还可以聚焦于政府促进清洁技术发展等污染控制政策，这些政策将减少污染放在第一位。最后，更加乐观的观点是，尽管在监管过程中存在很多问题，但是总的来说它的运转一直出奇地好。在接下来的两章中，我们从这方面入手进行讨论。

应用 12.0

合作主义是解决方案吗

为了实现1990年《清洁空气法案》中列明的某些方面，美国国家环境保护局采取了明显具有合作主义性质的监管方法——与来自企业界、州政府以及大型环保团体的代表共同就监管细节进行谈判。[①] 这些曾经普遍持敌对态度的群体代表在设计用于鼓励使用所谓清洁燃料的监管政策上达成协议。通过按照平均水平设定汽油含量标准而不是为燃料设定汽油含量标准，企业界可以从中受益，因为该规定能够极大地降低成本。环保主义者则使得国会在有关燃料最大允许蒸汽压力法案中留下了空白，这是环保主义者希望实现的一种模糊。

1. 为了获得参与讨论的资格，缔约各方承诺不会针对最终成稿的清洁燃料监管起诉美国国家环境保护局。假定不起诉的协议没有法律约束力。那么，为了遵守不起诉的承诺，参与各方必须得到什么样的激励？

2.《纽约时报》报道说，有关各方都对有关清洁燃料的决定表示满意，称这是个双赢的解决方案。对12.5节中的囚徒困境图进行重新标注，使用“谈判”和“谈判并起诉”作为两个策略，对企业界而言，相应的收益分别是“平均汽油含量”和“每加仑汽

① 这个信息来自“U. S. Agencies Use Negotiations”(1991)。

油含量”，对环保主义者，相应的收益分别是“严格的蒸气排放标准”和“宽松的蒸气排放标准”。通过这种修改，总体上看，图中所有当事方是否在做出不提起诉讼这个可强制执行的承诺后境况变得更好？

3. 尽管有关清洁燃料的谈判取得明显成功，但是在推动合作主义方面，美国国家环境保护局收效甚微。在达成这一特定交易之时，在600例谈判中，美国国家环境保护局的共识和争议解决人员成功达成协议的只有12例。请解释为什么合作主义在美国难以得到实施。

4. 事实上，并非所有人都对达成的协议感到满意。Stephen Viederman，一位对合作主义持批评态度的评论家指出：“根据迈尔斯定律（Miles Law），‘你的立场取决于你所处的位置’。能够参与协议的人无疑处于决策中心……好消息（关于清洁燃料的决定）是规则制定过程实现了更广泛的参与程度，因为商业界和工业界人士的观点可以用来平衡其他团体的看法”（“Who Comes to the Table”，1991）。根据我们在12.4节关于合作主义批评的讨论，你认为Viederman所谓的坏消息可能是什么？

应用12.1

信息的威力

前往网址：www.epa.gov/tri，阅读《有毒物质释放名录》概述，找出你所在的那个邮政编码地区或邻近地区的一些工厂排放出的有毒物质。你认为它们在用一种你可以理解的方式报告信息吗？你对报告出的有毒物质排放带来的相对风险暴露程度有何感受？随着时间的推移，企业的报告在发生着何种变化？这些数据都是企业自己报告的。你是否相信数据是准确的？如果你担心附近的有毒物质排放会带来健康风险，你会做什么？

各节主要观点

12.0　这一章论述了政府对污染进行有效监管时面对的两个主要障碍：**不完美信息**以及存在发挥**政治影响**的机会。

12.1　“通用”的监管过程包括三个步骤：（1）国会和总统通过一项法律；（2）由美国国家环境保护局起草监管条例；（3）由州一级政府官员实施和执行。美国目前依赖一种**监管的司法模式**来实施监管，这种方式可以减少官僚的酌处权，但是可能导致监管僵局。

12.2　监管机构面对的第一个障碍是极不完善的信息。因为监管机构有很多任务，所以它们经常根据不足或质量不高的数据起草规则。此外，当从监管机构外部的团体获取信息时，监管机构还要面对**陈述偏见**。有两种方法可以解决这一问题：一是提高机构**内部的分析能力**，二是设计**激励相容的监管**。

12.3　不完全信息会导致监管条例在起草和实施过程中出现**官僚酌处权**。官僚的动机包括**机构建设**、**外部事业建设**（包括**旋转门**的影响）和**工作满意度**。反过来，工作满意度则取决于**意识形态**，对**权力**的行使以及维持**平静生活**。

12.4　存在官僚酌处权的地方就存在政治发挥影响力的可能。环保团体和企业界利用政治资源的手段包括**选票与美元**。美元可用于购买（1）**技术研究**，（2）**游说人员**，（3）**接触**决策者，（4）选票。本书认为，环保主义者往往能在监管过程的立法阶段发挥影响力，而企业界则往往能在所有后续阶段发挥影响力。

12.5　囚徒困境模型表明，争夺政治影响力的竞争是个零和博弈，往往导致对游说的过度投资。政治改革可能会减少这种浪费，此类改革包括采用**监管的合作主义模式**，更多利用**环境联邦制**，**竞选资金改革**，以及取消游说支出的**免税地位**。然而，前两个政策不是没有成本的；后两个政策则被证明很难在政治上得到通过。

12.6　苏联的经历说明了在监管中存在大规模政府失灵的可能。当公民无法表达他们对**环境监管的政治需求**时，这种失败最有可能发生。要解决这个问题，需要公民能**获取信息**，以及存在**有效且广泛的民主**。**《有毒物质释放名录》**是美国政府鼓励上述趋势的一个很好的例子。

参考文献

Arentsen，Maarten，Hans Th. A. Bressers，and Laurence J. O'Toole Jr. 2005. Institutional and policy responses to uncertainty in environmental policy：A comparison of Dutch and U. S. styles. *Policy Studies Journal* 28（3）：597-611.

Broder，John. 2007. Rule to expand mountaintop coal mining. *New York Times*，23 August，Page 1.

Bryner，Gary C. 1987. *Bureaucratic discretion*. New York：Pergamon.

Cleaning up. 1990. *The Atlantic*，October.

Feshbach，Murray，and Alfred Friendly Jr. 1992. *Ecocide in the USSR*. New York：Basic Books.

Fung，Archon，and Dara O'Rourke. 2000. Reinventing environmental regulation from the grassroots up：Explaining and expanding the success of the toxics release inventory. *Environmental Management* 25（2）：115-127.

Goldenberg，Suzanne. 2009. Barack Obama's key climate bill hit by ＄45M PR campaign. *Guardian*，12 May，Page 1.

Greider，William. 1990. *Who will tell the people? The betrayal of American democracy*. New York：Simon & Schuster.

Jenkins，Robin，Elizabeth Kopits，and David Simpson. 2009. Policy monitor—The evolution of solid and hazardous waste regulation in the United States. *Review of Environmental Economics and Policy* 3（1）：104-120.

Oates，Wallace. 2001. *A reconsideration of environmental federalism*. Discussion paper 01-54. Washington，DC：Resources for the Future.

Sanjour，William. 1992. *What EPA is like and what can be done about it*. Washington, DC: Environmental Research Foundation.

U. S. agencies use negotiations to pre-empt lawsuits over rules. 1991. *New York Times*, 23 September.

What really pollutes? Study of a refinery proves an eyeopener. 1993. *Wall Street Journal*, 29 March.

Who comes to the table? 1991. New York: Jessie Smith Noyes Foundation.

第 13 章 环境立法概述

13.0 引言

也许美国国家环境监管方面最引人注目的是其发展简史。在 45 年前，美国还没有一部主要用来控制向空气和水排放污染物的联邦立法，也没有全国性的监管来解决废弃在陆地上的危险废物，没有程序审查新发明的化学品，只在新农药注册方面存在一些不多的程序，对濒危物种也没有什么保护。

在 1970 年之前，州政府对控制污染的活动负起全部责任，但是即使在州一级政府的层面，针对环境保护推行严格措施的历史也比较短。在 1952 年，俄勒冈州首次开始在全州范围内做出控制空气污染的努力；到 1970 年，只有加利福尼亚州出台了汽车尾气排放标准。从 20 世纪 50 年代晚期到 60 年代，随着国家开始重视环境问题，联邦政府通过了一系列法律，鼓励通过权力下放的形式对空气和水污染进行监管。这些法律资助人们研究污染对健康产生的影响，为解决跨边界争端的技术援助和机制提供资源，并对美国汽车制造商进行非正式施压，要求它们减少车辆废气排放。

在 1970 年 4 月 20 日，美国人首次庆祝地球日。也正是在那一年，提高的公众认识的激发，同时因为对州层面监管推进较慢以及美国汽车污染状况几乎没有得到改善的不满，美国国会开始探索一种不同的、中央集权式的环境保护之路。通过在 1970 年对《清洁空气法案》(Clean Air Act，CAA) 进行修订，美国开始推行一种新的监管思路，在这种思路下，华盛顿将为全国的空气污染监管制定最低标准。在后来的 10 年里，在水污染、固体废物和危险废物处置以及化工产品和农药登记等方面，美国都采取了类似方法。

在 20 世纪 90 年代初期，新的污染监管法律持续在联邦层面获得通过，但是在过去的 20 年里，立法钟摆再次摆回到州政府一级。因为联邦政府迟迟不对二氧化碳这一全球变暖的主要污染物排放进行监管，东海岸和西海岸的州政府开始在全州范围内限制二氧化碳排放。

以历史标准衡量，美国对环境保护做出的努力仍然处于初级阶段。然而，环境保护行为正在迅速成长。正如第 6 章所指出的，在过去的 40 年里，致力于环境保护的国民产出份额已经从约 1%上升到 2.8%以上。本章对以下五个领域的国家立法进行概述：空气污染、水质污染、危险废物、有毒物质和濒危物种。

在明确了上述背景之后，我们会在下一章继续前进，考察此类立法在实际中的执行、对监管提出的批评，以及对未来监管是否能够成功的前景进行评估。

13.1 清洁空气

最初的《清洁空气法案》出台于 1963 年，当时的重点在于联邦政府如何向各个州政府提供支援。对《清洁空气法案》进行的主要修订发生在 1970 年、1977 年和 1990 年，这些修订构成了国家范围内的监管框架。[①]《清洁空气法案》（经修订后的）规定出一类安全标准。法律要求这些标准的设置要能够“为民众提供**充足的安全边际**……使之不受任何已知或可预见的、与空气污染物相关的负面影响”。国会明确说明，在实现这一目标的过程中不做成本和效益考虑。然而，正如我们在第 7 章中所看到的，很多污染物都不存在一个完全安全或者零排放的水平。美国国家环境保护局在执行《清洁空气法案》时面对的困难之一就是敲定一个在政治上可接受的针对安全的定义。

《清洁空气法案》区分了两种类型的空气污染物。首先是所谓的标准（或常见）空气污染物：颗粒物、二氧化硫、一氧化碳、氮氧化物、地面臭氧（烟雾）和铅。所有这些污染物都可能生成各种类型的呼吸道和心脏疾病，其中一些可能还会导致癌症，也会带来某些神经系统的疾病。我们不要将地面臭氧（更好的一个名称应该是烟雾）与上层大气中的臭氧混为一谈。地面臭氧是一种有害污染物，而围绕地球周围的臭氧层则保护我们不受危险紫外线危害。同样地，也不要将一氧化碳（CO）——当汽车发动时，在密闭车库中可能会积累的致命气体——与二氧化碳相混淆。二氧化碳是全球变暖的主要原因，也来自汽车排放，但是并不直接危害人体健康。

除了标准污染物外，国会也关注其他不太常见的空气污染物，这些污染物也具有致癌，干扰生殖、免疫或神经系统功能的作用。现在我们将这些污染物称为**有害空气污染物**（hazardous air pollutants）**或有毒空气**（air toxics），也将其置于安全标准下进行监管，不过，相比于标准污染物，方式存在一些不同。

对标准污染物，美国国会要求美国国家环境保护局制定出**国家环境空气质量标准**（National Ambient Air Quality Standards，NAAQS）。**环境空气质量**（ambient air quality）是指在某一区域中空气的平均质量。每类标准污染物都有一个一级标准，这个标准旨在保护人类健康，每类标准污染物也有一个二级标准，侧重于保护野生动物、提高空气能见度、保护生态系统。表 13 - 1 针对六项主要的标准污染物列出了国家环境空气质量标准。[②]

① Portney（2000）为空气污染监管政策提供了一个很好而且详细的讨论。

② 只有二氧化硫存在一个比原标准更加严格的二级标准。一氧化碳没有二级标准；对颗粒物、氮氧化物、臭氧和铅等，其二级标准与原标准相同。可见 Portney（2000）。

表 13-1　　标准空气污染物的主要国家环境空气质量标准

		浓度水平	
污染物	平均时间	百万分之一	微克/立方米
空气颗粒物（PM10）	每年	—	50.0
	24 小时	—	150.0
二氧化硫	每年	0.030	80.0
	24 小时	0.140	365.0
一氧化碳	8 小时	9.000	10.0
	1 小时	35.000	40.0
氮氧化物	每年	0.053	100.0
地面臭氧	8 小时	0.008	—
铅	每季度最大值	—	1.5

资料来源：Portney（2000，Table 4.2），who cites as his source the Office of Planning and Standards，*National Air Quality and Emissions Trend Report*，Research Triangle Park，NC：U.S. EPA，1998.

国家环境空气质量标准是全国统一的最低标准。换句话说，不论合规成本发生何种变化，所有地区都要达到国家环境空气质量标准规定的空气质量水平。如果州政府愿意，它可以实施更加严格的标准。

如果有些地区的空气质量超过了国家环境空气质量标准呢？1977 年出台的《清洁空气法案修正案》设立出一个旨在防止空气质量严重恶化的三级体系。在国家公园和其他风景名胜区，空气质量要求达到第一类标准，在这些区域，空气质量可以维持在当前水平。大部分地区都被归入第二类，在这些地区，允许空气质量在某种程度上的下降。其他地区则被归入第三类，在这些地区，允许空气质量下降到国家环境空气质量标准，但是不能低于这个标准。

一旦国家环境空气质量标准得到设定，每个州都被要求制订**州一级的实施计划**（state implementation plan），要在这个计划中详细说明如何控制**固定来源**（stationary sources）（工厂、电厂）和**移动来源**（mobile sources）（汽车、卡车、飞机）中的空气污染物，从而使空气质量达标。为了做到这一点，州政府的环保官员不得不首先将其领土划分成所谓的空气质量控制区域，即存在类似空气污染问题的地理区域。然后，这个计划要为每一类区域提供一类执行策略。

对固定来源，美国国家环境保护局要求各州使用所谓的**基于技术的监管**（technology-based regulation）。对所有新的污染物来源，各州必须强制要求新建企业采用污染物控制技术。这些新污染物来源绩效标准（new source performance standards，NSPS）要求企业安装在当前标准下市场上可买到的“最好的污染物减排技术装备”。注意到新污染物来源绩效标准技术也不足以使排放物达到国家环境空气质量标准；它只是代表了要实现这一目标的一种严肃的努力。

州政府的监管者还希望对那些希望在该区域设立却没有达到国家环境空气质量标准（**非达标区**，nonattainment areas）的排放源定义更加严格的基于技术的监管。此类企业必须使用可实现的最低排放率（lowest achievable emission rate，LAER）技术。那些希望在第一类（原始）地区设厂的企业则在理论上被要求达到另外一个标准，即最佳可用控制技术（best available control technology，BACT）。在实践中，新污染物来源绩效标准、可实现的最低排放率技术以及最佳可用控制技术之间的差别并不大。

直到1990年，联邦政府都没有要求州政府对已经存在的污染来源做出基于技术的监管。但是，1990年的《清洁空气法案修正案》要求各州对在非达标区已经存在的污染源定义并执行合理的可用控制技术（reasonably available control technology, RACT）。合理的可用控制技术、最佳可用控制技术、可实现的最低排放率技术以及新污染物来源绩效标准这些用语会令人困惑，而且，事实上实际的管理过程也相当折磨人。针对不同术语定义其在特定行业中的具体含义，往往成为一种法律上的争斗，它是我们在前一章讨论的信息战争中的一类主要组成部分。

在《清洁空气法案》中，对固定来源进行基于技术的监管时，存在几个重大而且持续的例外。在洛杉矶地区和美国东北部的监管当局创建了基于激励的“总量管制与交易制度”，设计这项制度的目的是使企业在实现标准污染物排放量目标的时候能够具有相当的灵活性。1990年的《清洁空气法案修正案》也为控制酸雨提供了一个类似的灵活的体系，这个体系为发电厂的二氧化硫和氮氧化物排放建立了一个全国性的交易方案。在第15章和第16章中，我们将对这些基于激励的方法进行详细探讨。

为了对移动来源产生的标准污染物排放做出控制，《清洁空气法案》将大部分监管责任下放给汽车制造商，要求对新制造的车辆进行几轮排放削减改造。不过，人们对这项政策提出了批评，认为在实现国家环境空气质量标准过程中这个政策不具有成本效率，因为该政策对空气质量较好和较差地区的汽车消费者产生了同样的较高成本。换句话说，农村居民要为此类汽车支付较高的价格，但是他们所在的地区根本不需要进行相关清理。美国国家环境保护局也要求非达标区采取更有针对性的方案，其中包括车辆检验程序以及销售高标号燃料（污染水平较低）。此外，在第18章我们会进一步讨论加利福尼亚州为满足国家环境空气质量标准而推行的汽车低排放项目。

总结一下：对标准污染物，如今的监管过程已经非常先进，并在几个方面取得了进一步发展，当然，问题也是存在的。与此相反的是，有害空气污染物的例子指出，在极端情况下可能会出现监管僵局。1970年的《清洁空气法案》要求美国国家环境保护局对有害空气污染物进行识别和监管，并将此类物质定义为“人们可以对此类物质做出有依据的预判，认为它可能会增加死亡率，或者造成严重的、不可逆的疾病，或者造成可逆但是致人伤残的疾病”[①]。对标准污染物，《清洁空气法案》将“充足的安全边际”设定为监管目标。

在未来的20年里，这一进程将会走向深入。美国国家环境保护局认为，对《清洁空气法案》中安全标准的字面解释意味着需要一个零排放标准，这将使得很多有价值的工业化学品被禁止使用。鉴于监管机构不愿意走到如此严重的地步，所以它们选择忽略问题，并在20世纪70年代只对有限的几类有害空气污染物进行监管。环保主义者对监管机构提起诉讼，声称这种禁止措施没有必要；相反，应该对不存在替代品的产品施加高水平的（昂贵的）控制。在20世纪70年代后期，人们沿着这一思路做出了一些妥协，但是随着罗纳德·里根总统在1980年当选，这一趋势不再出现，因为他推动的是放松监管。

① 这里对空气中有毒物质清理项目的讨论来自Robinson and Pease (1991)，他们也提供了1970年《清洁空气法案》中的引证。

在20世纪80年代的上半段，美国国家环境保护局选择去“研究问题”。然而，到了20世纪80年代后期，要求美国国家环境保护局行动起来的压力骤现：随着1984年印度博帕尔化工厂爆炸事件的出现，美国国会要求每家企业都要披露其化学品排放状况（我们在第12章中讨论过的《有毒物质释放名录》），这要求美国国家环境保护局推动相关研究，它们发现，在全国有205个社区因为有毒空气造成癌症风险超过千分之一。

1990年的《清洁空气法案》最终解决了这个监管僵局。1990年的修正案通过了基于技术的监管，要求美国国家环境保护局为189个可能会对空气产生危害的污染物具体说明可实现最大程度污染控制技术（maximum achievable control technology，MACT）。美国国家环境保护局可以添加或删除此列表中包含的物质。因为国会要求考虑实现成本来选择进入名单的物质，所以可实现最大程度污染控制技术并未立即实现“充足的安全边际”。然而，一旦可实现最大程度污染控制技术落实到位，监管就要求通过额外的控制措施来将剩下的癌症风险在最大受害人群中降低到至少万分之一，对大规模人口而言，终极风险目标是百万分之一。为此，美国国家环境保护局出台了一系列的可实现最大程度污染控制技术监管措施，同时发起了多个后续的、在产业层面进行的风险分析。①

然而，直到2012年，某些污染物仍然继续成为监管的漏网之鱼；经空气传播的汞（主要来自燃煤电厂）是最令人震惊的一例。直到2000年，人们都没有将汞视为一种对空气产生毒害的物质，在那一年，克林顿政府最终提出可实现最大程度污染控制技术。但是布什政府当政时期的美国国家环境保护局决定拒绝克林顿政府提出的建议，重新将汞归类为标准污染物——从而使美国国家环境保护局对其提出更为宽松的监管要求，同时配有一个总量管制与交易机制（本书第16章会对这部分内容做进一步说明）。随后，几个州政府对布什政府当政时期美国国家环境保护局做出的此项决定提起诉讼，在2008年，法院认定美国国家环境保护局宣布汞不是一种有毒空气污染物的决定欠妥。奥巴马政府没有再去使用布什的方案，在2012年，使用可实现最大程度污染控制技术的控制指令技术的汞管制措施最终到位。

综上所述，对有害空气污染物，人们花了20年时间来推动进步并进行争议性诉讼，直到1990年，政策制定者终于不畏艰险，对何谓“充足的安全边际”做出了明确界定。除了类似于汞这种非常明显的例外之外，目前对有害空气污染物的监管正在顺利推进。然而，1990年的《清洁空气法案修正案》只解决了固定来源的有害空气污染物。实际上，只有20%的有害空气污染物是由固定来源释放的，这部分已经完全处于修正案的关注范围之内。因此，根据现行立法，小型的移动来源释放的有害空气污染物目前仍然不受控制。②

图13-1为《清洁空气法案修正案》做了一般性的概述。总结起来就是：《清洁空气法案》将污染物分为有害空气污染物和标准空气污染物两类，并在一般意义上为其设置了“安全”标准。对标准污染物排放量进行监管的目的是在每个空气质量控制区域内实现环境空气质量标准。与此相反，有害空气污染物必须满足的排放标准是，最终将最大受害人群的癌症风险降低到至少万分之一。最后，这两类方案都以技术为依据。除了

① 参见 Morgan Lewis (2004，16)。

② 参见 Portney (2000)。

少数例外之外，监管机构要对企业所需采取的具体污染控制技术做出决定。

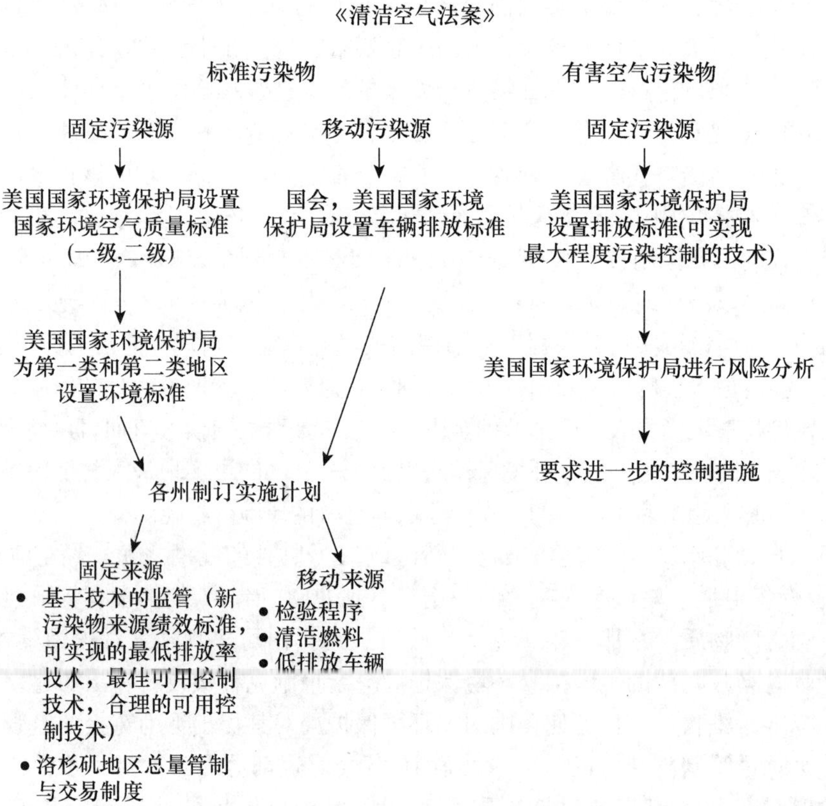

图 13-1　经修正后的《清洁空气法案》的大纲

《清洁空气法案》扮演的是最后一个、也是具有关键重要性的监管角色。在 2007 年，美国最高法院裁定，应该将二氧化碳和其他温室气体视为标准空气污染物，它们会对人体健康和环境产生危害。这就开启了美国国家环境保护局监管二氧化碳之路，在 2009 年，美国国家环境保护局总结道，温室气体污染的确会对人类健康和福利构成威胁。

既然二氧化碳是一种全球性污染物，那么稳定气候的任务就远远超出了美国政府机构的职责范围，美国国家环境保护局该如何对《清洁空气法案》中规定的任务做出解释——提供一个安全的空气质量？从根本上说，需要一步步推进：实施要求最佳实用技术的监管，先从新的污染源开始做起，然后考虑已经存在的污染源。

在奥巴马政府的管理下，政府采取两个主要步骤来减少温室气体污染。第一，在过去几十年里第一次提高企业平均燃料经济性（corporate average fuel economy，CAFE）标准。截至 2016 年，汽车平均油耗必须达到 35.5 英里/加仑，到 2025 年要达到 54.5 英里/加仑。要想了解更多此类信息，请参阅第 17 章的内容。第二，美国国家环境保护局开始针对主要排放源——每年排放二氧化碳超过 25 000 吨的企业——提出一套命令与控制标准。在 2012 年这个标准第一次公之于众，它要求所有新建燃煤电厂排放的二氧化碳都不能比同等规模的天然气电厂多。这有效地避免了人们去新建那些不打算捕获和封存碳的燃煤电厂。

随着奥巴马在 2012 年的连任，下一步美国国家环境保护局将对已经存在的发电厂和工业排放源的温室气体排放进行监管。这一步将会带来更多争议，也面临着强大的政治反对，特别是将面临来自“茶党”这类保守党派的反对。有趣的是，在公用事业部门中，通过加入东北部一些州发起的“区域温室气体倡议”（Regional Greenhouse Gas Initiative，RGGI），州政府可以遵守任何新的二氧化碳减排标准，区域温室气体倡议是针对二氧化碳设置的一个总量管制与交易体系。欲知更多相关内容，可见第 16 章。

13.2 达到钓鱼与游泳标准的水域

在 1899 年美国通过了第一部国家性的水资源污染法律。这部法律的目的比较简单，就是为了防止企业界用污泥、锯末或纤维堵塞河流和小溪扰乱航行。在 20 世纪 50 年代和 60 年代，联邦政府除了上述行动外没有做其他事情，之后联邦政府开始协助和鼓励州政府制定自己的污染标准。然而，随着 1972 年**《联邦水资源污染控制法》**（Federal Water Pollution Control Act，FWPCA）的通过，国会选择一种集权式的环境保护策略。与 1977 年的**《清洁水法案》**（Clean Water Act）结合起来，这些立法为我们提供了基本的水污染保护框架。[①]

《联邦水资源污染控制法》设定了一个基于安全标准的雄心勃勃的目标：到 1983 年使**水域达到可钓鱼和游泳的标准**（fishable and swimmable waters）。然而，这项立法设定的范围超越了其能力，我们可将这部法律中设定的标准理解为类似于第 7 章中定义的那种安全标准（消除“重大”风险）。事实上，《联邦水资源污染控制法》要求的是消除所有风险——在 1985 年之前在所有通航水域实现污染物零排放。不消说，后面这个目标并未实现。最终，这项法案禁止“有毒物质在致毒数量以上的排放”，这是另外一个含义模糊的词语，只不过为监管领域的律师提供了大量工作。

个别州只好自己出台水质排放意见。为了与《联邦水资源污染控制法》保持一致，这些意见必须足够严格，要能够让水域达到可游泳并可以进行一些类型的捕鱼的水平。不过，州政府可以拟定更加严格的监管条例，例如，可以保护水源栖息地或者原始河流。

用于实现州政府水质目标的方法是多方面的，类似于我们在上一节所述的对有害空气污染物的监管。在 1972 年，美国国会设想出两轮基于技术的控制方法。然后，它们要求美国国家环境保护局决定一个最佳实用技术（best practical technology，BPT）以及更加严格的最佳可用技术（best available technology，BAT），从而在 1977 年和 1983 年分别让所有的企业界污染排放者安装此类技术装置。事后证明这个时间表过于严苛，并因此在 1977 年进行了修改。[②] 直到 1988 年，美国国家环境保护局才出台了所有（保留一个）的最佳可用技术监管意见。一旦最佳可用技术就位，美国国家环境保护局就有权力推动第三轮基于技术的控制，当然这也是更加严格（比最佳更好）的监管，目的是让针对溪流或湖泊的污染控制达到州环境质量标准。

除了安装最佳实用技术设备和最佳可用技术设备外（对新的污染源，只要求安装最佳可用技术设备），每个排放者都必须持有许可证，这个许可证给出了排放者的法定污

① 下面几段主要基于 Freeman（2000）这一更加细节性的讨论。

② 这里加入另外的技术类型：最佳常规技术（best conventional technology）（Freeman，2000）。

染排放水平。州政府一般负责许可程序和强制执行。但是，这一进程的运行一直不平稳。在 20 世纪 90 年代中期，阿拉斯加州和爱达荷州一共积压了 1 000 多项许可证的申请。[1]

水污染的主要来源之一是对污水的不当处理。其结果是，联邦清洁水资源立法的一个主要组成部分是**向城市拨款**（grants to municipalities）以建设污水处理设施。从 1965 年到 1991 年，联邦政府为这个用途花费了接近 1 000 亿美元。虽然联邦政府的支出替代了州政府和地方政府的支出，但是联邦政府的总援助确实加快了污水处理行业的发展步伐。此外，事实证明，相比于本地融资，用联邦税款为下水道项目融资的成效也不显著。然而，因为联邦政府的援助往往数额较大，地方政府仔细监测建设费用的激励就减少了，成本也被抬高了。

最后，联邦清洁水立法曾经主要侧重于固定来源的点状水污染源（如工厂和污水厂）。然而，**非点状水污染源**（nonpoint water pollution）（来自市区的下水道、农场和建筑工地的径流）一直都是水体污染的重要来源。在过去的 20 年里，泥沙淤积、来自农业径流的养分和农药等，事实上一直都是造成溪流、河流和湖泊污染的主要来源。来自肥料的硝酸盐污染属于此类严重的问题之一，它会导致密西西比河河口、切萨皮克湾以及其他地方出现“死亡区域”。

联邦清洁水立法将非点状水污染源的监管责任交给州政府；1987 年的《水质量法案》要求各州开发出所谓的最佳管理实践，用以控制来自工业和农业领域的径流。这一领域的进展一直比较缓慢，因为非点状水污染源具有各式各样的特点，这使得集中式的、基于技术的监管方式不可行。

两种用来控制非点状水污染源的方法是（1）减少径流，和（2）通过“预防污染”的策略减少移动来源的污染物数量。后者的一个实例是，农民开始采用所谓的保护性耕作法，这种方法通过在田地里留下残茎来减少径流。此外，人们引入了一系列措施来减少农药的总体使用量。在第 18 章中我们会更仔细地考察这些步骤。最后，美国国家环境保护局尝试在点状水污染源和非点状水污染源之间进行排放许可证交易。根据这些实验计划，点状水污染源可以向非点状水污染源付费以减少污染，将其作为它们安装点状水污染源控制技术设备的一个替代性方式。[2]

其他水质量问题包括控制因污染和排水造成的湿地流失。对湿地的管理要求“不能产生净损失”，它由联邦陆军工程兵团依照《清洁水法案》赋予的权力进行管理。最后，最近用于回收天然气而出现的“水力压裂”技术（见第 18 章的讨论）已经引起很多人关注地下水受到污染的问题。在很大程度上，地下水是未受保护的，只有当饮用水受到污染威胁时，监管才会进行控制。

13.3 对陆地上危险废物的处置

20 世纪 70 年代是针对空气污染和水污染进行立法的十年。在 20 世纪 80 年代，人

① 参见“The EPA”（1998）。
② 具有先导性质的此类计划可见 www.epa.gov/owow/watershed/trading/。

们的关注点转移到了对陆地上危险废物的处置。虽然最初的法律已经涉及危险废物处置，也就是 1976 年获得通过的**《资源保护和恢复法案》**（Resource Conservation and Recovery Act，RCRA），但是直到 1980 年，真正的监管才开始出现，并在 1984 年经国会修正后得以加速执行。[①]《资源保护和恢复法案》主要关注当时的废弃物处置做法。第二个重要的危险废物立法关注于处理废弃的垃圾场。《综合环境反应、赔偿和责任法案》(Comprehensive Environmental Response,Compensation，and Liability Act，CERCLA，更为人熟知的一个名字是**超级基金**，Superfund）在 1980 年得到通过，并在 1986 年进行了修正。

危险废物到底是什么？一个包含范围较广的定义是任何对人类健康或环境构成潜在或实质性威胁的物质。然而，很难说清楚这个定义到底是什么意思。美国国家环境保护局针对数百种被视为危险的物质和流体开发出一个**《资源保护和恢复法案》名单**（RCRA list)，这个名单所基于的标准是易燃性、腐蚀性、化学反应性和毒性。然而，某些材料——石油钻井泥浆和矿山尾矿——则没有进入《资源保护和恢复法案》下危险废物的监管。加利福尼亚和华盛顿等州出台了更为严格的定义，使有害废物的名单长了一倍多。[②]

一个典型的危险废弃物转储过程将包括许多已知或者怀疑要么致癌，要么对生殖、免疫或神经系统产生不利影响的物质。因此，危险废物显然对人类健康和环境构成潜在威胁，然而，实际的风险是什么？这是一个非常有争议的话题。大部分时候人们都是通过转储化学品在雨水中滤出或在空气中挥发为气态的方式接触到废物。然而，由于人们可以选择来或去，所以生活在危险废弃物转储地附近的人是很少的，因此，很难确定转储地疾病的高发是偶然情况还是与接触到受污染的水有关。此外，因为许多废物都会长期存在，所以在长期中很难预测的效应也必须纳入考虑。

爱运河（Love Canal）是纽约尼亚加拉大瀑布附近的一个郊区，是危险废物弃置场最著名的例子。从 1942 年到 1953 年，胡克化工塑料公司（现在的名称是 Occidental Chemical）将数百万磅的化学废物用金属桶包裹起来后埋葬在遗弃的运河。然后胡克化工塑料公司将这个地方以 1 美元的价格卖给城市，因为它可能是一所小学的选址地。郊区的房地产开发开始很快在周围增长起来。然而，随着金属桶生锈，里面的一些液体废物开始渗出地表，渗透到人们的地下室里。在 1978 年，随着居民对报道出来的健康问题日益担心——从宠物身上掉毛到出生缺陷和乳腺癌，人们在一些房屋中检测出了大量化学物质，于是纽约州政府下令立即撤离居住在废置场附近的居民。

爱运河可能是世界上得到最广泛研究的危险废物场所，但是，如今仍然存在很多有关健康影响的疑问。纽约州卫生部确实发现，在危险废物还活跃时，毗邻转储地点的地势较低的地区中婴儿出生体重偏低的情况增加了一倍，而且在污染物被倾倒后，婴儿出生缺陷的增加也具有统计显著性。另一项研究发现，相较于对照组，居住在运河区的儿童普遍较矮，体重也较轻。[③]

---

① 《资源保护和恢复法案》还为美国国家环境保护局赋予了监管一系列无危害废物的权力。这些包括城市垃圾场产生的废物，以及被免于列入的一些有害的工业废品，例如，石油钻井泥浆和垃圾焚烧灰。

② 参见 Jenkins，Kopits，and Simpson (2009)。

③ 参见 Brown (1989) 以及 Jenkins et al. (2009)。

爱运河的案例首先说明，对危险废物的不当处理可能对健康构成一种真正威胁。其次，它表明对健康的不利因素进行充分理解相当困难。一个政府赞助的、旨在对危险废物产生的公众健康危害进行评估的科学审查小组总结道，这种忧虑既无法证实，也无法驳斥。①

然而，由于接触此类危险的机会有限，而且只有少量人住在垃圾场附近，所以许多人都认为危险废物对国民健康产生的威胁不太可能类似于空气污染和水污染。按照这一推理，美国国家环境保护局的科学咨询小组没有将危险废物列为需要首要关注的生态、福利或健康风险（见表5-1）。在爱运河区域，通过在转储场地重新铺上一层土、清理溪流以及采取一些其他补救行动，纽约州卫生部部长于1989年总结道，这个地区的一些房屋可以重新安全地居住了。②

然而，尽管官方评估调低了危险废物的整体风险，但是公众仍然对此十分关注。这部分源于人们对环境政策的规范性目标存在分歧。在安全标准下，暴露于危险废物的风险很小这个事实不会减少人们对问题的关注。对危险废物的担忧也与受害状况明显有关。虽然很难将出生缺陷与邻近的垃圾站直接联系起来，但是将其与100英里以外的烟囱联系起来则比较方便。最后，公众对风险的科学评估仍然持谨慎态度；鉴于当前对危险废物影响的知识现状，人们可能需要这种怀疑的态度。

危险废物的数量众多。美国的企业和家庭每年大约产生4 000万吨归属于《资源保护和恢复法案》监管的废物，剩余的大部分要通过液体处理，因此归属于《清洁水法案》的监管。家庭产生的有害废物表现为使用过的机油、油漆、农药和电池。不过，大部分固体废物都由企业界产生，企业界大约2%的污染源带来固体废物总量的95%。③

该如何处理所有这些废物？常用的处理方法包括地表蓄水、填埋、向地下深井注入、直接或间接排入地表水、焚烧，以及处理。然而，在陆地上处理危险废物构成了最大的长期环境威胁这一推定下（以及鉴于将这些废物排入水和空气的行为已经受到监管），1984年的《资源保护和恢复法案（修正案）》强烈**反对在陆地上处理**（bias against land disposal）废物。这项立法将证明处理方法是安全的举证责任留给了企业。④ 因此，有可能向深井注入、焚烧处理、回收以及排入水中在未来成为最常见的处理方法。

《资源保护和恢复法案》针对有害废物处置提出的监管架构关注三类重点。首先，如上所述，美国国家环境保护局一直被要求指定哪些物质可被认为是危险的。其次，《资源保护和恢复法案》要求对此类废物进行从出现到消失的全程跟踪。当运送危险废物时，必须附有能够说明其起源和中途停站的清单。这个清单系统旨在阻止非法倾倒，尽管它对这一进程的影响还不清楚。

最后，《资源保护和恢复法案》要求对危险废物进行处理、存放或处置的设施都应该在安全标准下得到监管。为了实现这一目标，《资源保护和恢复法案》对设施的选址提出了限制，并且要求进行人员培训、地下水监测、提出设施封闭和封闭后的计划，以及提供足够的保险。根据《资源保护和恢复法案》，也可以强制要求相关机构对其管辖

① 参见 National Research Council (1991，1)。

② 参见 Brown (1989)。

③ 参见 Sigman (2000)。

④ 参见 Jenkins et al. (2009)。

下的旧转储站点进行清理，并将其作为获得许可的条件。然而，在不同的项目中，法规的严厉程度不同。正如我们在第 12 章所看到的，对向深井注入废物而言，对美国国家环境保护局的最终监管标准（在 1989 年定稿）进行的挑战获得了成功，因为对化学工业界而言这个监管标准过于繁重。

《资源保护和恢复法案》对当前的废物处置进行管理。相比之下，《综合环境反应、赔偿和责任法案》（或者说超级基金）则为清理废弃的垃圾场提供了一种机制。超级基金得名的原因在于，它原本是政府通过向化学和石油企业收取税金、向一般企业收取环境税，并辅之以个人所得税收入的方式形成的一大笔资金，这笔资金主要用来资助清理转储站点。然而，在 20 世纪 90 年代中期，针对行业收取的税金被废除，超级基金已经基本耗尽。其结果是，全国各地的废物清理工作由于缺乏资金而明显放慢。

超级基金也提供了另一个更具争议性的筹资机制。任何在某个特定地点处置废弃物的实体，无论其处置合法与否，都可以被政府起诉并要求其支付全部的清理费用。这一制度被称为**严格、联合和连带责任**（strict，joint，and several liability），推行这种制度的目的是在不增加政府额外资金支出的前提下为废物清理提供资金。如果政府能够找到一个责任主体，那么从理论上说这个责任主体有激励去揭露其他废物倾倒者。然而，这个制度已经成为法律上的泥淖。企业并没有承担起潜在的大规模清理费用，而是针对谁该付费的问题投入资源起诉政府以及另外的企业。例如，底特律的汽车制造商起诉了超过 200 个实体，其中包括女童子军，因为它们对密歇根州的一个清理活动进行过资助。①

鉴于这种情况，超级基金的法律费用可以相当高。从占清理费用的百分比来看，律师费和其他交易费用所占的比例达到了 23%～31%；如果追溯责任规定被消除，那么可使当前指定的超级基金点节省约 80 亿美元，所有的清理活动都可以得到这个基金的资助。②

超级基金下的赔偿责任制度确实有一个具有吸引力的效率特征：不只是处置设施的经营者，废物的产生者也对废物的终极去向负有严格责任；这项政策为今天对废物进行仔细管理明确提出了一个强大的激励。鉴于在超级基金下**对未来要承担责任的恐惧**（fear of future liability），制造商或者设法寻找能够减少其使用的危险化学品的方法，或者对其处置方法加倍小心。此外，相比于《资源保护和恢复法案》提出的监管，超级基金责任适用的潜在危险材料更加广泛。

此外，一些人担心削弱超级基金追溯责任的规定以减少法律成本，可能向产业界就政府未来迫使制造污染者付费的意愿发出错误信号。追溯责任还鼓励私人当事方着手清理非超级基金覆盖的地点。

除了高昂的法律费用外，超级基金还受到其他问题困扰，其中包括选址、昂贵的清理工作，以及去解决“何种程度的清洁才是干净”这类问题。到 2011 年，在全美国总计 40 000 个垃圾倾倒场中，美国国家环境保护局将其中的约 1 500 个指定为超级基金优先处理的地点。超过 1 120 个地点已经得到不同程度的清理。平均每个地点的清理成本估计值范围在 2 700 万～5 000 万美元。为当前指定地点进行清理的总费用估计至少要达

① 参见“The Toxics Mess”(1992)。

② 可见 Sigman (2000) 以及 Probst and Portney (1992)。

到510亿美元。国会一直考虑对超级基金计划做出重大修改；然而，截至2012年还没有进行调整。①

当废弃物清理点突然出现针对公众或环境的风险时，超级基金还授权美国国家环境保护局采取紧急行动。从1980年至2000年，美国国家环境保护局针对超过3 200个废弃物地点采取了紧急补救行动。超过4万人被疏散离开家园，最终有近90%的人还是返回了家园。向20万人提供了替代性水源供应。紧急清除行动仍然在继续：美国国家环境保护局每年要监督数百次与危险化学品泄漏和排放关联的疏散活动。②

13.4 化学品与杀虫剂

到目前为止，这一章对处置空气、水和陆地上废物有关的立法给出了简要回顾。政府还通过了两项法律，其表层目的都是将限制使用有害环境的产品放在第一位。《联邦杀虫剂、杀真菌剂和灭鼠剂法案》（Federal Insecticide，Fungicide and Rodenticide Act，FIFRA）和《有毒物质控制法案》（Toxic Substances Control Act，TSCA）分别为美国国家环境保护局提供了一种对新的和目前在售的农药及化学品进行环境影响审查的机制。如果能够在成本—收益的基础上给出理由，美国国家环境保护局就可以建议对此类产品做出限制。因此，与刚才所述的其他主要污染法规不同，《联邦杀虫剂、杀真菌剂和灭鼠剂法案》和《有毒物质控制法案》指导美国国家环境保护局在监管过程中明确追求成本和收益的平衡。希望得到的目标是效率标准，而不是安全标准。

《联邦杀虫剂、杀真菌剂和灭鼠剂法案》最初在1947年得到国会通过，其目的是保护农民免受杀虫剂制造商的欺诈性索赔。1964年、1972年、1978年和1988年的修正案对环境责任提供了立法。在《联邦杀虫剂、杀真菌剂和灭鼠剂法案》下，所有新农药都必须在美国国家环境保护局进行登记；为了使新农药所含的主要成分获得批准，制造商必须进行并提交代理毒性的科学研究。这可以是一个既昂贵又耗时的过程。据业内人士介绍，注册一种主要的新成分，需要在科学研究上花费500万～700万美元的成本，以及长达5年的时间。③ 然后，美国国家环境保护局对批准新农药的收益（农民的成本更低，并且最终为消费者带来更低的食品价格）和环境成本进行权衡。

如果能够证明现有农药是有害的证据得到进一步积累，美国国家环境保护局就可以对这个产品提起一个成本—收益分析，并根据研究结果做出制约或限制使用的决定。这个所谓的特别调查过程包含一个类似于审判般的漫长过程。最后，根据1972年的修正案，美国国家环境保护局需要对数以百计已经注册但没有进行环境影响分析的现有农药进行重新注册。然而，直到1988年，当国会强制要求这样做时，美国国家环境保护局才在这方面采取行动。

美国国家环境保护局在《联邦杀虫剂、杀真菌剂和灭鼠剂法案》下进行的成本—收

① 清理方面的进步来自Jenkins et al.（2009）；成本估计来自Probst and Portney（1992）。

② 参见超级基金的急救响应网站www.epa.gov/oem/content/er_cleanup.htm；Sigman（2000）。

③ 参见Shapiro（1990）。

益分析遭到人们的批评，这些批评主要针对农药的受益方。从理论上讲，应该用较低的食品价格带来的消费者剩余的净增加来衡量使用农药的收益，还可以加上种植户和生产商的利润变化。讽刺的是，如果农药能够提高产量，那么将农民作为一个整体，他们可能在农作物价格下跌的过程中受损，但是需求对价格下降的反应比较迟钝（无弹性）。在农业领域，如果农民报告产量增加，人们还要减去付给农民的额外补贴。要正确地做到这一点，人们需要对农药相对于其他可替代的次优方案的效率高多少做出估计，同时要对不同农作物需求发生变化时的价格变动（弹性），以及投入品和产出品的价格做出估计。

这些信息通常很难获取。事实上，为了完成农药登记，美国国家环境保护局根本没有进行收益分析。相反，美国国家环境保护局依赖于制造商愿意为注册过程花费的金钱数量，将其作为项目将会产生多少效益的证据。事实上，美国国家环境保护局甚至不需要任何表示农药有效性的证据；因此，它们甚至不能开始一项正式的收益分析。其结果是，新农药的注册过程只考虑风险，本质上是一个“宽松”的安全标准。①

在对现有杀虫剂进行特别审查的过程中，美国国家环境保护局确实进行着收益分析，但是可用的信息往往较差。因而，效益评估的质量会随着研究的变化而变化。一项分析发现，在特别调查过程中的245项食品使用决定中，只有167项的收益估计数值是可用的。②

研究人员也在研究特别审查过程的政治经济学，发现监管机构事实上确实对过程中提供的成本—收益信息有所反应。当相关的健康和环境风险出现增加时，对农药的使用更可能被取消。同时，取消使用的估计成本越高，则做出这种决策的可能性就越小。

作者还发现大量政治产生影响的证据。环保主义者（通常关注于保护海洋生物）的评论会大幅增加做出限制的可能性，但是种植者和学者（主要代表行业）的评论则会起到相反的效果。环保主义者对49%的决定做出评论，种植者和学者对38%的决定做出评论。在任何特定的决定中，后者的综合影响高于前者。当然，农药生产厂家的影响是重要的，也会贯穿于整个过程中，但是这种影响无法得到独立识别。③

在《联邦杀虫剂、杀真菌剂和灭鼠剂法案》下对成本—收益过程的简要讨论强调了我们在第12章中提出的观点。第一，有关监管的成本与收益的信息是不容易获得的。第二，监管机构常会向受监管企业寻求可用信息。第三，游说资源和政治取向也在发挥作用；特别审查决定显然受到行业和环保人士的影响。第四，游说不是唯一发挥作用的事情。为了对行业和环保人士的存在做出控制，监管机构确实要通过权衡成本和收益来对立法授权做出回应。

关于有毒化学品的立法《有毒物质控制法案》是在1976年得到通过的。与《联邦杀虫剂、杀真菌剂和灭鼠剂法案》类似，《有毒物质控制法案》要求美国国家环境保护局审查所有新的化学品，并赋予该机构限制现有化学品使用的权力。然而，《有毒物质控制法案》给予政府的手段要远少于《联邦杀虫剂、杀真菌剂和灭鼠剂法案》。

目前，美国工业生产过程中使用着超过80 000种化学合成品。根据《有毒物质控制法案》，对现有的化学品，美国国家环境保护局必须运用正式的法律程序，在这种程

① 参见Shistar，Cooper，and Feldman (1992) 对此问题做出的更加完整的讨论。Cropper et al. (1991) 指出，对申请者而言，在特别调查过程中，最大可接受风险是1.1/100。

②③ 参见Cropper et al. (1991)。

序下，仅测试就很容易超过 2 年。然后需要一个类似的法律程序，通过成本—收益分析来为相应化学物质的限制说明理由。对新的化学品，必须在制造之前的 90 天内通知美国国家环境保护局。然而，在通知中并无包括科学数据的需要。然后，美国国家环境保护局使用预生产周期来审查这种化学物质。因为大多数最新的化学品都还没有大量的测试数据，所以美国国家环境保护局必须依靠类似化合物的毒性比较。

如果美国国家环境保护局确实决定新化学品可能会带来不当的健康风险，它可以禁止制造这种化学物质，直到生产厂商提供足够的数据，能够为这种产品做出最后决定。否则，该产品就会被假定为安全的。美国国家环境保护局每年大约审查 700 种新的化学品。

到 2009 年，美国国家环境保护局曾被要求对超过 540 种新的和现有的化学品进行测试，然后只针对 5 种化学品发布禁止或限制使用的监管条例。不过，美国国家环境保护局使用监管威胁来与制造商达成协议，例如，对大量的化学品提出了职业接触限制。

如第 4 章所述，美国国家环境保护局通过十多年的努力，希望在《有毒物质控制法案》下限制对石棉的使用，但是由于这种监管措施未能满足严格的效率标准，所以被法院驳回。因为《有毒物质控制法案》对美国国家环境保护局提出的法律举证责任远高于《联邦杀虫剂、杀真菌剂和灭鼠剂法案》，所以监管活动远远低于后者。对比强烈的是，欧盟对化学品的监管要求企业在制造之前提交测试数据，用以证明新的化学品是安全的。①

《有毒物质控制法案》监管的是化学品的使用，一个以信息为基础的法律似乎对美国化学品排放产生了更大的冲击。在印度博帕尔一家化工厂发生爆炸并导致数千人死亡和致残之后，1986 年美国国会通过了《应急计划与社区知情权法案》。这个法案要求对疑似或已知有毒的 450 种化学品的排放情况进行报告——当时有很多化学品都不在监管之列。我们在第 12 章末提到的所谓《有毒物质释放名录》提供了全国范围内由企业自己报告的化学品排放状况。

在 1989 年，《有毒物质释放名录》中的数据第一次得到公开，传递出的信息令人吃惊：美国工业界每年要排放近 50 亿磅存在各种毒性的化学品，其中大多不受管制，或者受到法律的限制。在《有毒物质释放名录》产生的公众压力之下，许多大的化工企业都开始采用污染防治计划。

《有毒物质释放名录》提供的数据也是取得成功的证据。总的来说，从 1988 年到 1994 年，17 种最有毒性的化学品的排放量下降了 51%，和公众接触越多的企业，排放量减少得越多。② 与本章中讨论的所有其他法律不同，《有毒物质释放名录》并没有要求强制减排，也没有在向公众传达排放信息之外再去设定什么目标。它的成功表明，在企业层面通过回收或减少排放源的方式控制污染，是相对便宜的。

13.5 濒危物种保护

《濒危物种法案》（Endangered Species Act，ESA）是我们出于生态动机的一类环

① 参见 Stephenson (2009)。

② 参见 Davies and Mazurek (1997)，Videras and Alberini (2000) 以及 Arora and Carson (1996)。

境立法。这部法律在1973年得到通过，要求不管花多少钱都要对某些类型的自然资本——生物物种——进行保护。通过这部法律的理由严格以人类为中心："这些物种……对国家及其人类能够带来美学、生态、教育、历史、消遣和科学方面的价值"①。

在20世纪70年代中期，这部严格的法律产生的影响变得明显，当时田纳西大学法学专业的学生提起诉讼，成功地阻止了一个造价1.1亿美元、已经接近完工的大坝的建设。是什么原因呢？在这个大坝的下游发现了一个新的鱼类物种，人们称其为蜗牛鱼(snail darter)。鉴于对这项诉讼感到失望，国会设立了所谓的神灵小队（God Squad）——一个由国会任命的委员会，它有权基于效率的理由来否决《濒危物种法案》做出的决定。

具有讽刺意味的是，神灵小队总结道，即使从成本—收益的角度出发，这个大坝事实上也没什么用。最后，国会推翻了神灵小队的决定，通过一项特别法案的立法来授权这个大坝的建设。与此同时，人们在其他地方也发现了新的蜗牛鱼种群；在1984年，这种鱼的地位从"濒危"升格到"受威胁"。

根据《濒危物种法案》，联邦政府机构要列出**濒危**（endangered）或**受威胁**(threatened)（可能成为濒危）的动物和植物物种。必须为这些物种的恢复制订计划，然后为它们选定**关键栖息地**（critical habitat）。一旦上述行动完成，公共和私营部门都必须避免破坏这类栖息地。（从技术上讲，该法案禁止"获取"清单所列的物种，最高法院已裁定，这包括对其栖息地的破坏。）上述名单和栖息地的指定应该纯粹来自科学，不涉及考虑经济方面的成本或收益。

目前被列入名录的物种大约有1 350个——其中75%濒临灭绝，25%受到威胁。4 000多种其他物种则有可能进入名单。决定哪些动物和植物进入列表的科学依据并不十分精确；"大型的"、感觉"更高等"的生命形式往往更容易进入列表，在整个列表中，所依据的科学根据很少表现出一致性。在过去，十种有羽毛的或者是有绒毛的物种(其中有八种是鸟类，有一种是熊类，有一种是美洲豹类）花去了联邦为恢复物种提供的所有经费的一半以上。②

这些支出并不大：政府每年为列入名单的物种花费约8 000万美元进行恢复，这个成本大约就是几英里州际公路的建设成本。③ 然而，《濒危物种法案》已经被卷入争议之中，因为它的批评者声称该法案对私人土地所有者造成巨大的经济成本。还记得监管规定禁止所有人——公共和私人部门——干扰被列入名录的物种的重要栖息地。在实践中这意味着，如果在你的物业范围内发现某类濒临灭绝的动物，你可能就无法开发这片土地了——不管你愿意为此付出多少。

现在，从经济学的角度来看，市场应该能够从容地适应这种情况。如果这种惊喜发生频繁，人们就会开始加以关注。人们甚至期望潜在购房者在购买土地之前要求《濒危物种法案》检查。事实上，如今这样的调查已经是常规做法，主要是为了发现危险废物的存在。我们并未看到《濒危物种法案》检查的市场，这表明类似问题其实相当孤立。

---

① 正如Jost (1996) 中所引的。

② 参见Schwartz (2008)，Metrick and Weitzman (1996)，Jost (1996)，以及Easter-Pilcher (1996)。

③ 参见Jost (1996)。

数据也证实了这一点。从 1987 年至 1991 年，美国鱼类和野生动物服务机构在《濒危物种法案》下参与了 2 000 项与土地开发相关的正式磋商；其中只有 18 例，或者说小于 1%的案例最终被阻止开发。① 在对最近发生的两例保护科罗拉多和维尔京河濒危物种的分析中，作者发现这种保护对人们就业和收入的影响微乎其微；在一些地区，这种影响甚至是正的，在其他一些地区则是负的。没有案例能够表明这种影响高出来自基线预测的 1%变化的 3/10。②

然而，类似于所有法规，《濒危物种法案》提高了私营部门的成本，在某些情况下，这些成本会很大或者非常大。也许最著名的案例就是对西北太平洋地区古老森林中的斑点猫头鹰的保护。虽然评论家没能预测可能发生类似于孤岛惊魂这样的灾害，但是自 1994 年开始对斑点猫头鹰的保护导致数千个木材业工作职位的流失，在 1990 年经济危机之后，这么多职位流失再也没有出现过。（正如第 6 章所指出的，在这种情况下，随着高硫煤的开采，这个案例代表了在美国发生的、到目前为止最为严重的工作与环境之间的利益权衡。）

然而，在 2005 年前后，整个西北太平洋地区的经济表现得很好，失业率也比较低。许多地区的经济学家认为非木材行业中经济的强劲增长在很大程度上可归功于高品质的生活——包括对森林的保护。③ 最后，一项成本—收益研究发现，全国层面针对斑点猫头鹰保护的支付意愿超过相关成本，意味着对斑点猫头鹰的保护既符合生态可持续性标准，也符合效率标准。④

除了高昂的、分布不均的合规成本外，《濒危物种法案》还遭到两种其他类型的批评。第一种批评来自经济方面。《濒危物种法案》里都是大棒，没有胡萝卜；在目前的格式中，这部法案没有给予土地所有者超过法律规则的激励。（事实上，一些人认为这部法案提供的是相反的、违背初衷的激励。当发现濒临绝种的生物时，土地所有者会试图“射杀、铲除生物，让其闭嘴”。但是，这种行为如果被抓到，处罚真的很高！）

第二种批评来自生物性方面。《濒危物种法案》更多地关注物种，而不是关注生态系统，这分散了人们对主要任务——保护生物多样性——的注意。为保护某类单一物种付出太多精力的同时，丰富的生态系统则在走下坡路（这和人们批评安全标准没有为成本有效性提供指导是类似的）。其结果是，人们将兴趣转向辨识和保护所谓的热点物种——但是生态系统的丰富性或多样性则受到了威胁。然而，除了这些批评外，美国国家科学院对《濒危物种法案》的评价认为这部法案总体上是较为有利的。⑤

13.6 总结

本章对现有的国家环保法例的结构进行了简要考察。表 13－2 提供了一个摘要。三

① 参见 Schlickeisen (1996)。
② 参见 Berrens et al. (1998)。
③ 参见 Power (1996)。
④ 参见 Haigne，Vincent，and Welle (1992)。
⑤ 参见 National Research Council (1995)。

部法案分别对陆地上、空气中和水中的废弃物处置进行管理，并将安全和清洁的环境作为其目标，对成本不加考虑。事实上，成本问题通过后门产生着影响，美国国家环境保护局需要决定如何将资源投入各个区域，而且在具体的监管过程中还会出现法律执行的问题。然而，立法的明确意图在于将环境清理放在远高于效率标准的水平。

表 13-2　　主要的资源保护法案

资源或污染物	主要的立法	标准
空气	《清洁空气法案》(1990 年修正案)	安全标准
水	《联邦水资源污染控制法》;《清洁水法案》	安全标准
陆地	《资源保护和恢复法案》：针对新的废弃物处置地点；《综合环境反应、赔偿和责任法案》(超级基金)：针对已经存在的废弃物处置地点	安全标准
农药	《联邦杀虫剂、杀真菌剂和灭鼠剂法案》	效率标准
化学品	《有毒物质控制法案》	效率标准
《濒危物种法案》中的物种	《濒危物种法案》	生态可持续性标准

与此相反的是，两部对使用新的农药和化学品进行监管的法案则明确寻求在环境保护的成本和收益之间的平衡，试图实现某种有效监管。(化学品排放还受到《有毒物质释放名录》带来的公共压力的影响。) 最后，《濒危物种法案》是我们明确将寻求生态可持续性作为目标的唯一主要法规。

在此背景下，我们转向评价这个令人印象深刻的监管架构的成功和失败之处。

应用 13.0

到回顾一下的时候了

1. 为基于技术的监管给出一些例子。
2. 给出一些例子来说明基于安全标准的立法可能是无效率的。
3. 给出一些例子来说明基于效率标准的立法如何会是不安全的。
4. 举一个例子来说明基于生态可持续性标准的立法同时能带来有效率的结果。

各节主要观点

13.0　本章回顾了五个领域中主要的联邦环境法律及其成就：(1) 针对空气中的废物处置。(2) 针对水中的废物处置。(3) 针对陆地上的废物处置。(4) 对新的和现有的农药及化学品的监管。(5) 保护濒危物种。

13.1　**《清洁空气法案》**及其修正案要求监管能够实现**充足的安全边际**。人们针对两种类型的污染物——**标准（常见）空气污染物**和**有害空气污染物（有毒空气）**——制定出了不同的规定。美国国家环境保护局为标准空气污染物设定**国家环境空气质量标准**，出于健康的目的，还为有害空气污染物制定标准。各州必须制订**实施计划**来使**固定**

来源和**移动来源**达到相应标准。**非达标区**则面临特殊要求。在所有情况下，美国国家环境保护局都依赖**基于技术的监管**，它们会为企业制定必须使用的特定类型的技术（例如，NSPS、LAER、BACT、RACT，以及MACT）。最近，《清洁空气法案》开始将全球变暖污染物列入治理目标。

13.2 根据**《联邦水资源污染控制法》**和**《清洁水法案》**实施的水质监管也是以安全标准为目标，要求**水域达到可钓鱼和游泳的标准**。人们也使用了基于技术的监管（BPT，BAT）方式。通过**向城市拨款**，政府直接投资于污水处理厂。目前，由于对**非点状水污染源**的监管比较困难，此类污染成为水质污染的主要原因。

13.3 与陆地上的危险废物处置相关的法律主要有两部，这两部都要求**安全标准**。**《资源保护和恢复法案》**创建了一个《资源保护和恢复法案》名单，其中有一系列物质都必须以受控方式得到处置。《资源保护和恢复法案》**反对在陆地上处理**危险废物。对**爱运河**这类危险废物转储过程中产生的实际健康风险进行评估是很难做到的。然而，与流行的观点相左，美国国家环境保护局的科学咨询委员会认为，危险废物是一个优先级别相对较低的环境问题。**超级基金**是第二部与危险废物处置相关的法规，它主要处理现存的废物倾倒问题。对其进行处理的经费主要来自公共基金，并通过**严格、联合和连带责任**予以实现。虽然后者会带来高昂的法律费用，但是出于**对未来要承担责任的恐惧**，这部法案对当前的处置做法产生了积极影响。由于高费用、收益不确定和进展缓慢等问题，超级基金目前的状态比较纠结。

13.4 对新的和现有的农药（**《联邦杀虫剂、杀真菌剂和灭鼠剂法案》**）与化学品（**《有毒物质控制法案》**）进行监管的法案都基于**效率标准**。这两项法案都对新发明的物质设置了一个登记和筛选过程，并且都对现在已经存在的物质进行**特别调查**。在这些法案下，用以支持有效监管的成本—收益分析往往比较粗略或者根本不存在。更多的监管行动是在《联邦杀虫剂、杀真菌剂和灭鼠剂法案》下而不是在《有毒物质控制法案》下进行的，因为前一部法案将举证责任更多地放在企业界而不是美国国家环境保护局。**《有毒物质释放名录》**是基于信息的监管做法，事实证明它是推动化学品排放量减少的有效武器。

13.5 **《濒危物种法案》**寻求生态可持续性——将保护自然资本作为目标。这个法案要求在科学研究的基础之上列明**濒危**和**受威胁**的物种，并防止扰乱**关键栖息地**的行为。《濒危物种法案》受到了一些批评，因为它可能将保护成本强加给一小部分的土地所有者和农村工人，缺乏参与激励，只关注几类物种，而不是关注生态系统。

参考文献

Arora, Seema, and Timothy N. Carson. 1996. Why do firms volunteer to exceed environmental regulations? Understanding participation in the EPA's 33/50 program. *Land Economics* 72 (4): 413-432.

Berrens, Robert, David Brookshire, Michael McKee, and Christian Schmidt. 1998. Implementing the safe minimum standard approach: Two case studies from the

U. S. Endangered Species Act. *Land Economics* 74 (2): 147–161.

Brown, Michael H. 1989. A toxic ghost town. *Atlantic*, July, 23–28.

Cropper, Maureen L., William N. Evans, Stephen J. Berardi, Marie M. Ducla-Soares, and Paul R. Portney. 1991. The determinants of pesticide regulation: A statistical analysis of EPA decisionmaking. Discussion paper CRM 91 – 01. Washington, DC: Resources for the Future.

Davies, Terry, and Jan Mazurek. 1997. *Industry incentives for environmental improvement: Evaluation of U. S. federal initiatives*. Washington, DC: Global Environmental Management Initiative.

Easter-Pilcher, Andrea. 1996. Implementing the Endangered Species Act. *BioScience* 46 (5): 355–362.

The EPA and states found to be lax on pollution law. 1998. *New York Times*, 7 June, A1.

Freeman, A. Myrick. 2000. Water pollution policy. In *Public policies for environmental protection*, ed. Paul Portney and Robert Stavins. Washington, DC: Resources for the Future.

Haigne, Daniel A., James W. Vincent, and Patrick G. Welle. 1992. Benefits of preserving old-growth forests and the spotted owl. *Contemporary Policy Issues* 10 (1): 13–26.

Jenkins, Robin, Elizabeth Kopits, and David Simpson. 2009. Policy monitor—"the evolution of solid and hazardous waste regulation in the United States". *Review of Environmental Economics and Policy* 3 (1): 104–120.

Jost, Kenneth. 1996. Protecting endangered species. *CQ Researcher* 6 (1) 5: 339–357.

Metrick, Andrew, and Martin L. Weitzman. 1996. Patterns of behavior in endangered species preservation. *Land Economics* 72 (1): 1–16.

Morgan Lewis. 2004. *Environmental deskbook 2004*. Washington, DC: Morgan, Lewis, & Bockius, LLP.

National Research Council. 1991. *Environmental epidemiology: Public health and hazardous wastes*. Washington, DC: National Academy Press.

——. 1995. *Science and the Endangered Species Act*. Washington, DC: National Academy Press.

Portney, Paul R. 2000. Air pollution policy. In *Public policies for environmental protection*, ed. Paul Portney and Robert Stavins, Resources for the Future: Washington DC.

Power, Thomas M., ed. 1996. *Economic well-being and environmental protection in the Pacific Northwest*. Missoula, MT: University of Montana.

Probst, Katherine N., and Paul R. Portney. 1992. *Assigning liability for Superfund cleanups*. Washington, DC: Resources for the Future.

Robinson, James C., and William S. Pease. 1991. From health-based to technology-based standards for hazardous air pollutants. *American Journal of Public Health* 81 (11): 1518–1522.

Schlickeisen, Roger. 1996. Should the Endangered Species Act be re-enacted without major changes? Yes. *CQ Researcher* 6 (15): 339–357.

Schwartz, Mark. 2008. The performance of the Endangered Species Act. *Annual Review of Ecology, Evolution and Systematics* 39: 279–299.

Shapiro, Michael. 1990. Toxic substances policy. In *Public policies for environmental protection*, ed. Paul Portney. Washington, DC: Resources for the Future.

Shistar, Terry, Susan Cooper, and Jay Feldman. 1992. *Unnecessary risks: The benefit side of the pesticide risk-benefit equation*. Washington, DC: National Coalition against the Misuse of Pesticides.

Sigman, Hillary. 2000. Hazardous waste and toxic substances policy. In *Public policies for environmental protection*, ed. Paul Portney and Robert Stavins, Resources for the Future: Washington DC.

Stephenson, John. 2009. United States Government Accountability Office Testimony before the Subcommittee on Commerce, Trade, and Consumer Protection, Committee on Energy and Commerce, House of Representatives "Options for Enhancing the Effectiveness of the Toxic Substances Control Act", 2/26. http://www.gao.gov/new.items/d09428t.pdf.

The toxics mess called Superfund. 1992. *Business Week*, 11 May, p. 32.

Videras, Julio, and Anna Alberini. 2000. The appeal of voluntary environmental programs: Which firms participate and why? *Contemporary Economic Policy* 18 (4): 449–460.

第 14 章

监管记录：成就与障碍

14.0 引言

第 13 章对美国主要的环境立法进行了概述。这 40 余年的监管事实上做了些什么？一些人认为确实做了很多事情，另一些人则认为做得还不够。在本章中，我们对一些证据进行研究。我们也探讨了一类推动监管取得成功的关键驱动因素，它是对书面法律进行监测并推动其强制执行的政治实力。但是，放眼长远来看，面对不断增长的人口和富裕程度带来的越来越大的环境压力，如何改善监管？

人们对现行监管方式的批评主要沿着两个思路展开。首先，从规范的角度看，效率标准的倡导者认为现行立法往往用极大的代价换取相对较小的环保效益。其次，不管将污染控制的目标选择为效率标准、安全标准还是生态可持续性标准，现在的监管体制都比本身需要的那个昂贵。许多经济学家认为，通过建立具有更大灵活性、能够利用经济性激励的体制，我们可以在相当低的成本水平上获得当前的环境质量。

不过，假设我们可以通过这种方式来改善监管程序，最终的问题仍然存在。由于其本身的性质，监管方式仅限于狭义的污染物控制，它们对固定和“点状”污染源的治理比较有效。此外，监管收益可能会被经济增长所淹没。鉴于气候变化等问题带来的挑战规模巨大，在通过监管来内部化外部成本之外，政府还需要直接推动清洁技术的发展吗？

14.1 环境监管的成就

在经过 40 多年内容广泛的环境监管和污染控制后，在花费了数千亿美元的污染控制成本之后，我们现在处于什么境地？空气污染显示的记录最清晰。如表 14-1 所示，按绝对值计算，从 1980 年到 2008 年，空气中所有标准空气污染物的浓度都在下降。下降幅度最大的是铅（91%），这主要归功于从 1984 年开始含铅汽油的逐步停用。在此期间，二氧化硫的浓度下降了 71%，一氧化碳的浓度下降了 79%。在减少氮氧化物（下降了 46%）和地面臭氧浓度（下降了 25%）方面也取得了进展。记得地面臭氧又被称为烟雾，它由氮氧化物（NOx）、挥发性有机化合物（VOCs）和阳光混合而成。自 1990 年以来二氧化硫和氮氧化物的大规模下降，反映出 1990 年《清洁空气法案修正案》提出的新监管标准落实到位。相比于 1980 年的水平，火力发电厂的二氧化硫排放量下降幅度超过 60%。在 2008 年以后，二氧化硫排放量的进一步下降主要源于经济衰退，以及电力生产从煤炭转向天然气这一重大变化（欲知更多内容，可见本书第 18 章）。

表 14-1　在降低空气污染过程中取得的进展（全国范围内空气中污染物的平均浓度）

	在空气中平均浓度的减少百分比	
	1980—2008	1990—2008
颗粒物	—	31
二氧化物	71	59
氮氧化物	46	40
一氧化碳	79	68
铅	91	62
地面臭氧	25	14

资料来源：U. S. EPA (2009).

除了地面臭氧外，标准空气污染物绝对浓度的降低也取得令人印象深刻的进展；在铅排放下降方面尤其显著。对大多数美国人而言，我们今天呼吸的空气要比我们父辈呼吸的空气干净得多。但是在过去的 40 年里，美国的经济产出增加了一倍多。

但是，在许多领域，至少在一年的部分时间里，国家环境空气质量标准中的某些标准仍然遭到破坏，到目前为止，最严重的破坏者是臭氧。在 2011 年，在一年的某些时点上，有 1.27 亿人所住的区域中还存在对至少一项国家环境空气质量标准的破坏。只要城市仍然依赖汽油驱动的私家车作为交通方式，臭氧就是一个顽固存在、影响严重的空气污染问题，在不同程度上影响着约 40%的人口。①

依照 1990 年《清洁空气法案修正案》，对空气中有毒物质进行的监管在 20 世纪 90 年代中期得到实施。自那时以来，美国国家环境保护局已经针对超过 45 种空气有毒物质制定出可实现最大程度污染控制的技术标准，对化工厂、炼油厂、航空航天制造商和

① "State of the Air" (2012).

钢铁厂等工业领域主要的污染物来源产生了重要影响，也对干洗店等规模较小的污染源产生了影响。总体而言，从1990年到2002年，空气有毒物质排放量下降了35%。① 在2012年，《清洁空气法案》迎来了其出台40周年的庆典，近年来几项主要的经济研究已经证实如表14-1所示的巨大成就。虽然是出于安全目标，但是相关监管还是大幅改善了经济体系的效率。表14-2给出了对1990年《清洁空气法案修正案》所产生收益的估计值——这些收益主要来自避免早逝。通过货币化计算，到2020年，这项法案带来的收益大约能够达到2万亿美元；相应的成本只需要650亿美元，大约是收益的1/30。②

表14-2　　　　《清洁空气法案修正案》带来的收益

	2010年（在一些情况下）	2020年（在一些情况下）
1990年《清洁空气法案修正案》要预防的内容		
成年人死亡——空气颗粒物	160 000	230 000
婴儿死亡——空气颗粒物	230	280
死亡——臭氧	4 300	7 100
慢性支气管炎	54 000	75 000
心脏疾病——急性心肌梗死	130 000	200 000
哮喘发作	1 700 000	2 400 000
急救室诊治	86 000	120 000
因病而无法接受教育的时间	3 200 000	5 400 000
因病而无法工作的时间	13 000 000	17 000 000

资料来源：U. S. EPA（2012）Benefits and Costs of the Clean Air Act，http://www.epa.gov/air/sect812/prospective2.html.

现在转到水质方面，这个领域的进步则不太引人注目。表14-3给出了一些好消息：平均而言，在20世纪90年代，美国河流和小溪中水质不达标准的情况要比20世纪70年代少。与此同时，到20世纪90年代末期，大约40%的美国溪流、湖泊和港湾仍然受到严重污染，这些水域无法进行钓鱼和游泳，自那以后水质改善也是进展甚微。③ 在2010年，全国有4 000多个渔业咨询机构，它们估计因偶尔的鱼类消费（每月吃一至两次鱼）导致的癌症风险是显著的。对内陆水域中渔业资源产生严重依赖的人群——其中包括一些土著人口和农村人口——面临大量额外风险。④ 类似故事也出现在最近针对全国的溪流和河流中农药及营养物质浓度的研究数据中。⑤ 总体而言，平衡考虑各方进展，全国范围内水环境质量改善只取得小幅进展。

在这些平均数中掩藏着一些明显的成功故事。例如，在许多城市地区，河流的清洁水平比20世纪70年代有了很大改进。这已经促进了全国范围内城市滨水区的再开发。

① 参见U. S. EPA（2009）。
② 参见U. S. EPA（2011a）。
③ 参见Freeman（2000）。
④ 参见U. S. EPA（2000，2009）。
⑤ 参见USGS进行的全国范围的评估：http://water.usgs.gov/nawqa/。

当然，虽然一些河流和小溪得到显著改善，但是有一些出现恶化。水环境质量的绝对水平并未得到大幅提高，这在很大程度上是因为以农业径流为代表的增加的非点状污染源抵消了监管产生的好处。当然，对空气污染治理，相比于缺乏联邦政府控制的情形，监管项目带来的成效看起来要更好。

表 14－3　　美国水质变化趋势

	不达标河流占比				
	粪便大肠菌	溶解氧	总含磷量	总含镉量	总含铅量
1975—1980	33.7	6.0	4.5	2.5	9.0
1990—1995	27.2	1.7	2.5	<1.0	<1.0
	食用鱼类中特定毒素含量				
	汞	多氯联苯	氯丹	二噁英	滴滴涕
1993—1994	995	355	103	59	40
1997—1998	1 857	634	111	62	34
2005—2006	3 080	1 083	105	125	84
2009—2010	3 710	1 084	60	128	58

资料来源：U. S. Geological Survey and U. S. EPA，Office of Water，as reported on the Council of Environmental Quality website www. ceq. doe. gov，U. S. EPA (2007)，and U. S. EPA (2011b).

对点状水质污染源而言，监管对其产生了重大影响。从 1982 年到 1987 年，两类常规水污染物（悬浮固体和溶解氧）的工业排放下降了 90%以上。这种改善来自最佳实用技术和最佳可用技术的运用，以及大量原本排向市政废物处理设施的工业污水改道。水污染物下降的原因部分来自上面提及的现象，部分则是因为随着人口的增长，在过去的 30 多年里政府针对地表水污染投资了大量的污水处理设施。美国的水污染底线是，到 2050 年，美国还能承载 1.5 亿新增人口。同时，沿海地区海平面上升带来的咸水入侵——以及在美国西部，因为全球变暖造成积雪融化——这些都将降低淡水供应量。为了避免美国国内饮用水供应以及溪流、湖泊、海滩出现恶化，需要制定新一轮的、更加严格的工业排水监管条例，同时需要对市政污水处理系统和化粪池系统做出重大改进与不断升级。

对危险废物立法产生的影响进行评估是困难的。《资源保护和恢复法案》（以及超级基金赔偿责任）是为了防止出现爱运河之类的案例。1986—1995 年，旨在对陆地上废弃物进行监管的相对严格的监管似乎使得流到垃圾填埋场的危险废物减少了 50%以上。从净效应看，1986—1995 年，企业产生的有毒废物量也下降了大约 50%，但是废弃物中总体的有毒物质含量似乎保持了稳定——这意味着被处置的废物中危险化学品的浓度出现增加。1999—2005 年，产生的危险废物数量再次下降 23%。①

对陈旧垃圾场的清理工作正在稳步推进；如上所述，超过 1 000 个地点已被清理。然而，并不清楚进展速度缓慢和相应的成本是源于问题本身（这需要进行仔细评估，并且要对其他可选方案进行考察），还是因过度诉讼、官僚体制或资金不足造成的。

与空气、水和陆地上废物处置法律不同，对农药和化学品的监管遵循成本—收益标

① 参见 Sigman (2000) 以及 U. S. EPA (2008)。

准，因此也应按照这一标准进行评价。一项分析发现，通过农药审查程序拯救一个生命的价值是3 500万美元——这个数字远高于在成本—收益分析中使用的500万～1 000万美元。于是作者认为对农药的监管存在明确的效率低下问题：边际成本大于边际收益。对农药的监管出现效率低下的第二个原因是过去的农药往往危险性更大，但在当时上市时获得了法律许可。最近的改革已经开始解决这一问题。

在对发明的化学品存在的毒性进行评价中取得的进展不多。鉴于关于这些化合物的资料有限，很难判断美国国家环境保护局是否对这些化学品进行了成功的审查并实现了它们宣称的效率标准。然而，很多在高剂量水平下已知有毒的化学物质在美国人的身体脂肪中的积累水平是比较低的。

最后，在20世纪90年代末被列明的受威胁或濒危物种中，有41%的物种数量实现了稳定或改善，有35%的物种数量正在下降，有23%的物种数量面临不确定性，还有1%的物种——也就是7个物种——已经灭绝。在成功实现物种恢复后，有7类物种被剔除出名单，有11类物种从濒临灭绝级别上升为受威胁级别。最近的一项研究发现，对存在恢复计划并列明实现日期的种群而言，90%的物种正以预期速度恢复。①

我们该对这些绩效做出什么样的评价呢？让我们暂时采取乐观的看法。尽管从1970年到2010年美国的经济活动翻了一番，但是总体而言，标准空气污染物得到显著改进，尤其是空气中铅含量出现大幅下降。此外，在过去的15年里，有害空气污染物也出现大幅减少。工业排放的某些水性污染物也出现急剧下降，整体水质得到改善，目前的水质水平要比1970年的状况还要好点。对危险废物的监管有可能防止未来出现类似于爱运河之类的事情。随着废物处置成本的上升，《有毒物质释放名录》等提供公民知情权的监管方式正在得以推行，超级基金赔偿责任还在发挥着潜在的作用，企业开始将注意力放在通过防治污染减少废物排放上。在国会的推动下，美国国家环境保护局对环境影响最大的那些已有农药做出使用限制，危害性巨大的新农药也无法再通过美国国家环境保护局的初始审查。最后，进入名录的物种中只有有限几个出现灭绝。

在过去的40年里，美国的环境监管已经使空气得到极大净化，并且有效地遏制了水、陆地和化学污染随着经济增长而进一步加剧（其中取得了更富戏剧性、也更加零散的成功）。在一个经济产出翻倍、人口增加了1亿的国家中，这是一项重大成就。在下一节，我们将探讨在环境监管的监控与执行中政治领域的跌宕起伏会对环境收益产生何种影响。之后，我们转向在未来进一步取得环境监管成就的前景。

14.2 监控与执行：政治约束

正如人们所说的，对违规行为进行监控和执法是一份肮脏的工作，但它对整个监管过程却至关重要。在2010年，随着英国石油公司在墨西哥湾发生毁灭性石油泄漏，美国人了解到，如果没有资源或意志推动执行，严厉的环保法规其实什么作用都起不到。我们会在第15章和第16章看到，如果要在减少污染的可选方案中为企业追求创新——

① 参见Schwarz (2008) 以及Suckling et al. (2012)。

以及节约成本——赋予更大灵活性，监控和执法将显得尤其重要。

在大多数环境执法中，州一级政府都承担着主要责任。正如美国国家环境保护局前任局长威廉·拉克尔肖斯所言，美国国家环境保护局就像是“关在笼子里的大猩猩”，随时准备为州政府的环保努力提供支持。然而，这只大猩猩的努力往往在政治风向中出现跌宕起伏。例如，对执法活动进行度量的一类方法是统计美国国家环境保护局提交给司法部（Department of Justice，DOJ）的刑事案件数目。在老布什政府的第一个任职期间，提交的刑事案件数目大约是每年300件。在克林顿政府执政期间，刑事案件数目稳步上升，在1998年达到峰值，接近600件。随着小布什总统在2000年上台，此类执法案件出现大幅减少；刑事案件数目大约回落到每年350件。在克林顿总统的第二个任期内，因违反环保法规而被移交监狱的违法者数量为339个，在小布什的第一个任期内则只有240个。在2002年，美国国家环境保护局负责监管执法的署长辞职，他说自己一直是在和“白宫决心削弱同时我们正在试图执行的法律做斗争”①。

这些数字揭示出执法努力对政治气候和**预算压力**（budget pressures）具有相当大的敏感性。因为大部分执法活动都发生在州政府一级，所以跨州的执法活动会出现很大变化。在每年，每个州都会出现工业界和环境倡导者之间针对美国国家环境保护局预算规模发生的政治斗争。

当美国国家环境保护局确实要诉诸行动时，它可以在三个层面上进行处罚。美国国家环境保护局可以直接采取**行政行动**（administrative action）并施加罚款。通过美国国家环境保护局内一个叫作行政复议的准司法程序，人们可对此类处罚提出上诉。到目前为止，这种方法最常见，约占总执行处罚的90%。美国国家环境保护局每年要完成大约4 000项此类处罚，州一级政府则要完成额外的约12 000项处罚。② 美国国家环境保护局还可将案件转交给美国司法部，将其作为**民事案件**（civil case）进行起诉并征收罚款，也可将其作为**刑事案件**（criminal case）进行起诉，从而实现金钱制裁和监禁的组合处罚。随着这种处罚层级的不断上升，定罪所需的证据标准会越来越高，最终形成的处罚也会越来越重。

然而，即便在行政处罚层面，美国国家环境保护局也没有为违章停车开罚单这样的罚款权力。在通常情况下，在对处罚进行评估之前，需要先将一组复杂的报告、文档和审查过程落实到位；一旦对此进行评估，人们通常还会通过上诉或讨价还价的方式来减轻处罚。图14-1说明了当美国国家环境保护局的督察发现危险废物设施违反了《资源保护和恢复法案》而处罚时，需要运用的**程序**（enforcement procedure）。

从检查开始（在图的顶部），然后是最常见的执法路径（行政行动），这部分体现在图的左边部分。经过几个步骤后，就会到达一个被标注为“法律遵从性最终得到建立，并且设置相应计划”的方框。到这一点时，可以对货币性惩罚做出评估，不过其最后命令可能只会包含一个履行法规遵从性的时间表。然而，惩罚过程并未完结，因为涉嫌违规者可以向美国国家环境保护局提起上诉，如果上诉失败，还可以诉诸民事法院。如果还出现遵从性的问题，美国国家环境保护局便会将这个案件转交给美国司法部，作为民事或刑事案件进行起诉。

在环保法规执行方面，最后一个政治经济约束是对美国国家环境保护局的督察进行激

① 参见 Goodstein (2010: Figure 15.3) 以及“EPA Official Quits”(2001)。

② 参见 U.S. Environmental Protection Agency (1999)。

励、培训并提高经验。在区域办事处和州层面的执法机构中存在的一个严重问题是雇员离职（turnover）。一位名叫威廉·桑焦耳（William Sanjour）的美国国家环境保护局员工和评论家为危险废物执法程序中出现的相应问题提供了一个直言不讳的评价："在美国国家环境保护局的区域办事处中，检查危险废物设施的工作被认为是没有前途的，没人想去做这份工作。因此，员工离职率很高，训练很差，士气低落。在美国国家环境保护局总部也是这样，年轻的督察很快会明白，即便你发现美国国家环境保护局监管的危险废物管理设施出现重大违规，也不会成为一名英雄。（鉴于美国国家环境保护局和它进行监管的行业之间存在旋转门，）这就像年轻警察在缉捕妓女时，先要她还清市长的房费一样。其结果是，督察往往在一些琐事上'斤斤计较'，同时在寻找另一份工作"（Sanjour，1992：11）。

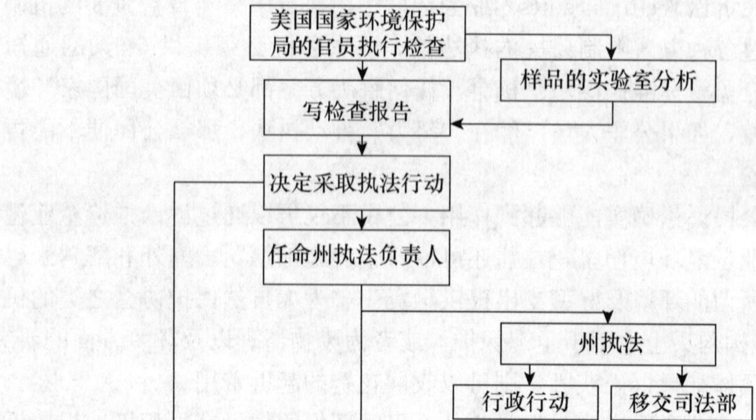

图 14-1 《资源保护和恢复法案》的执行过程

资料来源：Sanjour (1992). Drawn from http://www.epa.gov/airtrends/aqtrends.html#airquality.

桑焦耳对执法过程的描述比较苛刻。美国国家环境保护局的许多官员都在艰苦的工作条件下努力工作，尝试去完成困难的工作。然而，执法过程中表现出的政治偏好有时会暴露于公共视野。在 2010 年，英国石油公司石油泄漏案的报告揭露出美国矿产管理局普遍存在的腐败现象，美国国家环境保护局对允许英国石油公司在墨西哥湾钻井负有责任。

与监管过程的其他方面类似，执法会受到**政治影响**（political influence）。这种影响可能表现为预算约束的形式，或者表现为监管过程非常繁复、不能强制执行，以及表现为外勤工作人员在采取“非对抗式”工作方法时要面对压力（非正式的或直接的）。本节的重点不在于说明美国国家环境保护局和州一级的执法机构受到普遍存在的腐败现象的影响。相反地，而是想要让大家认识到执法过程在运作方面面对的来自真实世界的约束。

当起草最主要的那些环境法规时，国会认识到公共执法可能不足以让人们完全遵守新的法律。因此，大部分法规允许私人公民将违法者告上法庭。自 20 世纪 80 年代开始，这类**公民诉讼**（citizen suits）成为环境法律执行中一类日益重要的机制。

国会通过各种方式限制公民的执法权，要求公民必须提供 60 天的通知期，为违规行为重新符合监管标准提供一个机会。任何解决方案都必须由美国国家环境保护局和司法部进行审查，如果公职人员已经在“努力”推动执法，那么公民便不能再对公共部门提起相关诉讼。

然而，公民诉讼确实能够起到作用。公民不仅可以通过诉讼强迫企业遵守法律，还可以强迫企业恢复环境伤害，往往还可以对企业施加惩罚。庭外和解越来越多地包含了一些企业为所谓的环境友好型支出提供融资——为大自然保护协会之类的机构做出“捐款”，这个机构购买土地用于生态保护，或者为废物清理以及环境方面的研究提供资金。最后，民间团体如果诉讼获胜，则可以收回花费的起诉费用。

虽然存在这些激励措施，但是为什么民间环保团体没有更积极地提起诉讼？主要问题在于监测排放量并**证明企业违反环保标准**这件事情存在难度。绝大多数公民诉讼都依据《清洁水法案》，因为这部法案要求自行报告排放量。环保团体能够获得这些自我报告的记录（在花费一定费用的基础上）。因此，只要简单地对比一下一家企业的排放记录和许可排放水平，就能够证明这家企业是否违反了相关标准。在面对政府拥有的设施时，公民执法在确保法律遵从性方面发挥着特别重要的作用。如果美国国家环境保护局或州政府官员出于政治原因而不愿意对政府类污染者追究责任，那么公民诉讼便提供了一个追责机制。①

尽管美国环境法的执法面临着持续的政治挑战，但是正如我们在前一节中所看到的，可以证明过去 40 年的监管历程取得了真正意义上的进展。这就是说，未来的监管成效将受到有效执行监管的能力的制约。现在，我们把注意力转向未来的监管所面临的其他一些根本性挑战，并对本书第 3 部分“我们如何能做得更好”进行一些预览。

14.3 基于激励的监管方式所具有的吸引力

正如你在三岁左右时所知道的，诋毁别人的最好方法之一是给他起个绰号。经济学家为现行的监管方式创造了一个不是很讨人喜欢的标签：**命令与控制**（command-and-

① 有关公民诉讼的问题，参见 Cohen (1999)。

control，CAC）型监管。命令与控制型监管包含两个部分。第一个部分是提出**统一的排放标准**（uniform emission standards），这个标准主要是在《清洁空气法案》《清洁水法案》《资源保护和恢复法案》下执行。所有类似的污染排放源都被要求达到某个相同的排放水平。与统一的排放标准有关的问题在于，它无法在减少污染的过程中实现**成本效益**（cost-effective）。成本效益是指用尽可能最低的成本实现给定目标——例如安全标准、可持续性标准或效率标准。命令与控制型监管的第二个部分是“控制”。这里，要求企业必须采用由监管机构指定的特定技术，这种做法可能阻碍人们在降低污染方面进行技术创新，也可能提高环境保护的长期运行成本。

让我们先考察一下命令与控制型监管的成本效益问题。

这里做一个简单的解释，请考虑两家相邻的石油炼油厂。比如说，炼油厂 A 有能力在极低的成本下减少氮氧化物的排放量，从而满足统一的排放标准，对隔壁的炼油厂 B，这家企业减少污染物排放的成本非常高。之所以说这项政策不符合成本效益，其原因很简单：让低成本企业满足一个更加严格的排放标准，同时放松对高成本企业的减排要求，这样也能在更低的成本水平上实现同样水平的减排（以及当地同样水平的空气质量）。第 15 章和第 16 章考察了各种机制——这些机制被统称为基于激励的监管（incentive-based regulation）——这类监管手段可以利用市场激励机制实现这种**节约成本、污染中性**（cost-saving，pollution-neutral）的效果。

然而，还有一个领域中的现行立法不要求统一排放标准：对新污染源和旧污染源进行处理的方法非常不同。《清洁空气法案》对新污染源提出了更严格的控制技术要求（新污染物来源绩效标准），《资源保护和恢复法案》针对现有的和新的危险废物设施提出了不同的监管措施，《联邦杀虫剂、杀真菌剂和灭鼠剂法案》与《有毒物质控制法案》要求在引入新的农药和化学品之前就对其进行监管，但是对现有的农药和化学品，则通过逐案审查的方法进行监管。

推行这种“新旧隔断型”监管（对现存的污染源提供特别保护）的原因不难理解。从政治上来讲，通过一部对现有监管对象不产生重大影响的法律要容易得多。然而，对新污染源进行更严格的监管，造成的是**对新污染源的偏见**（new-source bias）。因为现在新的投资会附加较高的成本，所以企业经营者和消费者都会拉长对旧的污染技术的使用时间。例如，企业可能不会去建造新的、更加清洁的发电设施，而是延长传统的、产生更大污染的技术的使用年限。在使用新车的案例中就观察到了类似效果。① 或者考虑另一种情况，一些监管当局不允许上市的新式杀虫剂，实际上要比已经批准并在市场上使用的杀虫剂安全性更高。

对新污染源的偏见会降低短期和长期内特定政策的成本效率水平。在短期内，监管机构对原本就更加清洁的新污染源施加更为严格的标准，却忽略了现有或潜在的更为严重的污染问题。例如在一些地方，减少城市空气污染的一个具有成本效益的办法是购入老式的、污染水平更高的汽车并将其报废。② 然而，对新污染源的偏见的长期成本效应

① 参见 Gruenspecht and Stavins (2002)。

② 旧车往往具有严重的环境污染性。购买一辆车的计划是否能够达到成本效益，取决于（1）是否购买的这辆车已经使用多年但是尚不太可能很快报废，以及（2）购买价格。例如，可见 Alberini，Harrington，and McConnell (1993)。

可能更加严重，因为它会降低新技术的投资速度，使技术进步本身被放缓了。因为技术进步较少，所以长期的污染控制成本的下降也会放缓。

回顾一下，命令与控制型监管的第一个方面是政府下达排放标准“命令”：所有类似的区域和污染源都必须遵守相同的标准，同时往往对新污染源提出例外，对此类污染源提出更加严格的监管要求。统一排放标准和对新污染源的偏见都会降低监管的成本效益。

命令与控制型监管的第二个方面是“控制”，是指被如今大部分监管采用的**基于技术的监管方式**（technology-based regulatory approach）。新污染物来源绩效标准、最佳可用控制技术、合理的可用控制技术、可实现最大程度污染控制技术、可实现的最低排放率技术、最佳实用技术和最佳可用技术：要对上述词语做出定义，需要监管者对企业应该采用的减排技术有着非常精确和细节性的了解。这里有两个不同的成本效益问题。首先，在短期内，统一的技术要求不大可能为不同地区的不同企业提供最便宜的污染控制技术。其次，缺乏灵活性是集中化、基于技术的监管方式所固有的特点，它会提高成本。

然而，需要再次强调的是，长期成本带来的影响可能更为重要。基于技术的监管在很多方面都不利于技术进步。第一，一旦一家企业安装了最佳可用控制技术，它就没有了进一步降低污染排放水平的动力。第二，这家企业实际上存在不去进一步降低污染排放水平的正向激励。例如，如果它发现有更好的技术可以减少污染，然后美国国家环境保护局决定将这项新技术认定为最佳可用控制技术，那么这家企业可能就需要将污染控制技术升级到另外一种新的设备。因此，企业有明确激励来防止美国国家环境保护局知道最先进的污染控制技术。第三，如果企业跨越这些障碍并寻求创新，寻找一种不同于最佳可用控制技术的污染控制方式，它们还必须首先获得监管机构的批准。

基于技术的监管方式的替代品是什么？我们会在第15章和第16章进一步探讨这一问题，但从本质上说，监管机构可以为每家企业指定一个污染目标，然后让企业选择最适合自己的达标方式。如果用于监测和强制执行的资源足够多，那么确实能保证企业遵守这个污染目标，这类具有灵活性的监管体系可以在短期内用低得多的成本实现相同的减排目标，并为长期中能够实现成本降低的污染控制技术进步提供激励，从而实现可持续性。

总结一下，很多经济学家认为当前的命令与控制型监管策略不符合成本效益。通过转向更加灵活的、基于激励的监管方法，我们可以用更低成本达到同样目标——安全标准、效率标准或生态可持续性标准。

然而，基于激励的监管方法仍然是监管。企业必须为超过允许数量的污染物排放接受惩罚。有些人认为这种“大棒”策略会迫使企业和消费者将外部性内部化——不管如何对这个体系做出灵活的设计，这个体系在维持环境质量底线方面面对的困难都将不断增加。

14.4 超越监管？促进清洁能源技术发展

正如本章前面部分所述，监管取得了大量成就。然而，有人对未来进一步取得监管成就的前景持有悲观看法。这种前景取决于三个假设。第一，经济增长最终让监管过程陷入困境。如上所述，在降低臭氧水平方面，最近取得的进展相对较小。虽然汽车变得越来越清洁，但是路上行驶的汽车变得越来越多。尽管在污水处理设施方面进行了巨大投资，但是这些污染源的排放只是略有改善。此外，虽然监管可以防止出现类似于爱运河这类令人震惊的环境伤害事件，但随着经济的增长，产业界继续生成危险废物和有毒化学品的事实没有改变，这些危险废物和有毒化学品总得找个去处。即使根据最佳实践方法来对这些物质进行存储，人们也认为随着废物数量越来越多，废物对人的影响也是普遍增加的。

第二，监管已经实现了“比较容易”的监管目标——对固定的大气污染源和点状水环境污染源的治理。事实上，城市烟雾在很大程度上是汽车造成的，非点状污染源已经在水质量问题中占据主导地位。对这些扩散源进行监管被证明更为困难。在经济方面，控制污染的监管办法的边际成本有可能大幅上升，这将成为下一个问题。

使用从第 9 章中推导出的 IPAT 方程，我们可以看出这两个问题如何交互作用。除非技术进步（T）能够抵消相关影响，否则经济增长（A）会提高经济活动对环境的影响水平。其论点是，如果污染控制的边际成本上升，这将削弱新技术抵消日益富裕的物质生活对环境产生的影响的能力。

第三，即使监管在某个方面取得成功，比如说在改善空气质量方面，“减少”的污染也可能会对其他方面产生挤占。例如，通过对气体排放中的硫进行净化，燃煤电厂减少了二氧化硫等有害气体的排放。然而，这个过程会产生有害的硫污泥，必须在陆地上加以处置。或者，对工业水污染物排放的限制造成市政污水处理设施的工作量增加。或者，《资源保护和恢复法案》对陆地上的废物处置提出严格监管，并对一些地点尤其关注，这可能导致危险废物现场焚烧处置的比例开始增加。这些事情可能会在全美国成千上万的地方发生，并为监管者带来额外的难题。

经济学家将这个问题称为**外溢问题**（leakage problem）。每次处理一方面的环境问题，都可能导致企业寻求替代性的处置办法。在这些情况下，监管最终变成一种通道，它们将危险物质引入环境危害最小的地区。

我们这 45 年的监管经验并没有白费。尽管我们可能无法达成当年设下的雄心勃勃的目标，去为人们创造一个安全和清洁的环境，而且面临着许多政治和经济方面的障碍，但是监管确实让美国人面对的环境质量发生重大变化。真正的问题是，监管能够继续在经济持续增长的背景下至少守好环境质量的底线吗，或者能开始改善环境的状态吗?

经济增长显然要求实施日益严格的排放标准，将环境质量维持在相同的水平。如果加强监管导致降低污染的边际成本不断上升，或者“减少”的污染实际上挤出了其他地方的环境质量改善，那么从长远来看监管策略明显会失败。

有摆脱这种陷阱的办法吗？有。我们的标准假设是企业使用**末端控制**（end-of-the-pipe）策略减少污染。也就是说，面对降低排放的监管要求，企业只会对其生产过程做出一些小的调整：在管道的最末端加上一个净化器，或者转而使用清洁装置和更为昂贵的燃料。考虑一个企业试图减少颗粒物排放量的例子，这些颗粒物用百万分之 1 的浓度比例进行度量。在这种情况下，降低污染物的边际成本曲线如图 14－2A 所示；也就是说，当清理排放量的标准从百万分之 100 提高到 0 的时候，对排放物的清理会变得越来越困难（昂贵）。

然而，监管带来的一个影响可能是促使企业寻求全新的技术，这些技术将避免污染

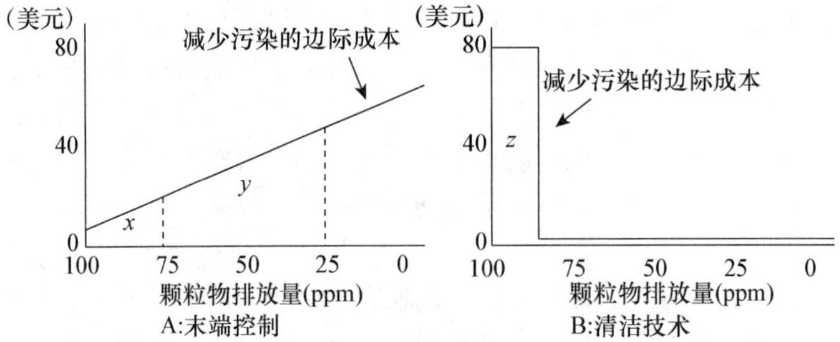

图 14-2　两种颗粒物控制技术

物排放放在第一位——可将此类策略称为**清洁技术**（clean technology）策略。（这个策略处于第 3 章中讨论的可持续商业愿景的核心。）在这种情况下，边际成本曲线呈现出如图 14-2B 所示的形状。在这里，如果企业承担初始费用，对生产过程（z）做出重大改进，污染物排放的边际成本以及污染物排放量有可能下降到接近零。由于该企业不再排放我们所关注的污染物，所以将污染物排放量降低到百万分之 90 的水平并未产生边际成本。请注意，一旦这项新技术到位，外溢问题和边际成本上升问题都会消失。

企业会采用哪种技术？这取决于对这两项选择带来的总成本的比较。在这个简单的示例中，如果类似于图 14-2A 那样，边际成本曲线下的面积较小，那么该企业会将末端控制作为解决方案，对图 14-2B 来说则相反。当排放标准为百万分之 75（$x<z$）时，企业确实会做出这个选择，但是随着监管机构要求企业将排放标准提高到百万分之 25，清洁技术将会成为更加便宜的方法（$x+y>z$）。

遗憾的是，这个故事并非这么简单。现实世界的问题是，除非监管成本变得很高，否则企业没有激励去把投资开发清洁能源技术放在第一位，尤其是当监管变得更严格且成本更高时，从政治的角度与监管进行斗争也会变得更加容易。当然，通过研发、“干中学”以及规模经济，在清洁技术上的投资确实会带来成本的降低。

但是，缺乏投资意味着很少存在一种简单、可靠、低成本的替代性清洁技术。于是，先有蛋还是先有鸡的问题就出现了：使用末端控制法，更严格的废气排放标准过于昂贵（在政治上是不可行的），但是除非提出更严格的排放标准要求，否则人们又不会去开发新的污染防治技术。这反过来意味着“大棒”式监管——无论它有多么灵活，都不可能强大到足以促使企业在污染预防策略上进行投资。

在第 17 章中，我们将进一步探讨为什么正常的市场过程往往无法产生此类清洁技术——对生产过程做出重大改进，而不是做出边际改进的那种技术。但是，作为一个预览：为了实现可持续发展，可能需要为“大棒”式监管提供一些胡萝卜，也就是政府直接投资于清洁技术并对其进行推广。

这一节的核心信息是，除非监管引致重大技术变革，否则我们无法逃脱方程 IPAT 中蕴涵的逻辑。那就是，如果控制污染的边际成本继续上升，技术根本无法弥补不断增加的增长的影响。这意味着，随着时间的推移，环境质量必然会恶化。关键的问题就变成：单独依靠监管是否就能推动技术创新，或者政府必须在清洁技术投资中发挥更积极的作用？

14.5 总结

本章对美国45年的污染控制历史进行了回顾。总体而言，我们的空气变得更加清洁，从其他一些方面看，监管设法在经济增长的背景下维持住了环境质量的底线。当然，可将这个成就视作一个半满或者半空的杯子。监管面临的持续挑战之一就是对现有法律的监测和执行，执法强度的起伏不定显然取决于执政党的施政理念。

对现行法律所做的规范性批评往往针对安全标准（过于昂贵）和效率标准（不够安全）。这些批评都很重要，并在本书第1部分中得到了大篇幅讨论。然而，现在我们不再去讨论环境政策目标，而是开始考虑更有效率地执行环境目标。我们在本书第3部分着手解决的问题是：我们怎样才能提高环境保护的成本效益和技术活力？

无论我们的目标是安全标准、效率标准还是生态可持续性标准，本章都对当前采用的倾向于反对成本效益的命令与控制型监管制度提出了三个特征：统一的排放标准，对新污染源的偏见，以及基于技术的监管办法。与此相反，我们在第15章和第16章会讨论，可以在监管过程中内置一些具备更大灵活性而且可以改善总成本效益的激励机制。然而，要使更具灵活性的办法取得成功，需要对排放做出仔细监测，还要有足够的执法资源可供使用。

虽然在许多情况下，转换到更灵活的监管是一个好主意，但更灵活的监管仍然是监管，除了监测和执法外，在继续取得成功的过程中还面临三个障碍。第一，经济增长是有效监管的一个真正挑战。随着经济活动数量的增加，具有有害外部性的污染物数量也会增加。第二，难以通过传统方法来对移动的非点状污染源和其他广泛分散的污染源进行监管，但是具有上述特征的污染源都在污染问题中发挥着更加重要的作用。第三，外溢问题——用一种方式实现的污染监管会导致其他地方出现污染——对监管最终能够实现的总体污染清理水平设置了限制。简而言之，为了实现清理的边际成本不断降低这一持续进步，技术创新成为关键。这些因素意味着在监管之外，政府的另一个重要角色就是推动清洁技术的发展。如何明智地完成这个任务，将会成为第17～19章要处理的问题。

应用 14.0

真实世界中的命令与控制型监管

命令与控制型监管的两个特征是什么？回去重读13.1节、13.2节或13.3节，解释一下有关空气、水和土地的国家立法在何种程度上体现了这两种特征。请举例说明。

应用 14.1

对核武器进行监管

第一个民用核反应堆开始运行于1957年。然而，负责监督核电行业的政府机构

“在 1970 年也只进行了一些有限的监管”①。能够对这个相当松懈的安全监管做出解释的原因之一是人们存在一个（错误的）信念，认为在某个阈值以下暴露于核辐射是安全的。为什么这种信念会持续？其中一个原因是，“（政府）以集中的方式对辐射研究提供资金……这带来一种存在近亲繁殖特点的方法论，它会低估核危害的影响范围”。

1. 使用第 4 章和第 11 章解释的旋转门和议程控制的概念，解释监管机构设置的规则会怎样导致对暴露于辐射的健康风险出现持续性的低估。

2. 在 20 世纪 70 年代，自由放任的监管态度从 1970 年的不干预方式转变为“1972 年的几十个监管措施，以及 1977 年的上百个监管措施”。20 世纪 70 年代的监管活动大爆发与我们在其他领域看到的现象一致吗？你认为该如何对此进行解释？

3. 在核能行业领域，既可以用积极的态度去看待监管成就，也可以用令人沮丧的态度去看待监管成就。研究报告指出，在 1974—1984 年，在六大放射性元素中，有四大元素的排放或是下降或是保持稳定，但同期核电行业的电力输出增加了两倍。然而，即便排放水平不变或下降，到 20 世纪 80 年代中期，这四种放射性物质在环境中的总量都已经大大高于 20 世纪 70 年代中期的水平。你该如何解释这个问题呢？

应用 14.2

环境犯罪和惩罚

经济学家倾向于认为个人会从经济动机出发决定是否遵守环境法规。虽然良好的公民意识——因为这是法律，便要去遵守这个法律——确实会影响个人的行为，但是从收益和成本角度出发有助于分析法规遵从性决定。

图 14-3 说明了一家燃煤电厂的经理人需要面对的一个虚拟的边际成本—边际收益分析，他要决定花多少比例的时间来让二氧化硫排放符合标准或符合州政府的许可。

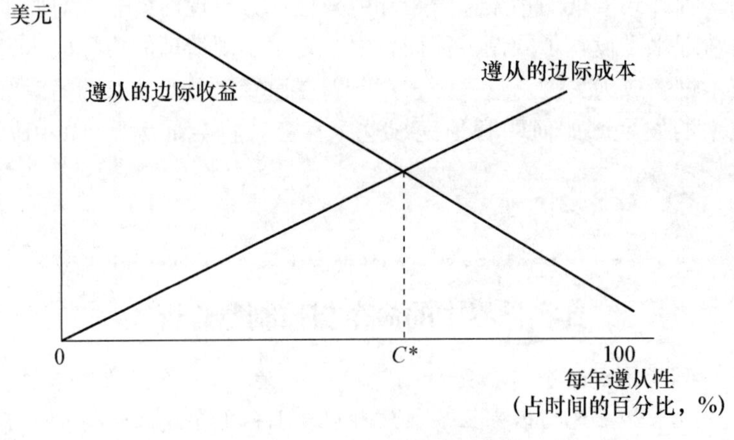

图 14-3　私人的遵从决策

遵守环境法的好处是这样做基本上可以避免处罚：货币成本（罚款和刑罚）、受损的声誉（企业和个人），以及对监狱服刑的恐惧。预期的效益取决于两个因素：所施加

① 本文援引的这个应用领域来自 England and Mitchell (1990)。

惩罚的严重程度，以及被捕获并定罪的可能性。另外，法规遵从性的成本主要是来自安装、服务和维护污染控制设备所需的开支，以及完成有关手续所需的额外开支。

1. 为什么在法规遵从率低时，遵守法律的边际收益高？为什么在法规遵从率高时，遵守法律的边际收益低？

2. 为什么在法规遵从率高时，遵守法律的边际成本高？

3. 如果 C^* 是从经济上讲有效率的法规遵从率，两类不同的政策变化如何使边际收益曲线移动，从而提高法规遵从率？

4. 在一个为期 7 年的时间里，惠好（Weyerhaeuser）——一家大型的国际性纸业公司——在华盛顿州的三家工厂累计遭到 122 次惩处，需要支付 721 000 美元的罚款，这是这家公司对最初的 100 万美元罚款进行讨价还价后的结果。“在许多情况下，惠好公司多年来持续向同一条航道非法排放相同的污染物……同时支付罚款以缓和小小的抗议”①。

基于类似于图 14-3 那样的模型，你是否可以总结出，因为惠好公司在不断地缴纳罚款，所以它不会采取任何措施来清理污染？

5. 这里有两个难题。美国国家环境保护局正式支持设置罚款以没收企业违反环保法规所获得的所有货币收益，假设企业的任何违法行为都肯定能被发现。在这种情况下，试着找出在美国国家环境保护局建议的政策下，图 14-3 中遵从的边际收益曲线会是什么样子的（边际成本曲线仍然保持不变）。企业经理会选择完全遵守法律吗？

6. 在真实世界中，不一定能确保发现企业的违法行为。在这种情况下，企业会选择完全遵守美国国家环境保护局提出的政策吗？

各节主要观点

14.0　这一章对美国的环境监管成就、监控和执法的重要性进行了评估，并讨论了在未来成功保护环境的监管策略所具有的前景。

14.1　本节提供的是一份进度报告。尽管在几个领域中的进步已经出现停滞，但是在降低标准空气污染物方面仍然取得了成功。然而，对颗粒物和臭氧做出的更严格监管可能在未来 10 年里带来更多进步。在有害空气污染物方面，监管以及《有毒物质释放名录》带来的负面公众形象结合起来推动了大规模的减排行为。对 2012 年美国空气质量监管进行的一项重要回顾发现，这类监管的收益和成本之比为 30：1。在水质监管方面，非点状污染源的上升抵消了监管在点状污染源上获得的监管成效。对陆地上的废物和化学品处置进行监管的收益难以评估。一项研究指出，对农药的监管过于严格且效率低下，却没能严格到足以保证安全。最后，《濒危物种法案》也是成败参半——总体上防止了物种灭绝，但未能促进物种复原。

14.2　大多数执法行为都由各州政府完成。在执法方面，面临的主要政治约束是预

① “Penalties”(1992).

算压力。执法行为可以表现为**行政行动**（到目前为止最为常见）的形式，也可表现为**民事案件或刑事案件**的形式。**执法程序**既冗长又复杂。环保机构的督察经常会出现高**离职**率，也有一些证明表明执法过程受到**政治影响**。在环境法律的执行过程中，**公民诉讼**变得越来越重要。在容易证明**企业违反环保标准**的地方，此类诉讼最为常见。

14.3 现行的监管方式被称为**命令与控制**型监管，这种方法不符合**成本效益**标准。**统一的排放标准**和**对新污染源的偏见**（这两个方面主要针对“命令”），以及**基于技术的监管**（主要针对“控制”），意味着在短期内，监管制度在适应各地条件方面几乎不存在灵活性。如果能够施加足够的监测和执法力度，那么提高灵活性可以让企业追求具有**节约成本、污染中性**特点的减排措施。此外，命令与控制型监管体系不利于污染控制技术的长期创新。

14.4 光靠监管就够了吗？对监管取得进一步发展的阻碍因素包括经济增长、非点状和移动污染源在污染排放占比中的上升，以及**外溢问题**。这三个因素意味着**末端控制**式监管的边际成本会上升；除非监管带来快速创新，并推动**清洁技术**的发展，否则环境质量仍然会恶化。但是，在监管和开发新技术之间存在的先有鸡还是先有蛋的争论，意味着政府在直接促进清洁技术发展方面发挥着关键作用。

参考文献

Alberini，Anna，Winston Harrington，and Virginia McConnell. 1993. Determinants of participation in accelerated vehicle retirement programs. Paper presented at the Eastern Economic Association Meetings. Boston，MA，16 March.

Cohen，Mark A. 1992. Environmental crime and punishment：Legal/economic theory and empirical evidence on enforcement of environmental statutes. *Journal of Criminal Law and Criminology* 82（4）：1053-1108.

England，Richard，and Eric P. Mitchell. 1990. Federal regulation and environmental impact of the U.S. nuclear industry. *Natural Resources Journal* 30：537-559.

EPA official quits，chastises White House. 2001. *Portland Oregonian*，1 March.

Freeman，A. Myrick. 2000. Water pollution policy. In *Public policies for environmental protection*，ed. Paul Portney and Robert Stavins. Washington，DC：Resources for the Future.

Gruenspecht，Howard，and Robert Stavins. 2002. New source review under the Clean Air Act：Ripe for reform. *Resources* 147：19.

Penalties aren't stopping land，water pollution. 1992. Associated Press Story reported in the Spokane *Spokesman-Review*，12 December.

Sanjour，William. 1992. *What EPA is like and what can be done about it*. Washington，DC：Environmental Research Foundation.

Schwartz，Mark. 2008. The performance of the Endangered Species Act. *Annual Review of Ecology，Evolution and Systematics* 39：279-299.

Sigman, Hillary. 2000. Hazardous waste and toxic substances policy. In *Public policies for environmental protection*, ed. Paul R. Portney and Robert N. Stavins. Washington, DC: Resources for the Future.

State of the Air. 2012. American Lung Association Annual Report. http://www.stateoftheair.org/.

Suckling, Kieran, Noah Greenwald, and Tierra Curry. 2012. How the Endangered Species Act is saving America's wildlife. Washington, DC: Center for Biological Diversity.

U.S. Environmental Protection Agency. 2000. *Taking toxics out of the air*. www.epa.gov/air/toxicair/takingtoxics.

——. 2007. *Fish advisories*. www.epa.gov/waterscience/fish/advisories/2006/index.html#synopsis.

——. 2008. *Report on the environment*. No. EPA/600/R-07/045F. Washington, DC: Author.

——. 2009. *Air trends*. www.epa.gov/airtrends/aqtrends.html#comparison.

——. 2011a. *The benefits and costs of the Clean Air Act from 1990—2020*. http://www.epa.gov/air/sect812/feb11/fullreport.pdf.

——. 2011b. *National listing of fish advisories: General Fact Sheet 2010*. http://water.epa.gov/scitech/swguidance/fishshellfish/fishadvisories/general_factsheet_2010.cfm.

第 3 部分

我们如何能做得更好

在本书第 2 部分，我们考察了当前的监管状况，发现国家在控制污染方面经过 40 多年的专注努力，以及数以千亿计的美元支出之后，我们取得的环境保护成效仍然是好坏参半。在治理空气污染这个成功故事之外，除了少数例外，监管在经济和人口都在增长的背景下实质性地守牢了环境质量的底线，然而它未能达到既定的目标，这个目标是大大减少很多污染物的浓度，使其达到“安全”的水平。

我们还发现了阻碍政府在控制污染的行动中获得成功的三个主要壁垒。第一，受到不完美信息的影响，以及出于物质利益、同行首肯或意识形态方面的承诺等，不论立法目标是安全标准还是效率标准，监管机构都可能采取偏离其立法目标的政策。第二，当前的命令与控制型监管体系往往在短期内打击具有成本效率优势的污染控制，在长期中还会打击人们对新的污染控制技术的创新。第三，艰难而又极其重要的工作是对法规遵从性进行监测和执行，但这方面往往面临资金不足的问题。

鉴于上述背景，本书第 3 部分将会探讨“我们如何能做得更好”这个问题。这里将做得更好定义为用更低的成本和更大的确定性来实现一个既定的污染减排目标。

第 15 章 基于激励的监管：理论

15.0 引言

在 20 世纪 60 年代末期，当新的重大环境立法计议时，经济学家提供了一点建议：为什么不利用市场的激励机制来控制污染？其基本思想有两个。第一，让污染变成一项昂贵的活动。这既会直接减少污染，也会促使企业寻找污染程度较低的替代品。第二，把具体如何减少污染的决定留给企业和个人，这能够降低污染控制成本。

两项计划得到人们的广泛讨论。第一是征收**污染税**（pollution tax，也被称为污水税或排放税，或者庇古税①）。例如，为了减少发电厂二氧化硫排放引起的酸雨，人们可以针对排放提出一个排放税，比如说每吨二氧化硫征收 200 美元。或者，可以通过一个**总量管制与排放交易体系**（cap-and-trade system，也被称为可交易的许可证制度或市场化许可证制度）来对抗污染。在这里，只能按照一定的目标排放量发放排放许可证。然后，人们可以对这些许可证进行买卖，并对污染进行定价。这两种监管方法——污染税，以及总量管制与排放交易体系——都被称为**基于激励的监管**［incentive-based (IB) regulation］，因为这些制度都依靠来自市场的激励机制减少污染并最小化污染控制成本。

正如我们在第 13 章中所看到的，在 20 世纪 70 年代初期主要的环境立法起草过程中，经济学家的建议在很大程度上都被忽略了。相反，国家选择了我们称为命令与控制型的监管方法，要求所有污染源都遵守统一的排放标准，并且要求采取特定的污染控制技术。自那时以来，经济学家一直坚定不移地支持一种基于激励的更加灵活的监管方法。到 20 世纪 90 年代中期，我们看到此类监管方式第一次在空气污染管制方面得到大规模测试。自 1995 年以来，燃煤电力设施的二氧化硫排放额度得以在全国进行交易。

---

① 以提出污染税的经济学家庇古的名字命名。

在同一时间，洛杉矶地区和美国东北部引入了可交易的许可证制度：主要针对硫氧化物和氮氧化物，而且，美国东北部的公共事业企业也在二氧化碳排放限额下进行交易。与此同时，加利福尼亚州正在推动第一个州层面的二氧化碳交易体系，在全世界中，从中国到加拿大再到欧盟，污染税以及总量管制与排放交易体系正越来越多地得到人们的采用。

从理论的角度看，基于激励的体系要比命令与控制型监管方法多出几个优点。首先，基于激励的监管能够在短期内推动更多具有成本效益的监管方式。（回忆一下，我们将成本效益定义为在尽可能最低的成本下实现给定的污染减排目标。）其次，更重要的是，从长远来看，基于激励的监管体系能够为企业提供激励，促使它们寻求新的技术以降低污染控制成本。最后，在理论上，基于激励的监管方法减少了监管体系中官僚收集信息时出现的高昂成本——不用再去选择应该将哪种技术归类为最佳可用控制技术、最佳可用技术或可实现的最低排放率技术，监管者只需指定税负水平或许可证数量，然后让私人部门中出现的激励机制推动污染防治行为。因为对信息的控制是施加政治影响力的主要手段，所以正如我们在第 12 章中所看到的，基于激励的监管方法可以降低监管过程中出现的此类影响。

然而，基于激励的监管并不是没有理论上的缺点，这些缺点包括监测和执法方面存在的问题、污染热点（局部污染物浓度高的地方）问题、市场交易清淡、价格波动，以及可能的对市场力量的操纵等。如今，政策制定者所面临的挑战在于克服这些障碍并进而发挥基于激励的监管体系的潜力。

本章从理论上详细考察基于激励的监管体系存在的优点和缺点。然后，第 16 章会对我们实际运用基于激励的监管体系过程中出现的教训做更仔细的考察，并看看如何在现行的污染税制度以及总量管制与排放交易体系的试验中解决基于激励的监管体系中存在的潜在问题。

15.1 成本效益规则

僵化的命令与控制型监管方法的一个明确特点是它为所有污染源提出了统一的排放标准。经济学家对这一要求普遍持批评态度，因为它本质上阻碍了任何希望实现具有成本效益的污染控制的努力。① 若要知道为什么是这样，我们需要了解以下规则：

> **成本效益规则**（cost-effectiveness rule）。当且仅当每个污染源降低污染的边际成本都相等时，成本效益才能够实现。

很容易证明这是对的。考虑一个名叫 Grimeville 的小镇，这个镇上有一家炼油厂 A 和一家燃煤发电厂 B。Grimeville 镇的议会想要将有害黏性物质的总排放量控制在每天

① 统一的标准往往是效率低下的。例如，监管机构要求在人口稠密和人口稀疏的地区执行同样的环境保护标准。然而，人们很容易基于安全性的理由来捍卫统一的标准。

20 吨，并且正在考虑按照每家工厂每天 10 吨的统一标准进行推行。假设当炼油厂 A 排放 10 吨黏性物质时，它减少这种废物排放的边际成本是每吨 10 美元，但是在排放水平为每天 10 吨的时候，燃煤发电厂 B 减少这种废物排放的边际成本只有每吨 2 美元。这里就出现问题了。

☞

问题

如果 Grimeville 镇的议会强制实施每家工厂只能排放 10 吨污染物的统一标准，它能够实现具有成本效益的污染物减排目标吗？

解答

不能，因为有一种不那么昂贵的方式，可以让 Grimeville 镇的总污染水平保持在 20 吨。假设工厂 B 将其污染程度从 10 吨降低到 9 吨。这将花费 2 美元。如果之后工厂 A 将其污染水平从 10 吨增至 11 吨，这就可以节省 10 美元。总体来看，Grimeville 镇的产业可以省下 8 美元，并且仍然达到了合意的污染物减排目标。

当一个污染源减少污染的边际成本大于另外一个污染源时，在不改变总体污染水平的基础上，通过降低边际成本低的那个污染源的污染水平，同时提高边际成本高的那个污染源的污染水平，治理污染的总成本可以得到降低。只有当两个污染源降低污染的边际成本相等时，才能实现成本效益。

让我们对 Grimeville 镇的例子做一番拓展，用来说明镇议会如何确认一种可能具有成本效益而且能够将污染减少到 20 吨的方法。表 15－1 针对两家工厂列出了一个完整的污染物减排的边际成本计划，假定 $MC_a=20-x_a$，$MC_b=20-2x_b$，x_a 和 x_b 分别是指两家工厂的污染水平。

表 15－1　　在 Grimeville 镇减少有害黏性物质的边际成本

每家工厂的污染水平（吨/天）	降低污染的边际成本（美元/吨）			
		工厂 A		工厂 B
20	>-------	1	-------	0
19	>-------	2	-------	0
18	>-------	3	-------	0
17	>-------	4	-------	0
16	>-------	5	-------	0
15	>-------	6	-------	0
14	>-------	7	-------	0
13	>-------	8	-------	0
12	>-------	9	-------	0
11	>-------	10	-------	0
10	>-------	11	-------	2
9	>-------	12	-------	4

续前表

每家工厂的污染水平（吨/天）	降低污染的边际成本（美元/吨）			
		工厂 A		工厂 B
8	>--------	13	--------	6
7	>--------	14	--------	8
6	>--------	15	--------	10
5	>--------	16	--------	12
4	>--------	17	--------	14
3	>--------	18	--------	16
2	>--------	19	--------	18
1	>--------	20		20
0				

表 15-1 指出，工厂 A 将污染从每天 20 吨降低到每天 19 吨需要花费 1 美元，从每天 19 吨降低到每天 18 吨需要花费 2 美元，依此类推。因此，随着污染物数量的下降，降低污染的边际成本在上升。另一方面，当污染物数量大于 10 吨时，工厂 B 在降低污染物数量时面对的是零边际成本。然而，在 10 吨以下，对工厂 B 而言，减少污染的成本也会越来越高。在这两家工厂中，工厂 B 在减少总的污染物排放数量时显然有着更低的成本。

议会有两方面的问题要解决：选择一个污染水平，从而使两家工厂的总污染水平等于 20 吨，以及减少污染的边际成本相同（大致相同）。我们已经知道，成本效益要求工厂 A 的污染水平要超过 10 吨，工厂 B 的污染水平则要比较小。用来确定最便宜的解决方案的简单方法是尝试几个组合。表 15-2 对表 15-1 中的数据进行了重新排列，用来考察每天的总污染物水平加起来等于 20 吨时，两个工厂的污染水平组合。

我们可以使用表 15-2 来找到符合成本效益的监管选项。我们已经发现，从（10，10）移动到（11，9），总成本可以降低 8 美元。同样地，移动到（12，8）时，总成本只有 4 美元，因而可以节省 9 美元。最后，移动到（13，7）时，可以再节省 2 美元（=8−6）。然而，（14，6）这个选项会使净成本增加 1 美元，因为额外节省的成本（约合 7 美元）要低于之前额外节省的成本（8 美元）。移动到（15，5）则是一个更加糟糕的主意，因为节省下来的成本只有 6 美元，但是却要支付额外的 12 美元成本。因此，能够实现总污染物为 20 吨的最便宜的监管选项是工厂 A 产生 13 吨废物，工厂 B 产生 7 吨废物。注意到，正如我们之前提出的规则所示，在这一点上，两家企业减少污染物的边际成本大致相等。

我们可以使用更为一般的代数方法来证实这一猜测并对结果做出验证。记得表 15-1 中将两个工厂减少污染物的边际成本与污染物总量联系起来的数据都是来自边际成本曲线：$MC_a = 20 - x_a$ 和 $MC_b = 20 - 2x_b$。因此，工厂 A 在污染物数量为 11 单位时降低污染的边际成本是 20−11，或者说是 9 美元。我们还有总污染水平必须等于 20 的这个约束：$x_a + x_b = 20$，当然，它意味着另外一个问题。

表 15-2　　　　寻找具有成本效益的选项

工厂 A			工厂 B		
污染物（有害黏性物质，吨/天）		污染物数量上升，边际节约（美元）	污染物（有害黏性物质，吨/天）		污染物数量下降，边际成本（美元）
10			10		
11	>--------	10	9	>--------	2
12	>--------	9	8	>--------	4
13	>--------	8	7	>--------	6
14	>--------	7	6	>--------	8
15	>--------	6	5	>--------	10

问题

在污染物总量为 20 吨的前提下，在两家工厂之间最具成本效益的污染物分配方案是什么？

解答

我们有三个方程和两个未知数：

1. $MC_a=20-x_a$。
2. $MC_b=20-2x_b$。
3. $x_a+x_b=20$。

我们知道在成本效益的地方，两个边际成本等式应该相等，这带给我们一个解决问题的起点。

第一步：令 $MC_a=MC_b \rightarrow 20-x_a=20-2x_b$。

第二步：使用方程 3，解出 $x_a \rightarrow x_a=20-x_b$。

第三步：将第二步中得到的 x_a 代入第一步得到的等式 $20-(20-x_b)=20-2x_b$。

第四步：求解第三步中得到的方程，$x_b \rightarrow +x_b=20-2x_b \rightarrow 3x_b=20 \rightarrow x_b=6.666$。

第五步：使用方程 3，求得 $x_a \rightarrow x_a=20-6.666=13.333$。

这个练习确认了我们粗略计算得出的 13 吨和 7 吨是一个具有成本效益特征的污染物排放分配方案。最后，边际成本公式让我们得以确认，两家企业此时降低污染的边际成本确实是相同的：它们的边际成本都是每吨 $20-2\times6.666=20-13.333=6.66$。

我们可以比较一下统一排放标准（10，10）和成本效益选项（13，7）的总成本，看看后者能够节省多少成本。总成本可以记为边际成本之和，所以在（10，10）处，总成本就是 1+2+3+4+5+6+7+8+9+10=55。在（13，7）处，总成本是 1+2+3+4+5+6+7+2+4+6=40，所以，成本净节约了 55−40=15 美元。

此示例阐释了为什么在一般情况下要求统一标准的命令与控制型监管方法无法实现成本效益的一个主要原因。因为高成本企业和低成本企业必须符合同样的排放标准，在我们的示例中是每天排放 10 吨污染物，降低总成本的可能性被忽略。但是，为什么会将统一标准放在第一位呢？难道 Grimeville 镇议会无法完成我们之前做过的那个练习，无法首先找出（13，7）这样一个具有成本效益的污染物分配方案吗？

一般情况下，这个问题的答案是否定的。在现实世界中，议会可能缺乏信息——经济学家称之为**不完美信息**（imperfect information）①。只有企业能够获得如表 15－1 所示的控制污染的成本信息，它们可能并不愿意与公众共享这些数据。当然，监管者仍然可能通过定性分析的方法来确认炼油厂 A 降低污染的成本要高于燃煤电厂 B，从而将一些节省成本的考虑纳入其监管设计。正如我们将看到的，一些命令与控制型监管方法正在这样做。

这样一种较为粗糙的方法还无法捕捉所有的成本节约。此外，在政治舞台上，工厂 B 的业主和工厂 A 周围的居民都可能基于公平或安全的理由反对这种做法。下一节将从理论上说明如何通过市场机制来“自动”让基于激励的监管措施实现成本效益。

15.2 基于激励的监管与成本效益

回到 Grimeville 镇议会办事处，村庄的经济学家提议通过一个税收体系来控制污染，声称收税可以实现具有成本效益的污染控制。为了证明这个观点，她绘出了两条减少污染的边际成本曲线，如图 15－1 所示。（注意，她更换了横轴的方向——现在横轴上的数值表示污染增加的数量，而不是污染减少的数量。正如我们将看到的，这样做的原因是它可以很容易地说明当清理污染物的边际成本曲线向下移动时，清理成本和税收发生的变化。）然后她宣称，“如果你愿意，考虑对每吨有害黏性物质征收 7.50 美元的税，这会对我们美丽的城镇产生什么影响。面对这种税，工厂 A 会将污染水平从 20 单位减少到 13 单位。但是它不会进一步减少污染，因为在 13 单位处，清理污染花费的成本和交税的成本比进一步减少污染的更低。沿着类似的逻辑，工厂 B 会将污染物减少到每天 7 吨。因为在最终的污染水平（13，7）处，两家工厂减少污染的边际成本都还稍低于税收并且相等，我的计划将是具有成本效益的。”

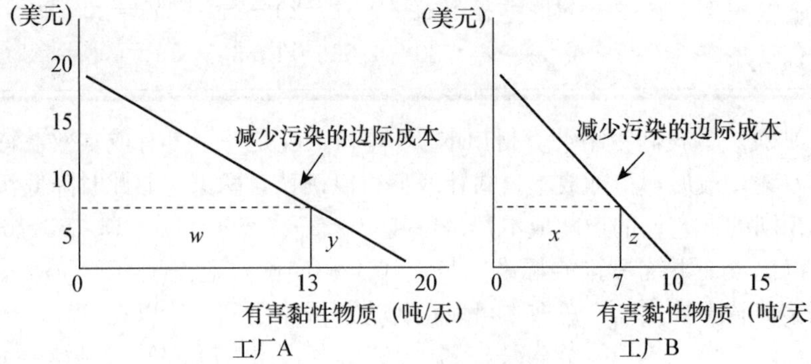

图 15－1　污染税是具有成本效益的

“此外，”这位经济学家继续说道，“因为现在污染有了‘价格’，所以每天污染企业

① 可见附录 15A 对不完美信息下的监管进行的讨论。

都将为污染的特权做出支付，总计为 20×7.50 美元，也就是 150 美元（图中的区域 x 和 w）。这将在长期内为这两家工厂提供巨大激励，促使它们去寻找新的、产生较少污染的生产方式。但最重要的是，Grimeville 镇将会变得富有！我们可以从每天 20 吨污染物中赚取 150 美元！”

一会儿，观众就被经济学家提出的那种具有压倒性和清晰逻辑的论点所折服。但是再过一会儿，“等一下，”来自石油炼油厂的游说人员就会反对说，“Grimeville 镇不可能从中赚到一分钱。这些极高的税收将会让这两家工厂倒闭。你不仅让企业付钱来使污染物总量下降到 20 单位（区域 y 和 z），还要向它们征收额外的税款！”

“嗯嗯嗯”，村庄的经济学家开始喃喃自语。“我们可以解决这个问题。你将不得不缴纳污染税，但是我们会基于污染税的平均水平来为企业提供所得税退税，让整件事变得‘收益中性’。（Grimeville 镇会有这么多税收横财！）只要税收返还的规模与单家企业减少污染物的努力程度无关，污染税就能够给你提供一个进一步降低污染的激励。”

“但是，我们怎么会知道将污染税设在哪个水平？”村庄的环保主义者要求。“如果设得太低，有害黏性物质的污染数量将超过每天 20 吨。然后，我们将不得不向上调整税负”，并指着炼油厂的游说人士说，“他们注定要抱怨税收再次提高。此外，通胀也会侵蚀税收的价值。即使从税收中扣除通货膨胀，污染水平也还是会随着人口和生产水平的增长而继续增加。”

这位经济学家承认，“这确实是有效的论点。但是还有另外一种想法。假设现在不是污染税，而是我们建立了一个总量管制与排放交易体系。”

镇长问道，“一个什么？”

“一个总量管制与排放交易体系。让我解释一下。我们感兴趣的是将每天的污染物减少到 20 吨，对吧？假设我们给每家公司发 10 张污染物许可证，每张许可证对应 1 吨的排放量，但我们同时允许企业买入或卖出这些许可证。这会带来什么样的结果？”

镇长说，“我在全神贯注地听。”

“工厂 A 面对较高的污染物减排边际成本，因此它显然很愿意拿到第 11 个许可证。事实上，从表 15-2 中我们知道，它愿意以每天不高于 10 美元的价格去购买这个许可证。另一方面，只要出价高于 2 美元，工厂 B 也愿意出售一个许可证，并将每天的污染物排放减少到 9 吨。因此，两家工厂之间可以达成一项协议。依照类似逻辑，工厂 A 愿意为第 12 个许可证支付不超过 9 美元的价格，工厂 B 也愿意以不低于 4 美元的价格出售这个许可证。最终，工厂 A 会以不超过 8 美元的价格购买第 13 个许可证，而工厂 B 则愿意以不低于 6 美元的价格让渡这个许可证。不过，两家工厂会到此为止。工厂 A 只愿意以 7 美元的价格购买第 14 个许可证，但是为了将污染物排放量降低到 6 单位，工厂 B 将不得不额外支付 8 美元。所以，瞧瞧看！市场激励机制将带来许可证交易，直到实现具有成本效益的解决方案（13，7）。

“请注意，在这个讨价还价的场景中，许可证的最终价格是每天 6～8 美元，非常接近我们提出的每天 7.50 美元的污染税。在征税的情况下，污染现在有了一个‘价格’，这就给予企业一种长期激励，促使它们开发出新的、污染密集型程度更低的技术，从而方便它们出售多余的许可证。此外，如果新企业进入该地区，通过购买现有许可证，也能够为它们给出一个污染的价格。污染总量会被固定在 20 单位。”

“等一下，”环保主义者提出了反对。“为什么要我们放弃‘污染权’？”

“嗯”，经济学家说，“一旦在法律上设定污染标准，我们就已经放弃了污染权。但是，政府可以选择将出售许可证作为一种替代性方法，而不是放弃污染权。7.50美元左右的价格能够让市场出清——因为在这个价格水平上，工厂A需要13个许可证，工厂B需要7个许可证（花一分钟来检查一下这个结论）。实际上，某些类型的拍卖确实会产生这样的价格。但是如果仔细想想，实际上政府出售许可证与税收制度是完全一样的！按照每天每单位7.50美元的价格卖出许可证，与每天针对排放的有害黏性物质征收7.50美元的税是一样的。”

石油炼油厂的游说人士说道，“这正是为什么我们反对政府采用许可证制度的原因。”“你们再次要求通过征税的方式拿走企业的区域w和x，除了支付区域y和z的清理成本外。但是，这个许可证制度听上去很有趣……”

现在，Grimeville镇的讨论已经进入深夜，不过在此时，我们想要打断这个讨论并适时总结一下要点。首先，税收制度和可交易的许可证体系都能够“自动地”实现具有成本效益的污染控制，至少在黑板上是这样表现出来的。在任一种情况下，政府监管部门都无须知道不同污染源在控制污染时花费的成本。在征税的情况下，监管机构只负责指定税负水平，然后观察市场反应，看看是否由此带来的污染减排过少（或者过多），然后向上（或向下）调整税收。在可交易的许可证体系下，政府只用指定所需的许可证数目，并通过出售或赠与的形式将其分发。

这个讨论也凸显出税收方式（以及可交易的许可证体系）中存在的一类政治弊端。无论是企业还是消费者，污染者都会极力反对在他们自己支付污染物清理费用之外还要向政府支付法定污染限额之上的污染权费用。例如，如果政府针对工厂A提出13单位的命令与控制型监管标准，那么为了清理介于13吨到20吨之间的污染物，企业将不得不支付图15-1中的区域y。在每吨污染物收取7.50美元税款（或者可交易的许可证体系）时，企业还要支付额外的清理成本，也就是13×7.50＝97.50美元，或者说是图15-1中的区域w。这些额外的成本实际上可能会导致企业倒闭，因此，实行税收体系或许可证政策，可能会造成**破产约束**（bankruptcy constraint）。

从原理上看，通过所得税减免这种方式，将税收收入或者许可证销售收入退还给受影响的企业或个人，污染税或许可证销售便可以变成一种**收入中性**（revenue neutral）的制度。支付税款的各方并不会获得一个与其污染税完全相同的返还，因为这将抵消污染税带来的效果。相反，每个污染者都会收到平均水平的退税。通过这种方式，平均收入保持不变，但是污染的价格还会上升。作为减少人们对抗击全球变暖的任何实质性的碳税征税提出的政治反对以及回归影响，这种税收返还得到人们的广泛讨论。（回忆我们在第1章中提出的天空信托案例。）

将污染税收入替换为所得税，还能够促进**劳动力市场效率**（labor market efficiency），因为在这个特定例子中，如果人们面对的所得税更低，他们便会更加努力工作。这就是我们在第6章讨论过的“双重红利”假说。

在总量管制与排放交易体系的例子中，政府不再出售排污许可证，赠与许可证可以大大减少产业界面对的成本，从而也能够大大降低政治反对。在早些时候提供的示例中，每个工厂都被赋予10单位的排污许可证，工厂A最终必须支付其13个许可证中的

3 个许可证，工厂 B 则实际上从政府赠与的政策中收获了一笔横财。

对 Grimeville 镇的讨论还表明，从理论上看，许可证制度最后取得的结果并不依赖于许可证是出售出去的还是免费分发出去的；无论哪种方式都能实现具有成本效益的解决方案，只不过支付方会发生变化。这是在第 4 章中讨论过的科斯定理的一个重要应用。**科斯定理的推论**（Coase theorem corollary）可以表述如下：

> 如果存在一个运作良好的许可证市场，无论最初的许可证所有权在谁那里，可交易的许可证制度都能取得符合成本效益的结果。

用一分钟来说服自己，即使所有这 20 个许可证最初都给予了工厂 A，最终也还是能够实现具有成本效益的解决方案（13，7）。（因为我们只有两家工厂，市场力量将会发挥作用。你需要假设工厂 A 不会出于让工厂 B 倒闭的目的而拒绝出售排污许可证!）

在至少从理论上说服 Grimeville 镇的议会，让它们明白基于激励的体系能够实现短期成本效益后，村庄的经济学家提出的最后一个问题可能是，“那又怎样?”将社会作为一个整体，我们转向基于激励的监管体系后能够真正带来多大收益？至少有十几项研究比较了命令与控制型监管体系下的法律遵从成本和假设的具有成本效益的监管体系的成本。这些研究认为，命令与控制型监管体系的中位数成本是最低成本体系的四倍。这是否意味着当我们转向基于激励的监管体系时，能够节省约 300％的成本?

答案是“否”。在实践中，基于激励的监管体系并无法像纸面上所讲的那样得到执行。基于我们在后面要讨论的各种原因，真实世界的污染税或可交易的许可证制度并不能真正实现符合成本效益的监管。刚才提到的研究想要表明的是，在一些市场中，将污染控制成本减少到原来的 1/4 是技术可行的，在其他一些市场中可能这个成本还能得到更大程度的削减。因此，显然有做得更好的空间。虽然基于激励的监管方法可能会降低遵从成本，但是它也不会得到完美执行，或者说，也无法获取 100％的成本节约的潜力。①

15.3 基于激励的监管与技术进步

虽然基于激励的监管体系能够带来的短期成本节约水平不够确定，但是这种节约水平可能相当显著。然而，可能更重要的是，从长远来看，基于激励的监管体系可以激发控制污染和废物减少方面的技术进步，这一因素在成本节约中将会发挥更加重要的作用。

税收和许可证制度可以为污染控制方面的**长期技术进步**（long-run technological progress）提供重要激励。两类体系都为污染给出一个“价格”，因此，每单位污染排放都代表企业或个人付出的成本。在税收制度中，成本直接表现出来：更少的污染意味着更低的税收。在许可证制度中，污染存在机会成本，污染越少，则越能腾出排污许可证并进行出售。在这两种情况下，因为现在污染对企业而言变得更加昂贵，所以它们就有激励去不断寻求减少污染的新方式。

图 15－2 阐释了在基于激励的监管体系下一家企业引进新的污染控制技术后获得的

① 参见 Tietenburg (1990)。

好处。改进的污染控制系统使边际成本曲线从 MC 降低到 MC′，并在两个区域中产生成本节约。首先，企业清理的废物更多，因而为废物支付得更少，这是区域 a。其次，企业将污染从 P_1 降低到 P_2，它在税收支出方面的支付（或者说可以通过出售排污许可证来赚钱）也得到了减少，这对应于区域 b。

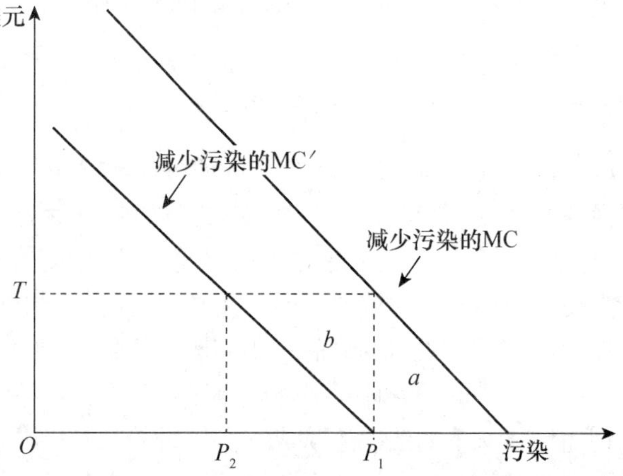

图 15-2　在基于激励的监管体系和命令与控制型监管体系下新技术产生的激励

将这些收益与陈旧的命令与控制型监管体系下得到的收益进行比较。首先，命令与控制型监管体系基于统一的标准。一旦企业完成监管要求的废物排放标准（P_1），通过提高污染控制技术得到的收益就变得相对很少。引入一种新技术只能让企业获得区域 a，因此它没有激励去把污染减少到低于 P_1 的水平。

此外，由于命令与控制型监管体系具体提出了最佳可用控制技术、可实现的最低排放率技术和其他一些要求，企业在试验新的技术流程时面临着监管障碍。为了试验新的技术流程，企业必须说服监管者新的工艺流程优于行业标准，但是在采用这项技术之前，企业未必能够证明什么。此外，企业可能并不愿意通过引入新的技术来提高行业标准，因为这项技术可能成为一项新的最佳可用控制技术。这将促使企业在之后新的建设中必须采取这种技术。

最后，鉴于在第 14 章讨论过的对新污染源的偏见，命令与控制型监管体系可能会抑制创新激励。鉴于对新污染源的监管要比对旧污染源的监管更加严格，命令与控制型监管体系鼓励企业和个人将精力专注于延长旧的、污染更高的生产技术的使用寿命，而不是发展出新的、污染集约水平较低的替代性技术。例如，一项研究发现，在环境执法预算最高的 9 个州里，发电设施的平均使用时间是 15～16.5 年，其他州则只有 11.5 年。很难说清楚此类设施得以延长的寿命中有多少源自更加严格的监管措施，因为这 9 个州都是工业区（rust-belt），在同一时期受到电力需求下降的冲击。当然，在得以延长的寿命中，无疑有一部分是因为对新污染源的偏见加剧。①

通过对每单位污染设定一个价格，通过减少具体的技术要求，以及通过拉平新污染

① Maloney and Brady (1988) 尝试用一个回归方程来探求需求对发电设施产生的影响，但是他们的需求变量并未能很好地代表预期的经济增长，并且表现不好。

源和旧污染源之间的监管差别，从理论上看，相比于命令与控制型监管体系，基于激励的监管体系似乎能够更好地促进人们投资于新的污染治理和废弃物削减技术。这些潜在的成本节约有多重要？这将取决于监管体系转向基于激励的监管后技术进步的步伐有多快，这个效果很难得到预测。然而，正如我们在第6章中所看到的，生产率上发生的微小变化，会对成本产生较大的长期影响，因为经济增长具有累积特性。因此，可以放心地说，基于激励的监管措施在激发污染控制技术进步方面带来了更加强劲的激励，这要比短期内的来自实现成本效益的成本节约更为重要。

15.4 基于激励的监管中存在的潜在问题

在执行基于激励的监管体系时，存在几个潜在问题。前两个问题源自污染热点以及监测和执法——这两个问题在税收制度和许可证制度中都可能出现。总量管制与排放交易体系有其自身特有的问题：可能出现市场交易清淡、市场势力以及价格波动。最后，污染税有特别的缺点，也就是说它是一种税——因此往往受到被监管行业的强烈反对。此外，与总量管制与排放交易体系不同，税收并不能确保将污染控制在某一数额，随着经济增长和通货膨胀率的提高，税收必然也会上升。表15-3对这些优点和缺点进行了概括，我们会在后面部分做进一步的讨论。

表15-3　　对税收制度和可交易的排污许可证制度进行比较

许可证制度的优点	税收制度的优点
如果将排污许可证赠与企业，这将降低企业的成本	如果将税收收入用于减少所得税，那么劳动力市场效率将得到改进
污染水平将会更加确定	如果税收收入能够部分地留存在执行机构，将会提高执行机构的工作激励
无须依照经济增长和通货膨胀进行调整	避免了市场交易清淡、市场势力以及价格波动等问题

□ 基于激励的监管中存在的一般性问题

当我们第一次把注意力转向可交易的许可证制度和污染税制度中存在的潜在问题时，可以将Grimeville镇作为一个例子来说明**污染热点**（hot spot）问题。污染热点问题是指局部浓度较高的污染物。事实上，在基于激励的监管体系中，Grimeville镇需要将总污染保持在每天20吨。然而，鉴于工厂A在税收制度和可交易的排污许可证制度下都可以每天排放13吨的污染物，所以在工厂A附近生活的居民会认为基于激励的监管体系是不可接受的，因为更高的污染水平会转化为更高的健康风险。

不同的污染物代表了污染物排放点和发生的危害之间存在不同关系。为了说明这一原则，假设Grimeville镇被划分为两个空气质量区域，一个区域里坐落着工厂A，另一个区域里坐落着工厂B。如果排放的有害黏性物质是一种能够实现**均匀混合的污染物**（uniformly mixed pollutant），那么无论哪个工厂排放1吨此类物质，都会转化为浓度相同的有害黏性物质，从而使两个区域与之相关的健康风险都是相同的。与此相反，如果此类有害黏性物质是一种**集中型污染物**（concentrated pollutant），并且这种污染物由工厂 A 排放，那么所有的危害都会发生在与工厂 A 毗邻的区域。更为一般的情况是出现**非均匀混合的污染物**（nonuniformly mixed pollutant），造成的损害大部分都发生在局部，但是其影响可能漂移到其他地区。

对均匀混合的污染物，基于激励的监管体系能够发挥最佳作用，因为此类污染物最终可以均匀地分散在相当广阔的地区。两个例子是可以消耗臭氧层的含氯氟烃以及导致全球变暖的二氧化碳。对核废料等集中型污染物，基于激励的监管体系明显难以发挥作用，为公平起见，要对此类污染物使用统一的安全标准。为了解决非均匀混合污染物这种中间状态型污染物中存在的污染热点问题，经济学家推荐根据对空气或水环境质量造成的危害大小实施交易（或税收）制度。（回忆第 13 章，环境空气质量就是空气中污染物的集中。）

实施这项计划需要一种能够估计排放影响区域空气或水质量的方法。在 Grimeville 镇考虑一个假设的情况，如图 15－3 所示。假设由于风向模式，在工厂 A 释放的 1 吨污染物中，70％的物质会污染区域 A，30％的物质会污染区域 B。另外，工厂 B 排放出的污染物对两个区域造成的危害可以对半分。在（13，7）这个解决方案处，区域 A 将出现污染热点。就具体的数值而言，区域 A 的居民面临的环境污染是 13×0.7＋7×0.5＝12.6 吨，区域 B 的居民面临的环境污染是 13×0.3＋7×0.05＝7.4 吨。

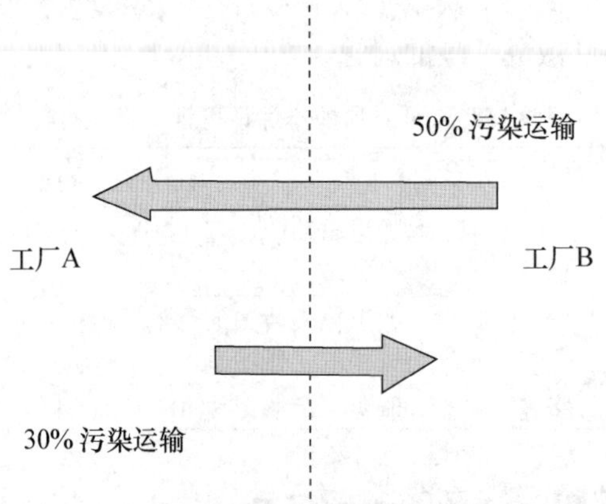

图 15－3　Grimeville 镇中非均匀混合的污染物

在这种情况下，Grimeville 镇政府当局需要施加环境空气质量标准（类似于我们在第 13 章中讨论的国家环境空气质量标准），将每个区域中的污染物控制在 10 吨，并通过控制两个区域中的排放来达到符合环境标准的排放量。如果用税收的方法来实现这个目的，就需要在区域 A 中征收比区域 B 更高的污染税。另外，如果要使用可市场化交易的排污许可证制度，那么政府提供的许可证应该允许区域 A 的排放水平小于区域 B。

把这种想法推广到 Grimeville 镇以外的地方，在已经被污染的地区，污染税也应该定得更高（或者允许的排放水平更低），因为在这些地区，新污染源更有可能导致违反环境标准。一旦排放水平和环境标准之间的关系得以确认，确切的税收水平，或者不同地区之间的排污许可证交易价格比率就能够得到确定。

正如我们在第 16 章中将要看到的，这种类型的交易是在美国国家环境保护局针对空气污染控制出台的“泡沫”政策下发生的。然而，如果污染热点问题出现放大迹象，税收或许可证体系可以很快变得相当复杂，因此，它为监管机构带来的主要优势——简单——就会丧失。此外，如果采用复杂的空气质量模型来证明排放交易不会违反环境标准，这种交易还会提高企业的交易成本。

在污染热点问题之外，与基于激励的监管方式相关的另外一个，而且可能相当严重的问题出现在**监测和执行**（monitoring and compliance）领域。在命令与控制型监管体系下，监管当局使用的主要监测技术之一是确保企业已经安装了所需的减排技术。例如，美国大约20个州都要求汽车安装催化式排气净化器，但是并不要求汽车通过排放测试。这个监控系统显然不能算得上完美，因为控制设备可能出现损坏，但又不去检查实际的排放量。然而，它确实为监管机构提供了一个相对简单的工具，至少可用来确保最初时汽车是符合法规遵从性的。

然而，与命令与控制型监管的情况不同，基于激励的监管并不需要指定某种削减污染物影响的特定污染控制技术。因此，监管机构甚至更严重地依赖于对排放的监测（目前还不足够），以此来保证对许可证制度的遵守，或者是为了收取税款。正如第14章所示，对受监管的行业，在监测方面提供的预算是一个柔性政治目标。因此，要想使基于激励的监管手段能够以更低成本达到降低污染水平的目的，就必须做出严格的监测承诺，并且推动不受预算影响的刚性执法机制。

从执法的角度看，税收制度具有一个许可证制度所不具有的优势，因为税收制度可以为政府产生一个基于排放量的收入流。因此，监管机构有激励来密切监控排放水平，从而确保政府收入最大化。在德国，针对水污染物引入的税收制度使政府开始寻求更好的监控技术，而且在执法过程中也变得更加积极主动。[①]

□ 许可证体系中存在的问题

总量管制与排放交易体系以及污染税体系中都存在污染热点问题，也都需要严格执法。在可交易的许可证制度中出现的主要问题则是，很多用户面临**交易清淡市场**（thin markets）——只有几个买家和卖家的市场。市场交易清淡这个问题本质上是这样：当市场上只有少量交易者时，完成一笔好交易的可能性非常低，这时还有必要搭上各种麻烦来利用市场这个机制吗？在Grimeville镇的例子中，为了进行排污许可证交易，工厂A和工厂B经历相当多的麻烦和费用来精确计算各自在减少污染物排放时面对的边际成本曲线，然后聘请经纪人从事面对面的讨价还价。如果在小镇上只有另外一家工厂，而它并不能提供什么，那么还值得去做这些麻烦事情吗？

正如Grimeville镇的案例所表明的，因为监管机构无法获知执行更低成本监管所必需的成本信息，所以命令与控制型监管体系几乎不具有成本效益。在交易稀少、价格不容易确定的清淡市场中，基于激励的监管体系也受制于不完美信息。在这种条件下，私人企业对潜在的许可证交易方知之甚少，并在完成这种交易的过程中面临高昂的交易成本。正如我们将在下一章所看到的，许多在美国针对许可证系统进行的小规模试验都败给了市场交易清淡这个问题。相比之下，酸雨污染许可证在芝加哥期货市场上得到交易。工厂经理可以在报纸上阅读二氧化硫债权价格，这大大减少了交易过程中的信息壁垒。

① 参见Brown and Johnson (1984)。

与许可证有关的第二个问题是可能出现**市场势力**（market power）。这里的关注通常集中于将获取排污许可证作为进入市场的壁垒。如果现有企业拒绝向新进入者卖出排污许可证，将其作为一种限制竞争的方式，会发生什么？当出现下列情形时，这种做法就成为一个问题：（1）新企业不得不从直接竞争对手那里购买排污许可证；（2）单一的主导企业让市场新进入者面临更高的污染控制成本。①

条件（1）一般都不会成立。例如，在酸雨计划中，二氧化硫排放交易是全国性的，因此，在马萨诸塞州的一个公用事业企业将很难阻止新的电力生产商进入市场，因为它可以从俄亥俄州的非竞争对手那里购买排放许可。为什么条件（2）有必要？如果在行业中有几个已经存在的大型企业，在将新的竞争对手排除在市场之外的过程中，单家现存企业从中获得的收益是有限的。此外，现存企业必须维持一项大家都不出售排污许可证的非正式协议。随着新进入企业对排污许可证提供的支付金额的上升，每家企业都有违反协议的激励。

经济学家并不认为市场势力问题会如此严重。然而，很少有人会认为这个问题大到足以严重破坏基于激励的监管体系。事实上，命令与控制型监管也存在自己的进入壁垒，因为它对新污染源设置了更高的法规遵从成本。然而，应该重点关注如何对基于激励的监管体系进行制度设计，以便尽量减少这些问题。尤其是，应该避免将大部分许可证赋予大型企业。

第三个与总量管制与排放交易体系有关而且在现实生活中更加严重的问题是**价格波动**（price volatility）。许可证的年度供给存量是固定的：如果无法将这些许可证存起来（稍后讨论），那么许可证的供给将完全没有弹性。因此，需求的任何变化都会导致许可证价格大幅波动。正如我们将在第 16 章中看到的，在 20 世纪第一个十年的早期美国西海岸电力短缺期间，对化石燃料发电需求的快速上升，带来氮氧化物排放许可证价格飞涨，并最终导致监管机构临时取消这一许可证交易计划。在欧洲，碳排放许可证的价格也相当不稳定，虽然这类许可证的价格变化方向与上面提及的氮氧化物排放许可证的变化方向相反，但是它仍然经历了反复的崩溃。

使价格波动成为一个问题的原因有两个。一方面，当价格高得出奇时，企业很难通过在市场中购买许可证来满足未能预见的法规遵从性需要。其结果是，在波动性较高的市场中，企业必须紧紧抓住所有许可证以确保它们足以实现法规遵从性。在极端情况下，市场波动性会阻碍市场参与，进而让许可证交易带来的成本节约无法实现。另一方面，当价格意外大幅下跌时，企业投资于长期污染减排措施的动机变得不足。企业可能会认为，与其进行非常昂贵的投资，还不如从市场上购买排污许可证。

抑制波动的一种方法是允许**存储**（banking）许可证：如果企业可以将每年未使用过的排污许可证存储起来，在许可证价格较低的时期，企业很可能会选择持有许可证（有助于企业提高许可证的市场价格），并在价格较高时卖出或使用许可证（有助于平抑许可证的价格上涨）。从不利的一面来看，存储许可证确实可能提高短期内污染热点问题出现的概率。如果储存的所有排污许可证都在短时间内得到使用，这一时期内的污染水平将会急剧上升。请记住这一点，将许可证储存起来是一种非常有用的工具，它可以减少价格波动。

---

① 参见 Misiolek and Elder (1989)。

第二个工具是“价格区间”，换句话说，它是指政府设定的**价格下限**（price floor）和**价格上限**（price ceiling）。在此情况下，当价格低于下限时，政府购买许可证，并将投标价格设置在最低价格水平。如果政府将这些许可证存储起来，它们可以将其持有到价格高于价格上限时。通过出售其多余的许可证，政府可以将价格维持在上限之下。欲知更多的此类混合型做法的信息，请参阅附录 15B。

针对总量管制与排放交易体系的最后一个反对一般由环保主义者提出：给予污染许可证意味着污染的“合法化”，因此污染不再被作为一种具有社会耻辱性的活动（在这里，人们往往将其与消遣性毒品的合法化做类比）。有人认为，这将导致长期中污染的增加，因为个体减少污染的道德规范受到削弱。人们可能回应说，现行的监管已经授权一定程度的污染，认为这个程度的污染可接受。也许更重要的是，污染的正式法律地位可能不是决定社会对污染所持态度的主要因素之一。

□ 税收体系中存在的问题

虽然税收制度和可交易的许可证制度在很多方面都非常相似，但是它们之间也有重要的差异，它们被再次总结在表 15-3 中。首先，当通过赠与许可证的方式发起许可证体系时，对受影响企业，这种方式要比税收制度便宜得多。为此，至少直到最近，在美国污染税（以及拍卖型许可证体系）在很大程度上都没有进入真实世界的政策列表。因为赠与许可证其实可以增加一些企业的盈利能力，所以这类许可证体系是我们多数时候能够看到的被执行的一类基于激励的监管体系。

企业从免费获得的许可证中赚取利润的方式有两种。第一，如果它们能够在低成本水平上减少污染，就可以通过出售许可证赚钱。第二，因为基于激励的监管提高了污染产生的边际成本，这些增加的边际成本会通过更高价格的形式转嫁到消费者身上。由于此类价格上涨，结合获赠的排污许可证，企业可以赚得盆满钵满。这是重要的一点。即使许可证是免费赠送的，在不受管制的竞争市场中，获取这些许可证的机会成本也会转嫁到消费者身上。

这是如何实现的？考虑在电力市场中赠与许可证后产生的影响。任何新进入市场的企业都无法得到许可证，因此它们必须从现有企业那里购买许可证。因为只有存在足够需求，能够让新企业覆盖其边际成本并赚取利润，新企业才会进入市场，所以电力市场的价格最终将会上升并可覆盖许可证的边际成本。

这一过程如图 15-4 所示。你也许记得，在一个竞争性市场中，供给曲线反映了行业内企业生产的边际成本总和。在图中，供给曲线在 Q_1 处出现一个奇怪的扭结；Q_1 左侧的所有企业都免费获得许可证，在 Q_1 右侧所有新进入市场的企业都必须在等于扭结处垂直线段长度（P_2-P_1）的价格水平上购买许可证。这增加了新进入市场的企业的边际成本，并使得这些生产者的供给曲线向上平移。随着需求上升到 D_2 处，新进入者提供的第一单位额外电力供应必须涵盖此额外边际成本，从而求得盈利，所以价格会跳转到 P_2。注意到，在新的更高的价格处，现有企业的生产者剩余（或者利润）都得到增加。因为它们免费得到了许可证，所以成本不会上升，然而，它们却受益于价格上升。当企业没有通过努力就赚到钱时，我们称这个额外收入为暴利。

当然，这些利润都以电力消费者付出的成本为代价。近年来，随着经济学家认识

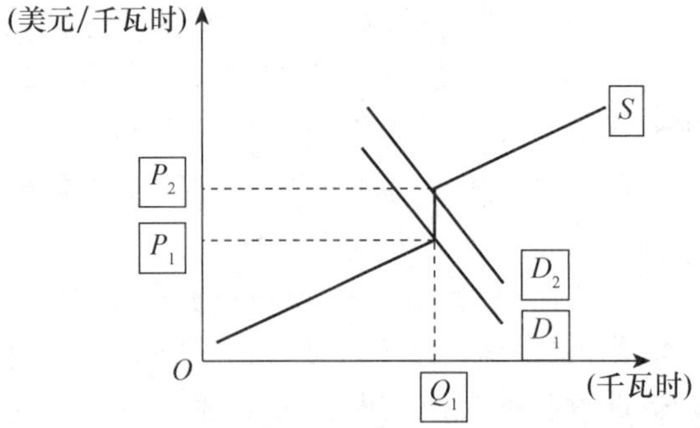

图 15-4　在竞争性市场中，许可证价格被转嫁给消费者

到，赠与许可证带来的相关成本会以污染产品价格更高的方式表现出来，随着公民开始注意到赠与许可证的过程中存在的巨额财富转移，建议设立"天空信托"这类拍卖型许可证体系（有时此类体系又被称为存在上限和红利的体系，我们在第 1 章对此进行了更深入的说明），并将拍卖利润返还给消费者的压力越来越大。① 最近，美国涉及全球变暖污染物的立法开始变成一种混合型体系，这个体系在最初时采取向业界赠与许可证并进行交易的方式，但是随着时间的推移，逐渐转向拍卖模式。关于这一体系的更多信息可见第 16 章。然而，即使赠与许可证的模式最终演变成拍卖许可证的模式，其功能也已经非常类似于污染税，行业界的底线仍然是选择许可证制度，而不是选择污染税制度。

无论许可证是拍卖的还是继承的，污染税制度和总量管制与排放交易体系之间仍然存在两个根本性差别。首先，许可证制度是一种"数量型工具"：它为污染设置一个指定级别，通过交易确定价格。相比之下，税收是一种"价格工具"：它为污染设定一个价格，因为企业会响应价格激励并清理污染物，所以这个制度能够通过价格来推动污染物数量的减少。但是，在税收制度下，监管机构不能提前知道会带来多少数量的污染。它们只能猜测。从原则上看，在观察到污染水平并且发现污染水平仍然太高后，监管机构可以提高税收，但是至少可以说改变税率并不是件容易的事情。最后，与污染税相关但是与许可证制度无关的一个问题是，为了让税收制度能够随时间推移而具有效率，必须定期提高税收，使之能体现通货膨胀或者人口增加和经济增长的效果。

鉴于这些问题，为什么还要使用污染税而不是许可证制度？答案之一是为了避免与监测交易相关的交易成本。随着交易体系变得庞大而复杂，即便通过更好的制度设计可以解决相关问题，人们还是害怕漏洞及执法不严会为欺诈性削减和起反作用的投机行为提供机会。选择污染税制度的第二个原因是为价格波动提供保险，防范因过于雄心勃勃的污染上限而导致的高成本（更多关于这一问题的材料可见附录 15A）。此外，税收收入的存在能够为政府提供强烈的运营和执法动机，如果将税收收入用于对现有劳动力的减税，则既可以提高劳动力市场效率，也可以缓冲污染密集型产品价格上涨对低薪工人产生的影响，从而使环境政策显得相对不那么倒退。

当然，如果总量管制与排放交易体系 100%依赖于许可证拍卖，那么税收返还和更严格的执法激励都有可能发生。事实上，在 100%的许可证都进行拍卖时，总量管制与

① 参见 Burtraw，Kahn，and Palmer (2005)。

排放交易体系和污染税制度之间的主要区别在于，前者由政府设置一个允许污染的数量目标，然后由市场来决定污染的价格。在后一种污染税的情况下，政府为污染设置一个价格目标，市场通过减少污染量来对此做出响应。如果最终得以实现的价格是一样的，那么这两类政策应该在减少污染和政府收入方面产生相同的影响。

□ 基于激励的监管 VS 命令与控制型监管

在结束这一节的时候有必要指出，虽然经济理论在思考环境问题中非常有用，但是现实世界总是比我们的理论更加复杂。事实上，无论是命令与控制型监管体系，还是基于激励的监管体系，我们都很少发现各自以十分纯粹的形式出现，必须将这两类制度放在具体情况中权衡优点和缺点。例如，对巴尔的摩市大气颗粒物污染进行的命令与控制型监管进行仔细研究后发现，这类监管体系往往并不具有经济学家所称的那种刻板形象。

在巴尔的摩市，监管机构为不同类别的污染来源——工业燃煤锅炉、谷物航运设施等——指定不同的统一标准，从而让这座城市的所有地区都实现至少百万分之100的空气颗粒物标准。因此，虽然命令与控制型监管机构确实为各类污染源设定了统一标准，并且为企业授权使用具体的减排技术，但是它们也“一只眼睛看着成本节约水平”。这反映在它们做出的决定中，这个决定要求低成本污染源的监管水平高于高成本污染源的监管水平。

这种对成本的关注大大减少了从命令与控制型监管转向基于激励的监管所能实现的好处。结论是：“与一个可行的基于激励的监管体系相比，经过仔细设计和实施的命令与控制型监管体系也可以运行得相当不错。”①

在我们试图影响有关污染控制问题辩论的30年斗争历程中，经济学家原先曾集中于赞扬理论上的基于激励的监管模式，同时贬低这个模式在理论上的敌人——命令与控制型监管模式。在此过程中，我们有点过分吹嘘我们的产品了。这一节关注真实世界中基于激励的监管模式遇到的问题，或者在执行过程中可能遇到的问题。

然而，这些问题的存在并不意味着转向基于激励的监管模式不好。相反，污染税和可市场化交易的许可证制度有着非常重要的作用，它可以在短期内减少法规遵从成本，而且特别需要强调的是，它可以在长期内鼓励污染控制和废物减少方面的创新。面临的政策挑战在于，在面对真实世界出现的各种限制前提下，该如何释放这种监管模式的潜力。

15.5 总结

作为能够部分回答问题“我们如何能做得更好”的一章，本章关注于支持转向基于激励的监管体系的理论论据。这样做能够带来两方面的经济优势：（1）可以在短期内减少遵守法规所付出的成本；（2）能够在长期内为通过技术进步实现成本节约和污染减少提供更大激励。此外，这样做还可以从政治经济学的角度提出支持基于激励的监管体系

① 参见Oates，Portney，and McGartland（1989，1240）。

的论据。通过减少监管机构做出明智决策所需的信息，基于激励的监管体系能够减轻政治行动者对监管过程的影响。

基于激励的监管方式通过为企业产生的每单位污染设定一个价格来发挥污染控制作用。因为企业会削减（或提高）污染量，直到削减污染的边际成本恰好小于污染税或污染许可证制度为污染设定的价格，所以短期成本效益能够“自动”实现（所有污染源削减污染的边际成本都相等）。因为所有企业都会这么做，所以在整个经济体中削减污染的边际成本都相等。此外，因为任何水平的污染都需要企业为其付出一个成本，所以污染价格还会产生长期激励，让人们通过技术创新进一步减少污染。

虽然污染税制度和可交易的许可证制度在很多方面都非常相似，但是存在重要区别。① 当通过赠与排污许可证的方式采用许可证制度时，对受影响企业而言，许可证制度要比污染税制度便宜很多。相比于污染税制度，许可证制度带来的污染控制水平也更加确定，而且不需要依照通货膨胀或人口增加和经济增长进行调整。然而，许可证制度也存在市场势力、市场交易清淡和价格波动等弊端。此外，污染税为政府监测污染物和强制执行相关减排措施提供了很强的激励，如果用污染税代替所得税，还能提高劳动力市场效率。当然，政府在排污许可证出售中获得的收入也能承担这两个功能。

这两种基于激励的监管体系都存在的问题包括存在污染热点问题，以及为了确保遵从性而直接监控企业的污染治理绩效。尽管存在这些潜在问题，作为同时能够减少污染控制成本和污染水平的一种机制，基于激励的监管体系应该且正在受到更为广泛的关注。在本书下一章中，我们将会对目前为止基于激励的监管体系的运行状况进行回顾，并讨论一些正在进行的试验所面临的挑战。

应用 15.0

具有成本效益的有害黏性物质控制

两家企业都在向旅游小镇的美丽天空中释放一种可以与空气均匀混合的有害黏性物质。市政府认为，这个小镇可以承担的总排放量不超过每天 100 千克。企业 G 削减污染的边际成本是 $100-4x$，目前的污染水平是每天 25 千克，企业 K 削减污染的边际成本是 $150-y$，目前的污染水平是每天 150 千克（x 和 y 分别是每家企业的污染水平）。

1. 如果总污染水平必须等于 100，那么每家企业具有成本效益的污染水平是多少？假设市政府知道这两家企业削减污染的边际成本。那么在这个例子中，通过使用命令与控制型监管手段，政府是否可以获得具有成本效益的污染减排效果？如果可以，如何实现？

2. 在现实中，为什么政府可能很难获得这些信息？有哪两类“基于激励”的监管手段可以在不知道这两家企业削减污染的边际成本的情况下，用具有成本效益的方式将总污染量减少到 100 单位？对这两类政策的讨论要具体一些。讨论每种方法优于另外一种方法的两个优点。

3. 假设政府当局正在考虑两个方案，一个方案是推行可交易的污染排放许可证制

① 当成本或收益不确定时，污染税制度和许可证制度在各自产生的效果方面也存在不同，对这方面的讨论可见附录 15A。

度，在这个制度中，一半的许可证将被赠与企业，另一个方案是推行污染税制度。如果这两个制度都运行良好，那么在两种制度下，企业为削减污染进行的总支付是多少（假定企业在等于污染税的价格水平上购买和出售许可证）？这可以解释为什么旅游小镇更可能采用许可证赠与制度吗？

4. 一些理论研究表明，基于激励的政策可能会产生巨大的成本节约效应，命令与控制型监管手段的成本可能是基于激励的监管手段的22倍。给出至少三个原因来解释为什么旅游小镇在从命令与控制型监管体系转向可交易的排污许可证制度时，可能无法获得这类巨大的成本节约。

5. 相比基于激励的监管体系，通过使用命令与控制型监管体系，旅游小镇能够减缓污染热点区域这个问题吗？

6. (**回顾效率标准**) 假设在旅游小镇中减少污染的边际收益是常数，等于64美元。(每单位污染减排能够多带来一个游客，这位游客会在当地花费64美元。) 那么，通过具有成本效益的方式将污染物控制在100单位后，这100单位污染物是具有效率的污染水平吗？如果不是，是否有可能通过增加或减少污染物数量来实现有效率的污染水平？为什么？

应用 15.1

造纸厂、炼油厂和渔业中的可交易许可证制度

在大鱼河的河床上坐落着一家炼油厂和一家造纸厂。[①] 这两家企业都会产生一种泥状的水污染物，这种污染物可以杀死鱼类，减少当地渔民的利润。但是，炼油厂和造纸厂清理污染的成本都比较高。为此，环保部需要拿出一个解决方案（一种解决问题的方法是将两方或三方利益相关者划分为三个小组，一个小组代表造纸厂，一个小组代表炼油厂，另一个小组代表渔民）。

下表给出的是清理污染的边际成本和总成本。这张表同时给出了渔民团体从清理污染中得到的边际收益和总收益。

减少的有害黏性物质（吨/天）	造纸厂减少污染物花费的成本（美元）		炼油厂减少污染物花费的成本（美元）		渔业从减少污染物中获得的收益（美元）	
	总成本	边际成本	总成本	边际成本	总收益	边际收益
0	66.70	16.70	40.00	26.70	197.00	0.70
1	50.00	10.00	13.30	5.30	196.30	0.90
2	40.00	6.70	8.00	2.30	195.30	1.10
3	33.30	4.80	5.70	1.30	194.20	1.40
4	28.60	3.60	4.40	0.80	192.80	1.80

① 关于这个问题要感谢阿拉斯加大学的 Gunnar Knapp。

续前表

减少的有害黏性物质（吨/天）	造纸厂减少污染物花费的成本（美元）		炼油厂减少污染物花费的成本（美元）		渔业从减少污染物中获得的收益（美元）	
	总成本	边际成本	总成本	边际成本	总收益	边际收益
5	25.00	2.80	3.60	0.60	191.00	2.20
6	22.20	2.20	3.10	0.40	188.80	2.80
7	20.00	1.80	2.70	0.30	186.00	3.40
8	18.20	1.50	2.40	0.20	182.60	4.30
9	16.70	1.30	2.10	0.20	178.30	5.30
10	15.40		1.90		172.90	6.70

阅读此表时还有一个窍门。要注意到渔民的利润是该体系（造纸厂和炼油厂共同产生的污染物）中总污染水平的函数，但是表里所示的各个排污单位的清理费用则只是其自身产生的污染的函数。

a. 炼油厂将污染物水平从5单位降低到4单位的边际成本是多少？造纸厂将污染物水平从5单位降低到4单位的边际成本是多少？如果炼油厂和造纸厂的污染水平都是5单位，那么当炼油厂的污染物水平降低到4单位时，渔民得到的收益是多少？

b. 假设环保部针对每吨污染物收取3美元的污染税。造纸厂将会产生多少数量的污染物？炼油厂呢？

c. 相反，假设环保部决定推动总量管制与排放交易体系，希望将总污染量限制在7单位。为了赔偿由此对渔民造成的损失，环保部将所有的7单位排污许可证都授予渔民，允许他们持有或卖出这些许可证。因此，最初是不允许有污染的。鉴于炼油厂一开始没有排污许可证，为了从渔民处获取一单位许可证，它愿意支付多少？类似地，造纸厂一开始时也没有排污许可证。为了从渔民处获取一单位许可证，它愿意支付多少？最后，为了让渔民愿意卖出一单位许可证，炼油厂需要支付多少？如果将第二单位许可证卖给造纸厂，需要向渔民支付多少？

d. 按照问题c的逻辑，确定渔民是否愿意卖出第三、第四和第五单位许可证，直到炼油厂或造纸厂几乎不愿意为额外的许可证再付钱为止。最后许可证在炼油厂、造纸厂和渔民之间的分布是怎样的？最终，大概在什么价格水平上，最后一单位许可证交易能够得以完成？

e. 相比于问题b的结论，问题d中的结论是怎样的？

各节主要观点

15.0　经济学家认为，相比于命令与控制型监管体系，**基于激励的监管**措施既可以降低污染控制的短期成本，也可以为长期的技术进步提供更好的激励。两类基于激励的监管措施分别是**污染税**和**总量管制与排放交易体系**。

15.1　本节阐述的是，只有当每一类污染源削减污染的边际成本都相等时，才能实现**符合成本效益的污染控制**。由于**不完美信息**，监管机构很难强制推行具有成本效益的监管措施。

15.2 Grimeville 镇议会举行会议来说明基于激励的监管体系如何能“自动”帮助实现具有成本效益的污染控制。这里强调了额外三个要点。(1) 污染税，如果用它替代针对劳动力收取的税，将会提高**劳动力市场效率**。(2) 虽然从理论上看污染税可以是**收入中性**的（以及**非回归**的），但是在实践中它们很少被使用，企业更喜欢赠与许可证。(3) **科斯定理的推论**表明，在一个运作良好的市场中，不管许可证的初始分布是怎样的，都能实现具有成本效益的污染控制。

15.3 比短期的成本效益更重要的是，相比于命令与控制型监管，基于激励的监管措施能为污染控制的**长期技术进步**提供更好的激励。

15.4 本节讨论了基于激励的监管措施存在的一些缺点。两类体系的缺点包括**非均匀混合的污染物**和**集中型污染物**造成的**污染热点问题**，以及**监测**和**执行**问题。许可证制度所特有的缺点包括**市场交易清淡**、**市场势力**和**价格波动**。将许可证存储起来，以及实行**价格上限**和**价格下限**等政策，都可用来解决价格波动问题。污染税制度特有的缺点包括企业存在更高的成本，以及随着时间的推移，需要增加税收以反映通货膨胀和经济增长。

参考文献

Brown, Gardener W. Jr., and Ralph W. Johnson. 1984. Pollution control by effluent charges: It works in the Federal Republic of Germany, why not in the U.S.? *Natural Resources Journal* 24: 929-966.

Burtraw, D., D. Kahn, and K. Palmer. 2005. CO_2 allowance allocation in the regional greenhouse gas initiative and the effect on electricity investors. *Electricity Journal* 19 (2): 79-90.

Maloney, Michael T., and Gordon L. Brady. 1988. Capital turnover and marketable pollution rights. *Journal of Law and Economics* 31 (1): 203-226.

Misiolek, W. S., and H. W. Elder. 1989. Exclusionary manipulation of markets for pollution rights. *Journal of Environmental Economics and Management* 16: 156-166.

Oates, Wallace E., Paul R. Portney, and Albert M. McGartland. 1989. The net benefits of environmental regulation. *American Economic Review* 79 (5): 1233-1242.

Tietenberg, T. H. (1990). Economic instruments for environmental regulation. *Oxford Review of Economic Policy* 6 (1): 17-33.

附录 15A 不确定世界中的不完美监管

在前面章节中对许可证制度和污染税制度的讨论与比较都基于**完美信息**（perfect informevtion）的假设：那就是，假定监管机构知道与控制污染的成本和收益相关的所有信息。然而，从我们在第 12 章中对现实的监管实践进行的讨论可知，这种假设与实际相去甚远。在本附录里，我们将不确定性引入分析，通过监管犯错后产生的成本来凸显许可证制度和污染税制度之间存在的重要差异。在控制温室气体排放的领域中，监管犯错后产生的成本可能是巨大的。有鉴于此，一些经济学家建议将《京都议定书》下进行的国际碳排放总量管制与排放交易体系替换为一个兼有污染税制度/许可证制度特征的混合型制度。

□ 15A.0 最小化犯错误的成本

我们在前面注意到，相比于排放税，许可证制度的优势在于可以提供更加确定的污染控制水平。这是因为，如果监管机构发现特定税率下产生的污染物水平高于或低于预期，它们将不得不对税率进行相应的调整。让我们借助图 15A－1 来更加充分地探讨这个问题。

图 15A－1 说明了两种特殊情况下削减污染的边际成本和边际收益。因为现在横轴出现翻转，所以这幅图与我们之前在本书中使用过的关系图不同。与我们之前衡量污染减少（污染清理）数量不同，现在横轴衡量的是污染排放量。其结果是，削减污染的边际成本曲线 MC 向下倾斜，反映出在污染程度较高时清理一单位污染物的成本比较低。同样地，削减污染的边际收益曲线 MB 现在向上倾斜：在污染程度较高时清理一单位污染物带来的边际收益也比较高。

第一幅图中的边际收益曲线比较陡峭，说明污染物有一个**安全阈值**（safety threshold）。这意味着即使从安全标准出发，对废物的清理数量也无须高于 C'，因为在这个水平上，再去额外清理一单位废物所带来的收益很低。但是，当废物的清理数量低于 C' 的时候，额外一单位污染造成的损害水平却上升得十分陡峭。我们将在第 21 章中讨论的含氯氟烃就是这样一个具有安全阈值的污染物案例，这种物质会导致臭氧层遭到消耗。因为臭氧层已经被过去长期释放的含氯氟烃侵蚀，所以产生任何额外单位的含氯氟烃，都会导致很高的边际损害，这种损害表现为以皮肤癌和眼病为主的疾病。

相比之下，图 15A－1 中第二幅图表示了成本对污染物清理水平相当敏感的一种情形。人们可以用较低的成本将污染物减少到 C'' 水平，但是超过 C'' 之后，成本开始大幅攀升。全球变暖可能符合这幅图描述的情况：通过寻求能源效率并转而使用天然气，可以在相当低的成本水平上减少二氧化碳的排放量，但是一旦这些机会都被用尽，剩下的就是更加昂贵的减排选择。

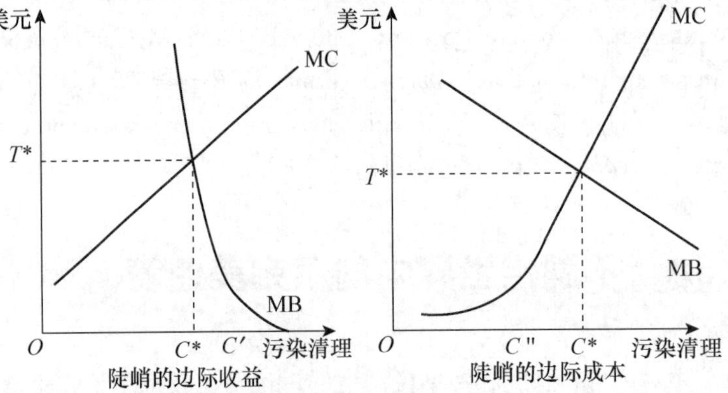

图 15A－1 基于激励的监管模式中的两类特例

如果监管机构确切地知道如图 15A－1 所示的曲线位置，那么它们可以使用两种基于激励的监管方式，高效地将污染减少到 C^*。它们也许会发行刚好足够出售的排污许可证，从而实现所需的污染物清理，或者推行一个为 T^* 的污染税。然而，在现实世界中，监管者很少或者根本无法获得这种完美信息。本附录想要说明的一点就是，根据 Weitzman（1974），在监管者不确定曲线位置并且将寻求效率作为目标时，如何决定应该使用的监管方法。我们将会看到，当边际收益曲线变得陡峭时，监管机构应该使用可市场化交易的许可证制度。与此相反，当边际成本曲线变得陡峭时，污染税体系则是首选。

当边际收益曲线变得陡峭时，监管机构想要对释放到环境中的污染物保持严密控制，从而确保实际释放的污染物数量不会超出阈值太远。在这些情况下，可市场化交易的许可证制度要比污染税更好，因为成本可能是错的。我们可以在图 15A－2 中看到这种图形表示。

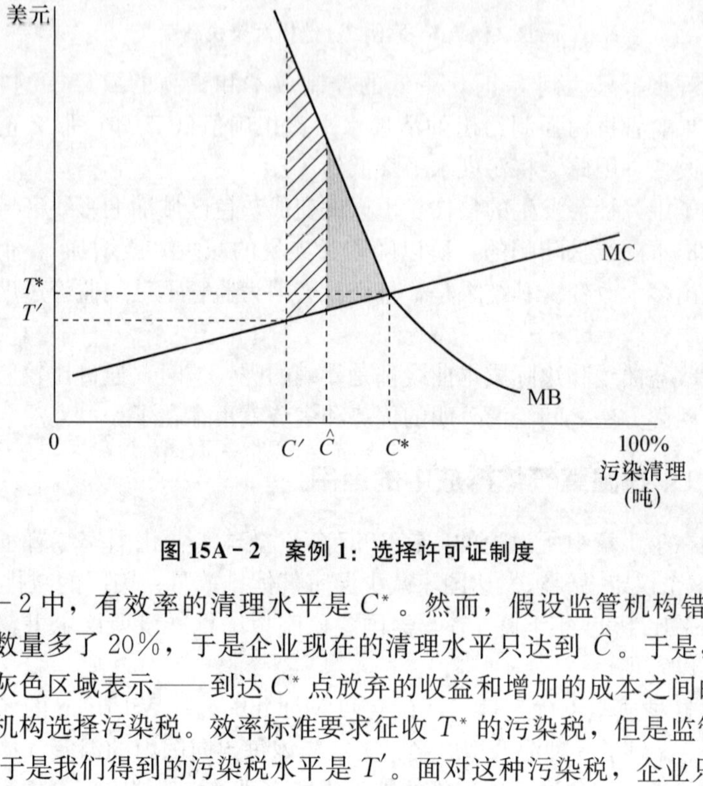

图 15A－2　案例 1：选择许可证制度

在图 15A－2 中，有效率的清理水平是 C^*。然而，假设监管机构错过了这一点，发行的许可证数量多了 20%，于是企业现在的清理水平只达到 $\hat{C}$。于是，整个社会的货币损失就由灰色区域表示——到达 C^* 点放弃的收益和增加的成本之间的差。与此相反，假设监管机构选择污染税。效率标准要求征收 T^* 的污染税，但是监管机构将税率定低了 20%，于是我们得到的污染税水平是 T'。面对这种污染税，企业只会完成 C' 的清理，于是，整个社会失去的净收益等于灰色区域加上影线区域。这里的基本想法是使用许可证制度，因为它允许对实际发生的清理水平做出更好的控制，让污染水平比较接近安全阈值。

与此相反，如果因为法规遵从成本上升，减少污染的收益下降，进而导致犯错误的社会成本更高，那么污染税政策将是首选。我们可以在图 15A－3 中看到这一点。

如果监管机构设置的有效污染税率比正确值低 20%，比如将其设置在 T' 处，企业只会减少很少一点的清理，将其减少到 C'。因为削减污染的边际成本曲线很陡峭，所以企业对降低的税率不会做出非常敏感的反应。其结果是，社会的货币损失只限于灰色

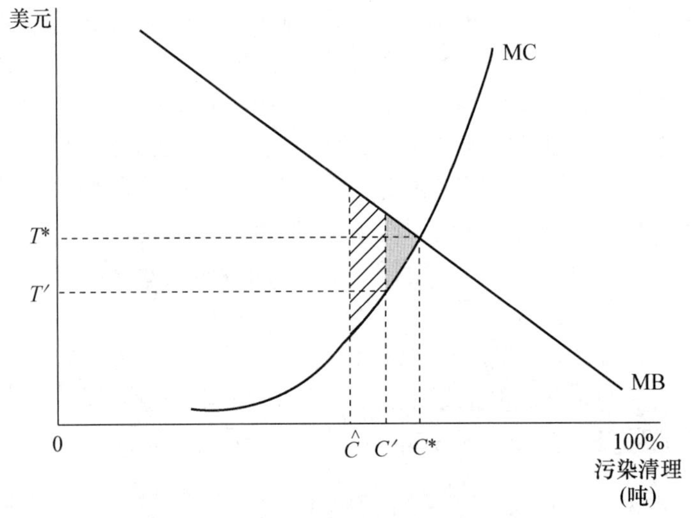

图 15A－3　案例 2：选择污染税制度

区域——当清理水平只达到 C' 时，更低的控制成本和更高的放弃了的收益之间的差。与此相反，如果监管机构强制给出的清理水平比正确值低 20%，那么企业将被迫对其行为做出更大改变，因此会将污染水平降低到 $\hat{C}$。

在这个例子中，社会发生的整体货币损失变成灰色区域加上影线区域。这里的直觉是，因为边际成本曲线是陡峭的，所以随着污染税的减少（或增加），企业不会对自己的污染行为做出多大改变。其结果是，整个社会因为监管不足或监管过度造成的损失将达到最小化。

如果边际收益曲线和边际成本曲线都是陡峭的呢？这时，通过比较监管犯错产生的成本而得出的两类方法之间泾渭分明的优势和劣势就不存在了。

□ 15A.1　在温室气体排放中的运用

正如我们在第 1 章中所讨论的，在 1997 年，全球工业化国家签署了全球变暖《京都议定书》。这个议定书要求发达国家减少温室气体排放量；美国的减排目标是在 2010 年实现排放水平比 1990 年下降 7%。美国参议院拒绝批准该项议定书，认为这个目标可能太高，难以实现。

为了应对这种成本不确定性，两位名叫 McKibben 和 Wilcoxen 的经济学家提出一个主意。[①] 他们提供了一种混合型方案：美国应该每年向国内的温室气体污染者发行可交易的排放许可证，直到许可证许可的排放数量达到《京都议定书》中列明的水平。然后，美国可以按照比如每吨温室气体 25 美元的价格对额外的许可证进行销售。

我们在前一章看到，出售许可证事实上等于污染税。所以可以将 McKibben and Wilcoxen (1997) 提出的方法认为是一种混合型方案，以总量管制与排放交易体系为基

---

① McKibben 和 Wilcoxen 认为许可证制度或者每吨 10 美元的污染税制度，都足以使美国达到 1990 年的排放水平。在机构 Resources for the Future 中的经济学家也提出了这个方面的一种变形的形式，非营利组织则将这种办法称为“天空信托”，建议将许可证销售收入以人均的方式还给公众，这就是阿拉斯加永久基金采取的模式。参见 Barnes (2001)。

础，对最高的那部分污染征收污染税。政府出售许可证的优势在于它能够为许可证设置一个25美元的价格上限，如果人们能够从政府手里以25美元的价格购买许可证，他们就不会以高于25美元的价格从邻居那里购买许可证。

在为这个建议进行说明时，McKibben和Wilcoxen指出："国际碳排放许可证的价格存在巨大的不确定性，但是每吨100美元的价格会很好地落在估计范围内，一些研究还估计其价格在200美元甚至更高"（1997）。（其他可靠的研究认为满足《京都议定书》目标的碳排放许可证价格可以低至每吨25美元。）图15A－4说明了这种情况。

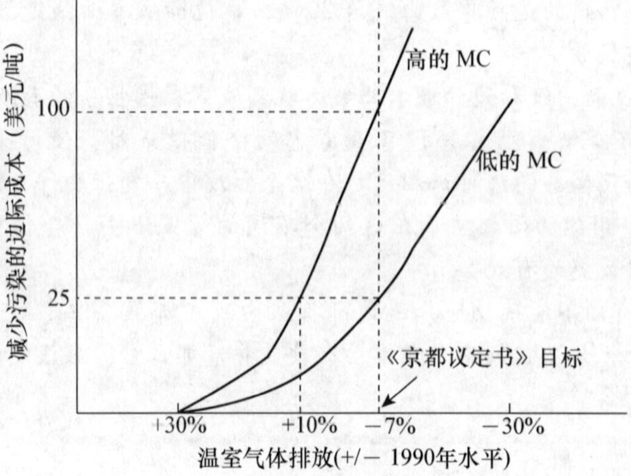

图15A－4　混合型方案与成本不确定性

在这个混合型方案中，赠与的许可证应该允许企业排放的温室污染物达到《京都议定书》设置的目标，也就是比1990年的排放水平低7%。如果减少污染物的边际成本很低，应该将许可证的价格设定在每吨25美元，事实上《京都议定书》设置的目标是可以实现的。另外，如果减少污染的边际成本很高，企业会向政府购买多余的许可证。在这个假设的图表中，每吨25美元的销售计划会导致出现多于《京都议定书》允许的温室气体污染：将碳排放量稳定在比1990年水平高出10%。

为什么要使用混合型方案？一方面，如果成本乐观主义者是正确的，那么《京都议定书》设置的目标能够实现。另一方面，如果成本悲观主义者是对的，那么削减污染的边际成本会比较高，整个经济体可以避免在削减温室气体排放过程中出现过于昂贵的动荡。如果我们在未来需要进一步削减温室气体排放并进而设法稳定气候，那么从政治上讲，避免这种具有社会破坏性的后果将是十分重要的。

□ 15A.2　总结

本附录考虑的是当监管机构不能确定减少污染的边际收益曲线和边际成本曲线的精确位置时，可市场化交易的许可证制度和污染税制度之间存在的重要区别。（这种区别几乎总是存在！）在这种情况下，监管机构将不能正确地给出有效的税率或许可证数量。如果效率是监管目标，那么监管机构应该关注如何将犯错误的成本降至最低。

当清理污染物的边际收益曲线比较陡峭时，监管者应该选择可交易的许可证制度，将实际的污染物数量保持在接近临界值的状态。当清理污染物的边际成本曲线比较陡峭时，污染税制度是首选，因为企业的污染行为并不会因税收设定得太高或太低而过于敏感。如果遵循这些规则，在一个不确定的世界中，源自不完美监管的效率成本可以被降至最低。

应用 15A.0

对黏性物质的有效控制水平进行更多说明

假设减少黏性物质的边际收益曲线是 $20-2x$，边际成本曲线是 $5+x/2$，这里 x 是被减少的黏性物质数量。

1. 绘出边际收益曲线和边际成本曲线，找到减少黏性物质的有效水平。

2. 由于信息不完美，监管部门正在考虑两个低效策略：使污染税比有效水平低10%，以及可市场化交易的许可证制度，在这个制度中，发行的许可证数量要比有效的污染水平少10%。用你的图表显示在这两个不同的政策下全社会作为一个整体出现的货币损失。哪个政策更为有效？

3. 假设监管部门不能确切地知道边际收益曲线在哪里，但是知道黏性物质是一种具有阈值的污染物。如果它们有兴趣推动有效监管，那么它们应该使用污染税制度还是许可证制度？为什么？

参考文献

Barnes, Peter. 2001. *Who owns the sky?* Washington, DC: Island Press.

McKibben, Warwick, and Peter Wilcoxen. 1997. A better way to slow global climate change. *Brookings Policy Brief* 17. Washington, DC: Brookings Institution.

Weitzman, M. L. 1974. Prices versus quantities. *Review of Economic Studies* 41: 447-491.

附录 15B 激励相容的监管

在第 12 章中我们发现，不完美信息是政府实现有效环境监管的主要障碍之一。我们注意到，由于预算限制，美国国家环境保护局在针对大部分问题采取行动之前，很少能够收集或生成完整信息。尤其是，该机构只能为有限的研究提供自己的资助；其结果是，在寻求与法规遵从成本有关的数据时，美国国家环境保护局必须经常求助于企业界。然而，向被监管行业寻求有关监管成本的信息，这有点类似于让狐狸看守鸡舍的味道，其作弊的动机是相当大的。

在第 12 章中我们还讨论了两种针对这一问题的可能解决方案。一是增强美国国家环境保护局的能力，从而提高它对不准确的遵从成本信息进行监测的能力。二是通过设计监管政策来尽量最小化说谎的收益。这种所谓激励相容的监管，能够确保被监管各方面对的激励与监管者的目标相符。本附录用来说明激励相容的监管方式如何发挥作用。

□ 15B.0 说谎的激励

为了对所讨论的问题有所启发，我们考虑美国国家环境保护局对发电厂排放的二氧化硫做出的监管努力。假设美国国家环境保护局希望将排放的二氧化硫控制在有效水平，在这个水平处，减少二氧化硫的边际收益恰好等于减少二氧化硫的边际成本。如果美国国家环境保护局知道成本和收益，它可能会运用两种方式中的一种来实现高效的污染水平。首先，它可以在二氧化硫的治理目标范围内发放或拍卖许可证。或者，它可以通过设置污染税实现相同目标。然而，正如我们在下面所指出的，如果企业希望推行可市场化交易的许可证制度，那么它有激励高估法规遵从成本。同样地，如果企业希望推行污染税制度，它就有激励去低估法规遵从成本。

图 15B-1 针对污染控制分析给出了边际成本—边际收益图。削减二氧化硫的真实边际收益和真实边际成本反映在标记为 MB 和 MC 的曲线中。如果美国国家环境保护局能够获得这类信息，那么效率标准要求将污染水平设置在 P^* 处。反过来，或者通过拍卖发售 P^* 水平的可市场化交易的许可证（能够实现 T^* 的市场出清价格），或者通过设定 T^* 的污染税，都可以实现这个效率标准。

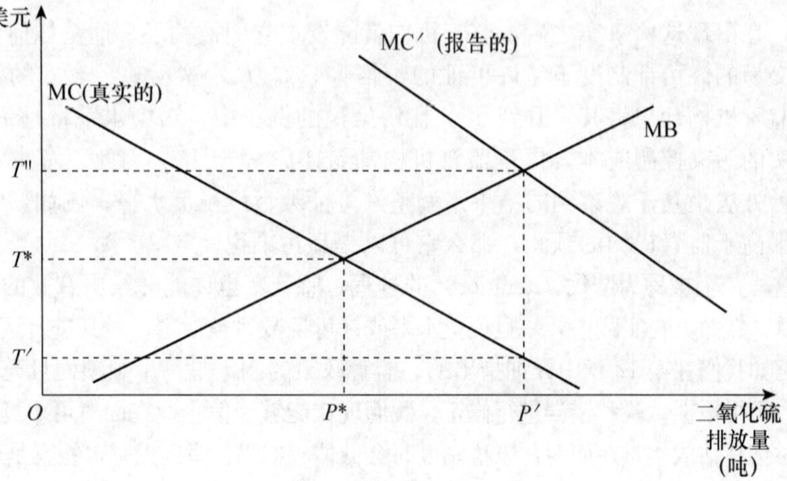

图 15B-1 不完美信息与许可证制度

然而，假设美国国家环境保护局必须依赖电力公司才能知道企业转向污染程度较低的生产方式时需要花费的成本。如果面对一个可市场化交易的许可证制度，企业界明显有激励去撒谎，它们会夸大成本（MC′）。如果行业确实这么做了，而美国国家环境保护局又恰好使用了来自企业界的估计值，那么美国国家环境保护局将会把许可证数量提高到 P'。这将使许可证的价格降低到 T'，进而使得污染水平处于无效率的过高状态，并因此使企业的清理成本得以降低。

与此相反，假设美国国家环境保护局计划使用污染税来控制二氧化硫排放量，企业也知道这一点。然后，如图 15B-2 所示，企业有低估成本的动机，例如，声称成本在 MC″处。美国国家环境保护局届时会认为有效的污染水平是 P''，并认为适当的税收水平是 T''。这将会降低污染税（从 T^* 开始降低）。然而，由于现在的污染税更低，处于

T''，所以实际的污染水平将升至 P'''。再次发现，污染水平处于无效率的过高状态，并因此使企业的清理成本得以降低。

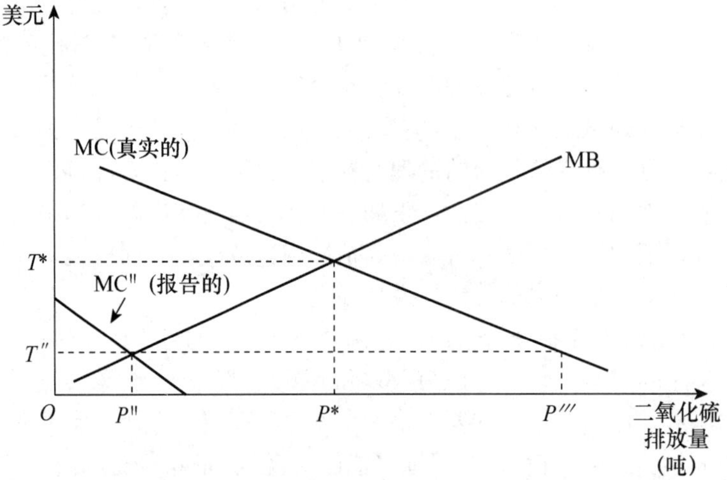

图 15B－2 不完美信息与污染税制度

现在，在出现这些事实之后，监管机构就能发现它们被骗了。这是如何做到的？在可市场化交易的许可证制度下，许可证的价格将只有 T'，这反映了真实的污染控制成本，但是监管机构却想将其上升到 T''。在污染税的例子中，污染水平将是 P'''，它再次反映出真实的污染控制成本，但是监管机构却希望它等于 P''。因此，解决不完美信息问题的一种方法是基于观察到的结果来调整许可证数目或税负水平。例如，如果观察到的污染水平高于监管机构的预测，那么它可以提高污染税。

通过这样一个被称为**迭代**（iteration）的过程，监管者也许能够给出有效的税率水平或许可证数目。然而，在实践中，一旦税负水平或许可证数目被设定，对其进行调整便不那么容易了。正如我们在第 12 章中详细指出的，监管政策的制定是一个烦琐而且充满政治意味的过程，容不得根据试验和错误进行修正。我们现在能够确信企业在面对可市场化交易的许可证制度时会高估成本，在面对污染税制度时会低估成本吗？幸运的是，答案是否定的。

□ 15B.1 说真话的激励

我们可以使用 Kwerel（1977）发展出的激励相容的方法来鼓励企业做出诚实的行为。① 这种方法将可市场化交易的许可证制度与污染税制度结合起来，从而精确地平衡企业在报告遵从成本时可能出现的说谎的激励。它通过以下方式发挥作用。监管机构会告诉企业，对除了企业拥有的许可证对应的污染水平外的任何污染降低，它都会将可市场化交易的许可证拍卖与补贴结合起来使用［**过量减排补贴**（excess emission reduction subsidy)］。为了清楚地看到这一点，我们需要使用一些数学符号。所以，令

p＝行业污染水平

L＝可使用的许可证数量

① Gruenspecht and Lave (1989) 针对不完美信息下的环境监管提供了一个更加一般化的文献回顾。

z=许可证价格

e=为减排提供的补贴水平

于是，行业中总的污染控制成本就是

清理成本+许可证成本−过量减排补贴

(在 MC 曲线下的区域)　$z \times L$　$e \times (L - p)$

这里的窍门是，监管机构在 MB 曲线和企业报告的 MC 曲线的交点处设置补贴水平 e。因此，根据其报告的成本，企业不仅可以直接影响发行的许可证数量，还可以影响它们能够获得的过量减排补贴数量。

通过这些设定，我们可以看到激励相容机制是如何鼓励说真话的。首先，让我们考虑如果企业夸大其成本会发生什么。乍一看，这似乎是个好策略。图 15B-3 说明了这种情况。通过夸大其成本，这些企业知道监管机构将会提供大量许可证（$\bar{L}$），并在 $\bar{e}$ 处设定一个高的减排补贴。这两个特点乍看起来很有利。但问题在于，与直接使用可市场化交易的许可证制度不同，大量提供的许可证不会造成价格下降。相反，高的排放补贴将会使企业必须支付的许可证价格上升。只要 e 大于许可证价格 z，每家企业都能通过购买另一个许可证而让境况变得更好，保持排放量不变，并会通过额外"减排"来收取补贴。但是，对许可证的高需求会造成许可证价格被抬高到 $\bar{e}$ 的水平。

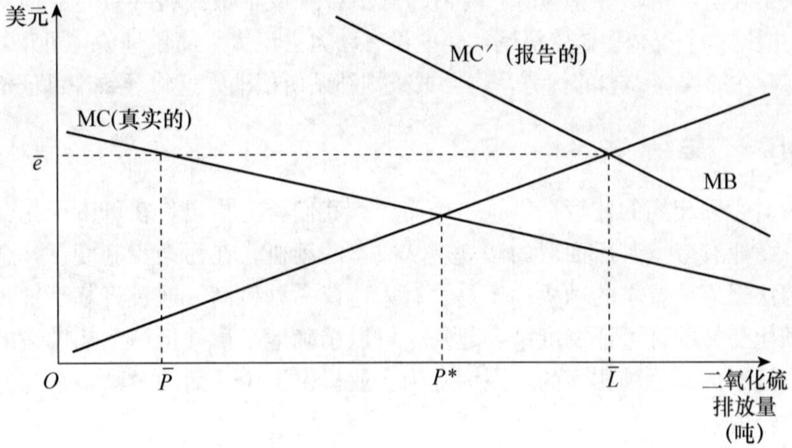

图 15B-3　激励相容的监管，案例 1

其结果是，在均衡中，许可证价格 z 必然等于 $\bar{e}$。因为额外的许可证价格正好等于排放补贴，所以企业不会从补贴政策中谋求财务收益，因而也就不会受益于高 $\bar{e}$。然而，只要减少污染的真实边际成本小于补贴，如果企业不去减少污染并获取补贴，它就会亏钱。其结果是，即使它们持有 $\bar{L}$ 数量的许可证，它们也会将污染削减到 $\bar{P}$。

因此，最终的均衡看起来将会像这样：在恰好等于排放补贴 $\bar{e}$ 的水平上，有 L 数量的许可证恰好被拍卖掉，这时企业的污染水平是 $\bar{P}$。但是，因为 $\bar{P}$ 是一个更低的污染水平，它比实现 P^* 更加耗费成本，因此，相比于说实话，被夸大的法规遵从成本将会导致企业承担更高的污染减少成本。

有低估成本的激励吗？图 15B－4 说明了这种可能性。如果企业低估成本，将会存在 $\hat{L}$ 数量的许可证，当减排水平低于 $\hat{L}$ 时，企业获得数量为 $\hat{e}$ 的补贴。然而，因为真正的削减污染的边际成本超过了为过量减排提供的补贴，所以企业会顶着上限 $\hat{L}$ 排放污染物，不会去获取任何补贴。但是再一次看到，相比于说真话所面对的情况，这是一个更加严格也更加昂贵的标准。因此，低估成本显然不是企业的一个好的策略。

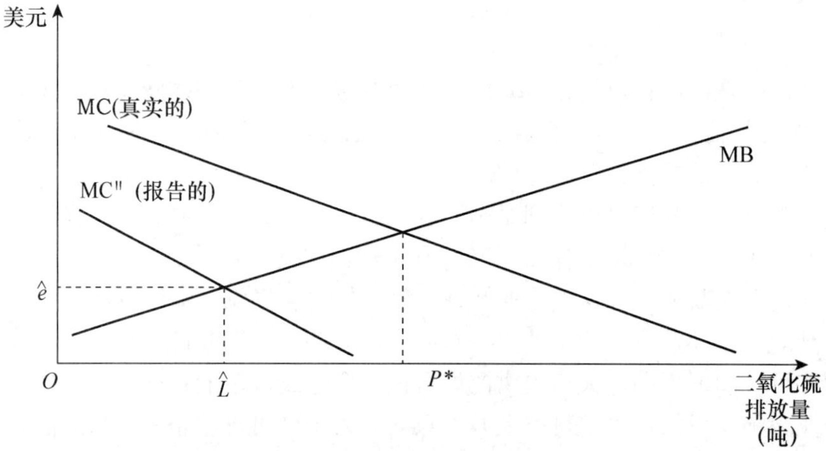

图 15B－4　激励相容的监管，案例 2

我们只是表明，相比于说真话，高估和低估合规成本最终将导致企业面对更高的成本。因此，根据这个混合型监管机制，企业没有动力去说谎。简单地说，可市场化交易的许可证制度存在的误导成本的优势，将会被减排补贴所抵消，这将导致许可证价格上升。

□ 15B.2　总结

本附录对激励相容的监管提供了一个简介。我们首先指出，在可市场化交易的许可证制度下，企业有夸大其所面对的法规遵从成本的动机，在污染税制度下，企业有低估其所面对的法规遵从成本的动机。于是，有人建议一种机制，通过将基于税收的补贴政策与可市场化交易的许可证制度结合起来，可以精确地平衡并抵消上述说谎的倾向。这种混合型监管架构是激励相容的，因为它为企业提供了说真话的激励，它与有效的监管目标也是兼容的。

应用 15B.0

命令与控制型监管以及说真话的激励

在钢铁行业通过焦炉监管法案之前，美国国家环境保护局估计指出，控制有害空气污染物排放量的成本大约在 40 亿美元；4 年后，这一估计数字已经下降到 2.5 亿～4 亿美元。同样地，人们预测控制苯排放的成本大约为每家企业 35 万美元；在现实中，化学公司发现它们能够使用替代品，这“实际上消除了控制成本”①。

① 参见 Mason (1991)。

我们在本附录中指出，在面对可市场化交易的许可证制度时，企业界具有高估成本的激励。在命令与控制型监管中是否也存在着这种激励？在应用 15.0 和应用 15A.0 中，哪个使用了这种监管方式？

1. 假设美国国家环境保护局之前基于行业数据来源做出了最初的成本估计值，并且美国国家环境保护局希望设法将这些污染物控制在有效水平。[①] 使用图形来对为何产生如此高的费用估计提供一个可能的解释（指出在具有统一排放标准的命令与控制型监管体系中，行业有夸大真实成本的动机）。

参考文献

Gruenspecht，A.，and L. Lave. 1989. The economics of health，safety and environmental regulation. In *Handbook of industrial organization*，Vol. Ⅱ，ed. R. Schmalansee and R. Willig. New York：North Holland.

Kwerel，Evan. 1977. To tell the truth：Imperfect information and optimal pollution control. *Review of Economic Studies* 44 (3)：595-601.

Mason，Keith. 1991. The economic impact. *EPA Journal*，January/February，45-48.

① 事实上，这些空气污染物通常在安全标准下被监管。根据监管的严格性，控制成本进入美国国家环境保护局决策。

第 16 章

基于激励的监管：实践

16.0 引言

在过去的 30 多年里，理论经济学对基于激励的监管方式在成本有效性和环境有效性方面给出的论据，使政府政策越来越多地从命令与控制型监管转向基于激励的监管。经济学家提出的论据都得到证实了吗？

美国现在在基于激励的监管方面积累了丰富经验，这些经验主要是可市场化交易的许可证制度。总量管制与排放交易体系显然有助于降低整个国家旨在消除含铅汽油和破坏臭氧层的含氯氟烃时发生的成本。但是在用于减少城市空气污染的项目中——从早期美国国家环境保护局的排放交易计划，到最近在洛杉矶地区实施的更加雄心勃勃的地区清洁空气激励市场交易制度，以及在东海岸地区出现的州际氮氧化物交易系统——这些项目取得成功的速度有所放缓。最后，自 1995 年以来美国一直在实施二氧化硫（酸雨）总量管制与排放交易体系，并且已经取得相当好的结果。这些经验能够成为监管底线吗？许可证体系可以运作得很好，但是迄今为止出现的两个主要问题是市场交易清淡和价格波动。

在美国出现的一个新的交易计划最近已经得到推行：一些美国东北部的州第一次提出通过总量管制与排放交易体系来对二氧化碳这个全球变暖污染物的排放进行国内监管，这个项目有一个听上去很友好的名字，RGGI（英文发音为雷吉）。这里涉及的争论是在赠与许可证和拍卖许可证之间求得平衡。通过以下多个试验，美国正在对是否推行一个覆盖所有经济体的二氧化碳总量管制与排放交易体系进行辩论——在高度复杂的环境里对经济理论进行规模巨大且高风险的测试。在 2009 年夏天，美国众议院通过了总量管制与排放交易体系法案，但参议院否决了这个法案。尽管这样，加利福尼亚州正在推进全州范围内的碳排放交易系统。美国在这方面实际上落后于欧洲，后者早在2005年就建立了全欧盟的二氧化碳总量管制与排放交易制度。

相比于我们在可市场化交易的许可证制度上得到的广泛经验，经典的污染税制度——直接按照排放水平进行收费——在全球范围内，特别是在美国的运用不多。在未来几年中，这个现象可能会发生改变，因为美国两党都开始对使用碳税收入减少赤字产生兴趣。最近，碳排放税开始出现在不列颠哥伦比亚、澳大利亚和一些欧洲国家。

在美国有一些类似污染税的制度，例如针对废水（污水）征收的费用和针对固体废物及危险废物征收的费用（逐罐收取的垃圾费、针对垃圾填埋场的收费）。也存在一系列激励体系，这些体系依托价格影响环境质量，覆盖范围从按瓶金和掩埋债券到联邦土地的使用者付费，到危险材料处理的保险和赔偿责任要求，再到新技术补贴。历史上欧洲国家针对能源——电力、石油和汽油——也征收更高税收。尽管能源税并非污染税，但是因为欧盟国家不直接针对排放物征税，所以该制度间接降低了许多重要的环境污染物的排放。

本章对基于激励的监管实践进行回顾，同时着眼于吸取相应经验教训。因为我们要考虑完成全球范围内巨大的二氧化碳减排需要并进而解决全球变暖问题，所以从现有跟踪记录中收集我们想要的东西就显得尤其重要了。

16.1 铅与含氯氟烃

铅是一种特别讨厌的污染物，它会导致儿童发育问题，并导致成年人患上心脏病和中风。当汽油在汽车发动机中燃烧时，其中含有的铅就开始在空气中传播。政府对大多数新车都提出使用无铅汽油的要求，因为铅也会损害用于控制其他汽车污染物的催化式排气净化器。然而，直到20世纪80年代中期，含铅汽油仍然广泛应用于旧车。在1985年早期，美国国家环境保护局发起了阶段性的低铅含量标准的含铅汽油行动，从当时汽油中每加仑含有1.1克铅的标准，提高到1985年7月每加仑汽油含铅0.5克的标准，再到1986年1月每加仑汽油含铅0.1克的标准。为了缓解与这种快速转换相关的35亿美元法规遵从成本，美国国家环境保护局设立了**铅储蓄**（lead banking）计划。

根据这一计划，如果炼油厂能够将汽油的铅含量减少到适用标准之下并在当年维持一个规定季度，就允许它们以铅信用的方式将差额部分存储起来。这些铅信用可在随后任一季度由企业拿来使用，或者出售给其他企业。此外，铅信用还存在一个有限的可用期，因为这项计划会在1987年年底结束，在那个时候，要求所有的炼油厂都满足新的标准。

尽管这项计划推行的时间较短，但被证明相当成功。超过50%的炼油商参加了交易，其中15%的铅信用得以交易，约35%的铅信用被储蓄起来留待未来进行交易或使用。节约的成本可能超过了2亿美元。①

哪些因素带来了铅信用交易的成功？首先，因为所有炼油厂都依照汽油净化绩效获得许可证，所以市场势力没有成为问题。（此外，在这个萎缩的市场中，市场新进入者

① 参见Hahn (1989)。

参与许可证制度不是问题。）市场的交易也不清淡，因为该类交易覆盖全国，并且要求企业对其产品中的铅含量提供足够信息。由于许可证数量越来越少，所以也不存在许可证有效期和污染热点问题，不过，这些问题可能会在短期内存在，但不会持续下去。最后，也没有监测和执行问题，因为炼油厂已经要定期报告生产的汽油中的铅含量。在一个实例中，监管机构对一家企业开出了 4 000 万美元的罚单，因为它们生产的 800 加仑汽油中存在铅过量问题。[①] 因此，在第 15 章中提及的理论问题都没有出现在铅交易市场中。

在 1988 年，美国国家环境保护局针对可能导致地球臭氧保护层耗尽和全球变暖的含氯氟烃推出了类似于铅交易的计划。与汽油中含有的铅相同，全球范围内的含氯氟烃也将会被逐步淘汰，这次计划是全球性的，我们会在第 21 章做进一步讨论。这个市场的运作似乎相对良好。国会也对这些化学品的生产者或商业用户推出了针对所有消耗臭氧类化学品的污染税。通过提高最终产品价格，这些污染税也鼓励消费者使用相应的替代品。

16.2 对城市空气污染物进行交易

对铅交易和含氯氟烃交易这两个成功案例进行对比后发现，它们都是国家性的计划，试图在地方一级针对标准空气污染物执行可市场化交易的许可证制度，各自都有着好坏参半的记录。全美第一个可市场化交易的许可证制度是美国国家环境保护局的排放交易计划，因为市场交易清淡，加上对污染热点问题的担忧，这个计划被搁浅了。在洛杉矶的清洁空气激励市场项目和"旧车"购买项目也出现了污染热点问题，并且遭遇到剧烈的价格波动。最后，虽然在美国东部多个州开展的氮氧化物交易计划取得开门红，但是最近的监管不确定性已经导致商品价格出现重大波动，造成企业未能基于稳定的许可证价格做出长期投资。

排放交易计划启动于 1976 年，只允许对五类标准空气污染物的**减排信用**（emission reduction credits）做有限交易，这五类标准空气污染物分别是挥发性有机物、一氧化碳、二氧化硫、空气颗粒物和氮氧化物。一旦某个污染源的排放量控制水平高于法律规定的标准，企业便能赚取减排信用。之后，可由监管机构确认哪些信用可被用于三种交易方案中的一种，或者可以储存起来以备后用。在不同的州，减排信用的储蓄程度不同。

三种交易方案分别是抵消政策、取净值政策和泡沫政策。**抵消**（offsets）政策主要被设计用来适应非达标区域中新污染源的选址问题。在抵消政策下，按照现存污染源的污染严重程度，如果针对企业参与排放的每一单位，企业都可以从现存污染企业中买到 1.1～1.5 倍的污染信用，它就可以在相应区域落户。例如，在洛杉矶附近的马奇空军基地可以吸收另一个被关闭的基地的工作人员和设备。然后人们预测马奇空军基地在电力、热力、飞机操作和维护中出现的污染排放量将会增加一倍。

> 马奇空军基地招募污染信用经纪人，将其作为与其他污染者进行交易的中间人。军队中的工作人员也会阅读当地报纸，并从之前的污染信用交易公开文件中寻

① 参见"Trades to Remember"(1992)。

找潜在卖家。它们给炼油厂和公用事业服务企业做电话推销……最终，马奇空军基地设法从五个卖家那里买到总计 120 万美元的污染信用。它们甚至发现了一到两个讨价还价的机会，其中包括以最低价 975 美元/磅、每天排放 24 磅氮氧化物和 6 磅一氧化碳的权利——机会来自一家机械公司，这家公司获得这个信用的原因是它关闭了一家工厂。空军中校布鲁斯·纳普（Bruce Knapp）说："这家企业不知道它获得了什么。"①

抵消政策的目的不是实现成本效益，而是为了平衡经济增长和污染控制之间发生的冲突。与抵消政策相关的交易发生了数千次，但是正如早些时候提供的上述例子所示，市场仍然无法顺利地运行。对希望在非达标区中落户并进而寻求抵消的新企业来说，高昂的交易成本仍然是一个严重障碍。这一点也反映在这样的事实中，至少在这项计划的最初时期，大约 90%的抵消政策类交易都发生在单一企业内。

取净值政策（netting policy）也侧重于满足经济增长的需要，对法规遵从成本产生了重大影响。如果任何超标污染的增加都被企业内的减排信用所抵消，那么这个计划允许旧的污染源在扩大其工厂或修正设备时不再面对监管对污染控制提出的技术要求。（我们在第 13 章中对新污染物来源绩效标准进行了讨论。）数以万计的取净值政策类交易得以发生，在减少许可成本和投资方面节省了数十亿美元，同时对环境几乎没有任何负面影响。取净值政策是三类政策中最成功的一个，因为它主要针对企业内部的交易。

相比于抵消政策和取净值政策，设计**泡沫政策**（bubble policy）主要是为了节省成本，在三类计划中，泡沫政策与我们在第 15 章从理论角度讨论的可市场化交易的许可证制度最为相似。"泡沫"是指有多个污染源的局部空气质量地区；一个泡沫可能只包含单一污染企业，也可能被扩大到包括几个污染源的更广泛的区域。根据泡沫政策，可以在泡沫所指的区域内部交易减排信用。在最简单的形式中，如果一家企业的某个烟囱可以弥补差额，那么可以允许这家企业的另外一个烟囱违反空气质量排放标准。当然，在泡沫所指的区域内，不同企业之间进行交易也是可以的。

泡沫政策在 1979 年被引入，也就是引入抵消政策之后 3 年，当时人们对这项政策能够带来的成本节约水平给予了很高期望。例如，一项研究预测，巴尔的摩市的二氧化氮控制成本可能会下降 96%。然而，在最初几年里只发生了很少的交易，积累起来的成本节约额连 5 亿美元都未达到。在发生的那些交易中，只有两个交易被认为涉及外部交易。② 分析家强调用不完美信息和市场交易清淡来解释美国国家环境保护局的这个泡沫政策出现相对失败的原因。由于很难确认潜在交易的来源，大多数企业都没有参加交易。另外，在企业之间发生的每项交易都必须满足没有增加污染这一约束。这导致发生的交易活动数量远低于基于激励的监管模型所预测的数量，这个模型不切实际地假设，随着所有可行交易同时完成，固定的污染约束可以实现。

最后，污染物的非均匀混合性质也可以部分解释企业间缺乏交易。因为与环境空气质量相关的国家环境空气质量标准不涉及排放问题，于是在交易此类排放许可证时，监

① 参见"New Rules Harness Power"（1992）。

② 参见 Hahn（1989）。哈恩还对另一则令人失望的可市场化交易的许可证制度进行了描述，这个制度被用于治理威斯康星州的水污染。这项计划失败的原因在于市场交易清淡，以及许可证有效期有限。

管机构要求相关企业通过空气质量建模（成本很高）来说明这项交易不会违反环境空气质量标准。[①]

总之，很多经济学家在设计许可证市场时低估了真实世界的复杂性，并因此对泡沫政策和抵消政策给出了过于乐观的预测。在第15章讨论理论性问题时，市场交易清淡会大大降低排放量交易的有效性。此外，非均匀混合污染物产生的污染热点问题一直困扰着大家。在泡沫政策下，说明排放交易不会对环境空气质量产生重大影响的过程实际上存在很高的技术复杂性，这提高了企业从事外部交易的交易成本。

在南加州的两个交易计划——"旧车"购买计划和具有总量管制与排放交易体系特点的**地区清洁空气激励市场**（Regional Clean Air Incentives Market，RECLAIM）计划中，污染热点问题在很大程度上被忽略了。在"旧车"购买计划中，通过授权经销商，炼油厂和化工厂这类固定污染源可以购买高污染的旧车然后将其报废，进而获得污染信用，从而避免监管机构对清洁空气设备提出的升级要求。类似于美国国家环境保护局的抵消政策，这项计划让企业节省了成本，但是却可能导致污染热点问题。正如一位评论家所指出的，这项计划"有效地将原先分布在整个区域的、由汽车造成的污染，转化为集中在社区周围的、源自固定污染源的污染"。在洛杉矶的案例中，这些社区往往更多是拉丁裔或非洲裔美国人所在的社区。

从监测和执法的角度出发，"旧车"购买计划也遭到批评。这项计划假定被购买的旧车应该还可以在3年内上路行驶4 000英里以上。然而，人们明显有激励去上交还剩最后一口气、原本就要报废的旧车。授权经销商就是要去阻止这种欺诈行为，但是整个计划却被这类问题绑住了手脚。[②] 在2009年，奥巴马政府提出一个用旧车换现金的大规模全国性计划，这一设计旨在刺激汽车工业发展，而不再是一项环境倡议。人们也批评这个计划过于昂贵，因为在这项计划中，很多不再上路的汽车原本就是要在一两年内报废的。[③]

相对于"旧车"购买计划，地区清洁空气激励市场计划是一个教科书式的总量管制与排放交易体系。自1993年投入运行以来，该项计划要求大约330个固定污染源为其排放的每吨二氧化硫和氮氧化物持有（可市场化交易的）许可证。图16－1给出了发行的许可证数量以及在地区清洁空气激励市场计划下企业实际排放的氮氧化物数量。请注意，在2003年以前，赠与企业的许可证数量每年都在下降。初始的许可证分配状况相当慷慨——远高于历史污染水平。直到1998年和1999年，针对二氧化硫和氮氧化物提出的实际减排数量才低于实施地区清洁空气激励市场计划之前的水平。（初期数量众多的许可证显然是一种政治上的让步，目的是促使行业购买许可证。）

许可证供应的巨大过剩导致许可证市场起步比较缓慢：在1994年和1995年，即使价格为零，很多许可证也难以卖出。此外，虽然地区清洁空气激励市场计划要求对排放进行连续监测和电子报告，但是花了几年时间后，一些企业才安装了监视器并开始证实

① 参见 Atkinson and Tietenberg (1991)。

② 参见 Drury et al. (1999) 以及 Steinzor (2005)。"旧车"购买计划也出现过一些明显的欺诈问题，这类似于另一种形式的污染热点问题：源自汽车的挥发性有机物与类似于海洋石油码头这类固定污染源释放的挥发性有机物是不同的。批评家认为，后者产生的毒性要比前者大很多。欲知对"旧车"购买计划进行的一般性经济分析，可见 Alberini，Harrington，and McConnell (1993)。

③ 参见 Harshaw (2009)。

其排放水平。然而，10 年过后，监测中存在的问题大多都已经被解决，许可证带来的约束性开始逐渐发挥作用。事实上，在 1998 年，有 27 家企业因污染数量超过许可证水平而违反了法律。随着许可证供应的减少，其价格开始上涨，交易出现加速；在 1999 年总共发生了 541 起交易，总价值达到 2 400 万美元。①

在 2000—2001 年加利福尼亚州能源危机期间，地区清洁空气激励市场计划遭遇严重考验。与此同时，许可证的数量开始减少，能源价格一飞冲天，加利福尼亚州现有的发电厂开足马力生产。其结果是，对氮氧化物排放许可证的需求急速上升，价格上涨近 10 倍——从 1999 年的每吨 4 300 美元升至 2000 年的每吨约 39 000 美元（氮氧化物排放许可证价格出现的这种上升，反馈到更高的电价中）。在危机期间，氮氧化物排放量大约比上限高出 6%（见图 16 - 1）。其结果是，加利福尼亚州的监管机构再次回到了命令与控制型监管体制，将发电厂逐出地区清洁空气激励市场计划以稳定排放价格。

在 4 年的中断期后，监管机构要求电力生产商安装能够将氮氧化物排放水平降低 90%的技术，在 2005 年，企业重新加入交易计划。地区清洁空气激励市场计划推出了新一轮的氮氧化物削减：到 2008 年，氮氧化物排放量要比图 16 - 1 中 2004 年的水平低 20%。为了防范未来的价格激增，如果许可证价格上涨超过每吨 15 000 美元，加利福尼亚州的监管机构有酌处权，可以发售额外的许可证，并允许污染水平在第二年上升到 2004 年的水平。②

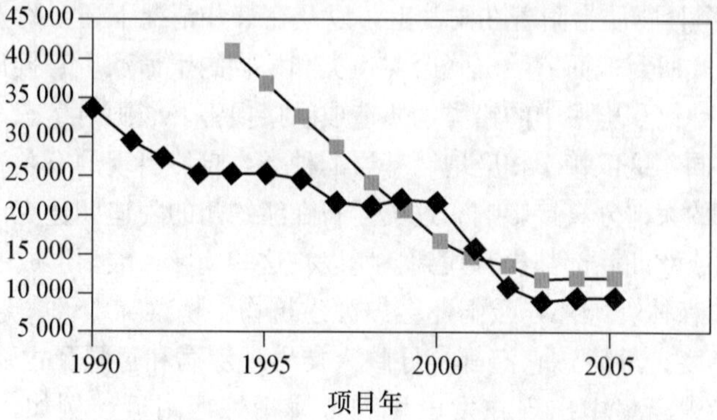

图 16 - 1　在地区清洁空气激励市场计划下报告的排放量与许可证数量

资料来源：Luong，Tsai，and Sakar (2000)；Harrison (2006)；Fowlie，Holland，and Mansur (2009).

与“旧车”购买计划类似，地区清洁空气激励市场计划也忽略了污染热点问题。如果氮氧化物和二氧化硫能够在区域内得到均匀混合，那么这几乎不会产生问题。然而，批评者认为，有毒的共性污染物可能与标准污染物有关，所以二氧化硫和氮氧化物事实上也会产生有毒的污染热点。目前还不清楚地区清洁空气激励市场计划下的交易模式是否会提高特定企业的污染暴露水平。③

① 参见 Luong，Tsai，and Sakar (2000)。

② 参见 Burtraw et al. (2005)。欲知更多关于此类“安全价值机制”的信息，可见附录 15A。

③ 参见 Drury et al. (1999) 以及 Fowlie，Holland，and Mansur (2009)。

回顾一下美国经历过的城市空气污染物交易历程：美国国家环境保护局的早期试验均能有效促进企业内部的交易，但是外部交易受阻于市场交易清淡。洛杉矶的“旧车”购买计划经历了监测问题和污染热点问题，地区清洁空气激励市场计划则成为意料之外价格波动的牺牲品。

一个更加乐观的看法是，东海岸的氮氧化物交易体系带来了一个良好开端。这个体系发起于 1999 年，第一轮交易中包括了 11 个州，到 2002 年，大型发电机和工业锅炉交易的排放信用只是 1990 年排放量的 46%。到 2005 年，小布什政府积极在《清洁空气州际规则》(Clean Air Interstate Rule，CAIR) 下将合作范围扩大到 25 个州。自那时起，《清洁空气州际规则》一直遭受价格波动的挑战，因为法庭诉讼的不确定性，之后还受到对氮氧化物排放的气候监管带来的影响。①

16.3 可交易的许可证制度与酸雨

到目前为止，设计用来减少酸雨的二氧化硫排放交易计划真正可以称得上是在美国进行的总量管制与排放交易体系“大试验”。当主要由煤炭燃烧时散发的二氧化硫以及各类化石燃料燃烧时排放的氮氧化物在大气中转化为硫酸和硝酸时，就会形成**酸雨** (acid rain)。这些酸性物质会附着在雨滴上，以及在某些情况下还会附着在干燥尘埃粒子中，并通过这种方式回到地面。酸沉降会对鱼类和植物的生命产生直接危害，也会通过浸出、移动有害金属如铝和土壤中的铅类物质造成间接损害。酸雨对生态系统健康状况的影响因区域不同而不同，这依赖于相应地区基岩的种类。自然出现的石灰石或其他碱性岩石能够抵消酸雨造成的大部分直接影响。这类岩石在纽约州的阿迪朗达克山脉的主要火山地区、加拿大东南部或欧洲北部都没有找到，所以在这些地区，酸雨形成的危害广泛存在。

除了破坏水和森林资源外，酸雨还会侵蚀建筑物、桥梁和雕像。悬浮的硫酸盐颗粒物会极大降低能见度。最后，它们都会导致人类出现疾病和过早死亡。②

二氧化硫污染曾经集中出现在发电厂和金属精炼厂附近。例如，在美国田纳西州 Copper Hill 附近，现已关闭的铜冶炼设施周围都是光秃秃不长植物的土地，而且即使从太空中看，这个地区的底层红色黏土也清晰可见。随着人们试图解决这些地方性问题，以及随着 1970 年《清洁空气法案》鼓励执行相应的环境标准，人们将烟囱建得更高。然而，事实证明稀释并不是解决污染的办法。受到风的驱使，硫氧化物和氮氧化物会被送到数百英里之外，只能以酸雨形式再次沉降。因此，美国东北部和加拿大的酸雨问题可归咎于地区性污染者——燃烧煤炭的公用事业机构，以及从中西部到东部沿海地区的氮氧化物排放。同样地，德国的森林灭绝、瑞典和挪威的湖泊酸化问题等，都需要在全欧洲范围内寻求解决办法。

随着环保意识的增强，以及前面已经讨论过的硫酸盐污染造成的大规模健康风险，

① 参见 Burtraw and Szambelan (2010)。

② 从技术上讲，违反《清洁空气法案》的是好几种类型的悬浮酸性气溶胶。在这些气溶胶混合物中，似乎主要成分是酸性硫酸盐。可见 NAPAP (1991，132)。

人们在1990年出台的《清洁空气法案》中开始对酸雨问题采取行动。这次立法创造了**二氧化硫交易体系**（SO_2 trading system），要求二氧化硫排放量比1980年水平下降1 000万吨，降至每年895万吨，并在2000年实现氮氧化物排放再下降250万吨。①

与二氧化硫进行斗争的第一阶段在1995年得以实现，当时针对全国最大的110个燃煤公用事业单位发行了第一轮可市场化交易的许可证，这些企业主要集中在美国东部和中西部地区；第二阶段开始于2000年，自那时起开始实施更加严格的排放限制，将美国国内1 000家其他电力公司的2 400个污染源都包括进来。为了减少财政负担，同时为了减缓公用事业单位和污染税缴纳者提出的政治反对，大部分许可证都不由政府出售。相反，监管机构根据1986年的污染物排放水平来向公用事业单位发放排污许可证。每家公用事业单位获得的许可证大约等于其在1986年排放的污染物的30%～50%。②

许可证交易是全国性的，不过州立法机构和公用事业监管机构有权限制许可证销售。鉴于有如此巨大的许可证交易市场，比如说在俄亥俄州，一家公用事业单位几乎没有能力通过拒绝出售许可证来阻止竞争对手在其附近建厂，因为这家企业可以去得克萨斯州购买相应的许可证。最后，为了确保不出现市场势力问题，也就是确保新进入者不会被迫从现存竞争对手那里购买许可证，政府通过拍卖和销售的方式分配了2.8%的许可证。

由于从发电厂高高的烟囱中排放出的二氧化硫和氮氧化物或多或少在区域范围内是均匀混合的（又因为中西部地区的发电厂是许可证的净卖出者），所以在这个酸雨计划中并未出现区域性污染热点问题。③

在2000年之后，这个计划针对发电厂的二氧化硫排放设置了一个890万吨的上限。然而，国会有权在不从企业那里买回许可证的情况下进一步削减许可证数目。各州当局施加更严格监管的权力也没有受到影响。因而，虽然企业预计在达到排放上限之前还会进行至少10年的交易，但是许可证并未赋予它们任何有形的财产权利。

在执法方面，酸雨计划要求安装持续发挥作用的监测设备，要求这个设备在90%的时间内都要运行，而且其精确程度要达到基准技术的10%～15%。美国国家环境保护局要对每个工厂的相关设备进行认证；因此，监测过程本身保留了命令与控制型监管方式的特点。一旦企业的监测设备获得认证，美国国家环境保护局就会记录它发生的所有交易，然后以年为单位检查排放水平是否与其持有的许可证数量相一致，从而确保法规的遵从性。

违规者要为其过量排放支付每吨2 000美元的重罚，而且必须在第二年通过减排抵消这些过量排放。最后的罚款水平既要高于预期的市场价格，但又不能高到无法执行。因此，它成为对企业而言非常可信的威胁。此外，一旦出现违规，罚款行为不存在酌处权。这些因素带来了很高的遵从水平。

作为最后一个注解，酸雨法案为高硫含量煤炭工人和其他因此而失业的工人提供了

---

① 氮氧化物控制是一种基于技术的统一排放标准，也就是说，是一种命令与控制型监管方式。

② 可在Claussen (1991) 找到对这个计划的运行机制的一次很好的讨论。

③ 参见Burtraw et al.(2005)。此外，暂时的污染热点问题是可能存在的。因为允许企业将其许可证储蓄起来，如果很多企业选择同时使用其存储起来的许可证，那么在某个单一年份，二氧化硫的排放限制确实很可能超过890万吨。

补偿措施。为上岗培训项目提供的资金支持达到 5 年 5 000 万美元。在整个 20 世纪 90 年代末期，人们估计因此而失去工作的总人数在 7 000 人左右，他们几乎全部是来自东部的煤矿工人。①

在这项计划被引入之前，经济学家对法定的酸雨交易程序持乐观态度，认为每年大约会耗费 40 亿美元的成本，相比于陈旧的命令与控制型监管体系，这个体系大约能够实现 15%～25%的成本节约。② 这种乐观情绪的出现源于我们在上一章提及的对基于激励的监管体系的反对意见，其中一些因素导致泡沫政策出现令人失望的表现，但是在这个例子中则没有出现上述情况。

开始时，一个存在数百个参与者［包括芝加哥交易所（Chicago Board of Trade)］的全国性市场能够将交易成本和市场交易清淡问题降至最低。由于污染物近似均匀混合的特性，严重的污染热点问题不大可能出现。对市场势力的行使和相关投机行为也能得到减轻，因为只有为数有限的许可证被留下来以及拍卖。通过为企业提供无限担保，许可证的有效期问题也得到了解决——在 2000 年将排放数量限制在 890 万吨，同时国会保有进一步限制排放量的权力。最后，监管机构提前做出了使用更好的监控技术并提高执法效率的承诺。

从经济学的角度来看，酸雨计划是最完美的监管计划之一。不过，套用莎士比亚的名言，现实往往比梦境更加复杂。随着这个计划的不断展开，该试验值得密切关注；到目前为止，得到的结果一直相当积极。

首先，自 1995 年以来，参与该计划的发电厂排放出的二氧化硫和氮氧化物数量出现大幅下降。空气中的二氧化硫等有害气体也在下降。这种下降趋势既带来国家公园能见度上升，也带来显著的健康效益——疾病和过早死亡人口得以减少。在很大程度上，基于健康方面的收益，酸雨计划能够轻松通过效率标准的检验；度量出的酸雨计划的收益远远超过了成本。③

从不利的方面看，在发电厂减少氮氧化物排放的同时，其他地方（主要来自汽车）的氮氧化物则在增加。在新英格兰地区，一些湖泊的酸化状况有所下降，但是阿迪朗达克湖却几乎没有显示出恢复迹象——造成这种状况的部分原因是氮氧化物排放量并未下降。一些科学家相信，需要进行第二轮减排才能恢复阿迪朗达克水生系统的健康。④

这个计划带来的大惊喜是巨大的成本节约效果：公用事业机构只花费了原本预计在总量管制与排放交易体系中需要花费的成本的 1/4，便实现了减排目标，这个成本自然也低于传统的命令与控制型监管体系所估计的成本。在计划生效之前，美国国家环境保护局估计总量管制与排放交易体系的合规成本将达到每年 40 亿美元；目前，这一估计值已降至不到 10 亿美元。多数分析家认为，控制二氧化硫污染的边际成本（以及许可证的价格）应该处于每吨 750～1 500 美元。与此相反的是，在该计划运行的最初几年，卖出的许可证价格在每吨 100～150 美元，不过这个价格近来逐渐上升

---

① 参见 Goodstein (1999)。

② 参见 NAPAP (1991，510)。

③ 参见 Burtraw et al. (2005)。

④ 参见 U. S. EPA (1999)。

到每吨 700 美元。①

在计划得以实施的头两年中，不同企业之间实际发生的交易相对较少；在 1995 年，进入流通的许可证数量不足 5%。通过回顾酸雨计划为企业提供的更高灵活性，显著的成本降低和比预期要少的交易现象都可以得到解释。大多数企业不是通过安装昂贵的烟雾净化器（或购买额外的许可证）来满足早期二氧化硫减排指标，它们主要通过换用低硫煤或开发新的燃料调和技术来满足早期二氧化硫减排指标。铁路体系放松管制带来低硫煤价格的意外下降。随着煤炭行业的竞争日益激烈，从 1990 年到 1995 年，烟雾净化器的价格下跌了一半。

记得传统的命令与控制型监管体系有两个可能导致成本上升的特点：统一的排放标准（阻碍了短期内成本降低交易）和基于技术的监管（对企业层面实现合规要求的可选手段造成限制，因此不利于长期的成本节约）。在酸雨的例子中，几乎所有的初始成本节约都来自单个企业内部灵活性的提高。这包括在企业内部交易许可证的能力（于是任何单个企业的不同工厂都不面对统一排放标准），以及使用混合的控制技术的能力。

然而，如图 16-2 所示，在第 3 年后，企业间交易急剧增加。在公用事业部门的环境管理人员花了一段时间来寻求企业内部交易带来的成本节约，之后就开始寻找企业外部的成本节约机会。② 因此，随着企业间交易的加速，更大的成本节约开始出现。一切的一切都说明，酸雨计划是经济理论发挥良好作用并指导政府政策的一个案例。它以低成本和高度的确定性实现了减排目标。

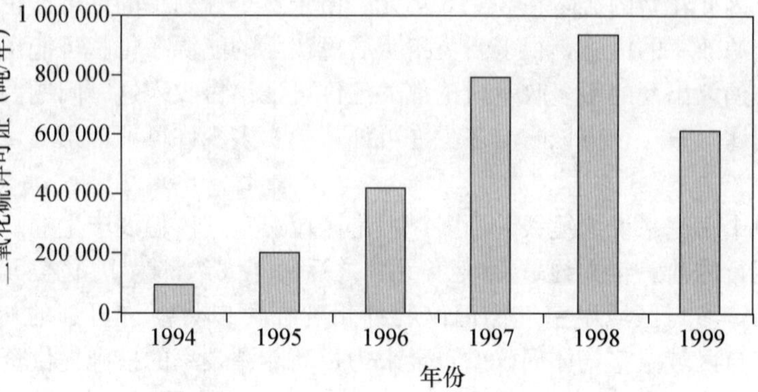

图 16-2　酸雨计划下的企业间许可证交易

资料来源：U. S. EPA Acid Rain Program，www. epa. gov/docs/acidrain. ats/qlyupd. html.

16.4　在美国东北部与加利福尼亚州的碳交易

在 2005 年，美国东北部的 7 位州长签署了**区域温室气体倡议**（Regional Green-

① 参见 Burtraw et al.（1996）。并非所有的价格差异都反映了“真实的”成本节约：许可证价格低于预期，是因为早期奖励性的许可证赠与提高了短期供给，所以价格出现下跌，可见 Burtraw（1996）。真正的成本节约可能是预测值的 4～8 倍，而不是 4～15 倍。

② 后三段来自 Burtraw（1996）。

house Gas Initiative)，也就是人们熟知的 RGGI。由于在联邦层面缺乏对全球变暖污染物的控制，所以这些州决定自己采取行动，同意将电力部门排放的二氧化碳稳定在 2009 年的预期值水平，然后到 2018 年降低 10%。从短期效率的角度看，这种努力是没有意义的。州居民将为减排承担一些成本，主要表现为更高的电价，而且因为相对于世界排放量来说，提出的减排量是如此之小，所以仅靠自己的努力无法对未来的全球气温产生显著影响。那么，为什么还要这么做呢？

原因之一是为克服搭便车问题提供领导力；这些州希望能够提供一个美国联邦政府可以很快效仿的榜样。在这一结果最终会发生的假设下，美国东北部的各州希望从它们在技术方面的领导地位中获取利益，减少其经济运行对化石燃料投入的依赖。此外，通过减少本州之外煤炭的使用，以及将许可证收益投资于改善住房和其他具有能源效率的措施，这些州希望将更多的能源美元保留在本州，并进而促进该区域的经济增长。

区域温室气体倡议中的许可证交易开始于一个不幸时刻：在 2008 年年末，当时经济正在滑入衰退。由于经济增长缓慢和以牺牲煤炭为代价的天然气产出意外大幅增加（见第 18 章），到 2012 年，该地区的碳排放要比最初制定的上限低 30%。因此，区域温室气体倡议中的许可证在非常低的价格上进行交易，大约为每吨 2 美元，许多用于拍卖的许可证卖不出去。在 2012 年，监管机构还在讨论降低上限。①

甚至在最初的设想中，区域温室气体倡议就没有过多提高个体消费者的成本，因为它提出的减排量相对较小。到 2015 年，区域温室气体倡议可能让电价上升 1%或更少，每个家庭每年因此花费的成本在 3～16 美元。由于这个计划中的许可证拍卖收入被用来投资于提高能源效率的措施，很多新英格兰居民实际的能源净付款可能出现下降。围绕区域温室气体倡议出现的很多政策讨论都关注许可证销售收入这一问题。第一，收取多少钱就会出问题？第二，应该赠与多少许可证，拍卖多少许可证？第三，应该拿拍卖收入做什么？

虽然对单个家庭来说这笔钱并不多，但是区域温室气体倡议产生的总许可证拍卖收入很高：在运行的前三年大约是 10 亿美元，之后每年大约都为 10 亿美元。经过一次重大的辩论之后，参与区域温室气体倡议的各州现在可以将总许可证的 90%用于拍卖。这些州使用来自区域温室气体倡议的资金来为提高能源效率的措施提供资助，还资助了可再生能源，并为低收入消费者提供电费资助，在某些情况下也用于支付一般性费用。一项研究认为，从净效益看，通过交易体系回流的美元的确推动了区域经济发展。②

最后，区域温室气体倡议的一个有趣特性是它允许电力生产商通过购买一些**抵消**（offset）额度——由第三方完成的温室气体减排，然后将其打包出售——来获取在二氧化碳排放中需要执行的强制减排。区域温室气体倡议明确允许来自以下来源的抵消额度：

- 来自使用天然气、取暖油和丙烷的能源效率提升。
- 垃圾填埋气收集和燃烧。
- 从动物活动中捕获的甲烷。

① 参见“Regional Cap-and-Trade Effort Seeks Greater Impact by Cutting Carbon Allowances”（2012）。

② 参见 Hibbard et al.（2011）。

- 无森林地区的森林复植。
- 源自电力输电和配电设备的六氟化硫气体（也就是 SF_6 气体）减排。
- 天然气输配送体系中气体散逸性排放的减少。

从没有加入区域温室气体倡议的州中获取抵消额度也是允许的，但是 1 吨额度需要 2 吨减排额度，而且这个额度需要得到认可。①

自 2000 年前后开始，不必减少减排量的企业和个人也可以购买抵消额度。全国各地的几个非营利性组织为个人消费者提供自愿抵消其个人二氧化碳排放量的机会，使之变为“碳中性”或“碳酷”（例如，可见 www.carboncounter.org）。在 2003—2004 年，我从教的一所学校——刘易斯与克拉克学院（Lewis and Clark College）成为世界上唯一一所通过购买 17 000 美元抵消额度而（暂时）符合《京都议定书》的学校；这笔钱来自学生的学费，大约每名学生 10 美元。在其他项目中，学生提供的资金还资助了俄勒冈州开发的风力发电项目。

围绕自愿减少温室气体排放行为的补偿市场规模开始变大；类似于区域温室气体倡议的计划也有助于这个市场实现增长。与抵消政策相关的一个严重问题是质量控制。尤其是，为了真正实现价值，抵消项目必须是**额外的**（additional）。这意味着那些项目——重新造林、减少管道的散逸性排放——都不太会在正常的商业环境下发生。

自 2009 年开始，在区域温室气体倡议进行试验的过程中，美国正在推行大规模的碳交易，多年前进行的交易有可能在全国范围推开。加利福尼亚州准备跟随东北部各州的步伐，在整个经济领域实施更加雄心勃勃的总量管制与排放交易体系，并准备在 2013 年倡议成立相关体系。如果将加利福尼亚州视作一个国家，它将是世界上第八大温室气体排放国，因此这种努力具有国际意义。

加利福尼亚州的计划被称为 AB32，它是该项计划对应的法案的名称，它要求到 2020 年，加利福尼亚州的温室气体排放量回到 1990 年水平。相比于正常发展态势，这个要求相当于 22%的减排量。其中，大部分减排都不会发生在总量管制与排放交易体系中，而是发生在一个具有补充性的政策体系（我们会在第 17 章和第 18 章对此进行讨论）中，这个体系包括一组针对电力部门提出的标准、清洁能源汽车推广任务、低碳燃料标准和数百万个太阳能屋顶计划。人们设计交易系统是为了实现 20%左右的二氧化碳减排量。②

从 2013 年起，大约 450 家发电厂（包括将电力进口到加利福尼亚州的企业）和大型工业设施将面临碳排放上限约束。到 2015 年，另外 100 家运输燃料和天然气分销商将进入这个体系。这些机构加在一起大约占到加利福尼亚州温室气体排放总量的 85%。每年向这些企业提供的许可证总数都会下降，并最终在 2020 年达到 1990 年的水平。

在初始阶段，工业设施将免费获得许可证，这将为相关企业调整到更低排放水平提供时间，同时对受交易影响的产业提供保护。其他部门则必须通过拍卖方式购买许可证。到 2015 年，超过 80%的许可证将由州政府通过出售的方式提供。根据加利福尼亚州法律的规定，任何通过规费产生的收入——例如许可证的拍卖收入——都必须进一步

① 有关区域温室气体倡议的数据来自 Regional Greenhouse Gas Initiative (2005)。

② 对 AB32 的讨论来自 Burtraw et al. (2012)。

用于收取规费所指向的目的，在这个案例中，就是用于温室气体减排。源自公用事业部门的拍卖收入必须用于造福付费者——主要通过账务返还、提高能源效率的投资以及可再生能源投资等措施实现。

目前，加利福尼亚州正在针对剩余收入如何使用的问题进行激烈辩论——在一开始时，这笔钱的规模为 6 亿～18 亿美元，但是到 2015 年的规模可能会是之前的五倍。这笔钱可能会返还给家庭，这就是“天空信托”模式；可投资于连接旧金山和洛杉矶的高速铁路；可用于支持提高再生能源效率的投资；可用于符合公平削减温室气体排放量目标的各类其他选项。这笔资金能否成为有效投资，将对加利福尼亚州出台的这部法律产生的经济效应产生至关重要的影响，也是该州能否在 2020 年以后完成更高水平减排目标的关键因素。

通过使用抵消额度，企业最高能够突破其污染极限的 8%，而且使用的抵消额度必须是“永久性的、可核查的、强制性的”，当然，还必须是额外的。抵消额度必须由第三方使用获批标准进行验证，目前仅限于美国。

这个计划具有一个价格区间，其中下限是每吨 10 美元，并在 2012 年设置了一套 40 美元、45 美元和 50 美元的价格上限触发机制，这些上限将每年向上浮动，浮动额度为 5%＋通货膨胀。为了保持价格低于触发机制，在每个触发点，州政府都被授权可以发行 4%的额外许可证，直到总供给的增长不高于 12%。这个计划还允许许可证无限期储蓄，对法规遵从性的监测以 3 年的平均值为准。不遵守法规的企业将会被罚款，罚款规则是要求为每吨超额排放购买额外 4 吨排放许可证。

加利福尼亚州的 AB32 体系受益于从长达 25 年的总量管制与排放交易体系的运行中总结出的经验。通过快速转向拍卖体系，加利福尼亚州避免了将暴利归于生产者（请参阅 15.4 节）的问题，同时为企业进行相关调整提供了一些时间；抵消政策的作用是有限的，并且通过监管的方式确保高质量；设计价格区间的目的是保护整个体系不受价格波动的影响，这个问题曾经一直困扰着其他交易计划。此外，法律要求将拍卖收入进一步用于计划本身所想实现的目标，这有助于确保将拍卖收益——因对共同财产的用途进行限制而产生的资源租金——用于有效投资。

在 2010 年的选举中，加利福尼亚州的这个体系面临严峻的政治挑战，当时两个得克萨斯油企业资助的一项倡议希望废除该部法律。加利福尼亚州的选民遇到罕见的电视广告战：一方说，“总量管制与排放交易体系将扼杀就业机会”；另一方则说“总量管制与排放交易体系能够在清洁能源经济中创造就业机会”。最终，投票以 2∶1 的比例重申了 AB32 议案。在 2015 年之后，政治挑战可能会重新出现，那时可被消费者看到的燃料价格会进入视线。总量管制与排放交易体系可能会让天然气价格提高 0.18 美元，达到每加仑 1.45 美元。然而，到那时候，加利福尼亚州的清洁汽车标准会提高新车的平均里程数，这将大大抵消家庭的汽油支出。

16.5 在美国的两次失败的努力：汞与碳

在过去的 10 年里，人们提出了两个主要的联邦层面的总量管制与排放交易体系，但是它们没有发挥作用，其失败原因都很有启发性。在乔治·W. 布什总统的任期内，美国试图针对燃煤电厂的汞排放设置一个交易体系。在2012年以前，美国的汞排放量是不受监管的，它已经成为美国环境监管体系中存在的严重缺陷之一。空气中传播的汞源自化石燃料燃烧物被风吹到湖泊、河流和海洋中，然后它们积累在鱼类等生物体中。通过这种方式和其他一些接触途径，在美国有10%～20%的孕妇存在体内汞含量水平升高迹象；在美国本土妇女和亚裔美国妇女中这个数字还要加倍。并非所有的汞污染都来自美国的排放物；海洋沉积和渔业污染是一个全球性的、跨国界的问题。

在最初的《清洁空气法案》中，汞并没有受到监管。它被归类为危险污染物或空气有毒物质，但不是标准空气污染物，并因而成为第13章中讨论的监管僵局的牺牲品。继1990年《清洁空气法案修正案》后，在2000年，克林顿政府治下的美国国家环境保护局最终宣布有意针对汞排放推行可实现最大程度污染控制的技术要求，原本要求所有污染源截至2009年都将汞排放削减90%，并建立一个基于命令与控制的监管方法。然而，布什政府治下的美国国家环境保护局并未跟进这一进展。相反，在2005年，美国国家环境保护局重新将汞归类为标准污染物，并宣布了有关汞的总量管制与排放交易计划，旨在于2010年之前将污染量削减20%，并在2018年之前将污染量削减70%。到2010年的减排任务被认为是当前削减二氧化硫和氮氧化物工作的一个"共有利益"，不会对产业界带来额外成本。

效率标准和安全标准的倡导者针对布什政府和克林顿政府推动的十分不同的减排水平进行了交锋。但是，这里感兴趣的问题是**污染热点**（hot spot）：在这个例子中是否需要命令与控制型监管中的统一排放标准，或者可以接受排放交易？布什政府治下的美国国家环境保护局认为在拟议的交易计划中不会出现污染热点问题。然而，很多分析家都未被说服：看上去很可能在五大湖上游的密歇根州、明尼苏达州和威斯康星州出现地方性与区域性污染热点问题，这可能让农村和美国原住民人口付出高成本。

考虑到污染热点问题和污染水平问题，奥巴马政府取消了布什政府的计划，再次将汞归类为有害空气污染物，并使用类似于在克林顿政府治下美国国家环境保护局拟议的命令与控制型监管体系。在2012年，也就是最初的《清洁空气法案》通过40多年后，汞排放最终进入监管范围。①

奥巴马政府还支持它自己提出的，最终未获成功的全国性总量管制与排放交易体系，这个体系主要针对以二氧化碳为主的全球变暖污染物。该体系本应在2009年6月由众议院通过的《美国清洁能源安全法案》（《韦克斯曼-马基法案》）授权。然而，参议院未能通过一项类似法案，加上2010年选举以及茶党政治的兴起，支持总量管制与排放交易体系的政治联盟出现崩溃。

鉴于试图解决主要障碍的方式，众议院通过的法案值得研究：这部法案试图让居民消费者免受价格上涨困扰，并且通过慷慨地提供抵消量控制成本。这部法案提出了减少源自化石燃料燃烧排放的全球变暖污染物目标，即到2020年，使排放量比2006年水平下降17%，到2050年，使排放量比2006年水平下降80%。覆盖的部门包括电力生产

① 对汞排放的讨论来自 Steinzor and Heinzerling (2004), O'Neill (2004), Gayer and Hahn (2005) 以及 Steinzor (2005)。

商、炼油厂、天然气供应商和能源密集型行业——钢铁、水泥、化工和造纸企业。这些部门合起来一共占到经济活动总量的85%。

基于过去排放全球变暖污染物的状况，大约有75%的许可证会被赠与污染者；10%会给予州政府，它们可以出售这些许可证，并将所得资金用于提高能源效率、开发可再生能源和其他一些投资活动；15%的许可证会被联邦政府拍卖。从2025年开始，向行业界赠与许可证的做法将被逐步淘汰，大约在2030年实现100%的许可证拍卖。注意到，相对于区域温室气体倡议和加利福尼亚州的AB32，该项拟议的联邦计划对行业界更加慷慨，这个计划可能实际上向很多商业部门提供了暴利（正如在第15章中所提到的）机会。这反映出全国层面支持总量管制与排放交易体系的政治联盟存在缺陷，以及行业界承担更大成本的需要。

5%～10%的联邦政府许可证拍卖收入将用于帮助发展中国家减少毁林行为和实施清洁能源技术解决方案。法案还授权政府将一大块拍卖收入——这部分收入会随着时间的推移而上升——用于防寒保暖和其他努力以减少家庭能源消费。最后，类似于加利福尼亚州的情况，需要通过返还或其他形式，将受监管的电力分销商获得的许可证价值还给消费者。

人们预计，这种节约和效率的努力会产生重大影响。美国国家环境保护局估计，需求将被削减到“即使到2040年，也无法达到原本没有这项政策时在2015年就达到的能源消耗水平”。通过这种程度的需求削减，加上公用事业单位向家庭提供的返还，总体而言，美国国家环境保护局认为在很大程度上美国家庭每个月的电力支付都不会增加。

最后，非常慷慨的抵消规定还包含了对该计划的总成本进行的估计。众议院通过的法案允许每年进行抵消的排放物数量达到20亿吨，其中可以有50%以上来自国际市场。这个数字相当巨大：目前大约只占总排放量的30%。但是，随着时间的推移，美国国内排放量会出现减少，因此此类抵消量的重要性正在变大。到2050年，这20亿吨的抵消量——如果每年能够得到充分利用——意味着除了企业“真正”减少的80%的排放量外，美国的生产商将只能削减60%。

国际性抵消量的可用性主要体现在后期“深度减排”过程中，可以让预期的二氧化碳价格大幅降低——降低水平接近90%。为什么如此重要？如果能够更便宜地在清理成本更低的印度清理效率低下、肮脏的煤电厂，或者在厄瓜多尔种植新的树木以形成森林，就不需要美国经济额外挤出20%，例如，关闭剩余的燃煤发电厂，或者将它们转换为便宜得多的生物质发电。当然，与此同时，这些抵消量也更加难以监控，它确实引起了人们对欺诈的真正关切。

最后，可以通过向能源密集型行业以及/或者受许可证交易影响严重的产业提供免费许可证的形式提供过渡性援助。正如在加利福尼亚州那样，这些企业可以用免费许可证提供的“暴利”缓冲被提高的合规成本，以及由此造成的它们在国际竞争中出现的劣势。（然而，与加利福尼亚州不同，美国的全国性体系会在十几年时间里持续向所有企业赠与许可证。）受影响相对严重的部门中的工人——主要是煤炭开采行业，以及煤炭铁路运输行业——将获得延长的失业福利，以及在卫生保健（达到3年）、找工作的花销等方面获得支持，此外还会获得一些搬迁补贴。①

① 对《韦克斯曼-马基法案》的讨论来自Sheppard（2009）和U.S.EPA（2009）。

正如所指出的那样，在2010年选举之后，对总量管制与排放交易体系的支持不见了。茶党反对全国性全球变暖立法，这意味着在未来几年中，全国性总量管制与排放交易体系（或者碳排放税）将会从人们眼前消失。然而，全球继续升温将是一个高概率事件。其结果是，针对气候变化的国家行动无疑将继续获得政治支持。从这一点上看，分析家还会对《韦克斯曼-马基法案》进行回顾，并以之为指导。

与此同时，正如早些时候在第13章中所提及的，二氧化碳正在州层面和区域层面的总量管制与排放交易体系中得到监管，在全国范围内则是根据《清洁空气法案》进行监管，在这个层面上，依照立法要求，美国国家环境保护局正在为固定和移动污染源设置基于命令与控制的监管手段。在世界上的其他地方，中国和韩国正在推动自己的碳排放总量管制与排放交易体系。

16.6 欧盟的排放交易体系

在2005年推行全面的碳排放交易系统后，欧洲已经远远领先于美国。所有的欧洲国家都批准了1997年的《京都议定书》，要求在2010—2012年将欧洲的全球变暖污染物排放数量削减到比1990年的水平还低7%。预期到《京都议定书》将会生效，欧盟建立了**欧洲交易系统**（European Trading System，ETS）。《京都议定书》规定：每个国家都有一个碳排放上限，而且每个国家都必须制订一项执行计划以确保实现所需减排目标。在通常情况下，全国范围内的排放上限会被分解成具体的行业排放上限或企业排放上限。之后，欧洲交易系统允许在整个欧洲大陆的企业间进行碳排放交易，于是那些很难完成强制减排目标的企业（和国家）就可以从成功实现减排的企业那里购买多余的排放量。欧洲交易系统覆盖了电力部门中12 000个主要的排放源——石油炼油厂、水泥生产商、钢铁制造商、玻璃和陶瓷制造商，以及纸和纸浆生产商等，它们约占整个欧洲全球变暖污染物排放的40%。①

在2009年，15个西欧国家中的5个国家——英国、德国、瑞典、法国和希腊——已经低于《京都议定书》规定的减排目标。随着全球经济衰退，其他西欧国家目前也实现了这一目标。此外，由于重工业经济的崩溃，大多数东欧国家的排放水平也在《京都议定书》提出的范围之内。因此，作为一个整体，欧盟的减排水平已经低于上限（相比之下，美国目前的排放量约比1990年的水平高11%）。西欧国家从包括俄罗斯在内的东欧国家中购买了一些碳排放额度。但是，人们最初担心《京都议定书》会导致西欧国家没有实际减少碳排放，但相反地，完全依赖“热空气”的说法并未被证实。②

这一体系面临的挑战包括价格波动以及人们对提供的抵消额度表现出的担忧。图16-3绘出了期货市场上未来一年的欧洲碳排放价格变化。价格从大约15欧元开始，当时欧洲交易系统首次分配碳排放许可证，目的是让人们熟悉这一体系。一年后，随着分

① 参见欧盟的欧洲交易系统网站：http://ec.europa.eu/environment/climat/emission/index_en.htm。

② 参见European Environment Agency (2009)。

配出来的许可证数量出现下降，价格开始上升，并稳定在每吨 20～30 欧元。但是注意到，在三个不同时期里都出现了价格崩溃：在 2006 年 4 月出现了为期一天的价格骤降，之后是 2007 年的稳步下跌，另一次下跌则从 2008 年开始。

2006 年 4 月出现的价格崩溃很有趣：在这一天，监管机构首次要求欧洲交易系统中的交易商必须报告其碳排放量。这个信息向交易商明确表示它们高估了减排总需求，因此市场出现的反应就是价格大幅回调。在 2007 年出现的价格下跌源自糟糕的政策设计；因为从第一阶段向第二阶段过渡时不允许交易商存储许可证，于是，第一阶段的许可证变得毫无价值。最后，2008 年的价格下降反映出全球经济衰退。类似于区域温室气体倡议，目前欧洲国家也都位于减排上限之内，所以许可证的供应是过剩的，价格也相当低。请注意，在欧洲发生的"价格稳定问题"正好与洛杉矶出现的问题相反：不是价格过高，而是不断重复报告显示价格太低，以至企业已经没有动力来承担减少碳排放的长期投资。还有的担心是，因为储蓄了这么多许可证——被购买但并未使用的许可证——需要很长时间才能让价格恢复。① 欧洲的经验说明，不仅要有价格上限，还要有价格下限。

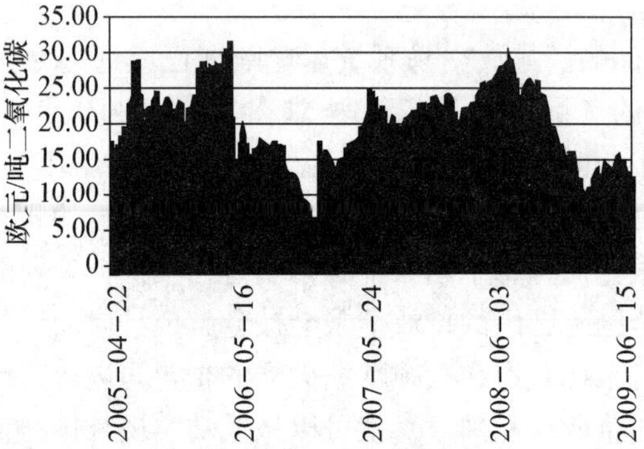

图 16-3　欧洲的碳价格

资料来源：ECX EUA Futures Contract：Historic Data 2009，http://www.ecx.eu/EUA-Futures.

除了在欧洲进行的碳排放交易外，《京都议定书》和欧洲交易系统都允许企业通过向未加入该协定，进而也不存在碳排放上限的发展中国家购买碳排放抵消额度来实现减排目标。这就是所谓的清洁发展机制（Clean Development Mechanism，CDM），例如，一家德国的电力公司如果能将印度的一家燃煤电厂替换为新的风力发电场，就能获得二氧化碳减排额度。这里需要再次关注的是此类抵消额度的质量，要确保它们确实是额外实现的减排。人们在重新造林方面进行的努力首先提出了抵消额度的质量问题：投资者如何确保种植的树木在之后不会被再次砍伐——甚至被烧掉？第三方认证机构和政府监督机制已经开始出现，它们既能确保此类抵消额度真正是额外的减排，也能确保抵消额度的质量。②

在 2009 年，欧洲交易系统沿着两个方面做出了重要改进。首先，采用了新的 2020 年减排目标：作为一个整体，欧盟到 2020 年的碳排放水平要比 1990 年低 20%。其次，

① 参见"EU's Hedegaard Says CO_2 Auctions Review Is Short-Term Fix"(2012)。

② 参见 Lecocq and Ambrosi (2007)。

人们对欧洲交易系统提出了批评，因为最初所有许可证都被赠与企业界，所以在保护消费者免受“肮脏的”（二氧化碳密集型）产品价格上升方面几乎没有发挥什么作用。因此，从 2013 年开始，至少 50%的许可证必须由成员国通过拍卖方式出售。①

欧洲交易系统进行的试验——一种可以在清洁发展机制中提供碳排放抵消市场的国际性总量管制与排放交易体系——是到目前为止已经落实到位的最为雄心勃勃的污染控制体系。鉴于其复杂性，一些经济学家和其他一些观察人士担心欧洲交易系统最终可能因监测和执法方面存在的问题而遭到动摇。但是到目前为止，早期出现的问题都已被发现并得到纠正，我们可以认为，欧洲交易系统已经取得成功。与区域温室气体倡议类似，欧洲交易系统目前遇到的挑战是如何维持价格稳定，因为受到经济条件的限制，碳排放量竟然远远低于上限。

在过去的几年中，美国的一些州和欧洲国家朝着 2050 年减排 80%的目标迈出了初步但意义重大的一步。如果这些政策是有效的，并且世界其他地区也纷纷跟进，那么人们做出的努力能够让碳毯子的厚度回到百万分之 450～650。如果我们能够将其稳定在比较低的百万分之 450，这将为全球气温上升不超过 2℃（4℉）提供一些保险。（根据斯特恩的报告，在这个碳浓度水平下，气温上升的概率为 30%。）② 这就足够好了吗？在未来的 10 年中，世界各国可能会开始追求更加激进的减排措施。

16.7 污染税与类似制度安排

相比于世界上数量众多的总量管制与排放交易体系，污染税相对少见，主要用于对付全球变暖问题。最近，一个教科书式的例子出现在加拿大的不列颠哥伦比亚省。自 2008 年以来，那里的居民一直被征收碳排放税，预计到 2012 年会升至每吨二氧化碳 30 美元——这会使每加仑汽油的成本增加约 0.10 美元。当政府开始推行这个税种时，它为每户人家提供了总计 85 美元的一次性退税，并在其他税负方面进行了大幅削减，以确保这项政策是“收入中性的”。尽管采取了这些措施，**碳税**（carbon tax）开始成为 2009 年该省选举中出现的一个主要问题，但是——这一次与一般趋势不同——公众事实上同意征收碳税，从而将这一政治设计带回到议会。不列颠哥伦比亚省是北美地区唯一一个征收二氧化碳税的区域。制定了碳税（或类似制度）的其他一些国家包括瑞典、挪威、英国和荷兰。近年来，碳价格成为澳大利亚一个有争议性的问题。在 2012 年，每吨 24 美元的碳税制度正式生效，这些碳税最初由最大的几百家企业以及一些政府机构支付，这个制度可能无法长久存在。

在美国，虽然没有真正的污染税，但是存在大量可以影响环境的价格政策：对每磅、每升或每吨污染物排放量收取的费用。在本节我们考察几个属于这种类别的激励工具，同时会考察欧洲的“间接”污染税——能源税。我们先从废物处置费用开始。

房主通常要以加仑为单位支付污水处置费用，以及以吨为单位向垃圾运输车支付危

① 参见“EU ETS Post 2012”，http://ec.europa.eu/environment/climat/emission/index_en.htm。

② 参见 Stern（2006）。

险及固体废物处置费用。这些费用与教科书中提到的污染排污费十分类似，从理论上讲，随着处置成本的上升，人们会采用一些减少废品产生的措施。

然而，至少在固体废物处理的例子中此类现象并未广泛出现，因为减少废物的激励往往无法落实到消费者身上。一直以来，很多住宅、商业和工业产生的市政固体废物处置都通过一次性收费完成筹资。因此，比如说住宅消费者可能每周为垃圾处理服务支付10美元费用，这个费用与他们产生了多少垃圾无关。在一些社区，由城市政府负责处理废物，相关费用都包含在物业税中；在其他国家，私人企业每周或每月收取垃圾处理费用。

这些现象向我们提出了一个奇怪的问题。

问题

为什么私人垃圾处理企业不按照单位定价的方式向客户收取费用？**单位定价**（unit pricing）是指以袋为单位收取垃圾处理费用，而不是一次性整笔支付。实际上，在一次性整笔支付这种定价体系中，垃圾产生量小的业主为垃圾产生量大的业主提供了一笔补贴。“聪明”的垃圾处理公司可以向垃圾产生量小的业主提供一种单位定价的收费方式。通过避免为（丢下?）垃圾产生量大的业主服务，这家企业可以在每趟垃圾运输过程中服务更多业主，进而获得更高利润率。

解答

对不起，我不是一家垃圾处理公司，所以不知道这个问题的答案。然而，它可能必然与单位定价过程中某种较高的交易成本相关。若要实现这种方法，垃圾公司在推销其理念的过程中可能面临巨大挑战，必须向客户出售垃圾袋，而且必须每周跟踪每个客户的垃圾袋使用数量。也许这些额外增加的成本足以抵消单位定价方案提供的额外获利机会。一项研究发现的证据支持这一观点，在这项研究中，17个社区中有15个使用单位定价方式，对垃圾的收集则由垄断性市政机构完成，在其中一个特例中，由法律强制要求单位定价。无论如何，这个例子再次提醒我们，在黑板上描述的市场可能很难出现在现实世界中。①

在过去，固体废物处置费用一直相对较低。然而，随着全国各地的垃圾填埋场开始关闭，以及新建垃圾填埋场时出现的政治阻力，固体废物处置费用出现迅速上升。这使得越来越多的城市转向单位定价模式，并往往与路边废物回收项目结合起来，以此减少废弃物流量。②

一项在宾夕法尼亚州郊区的珀卡西、纽约州半农村的伊利昂、华盛顿州西雅图市郊实施的单位定价的研究发现，在前两个地区的社区中，引入单位定价措施实际上可以将产生的垃圾减少10%或更多，流向垃圾填埋场的垃圾则减少了30%以上。此外，这两个社区的废物管理成本也降低了10%或以上，通过减少垃圾处理费用，这项节约最终由家庭获得。在采用单位定价模式的同时，这两个社区还推行或扩大了路边废物回收项目。

① 参见美国国家环境保护局的“Pay as You Throw”，www.epa.gov/epaoswer。

② 参见 Morris and Byrd (1990)。

相比之下，在引入路边废物回收项目之前，人们就对西雅图的单位定价模式进行了评估。自 1961 年以来，西雅图一直存在垃圾的单位定价体系，但是只在进行研究的这 3 年里才逐步提高逐罐收取垃圾处理费的比例。西雅图居民对逐步提高逐罐收取垃圾处理费比例的回应是将垃圾压实［当地人称其为西雅图踩脚（Seattle Stomp)］，因此它只是轻微提高了回收比率，并且最终只是很少量地降低了产生的废物总量。这项研究表明，如果缺乏很好的替代品（例如路边废物回收体系），废物处置对价格上涨相当不敏感；也就是说，它缺乏价格弹性。

当然，污染税总会让人们去寻找意想不到的替代品。在宾夕法尼亚州郊区的珀卡西，转向单位定价策略导致垃圾焚烧数量出现增加，虽然这个行为随即被禁止，但是在本地之外进行垃圾处理的情况开始增加。然而，该镇污水处理体系中的废物量并未出现增加。西雅图的报道也指出一些非法的垃圾倾倒现象有所增加。①

在美国，垃圾处理的单位定价接近污染税。然而，还存在很多基于其他方式的收费，它们还不能算作经典的庇古税。

□ 公共土地与道路的使用者付费

徒步旅行者、休闲垂钓人士、猎人、伐木公司和牧场主等都要为使用公共资源向联邦政府支付许可证费用。许多人认为，所有这些费用都太低了，无法阻止人们对资源的过度开发。然而，许可证费用代表的是一种机制，通过这种机制公共财产资源被定价，通过这种机制至少在理论上边际损害被控制。

徒步旅行者会造成什么样的外部成本？如果徒步旅行者太多，可能导致步道遭到破坏，当然，徒步旅行者还会产生拥塞的外部效应——最后一个徒步旅行者的进入会进一步加剧拥挤，从而降低之前进入的所有徒步旅行者得到的用户价值。经济学家建议土地经营者将收费作为其工具箱的一个重要组成部分，以便对稀缺的徒步路线进行配给。类似地，针对高速公路的拥堵进行定价也是一种经济上有效的手段，可以为解决城市交通拥堵提供一个出路，不过这种方法很少被使用。

□ 环境债券

正如在第 8 章中所述，人们对饮料容器和汽车电池提出处理要求，然后露天矿或者填埋地所有者通过发行债券来将这种“不负责任”的处置或开发方式造成的社会成本内部化。

□ 保险与责任要求

根据《石油污染法案》，进入美国水域的油轮必须为每吨货物购买约 1 200 美元的保险。此类保险要求类似于一种环境债券，如果保险公司对具有较高风险历史的油轮运营商收取更高费用，保险市场就有助于将这种冒险行为的社会成本内部化。（事实上，在油轮保险市场中，船运商的石油外溢事件发生得越多，保险公司要求的保险费率就越高，但是这种保险费率可能无法有效地将环境损害成本内部化。）②

① 参见 Morris and Byrd (1990)。也可见 Fullerton and Kinnaman (1996)。

② 参见 Goodstein and Jones (1997)。

对有可能出现概率低但影响大的事故的企业，针对损害进行保险是企业将环境成本内部化的一个关键手段。在这方面，核电产业长期以来都享受着隐性但发挥着关键作用的政府补贴。因为如果不这样做，核电站将无法获得私人保险，也就是《普赖斯-安德森法案》（《Price-Anderson Act》）对核事故的赔偿责任做出了限制。由此，每个反应堆每年获得的补贴要超过 2 000 万美元。[①] 通过让核产业免于进行此类开支，《普赖斯-安德森法案》鼓励核电规模的增长超越市场可以支持的容量。

□ 能源税

能源税可以作为一种**间接污染税**（indirect pollution taxes）。欧洲有着征收较高化石燃料税的历史，这项制度被设计用来减少污染并提高能源安全。

在写作本节之前的两周，我（埃班）刚从丹麦旅行回来，在那里我探访了我的表兄弟。他们从一位朋友那里借来一幢房子供我们住宿，当我们离开时，我的表兄弟留下了一个小信封，他们说里面装的是一些用来“付电费”的钱。对我来说这有点令人惊讶，因为在美国我们习惯于将电力作为一种几乎免费的商品。但是由于对能源收取较高的税，丹麦人支付的电费比我们的两倍还多。其结果是，他们比我们更加仔细地思考对能源的使用。

利用碳类燃料生产能源是一个污染性极高的过程。多数标准空气污染物都是在这种生产方式中产生的，而且这个产业的上游是对石油和煤炭的开采，还会造成敏感的生态环境破坏以及酸性矿井污染。如表 16－1 所示，对二氧化碳这种不受控制的污染物而言，能源使用和污染之间的关系相当明确。美国的人均能源使用水平较高，因而也有着最高的人均二氧化碳排放量。这张表还显示出，能源价格和能源消耗之间存在较强的负相关关系。高能源价格带来较低的能源消费，反之亦然。因此，减少污染的一个策略是针对能源使用征税从而间接地征收污染税。

事实上，自 20 世纪 90 年代后期以来，英国已经开始实施被称为气候变化税的能源税。严格来说，它不是针对全球变暖征收的污染税，因为它针对生产的能源征税，而不是针对碳排放征税。然而，通过免除可再生能源产品的纳税义务——以及向清洁电力生产商返还一些税款——这个税收制度的确有助于英国实现《京都议定书》提出的减排目标。(其余的税收收入都以全面削减工资税的形式返还给电力生产商)。最近，在英国大选中保守党候选人呼吁用善意的碳排放税替换气候变化税。为什么？因为针对能源而不是碳排放量征税，可能导致一些企业的缴税额较大，而这个缴税额与其是否正在减少碳足迹无关。此外，这个税收将所有减排责任都放在电力生产商身上——家庭和运输部门得以豁免，而实际上这两个部门的排放量增长最快，并且可以以最低成本实现减排。

这类意料之外的潜在“不当影响”意味着直接的污染税（按照每吨碳排放进行的收费）显然要比间接的能源税（按照每英热单位收取费用）好，因为前者按照污染程度对所有污染源征收费用，可以鼓励人们寻求各式各样的清洁能源来源。但是，能源税的优势在于它的执行更加简单，特别是在无法用简单公式来将污染物排放量与能源来源联系在一起的时候，这个优势更加明显。

---

① 参见 Dubin and Rothwell (1990)。

表 16-1　　　　　　　　能源消费、价格以及二氧化碳排放

国家	人均能源消费（每千克等价石油）	人均二氧化碳排放（吨）	汽油价格（美元/加仑）
美国	7 794	19	3.29
日本	4 040	10	6.70
德国	4 203	10	7.96

资料来源：World Resources Institute Energy consumption data are from 2003，World Resources Institute；CO_2 data are from 2006，U. S. Department of Energy's Carbon Dioxide Information Analysis Center（CDIAC）；gasoline price data are from Randall，Tom（2013）"Highest & Cheapest Gas Prices by Country"，Bloomberg，2/13/13，http://www.bloomberg.com/slideshow/2013-02-13/highest-cheapest-gas-prices-by-country.

16.8　总结

本章考察了我们在基于激励的监管实践中获得的经验。总量管制与排放交易体系可以运作得很好，能够在明确实现环境目标的同时带来巨大的成本节约（例如在酸雨治理计划中针对二氧化硫的交易）。或者它们可能什么效果都实现不了（例如美国国家环境保护局推出的泡沫政策）。从现有的可市场化交易的许可证制度中可以总结的主要教训是，许可证市场是一个微妙的东西。在只有几个参与者的市场上，潜在交易者会被劝阻而无法参与交易，进而加剧市场交易清淡的问题。类似于洛杉矶地区的区域温室气体倡议以及欧洲交易系统已经指出，价格波动是一个意外且棘手的问题。

我们在污染热点区域中积累的经验表明，当出现非均匀混合污染物时，许可证制度的设计者面对一个权衡，一方面要确保污染物暴露水平的一致，另一方面又要实现能够有效运作的许可证体系。在实践中，为了让许可证制度得以成功执行，人们也对安全标准进行了一些妥协（例如洛杉矶的旧车购买计划）。出于这个原因，在美国，汞领域拟议的总量管制与排放交易制度存在很大争议。

在最近的许可证制度中，以拍卖方式还是以赠与方式提供许可证正在成为一项重要决定。这方面的趋势是通过拍卖出售，但是在许可证制度初期需要通过赠与方式支持产业做出相应调整，并且保护受许可证交易影响较严重的产业。然后，拍卖许可证的收入可用于返还以及进行促进能源效率的投资，从而保护消费者不受价格上升的影响，在区域温室气体倡议以及加利福尼亚州的 AB32 制度中，我们已经看到过此类内容。

最近的另一个进展是总量管制与排放交易体系的"政治化"倾向。最初，两党广泛支持总量管制与排放交易体系。这个体系被视为比命令与控制型监管体系更加市场化的一种替代性体系。在 1990 年，酸雨许可证交易得到老布什政府的支持，区域温室气体倡议也得到两党联盟州长（包括后来的马萨诸塞州州长罗姆尼）的支持；2008 年共和党总统候选人约翰·麦凯恩则是 2000 年年中在参议院共同提案中美国碳总量管制与交易法案的主要支持人之一；加利福尼亚州的总量管制与排放交易体系立法深受共和党州长施瓦辛格的支持。

2010 年的选举改变了这一切，随着茶党政治的兴起，以及共和党——包括候选人罗姆尼——对所有形式的总量管制与排放交易体系提出的反对，人们认为它是一种不必

要的税收。具有讽刺意味的是，这意味着美国国家碳排放政策已经回到《清洁空气法案》下的命令与控制型监管体系。在接下来的几年里，由于总量管制与排放交易体系缺乏两党支持，这种形式的监管将不可能再在国家层面更多执行。

在污染税方面，从我们的经历中能够学习到的主要教训是，很难在较高层面执行这个政策工具，因而单独来看很难将其称为一种控制污染手段。因此，污染税和其他形式的基于费用的机制都可以被视为传统的命令与控制型监管体系的一种补充，而不是替代。

最后，当事实证明直接的污染税不具有政治可行性时，或在实践中太难管理时，类似于汽油税或能源税这类间接污染税就成为一种妥协办法。在欧洲和日本，较高的能源税最初表现为与能源安全相关的措施，这些措施在这些国家减少污染方面也发挥了作用，英国实施的是一个特定的气候变化税，它是针对能源生产推行的一种间接污染税。

任何类型的监管都需要对监测和执法做出强有力的承诺，这样才能使监管措施生效。对基于激励的监管体系这类并未具体规定任何技术要求的监管而言，这方面尤其重要。在美国，两个已经建立的可市场化交易的许可证制度（酸雨交易计划以及洛杉矶的地区清洁空气激励市场项目）都提前对推行更好的监测手段做出了承诺。然而，一些经济学家对欧洲碳排放交易体系的复杂性提出了担忧（在清洁发展机制中的抵消额度政策），认为它可能导致这个体系最终失败。在美国，区域性和州层面的碳排放总量管制与排放交易制度也需要面对这些问题。如果碳交易无法得到仔细的监测和强制执行，那么这个交易制度的公信力将会受损。

应用 16.0

得到的经验

考虑在本章中提到的总量管制与排放交易制度：

a. 地区清洁空气激励市场计划。

b. 布什政府提出的总量管制与排放交易制度提案。

c. 区域温室气体倡议。

d. “旧车”购买计划。

e. 全国性的二氧化硫交易。

f. 欧洲交易系统。

g. 泡沫政策。

h. 铅排放交易。

i.《韦克斯曼-马基法案》中的总量管制与排放交易制度法案。

1. 在上面列出的这些项目中，哪个是用来解决酸雨问题的？城市空气污染呢？全球变暖呢？汞污染呢？

2. 已经知道哪个（哪些）项目受到（或可能受到）污染热点问题的困扰？受到监测和执行问题的困扰？受到市场交易清淡的困扰？受到价格波动的困扰？

应用 16.1

命令与控制型监管体系 VS 直接税收制度 VS 间接税收制度

农业径流是水污染的主要来源之一。考虑控制这一问题的三个可选方式：(1) 禁止灌溉沟渠直接向小溪或河流排放污水的命令与控制型监管体系；(2) 针对农场向溪流或河流排放的化学品直接征收污染税；(3) 针对农药购买实施的间接税。评价这三个可选方式的可行性和可执行性，以及——假定它们可以实现——成本效益与实际减少的污染。

各节主要观点

16.0　本章论述了几个在真实世界运用基于激励的监管方式的例子：可市场化交易的许可证制度和直接与间接污染税。

16.1　可市场化交易的许可证制度的早期成功例子是**铅储蓄**计划，因为上一章中指出的障碍都没有成为显著的问题。在对造成臭氧消耗的含氯氟烃进行监管时也使用了类似交易计划。

16.2　相比于铅储蓄的例子，其他限制标准城市空气污染物的努力则是成败参半。与最初人们的期望相比，**排放交易计划**一直令人失望。标准空气污染物的**减排信用**在**抵消政策**、**取净值政策**和**泡沫政策**中得到交易。尤其是泡沫政策，因为存在市场交易清淡和污染物非均匀混合造成的高交易成本，这个计划表现不佳。在加利福尼亚州的**地区清洁空气激励市场计划**和移动污染源交易计划（也就是"旧车"购买计划）中，污染热点问题在很大程度上被忽视。在加利福尼亚州出现的能源危机的压力下，地区清洁空气激励市场计划被暂时搁置。相比之下，美国东海岸的氮氧化物交易系统似乎有一个良好的开端。

16.3　总量管制与排放交易制度最大的成功案例是旨在减少**酸雨**的**全美二氧化硫交易体系**。这个受到仔细监测的项目实现了减少污染的目标，还节省了大量成本。成本节省首先发生在从安装烟雾净化器到使用低硫煤的转变过程中，并且因为竞争，烟雾净化器的价格也得以下降，之后，进一步的成本节约来自企业间逐步开始的二氧化硫排放交易。

16.4　美国东北部几个州提出的**区域温室气体倡议**是一个仅覆盖电力公用事业的总量管制与排放交易项目。针对这个项目出现的争议，为加利福尼亚州和其他地方出现的类似问题埋下了伏笔：许可证应该通过拍卖出售还是通过赠与的形式进行发放，如何最好地花费许可证拍卖收入，从而最大化该计划带来的好处，以及在最近提出的，如何在上限之下运作一个有效率的市场——许可证数量多于排放需求，并进而导致价格大幅下跌。此外，区域温室气体倡议允许企业通过在区域内或区域外购买**抵消**额度来达到排放上限要求。这里，主要的挑战在于确保新的抵消额度确实是**额外**实现的减排量。加利福

尼亚州的 **AB32** 计划将会是北美地区第一个针对整个经济实施的总量管制与排放交易体系。为了实现到 2020 年将排放量削减至 1990 年水平的目标，这个计划覆盖了加利福尼亚州 85%的经济。绝大多数许可证将通过拍卖的方式进行出售，依照州法律，拍卖收入必须进一步合理地用于温室气体减排目标。这个体系将尝试通过**价格区间**的方式来管理价格波动，并且对抵消额度的使用做出限制。

16.5　在 21 世纪的第一个 10 年期间，由于未能收集到足够的政治支持，两个联邦层面的总量管制与排放交易体系动议被废弃了。布什政府当局对监管电厂汞排放提出的建议准备使用一个全国性的可市场化交易的许可证制度，但是这项制度因可能存在的**污染热点**问题而备受争议。在 2010 年，美国针对是否为全球变暖污染设置一个全国性的总量管制与排放交易体系进行辩论。这个法案在众议院得到通过，其主要特点是：到 2020 年将排放量降低 17%，到 2050 年将排放量降低 80%。在一开始，大部分许可证都会通过赠与的形式进行发放，到 2030 年，这个体系会 100%转变到通过拍卖方式发售许可证。通过向电力分销商返还许可证收入，以及通过对可再生能源和提高能源效率的技术进行大规模投资，以及通过对包括国际性抵消额度在内的大规模抵消政策的使用，消费者的利益也能得到保护。**受影响的工人**则会得到**与调整相关的援助**。

16.6　加利福尼亚州和美国的立法设计都受到欧洲大陆推动的**欧洲交易系统**的影响。在经济衰退之前，欧洲一直走在实现《京都议定书》要求的减排目标的正轨上，也就是使 2012 年的排放量比 1990 年的排放量降低 7%；经济低迷确保了这个目标得以实现。最近，针对欧洲交易系统的改革包括收紧排放上限——到 2020 年，将排放量削减到比 1990 年还低 20%——以及要求至少将许可证的 50%用于拍卖。在欧洲交易系统中，一个存在争议的特点就是允许通过**清洁发展机制**从发展中国家购买抵消额度。欧洲交易系统的开局十分有力——发生了数十亿美元的交易。但是，持续的全球经济衰退导致许可证价格非常低。此外，事实证明，清洁发展机制中抵消额度很难得到可核查的保证，也很难保证抵消额度确实来自额外的减排，这些因素都让人们对抵消政策中不够得力的监测和执法产生担忧。

16.7　教科书式的污染税很少被用来抗击污染问题，因为它在政治上很难得以实施。然而，最近在加拿大、澳大利亚和其他地方正在实施碳税。在美国，与污染税最为接近的主要例子是针对有害或无害固体及液体废物收取的处置费用。然而，即使在这一部门，**单位定价**法也没有得到广泛使用，这就冲淡了人们减少废物的激励。美国的其他定价政策——严格来说并不是污染税——包括针对公众使用的资源收取费用、环境债券，以及保险和责任要求。欧洲长期以来都对化石燃料和其他形式的能源征收较高的税收，将其作为一种**间接污染税**，目的是促进人们更大程度地节约能源使用。间接税的理论问题在于，它可能造成意料之外的一些其他行为，而这些行为有可能产生适得其反的影响。

参考文献

Alberini, Anna, Winston Harrington, and Virginia McConnell. 1993. Determinants of participation in accelerated vehicle retirement programs. Discussion paper 93-18. Washington, DC: Resources for the Future.

Atkinson, Scott, and Tom Tietenberg. 1991. Market failure in incentive-based regulation: The case of emission trading. *Journal of Environmental Economics and Management* 21 (1): 17-31.

Burtraw, Dallas. 1996. Trading emissions to clean the air: Exchanges few but savings many. *Resources* 122 (Winter): 3-6.

Burtraw, Dallas, D. Evans, A. Krupnick, K. Palmer, and R. Toth. 2005. Economics of pollution trading for SO_2 and NOx. *Annual Review of Environment and Resources* 30: 253-289.

Burtraw, Dallas, David McLaughlin, and Sarah Jo Szambelan. 2012. California's new gold: A primer on the use of allowance value created under the CO_2 cap-and-trade program. RFF Discussion Paper 12-23.

Burtaw, Dallas, and Sarah Jo Szambelan. 2010. U. S. Emissions Trading Markets for SO_2 and NOx, In *Permit Trading in Different Applications*, ed. Bernd Hansjürgens. New York: Routledge.

Claussen, Eileen. 1991. Acid rain: The strategy. *EPA Journal* 17 (1): 21-23.

Drury, Richard, Michael Belliveau, J. Kuhn, and Shipra Bansal. 1999. Pollution trading and environmental injustice: Los Angeles failed experiment in air quality policy. *Duke Environmental Law and Policy Forum* 9 (2): 231-290.

Dubin, Jeffery, and Geoffrey Rothwell. 1990. Subsidy to nuclear power through the Price-Anderson Liability Limit, Contemporary Policy, Ⅷ: 3: 7, 73-79.

European Environment Agency. 2005. *Greenhouse gas emission trends and projections in Europe 2005* (EEA Report No. 8/*2005*, Brussels). http://reports. eea. europa. eu/eea_report_2005_8/en/GHG2005. pdf.

European Environment Agency. 2009. *Greenhouse gas emission trends and projections in Europe 2009: Tracking progress towards Kyoto targets* (EEA Report No. 9, Brussels).

Fowlie, Meredith, Stephen P. Holland, and Erin T. Mansur. 2009. *What do emissions markets deliver and to whom? Evidence from Southern California's NOx Trading Program*. Working paper 15082. Cambridge, MA: National Bureau of Economic Research.

Fullerton, Don, and Thomas Kinnaman. 1996. Household response to pricing garbage by the bag. *American Economic Review* 86 (4): 971-984.

Gayer, T., and R. W. Hahn. 2005. *Designing environmental policy: Lessons from the regulation of mercury emission*. Regulatory analysis 05-01. Washington, DC: AEI-Brookings Joint Center.

Goodstein, Eban. 1999. *The trade-off myth: Fact and fiction about jobs and the environment*. Washington, DC: Island Press.

Goodstein, Eban, and Robert Jones. 1997. *Testing the market for environment safety: The case of oil tankers*. Lewis and Clark College working paper. Portland, OR: Lewis and Clark College.

Hahn, Robert W. 1989. Economic prescriptions for environmental problems: How the patient followed the doctor's orders. *Journal of Economic Perspectives* 3 (2): 95-114.

Harrison, D. 2006. Ex post evaluation of the RECLAIM emissions trading programmes for the Los Angeles Air Basin. In *Tradeable permits: Policy design, evaluation and reform*, 45-69. Paris: OECD.

Harshaw, Tobin. 2009. Weekend opinionator: Was the car rebate plan a clunker? *New York Times Online*, 30 October. http://opinionator.blogs.nytimes.com/2009/10/30/weekend-opinionator-was-the-car-rebate-plan-a-clunker/.

Heinzerling, L., and R. I. Steinzor, 2004. A perfect storm: Mercury and the Bush administration (Parts Ⅰ & Ⅱ). *Environmental Law Reports* 34 (10297).

Hibbard, Paul, Susan F. Tierney, Andrea M. Okie, Pavel G. Darling. 2011. The economic impacts of the Regional Greenhouse Gas Initiative on ten Northeast and Mid-Atlantic states. Review of the use of RGGI auction proceeds from the first three-year compliance period. 15 November. Boston: Analysis Group.

Krukowska, Ewa. 2012. 'EU's hedegaard says CO_2 auctions review is short-term fix'. *Bloomberg*. 10 May. http://www.bloomberg.com/news/2012-05-10/eu-s-hedegaard-says-co2-auctions-review-is-short-term-fix.html.

Luong, Danny, Susan Tsai, and Dipankar Sakar. 2000. *Annual reclaim audit report for the 1998 compliance year*. Los Angeles: South Coast Air Quality Management District.

Morris, Glenn E., and Denise G. Byrd. 1990. *Charging households for waste collection and disposal*. EPA 530-SW-90-047. Washington, DC: U. S. Environmental Protection Agency.

National Acid Precipitation Program (NAPAP). 1991. *National Acid Precipitation Program, 1990 integrated assessment report*. Washington, DC: Author.

Navarro, Miryear. 2012. Regional cap-and-trade effort seeks greater impact by cutting carbon allowances. *New York Times*, 26 January.

O'Neill, C. A. 2004. Mercury, risk and justice. *Environmental Law Reports* 34 (11070).

Regional Greenhouse Gas Initiative. 2005. Frequently asked questions. http://www.rggi.org/docs/mou_faqs_12_20_05.pdf.

Sheppard, Kate. 2009. Everything you always wanted to know about the Waxman-Markey energy/climate bill—In bullet points. *Grist*, 3 June. www.grist.org/article/2009-06-03-waxman-markey-bill-breakdown/.

Steinzor, R. 2005. "Market-based" regulatory tools: Toward better bubble. *Center for Progressive Reform*. www.progressiveregulation.org/perspectives/emissions.cfm.

Stern, Nicholas Herbert. 2006. *The economics of climate change*. Oxford: Cambridge University Press.

Taylor, Jeffrey. 1992. New rules harness power of free markets to curb air pollution. *Wall Street Journal*, 14 April, 1.

U. S. Environmental Protection Agency. 1999. *Progress report on the EPA Acid Rain Program*. Washington, DC: EPA Office of Air and Radiation.

Whiteman, Lily. 1992. Trades to remember: The lead phasedown. *EPA Journal* 18 (2): 38-39.

第 17 章

推动清洁技术：理论

17.0 引言

自 20 世纪 60 年代以来，环境经济学家提出了从命令与控制型监管向基于激励的监管转变的理由。他们对“我们如何能做得更好”这个问题给出的答复是：“我们可以在更低成本上实现相同的污染减排目标”。上一章说明了如何慢慢通过一系列日益复杂的政策试验，特别是通过总量管制与排放交易的方式来落实这种转型。今天，这个概念获得了胜利，在我们所在的这个星球上，基于激励的监管方法已经成为占据支配地位的监管措施。为了应对全球变暖，全球碳排放交易——其排放上限不断降低——已经成为欧洲人生活中的现实，并且正在北美地区更广泛地实施。

尽管基于激励的监管方法的倡导者为我们的环保问题设计出更好的监管方式，但任何一种对污染控制进行监管的方式都会遭到一个更加根本性的批评，这个批评既针对命令与控制型监管，也针对基于激励的监管。正如我们在第 14 章末尾所讨论的，监管面临三个一般性问题：(1) 快速的经济增长；(2) 控制污染的边际成本上升（“容易”控制的污染点和固定污染源都已经得到治理）；(3) 污染治理的挤出效应（在一个地方进行的污染治理可能挤出其他地方的污染治理）。因此，即使基于激励的方式，只运用监管手段可能还不足以实现环境治理目标。

此外，由于具有信息密集度高的特点，我们发现监管容易受到政治的高度影响。因此，产业界花费数以千万计的美元来影响和化解监管进程，但是，它们仍然发现自己背负着沉重的负担，同时国会还在为看似不合理的监管法规要求进行授权。与此同时，环保主义者却批评说实际的监管一点效果都没有，其执行也是不正常的。正如一位观察家所言，“因为监管范围和监管目标的游移、能够接受原谅并通过谈判给予例外，以及在执法中存在的自由裁量和随意的法规遵从行为，传统的法律已经失去意义”①。

正如在第14章中所指出的，过去45年来，人们采取的监管办法取得的成效与人们对其产生的看法迥异。虽然相对于最初设定的那个“干净、安全”的环境目标存在差距，但是现在的环境质量要比没有监管的状态好很多。然而，普遍的看法是，监管方法的效力受到所考虑问题的复杂性的限制，也受到相关政治影响的限制。此外，毫无疑问的是，监管方式需要一个详细的官僚决策过程，其成本也是高昂的。

最后，随着气候的变化，“环境保护”突然成为文明的挑战。为了将全球变暖保持在较低水平，人类需要完成惊人的能量转换规模。正如在绪论中所指出的，许多经济学家认为，到2050年，发达国家需要将二氧化碳和其他全球变暖污染物排放量减少80%或更多，也就是说，要在未来40年里用清洁能源重新改造我们这个星球。为了迎接这项挑战，简单要求富裕国家的私营企业在不断下调的全国性减排上限中削减排放量是不够的。如果政府不推动能够起到互补作用的清洁能源替代品实现快速开发和推广，那么仅依赖私营部门将无法在可接受的代价水平上提供所需的减排量。

鉴于这些因素，最近的经济思维强调将清洁技术发展作为监管的一个关键性互补战略。这种方法的倡导者认为，与其仅依靠“末端”控制污染物，政府倒不如把推广使用能降低污染物投入和污染过程的技术放在第一位。

减少在制造业中产生的废物、回收废物、农业中的低效投入、提高能源和用水效率、提高可再生资源利用，以及可再生能源生产等，往往被人们看作政府基于环保理由应该推动的一些备选事项。它们可以被统称为**清洁技术**（clean technologies，CT）。

然而，这个简单的方式要求至少回答三个问题：（1）我们如何识别清洁技术？（2）如果这项技术的优越性是那么明显，为什么市场不将其放在首位并加以运用？（3）如果市场未能迅速采用清洁技术，政府该如何成功地“挑选赢家”并在众多技术中推动某些类型的技术？本章详细探讨了清洁技术的相关理论，侧重于上述三个问题，并通过两个案例研究结束本章，这两个案例研究是：替代性农业和固体废物管理。在第18章，我们将通过对这个时代面临的重大技术挑战进行一个全面审视来结束第3部分的内容：这个技术就是如何让全球快速过渡到清洁能源。

17.1 路径依赖与清洁技术

在1977年我刚进入大学学习时，一本出版较早并且具有影响力的书出现在书架上，它讨论的是清洁能源技术。本书的作者是美国物理学家艾默里·洛文斯（Amory Lovins），书名叫作《软能源之路：面向可持续的和平》（*Soft Energy Paths: Towards a Durable Peace*）。洛文斯认为美国正处在一个十字路口。第一条路是正在被推动的——一个基于廉价电力生产推动的社会，对煤炭、石油和核能生产的依赖程度会不断提高。

① 参见Greider（1992，109）。

洛文斯将这条路标记为“硬”路径。相较之下，“软”路径则指政府有意识地做出努力，推动整个经济朝着高效使用能源和推广可再生能源技术的方向发展，后者尤以太阳能发电为代表。

因为“软”路径取决于分布式电力生产，并且更加依赖局部地区的现有资源，所以它能够带来很多社会福利：“软路径同时能够为失业者提供就业，为商人提供资本，为自然资源保护论者提供环境保护，能够帮助军队加强国防安全，能够让小企业创新，并且让大企业回收其产品”[①]。但最重要的是，洛文斯说它们很便宜。

从理论的角度来看，可以用经济学家所谓的**路径依赖**[②]（path dependence）解释政府在影响技术进步方向上做出的努力。这个理论认为，当前的生产技术——例如，美国人在城市交通中对私人汽车的依赖——只代表一种可能的发展路径。在这种情况下，一个具有成本效率的潜在可选方案是推动轨道交通，在欧洲和日本的许多城市，轨道交通已经在城市交通中占据主导地位。

一个社会选择的路径取决于各种因素，其中包括利益冲突方的相对政治力量和历史环境提供的机会，当然也包括消费者偏好和相对生产成本。在汽车的例子中，从第二次世界大战后美国政府决定兴建州际公路系统开始，这个决策推动了郊区的发展，并为私人交通工具的发展赋予了决定性优势。

然而，一旦一个路径被选定，也就无法走其他路径了；这种情况的出现有三个原因。第一，基础设施投资和研发投资会持续不断地流向被选定的技术路径，同时会不断从其他没有被选定的技术路径中流出。第二，选定的技术能够通过规模经济巩固成本优势。第三，为了适应被选择的技术路径，人们会开发一些互补性技术，这进一步让其他技术路径处于不利地位。在运输行业的例子中就包括美国城市中庞大的零售和住房模式，现在，这个模式确实需要私家车来完成通勤。

路径依赖理论表明，一旦路径被选择，就没有一个简单方法来实现路径切换。然而，回想起来，我们可以看到技术选择有其社会后果——例如，采用私人交通工具带来了巨大的环境成本。因此，政府的角色是试图影响由市场驱动的技术发展，使其走一条符合可持续发展的道路。需要注意的是，这个理论假设在现代资本主义社会中，政府必然要通过基础设施决策和补贴政策，在塑造技术变化的过程中发挥一定作用；这里的关键是，确保政府发挥的是积极作用。

洛文斯最初的论证——政府应该积极推动向清洁能源经济转变——将会在接下来的数十年中发挥其智识上的威力，随着全球气候变化问题进入舞台中央，这一转向已经开始塑造美国的政策。在奥巴马政府的管理下，本章探讨的很多政策工具都是2009年经济刺激法案中的一部分——研发支出、基建投资、商业化补贴、技术驱动的监管——都在倾力打造“绿色经济”的过程中得到大大扩展。所有这些举措背后都是经济发展的路径依赖理论。[③]

---

① 参见 Lovins (1977, 23)。

② 若想获知路径依赖理论方面的入门性介绍，可见 Arthur (1991)。

③ 从路径依赖视角讨论清洁能源的精彩材料可见以下博客：www.climateprogress.org。这个博客由乔·罗姆（Joe Romm）博士写作，他是一名物理学家，也是克林顿政府时期美国能源部的一位管理人员。在20世纪90年代早期，罗姆博士还和洛文斯一起工作。

17.2 定义清洁技术

从本书讨论的目的出发，清洁技术有以下三个特点：

1. 它能够提供与现有技术类似的服务质量。
2. 相比于现有技术，它有最小的长期私人边际成本。
3. 相比于现有技术，它对环境的破坏性更小。

1. 清洁技术能够提供质量可比的服务。对质量的判断是个艰巨任务。例如，在阳光明媚的气候下，获取洗碗机预热水的一种成本节省且方便的方式是在屋顶安装一个涂成黑色、容量为50加仑的桶。然而，在早期，对这种简单并符合成本效益的技术进行推广时遇到了消费者的抗拒——对大多数人而言，这个桶实在太丑了。另一些消费者则对自家屋顶上有一个节能桶感到非常骄傲。① 因此，对“质量可比”做出的判断必然是主观的。然而，政府在做出促进某项特定技术而不是另一项技术的决策时，需要对服务的相对质量做出一些判断。糟糕的选择最终将被消费者拒绝，并进而导致清洁技术政策失败。

2. 以市场为基础，清洁技术在成本方面是有竞争力的。在不同技术之间进行成本比较应该使用长期私人边际成本，其中包括税收和监管成本。为什么在比较中不包括外部的社会成本？将私人成本加上社会成本后进行比较，确实可以为技术从理论上讲是否“有效率”提供一个衡量标准。然而，如果清洁技术无法在私人成本上实现竞争优势，那么无论政府如何努力进行推动，这种技术都不会被人们使用。

例如，请考虑太阳能光伏发电（photovoltaic，PV）电池，它能够产生来自太阳能的电流。从环境的角度看，太阳能光伏发电很显然符合清洁技术的特征。然而，如果在几年时间内太阳能光伏发电价格无法下降到在私人市场具有竞争力的水平（很多人认为价格可以下降到这个水平），那么无论政府如何努力推动，对它的使用都不会迅速扩大。为了让清洁技术取得成功，它在市场上必须有竞争力。

何谓**长期边际成本**（long-run marginal costs）？简单说，它就是在技术成熟时生产额外一单位产品的成本。根据是否需要达到高产出量才能获取最低的长期边际成本，可将清洁技术分为两类。**后期阶段的清洁技术**（late-stage CT）是指在小批量生产时就已经能够在成本上与现有技术进行竞争的产品。此类例子包括安装房屋保温设备或低流量的莲蓬头，农场采用农药密集度更低的害虫防治手段，以及制造业企业采用“内部管理”方式来减少产生的有害废物数量。根据定义，虽然后期阶段的清洁技术在当前就具有成本竞争力，但是仍然可以通过推广使用的方式来获取规模经济。

相比之下，**早期阶段的清洁技术**（early-stage CT）则需要额外的研发，或者通过高产量才能实现最低长期成本。此类例子包括启动废物回收作业、太阳能光伏发电

① 感谢Dallas Burtraw提供这个例子。

或太阳能热发电生产，以及制造如汽车、冰箱、灯和空调等下一代节能耐用消费品。

图 17－1 说明了人们对风力发电的长期平均成本曲线进行的估计。在 20 世纪 80 年代初，风力发电的成本在 0.25 美元/千瓦时以上。到 2013 年，全球风电容量已经超过 200 000 兆瓦，价格下跌至不足 0.04 美元/千瓦时。在地理位置有利的区域中，相比于最便宜的新型化石燃料企业，风能开始具备竞争力。

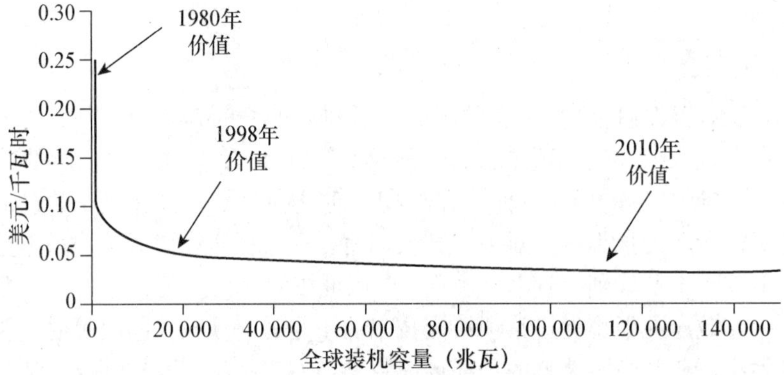

图 17－1　风力发电的长期成本（按照 2005 年美元价格水平进行估计）

资料来源：Goodstein（2000）；假设增长率为 85%。

单位成本下降的原因有三点。第一，随着公司在研发方面进行投资并获得经验，它们在组织和生产过程中能够产生新的、成本更低的方法。第二，随着市场规模的扩大，企业可以利用**规模经济**（economies of scale），也就是在高产量时通过使用专业化的设备和人员实现更低成本的生产。第三，随着配套产业和市场的发展，投入品的成本也在下降。①

如图所绘，随着科技进步和专业化生产带来的机会被用尽，平均成本曲线最终会变得平坦。这部分曲线就是最小长期平均成本，因为这时平均成本是恒定的，边际成本也变为恒定的。在可估计的范围内，这种长期成本应该成为比较两种技术的基准，例如，应该成为比较风力发电和煤炭发电的基准。

对成本进行预测的历史充满了重大灾难，例如，一个著名预测曾指出有一天核电会“便宜到人们不愿去度量用了多少电”。因此，可信的预测不应该借助未经证实或存在推测性的技术方案，相反，它应该取决于在相对较短的时间框架内执行已知生产方法时得到的预期成本。

3. 清洁技术具有环境优先性。在定义清洁技术时指出的三点可以确保这个技术的确是干净的，但事实上这要比看上去更难定义。第一，至少要通过粗略的方式说明这个技术产生的所有主要的环境影响：在制造、使用和处置过程中产生的环境影响。这种从

① 在前面的课程中你可能还记得，随着企业在摊平固定成本，其短期平均成本也会出现下降。为工厂在厂房、设备、广告、服务以及销售网络上进行的初始投资确实意味着，给定工厂规模，当产出水平低的时候，单位成本比较高。然而，从长期来看，平均固定成本并不会随着产业的发展而降低，因为管理费用会成比例地增长。此外，来自管理成本上升的规模报酬递减可能会导致产出越过某个点后长期平均成本实际上开始上升。

摇篮到坟墓的方法被称为**生命周期分析**（life-cycle analysis）。第二个问题源于不同技术会产生各种类型的环境影响。这又带来**叠加问题**（adding-up problem），即一种技术相对于另一种技术的优势可能并不十分明显。针对“尿裤战”进行的辩论可以用来阐述生命周期问题和叠加问题。每年，美国的婴儿要使用约170亿条由纸和塑料制成的一次性尿裤。在这些纸尿裤中，有1%～2%的材料会变为固体废物，最终进入垃圾填埋场或被焚烧。环保行业的企业家看到了机会，他们认为布做的尿裤也能够提供尿裤服务，而且是一种更加干净的替代品——服务质量（包括方便性）和价格都是可比的，对环境也更加友好。随着这种“绿色”营销下消费者需求得到刺激，尿裤服务业务正在蓬勃发展。

然而，作为对固体废物处理问题提出反对意见的一方，宝洁公司（“帮宝适”和“Luvs”牌纸尿裤的制造商）对相关研究和公共关系管理进行了资助，它们认为，相比于纸尿裤在生产过程中产生的水污染，可重复使用的布尿裤在清洗过程中会产生更大的水污染。全国尿布服务协会也对其自身完成的研究进行了资助，这项研究对两种产品产生的环境影响进行了生命周期分析。这项研究的作者发现，在一般情况下，相比于一次性尿裤，棉尿裤在制造工艺中排出液体的危害性较小，对商业化的棉质尿裤清洗业务而言，它在清洗过程中的水污染优势确实是不存在的。

从这一点来看，似乎在存在固体废物处理问题的地区中，因为棉尿裤在生产过程中总的液体排放量更小，所以棉尿裤有优势，但是在市政水处理设施负荷过重或供给不足的地区中，一次性尿裤更可取。然而，这些科学研究的细节并未在市场上产生影响。由于宝洁公司在广告战上的大手笔，布尿裤服务失去了其在环境方面的优势，已经不再是一种竞争威胁。①

对产品在生命周期中产生的环境影响进行度量是一门新兴科学，在某些情况下，这门科学可以在不同精度水平上对不同技术产生的相对污染影响给出估计。然而，正如尿裤案例所示，一项特定技术未必会在所有污染领域都优于另外一种技术，对产品生命周期界限的确定不同，可能导致出现相互矛盾的结果。在这一点上，致力于支持一种技术而不是另一种技术的政策往往依赖“常识”进行判断。这反过来意味着很多技术都和尿裤类似，实际上能够达到的效果都是比较接近的，因此，这些技术不应作为政府应促进的清洁技术候选方案。

一种可用来解决叠加问题并比较两类技术的自然而然的方法是在整个生命周期对不同污染来源产生的环境损害进行货币化并加总。这个数值可用来比较两种技术的社会成本，类似于我们在表17-1中针对煤炭发电和太阳能发电所做的计算。注意到，太阳能光伏发电这个清洁技术确实对社会带来一些外部性成本。然而，在太阳能光伏制造过程中产生的污染要远远低于燃烧煤炭产生的损害。通过用这种方式对损害进行货币化，我们可以对清洁技术的优先性做出判断。然而，正如早些时候讨论的那两点，对环境损害进行加总不应成为对清洁技术的成本有效性进行评估的一部分。只有当消费者面对的成本能够与不清洁的替代性产品可比时，清洁技术才能得到快速推广。

① 参见 A. D. Little (1990)；Hershkowitz (1990)；以及 Lehrburger，Mullen，and Jones (1991)。

表 17-1　电力生产的私人成本和社会成本　单位：美分/千瓦时

	太阳能光伏发电	传统的煤炭
私人成本	14.4	10.1
外部成本	0～0.002	4～18
总成本	14.40～14.42	14.10～28.10

资料来源：私人成本摘自 U.S. EIA（2013）；煤炭的外部成本摘自 Muller et al.（2011）and Epstein et al（2011）；太阳能光伏发电摘自 Ottinger（1990）。

本节为清洁技术提供了一个行之有效的定义。我们发现，小型和大型技术都可以是清洁技术；这里并没有"小即是美"的先入之见。然而，在这一章讨论的所有清洁技术候选项——太阳能光伏发电和其他可再生能源技术、能源效率、尿裤服务（在某些领域）、回收、减少废物与替代性农业——都依托相对劳动密集型和（或）依赖更大范围的本地生产资源实现环境优势。正如在第 6 章中所述，这些功能有时会带来更高的本地就业水平。

17.3 如果你是如此聪明，为什么并不富有

针对清洁技术提出的第一个反对意见是：如果这些技术已经接近商业应用的程度，它带来的服务质量和长期生产成本能够和现有技术相媲美，而且在环境方面更加优良，为什么私人企业家不将这类技术的开发放在第一位？换句话说，如果清洁技术的倡导人如此聪明，为什么他们并不富裕？

对这个问题的第一个反应是，在某些情况下，事实确实如此。例如，成千上万的美国农民都采取各种形式的低投入农业（low-input farming）；在许多社区中，回收已经成为具有经济效益的废物处置形式；为企业和家庭节约能源使用成本的能源服务公司正在迅速增长。因此，市场力量确实为清洁技术提供了一些支持。然而，许多此类清洁技术的市场份额虽然正在增长，但是仍然很小。

各种壁垒都可能阻碍市场开发出具有环境优越性和成本效益的技术。表 17-2 提供了一个摘要。主要的市场壁垒是清洁技术**缺乏可观的利润优势**（lack of a substantial profit advantage）。私人企业通过市场营销来克服市场壁垒——信息不足、转售市场交易清淡、融资途径有限，以及高贴现率——实现快速传播的激励不足。

表 17-2　清洁技术快速推广过程中存在的壁垒

市场壁垒	政府壁垒
A. 缺乏利润优势 ● 信息不足 ● 转售市场交易清淡 ● 融资途径有限 ● 高贴现率	A. 补贴政策对非清洁技术有利 B. 监管未能将所有的外部成本内部化

第二个重大壁垒来自目前的政府政策：补贴政策偏向于现有技术，它们是清洁技术的竞争对手。这些补贴包括提供研发资金和价格支持政策，以及为州政府和联邦机构人

员代表行业进行的努力提供税收抵免。当然，最后是技术竞争对手的市场价格不能反映外部性成本。

□ 清洁技术面临的市场壁垒

清洁技术的潜在成本具有竞争力并不足以让它们的盈利水平高于现有技术。企业家往往倾向于推出一款可以填补“利基市场”的产品，从而至少暂时获得一些垄断利润：比如 ipod 或智能手机。相比之下，清洁技术一般都无法提供某种新产品，相反，它们要在成熟产业中与现有的、行之有效的技术进行面对面的竞争。因此，清洁技术必须进入已经实现激烈竞争的领域，预期只能获得正常利润。清洁技术唯一明确的优势是对环境的影响。虽然这可能会在市场营销方面提供一些作用，但是一般不会保证高的盈利能力。

在正常的市场情况下，往往要花大量时间来为新技术开发出普遍存在的使用者。这是因为消费者对新技术的优势缺乏知识（再次看到这里存在不完美信息的问题），而且消费者的需求存在差异。向任何新技术的过渡都需要通过营销努力克服这种信息缺乏。营销费用是**沉没成本**（sunk costs），如果投资失败，这些成本便无法收回。与一项投资相关的沉没成本越高，这项投资的风险就越大。

清洁技术面临特别高的沉没成本（因此具有高风险），因为它无法通过为消费者提供尚不存在的商品实现“自我营销”。相反，清洁技术需要把使用现有技术的消费者吸引过来。虽然清洁技术能够提供类似服务，但是往往需要用户学习新的消费习惯。这就要在市场营销方面进行大规模投资，如果这笔生意失败，该投资将无法收回。

此外，现有企业不会轻易让其他人进入自己的市场。宝洁公司就是这样的例子，它们发动了大规模公共关系活动来说服消费者一次性尿裤并不在环境保护方面劣于棉质尿裤。源自强大的在位企业的此类针锋相对的市场营销活动，使大规模进入清洁技术市场的努力具有更高的风险，甚至可以完全阻止其他企业进入清洁技术市场。

正如我们在可市场化交易的许可证制度下所看到的，不完美信息还会导致出现**市场交易清淡问题**（thin market problem）。例如，房主可能不愿意承担安装节能且省钱的发光二极管灯的前置成本，因为大多数潜在的房屋买主对此都知之甚少。因此，如果她决定在几年之内卖掉房子，可能会收不回这笔投资。耐用技术市场交易清淡问题（因此也就是转售价值问题）往往抑制清洁技术的采用率。

大型和小型清洁技术都会遇到**融资途径**（access to capital）有限问题。小型清洁技术往往需要一个初始的前期投资，它可以通过较低的经营成本进行补偿。回到我们刚才提及的房主的例子，银行可能会为她提供一个房屋装修贷款以便于她购买节能灯泡，不过，这类贷款并不常见；然而，针对这类贷款收取的利率将远高于一家公用事业机构借贷几亿美金建造新的发电厂时面对的利率。银行会为这种差别化贷款做法进行辩解说，与小额贷款相关的交易成本较高，也许还存在较高风险。

在另一个极端情况下，具有规模经济的大型清洁技术——例如，太阳能发电——在研发、生产、销售和服务方面需要大量资本。它还需要一批专业化的人力资本——熟悉市场的管理和专业技术人才。在太阳能领域，能够“自然而然”获取如此规模的资本和专业人才的机构都是能源与公用事业领域的大型企业。但是，为什么从总体上看这些企业会忽略清洁技术？

正如我们在第 8 章中所知道的，对环保投资而言，私人投资的贴现率往往高于全社会的适当贴现率。**高贴现率**（high discount rates）意味着在未来赚取的利润不如今天赚取的利润那么有价值。正如早些时候我们所强调的，因为清洁技术是在和成熟的常规技术进行竞争，所以从短期来看，清洁技术中的主要投资不太可能成为利润中心——要在十几年或更长时期内才能形成。然而，在美国的很多产业中，税前利润率达到 20%是一个常见的回报率要求，这意味着要在 5 年时间内收回所有的投资。

对太阳能以及其他一些早期可再生能源领域的最大型能源和公用事业企业而言，上述核心事实一直如此；几乎没人对能够带来长期回报的研发投资有兴趣。此外，这些企业倾向于对现有的既得利益表现出强烈兴趣。为什么要开发出可能和已经盈利的电力和燃料销售业务形成竞争的新技术？欧洲和日本的企业面临较高的常规燃料价格，自然对清洁能源技术更感兴趣。

由于缺乏大型公司对太阳能发电技术开发做出的承诺，小型企业开始服务于这个利基市场。然而，这些企业既无法完成大规模的研发，也无法实现生产的规模经济性。因此，成本仍然很高，并且市场也只是在缓慢发展。

最后，消费者在高耐用清洁技术方面也要求高回报率。在购买节能型空调、冰箱或灯泡时，50%～100%的贴现率并不鲜见。这种不愿向更高利润水平投资提供资金的做法，是面对信息不足、融资途径有限、风险规避和转售市场交易清淡等问题的一个综合性反应。

□ 清洁技术面临的政府壁垒

除了市场壁垒外，清洁技术往往在政府向高污染的竞争对手提供**直接或间接补贴**（direct or indirect subsidies）中处于不利地位。以农业为例。正如你在经济学入门课程中所知道的，由于农产品价格高度可变，历史上政府一直为农民提供价格下限保证。如果市场价格低于下限价格，比如说玉米的价格低于每蒲式耳 2.80 美元，那么政府将补足该市场价格与下限价格之间的差额。然而，如图 17－2 所示，价格下限也会造成玉米供给过剩 q_d 到 q_s，为此必须由政府进行储存。这种产能过剩带来的后果之一当然是更多的农药使用。环境保护基金会估计指出，在单一年份，美国过剩的小麦和玉米产出需要消耗 73 亿磅肥料和 1.1 亿磅农药。

然而，除了导致农药的过量使用外，补贴计划还会直接对清洁农业实践产生不良效应。直到最近，价格支持政策主要针对为数有限的农作物，这些作物（巧合地成为价格支持政策的目标农作物?）在种植过程中都会广泛使用化肥和农药。此外，某一年的补贴付款基于去年整年的产量进行计算，这就有效地将农作物产量与补贴数量联系在一起。于是，如果一位农夫期望基于生产多元化将清洁技术应用到低化学品密集型作物和作物轮作，作为施肥、杂草、虫害、侵蚀控制的一种方法，他会发现自己在两方面遭遇损失。他不仅会在当年失去政府补贴，而且未来的农作物生长补贴也会被减少。①

虽然农业补贴提供了一个非常明显的例子，但是实际上大多数清洁技术面临的竞争对手都在获得重要的政府援助，这种援助要么是直接的，要么是间接的。例如，正如我们在上一章中所讨论的，固体废物处置往往使用一次性整笔支付，并不遵循单位定价策

① Curtis (1991) 引用了保护基金会的研究。

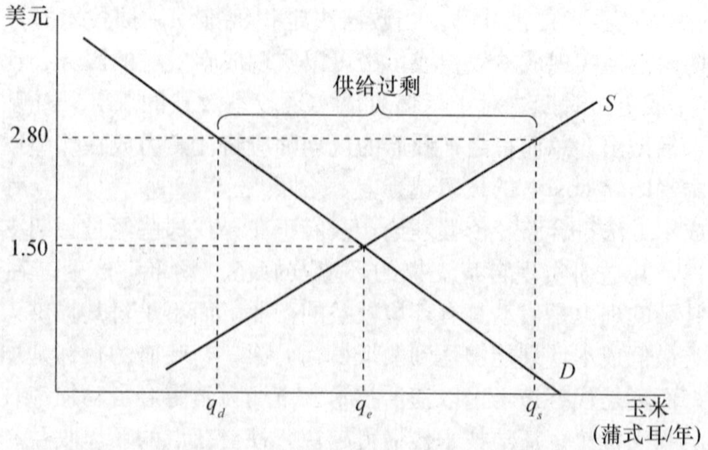

图 17-2　农业补贴产生的影响

略。这就为大型垃圾制造者提供了补贴，并且对废物回收产生了不利影响。本书第 18 章将关注在能源领域针对污染技术提供的补贴。

本节为清洁技术推广过程中市场和政府中存在的壁垒提供了一个概览。现在，我们来考虑实际中政府决策者如何能以最具成本效益的方式挑选和推动清洁技术发展。

17.4 找到能够成功的路径

最近，在广播上出现了一位著名的政府批评家。他提出一个论点，认为美国西部许多的环境问题都可以直接追溯到政府做出的错误决策，这些决策反映出行业的影响力：对牧场主的补贴导致过度放牧；对木材公司的补贴导致森林砍伐殆尽；对矿业公司的补贴导致水污染和旷野地区遭到破坏；从政府拥有、租赁或补贴的核设施中出现的辐射泄漏和释放。

对政府在促进工业投资中做出的此类努力，目前存在两种回应。一种是对政府合理干预经济事务的能力表现出绝望。传统的保守派会采取这一立场，并认为，尽管可能存在快速采用清洁技术的市场壁垒，政府唯一应该做的事情是通过消除所有补贴实现公平竞争。

进步人士则采用另一种应对方法。虽然他们也承认政府的失灵，但是认为取消补贴的呼吁实在是太天真了。所面临的挑战是要认识到政府干预经济活动的局限性，并在推行政策促进清洁技术发展的过程中考虑到这种局限性。

在这个过程中，如何将官僚错误和政治影响力减少到最小？应遵循三个步骤。

1. 公平竞争。在可能的范围内，取消为非清洁技术提供的补贴，并将其造成的外部成本内部化，特别是通过基于激励的监管手段实现这种内部化。通过减少补贴并将社会成本内部化创造“公平竞争”的环境，可以为清洁技术提供一个能够取得成功的决定性优势。

2. 只促进具有明确环境效应的赢家。鉴于评估不同技术对环境产生的实际影响时存在不确定性，只有那些明确具有环境优势的清洁技术才应获得推动。

3. 对最低成本的技术提供补贴。当政府决定积极推动一项技术时，补贴只应该投向在相对短时期内已经实现成本效益或承诺可以实现成本效益的服务，比如说，相对短的时期是指 10 年或更短时期。对于承诺可以实现成本效益的服务，补贴应该根据观察到的成本节约水平做出。总而言之，政府的规划师应将注意力放在那些通过环境测评并且具有**最低成本**（least-cost）的技术选择上。

这种最低成本方法符合路径依赖理论；政府正在寻找那些经过短期支持便能实现足够大的产出规模，并进而实现自我支撑的环境友好型“幼稚”产业。在路径依赖理论下，政府提供补贴的理由是启动具有环境效益的行业，而不是对其提供无限期的推广工作。因此，此类最低成本计划能够达到两个目标。第一，政府的目标是加快市场采用清洁技术的速度，而不是代替市场采取清洁技术。市场力量将会自动加速技术推广，并更快地带来更大的利润优势。清洁技术传播得越快，社会获取的环境收益越大。第二，通过使用最低成本方法，可以避免官僚为不实用的技术做出过于昂贵的承诺。

政府“挑选输家”的一个好例子就是对核聚变的支持。核聚变是一种通过两个原子融合在一起实现能源生产的技术。相比之下，当今的商用核电反应堆主要通过粒子裂变的方式产生能源。政府自 1952 年开始对核聚变研究提供承诺，这是在冷战时期受苏联刺激而产生的。在 60 多年里，联邦政府每年对此提供数亿美元的资金支持，但是至今核聚变距离商业化利用程度还有很长距离。[①]

为什么这种补贴会一直持续下去？源源不断的联邦政府资助资金产生了一个“核聚变团体”——在大学和联邦试验室中的物理学家与工程师，以及在国防部和能源部的官僚。这个团体与国会中的关键成员形成紧密联系，并且依托人们对国家安全的担忧维持对他们的资金支持。这个故事具有一般性：一旦出台某项补贴，就会创造一个“团体”，这个团体会组织起来保护这项补贴并以此为生。

相比于这种针对核聚变的无限期支持，路径依赖理论表明，清洁技术项目可以且应该关注具有明显的环境优势并且能够快速实现自我支持的技术。然后，政府可以针对此类技术做出具有时间限制或者基于绩效表现的承诺，并因此避免与特定技术相联系的既定政治利益。核聚变技术既没有通过一项环境效益评估，也没有根据快速的成本下降幅度决定是否继续提供补贴。

使用最低成本策略可以确保政策关注于“挑选最能够得到的果实”。这样做有助于对低风险以及低政府持续参与概率的较低投资提供更多环境保护。

17.5 推动早期阶段的清洁技术

将清洁技术划分为早期阶段和后期阶段是很有用的，因为它们面临的市场壁垒存在些许不同。早期阶段的技术需要政策援助，以便在达到成本效益之前实现高产量。与此相反，后期阶段的技术已经实现足够高的产量，其成本也得到降低，并且与非清洁技术的成本对等。后期阶段技术所面临的壁垒主要是不完美信息发挥的作用：消费者必须

① 参见 Herman（1990）。

"学习"对新技术的采用，而且资本也要学会对其进行融资。

早期阶段的清洁技术面对的主要壁垒是如何实现大批量生产。如图 17-1 所示，也就是要去通过研发、干中学和规模经济降低单位成本。关键的政策问题是为现有的或新的公司进入这些市场提供一些激励。本节讨论了鼓励这种行为的四项政策：(1) 研发资助；(2) 技术强制性标准；(3) 基础设施投资；(4) 生产者补贴。

□ 研发资助

一般情况下，经济学家认为在一个自由市场中基本的研发经费将是不足的，因为从很多方面看，研发都具有很好的公共品特征。基础性技术突破带来的外溢效应很大，因此，即使有专利保护，私人当事方也无法获取私人资助的研究带来的全部好处。基于这些原因，私营部门的研发投资将会不足。因此，需要联邦政府和州政府为科学与工程方面的研发提供经费。其中一部分经费是通过能源部、农业部、美国国家环境保护局、美国国家科学基金会和国立卫生研究院提供的。在美国，国防部是基础性研发的主要资助人。

为清洁技术研究提供资金的理由也是基于溢出效益：与采用新的技术路径相关的环境优势。然而，在美国，在 2008 年之前的 10 年中，能源生产和农业中的非清洁行业持续获得大量联邦政府研发经费。例如，能源部针对化石燃料中的研发活动提供的经费是它们向可再生能源领域提供的研发经费的两倍，不过这两类研发经费水平都相当低。美国能源部每年向可再生能源领域的研发活动提供了大约 3 亿美元的经费，这只是两架 F-22 战斗机的成本。[①] 在 21 世纪第一个 10 年后期，华盛顿出现的从保守政治向进步政治的转变，在全球经济衰退过程中大规模的刺激性支出，以及新的能源法案的出台，都使得政府在清洁能源技术研发方面的开支大幅增加——每年增加数十亿美元。然而，历史提供了一种谨慎态度。在卡特总统于 1976 年选举上台后，清洁能源研发资助也出现过类似大幅增加——事实上，那些花费在研究上的美元奠定了美国在全球风能和太阳能产业中的竞争力（欲知更多相关内容，可见第 18 章）。目前，一个悬而未决的问题是华盛顿是否会在当前政治窗口过后还提供大规模研发经费资助。

□ 技术强制性标准

除了提供研发经费和为生产者提供补贴这类胡萝卜政策外，政府的政策制定者还可以使用大棒政策。这里主要的工具是迫使市场主体符合**技术强制性标准**（technology-forcing standard）。相比于小型清洁技术政策，如提高照明效率这类建筑节能标准政策，技术强制性标准对企业提供尚未市场化的技术提出了期限。

也许最著名的技术强制性标准是**企业平均燃料经济性**（Corporate Average Fuel Economy，CAFE）标准。在 1975 年，国会要求汽车公司必须在 1978 年车型达到每加仑石油驾驶 18 英里、在 1985 年车型达到每加仑石油驾驶 27.5 英里的水平。未能完成这一标准的企业将会被罚款，不过允许企业有一年的"结转期"。也就是说，如果企业在某一年超出标准，它节省下来的每加仑英里数可以在第二年使用。

---

① 参见 U. S. Department of Energy (2002)。

从提高乘用车里程数的角度看，企业平均燃料经济性标准是成功的。到 1987 年，平均每加仑石油的行驶里程确实达到了 28 英里；自那以后，全行业层面上的燃料经济性实际上开始下降。企业平均燃料经济性标准带来了一些意料之外的后果：它鼓励汽车公司生产运动型多用途汽车（SUV）。运动型多用途汽车——在 1975 年被认为是轻型卡车而不是汽车——不受企业平均燃料经济性标准的限制。其结果是，自 20 世纪 90 年代中期以来，企业平均燃料经济性标准体系的有效性开始下降。正如在第 18 章将进一步讨论的，在经过漫长的政治斗争后，出于对全球变暖和能源安全的关切，奥巴马总统在 2009 年再次提高企业平均燃料经济性标准。该标准要求汽车制造商在 2016 年之前将汽车的燃料效率（这一次将运动型多用途汽车包含在内）提高到每加仑汽油 35.5 英里，并在 2025 年之前提高到每加仑汽油 54.5 英里。新的企业平均燃料经济性标准预计能够将 2012—2016 年所售汽车的石油消耗量削减 18 亿桶，从而为消费者平均节省3 000 美元。这要比美国每年从沙特阿拉伯、委内瑞拉、利比亚和尼日利亚合计的进口石油还多。①

技术强制性标准的第二个重要例子是可再生能源组合标准（Renewable Portfolio Standard，RPS）。在 21 世纪的第一个 10 年期间，很多州都通过了可再生能源组合标准，要求在某个给定日期之后，公用事业单位从符合可再生能源发电要求的地方购买某个给定比例的电力，比如说在 2015 年之后每年购买 15%可再生能源发出的电。如果公用事业企业未能实现这个比例，则会面临罚款和其他惩罚。可再生能源组合标准并未指定必须购买什么类型的可再生能源。相反，它在不同的可再生能源之间设置了一种竞争机制，从而发现哪些可再生能源最终能够胜出。可再生能源组合标准是构建一个市场以支持规模经济和干中学的独特工具，因此可以降低可再生能源的成本。这种"需求拖动"政策为投资者提供了信心。

技术强制性标准的最后一个例子是电器节能标准，这个标准在 20 世纪 70 年代开始最先出现在加利福尼亚州，当时是为冰箱制定的。在 1988 年人们引入了联邦标准。在 1978—1995 年，新冰箱的能源消费标准下降了一半多，从 1 500 千瓦时下降到 700 千瓦时，于是，消费者使用一台电冰箱的年支出成本也下降了 65 美元以上。②

从理论的角度看，足够高的污染税也能够实现与技术的强制性标准相同的结果。由于消费者和制造商的灵活性更高，所以执行过程中的效率低下问题也不存在。然而，在许多其他情况下，从立法的角度看，技术强制性标准的确定要比高税收更加容易。

□ 基础设施投资

政府可以对采用清洁技术施加影响力的第三个工具也许是最强大的。正如我们在本章引言中所注意到的，在美国人的生活中，占据压倒性优势的汽车运输实际上与政府投资新建的州际公路系统有很大关系。无论是公路、管线、水坝还是电力线路，基础设施投资对当地经济发展和环境质量都会产生重大的长期影响。政府现在扮演的一个新角色

① 参见 Department of Transportation，DOT，EPA Set Aggressive National Standards for Fuel Economy，http://www.dot.gov/affairs/2010/dot5610a.htm。

② 参见 Fickett，Gellings，and Lovins (1990)。

就是对**智能电网**（smart grid）建设的早期阶段进行投资。智能电网依靠信息技术减少浪费，可以避免额外供给的需要。

□ 生产者补贴

鼓励清洁技术实现商业化发展的另一种方法是向生产者提供补贴——税收抵免、贷款或贷款担保、赠与，以及购买保障。一种形式的购买保障是提供**价格优惠**（price preference）。许多州政府都会为可回收产品支付一个高达5%或10%的溢价。政府**采购合同**（procurement contracts）是为处于初期的清洁技术提供保证市场的另一种方式。

贷款担保（loan guarantees）由政府向有前途的创业公司提供，用来帮助它们从私人部门获得资金。如果公司成功偿还贷款，政府便不会产生成本。如果公司破产，就需要政府向银行支付贷款。在2011年，高调的太阳能公司Solyndra无法继续经营，造成5亿美元贷款担保违约，进而产生了一场政治风暴。不过，事实上贷款担保计划是被设计用来支持一组高风险投资：一些企业会成功，另一些则会失败。美国能源部资助Solyndra的计划（实际上是在布什总统当政时期启动的）实际上向33个贷款项目提供担保，截至2012年，只有两笔贷款出现违约：31家技术领先的公司成功通过这个项目获得私营部门的资金资助。国会为这个项目提供了25亿美元来覆盖可能出现的违约，但是美国能源部为违约支付的钱还不到10亿美元。[①] 在下一章我们讨论能源政策时，会对补贴问题做进一步考察。

这一节考察政府为早期阶段清洁技术设计的政策：帮助它们扩大生产规模、实现规模经济，以及通过干中学实现与现有非清洁技术成本可比的目标。然而，即使实现这个目标，事情也还没有结束。必须说服消费者放弃旧的习惯，做出消费转变。

17.6 推动后期阶段的清洁技术

消费者和商业机构对后期阶段的清洁技术施加的阻力反映出一种自然倾向，即坚持“能够起作用的”，而不是采用未知且可能有风险的技术。正如我们所看到的，许多清洁技术的利润优势相对较低，这阻碍了私营部门通过营销来克服上述阻力。因此，政府应该制定政策来为消费者提供信息，减少采用这种技术时感知到的风险。可以通过以下方式消除信息壁垒：（1）产品标签与认证要求；（2）灵活的设计标准；（3）对公用事业单位监管的重新定位；（4）技术援助项目。针对消费者提供的（5）补贴计划也能够消除信息问题，并对更高的资本成本提供一个补偿。

□ 产品标签与认证要求

最简单的政策步骤是要求产品提供标签。例如，美国国家环境保护局已经开发出一种测试汽车可以达到的每加仑英里数的标准方法，并要求企业公开报告此类信息。针对冰箱、空调以及最近加入的计算机等耐用消费品，政府也在美国国家环境保护局的能源

① 参见“Report: Most Energy Dept. loan support is low-risk”(2011)。

之星项目中提出了类似的能源效率报告要求。这个列表可以扩展到灯具、汽车和其他耐用消费品。为产品提供标签的要求能够为消费者就消费行为产生的环境后果提供现成信息。

民意调查结果显示，很多人愿意为环保产品支付一个小的溢价。在 20 世纪 90 年代，再生纸、有机农产品，甚至“绿色”电力所处的利基市场开始发展。为了加快这一进程，美国政府颁布了如何使用“可回收”和“有机”等营销术语的规定。

德国和加拿大的政府更进一步，它们为所有产品都提供“环境友好”证书。与此相反的是，在美国，这一趋势一直由第三方非政府组织承担，由其作为产品认证人。例如，绿色认证（Green Seal）组织是致力于开发这类私人标签计划的一个主要的非营利性组织。由于在产品生命周期框架内查明其“清洁性”比较复杂，所以这个项目还要一段时间才能上路。绿色认证组织使用的方法是找到特定产品产生的“主要”环境影响，然后为受影响行业提供一个审查和评论的标准草案。绿色认证组织已经为几十种产品开发出认证标准，其中包括卫生纸和书写纸、重新提炼的机油、紧凑型荧光灯，以及节水装置等。（问题：你在购买的产品上见到过绿色认证标志吗？如果没见过，你觉得这是为什么？）

另一个重要的私人标签协议是由非政府的国际组织运营的，这个组织叫作森林管理委员会（Forest Stewardship Council，FSC）。森林管理委员会为世界上每个区域和国家都开发出不同的认证标准，然后对满足某些最低限度环境标准的木材产品进行认证。当家得宝公司（Home Depot）成为第一家在美国同意销售经认证的木材产品的企业时，森林管理委员会取得重大胜利。[①]

□ 最低设计标准

产品标签项目为消费者留下了一些选择。然而，在复杂的采购行为较少发生的市场中，消费者很难判断现有技术的相对优点。在这里，可以引入要求符合最低限度环境绩效、具有一定灵活性的设计标准。大多数著名的设计标准案例都主要表现为建筑标准，许多地方政府针对新建房屋提出了能源效率要求。

具有能源效率的房屋的购买价格通常高于不那么具有能源效率的房屋。因为消费者不愿意担负太多贷款，同时因为银行不愿向他们提供太多贷款，所以人们自然会去选择能源效率低下的那个方案。然而，每月从提高能源效率的过程中节省下来的取暖费足够快速覆盖初始发生的前期费用，在长期内，房主能够节省资金。因此，从经济学的角度看，银行应该为更加节能的房屋提供更多贷款，消费者也应该承担更多的此类贷款。

然而，银行和消费者都很难在个案分析的基础上对节能机会进行评估。通过强制推行最低设计标准，政府可以取消那些不那么节能的替代性选择。于是，所有参与方选择清洁技术的风险都得到降低。银行很快会发现，由于水电费变得更少，消费者可以担负起更高的房贷，从长远来看，包括环境在内的所有参与方都变得更好。

许多地方性建筑法规中都包括了针对能源效率提出的要求。此外，联邦法律现在要求银行提供利率更低且具有能源效率的抵押贷款，不过这项监管条例并不为人熟知。包

① 参见美国绿色认证组织的网站：www.greenseal.org。森林管理委员会的网站是 www.fscoax.org。

括旧金山和纽约的伊萨卡在内，美国的一些州和城市要求，一旦旧房子被卖出、出租或装修，它们必须满足能源标准。增加的成本被转嫁给买方，买方则符合了具有能源效率的抵押贷款标准。①

人们也在照明、电器以及电动马达等方面要求采取一定设计标准，以此促进人们采用这些清洁技术标准。当大部分人都认识到某个清洁技术产品的质量能够与传统技术的产品质量媲美，而且长期私人成本更少时，设计标准就为人们提供了“免费的午餐”。在这种情况下，政府强制采取的标准只不过是大部分人在给定信息下本就会采用的标准。然而，如果人们对清洁技术的质量意见分歧很大，或者成本超过传统技术，那么采取设计标准的成本就会更大。然而，即使在这种情况下，设计标准仍然可能成为一种具有成本效益的污染控制方式。

□ 公用事业企业营销

另一种解决后期阶段清洁技术面临的营销问题的方法是让大型企业对相关技术进行营销，以及为它们提供获取低成本金融资本和人力资本的途径。在能源领域，美国的许多州都重新设置了针对公用事业企业的监管，让具有节能效应的企业获取一定利润。直到最近，公用事业企业都没有动力来提高效率——每节约一千瓦时能源都会导致其收入减少。然而，新的监管条例认识到，节省下来的能源能够用于其他用途。因此，人们越来越多地把提高能源效率的投资当成是类似建设新发电厂的投资，通过这种方式，企业可以获得正常利润。

在过去的几年里，我们已经看到公共事业企业为提高能源效率进行的推广活动。例如，你所在地的公用事业企业可能会对你家的热水器进行改造，给你换上低流量喷头，并对某些管道和插座安装绝缘介质，以及进行能源核算，所有这些都是免费提供的。公用事业单位有时还会参与到灯泡和家电的抵扣项目以及“冰箱回收”过程中，在这些活动中，公用事业单位购买高能耗冰箱并对其进行报废。这些服务最终都由更高的电费账单来支付。无论是从经济的角度还是从环境的角度看，这些都是好的投资，因为通过降低电力需求，得以让公用事业单位避免建造昂贵的、会产生污染的发电厂。

□ 技术援助项目

对后期阶段的清洁技术进行营销的第四种办法是直接作用于相关企业。在这里，政府的技术人员为有兴趣投资清洁技术的企业提供咨询意见。在美国国家环境保护局推动制造业采用减少废物型清洁技术的过程中它们就使用了这种方法。它也是在农业领域促进清洁技术的一种符合逻辑的方式，因为政府已经有了技术援助项目——国家农业学校和推广服务。

□ 消费者补贴

通过产品标签、最低设计标准、公用事业企业营销和技术援助项目等方式，可以为消费者提供相关信息，它是针对清洁技术进行补贴的一种补充性行为。补贴的存在，为消费者自行了解相关产品提供了一种激励；这种做法还可以克服与更高资本成本相关的

① 参见 Geller et al.(1991)。

技术快速扩散障碍。例如，纽约州政府使用与要价过高的石油企业在庭外和解中获得的资金构成一个资金池，为对能源效率项目感兴趣的公共和非营利性机构提供等额补助金。这些项目的支付期限为10～15年。还有一个类似举动，伯克利市为安装了屋顶太阳能装置的房主提供贷款，然后通过更高的房产税的形式，在20年里将这笔贷款还清。[①]

补贴可采取好几种形式：**税收抵免**（tax credits）、**低息贷款**（low-interest loans）或**赠款**（grants）。为了鼓励后期阶段清洁技术的发展，人们更愿意使用贷款和赠款方式，因为这个阶段的技术更容易得到确认。贷款申请和赠款需要相应团体证明其投资，因此不严肃的申请人便不会去申请，这也为政府官员提供了一种在最低成本基础上分配资金的手段。

此外，任何补贴项目都存在的问题是它可能会为无论何种情况都会采用这项技术的人提供“意外之财”[**搭便车者**（free rider）]。为了解决这个问题，可以为工人和中产阶层的个人、小企业以及非营利性企业提供贷款与赠款。在资源受限的情况下，这些团体是最可能首先采用清洁技术的。最后，可以为更加富裕的个人和公司提供税收抵免的手段，从而将政策带来的收益导向一个具有回归效应的方向。如果使用税收抵免手段，避免为富裕人群提供意外之财和减税的一种方式就是对收益净额提出一个上限要求。

表17-3对政府可以用来促进清洁技术发展的政策工具进行了总结，并对各项政策所适用的清洁技术类别进行了说明。当然，所有这些工具都可能被滥用；成功的清洁技术项目要求政府政策只能着重于促进性价比高且具有环境优越性的技术。尤其是，正如17.3节所言，政府补贴应该只用来支持具有成本效益的后期阶段技术和/或能够证明可以在具有竞争力的价格上取得实质性进展的早期阶段技术。

表17-3　　推动清洁技术发展的政策工具

早期阶段的清洁技术	
政策	**清洁技术**
研发资助	太阳能发电、风力发电、燃料电池汽车、生物质燃料、氢燃料、替代性农业，以及在制造过程中的废物减少
生产者补贴：价格优惠、采购合同和贷款担保	太阳能发电、混合动力汽车、替代性农业，以及在制造过程中的废物减少
技术强制性标准	能源效率、混合动力汽车、燃料电池汽车、废物回收
基础设施投资	轨道交通、废物回收
后期阶段的清洁技术	
政策	**清洁技术**
产品标签	能源和用水效率，废物回收，替代性农业
最低设计标准	能源和用水效率
公用事业企业营销	能源效率
技术援助项目	在制造过程中的废物减少，替代性农业，被动式太阳能，风能
消费者补贴：赠款、低息贷款和税收抵免	能源和用水效率，废物回收，被动式太阳能

① 参见 New York State Energy Office（1992）以及 DeVries（2008）。

17.7 清洁技术：两个案例研究

在探讨了路径依赖理论以及推广清洁能源技术的政策工具之后，我们现在把注意力转向两个案例研究：替代性农业和固体废物管理。

□ 替代性农业

美国的农场工人、庭园设计师以及房主每年要对农作物、田地、草坪和花园使用超过10亿磅的杀虫剂。尤其是那些专门针对昆虫和其他害虫设计的有毒化学物质，这些化学物质也会不幸地造成更为广泛的环境影响。农药可以出现在食品残留物中，对野生动物造成伤害，污染地下水，在今天的美国，它是重要的境内地表水污染非点状来源。

面对这些问题，农民正在越来越多地尝试农业领域的清洁技术，强调通过生物学方法促进土壤肥力并减少虫害。这些措施包括实行轮作以破坏害虫周期，利用生物和机械方法进行除草与施肥，通过搜索害虫的方法来减少对农药的使用，利用抗病品种，利用天然的虫害捕食者，以及控制种植时间。虽然这些方法都建立在传统的农业方法之上，但所使用的技术则是彻头彻尾的现代技术，它们都是计算机辅助的，事实上，也具有管理密集型特征。这些技术被认为是低投入、具有可持续性的技术，或者简单地被称为**替代性农业**（alternative agriculture)。这些技术的特点是它们对化肥和农药的依赖有所降低，相比于常规方法，它们更加环境友好。

假设替代性农业"更加清洁"，其产生的农作物也具有可比的（或是更高的）质量，它们具有成本竞争力吗？答案似乎是肯定的。几十年来，得到记录的田野经验表明，农民可以成功地减少对农药的使用，并且仍然保持盈利。虽然使用替代性农业方法可能会降低收成（尽管并不需要降低收成)，但是这种方法也降低了成本。成本降低往往足以抵消任何产出下降，有机农产品价格的上升也有助于弥补差额。①

基于我们在本章前面提出的定义指出替代性农业是一类清洁技术之后，是什么样的障碍在妨碍着这类技术的广泛采用？像往常一样，主要的障碍是利润优势较低并且**调整成本**（adjustment costs）较高。对农民个体而言，从传统的化学品密集型农业成功过渡是一件复杂且高风险的事情。首先，农民需要投入大量资源来学习新的技术。其次，成功的技术都具有高度的区域特定性。最后，可能需要两三年时间来将田野劳作活动从传统模式转换到具有生产性的替代性方式。这些因素意味着需要大量前期投资才能将农业发展重新定位到替代性路径上。虽然这种农业方法能够带来与化学品密集型农业类似的利润，但是在高度竞争的农业领域中，这种方法不大可能带来更高利润。

替代性农业正好说明了清洁技术目前面临的困境。一方面，我们似乎有一项能够维持当前市场的技术，一旦能够克服调整成本，就能带来明显的环境效益。另一方面，由于缺乏足以调整成本的利润优势，人们对这项技术的采用比较缓慢。应该做些什么？

第一步：明确具有明显环境收益的农业清洁技术，以及具有最大成本优势的农业清

① 参见 Halweil (2006)。

洁技术。

第二步：减少提供给非清洁技术的补贴，特别是通过基于激励的监管来将环境成本内部化。正如早些时候所讨论的，针对化学品密集型农业提供的价格支持，是阻碍清洁技术发展的主要因素。能够获取用水补贴，也进一步鼓励了污染密集型农业的发展，因为在生产过程中，农用化学品和水往往是互补的。另外，农业部门历来都受到命令与控制型的比较轻的环境监管。

第三步：直接促进清洁技术。在这里，在美国政府深度参与其发展步骤和技术变革方向的行业中，农业是独一无二的。因为农业领域的竞争非常激烈，它是一个低利润行业，在这个领域中，传统上政府对很多研发活动进行资助。除了此类研发功能外，通过州政府资助的农业院校和农业技术推广服务，政府在有关新技术传播过程中发挥着主导作用。因此，明智的清洁技术策略是政府首先提高特定区域中用以减少农药使用的研发经费资助，然后提高技术援助的预算，以此促进这些技术的扩散。相关资金的增加，既可以通过减少传统农业技术研究活动来实现，这些研究活动可由私人部门充分提供，也可以通过对农用化学品征收适量税金来实现。

最近的联邦立法包含了上面确定出的各类活动。然而，政府也不是在全心全意推广清洁技术。针对从传统农业向替代性农业转变的研发经费资助只是美国农业部研发经费预算中很小的一部分，而且替代性农业的相关延伸性服务也未得到大规模推广。从这一点来看，替代性农业的市场渗透率相对较低，使其增长的主要动力是有机农作物需求市场的不断扩大。

□ 固体废物管理

相比于替代性农业，废物回收已经得到政府的大规模推广。在很大程度上是由于经过地方政府的授权，路边回收项目从 1989 年的 600 多个增长到 10 年后的 9 000 多个，如今，这种回收体系已经遍布美国。废物回收是一项清洁技术吗？

美国人每年产生超过 2.32 亿吨的垃圾。根据你的观点，这相当于：（1）这些垃圾装在卡车上后，其长度是地球到月球的一半；（2）这些垃圾能够填满的空间大致等于美国陆地面积的 0.000 01%（但最好不要在我家后院）。分解到每个人身上大致是 3/4 吨，这是许多欧洲国家人均垃圾数量的两倍多。①

对这种固体废物的回收利用会带来两种类型的环境效益。最明显的是**直接收益**（direct benefit）：更加清洁的废物处置。因为进入回收利用系统的废物不会再被送到垃圾填埋场或被焚烧，所以它们在处理过程中不会再产生环境问题。回忆前面提及的内容，先进的垃圾填埋场产生的污染并不会比许多其他污染源多，主要是因为垃圾填埋场唯一的显著危害是通过地下水造成的局部性危害。然而，垃圾渗滤液的危险确实存在。虽然新的焚烧炉普遍遵守绝大多数的空气污染监管，但是受到监管的污染物仍然会产生一些残留危害，同时存在一些未受到监管的污染物。垃圾焚烧产生的灰烬必须加以处

① 相关数据来自美国国家环境保护局固体废物网站 www.epa.gov/epaoswer。针对固体废物进行的“危言耸听”和“无须担忧”等分类都出现在 *The EPA Journal* 中。参见“A Strategy to Control the Garbage Glut” and “Will the U.S. Recycling Approach Work?” July-August 1992。

置。如果都是通过填埋进行处理，那么相应灰烬也会造成垃圾渗滤液问题。

间接收益（indirect benefits）构成第二类环境效益。表 17－4 比较了使用再生材料和原始材料制成的产品的生产周期。当然，回收过程并非没有污染。在所有生产阶段，回收都会产生重大污染。例如，从废纸回收中产生的一类独特的回收废物是脱墨污泥，它会带来严重的废物处置问题。然而，相对于使用原始材料进行的生产，回收往往产生两个重要的间接环境收益：**节约能源**（energy savings）以及避免**上游污染**（upstream pollution）。

表 17－4　从再生材料和原材料中进行的生产

原材料	再生材料
原材料生产	收集和处理
运输	运输
制造	制造
分销	分销

因为辅助材料都已“进行了预处理”，所以使用更少能源便可将其转换为成品。能源节约反过来往往转化为重大的环境效益。图 17－3 显示了使用各种原始材料和再生材料生产的产品所需要的能源。特别是对塑料，实现的能源节约效应令人印象深刻：相比于使用原始材料制成的塑料，再生塑料只需约 1/4 的能源。除了能源节约外，相比于使用原材料进行运输和生产，对循环再生材料的收集和处理造成的环境破坏状况要更小。

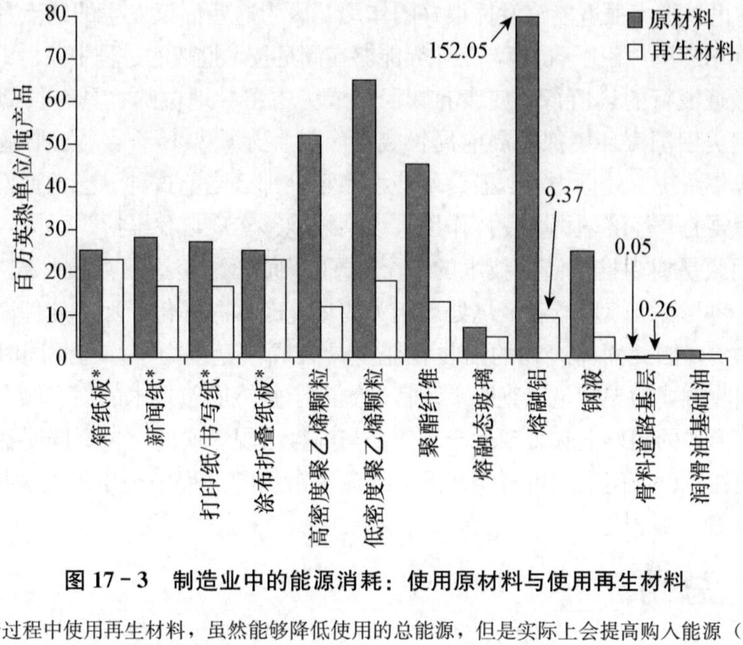

图 17－3　制造业中的能源消耗：使用原材料与使用再生材料

＊在纸生产过程中使用再生材料，虽然能够降低使用的总能源，但是实际上会提高购入能源（一般都是不可再生能源）的使用，因为在使用原材料生产的过程中，要使用废弃木材来产生能源。

资料来源：New York State Energy Authority (1994，Figure 35).

因此，废物回收可以带来局部效益（直接对废物进行管理）和全局效益（间接对废物进行管理）。从环保的角度看，人们往往用全局效益矮化局部效益。其结果是，后者的属性激发出一种对再生材料的流行热情。“全球思考，当地行动”是 20 世纪 70 年代最先推广循环再造的社区团体所持有的口号。在早期，人们将废弃物回收当作一种环境保护责任，即使在今天，支持废弃物回收的政治动力也大部分来自人们对更加清洁的环境的支持。此外，废弃物回收的一些成本优势还来自公民自愿做出的一些努力，其中包括分拣和/或收集可回收的材料。然而，直到20世纪80年代末，随着回收成为废弃物管理的一种具有成本优势的策略，在能够带来局部效益的时候，回收行为才开始流行起来。随着常规处置成本开始上升，以及随着美国国家环境保护局对垃圾填埋场和焚化炉实行强制监管以内部化外部效应，一些社区才开始从废物回收项目中谋求利益。

在今天，废弃物回收具有成本竞争力吗？在一定程度上是这样的。废弃物回收的爆炸式增长将可再生材料的价格普遍压低，因为新增供应超过了终端应用市场的增长。在终端应用市场中，价格的波动意味着在好几年中回收计划都无法盈利，因此需要其他补贴以保证其运行。很难从纯粹经济学的角度去评估社区在废弃物回收方面是否存在过度投资。[①]

在长期中废弃物回收取得成功的关键应该是，而且将会是终端应用市场的发展。当然，仅存在廉价的垃圾来源，就已经可以激励企业家考虑如何去使用它们了。近年来，人们将旧报纸粉碎后制成动物垫料，以及将玻璃碾碎然后用于制造“玻璃沥青”路面。

在这里，国家和地方政府的行为非常有效地推动了技术的强制使用。例如，美国政府为复印机采购了大量再生纸。在强制回收和再生物领域内的法律不断增加，加上政府采购项目，这些措施极大提振了可再生生产能力的投资。化学品制造商针对实际发生的具有威胁性的禁令塑料做出响应，它们正在努力开发出可循环再造的产品，并致力于创建终端应用市场。在这里，技术强迫能够发挥很好的作用，因为这些倡议发生的地点具有广泛的多样性。在这种情况下，相比于抗拒，工业界能够在满足技术挑战的过程中获得更好的结果。

因此，最近流行的热情行动使废弃物回收成为占主导地位的、具有长期性的废物管理选择。根据美国国家环境保护局前局长威廉·拉克尔肖斯所言，“如果基础设施能够就位，存在收集系统、处理中心以及终端应用市场，那么当前这种‘感觉良好’的态度退去便是无关紧要的。经济学将会发挥作用，该系统能够实现自我维持”[②]。

废弃物回收是成功推广清洁技术的一个例子。随着联邦法规（是命令与控制型监管的一个变种）将与垃圾填埋场和焚烧处理相关的环境成本内部化，那些处理固体废物的方法变得更加昂贵，因此固体废物的回收就变得具有成本竞争力了。与此同时，在地方一级，民众对回收方式的支持足以克服市政官员倾向于坚持成熟技术的固有倾向。此外，表现为市场保障形式的胡萝卜和表现为产品禁令与内容法规形式的大棒，同时在几十个区域中出现，进而在私营部门发展可再生产品终端应用市场的过程中产生了大量投资。

17.8 总结

本章指出，在控制污染的过程中，政府对清洁技术的推动是针对监管行为做出的一

① Ackerman (1996) 的计算指出，在1993年，典型的回收项目使得每个家庭的废物处置成本上升了21美元（当价格较低时），在1995年则为每个家庭节省了5美元（在价格较高时）。

② 参见“In Solid Waste”(1991)。

项富有吸引力的潜在补充。通过将社会成本内部化，监管可以提供一个更高层次的公平竞争，使清洁技术可以在此进行竞争。然而，对“点状污染源和固定污染源”这类较容易监管的领域，监管行动已经取得成效，面对人口和经济增长提出的压力以及气候变化提出的前所未有的挑战，清洁技术的快速发展和传播将成为越来越重要的一类改善环境质量的方式。

从短期来看，对固体废物的监管曾经加剧了经济增长与环境质量之间的冲突。但是从长期来看，环境监管能够催生新的技术，创建新的产业和就业机会，正如经济学家约翰·梅纳德·凯恩斯曾经说过的那样，“从长远来看，我们都死了”。作为污染税（或者其他基于激励的监管措施）这类大棒型政策的一个补充，清洁技术为政府推动替代性技术提供了一个胡萝卜。因此，在短期内，物质福利和环境之间存在的此消彼长关系变得不那么鲜明了。

此外，路径依赖理论表明，如果政府只是持续将注意力放在污染物的末端控制上，这将会带来污染物末端管理的技术创新，但无法带来旨在减少污染物的清洁技术创新。人们的担忧主要在于法规的遵从性，给定有资金去做这些事情，那么企业界和政府部门的环境管理者将继续开发出监测排放量并进行执法、风险分析以及成本—收益分析的专门知识；工程师将集中于发展更加便宜的清洗和过滤污染物的方法，以及更加安全的焚烧或填埋废物的方法。对于让监管更好地发挥作用，这些技能和技术固然重要，但是它们并不是能够让技术转向清洁技术的主要技能和技巧。

最后，在实践中我们看到监管是个对抗性过程，在这个过程中，环保主义者与行业界在标准起草和执行这类信息密集型冲突中进行着竞争。一种监管方式可能从某种意义上导致政府失灵，因为受影响的各方有着太多机会去影响相关进程并从中获益。清洁技术的政治经济分析希望减少监管机构和企业之间发生的日常冲突，并限制政治发挥影响力的机会。

当然，在促进清洁技术的过程中一定会发生与执行有关的官僚问题。保守派批评家会指责在这里描述的“轻巧”规划过程虽然从理论上看不错，但是一旦清洁技术机构建成，相关优势很快就会被消解。一旦提供预算，对清洁技术的推广就会蜕变成针对行业设置的“笨拙”限制，受环境问题启发的官僚会随意断定某项技术是“非清洁”的，并且用昂贵程序开发出完全荒唐可笑的技术，然后将其放在强大的国会成员区。

然而，人们也能给出一个政治经济案例来说明推动清洁技术的策略可以是监管方式的一个有效补充，它能够降低成本，且能够减少行业中的监管冲突。因为清洁技术的发展并不涉及在个别污染物层面上制定规则，也不涉及广泛的监测和执行，因此就减少了对信息的需求。随着对信息的需求出现下降，产生政治影响、延迟和优柔寡断的可能性也在下降。一旦受到资助，技术补贴就会带来一种双赢局面；企业因减少污染而受到奖励，不再是因没有这样做而遭到惩罚。① 因此，清洁技术可将一种敌对关系转化成一种伙伴关系。最后，路径依赖理论建议政府补贴承诺可以且应该具有时间限制，并且/或者基于绩效表现，这样既可降低选出输家的概率，也可降低既得利益的发展。现在，我

① 你可以回忆第 4 章中涉及的内容，在那里我们认为针对排放削减提供补贴并不是一个好主意，因为从长期来看，这种做法只会引入其他的污染者。相比之下，针对清洁技术提供的补贴主要是针对更好的技术，而不是针对减少的排放。

们把注意力转向往往被视为重要的清洁技术促进领域：能源。

应用 17.0

害虫和路径依赖

与机械和食肉动物饲养相关的生物虫害控制会产生比较高的固定成本；农民要经历大量的“干中学”活动；农民还要依赖“网络外部性”——从农业同行和农业推广人员那里获得信息。最后，如果邻近的农民喷洒杀虫剂，农药还会杀死原本为了控制虫害而培养的虫害天敌。鉴于这些因素，假设我们可以为每个农民使用生物虫害控制方法给出一个每吨产出对应的平均成本函数：

$$AC_b = \$200 - 0.1X_b - 1y_b + 0.01X_c$$

式中：

X_b＝该地区通过生物控制方式得到的农业吨产出。

X_c＝该地区通过化学控制方式得到的农业吨产出。

y_b＝农民的吨产出。

1. 请填写下表。

AC_b	y_b	X_b	X_c
	100	1 000	0
	100	1 000	500
	100	1 000	1 000
	100	500	1 000
	100	100	1 000

2. 为什么在表中按照从上到下的顺序看，农民的成本在上升（请给出两个原因）？

3. 假设使用化学品密集型生产技术的农民有每吨产出 185 美元的固定平均成本，并且假设这个市场中的价格会下降到成本最低的生产商的成本水平。定义一种长期均衡，在这个均衡中，各类农民都不再有激励进入或退出市场。下列哪一项是长期均衡？其中，有哪些是稳定的均衡？

a. 有 10 个使用生物虫害控制技术的农民，每个农民实现 100 吨产出。没有使用化学技术的农民。

b. 有 10 个使用生物虫害控制技术的农民，每个农民实现 100 吨产出。有 5 个使用化学技术的农民，每人实现 100 吨产出。

c. 有 1 个使用生物虫害控制技术的农民，实现了 100 吨产出。有 10 个使用化学技术的农民，每人实现 100 吨产出。

d. 没有使用生物虫害控制技术的农民。有 10 个使用化学技术的农民，每人实现 100 吨产出。

4. 上面哪些是最有效率的结果？如果随着时间的推移，价格在 200 美元与最低成本生产者的成本之间波动，上面哪个结果将有可能成为自由市场的长期均衡？

5. 20世纪60年代末，在开发棉花害虫农药遇到阻力之后，得克萨斯州的棉花种植者成功转向虫害的生物控制方法。政府对基础设施（虫害捕食者、教育）的支持是这一努力得以成功的关键。在墨西哥，因为没有类似支持，最终棉花产业崩溃了。使用上面提出的成本函数，如何来解释这种现象？①

应用 17.1

回收确实是一项清洁技术吗

一些批评者认为，对旧报纸的回收几乎没有产生什么环境效益。第一，美国的造纸过程中使用的很多纸浆都来自种植园中生长的树木，并不是古老森林。第二，报纸不能多次循环使用，因此这种做法对上游行业中树木采伐的削减作用有限。第三，回收体系无法完全取代垃圾回收，额外造成的收集和运输行为还会增加城市空气污染。第四，脱墨报纸的制造是一种剧毒过程；更好的办法是将墨迹隔离在一个垃圾填埋场，使之无法渗入其他地方。第五，很多新建的可再生纸制造能力都被作为现有产能的扩张，与森林距离较近，与城市距离较远，但森林却是造纸的原材料来源，因此，与回收相关的原材料运输成本节省实际上几乎不存在。如何对此做出回应？

应用 17.2

短期绝佳机会

在美国国家环境保护局资助的一个项目中，研究团队针对几个中等规模的制造工厂进行了废物最小化评估。表17-5分项列出两家企业采取的措施，第一家企业是一家油漆厂，第二家企业是为重型装备生产石油冷却器的制造厂。研究团队给出的意见既包括给储物罐加个盖子这类简单的“内部管理”措施，也包括更加复杂的流程创新，例如从溶剂型清洗法切换到真空清洗法。对这两家工厂而言，废物减少数量从4%到99%不等，平均投资回收期都低于一年。最大限度的废物减少也带来了最大限度的年度成本节约，例如，在工厂中使用超声波去除油污。即使这类措施的投资回收期较长，它们也可能是最有利可图的投资，因为它们能够带来巨大的成本节约。

表 17-5　　在两家生产企业中减少废物

企业	问题	建议	每年的废物减少数量	成本节约（千美元/年）	回收期（年）
1	管道冲洗水	为干燥的管道使用泡沫塞子	1 780 加仑/年	11	0.2
1	溶解剂处置	回收	3 300 加仑/年	5	0.9
1	杀菌剂中残留的汞	使用有机类替代品	3 100 加仑/年	6	0
2	去污剂汽化	安装一个盖子	50%	17	0
		使用超声波进行清理	99%	20	2.4

① 这个例子来自 Cowan and Gunby (1996)。

续前表

企业	问题	建议	每年的废物减少数量	成本节约（千美元/年）	回收期（年）
2	回收污染物	减少润滑油	20%	1	0.3
2	来自盐浴的污泥	使用机械方法	4%	20	2.1
		使用真空方法	80%	203	3.5
2	被油漆污染的硬纸板	减少与空气射流相关的油漆损失	22%	4	0.6
2	被油漆污染的滤纸	静电喷涂控制	36%	11	1.2

资料来源：Kirsch and Looby (1990，Tables 2 and 3).

1. “减少废物”是一种清洁技术吗？

2. 如果我们相信在此表中给出的证据，为什么这些制造业企业不去赚如此易得的钱？为什么从事废物减少的公司不通过为企业提供咨询、指出如何降低污染并从中盈利的方式来谋生呢？

应用 17.3

设计补贴

Blabla 州长决定，与其建造新的核电站来满足电力需求，不如州政府节省相等数量的能源。作为效率计划的一个组成部分，他希望由你，也就是州长的高级助手，设计一项鼓励采用发光二极管灯泡的政策。回顾第 8 章，虽然发光二极管灯泡在生命周期中能够节省大量资金（以及能源），但在一开始时它很昂贵（每个灯泡 5～15 美元）。你想到了三种可能性：

公用事业单位返还　让受到公众监管的电力公司为安装了发光二极管灯泡的消费者提供占购买价格 75%的资金返还。允许公用事业单位用更高的电价来补偿这类开支。

政府采购合同　使州政府同意使用一般税收收入从本州供应者处购买大量灯泡（在竞争性价格水平上）。这些灯泡将被用于对政府建筑物的改造。

研发补贴　从一般税收收入中拿出一笔钱来，为在本州内开发发光二极管灯泡、在较低的成本上出售且/或实现发光质量与白炽灯泡质量可比的企业提供资助。企业能否持续收到此类补贴，将取决于其实现的成本削减状况或性能增强水平。

1. 针对上述三类计划，请回答下列问题：

a. 阻碍这些计划成功执行的障碍是什么？

b. 如果你必须选择其中一个计划进行推动，你会选择哪一个？为什么？

各节主要观点

17.0　本章着重考察政府在促进清洁技术方面做出的努力，这些努力可被视为监管的一种替代性方式。

17.1　依照我们所谓的**路径依赖**理论，政府对技术开发的早期阶段进行的干预和推广可以实现环境目标。

17.2　**清洁技术**被定义为具有三个组成部分。清洁技术必须（1）提供质量可比的服务。(2) 能够在大致接近当前非清洁技术的**长期边际成本**处实现这种服务。(**早期阶段的清洁技术**必须在实现低价格生产之前达到**规模经济**，而**后期阶段的清洁技术**已经具备了成本竞争性。）最后，清洁技术必须（3）比现有的选择具有更大的环境优越性。要确定是否具有更大的环境优越性，还需要使用**生命周期分析**来考察可能产生的所有主要影响，并且解决**叠加问题**。

17.3　使清洁技术实现快速推广的两个一般性壁垒是：(1) 市场中**缺乏可观的利润优势**；(2) 政府为**竞争对手提供直接或间接补贴**。缺乏可观利润意味着私人部门几乎没有动力去克服高**沉没成本**（研发和营销）、**市场交易清淡**、融**资途径**有限，以及**高贴现率**等壁垒。

17.4　如果（1）能够营造出公平竞争的环境，政府就更容易挑选赢家。这需要政府不再向清洁技术的竞争对手提供补贴，需要将相关社会成本内部化，而且最好是通过基于激励的监管方法来实现。还必须（2）只关注具有环境优越性的选择，并（3）参与到**最低成本计划**之中。根据最低成本法，政府提供的所有补贴要么具有时间上的限制，要么需要根据成本降低水平有条件地提供。

17.5　早期阶段的清洁技术可通过（1）提供研发资金，(2) 如**价格优惠、采购合同**和**贷款担保**等生产者补贴，(3) 类似于**企业平均燃料经济性标准**和可再生能源组合标准之类的**强制性技术标准**，(4) 包括**智能电网**在内的基础设施投资等方式予以推动。

17.6　本节讨论推动后期阶段清洁技术的工具。这些工具包括：(1) 产品标签；(2) 灵活的设计标准；(3) 公用事业单位推广具有能源效率的技术；(4) 技术援助项目；(5) 消费者补贴。补贴方案必须精心设计，以避免出现**搭便车**问题。

17.7　我们将**替代性农业**及固体废弃物无害化作为清洁技术的实例。类似于之前的讨论，前者得以推广使用的主要壁垒是无法克服**调整成本**的微不足道的利润优势。在这方面，政策可侧重于研发和技术援助。固体废弃物循环化处理要比填埋和焚烧更具环境优势，不过这种收益主要来自**间接收益**：降低上游产生的影响，以及减少处理过程中使用的能源数量。回收是一类得到成功推广的清洁技术。由于在过去几十年里政府的不断支持，回收已经成为废物管理的一个主要方式。

参考文献

Ackerman, Frank. 1996. *Why recycle? Markets, values and public policy*. Covelo, CA: Island Press.

A.D. Little, Inc. 1990. *Disposable versus reusable diapers: Health, environmental and economic comparisons*. Washington, DC: Author.

Arthur, Brian W. 1991. Positive feedbacks in the economy. *Scientific American*, February, 92-99.

Cowan, Robin, and Philip Gunby. 1996. Sprayed to death: Path dependence, lock-in and pest control strategies. *Economic Journal* 106: 521–542.

Curtis, Jennifer. 1991. *Harvest of hope: The potential of alternative agriculture to reduce pesticide use*. San Francisco: Natural Resources Defense Council.

DeVries, Cisco. 2008. Everything you need to know about Berkeley's innovative rooftop solar program. *Grist*, 3 November. http://grist.org/article/berkeley-rules/.

Epstein P. R., J. J. Buonocore, K. Eckerle, M. Hendryx, B. M. Stout Ⅲ, R. Heinberg, R. W. Clapp, et al. 2011. Full cost accounting for the life cycle of coal. *The New York Academy of Sciences* 1219: 73–98. doi: 10.1111/j.1749-6632.2010.05890.x.

Fickett, Arnold P., Clark W. Gellings, and Amory B. Lovins. 1990. Efficient use of electricity. In *Readings from Scientific American*. New York: W. H. Freeman.

Geller, Howard, Daniel Lashoff, Alden Meyer, and Mary Beth Zimmerman, eds. 1991. *America's energy choices: Investing in a strong economy and a clean environment*. Cambridge, MA: Union of Concerned Scientists.

Geman, Ben. 2011. Report: Most Energy Dept. loan support is low-risk. *The Hill*. 12 February. http://thehill.com/blogs/e2-wire/e2-wire/196917-report-most-energy-dept-loan-financing-is-low-risk.

Goodstein, Eban. 2000. Prices or policy? The low-cost path to clean technology. In *Advances in the economics of environmental resources*, ed. Darwin Hall. New York: Elsevier.

Greider, William. 1992. *Who will tell the people*? New York: Simon & Schuster.

Halweil, B. 2006. Can organic farming feed us all? *World Watch Magazine*, May-June, 18–24.

Herman, Robin. 1990. *Fusion: The search for endless energy*. Cambridge: Cambridge University Press.

Hershkowitz, Allen. 1990. *NRDC Diaper letter*. New York: Natural Resources Defense Council.

In solid waste, it's the breakdown that counts. 1991. *New York Times*, 31 March.

Lehrburger, Carl, Jocelyn Mullen, and C. V. Jones. 1991. *Diapers: Environmental impacts and lifecycle analysis*. Philadelphia: National Association of Diaper Services.

Lovins, Amory. 1977. *Soft energy paths: Towards a durable peace*. New York: HarperCollins.

Muller, Nicholas Z., Robert Mendelsohn, and William Nordhaus. 2011. Environmental accounting for pollution in the United States economy. *American Economic Review* 101 (5): 1649–1675.

New York State Energy Authority. 1994. *Energy implications of integrated solid waste management systems*. Albany, NY: Author.

New York State Energy Office. 1992. *Hydro-Quebec economic study, draft report*. Albany, NY: Author.

U. S. Department of Energy. 2002. *DOE Energy resources portfolio: FY 1999—2001*. Washington, DC: Author.

US EIA. 2013. Annual Energy Outlook. Energy Information Administration Report Number DOE/EIA 0383.

第 18 章

能源政策及其未来

18.0 引言

在所有的经济活动中，能源生产和使用成为目前环境质量面临的最大挑战。本书从化石燃料燃烧释放的二氧化碳造成的全球变暖这一挑战开始进行广泛讨论。但是，不仅限于全球变暖，能源消费还会带来酸雨和硫酸污染、城市空气污染和交通堵塞、石油泄漏、在敏感环境中进行石油钻探和露天采矿、酸性矿山废水、危险的矿山尾矿和石油钻井泥浆、类似于肺尘病之类的职业病，以及在核燃料和废料的开采、运输和处置过程中暴露于放射性物质等副产品。三种主要的能源——石油、煤炭和核能——都有其各自的环境缺陷。

然而，在合理价格水平上获得可靠能源，是任何经济体系必须依赖的命脉，美国经济对其依赖则更加严重。本章为当前能源格局提供了一个概述，然后考察清洁能源路径所具有的前景，这个路径要将可再生能源（太阳能、风能和生物质发电）开发，能源效率提升，电动、混合动力和生物燃料汽车结合起来。从中传达的基本信息是，需要在未来进一步发掘清洁能源路径。能源体系可以沿着当前的化石燃料路径向前发展，也可以切换到可再生/具有能源效率的路径，或者切换到大规模核能这样一个不太可能出现的路径，这些前景都依赖于技术、经济和政府政策的相互作用。

清洁能源的未来可能会带来多高的成本？正如我们在有关全球变暖的那个绪论章节中所建议的，经济学家对不同选择产生的经济影响有着相当大的分歧。一些人认为通过使用清洁能源抗击全球变暖会付出很大成本，但也有人认为通过积极采取提高能源效率的措施，实际上在减少全球变暖的过程中我们还能产生利润。本章将更加仔细地考察这些说法，并对采取我们在第17章中提及的清洁技术方法的能源选择做出评估。

清楚的是，要将全球变暖水平维持在4℉这样一个较低水平，就需要全球能源系统进行惊人的、快速的和全面的转型。为了满足30多亿人的能源需求，为了满足发展中世界日益高涨的期望，快速从当前电力负荷主力——煤炭燃烧——中进行转型，将成为一代人的任务。

18.1 技术选择：电力还是热力

每天，每个美国人消耗的能源相当于6.5加仑石油。本节从热力和电力需求入手考察以下问题：我们如何满足不断增加的电力需求，以此驱动小型装置并在冬天取暖？第一种方法是提高效率。看起来最便宜且最干净的能源是我们节省下来因此无须生产的能源。转到市场的供应方来看，煤炭（38%）、天然气（28%）和核能（20%）是美国电力生产的三大主要来源。水电（7%）则是主要的可再生能源，其他可再生能源占6%。① 然而，一类具有替代性的可再生能源是风力发电，它是增长最快的一类新出现的电力生产来源，还有另外一个——太阳能发电——它拥有巨大希望。

效率。与世界上其他地方的能源使用状况相比，美国是怎样的？遗憾的是，如图18-1所示，在富裕国家中我们接近最高水平。用什么因素来解释如图所示的国际能源需求存在的巨大变动？当然是国家收入，但是气候、人口密度、能源价格、交通基础设施和政府的环境保护政策等也都是重要因素。② 按照国际标准来看，加拿大在决定能源节约利用的各个因素中都不具优势——寒冷的气候、较低的人口密度、低廉的能源价格、针对汽车设计的交通体系，以及一个相对自由放任的政府。

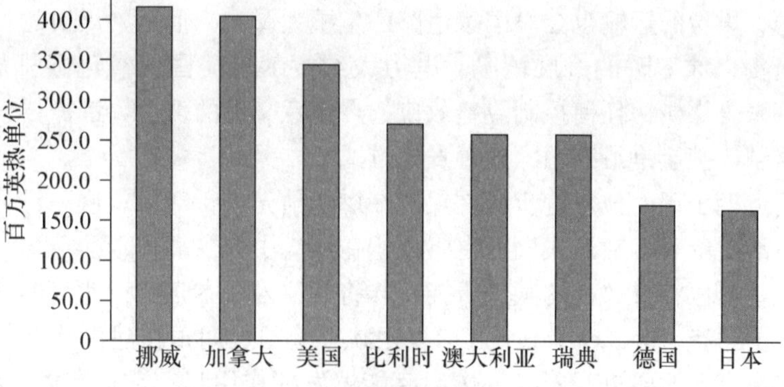

图18-1 人均能源消费量，国际比较

资料来源：U. S. Department of Energy.

德国和日本的人均能源使用数量大约是美国的一半，这两个国家具有可比的气候。

① 若想获知当前情况下的数据，可见U. S. Energy Information Administration网站中的Electric Power Monthly。

② 挪威的电力比较便宜，因为这个国家拥有丰富的水电资源。

然而，它们的人口密度都更高，有着大量围绕轨道交通设计出的城市内部和城市间运输系统。在这两个国家中，日本追求能源效率的态度最积极。在1974年出现第一次石油危机之前，日本已经是能源效率最高的经济体之一；在接下来的20年里，日本进一步将其能源效率提高了1/3，而其他工业化国家则只提高了25%。原因之一是，日本的工厂必须配备至少一名能源养护工程师，这些工程师必须通过严格的国家考试。①

图18-1中反映出的好消息是，在不损害生活方式的前提下，美国有着很大的节能空间。**需求侧管理**（demand-side management，DSM）包括推广能更有效使用能源的技术。请注意，将恒温器温度从68℉调低到65℉，或者在高速公路上按照每小时55英里的速度驾驶等许多节能措施实际上都达不到节能效果，因为它牺牲了某些方面的消费。我们所谓的能源效率是指用较少能源产生具有可比质量服务的技术。这种需求侧管理的措施主要通过释放供给"产生"能源。艾默里·洛文斯将这类能源称为**"负瓦"**（negawatts）。

在前面的章节中我们讨论了许多需求侧管理的可选方式：紧凑型荧光灯和发光二极管照明（第6章和第8章）、节能型建筑规范，以及制冷和照明方面的标准（第17章）。其他的需求侧管理措施包括使用电力生产过程中产生的废弃能源来为建筑物供热（热电联产），采用节能型工业电机与相关的冷却和清洁用具。②

煤炭。一方面，从市场的供给方来看，到目前为止煤炭在发电领域中占据主导优势的主要因素是它是可靠、廉价的燃料来源。利用煤炭发电的技术得到很好的发展，因为国内煤炭资源丰富，所以煤炭的供应不会出现石油那样的供应中断和价格波动问题。

另一方面，使用煤炭产生了众所周知的环境问题和社会问题。除了酸雨问题外，我们在第13章和第16章还讨论了汞以及标准空气污染物问题，在地下开采煤炭是相当危险的，而且露天采矿以及"移山行为"会对自然生态系统造成破坏。这些行为都会产生酸性排水问题。煤炭的运输也会对国家道路产生重大影响。但是，煤炭的长期前景主要取决于人类阻止全球变暖的进展情况。电力大约贡献了美国二氧化碳排放量的33%，其中大部分都来自煤炭。任何控制温室效应的严肃意义上的努力，都需要对常规燃煤电力生产做出限制，甚至是最终消除这种发电方式。

到现在，近期出现的技术进步允许煤炭在燃烧前先进行气化；这一过程极大减少了碳排放，但更重要的是，它让人们可以将堆积在煤炭中的二氧化碳筛选掉。煤炭发电的拥护者争辩说，可以将排放出的碳进行捕获并将其注入原本含有天然气的地下，这个过程被称为在地下**封存**（sequestration）二氧化碳。美国近期正在建设几个新的煤炭气化厂，但是尚未有企业对碳进行封存。碳封存能够发挥作用吗？它具有成本竞争优势吗？这是围绕在未来是否将煤炭作为电力生产主要燃料的问题。

虽然煤炭仍是美国境内主要的电力来源，但是其首要地位正在受到挑战。在过去的3年中，煤炭发电所占份额急剧下降，从48%降至36%。虽然几个新的煤电厂正在建设之中，但是在一系列压力下，旧的煤电厂正在退出市场：便宜的天然气（稍后详细介

① 参见"How Japan Became So Energy Efficient"(1990)。

② 参见Choi Granade et al. (2009)。

绍)、可再生能源发电数量的增加、集中于汞排放和标准空气污染物的新一轮污染控制(见第16章),以及与二氧化碳排放有关的未来责任带来的威胁。

核能(nuclear)。原子能面临着来自经济和环境的挑战。在经济方面,只有提供大量补贴才能让**核电**(nuclear power)具有竞争力,其中有些补贴掩藏得很深。从环境的角度来看,三个必须解决的顾虑阻碍着核电的发展,它们分别是:核电站发生灾难、核电废物的储存,以及恐怖主义。目前,美国大约运营着110座核电站。

最近提议并最终取消的核能发电厂——在土耳其和魁北克——是极其昂贵的,用电价格已经达到每千瓦时0.20美元以上。最近,芬兰在建的一家核电厂的成本超支了50%。在全球范围内,大多数在建核电厂都位于俄罗斯等发展中国家,在资本主义国家相关活动则很少被看到。法国是世界上的核电领袖,但它自1999年以来也没有在国内兴建新的核电厂。即便美国政府明确提供大规模融资补贴,自20世纪70年代以来,美国也没有兴建新的核电厂。[①] 为什么核电活动如此之少?

核本身就是一种高度集中的技术,而且因为每个工厂都是相当昂贵的,所以需要多年时间才能实现收益,因此相应的财务风险很大。核电的倡导者认为,如果需求足够,规模经济会发挥作用,之后建设的核电厂成本将会下降,但是到目前为止,这种说法尚未能吸引投资者。一个重要问题是建造工程延误。大量针对安全性提出的担忧,需要完成的许可和针对出现失败的检查,以及大量公众反对等因素都可以进一步延缓核电厂的建设,并进而减少这项投资的盈利能力。这又在另一个层面增加了风险。基于这些原因,私营部门投资者对核电仍然非常谨慎。

很多辩论都集中于核设施的安全性,最大的顾虑集中于是否会出现如切尔诺贝利核电站事故那样的灾难,自2011年日本福岛核电站造成悲剧以来,这种担心更为加剧。核电站引起的癌症死亡人数从0人(美国三里岛核电站事故)到50万人不等,后者是切尔诺贝利核电站造成的死亡人数,即便用这个数字,也没能完全估计切尔诺贝利核电站造成的致命伤害。在美国的人口稠密地区,情况最坏的灾害可能会产生超过10万人伤亡。基于这些数字,核电带来的是一个社会性赌博:事故产生的死亡人数可能很小,也可能很大。[②]

与此同时,由于燃煤污染,人们定期或者莫名其妙地死去。相比于煤电,根据每千瓦时的死亡人数计算,核电生产要远优于煤电生产。但是那些在核电站附近居住的人面临的风险会比较高,这也说明为什么核电站的选址往往会遇到当地人的强烈反对。此外,风险评估考察的只是相对死亡概率,并没有对潜在灾难的严重程度进行评估——例如在一夜之间摧毁整个社区。在第5章中我们注意到,人们会购买保险,以此避免概率低但非常危险的情况发生。因而,针对核电设施出现的强烈反对可能只是风险厌恶情绪的一种简单反应。

阻碍核电发展的一个新的障碍在于,人们对核反应堆可能以某种方式成为恐怖分子的武器表达出越来越多的顾虑,恐怖分子或者会去触发核电站爆炸,或者使用核电废弃

① 参见Kanter (2009)。

② 参见Lisbeth Gronlund, How Many Cancers Did Chernobyl Really Cause? All Things Nuclear (Union of Concerned Scientists, 17 April 2011)。

材料组装“脏弹”。出于对恐怖主义的担心以及核扩散原则，即使发达国家的核电经历回升，也无法为政府状态不稳定的那些发展中国家提供理想的能源需求解决办法。因此，核电在解决全球变暖问题中存在的潜在好处具有相当的自我限制性。最后，公众对核领域的科学性风险评估不够信任——因为无论是政府还是实业界人士——都认为安全性很高［见例证《辛普森一家》(*The Simpsons*)］。这种不信任部分是因为人们普遍认为，强制执行有关核电安全标准的美国核管理委员会（Nuclear Regulatory Commission，NRC）已经被行业俘获。这种不信任还部分来自科学的不确定性。官方一再调低暴露于辐射的“安全”水平的估计。

除了核反应堆爆炸和核辐射泄漏外，核工业面临的其他主要环境问题是废物处理。核废料可分为两类：高级别废料和低级别废料。**高级别废料**（high-level waste）是乏燃料棒以及从武器生产中产生的废料；这类废料的毒性会保持数十万年。**低级别废料**（low-level waste）包括受核电站以及国防机构污染的衣服和设备，以及医疗过程和医药设施中产生的废物。在低级别的民用核废料中，核电废料大约占 80%。大多数低级别废料中的放射性物质都能够在 100 年里衰减到美国核管理委员会认定的安全水平，但是有 3%左右的废物需要被隔离更长时间。

目前，美国还没有能够永久性贮存高级别废料的正在运营的废物处理设施，不过，在新墨西哥州的卡尔斯巴德（Carlsbad，New Mexico），人们正在为国防核废料建设一个处理设施，并计划在内华达州的亚卡山（Yucca Mountain）为民用核废料建设一个处理设施。到目前为止，亚卡山的处理设施仍处于研究和设计阶段，即使建成，在 2015 年或 2020 年之前也还不能接受废料。[①] 目前，有三个商业性的低级别废料处理设施，虽然这些设施越来越不愿意接受其他州的废物。由于未能解决存储问题，在商业电厂的临时处理设施以及政府建造的设施中，高级别废料和低级别废料已经放不下了。

主要的废物处理方式是将其埋在地质稳定的地层，或是在地上存储。鉴于这些废料的毒性具有出奇的长期性，科学界针对各种永久性废料的安全处理方式有不同看法。然而，无论技术问题是怎样的，针对废料处理设施选址的政治反对意见已基本阻止了核电的发展。在修建新的核设施之前，需要针对现有废料从技术上和政治上解决处置问题。

与其他能源来源不同，核电生产本身就需要昂贵且持续的政府监管。第一，核恐怖主义的可能性意味着政府必须密切监测核燃料和废料运输。第二，针对核反应堆安全性能的监管，导致政府官员广泛参与反应器设计、操作和维护过程。第三，由于公众反对核电站选址，再加上核废料毒性的长期性，意味着政府必须担负起解决废料处置问题的责任。

如今，由于政府的持续支持，核电已成为能源领域的一类重要参与者。正如我们将会在针对补贴政策的讨论中所看到的，在美国，核电得到政府基金的积极支持。在法国，这个国家为核电给出了世界上最大的承诺，其核电产业都是国有的，并且得到大量补贴。然而，这就保持了核电的主要优势——由于公共资金的大量投资，虽然有些昂贵，但是如今的核电已经成为大型电力生产的一大来源。在美国，核电领域的最大希望是在两党合作基础上承认全球变暖是个严重的环境威胁，要求立即减少燃煤电厂的生产。只有在那时，才有机会克服本地居民对核电站选址的激烈反对，以及由此造成的施

① 有关亚卡山的情况可见 www.yuccamountain.org/new.htm。

工延误和较高成本。

天然气。这个燃料来源逐渐成为煤炭发电的主要竞争对手。其原因是：随着一种被称为横向压裂或“水力压裂”的新技术得以发展，国内主要由甲烷组成的大量天然气储量得以实现开采。在压裂过程中，天然气公司深度钻探直到页岩，这类岩石中广泛分布着达到一定浓度的天然气。从单一压裂井出发，它们可以水平钻探出。然后注入压裂液，压裂液中含有多种化学物质，在非常高的压力下便可以将页岩打穿。当压裂液被移除后，天然气流经岩石中被折断的地方，便可以从压裂井中提取出来。

天然气具有一个主要的环境优势。从造成空气污染方面来看，它是最清洁的化石燃料：它的硫含量低、排放的颗粒物少得多，在燃烧时只排放少量汞，相比于煤炭，每单位二氧化碳排放能够多产生约70%的能源。然而，甲烷本身就是一种温室气体。因此，要使天然气在避免全球变暖方面也比煤炭更具优势，必须小心控制以防止所谓的散逸性排放物的释放——也就是在生产或运输过程中，或者从废弃井中出现甲烷释放到大气中的现象。

此外，水力压裂技术引起人们的一些担忧，这些担忧包括在钻井过程中对地下水的污染，弃置的压裂液可能对地表水产生破坏，在压裂过程中对小溪和河流中的淡水进行过度提取，地表景观的断裂，钻井附近出现的空气污染，地震风险，以及农村景象的工业化。因为很多有开采前途的天然气储量都处于人口稠密地区，所以相关冲突变得激烈起来。因此，钻探寻找到的地点往往接近人们的房屋和饮用水井。

尽管存在这些争论，自2008年以来，水力压裂已经大大增加了美国的天然气供应。随着美国经济衰退导致的需求下降，这一现象导致一段时间内天然气成本较低，这种情况看上去还要持续几年。与高度集中的煤电、核电不同，天然气发电厂的规模可以相对较小，建造成本也可以很便宜。这些因素导致天然气发电在电力生产中的份额迅速上升：从2009年年初的20%上升到3年后的28%，它在很大程度上取代了煤炭发电，也降低了太阳能和风能产业的增长速度。

这种趋势会走多远？这取决于公民对更加严格的行业监管施加的压力——对全球变暖、水资源污染和栖息地保护的力度。此外，水力压裂技术本身比较新颖，很难判断最近对美国（和全球）天然气储备给出的估计是否现实。就中期而言，低廉的天然气价格有可能继续推动人们在燃气发电能力方面增加投资。

可再生能源。最后一类主要的能源类别包括水电、太阳能、风能、地热能和生物质能源。[①] **水电**（hydroelectric power）目前占全国电力生产的7%左右。虽然从污染的角度来看，水电能源相对干净，但是大坝项目可能产生重大环境影响，这些影响包括淹没具有重要生态价值的土地，以及对鲑鱼之类的水生生物产生负面影响。

太阳能可分为两类：一是**主动式太阳能**（active solar），它可以产生电力（以及作为副产品的热能）；二是**被动式太阳能**（passive solar），它可以产生热能。被动式太阳能的主要用途是对水进行加热并直接使用，但它也可以用来加热或冷却房间。两类利用主动式太阳能的主要技术是**太阳能热**（solar thermal）发电（这类技术将太阳的热量聚焦起来加热液体，然后用来产生电能）以及**太阳能光伏**（photovoltaic，PV）发电（它直接通过太阳能电池来生产电力）。

---

① 其他近期经济潜力不大的可再生能源包括潮汐能和波浪能。

太阳能热发电技术已经实现商业规模的运用：最近宣布的一家亚利桑那州的工厂将采用3 500 面反光镜，用其生产 300 兆瓦的电力——大约是大型核电厂 1/3 的电力生产水平。在本章最后一节，我们会讲述太阳能热利用技术是如何在 20 世纪 80 年代美国政府的补贴下发展起来的。正是由于这种支持，以及欧洲提供的第二轮支持，这项技术现在已经具有了成本竞争力，并且预计能够在每千瓦时 0.10 美元的成本水平上提供电力。

太阳能热发电技术潜力巨大，因为它是沙漠环境中的短期基本负载电力技术，因为企业可以在加热的液体中将能源储存几个小时，也因为它可以每天 24 小时供电、一年内不间断。依托这项技术，亚利桑那州、墨西哥、非洲北部和中东地区的国家正在成为主要的电力出口国。①

更为人们了解的太阳能技术是光伏电池或者太阳能电池，它可以直接利用太阳光发电，不存在太阳能光热设备存在的地理区域受限问题。事实上，经常阴天的德国是世界上光伏技术和已安装的光伏设备的领先者。在 2012 年春天，仅太阳能发电就已满足德国电力需求的 10%，而在一年前只能满足 3%。德国正在迅速发展太阳能光伏，并将这种能源作为其能源生产中的基本电力负载。②

太阳能光伏是典型的大规模清洁技术。在 20 世纪 60 年代，作为空间计划的一部分，这项技术得到开发，随后，基于政府研发以及政府提供的补贴计划，这项技术缓慢但稳定地取得进步。直到最近，光伏仍然太贵，只能在很小的市场中得到应用。但是，如德国的案例所示，在 21 世纪第一个十年的后半段时间里，光伏价格出现迅速下跌。这种成本上的进展由技术进步驱动，而技术进步则来自全球和美国政府的补贴政策，以及不断增长的市场，尤其是在欧洲和中国，以及中国制造商的进入。在 2012 年，安装太阳能电池系统的美国商业客户收到的是一份保证在 10 年内电力价格不超过每千瓦时 0.10 美元的合同。

光伏可以是分布式电力来源，它可以安装在屋顶上、覆盖在停车场车库上方，或者布置在田地中，通过“智能电表”接入电网。它也可以用来支持集中化、规模化的公用事业单位。世界上最大的光伏发电厂之一是处于亚利桑那州的尤马（Yuma）——能够产生 290 兆瓦电力，发电功率相当于一座核电站的 1/3——这座工厂将在 2014 年完全投产。位于尤马的这家工厂得到联邦政府 2.9 亿美元的贷款担保（见第 17 章），以此来支持其建设。③

此外，光伏发电系统是风险非常低的项目：燃料来源能够确保，而且价格也是确定的（价格为零），在未来也不存在环境监管加强的危险。为此，公用事业单位针对光伏项目要求的回报率要低于其他类型项目。用于评估光伏项目的贴现率发挥着重要作用，因为光伏系统具有很高的初期投资成本和极低的运行、维护费用。

太阳能光伏具有清洁、低成本电力的魅力(太阳能光伏的负面环境影响大部分可以追溯到硅芯片制造)。太阳能光伏的支持者设想出一个分布式电力系统，每户人家的光伏屋顶瓦都可以独立发电。低成本太阳能光伏肯定会是促进贫穷国家可持续发展所需的技术链中的一个重要环节。

---

① 参见 Pool，Sean and John Dos Passos Coggin (2013) *Fulfilling the promise of concentrating solar power*，Center for American Progress：Washington，DC，http://www.americanprogress.org/wp-content/uploads/2013/06/PoolSolarPower-report-3.pdf。

② 在 2012 年 5 月，太阳能为德国提供了 10%的电力。

③ 参见“Largest Solar PV Plant in North America Comes On-Line”(2012)。

然而，到目前为止，最成功的可再生能源电力技术是**风力发电**（wind power）。在2012年，全球风能装机容量大于200 000兆瓦，相当于200个大型核电站的发电量，而且它还以每年20%以上的速度增长。只要能够获得一个好的选址，发出的电能够得到传输，风力发电就能具备新建煤电厂的成本优势，可以达到每千瓦时0.04美元之低。

虽然规模经济和技术改进让风力发电的成本降低到可与化石燃料发电相竞争的水平，但是风力发电仍然面临两个主要的经济障碍。其中最主要的是接入输电线路。在理论上，风电产量能满足美国所有的用电需求，但在实践中，往往不存在能够将多风地区的风电传输给城市用户的输电线路。一个与之相关的问题是存储。风电和主动式太阳能技术产生的电力都是间歇性的，只有当刮风或阳光普照时才能产生电力。因此，这些资源的长期有效发展就需要存储。目前的解决方案是使用电力网格；目前，光伏发电和风力发电都向已经存在的配电体系供电。然而，由于在传输过程中电力会出现损失，所以网格化存储和运输受到限制。人们正在开发各种各样的技术，主要是改进电池。其他选择包括用电将水抽入大坝，压缩空气或是制造氢，这些资源都可以在未来用于电力生产。

风力发电的主要环境问题来自审美：最近高调出现的斗争围绕的是风力发电场的选址要远离风景宜人（且富有的）科德角（Cape Cod）以及新英格兰的山峰。尽管人们都认为风力发电场会对鸟类有害，但是最近建设的风力发电场的禽类死亡率已经很低，然而，人们仍然对蝙蝠表达出关切。①

地热（geothermal）发电被家庭和商业机构用来对建筑物进行取暖或降温。地源热泵利用的事实是，在夏天，地面要比建筑物凉爽，在冬天，地面要比建筑物温暖。除此之外，作为一个潜在的公用事业单位规模化发电的电力来源，类似于我们在前面已经讨论过的水力压裂技术，现在，在全世界的很多地方，通过注入深埋地下的水，先进的钻井技术有可能制造出蒸汽来驱动涡轮机转动。最近的一项研究认为，到2050年，美国很大一部分能源可来源于此。然而，由于产生了小型地震，欧洲使用这种技术的一个早期试验被停止了！②

最后，直接减少燃煤电厂二氧化碳排放的方式是将煤与**生物质**（biomass）混合起来共同燃烧。因为被烧掉的木质材料还能长回来固碳，所以燃烧生物质减少了发电厂的全球变暖污染。

最近，可再生能源已经引起很多的新闻关注，但重要的是要意识到，在美国，非水电类可再生能源仍然只在总能源来源中扮演一个小角色——只占国家电力供应的6%。州政府和联邦政府出台了相关政策，旨在到2020年时将这个比例提高到20%及以上，并将燃煤发电所占的比例降低到38%。

18.2 政策选择：电力还是热力

现在，我们已经对能源领域的参与者有所了解，可以开始了解与热力和电力相

① 参见 Mazza and Heitz (2006)。

② 参见 MIT Panel (2007)。

关的能源解决方案。如果我们要阻止全球变暖，那么确切地说，我们该如何在未来几十年里摆脱对煤炭的依赖？第 17 章针对决策评价给出了一个由三部分组成的方法：

1. 选出清洁且低成本的技术。

2. 通过取消为竞争性技术提供的补贴并且/或者将竞争性技术相关的社会成本内部化，尤其是通过基于激励的监管方式来提高清洁技术的利润水平。

3. 直接推动技术。

□ 第一步——选出获胜者

从环境等级来看，对效率的提高是第一位的，风能和太阳能并列第二，地热是第三，生物质共燃位列第四，天然气第五，核电第六，煤是最后一名。按照当前的成本排列，提高能源效率的措施最便宜。天然气次之，风能排名第三。太阳能热能、新的煤炭以及生物质共燃并列第四，太阳能光伏排名第五，核能第六，地热排名最后（新发现的煤炭的开采成本相对较高，这部分是因为煤电厂存在与碳排放管制立法相关的风险，而且这些厂的寿命能够延长到 50 年）。然而，从长期的潜力来看，太阳能光伏和地热都有与新煤炭竞争的机会。

在这种情况下，短期内的绝佳机会显然是提高能源利用效率以及推广使用风能和太阳能热能。目前，光伏发电是个不错的选择，地热看起来也是个不错的投资。有大规模推动核能的理由吗？也许没有。虽然核电站无疑可以做到更加安全，但是在美国，很难将核电成本降到低于当前范围同时为人们提供政治上可以接受的安全边际。提高能源利用效率，以及风能、太阳能和地热能都提供了能够替代化石燃料，而且是比核能更加可行、更清洁和更便宜的选择。

□ 第二步——公平竞争

美国目前的能源市场远不是一个理想的自由市场；通过监管和补贴，政府干预普遍存在。最近一次估计指出，每年联邦政府为能源提供的补贴介于 370 亿美元至 640 亿美元。仅每年为石油工业提供的税收减免就达到 70 亿美元。为了给政府机构的这类开支提供一种直观感觉，表 18－1 详细介绍了对石油生产机构在勘探阶段提供支持的机构——从为研发资源采购提供补贴，到基础设施开发，再到减少风险。在这项研究中，为石油行业提供的最大补贴之一包括军队在波斯湾地区保护航运发生的开支；分析家认为这项成本在 120 亿～200 亿美元。但是针对此类补贴的估计不包括两次海湾战争的费用。①

针对核电行业提供的补贴主要是发生反应堆熔解时的法律责任限制。正如我们在第 17 章中所指出的，如果不这样做，核电站就无法获得私人保险，《普赖斯-安德森法案》对核事故的赔偿责任做出了限制。据此计算，每个反应堆得到的补贴要超过每年 2 000 万美元。

---

① 参见 Koplow（2005）以及“Eliminating Tax Subsidies for Oil Companies”（2010）。

表 18-1　　联邦机构对石油开采提供的补贴

支持活动	联邦机构参与
采购	美国地质调查局、美国国家海洋和大气管理局以及印第安事务局都提供调查、绘图和开发方面的支持
技术开发	美国能源部为石油开采方面的研发提供资助
产业基础设施	美国土地管理局提供低成本的设备租赁
消除风险	鱼类和野生动物服务机构对北极钻探进行环境影响评价

资料来源：Koplow. 1993. *Federal energy subsidies: energy, environmental and fiscal impacts*. Washington, DC: Alliance to Save Energy, 46, Appendix A-2. Used with permission.

在联邦补贴中，谁得益谁受损了？图 18-2 按照主要的能源来源提供了补贴细目。提高能源效率和非水电类可再生能源是我们在前面已经确定的两种清洁技术，但是它们只收到总补贴的 5.4%。补贴政策的主要受益者显然是传统能源来源——核能和化石燃料得到所有能源补贴的 88.5%。煤炭、石油和（核）裂变技术得到大部分补贴的事实并不令人奇怪；因为它们也提供了全国所使用的大部分电力（并且它们也拥有重要的政治团体）。此外，通过研究设法减轻燃煤对全球变暖的影响，这种诉求肯定是合理的。然而，即使对能源进行过调整，一项研究还是发现煤炭和核裂变得到了最高的可计算补贴额，提高能源效率的方法得到的补贴是最少的。①

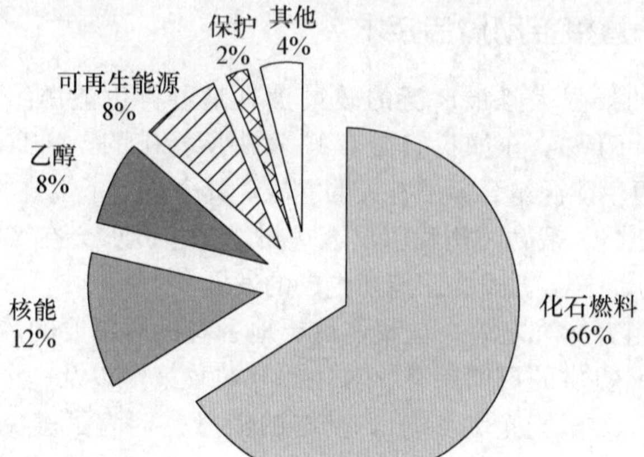

图 18-2　按照行业分类的联邦能源补贴，2005 年

资料来源：Data are from Koplow (2007).

这次针对补贴政策的讨论突出了两点。第一，能源市场不是一个自由市场；政府一直并且会继续通过干预促进技术。因此，当前在我们的能源结构中，煤炭在电力生产中占主导地位，较低的汽油价格主导交通体系等，这些都不是市场力量带来的"自然"结果。煤炭行业得到了大量的联邦补贴，其中包括大规模的研发支出，目的是开发出更加清洁的煤技术并以此推动行业扩张。第二，联邦政策目前的倾向不利于为可再生能源和提高能源效率提供一个公平竞争的环境。政府对常规技术的大力支持也不利于提高具有

① 参见 Koplow (2007)。

替代性的清洁技术的市场渗透水平。

通过减少针对常规能源选择提供的补贴，或者至少通过增加对清洁能源技术的补贴，可以为清洁能源和常规能源创造一个公平竞争的环境，这是推动清洁技术发展所必需的。怎样将常规燃料造成的外部成本内部化？与供热和电力相关联的化石燃料造成的外部性主要是城市空气污染、酸雨以及全球变暖。正如我们在第17章进行的讨论，新的汞排放法规以及对二氧化硫和氮氧化物排放标准的收紧等措施都在最近收到成效。

美国最高法院在2008年明确指出，美国国家环境保护局有权根据《清洁空气法案》将二氧化碳视为一种全球变暖污染物，并对其进行监管。这一裁定与美国的总量管制与排放交易立法提供的潜力结合起来，使得短期内美国新建的燃煤发电价格提高了半个便士/千瓦时，并在长期内将煤电价格提高0.05～0.06美元/千瓦时。由于燃煤电厂建成后能够使用100年，所以长期来看这种影响会很重要。由于对常规污染物和气候的监管风险开始提高，人们对建造新燃煤电厂的兴趣已大大下降。

支持核能的人经常基于安全的理由坚持认为，该行业受到过度监管，这可以解释为什么核电不具备成本优势。然而，鉴于公众对核电站选址的反对，如果建设了新的核设施，那么可能需要提高监管。对废物处置、保险和报废费用的现实评估也应纳入新建设施每千瓦时成本的估算之中。对实现清洁能源公平竞争的措施进行过评估后，我们现在来考虑最后一个政策选项。

□ 第三步——直接推动清洁技术

促进清洁电力的最强大且最广泛的政策工具是可再生能源组合标准（renewable portfolio standard，RPS）。正如我们在第17章中所指出的，到2009年，美国近一半的州都会引入与可再生能源组合标准有关的立法，其中包括了主要的风电产能州：得克萨斯州、加利福尼亚州、俄勒冈州和明尼苏达州。这些诉求会在2000—2012年快速提高美国风电的增速，同样会激发太阳能热电厂的发展。

在可再生能源组合标准之外，让我们简要地看看针对主要的后期阶段清洁能源技术（提高能源效率）提供的更加具有针对性的补贴政策，以及一个针对早期阶段清洁技术的可选择方案（太阳能光伏发电）。基本的消息是，为了避免浪费，为了避免产生不利于生产率提高的激励，同时为了确保质量，应该认真地选择补贴目标。我们从一个问题开始。

问题

假设八达通电力（Octopus Power）正在考虑为其1/4的客户提供节能服务，使其“免费使用电力”。为什么呢？因为通过减少能源需求，它可以避免建造新的发电厂。然而，因为没有免费的午餐，这家公用事业单位必须向客户收取较高电价，这样才能提供节能服务。那么，对节能服务进行补贴是个好主意吗？

解答

也许不是。这项计划的问题凸显出促进能源效率过程中所面临的各种各样的陷阱。这些陷阱包括公平问题、战略行为、搭便车和反弹效应。

这里讨论**公平问题**（equity issue）。通过提供免费的节能服务，八达通电力能够在牺牲其他客户利益的情况下，为其 1/4 的客户提供巨大好处。尽管这家公司和纳税人总体来看可以节省资金，但是如果修建了新的电厂，那么八达通电力的大部分客户的情况都会变得更糟。

另一个可能的问题是为一部分客户提供补贴所带来的**战略行为**（strategic behavior），八达通电力在自己推动节能改造的过程中，可能会在无意中阻止别人的改善。这些团体可能不会进行节能改造，直到获得更多的补贴。由于**搭便车**（free-riding）的潜在可能，向八达通提供的支付可能也要更多。于是，那么原本就会进行节能化改造的人，可能会利用这类补贴。

最后还有**反弹效应**（rebound effects）问题。因为通过节能化改造之后家庭电费下降了，居民可能会用提高了的收入去购买一些新的设备，让房屋变得更加温暖，从而使用更多的电。在电力领域，反弹效应的大小是当前争论的一个主题。它大约是 10%。①

另一个计划有助于解决所有的问题：让其建筑经过节能化改造的居民支付账单。考虑一间房屋，在进行节能化改造之前，每年的电力使用量是 12 000 千瓦时；在进行节能化改造后，使用量下降到 10 000 千瓦时。于是，居民可以负担得起相当水平的电价上涨（例如，从每千瓦时 0.05 美元上涨到每千瓦时 0.06 美元），并让电费保持在相同的水平（0.06×10 000=600 美元；0.05×12 000=600 美元）。

如果提高能源效率的措施确实符合成本效益，那么从理论上讲，人们总是能够设计出一个融资机制，在这个机制下，受益人最终为其获得的服务支付主要部分，并且仍然能让其境况略胜一筹。那就是说，人们可以设计出一种具有成本效益的、旨在提高能源利用效率的投资，用其产生类似于帕累托改进的效果。

在实践中，为了克服客户存在的信息不足和资金不足问题，政府或公用事业单位的付费者还是需要承担风险和推广成本。例如，一家公用事业单位发现，如果要求参与者支付一个绝缘覆盖热水器，那么即使这位参与者可以零风险节省资金，这还是会极大降低项目参与程度。反过来，由于正在运行的项目存在规模经济，参与程度的降低又会使每千瓦时的成本节省上升 350%。

通过要求受益者支付至少一部分成本来使补贴水平最小化的做法将会降低不公平问题、战略行为、搭便车和反弹效应的严重程度。这项一般性规则适用于任何旨在鼓励小规模清洁技术的补贴政策。

两个近期的政策创新正在让我们向受益者支付项目成本的方向进发。纽约州的**账单抵扣**（On-Bill-Recovery）项目允许居民向公用事业单位借款，并将这笔钱用于能源效率升级，然后通过支付水电煤气费用的方式偿还这笔贷款。因为居民节省下的能源要大于他们支付的贷款，所以消费者既实现了能源效率提升，每月支付的能源费用又得到降低——这确实是个双赢局面。这项政策才刚刚起步。类似政策被称为**类物业税式清洁能源政策**（Property Assessed Clean Energy，PACE），它允许房主通过物业税的方式支付其在能源效率升级或太阳能方面的投资。这项政策最初在伯克利和长岛得到通过，创造出一个小型的太阳能繁荣，但是类物业税式清洁能源政策至少暂时受到联邦贷款机构的

① 参见 Kenneth and Van Dender (2007)。

阻止。

人们通过补贴方式对大规模太阳能发电进行的推动，应该与我们在考察废弃物时提及的思考巧妙结合起来。太阳能光伏领域面临的挑战仍然是降低光伏成本。如本书第 17 章所述，有两种降低光伏成本的基本手段：(1) 通过研发开发出更好的技术，以及 (2) 通过规模经济和干中学获取成本节约。在 20 世纪 80 年代初期，政府决策者过早采取了后一个路线，牺牲了基本的研发投入，用这些资金资助了浮华但却不合算的太阳能示范项目。与此同时，针对购买太阳能发电单位提供的税收抵免还鼓励人们去购买太阳能光伏设备；然而，因为在那时太阳能光伏还不是一项有竞争力的技术，所以一旦税收抵免到期，光伏市场就会出现崩溃。[①]

在整个 20 世纪 90 年代，美国在光伏研发中的低水平补贴，与欧洲（尤其是德国）在促进太阳能装置方面的激进政策结合起来，使光伏行业得到进一步发展。到 2000 年左右，购买光伏的价格都在稳步下降——之后出现需求突增，这主要是美国州政府对其提供了支持。例如在俄勒冈州，安装屋顶太阳能的家庭可享受物业税抵免，随后，此类安装数量开始出现爆炸式增长。但是，这种需求的繁荣——不同于 20 世纪 80 年代初的繁荣——主要不是由政府提供的补贴驱动的。随着全球需求的激增，在 21 世纪第一个十年的后期，光伏市场开始吸引大量投资。

德国快速且猛烈地部署光伏源自其**上网电价**（feed-in tariff）政策。在上网电价政策下，电力公司必须在一定价格水平上购买由家庭和企业生产的电力。在德国的情况下，此类电价有利可图，引发了太阳能设备安装的一次大规模繁荣，进而使得在 2012 年不得不对这一项目做一些削减，以使这种繁荣有所收敛。

德国既在逐步淘汰核能，又在减少碳足迹——这需要非常迅速地部署可再生能源，这是德国一直追求的目标。在美国，上网电价政策以及附属政策——**电力购买协议**（purchase power agreements）——在加利福尼亚州、佛罗里达州、纽约州、俄勒冈州和其他一些州中带来了可再生能源的发展。电力购买协议是与小型电力生产者——比如一个家庭或一家企业——达成的一项购买电力的长期合同。在这种情况下，生产者没有发挥其谈判势力的选择，只能在预先设定的价格水平上将所有电力卖出。

在 21 世纪第一个十年的长足发展后——开始时是在州政府层面，后来是通过奥巴马政府的刺激政策——今后几年里的美国太阳能补贴可能会出现下降。但不管怎么说，私营部门的兴趣，加上欧洲和中国的支持，意味着光伏价格仍将继续下跌。路径依赖理论告诉我们，如果光伏出现得更晚，那么在此期间我们将继续投资于可长期使用的基础设施，以此支持我们依赖化石燃料的经济。因此，试图通过向光伏发电转型来最大化环境收益的做法将变得更加困难。从经济学的角度看，“谁”的问题也是重要的。行业都是跟着资金走，因此，在 2015 年之前，我们应该会看到欧洲和亚洲的光伏增长会高于美国。从长远来看，光伏发电是如此有吸引力，无论美国政府给出何种政策，私营部门都可能将其发展起来。

总结这一小节：需要对促进清洁技术的补贴进行精心设计。为消费者提供的补贴要尽量减少一些公平问题、战略行为、反弹效应和搭便车之类的缺陷。针对大型技术提供

---

① 参见 Zweibel (1990)。

的补贴应该在研发自主和市场建设之间求得一个平衡。

最终，从提高能源效率到太阳能光伏，替代性清洁能源能够实现在电力和热力生产中以低成本替代化石燃料的承诺——这个过程可以减少城市空气污染问题，并且缓解上游栖息地遭受破坏和全球变暖等趋势。聪明的政府政策有助于探明这些承诺能在多大程度上实现。然而，电力与热力生产只是更大的能源图景中的一部分。

18.3 技术选择：交通

我们的交通系统几乎完全依赖原油，大部分都仰仗石油的使用。目前，美国每天消耗约 1 700 万桶石油（大约每人 3 加仑），其中大约有 40%是进口的。在美国进口的石油中，接近 30%来自波斯湾。石油输出国组织（Organization of Petroleum-Exporting Countries，OPEC）的成员国主要是中东国家，它控制着世界上已探明石油储量的 3/4。

使用石油产生的社会成本可分为三类：（1）纳税人补贴（我们在 18.2 节中进行过讨论），（2）环境外部性，（3）能源安全。在发达国家，汽车是城市空气污染的主要来源，大约排放了一半的氮氧化物和挥发性有机化合物，以及排放了近 2/3 的一氧化碳。（回忆第 13 章的内容，我们知道氮氧化物会导致酸雨污染，与挥发性有机化合物结合起来，还会造成地面臭氧。一氧化碳会降低血液中的氧含量。）汽车不仅造成地区性污染问题，还是排放温室气体二氧化碳的主要来源。在全球范围内，交通运输业占到化石燃料造成的二氧化碳排放量的 14%，美国的这个数字要提高到大约 35%。①

能源安全（energy security）问题的出现，源自过去 30 年里石油价格的戏剧性波动对美国经济产生的影响。最近一次出现的石油价格冲击来自中国和印度对石油的持续大量需求，这使石油价格在 2008 年达到顶峰，石油价格冲击与美国的四次经济衰退相伴随，并进一步加深了经济衰退状况。此外，这种价格震荡会大幅推高通货膨胀水平。人们对经济发展依赖于石油所造成的成本进行了估计，估计结果在每桶 1 美元到 20 美元之间。与能源安全问题相关的事实是，美国在石油方面的高需求（约占全世界消费量的 25%）推高了石油价格。正是因为我们在石油市场上的明显存在，我们对石油价格有着经济学家所谓的**买方垄断势力**（monopsony power）；美国单方面削减石油需求，将会降低全世界的石油价格。

取代石油的主要技术选项可分为两大类。第一类选项与继续依赖私人汽车运输体系相兼容：主要是增加燃料效率并转换到更清洁燃料（特别是电力）的方式。第二类选项则是转换到另外的交通模式：城市轨道交通、城际和长途铁路、拼车、骑自行车，以及步行。

□ 燃料效率

在所有的备选方案中，提高燃料效率的方式最接近我们在第 17 章所述的那类简单

① 欲获知当前的相关数据，可见 U.S. Energy Administration Monthly Energy Review，"Carbon Dioxide Emissions from Energy Consumption，" http://www.eia.gov/totalenergy/data/monthly/#environment。

清洁技术。在 20 世纪 90 年代后期，日本的汽车制造商开始引进所谓混合动力汽车。在城市中行驶时，混合动力汽车使用电力引擎；在高速公路上行驶时，混合动力汽车则会使用汽油引擎。汽车可在使用汽油引擎时对电池进行充电，因此无须在夜间对汽车充电。这些汽车能够达到每加仑汽油行驶 40～70 英里的水平，它是常规车辆燃料效率的两倍。它能够帮助消费者节省费用吗？在 2001 年，我（埃班）以比其他可比的传统汽车高出2 000 美元的价格购买了一辆丰田普锐斯。普锐斯具有每加仑汽油多跑 15 英里的优势。按照每加仑汽油 3.50 美元计算，每年普锐斯能够帮我节省 450 美元——这意味着通过大约 5 年的时间，我就可以收回 2 000 美元的溢价，并开始收获净收益。

在下一阶段的发展中，通用汽车取得领导地位，它们在 2011 年引入雪佛兰 Volt，它是第一辆插电式混合动力车。推出插电式混合动力车的想法是，车主在夜间通过电网进行充电，于是他便能够在早晨驾驶这辆车，比如行驶 30 英里。与当前的混合动力车类似，当汽车的电池电量用光后，这辆车可以依托一个有效的备份燃油引擎继续行驶，这个引擎还可为电池充电。因为很多司机在一天内的行程往往少于 30 英里，所以在这些距离内车辆将根本不使用汽油。不过，这里难道不存在遗漏问题吗？减少使用的汽油会被燃煤发电数量的增长所抵消吗？这倒也未必。插电式混合动力车的美好之处在于，很多燃煤电厂（和所有的核电厂）都不在晚上休眠，因此它们生产的电力会被浪费。因此，当插电式混合动力车在晚上充电时，几乎没有产生额外污染。总体来看，相比于传统的小型车，人们估计插电式混合动力车能够将全球变暖污染物排放数量减少一半，相比于非插电式混合动力汽车，插电式混合动力车能够将全球变暖污染物排放数量减少 30%。插电式混合动力车甚至还可以成为电网储能设备。在需求高峰期，车主可以将电池中的电能传输回电网。①

在插电式混合动力车之外，我们还能想象出更加巨大的效率提升；落基山研究所的艾默里·洛文斯一直倡导一种超轻气动车辆，他将其称为“超级汽车”（hypercars）。他说这是对汽车的一次彻底的重新设计和重新制造——而不是汽车制造商现在追求的那种边际改进——它可以在不损害汽车的安全或性能前提下将燃料效率提高 10 倍。②

安全和性能一直是人们针对节油型汽车提出的主要疑虑。实现更好的燃油性能的一种方法是“轻量”——制造更小、更轻的汽车。然而，在过去，有证据表明更轻的汽车与重车相撞时确实会变得更加不安全。基于这些因素，美国国家科学院小组（与一些持不同意见的人）得出结论，在 1975—1990 年发生的汽车轻量化改造，大约导致 20 世纪 90 年代初交通死亡人数每年增加了 2 000 人。

批评家指责说这个数据被大大高估了，因为它未能考虑到小型车对他人构成的危险是减少的，以及在 20 世纪 90 年代车身轻量化趋势下，车辆大小之间存在的差距在缩小——这是交通事故中存在的另一个因素（当然，随着 20 世纪 90 年代以来出现运动型多用途汽车潮流，车身之间的差距再次急剧加大；运动型多用途汽车自身也面临着与滚轮有关的安全隐患）。此外，近年来小型车变得更加安全，因为工程师开始重点关注碰撞问题，人们也开发出一些新式高强度轻量化材料。事实上，燃料经济性的提高对安全造

① 参见 Markel (2006)。

② 参见 Lovins (1995)。

成的影响可能为零。然而，鉴于燃料效率的提高在某种程度上是通过汽车轻量化实现的，所以有可能存在一些安全影响。① 此外，美国消费者对一些能源密集型的特征很是喜欢：大尺寸、四轮驱动和加速快。燃料效率的提高可能需要对这一趋势进行一些遏制。

从长远来看，除了与改进燃料经济性有关的安全和性能问题外，“人口”的增加和“富裕程度”的提高都可能抵消燃料效率的提升。（可见 IPAT 方程中的 P、A 与 T!）在 1990—2000 年，每年汽车总里程数都以 3.3%的速度在快速增长；这个增速远快于人口的增速。现在，美国的汽车平均行驶里程数每年超过 12 000 英里，但是在 1970 年时，每年最多为 10 000 英里。因为人均车辆数从不到 0.50 上升到 0.65（现在，每个美国家庭拥有的汽车数量超过了司机数量），同时人口也在增长，这使美国汽车的总里程数增长速度更快。有趣的是，在 21 世纪的第一个十年中，汽车里程数增长开始下降，并在 2008—2012 年停止增长。然而，人口增长继续带来汽车保有量的增加和石油消费的增加。②

这里也可能存在一个反弹效应——更高的燃料效率带来资金节约，其中一些资金被用于增加驾驶里程数。对汽车交通中存在的反弹效应的估计值都在 10%的范围内。最后，直到 2008 年，美国的司机才开始从汽车转向轻型卡车和运动型多用途汽车，这类汽车燃料效率都不高。由于所有这些因素，虽然在 1970—1988 年美国汽车的燃料效率增加了大约 1/3，但是由汽车、卡车和公共汽车带来的汽油消耗总量仍然增长了 40%。而此后，随着人们转向运动型多用途汽车和轻型卡车，汽车的平均燃料效率实际上已经出现下降。随着近期燃料经济性标准的提高，我们预期这一趋势将会得到扭转，我们在后面将讨论这个问题。③

□ 燃料转变

运输部门面临的第二个技术选择是用石油燃料之外的某种燃料驱动运输工具（汽车、卡车以及飞机）。三个主要的竞争者是生物燃料、电动车电池和氢燃料电池。**生物燃料**（biofuels）是来自植物性物质的燃料。在今天的商业化使用中，生物燃料包括乙醇（主要来自玉米，大约占有 2%的市场份额）和生物柴油（主要来自大豆，市场份额不足 1%）。也可以将柴油车转换成使用植物油驱动的汽车，此类植物油可以包括使用过的炒菜油，但是实际使用的不多!

从传统的城市空气污染物来看，生物燃料通常更加清洁，但并非一定更加清洁。对使用 85%的乙醇或轻质汽油的汽车，美国国家环境保护局对其排放物进行比较后发现，乙醇燃料大约只造成一半的污染。④ 然而，最近出现的顾虑是，乙醇比汽油更容易挥发，这会造成烟雾问题。相比于石油燃料，乙醇和生物柴油排放的氮氧化物也会稍高一些。在全球变暖方面，生物燃料在燃烧时也会排放二氧化碳。不过，下一年的农作物种植会将大气中的碳固定，因此，从生命周期的角度看，生物燃料有可能大幅度减少全球变暖污染物。

---

① 参见 National Academy of Sciences (2002)。

② 参见 U.S. Department of Transportation，Federal Highway Administration，http://www.fhwa.dot.gov/ohim/tvtw/tvtpage.cfm。

③ 参见 Center for Sustainable Systems (2006)。

④ 参见 www.fueleconomy.gov/feg/byfueltype.htm。

在大规模采用生物燃料时面临着几个障碍。首先，相比于常规石油或柴油，农作物燃料往往更加昂贵——不过，这种价格差距在缩小，当石油价格达到每加仑 3 美元左右时，这种差距便会消失。更重要的是，可用于生产生物燃料的农作物供给有限。在玉米成本开始上升之前，从玉米中提炼的乙醇只能取代 6%的美国汽油市场。在 21 世纪前 5 年出现生物质能源热潮时，开始出现这种"食品与燃料"之间产生冲突的担忧，直到 2009 年石油价格下降导致这个产业出现崩溃，这种担忧才逐渐消退。因此，如果要郑重其事地实现生物燃料的商业化运用，就要求通过研发降低乙醇成本，并从非食品作物来源中生产生物柴油。生产乙醇的目标原料是纤维素——可在植物的叶和茎中找到的一种木质材料。美国能源部的分析师认为，美国有足够的剩余面积来支持如柳枝稷等多年生作物生长，从而使生物燃料满足当今美国 50%以上的石油需求。如果与此同时生物柴油也能够从动物废池塘中生长的藻类体中得以低成本提取，那么生物燃料显然可以在全美运输行业燃料使用中占一个很大比例。[①]

第二个转换燃料的选项是使用电池驱动汽车中的电力。事实上，Volt 这类插电式混合动力车大多数时候都依靠电能运行，它确实代表一类转换燃料选择，同时是一类提高燃料效率的选择。使**电动汽车**（electric vehicles）在全球范围内具有环境效益的一个先决条件是清洁电力的发展。否则，对电动汽车的使用几乎不会带来污染物排放的总体下降。然而，由于电动汽车自身几乎是零排放，所以即使它使用来自煤电厂或核电厂的电力，电动汽车也能够改善城市空气质量。实际上，这相当于将空气污染从城市出口到发电设施附近。尽管如此，人们还对使用铅基电池可能造成的环境问题给予了关注。

针对电池驱动汽车的潜在成本竞争力的估计范围广泛。雪佛兰 Volt 和全电动汽车 Nissan Leaf 的成本大大超过了可比的传统汽车，这种高成本只能在后期缓慢收回。随着生产规模的扩大，成本将会下降，但是很难判断需要多长时间才能让电动汽车真正形成成本竞争力。

内燃发动机的最后一个替代性方案是**氢燃料电池**（hydrogen fuel cell）。你可能还记得高中物理课中水通电分解为氢和氧的试验。燃料电池则相反。它们通过催化剂实现氢和氧的结合并产生电能；唯一出现的副产品是水蒸气！

在短期内，燃料电池汽车或者由液体燃料（汽油或源于生物质的乙醇）驱动，或者由天然气驱动。在汽车内，这些燃料都会被转换成氢。从长远来看，汽车油箱中可以直接装满氢气。这听起来可能很危险，但是因为氢的排气速度很快，当事故发生时，氢动力汽车不太可能发生比汽油动力汽车更加猛烈的爆炸。如果使用可再生能源（风能、太阳能或生物质产生的电来分解水）制造氢气，可以将运输部门的化石燃料燃烧及相关污染完全淘汰掉。

几个大城市的公交系统已经开始使用燃料电池，并在一些精致的应用中用于发电。对私家车而言，目前燃料电池还是过于昂贵。然而，所有主要的汽车公司都在研究燃料电池。目前，装有燃料电池的汽车只出现在有限的商业化展示中，这些车辆仍然相当昂贵。

总结这一节并对下一节进行预览：减少车辆对环境影响的策略 1 是改变引擎里的东

① 参见 Mazza and Heitz (2006)。

西，策略 2 是让某些类别的汽车离开公路。

□ 模式转变

相比于私人交通工具，城市轨道交通——铁路或巴士——具备相当大的环境优势。首先，因为这些选择的能源效率更高，所以它们能够减少局部和全球性空气污染问题。例如，相比驾驶私家车上班，一列载客 40 人、驾驶 10 英里的巴士可以减少 1 140 磅二氧化碳排放。除了提高每位乘客每英里行程的能源效率外，轨道交通还有助于减少总里程数的增长。通过使用更好的交通方式，即使人们使用私家车，也可以缩短驾驶距离，因为随着轨道交通系统的发展，住宅及零售商铺的密度会提高，这就减少了汽车旅行的需要。

美国对私人汽车运输的高度依赖，清楚地说明在科技发展的过程中**路径依赖**（path dependence）的重要性，我们在第 17 章对此已有讨论。一些城市严重依赖汽车运输，另外一些则拥有发达的轨道交通。多伦多市拥有北美地区最好的公共交通系统，部分原因是该市决定不投资建设高速公路类基础设施；多伦多市政府也一直通过规划法案鼓励在轨道交通附近发展相对密集的居民区和商业，进而确保轨道交通站点成为人们的一种长期选择。①

然而，私人汽车运输的主导地位并不单单是因为历史的意外或某些公共政策措施。汽车显然具有更好的便利性和更大的机动性。因此，随着发达国家和发展中国家收入的增长，人们倾向于选择汽车旅行。即使在美国这样一个私人交通工具成本——包括车辆采购、财务费、保险和燃料——是公共交通两倍之多的地方，轨道交通也出现了衰落。②

现在，美国大多数城市出现的郊区化倾向意味着私人交通工具是购物、工作、上学以及娱乐的必需品。此外，许多发达国家的居民明显倾向于选择汽车旅行。因此，任何向轨道交通的快速转变都将是困难的。然而，鉴于轨道交通带来的潜在环境收益（更高的效率以及客运里程的减少），在经济上可行的情况下，可以推动逐渐过渡到这种模式。

一类更加有吸引力的短期模式切换形式可能是市际交通；大约 1/3 的航空旅行里程都少于 600 英里。对这类市场，从便捷程度和成本的角度来看，**高速铁路**（high-speed rail）是一个富有吸引力的潜在替代物。从环境的角度看，铁路使用的能源数量要大幅低于航空旅行。③

18.4 政策选择：交通

反对以石油为主的陆、海、空运输方式的社会性问题变得越来越多：不断攀升的全球变暖、城市空气污染、对栖息地的破坏，以及能源安全程度的降低。我们在第 17 章给出的清洁技术发展框架表明，可以通过两个步骤推动具有替代性的清洁能源。第一，通过将外部成本内部化，打造一个公平竞争环境；第二，直接推动具有替代性的清洁能

①② 参见 Friskin (1991)。

③ 参见 Chester and Horvath (2010)。

源的发展。

□ 燃料效率和燃料转变中的政策选择

提高燃料效率的技术显然符合清洁技术标准。在各类情景下，实现更高水平燃料效率的标准都能通过成本收益检测。美国国家科学院的结论指出，使用已知技术，可以在10年里将燃料经济性大幅提高，同时不增加消费者的净成本。例如，可以将运动型多用途汽车的每英里燃料效率提高25%～40%，由此节约的燃料成本足以抵消车辆费用的增加。此外，美国国家科学院同意，这些改进可以在不损害汽车安全性或性能的前提下实现。考虑到减少温室气体排放量和提高石油安全性所带来的外部收益，美国国家科学院建议“联邦政府（采取行动）以确保燃料经济性的提高程度能够超越市场自发力量带来的那种结果”①。

实现更高燃料效率的最好方法可以是基于激励的方式；提高石油产品（或排放量）的成本，推动市场做出更具燃料效率的选择，鼓励替代性燃料的开发。还可以考虑几类与排放有关的税费：汽油税、碳综合税、汽车排放税，以及采用按里程数计价的汽车保险。汽油税具有既能强制提高燃料效率，又能降低汽车里程数增长的优势。

然而，汽油税可能会相当高，从而使每加仑汽油的里程数再提高10英里——这要比当前每加仑28英里的水平再提高30%～35%。作为一个偶然的证据，具有类似大小的欧洲汽车并不比美国汽车更加高效，但是其汽油价格至少是美国的两倍，有时甚至是美国的四倍。使用汽油的燃料价格弹性为0.21，这意味着价格上涨1%将会使燃料经济性提高0.21%。这表明，为了使每加仑汽油的英里数增长10%，需要将汽油价格从每加仑3.50美元升至每加仑5.00美元。

人们还提出其他一些提高燃料效率和转换燃料来源的税费手段。一类有趣的可能办法是**汽车排放税**（auto emissions tax）。当汽车进行年检时，可能会要求车主基于总排放水平支付一笔费用：每英里的排放量乘以总里程数。这样做既能鼓励人们使用更清洁的燃料（基于市场标准），又能减少驾驶的里程数。此类税收可以依照地区性需要量身定做。

人们给另一种得到广泛讨论的可能方法起的名字是**碳综合税**（feebates）。与碳综合税结合使用的是对高耗油汽车收费并为节油型汽车提供退税。因此，碳综合税明显是一种收入中性的税费手段，在政治上有吸引力，并具有奖惩分明的特点，也许还不会造成回归效应，因为穷人会选择提供补贴的方式。碳综合税似乎可以更好地替代较高的汽油税，进而用市场化方式来鼓励人们转向更具燃料经济性的汽车。然而，由于碳综合税会降低节油型汽车的成本，所以它可能会提高车辆的里程数。

最后一项建议是改革汽车保险制度，为司机提供**按里程数计价**（pay-by-the-mile）的汽车保险。汽车保险相当昂贵，但目前是趸交形式。然而，对不经常上路的司机而言，这种支付方式不够公平。如果事故发生率与司机驾驶里程数相关联，就应该降低开车少的那些人的保险支付水平。于是，可以通过检查里程表或对驾驶里程进行电子监测形成保费账单。将每年趸交一次的保险费转换为按照里程数计算的保险费，等同于针对每加仑汽油征收约1.5美元的税——这笔费用相当高，足以影响人们的驾驶习惯！一项研究估计，这

① National Academy of Sciences (2002，5页)。

将使司机的驾驶里程数减少10%～20%。这项研究同时建议，每年100美元这样一个很小的税收抵免，将足以让驾驶里程数较低的司机蜂拥转向按照里程数计价的汽车保险。[①]

所有这些政策——更高的汽油税、碳综合税、汽车排放税和按里程数计价的汽车保险——都将有助于促进人们转向更加清洁的汽车：混合动力、电动和燃料电池汽车。然而，所有这些政策都还未得到广泛使用。由于缺乏基于激励的手段，联邦政府和近年来的加利福尼亚州都转而依赖技术强制性监管手段，以此提高燃料效率。（回忆之前提及的内容，技术强制性监管手段要求行业在将来某个日期之前推行一定的技术以满足相关环保标准。）

联邦政府针对燃料效率提出的技术强制性监管工具是**企业平均燃料经济性标准**，我们在第17章对此已有讨论。然而，在2009年春之前，在1978年制定的企业平均燃料经济性标准未曾得到实质性提高！加利福尼亚州将这样的联邦政策放在一边，自己出台了两项举措——一项是在20世纪90年代出台的，另一项是在2005年左右出台的。根据《清洁空气法案》，加利福尼亚州是唯一一个有能力将空气质量标准设置得比联邦标准更加严格的州。之后，其他各州既可以照搬加利福尼亚州的做法，也可以仍然沿袭联邦法规。

在20世纪90年代中期，人们开始担心空气中存在的烟雾，加利福尼亚州出台了**零排放车辆**（zero-emissions vehicle，ZEV）要求，在这项要求下，2003年在加利福尼亚州出售的所有车辆中，有10%必须是“零”排放（后来将这项要求修改为“超低”排放）。这意味着在加利福尼亚州进行销售的汽车公司不仅要生产出合格汽车，还要让汽车的价格足够低，从而满足10%的要求。马萨诸塞州和纽约州也实施了类似政策。加利福尼亚州提出的要求与社会上日益受到关注的全球变暖问题结合起来，引发了汽车公司之间的研发竞赛。这种努力的第一个商业化成果是在21世纪初投放市场的日本混合动力汽车。

在2003年，加利福尼亚州出台了自己的**清洁汽车**（Clean Car）法规，要求自2009年型号开始，汽车企业必须降低全球变暖气体排放量——主要是二氧化碳——从而到2016年型号，实现车辆二氧化碳排放量整体削减30%的目标。预计加利福尼亚州能够实现的大部分减排都来自燃料效率改进。因此，加利福尼亚州提出的任务很可能也节省了消费者成本！燃料费用的节省也可抵消更高的前期车辆购置成本。其他几个州以及加拿大都采取了加利福尼亚州的监管，在2009年，总统奥巴马介入并将其上升为国家任务。奥巴马政府对企业平均燃料经济性标准进行了升级（见第17章），基本上将加利福尼亚州的要求推广到全国范围。[②] 在国家层面，要求2016年汽车平均燃料效率达到34.1英里/加仑，到2025年进一步提高至54.5英里/加仑。

相对于汽油税之类基于激励的方法，企业平均燃料经济性标准或加利福尼亚州的清洁汽车法规中存在的问题是反弹效应：通过降低消费者的汽油支出，汽车里程数可能会上升。此类技术强制性监管手段对促进替代性燃料的采用没有帮助。然而，企业平均燃料经济性标准这类技术强制性监管可能是推动清洁技术研发和投资的有力工具。事实上，为了实现燃料转换，所有的主要可选方式——生物燃料、电动汽车和氢燃料电池——都停留在需要研发支出以降低成本的阶段。一项研究表明，纤维素乙醇能够达到

① 参见 Baker and Barret (2000)。

② 参见 CARB (2005)。

竞争性定价所需要的规模经济，但是需要在10年间每年花费约2亿美元——这大致是两三天的美国石油进口价值。[①]

□ 模式转变中的政策选择

在替代私人交通工具的过程中，轨道交通通常被视为一类高补贴的、非竞争性的方式。事实上，轨道交通确实接受了大量政府补贴，通常占到票价的30%～80%。[②] 通常较少得到承认的是，私人交通工具也在得到公共补贴，且补贴规模与轨道交通类似。这其中包括高速公路的施工和维护（不包括汽油税）、相关的警力和紧急服务、发生事故的成本（不包括汽车保险），以及拥堵和污染的成本。一项研究指出，每年从上述名目中发生的成本大约折合每加仑汽油1.76美元，大约每辆车每年800美元。这一数字还不包括建设停车场的税收补贴，为满足石油依赖性而发生的能源安全支出，以及保卫波斯湾石油运输所花费的军事支出。[③] 因此，针对私人汽车交通提供的补贴范围在私人费用总额的20%以上。

如前所述，轨道交通的主要优点是它能够“自然地”重塑城市和郊区的人口密度。在更加密集的生活模式下，轨道交通的作用远不止于仅在进出城市的过程中取代汽车。它还大大降低了购物和娱乐过程中发生的车辆运输次数。与此同时，具有郊区化或次郊区化发展趋势的城市则很难提供具有竞争力的轨道交通。因此，为了让轨道交通出行体系或自行车出行体系建设得以成功，需要通过**规划法规**（zoning laws）奠定发展基础。

大多数经济学家都侧重于通过消除私人交通工具补贴（例如，免税政策和雇主提供停车场）和内部化外部成本来促进模式转换，在解决交通拥塞问题中尤其如此。交通拥塞会产生各种各样的问题：通勤时间的浪费，车辆运营成本的增加，污染和事故发生概率的提高。它会增加工人疲劳程度和压力进而导致生产力降低，也会降低产品交付速度。虽然这些成本大部分由乘坐汽车的人承担，但是通勤决策是一个经典的开放存取问题（可见第3章中的讨论）。通勤者个体可能认识到，如果自己开车上班，将会使平均交通时间延长15秒。对他而言，这个时间很短，产生的成本也很小，他愿意承担。但是，15秒时间乘以几千名通勤者后，将会迅速产生一个巨大的社会代价。由于每位通勤者都以同样的方式看待这个问题，其结果就是“公地悲剧”，与过度捕捞的海洋十分相似。

由于高速公路是公共财产，所以有必要设置某种形式的配给制度。一种类型的配给制度是价格：许多经济学家都提倡通过收费系统来内部化堵塞成本。此类系统可以相当复杂，它通过路基中的传感器监测过往车辆配备的电子身份，然后按月形成账单。还有一种抗击堵塞的方法是**高峰期行车收费**（congestion or peak-load pricing）：向交通拥塞期的通勤收取更高费用。然而，这种方式可能产生改变工作习惯和通勤时间的效果，而不是降低总的汽车使用水平。虽然这可能有助于减少某些城市的空气污染物，但它不会对温室气体排放产生太大影响。除非收集的资金被用来解决拥堵问题，否则高峰期行车收费的效应也是递减的。

---

① 参见 Mazza and Heitz (2006)。

② 参见 Parry and Small (2009)。

③ 参见 Parry and Ian (2002)。

非价格类配给制度包括**专用车道**（dedicated traffic lanes）。这些车道可为巴士及多乘员车辆预留（或者专用），有效降低拼车或巴士出行的价格。对那些对模式转换感兴趣的人来说，专用车道就像是一类胡萝卜政策，可以与高峰期行车收费以及更高的停车收费这类大棒型政策结合起来使用。此外，因为较穷的人倾向于乘坐公交车，所以专用车道带来的整体收入影响也具有进步意义。

当然，任何促进模式转换的严肃努力都要求在城市轻轨和城际高速铁路建设中进行大规模的**基础设施投资**（infrastructure investment）。

18.5 将减缓全球变暖作为一种利润吗

在对能源技术选择和政策备选方案进行回顾之后，我们现在可以回到在本书绪论章节中提出的一个重要问题：为了减缓并最终使全球变暖停下，需要花费多少成本？回忆前面提及的内容，我们知道对这个成本的估计范围很广，既可能是每年数百亿美元的高成本，也可能是提高能源效率后反而为经济带来净利润。

一方面，进步主义经济学家看到政府逐步以理性态度在需求面实施具有成本效益的措施，同时为可再生能源的研发行为提供资助，以使它在 21 世纪的第二个十年中将成本降到能与煤炭和汽油竞争的水平。乐观主义者对存在“短期绝佳机会”而导致的政府失灵不是特别关注，这种市场失灵特别容易发生在热力和电力领域，以及运输部门中的混合动力或生物燃料汽车领域。因为他们认为，这些政府需求和供给面的努力，最终能够带来比当今使用的技术成本更低的能源服务，事实上，也可以在低成本水平上减少全球变暖，甚至因此产生净经济效益。

另一方面，保守的经济学家不相信政府促进可再生能源和能源效率的努力将会非常成功。第一，他们担心技术强制性标准（如企业平均燃料经济性标准）会产生自我挫败问题，例如会产生新的污染源偏见，而且那些未经深思熟虑便设计的标准将会延缓而不是促进技术进步，或者官僚在推动不具有成本效益的措施时将财力浪费掉。第二，政府必须承担加快节能技术推广所必需的真正营销成本，减少净节约。第三，他们争辩说，很容易提高效率的措施将很快被用光，言下之意就是在短期内政府成功提高效率的努力是不可持续的。第四，悲观主义者往往认为可再生能源这一选项并不具有乐观主义者所宣称的那种极大的经济前景。

然而，尽管他们之间存在分歧，经济学家在很大程度上还是同意一个观点：首先，政府对非碳类能源和可再生能源的研发做出的支持承诺应该得到进一步加强。具有成本竞争力的替代性技术越早可用，降低温室气体排放的成本就越小。正如我们在第 6 章中所注意到的，随着时间的推移，早期的成本节约变得尤为重要，因为它可将资金释放出来用于投资，这可以提高未来的生产率。

不过，除了为研发提供资金之外，在政府是否应该做出努力来促进清洁能源来源方面，人们仍然存在分歧。然而，大多数经济学家认为，如果要这样做，在可能的范围内也应该通过基于激励的方式。在可能的情况下，政府不应试图去辨别光伏电动汽车或基于生物质乙醇燃料的汽车是否为一种更加便宜、对温室效应更加有利的交通方式，并为此执行一项推动战略；更好的方式是为所有能源来源设置一个非递减的碳价格，然后让市场决定这个问题。然而，正如我们一再所说的，在推动改革的层面上，税收（或者可交易的许可证系统）并不总是政治上可行的，或者并不总是容易执行的。再次看到，为了解决全球变暖问题，仍然需要直接促进清洁能源技术。

本节通过一个历史经验来结束论述，它表明了两件事。第一，全球变暖问题或多或少可以实现一个乐观结局。第二，要避免在过程中落入主要陷阱。

美国在 20 世纪 70 年代后期发生了第一次关于能源政策的严肃辩论。随着石油输出国组织的原油价格上升，美国国会开始关注能源安全。它采取了三项主要措施：(1) 在可再生能源技术领域资助大量研发活动；(2) 为能源投资提供 15%的税收抵免；(3) 要求公用事业机构按照生产的边际成本，从符合条件的独立机构那里购买所有电力。

加利福尼亚州采取了最积极的态度来发展替代性能源，它自己制定出 25%的能源投资税收抵免政策，并对安装了太阳能设施的房屋豁免物业税，要求公共事业企业向独立的电力生产商提供十年期的、按照节省成本进行定价的电力购买合同。这些合同都是根据 20 世纪 80 年代初期较高的能源价格订立的。当时，这些政策看上去能够避免纳税人进一步增加燃料使用数量；现在回想起来，它们保护了替代性能源生产商免受石油价格急剧下降造成的影响。

这种有吸引力的环境使得投资者蜂拥而至，其中有些人只是为了寻找有利可图的避税天堂。事实上，在加利福尼亚州高度推动替代性能源的努力下，仅通过税收优惠政策便能确保投资者从投资中获益。联邦政府只为正在服务的项目（即便是有限服务也可以）提供为期 5 年的税收抵免，但是，如果项目在第一年没能产生任何电力，那么加利福尼亚州提供的税收抵免便无法实现。

在这种环境中，人们引入各式各样的技术和设计，其中大部分的价值都存在疑问，并且最终失败了。然而，很多已经开始运作的更好想法开始在联邦政府提供的研发项目下启动。最终出现两个成功方案：风能和太阳能热发电。图 18-3 阐释了在 15 年里这两种技术在降低成本时取得的戏剧性进展。太阳能热发电现在接近于具备竞争力；风力发电已经实现这一目标，如果选址得当，无补贴的风电成本低于每千瓦时 0.05 美元。

毫无疑问，如果没有 20 世纪 80 年代早期政府的激进行动，今天风能和太阳能热发电不会成为商业化发电的一种技术选项。这两个行业高度集中在加利福尼亚州。世界上第一个太阳能热发电厂就出现在那里，加利福尼亚州也领导了世界风电技术的发展：在 1990 年，加利福尼亚州生产了全世界大约 80%的风力发电。在丹麦，由于政府提供有力支持，它现在也具有了技术领先地位。与此同时，西班牙已率先在太阳能热安装领域取得领先地位；现在，美国亚利桑那州正在使用西班牙的技术建造世界上最大的太阳能热发电厂。不过，加利福尼亚州如今仍有足够多的风能来满足旧金山市的能源需求。

这则故事的乐观寓意在于，政府政策可以很有效地促进清洁能源技术的发展。悲观寓意在于，花费的资金比需要的还多。在 20 世纪 70 年代后期对研发政策和税收抵免政策的设计都是不合理的，目的性也不够强。受到对高油价的恐惧以及可再生能源支持者给出的不切实际的承诺的刺激，相关项目都不惜任何代价来确保新的能源来源。其结果是，很多资金都被用于并无经济效益的示范性项目，使想获得税收便利的人获益，但却没能使发展风电的人受益。

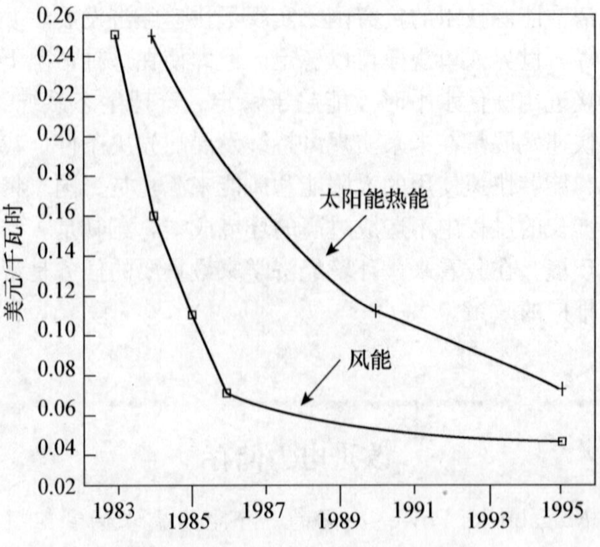

图 18-3　风能和太阳能热发电的成本

资料来源：这幅图中的数据都是估计值的中值，来自 Williams. 1990. Low-cost strategies for coping with CO_2 emission limits. *The Energy Journal* 11 (2): 51-74。其中对 1995 年风电的数据是估计出来的。对 1995 年太阳能热发电的估计来自 SEG X，这个机构如今已被撤销，1995 年的估计值还包括了一部分天然气发电。可参见 A bright light goes out. 1990. *Nature*, 5 December, 345。

然而，这些项目带来的结果就是，我们现在拥有了两种具有竞争力的、可以利用的清洁技术，它们能够解决污染控制问题。这个故事的最后一个乐观观点在于：如果类似于 20 世纪 70 年代那样推动技术发展的笨办法并未在 20 年内产生具有竞争性的清洁技术，那么一个更加聚焦的方法也可能以更低的成本达到同样的效果。

18.6　总结

最近学习的这四个章节已经对我们在保护环境质量过程中"我们如何能做得更好"这个问题进行了考察，在这里，做得更好被定义为以更低成本和更大确定性实现给定的污染减少水平。我们探讨了两种观点：基于激励的监管和清洁技术的推广。我们认为，首先，如果在技术和政治上可行，相比于命令与控制型监管体系，基于激励的监管能够提供更具成本效益的污染控制，能够为技术变革提供更大的激励。

然而，我们也看到监管过程本身——无论是命令与控制型监管还是基于激励的监管——都面临着有效实施提出的挑战。此外，气候稳定政策——如果是有效的——还需要快速过渡到更清洁的技术，而不是在污染末端修修补补。因此，最近的经济学开始集中关注一类政策，这类政策被设计用来在第一时间推动能降低污染的技术。路径依赖理论表明政府可以而且应该利用与成本降低水平挂钩的选择性补贴，将其作为监管的有效补充。补贴与绩效的结合可以提供一种能够避免政府失灵并促进清洁能源技术的手段。

本书下一部分将会转到一些全球性的问题上。世界发展中表现出的一类乐观景象在于，我们看到基于清洁能源技术的贫穷国家实现了快速经济发展，并且随着生活水平的提高和出生率的下降，世界人口规模得以稳定。但即使在这种情况下，未来全球人口仍将增加近一半，在接近100亿水平时才能趋于稳定。全球生态系统经得起这种影响吗？显然，清洁技术的快速发展是在未来实现可持续发展的先决条件。我自己的看法是，如果无法获得便宜的、能够快速使用的太阳能和风能来源，贫穷国家将很难在实现快速经济增长并稳定人口增长的过程中不造成过高的环境成本，尤其是，它可能将全球推向一个非常危险的高温环境。在我看来，环境经济学家最重要的任务是帮助设计和执行旨在加快清洁能源技术推广的政策。

应用 18.0

改进电力储存

假设你在负责 Megabucks Power 公司的一个电力需求侧管理项目，你所在州的公用事业委员会刚刚决定，你采取的提高能源效率的措施等同于投资新的发电产能。这意味着你可以向客户收取一个更高电价，以此收回投资并获取正常利润。

你在手边得到以下信息：Megabucks 当前能够生产 10 亿千瓦时电力，预计明年需要 1 亿千瓦时电力来满足新居民需求。现在，你对每千瓦时电力收取 0.05 美元；新增的电力产能（煤炭）需要收取的电费是每千瓦时 0.06 美元。于是，购买一个煤电厂意味着 Megabucks 可以在每千瓦时 0.050 9 美元［＝（10 亿千瓦时×0.05 美元/千瓦时＋1 亿千瓦时×0.06 美元/千瓦时）/11 亿千瓦时］的平均价格下出售 11 亿千瓦时的电力。

幸运的是，现在可以使用清洁技术。通过为你所服务地区 1/4 数量的（相同）房屋提供节能改造，有可能降低 1 亿千瓦时的电力需求。最重要的是，可以在每千瓦时仅 0.03 美元或者总投资 300 万美元（1 亿千瓦时×0.03 美元/千瓦时）的成本上实现这个节能化改造。

你的挑战在于：由哪些客户来支付这个价值 300 万美元的项目？你的助手 Offthecuff 先生有一个计划。“让我们随机选择 1/4 房屋并对其免费提供节能服务。我们可以通过提高所有人的电价来收回成本。总的来看，由于我们的客户作为一个整体时能够节省 300 万美元［＝（0.06 美元－0.03 美元）/千瓦时×1 亿千瓦时］，所以他们的境况也变得更好。”

这是个好主意吗？

各节主要观点

18.0 本章着眼于发电和运输等领域中的技术选项与政府能源政策。在接下来的几十年中，美国选择的能源路径将取决于技术、经济和政府政策之间的相互作用。

18.1 电力（和热力）技术面对的选择可分为八个主要类别。(1) **需求侧管理**（**提高能源效率**）具有相当的成本效益潜力。(2) 煤炭是美国发电厂使用的占主导地位的燃料，但它也是最重要的全球变暖污染物；二氧化碳捕获和在地下**封存**可能为这个问题提供解决方案。也可以通过**生物质**掺烧来减少燃煤导致的排放。(3) **核电**面临的尚未解决的问题是**高级别废料**和**低级别废料**贮存问题，以及广泛的政治反对。(4) **天然气**是最有利于改善温室效应的化石燃料，但是存在供给有限的问题。(5) 可以扩大**水电**供给，但是要付出淹没生态系统的代价。(6) **太阳能发电**可以分为**被动式**发电和**主动式**发电两类，后者包括**太阳能光伏**发电与**太阳能热**发电。(7) **风能**是一类非常有吸引力的备选项。(8) **地热**也有相当大的潜力，可以作为电力的基本负荷来源。风能和太阳能的发展将需要改进**电力储存**方法。

18.2　基于环境优势和成本效益，清洁发电技术的备选项包括提高能源效率、风力发电和太阳能发电。可以通过两个步骤推动这些清洁技术：(1) 通过减少为“非清洁”技术提供的补贴，以及/或者通过基于激励的监管手段将外部成本内部化，为清洁技术的发展提供一个公平竞争环境。(2) 直接投资新技术。对太阳能光伏发电而言，**上网电价**和**电力购买协议**都是重要的政策驱动力。需要对补贴进行设计，以此处理**公平问题**、**战略行为**、**搭便车**和**反弹效应**，并且要在研发和市场开发之间寻找恰到好处的结合点。两个吸引人的政策可以将提高住宅能源效率和商业能源效率以及太阳能结合起来，它们分别是**账单抵扣项目**和**类物业税式清洁能源政策**。

18.3　用于运输的技术选项可分为三类。(1) 从净效应看，**提高燃料效率**的技术似乎相对便宜。尤其是，包括插电式混合动力车在内的**混合动力车**具有改善成本效益的良好前景。能够获得的经济效益包括更高的**能源安全**水平和通过**买方垄断势力**得到的更低的石油价格。相关成本则包括汽车性能和安全性的降低。(2) **燃料转变**选择包括**生物燃料**、氢**燃料电池**和**电动汽车**。在中期内，可以通过汽油、生物质乙醇或天然气驱动燃料电池。电动汽车的适用范围仍然有限。(3) 从汽车到轨道交通的**模式转变**能够产生相当大的好处，能够**增加住宅密度**，能够降低**车辆行驶里程数的增长**。**高速铁路**是一类能够替代短途航空旅行的清洁技术。

18.4　根据我们的定义，燃料效率似乎是一类清洁技术。用于提高燃料效率且基于激励措施的工具包括**汽油税**、**碳综合税**、**汽车排放税**和**按里程数计价**的保险改革。在没有这些政策时，联邦政府的**企业平均燃料经济性标准**（20 世纪 70 年代末和 21 世纪第一个十年后期）和加利福尼亚州的**零排放车辆**（20 世纪 90 年代中期）、**清洁汽车**（21 世纪第一个十年中期）等技术强制性法规正在推动燃料效率的提升。为了更彻底地推动向可替代性燃料的转变，需要对研发提供资助。最后，在模式转变方面，当考虑为汽车运输提供补贴时，可将轨道交通系统视为一种清洁技术，这就为相关**基础设施投资**以及支持铁路和公共汽车的**规划**提供了依据。为了鼓励模式转变，可使用**高峰期行车收费**和**专用车道**等方式。

18.5　经济学家对减缓全球变暖的成本有着不同的估计结论。改革派和保守派在现有清洁能源技术以及政府在多大程度上可有效推动其发展方面持有不同观点。然而，从最低水平看，人们都同意政府增加对非碳燃料研发的支持、减少对化石燃料提供的补贴，并且采用更加有效的基于激励的监管方式。在加利福尼亚州，太阳能热发电和风力发电的发展支持人们对政府的能源政策所持有的乐观看法，同时说明政府有可能浪费可用财力。

参考文献

Baker, Dean, and James Barret. 2000. Energy insurance. *The American Prospect* 11 (17): 18-19.

Buntin, James. 2000. Breakdown lane. *The American Prospect* 11 (17): 16-18.

California Air Resources Board (CARB), Sacramento. 2005. *Climate change emission control regulations, fact sheet*. www. arb. ca. gov/cc/factsheets/cc_newfs. pdf.

Center for Sustainable Systems. 2006. *Personal transportation fact sheet*. Ann Arbor: University of Michigan. http://css. snre. umich. edu/css_doc/CSS01-07. pdf.

Chester, Mikhail, and Horvath, Arpad. 2010. Life-cycle assessment of high-speed rail: The case of California. *Environmental Research Letters* 5: 014003.

Choi Granade, Hannah, Jon Creyts, Anton Derkach, Philip Farese, Scott Nyquist, and Ken Ostrowski. 2009. Unlocking energy efficiency in the US economy. McKinsey & Company. http://www. mckinsey. com/client_service/electric_power_and_natural_gas/latest_thinking/unlocking_energy_efficiency_in_the_us_economy.

Energy Information Administration. 2009. *Electric Power Monthly*. May.

Friskin, Francis. 1991. The contributions of metropolitan government to the success of Toronto's public transit system. *Urban Affairs Quarterly* 27 (2): 227-248.

Ghandi, Sima. Eliminating Tax Subsidies for Oil Companies. 2010. Center for American Progress, 13 May. http://www. americanprogress. org/issues/2010/05/oil_company_subsidies. html.

How Japan became so energy efficient: It leaned on industry. 1990. *Wall Street Journal*, 10 September, A1, A4.

Kanter, James. 2009. In Finland, nuclear renaissance runs into trouble. *New York Times*, 28 May. http://www. nytimes. com/2009/05/29/business/energy-environment/29nuke. html?pagewanted=all.

Koplow, Douglas. 2007. Subsidies in the U. S. energy sector: Magnitude, causes, and options for reform. In *Subsidy reform and sustainable development: Political economy aspects*. Paris: Organization for Economic Cooperation and Development.

Lacey, Stephen. 2012. Solar provides 10 percent of Germany's electricity in May. Climate Progress. http://thinkprogress. org/climate/2012/06/12/497984/solar-provides-10-of-germanys-electricity-in-may/.

Lovins, Amory. 1995. Hypercars: The next industrial revolution. In *Transportation and energy: Strategies for a sustainable transportation system*, ed. Daniel Sperling and Susan Shaheen. Washington, DC: American Council for an Energy Efficient Economy.

Markel, Tony. 2006. Plug-in hybrid electric vehicles: Current status, long-term prospects and key challenges, NREL/PR-540-40239. *National Renewable Energy Laboratory Presentation at Clean Cities Congress and Expo*, Phoenix, Arizona, 8 May.

Mazza, P., and E. Heitz. 2006. *The new harvest: Biofuels and windpower for rural revitalization and national energy security*. Olympia, WA: Climate Solutions.

MIT Panel. 2007. *The future of geothermal energy*. Idaho Falls: Idaho National Laboratory.

Mouwad, Jad. 2009. Estimate places natural gas reserves 35% higher. *New York Times*, 17 June. http://www.nytimes.com/2009/06/18/business/energy-environment/18gas.html?gwh=5EDCF07B14DDC559A886A5B87CFE5CBB.

National Academy of Sciences. 2002. *Effectiveness and impact of Corporate Average Fuel Economy (CAFE) standards*. Washington, DC: National Academy Press.

Ottinger, Richard L., et al. 1990. *Environmental costs of electricity*. New York: Oceana Publications.

Parry, Ian. 2002. Is gasoline undertaxed in the United States? *Resources* 28 (148).

Parry, Ian, and Kenneth A. Small. 2009. Should urban transit subsidies be reduced? *The American Economic Review* 99 (3): 700–724.

Romm, Joe. 2008. The technology that will save humanity. *Salon*, 14 April. http://www.salon.com/2008/04/14/solar_electric_thermal/.

Small, Kenneth A., and Kurt Van Dender. 2007. Fuel efficiency and motor vehicle travel: the declining rebound effect. *The Energy Journal*, *International Association for Energy Economics* (1): 25–52.

Wesoff, Eric. 2012. Largest solar PV plant in North America comes on-line. greentechmedia. 4/26/2012. http://www.greentechmedia.com/articles/read/Largest-Solar-PV-Plant-in-North-America-Comes-On-Line/.

Zweibel, Ken. 1990. *Harnessing solar power: The photovoltaics challenge*. New York: Plenum Press.

第 4 部分

我们如何解决全球性挑战

到目前为止，本书主要关注在美国这一单个富裕国家的环境质量问题。我们探索了围绕“正确的”污染水平展开的规范性辩论；考虑了在实现这些目标时制约政府采取有效行动的政治经济现实；在过去的四章中对如何“做得更好”这个问题的两大类措施——基于激励的监管和推广清洁技术——进行了分析。在本书最后一部分，我们将得到的经验扩展到对全球性环境问题的解决，这些问题包括全球变暖、臭氧层破坏、物种多样性的丧失，以及对全球公域——海洋和南极洲——的管理。

一旦你跨出发达国家，有两件事情就变得显而易见。第一个事实是：我们明显是有钱人。一个亲身经历的例子让我对此深有感触。当我在非洲时，我的司机很羡慕我穿的一双工作靴，并想知道这双靴子值多少钱。我承认那双靴子是他未来三个月的收入，但是他却要用这些收入来维持整个家庭，因此几乎无法购买这双靴子。

第二个事实是：与我们遇到的环境问题同样明显的是，贫穷国家的人们面对的环境问题要更为严峻。在欠发达国家，由水和空气污染、水土流失和退化、过度砍伐森林和洪水等问题带来的苦难与辛劳广泛存在，并且严重和复杂。

在本书这部分，我们考察在穷国中广泛存在的贫穷（部分是因为过高的人口增长率）、富裕国家高水平的消费，以及在全球层面和欠发达世界中都存在的环境退化之间存在的复杂联系。我们也考察了富国和穷国可以用来扭转这类环境恶化局面的各种政策。最后，我们通过考察全球环境协定的经济学分析来结束本部分。

这件事情的利害关系十分重大。到 2100 年，我们的子孙可能会以一种环境可持续的方式生活在能够承载稳定在 90 亿左右人口的地球上。但是，从另一方面看，我们可能会有数量达到 120 亿（可能还会增加）的子孙分享这个地球，肯定会导致环境的生命支持系统压力过重且难以恢复。在很大程度上，最终的结果将取决于我们这些有时能买得起 150 美元一双靴子的人所采取的行为。

第 19 章 贫穷、人口与环境

19.0 引言

在约翰·斯坦贝克的名著《愤怒的葡萄》（*The Grapes of Wrath*）中，主角汤姆·乔德（Tom Joad）在 20 世纪 30 年代早期出现沙尘暴（dust bowl）时回到位于俄克拉何马州的家庭农场，去寻找被当地土地公司驱逐的家人以及他们遗弃的房子。他向当时已经疯掉的邻居穆里（Muley）问道："是什么把人们都赶了出去？"穆里回答道：

> 你知道这些年我们一直过着什么样的生活。沙尘暴从天而降，把所有东西糟蹋一番，所以人们没有足够的庄稼来填饱肚子……拥有土地的人会说："我们不能雇不起佃农。"然后他会说："佃农拿走的那部分正好是利润，我们不能连这点利润都丢了。"然后他说："要是我们把所有的土地都放在一起，那么我们几乎无法为佃农支付工资。"于是，他们将所有佃农都逐出土地。①

乔德一家人踏上通往加利福尼亚州的路，那原本是一片充满希望的土地，但是当他们和其他几千人在隆冬中到达时，发现"三个月都找不到工作"，随之而来的是苦难和饥饿。在这本书的最后一幕，一位妇女刚出生的孩子死于营养不良，她为一位 50 岁的饥饿男子提供了乳汁。

乔德的故事浓缩了经济发展的过程。在 20 世纪 30 年代、40 年代和 50 年代，美国的农业经历了从劳动密集型的小规模农业过渡到高度机械化、密集使用化学品的大规模农

① 参见 John Steinbeck, *The Grapes of Wrath* (New York: Viking Press, 1939), 64。

业。在这个过程中，特别是受大萧条与沙尘暴时期的影响，随着大的土地所有者将小片土地合并为更大块、在技术上更有效率的土地单位，数以万计的农民被驱逐并离开土地。从1950年到1990年，美国的农场居民数目从2 300万下降到450万。这些农民大多是来自南方的非洲裔美国人，他们后来逐渐移居到北部和中西部地区的工业城市。

如今，人们认为这种从传统小农经济转向以市场为导向的大规模农业的**农业转型**（agrarian transition），是市场导向的经济发展所具有的一种普遍特征。**传统的经济发展**（traditional economic development）面临的挑战是有效吸收数以百万计的工人——他们拥有在今天看来没有用的农业技能，往往是文盲或半文盲——这些人要从农业部门中“释放”出来。在传统模式中，农业生产率的提高可以让食品价格保持在较低水平，从而让城市消费者受益。与此同时，来自农业部门的剩余劳动力助推了其他领域的发展，带来生活水平的总体提升和“成功的发展”。

发生在20世纪30年代的全球经济大萧条，也就是《愤怒的葡萄》这本书所描写的大背景，让上述发展过程变得十分艰巨。在美国，我们都是相当幸运的。在为期30年的大萧条结束后，大多数被替代的、非熟练的农业劳动力都被20世纪50年代和60年代蓬勃发展的制造业吸收。但是，乔德一家的悲惨经历则是许多发展中国家中很常见的情形。一方面，部分由于类似信贷补贴这类政府政策大都倾向于大规模农业生产，所以传统农业变得越来越少。另一方面，在过去的30年中，许多（但不是所有）贫穷国家都陷入事实上发生的萧条中。大规模的资本密集型农业取代了第三世界数千万计的农民。这些农民或是迁移到不太合适农业的那种生态易受破坏的土地上，或是成为没有土地的农业劳动者（往往在许多个月里都找不到“一丁点工作”），或是搬进城市棚户区，在污染性的工业或国有部门寻找工作。

本章核心是“解决”经济发展问题——为流离失所的农民及其子女提供具有生产率的工作和收入——它是解决地方性和全球环境问题的一个不可或缺的部分。我们在第8章中将**可持续性**（sustainability）定义为防止未来几代人平均生活水平出现恶化，除非我们直接解决贫困问题，否则可持续性无法实现，因为贫困和环境退化往往相伴相生。现在，经济增长造成的环境后果不能再被忽视了；传统意义上定义的经济发展并不会自动带来总体生活水平的提高。

笼罩在总体格局之上的迅速人口增长这个幽灵最终与高得离谱的贫穷率密切相关。正如我们稍后会谈到的，穷人扩大家庭规模有其理性的经济理由。因而，一个基本教训是，提供廉价的避孕措施——发放避孕套——只是减少发展中国家出生率的成功战略的一部分。为占多数的穷人，尤其是年轻妇女提供健康、教育和就业机会，再结合全面的计划生育服务，一定是有效降低人口增长率的方案中不可或缺的一部分。

除了贫穷和人口增长，人们对环境造成的破坏不仅取决于人口的绝对规模，还取决于每个人所消耗的自然资本和产生的废物。平均而言，在美国、欧洲或日本出生的人对全球环境产生的影响明显要比在贫穷国家出生的人产生的影响大。昨天——我开车带女儿去学校，用我的电脑写这本书（偶尔还会去用一下冰箱），在晚饭时间带全家出去吃汉堡，在温暖漂亮的房间里看电视——可以说在一两个月之内，我所造成的全球变暖、臭氧层消耗和热带森林砍伐效应要高于一个典型的巴西人。作为美国的上层中产阶级，我消耗的资源是贫穷国家普通人的100倍还多。

这当然是对第 9 章中 IPAT 方程的另外一种阐述方式。总体环境损害可以分解为三个部分：人口数量、人均消费量和每单位消费造成的环境损害。“人口”问题确实集中在贫穷国家；在下个世纪，世界上 90%的人口增长将出现在发展中世界。然而，通过合法和非法移民，贫穷国家的人口压力会波及富裕国家。举个例子，主要是由于合法移民，预计到 2050 年美国人口会增加 33%（达到 4.03 亿人）。①

与此相反的是，“消费”问题目前集中在富裕国家。随着越来越多的贫困国家居民开始立志于达到当前富裕国家的消费水平，这一点已经开始发生改变。这里的要点不是让我们对富裕生活感到内疚。相反，我们需要认识到，为了应对全球环境挑战，我们也应该像减少贫穷国家的人口增长那样，对减少富裕国家的高消费给予相同程度的重视。

本章为这些复杂且相互关联的主题提供了一个概述：它们是在南方国家出现的贫穷和人口迅速增长，以及在北方国家出现的过度消费、环境退化和可持续的经济发展。

19.1 贫困与环境

在富裕国家，一般认为只能通过牺牲物质消费来改善环境质量。事实上，这只是我们在本书第 1 部分讨论成本—收益分析时设置的整个前提。与此相反，在贫穷国家，具有广泛基础的收入增长会在许多方面倾向于提高环境质量。本节讨论贫困与环境之间存在的四个密切关系。

1. 对穷人来说，许多环境问题实际上是贫困问题。在贫穷国家中，多数人面临的最大环境卫生威胁是**不安全的饮用水**（unsafe drinking water），以及**污水设施不足**（inadequate sewage facilities）对水质造成的进一步恶化。世界上大约有 10 亿人口无法得到净化过的水，超过 26 亿人口缺乏适当的卫生设施。由于水污染问题，每年造成数十亿人口出现疾病以及数以百万计的死亡。②

在发展中国家，因做饭和取暖造成的**室内空气污染**（indoor air pollution）（烟雾）实际上已经超过了城市空气污染对过早死亡产生的影响。接近 5 亿人暴露在不安全的室内烟雾中，大约每年有 160 万人因此死亡。另外，发展中国家每年还有 80 万人死于城市空气污染。③

2. 穷人无法保存资源。出于经济上的必要，穷人经常让他们周围环境的自然资本承担无法承受的负担。城市居民会在农村寻求燃料——木柴或动物粪便——这会导致森林被砍伐，或是让土地失去肥料来源。失地农民被迫对小块土地进行过度耕种，在陡峭的山坡上进行劳作，或者在明显无法持续进行农业耕作的雨林里进行农业生产。

虽然穷人在寻求生存机会时往往让环境受到立刻且难以复原的损害，但是富裕国家的居民更高的消费层次也会导致更为重大的全球影响。例如，为将牛肉出口到欧洲市场，相比于小农经济，商业经营的牧场对巴西的森林砍伐产生更大影响。同样地，迫使乔德一家从俄克拉何马州搬出的沙尘暴，也部分源自城市对小麦需求增长驱动的不当耕

① 参见 UN 2008 estimates；see http://csa.un.org/unpp。

② 参见 World Health Organization (2004)。

③ 参见 World Bank (2008)。

作。在后面部分，我们再来讨论富裕国家的消费对环境退化产生的影响。但是，生活上的需求同样也发挥重要作用。

3. 较富有的人也"需要"更多的污染控制。随着一国人均收入的增加，人们开始对污染控制表达出更有效的需求。图 19－1 针对两种污染物给出了相关的跨国数据——空气中的颗粒物（PM10）浓度和人均产生的二氧化碳数量。前者是受到监管的空气污染物，一开始时会随着人均收入的增长而上升，但是随着人均收入的进一步上升，其浓度开始下降。根据选择出的特定城市的数据，表 19－1 也给出了观察到的 PM10 以及二氧化硫之间存在的一般性关系。在低收入国家的城市地区，二氧化硫的浓度较低，这个指标是对不受管制的重工业、煤炭燃烧和汽车交通状况的一种反应，但是在快速增长的低收入城市和中等收入城市，这个指标倾向于上升，然后在富裕国家的城市地区，这个指标再次回落。与此相反，未受监管或受监管程度较轻的污染物——二氧化碳——则随着人均收入的增加而提高。

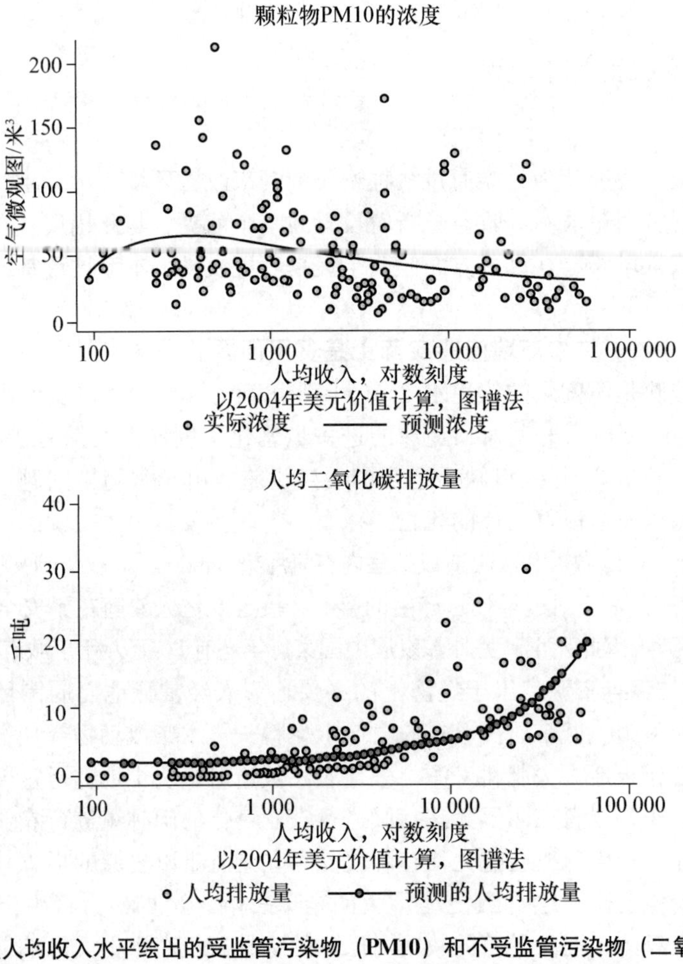

图 19－1　按照人均收入水平绘出的受监管污染物（PM10）和不受监管污染物（二氧化碳）的浓度

资料来源：World Bank，Health Nutrition and Population (HNP) Stats. www. worldbank. org.

在其他类型的城市空气污染物中，有时也能见到这种以空气颗粒物和二氧化硫污染物为代表的倒 U 形形状，它反映出所谓**环境的库兹涅茨曲线**（Environmental Kuznets Curve，EKC）假说。这一假说指出，随着经济的增长，某些类型的污染物问题会在一开始时变得更糟，然后再变好起来（最初的库兹涅茨曲线假设经济增长与收入和财富不平等之间存在类似关系）。可以用什么因素来解释环境的库兹涅茨曲线？一定程度上是**教育**（education）。随着收入的增加，人们对环境威胁的认识水平也在提高。在某种程度上，也可以用民主的扩大来解释。随着收入的增加，人们参与政治活动的倾向会增加。其结果是，人们得到机会来表达**对控制污染的政治诉求**（political demand for pollution control）。此外，**产业结构转变**（shift in industrial composition）也在一定程度上发挥作用——较富裕国家更多依赖服务业和其他相对“干净”的行业，而欠发达国家则更多依赖一些基础性制造业和采矿业（事实上，一些发达国家空气质量改善可能只是因为其污染性制造业转移到穷国）。最后，可以用**相对风险考虑**（relative risk considerations）来解释这个倒 U 形关系：当因营养不足或无法享有基本卫生保健造成寿命缩短时，人们对造成呼吸道、神经和生殖疾病或癌症的污染就不再那么担忧了。

正如这里的讨论所表明的，图 19－1 和表 19－1 中的人均收入事实上“代表”了伴随经济发展出现的各种各样的政治和经济社会变化。出于这个原因，简单化的环境的库兹涅茨曲线假说——单就增长便能带来污染减少——虽然经不起仔细考量，但它却引起很多进一步研究。① 此外，图 19－1 清楚地揭示出，固体废物和二氧化碳这类受到轻度监管或未受监管的污染物会随着收入和产出水平的提高而增加（此外，我们应该知道，至少在表 19－1 中得到记录的一些“减少的”二氧化硫是以危险固体废物中的灰烬和硫废渣形式存在的）。危险废物的生产也可能与人均收入高度相关。随着针对这些污染物提出的监管要求变得更加严格，在较富裕国家，人均污染物产生量也会下降吗？图 19－1 无法对此做出预测。

表 19－1　　环境的库兹涅茨曲线假说：二氧化硫浓度

城市	人均国内生产总值（以 2008 年美元价值计算）	2001 年的二氧化硫浓度（$\mu g/m^3$）
高收入、低污染		
洛杉矶	46 700	9
东京	34 900	19
布拉格	24 000	14
低收入到中等收入，高污染		
墨西哥城	14 900	74
里约热内卢	10 300	129
开罗	5 000	69
北京	4 900	90
低收入、低污染		
基多	8 000	22
马尼拉	3 500	33
德里	2 900	24

资料来源：World Bank (2008).

① *Ecological Economics*（vol. 25，no. 2，May 1998）和 *Environment and Development Economics*（vol. 2，no. 4，October 1997）的专刊都涉及这个主题。也可参见 Stern（2004）。

4. 人口增长放缓和收入增加。贫困与环境之间的最终联系在于收入增长可以成为控制人口的一种手段。正如我们将在下一节中看到的，随着社会日趋富裕，家庭抚养的孩子几乎普遍减少。

总而言之，随着经济的发展，在推动环境质量改善的过程中存在四个关键且相互相关的联系：获得清洁的水和不错的室内空气质量，对当地的生存资源带来较小压力，“环境的库兹涅茨曲线假说”，以及向更小规模的家庭过渡。这里的要点是，在贫穷国家，人们无须在提高物质生活水平和提高环境质量之间进行“权衡”。事实上，改善环境状况的唯一有效方法是减少很多国家的人们所面对的极度贫困。

19.2 对人口格局的展望

当我（埃班）的祖父母在20世纪之交出生时，这个星球上大约生活着16亿人。当我的父母在1930年出生时，这个数目已经增加到20亿。当我自己在1960年出生时，我成为地球上30亿居民中的一员。当我的第一个女儿在1990年过2周岁生日时，全球人口已经增至53亿。如果她也生了孩子，那么她的女儿或儿子将会出生在一个拥有75亿人口的世界。到21世纪末，如果我的孙子能活到80岁，当然他也可能已经去世，地球需要支撑的人口可能在90亿~130亿。

图19-2为200年里跨越五代人的世界人口增长给出了一种图形化描述。在联合国“中等增速”情景下，接下来几十年里将会实现有效的人口控制，到2040年使人口增长率降至不足0.5%。给定这些假设，全球人口将稳定在大约100亿。这要比今天生活的人还多50%左右。

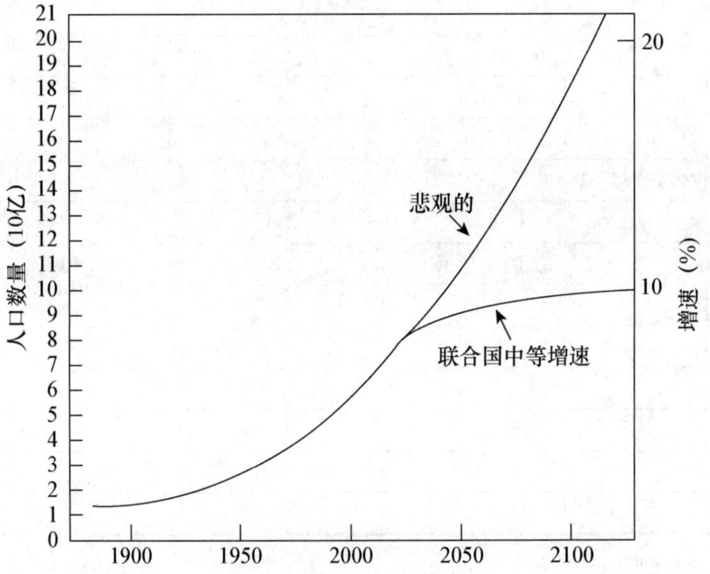

图19-2 1900—2100年世界人口

请注意，“中等增速”的情景并不意味着不推动严肃改革就能让这一预言成真，尤其是，它需要采取相当迅速且普遍的生育控制措施。相比之下，如果全世界的生育率是在下降但速度非常缓慢，这将导致 2050 年的人口达到 106 亿，并且仍会进一步上升。另外，你也可以想象一个非常乐观的情景。如果我们到 2040 年可以实现人口负增长，那么到 2050 年，全世界人口会是 77 亿。这里的要点是，在未来 20 年里，生育率发生的相对较小的变化将会对 21 世纪中叶全球人口数量产生重大影响。①

“悲观”的人口增长线摘自 1992 年由世界银行出版的一本刊物，主要用于说明——如果生育率未能下降，那么全球人口将继续上升，在极端情况下，到 2100 年将会出现 200 亿人口。② 实际的数字是高度不确定的；在某种程度上，人口增长会受到大规模饥荒、疾病、战争或生态灾难的影响。在《地球能养活多少人?》（*How Many People Can Earth Support?*）这本有趣的书中，作者从接近 60 项研究中挑选结论（最早的研究可以追溯到 1679 年!），他发现这个问题的答案分布在 40 亿～160 亿这样一个范围巨大的区间里。③

鉴于我们今天所面临的环境问题如此严重，难以想象人口达到 100 亿时会对地球生态系统产生何种影响，更遑论人口达到 160 亿时的情况了。必须明确地将人口压力作为中期和长期中全球环境面临的一个主要威胁。在更加地区性的层面，人口增长对穷国政府在提供教育、健康和卫生服务方面的能力造成越来越大的压力。随着这些国家中贫困状况的加剧，鉴于上一节中讨论的种种原因，环境问题成倍加剧。

在第 9 章中我们讨论了**马尔萨斯学派**（Malthusian school）对人口增长的观点，这个观点以 18 世纪著名经济学家**托马斯·马尔萨斯**（Thomas Malthus）的名字命名。简单回顾，马尔萨斯预言，以几何速度增长的人口将很快超过（较慢的）食物供应增长，从而对人口形成灾难性的“自然纠正”——表现为战争、饥荒和疾病。但是，马尔萨斯的悲观预测尚未在全球范围内成真；正如我们在前面所看到的，即使世界各地出现贫穷，人口实质上也还在持续增长。到目前为止，我们还是避免了马尔萨斯预言的那种命运，因为在农业领域出现了巨大的技术革命，也就是我们在第 9 章中讨论过的所谓绿色革命。

此外，马尔萨斯的基本假设是人口呈几何级数增长，这个假设不总是成立的。不包括移民，富裕国家的人口增长率很低，经常低于零。马尔萨斯并未预见到会出现有效的避孕节育措施，这种措施的出现意味着家庭能够如其所愿地控制“自然”生育倾向。一般情况下，家庭越富裕，它们控制家庭规模的动机似乎就越强烈。

我们会在后面讨论收入增加和人口增长率降低之间存在的复杂联系。但是这种关系的存在已经导致一些观察者认为穷国正在经历人口高增长的阶段。这一阶段主要由死亡率降低造成，源于 20 世纪 40 年代和 50 年代现代医学的引入。随着这些国家平均收入的增加，人们认为其出生率也会下降，会“自然地”出现**人口结构转型**（demographic transition）到低速人口增长。

事实上，全世界的人口增长率是很低的，在 1900—1950 年低于 1%。然后，随着

① 参见 United Nations (2008) 提供的估计，网址是 www.esa.un.org/unpp，也可见 Gillis and Dugger (2011)。

② 在 2000 年之后，1%的人口增长将会造成 2100 年的人口总量增加到 160 亿人；如果人口增速为 1.5%，那么“预期”人口将会达到 260 亿。The World Bank (1992, Figure 19.2) 给出了悲观预期，其结果被复制在图 19—2 中。

③ 参见 Cohen (1995)。

20 世纪 50 年代现代医疗卫生实践在全球范围内推广，发展中世界的人口增长速度远远超过 2%。在 20 世纪 60 年代末触及顶峰后，包括中国和印度在内的许多中等收入国家与发达国家的人口增速已出现下降：从 1995 年至 2000 年，全球范围内人口增速已经下降到 1.3%。像韩国这样的国家已在相当大的范围内实现了人口问题的自我解决，这些国家往往经历了迅速且由社会大众广泛分享的经济增长。在这些国家，人口增长率从 1960 年的 2.4%下降到 2011 年的 0.2%。

在人口方面，20 世纪 90 年代一直出现着好消息。在图 19-2 中，对中等增速背景下 2050 年人口数量所做的预测要比我在 20 世纪 90 年代早期出版本书第一版时给出的数据低 20 亿。为什么会出现这种情况？在 1985—1995 年这十年间，我们看到中亚、南亚和非洲出现令人意想不到的生育率下降。单就 1994—1996 年这两年间，联合国将其对全球范围内每名妇女扶养的子女数从 3.10 下调到 2.96。再次发现，在半个世纪里，这些小的变化加总得到的结果是人口数量的预测值出现大幅下降。联合国人口基金主任纳菲斯·萨迪克（Nafis Sadik）将生育率下降归功于许多国家自 20 世纪 80 年代初期开始实施的计划生育限制这一事实。①

与此同时，可悲的是，非洲和东南亚地区的人口增长则受到艾滋病病毒产生的破坏性影响。在非洲南部，几个国家发生了预期寿命减半的情况，人口增长率从 20 世纪 80 年代末期 2%～3%的高点下降到近年来几乎为负。东欧国家的经济和政治衰退也降低了这一地区的预期寿命。

因为世界各地越来越多的夫妇都开始采取生育控制措施——以及在非洲地区艾滋病产生的破坏性影响——相比十年前，似乎马尔萨斯对全球人口增长失控的预言越来越难以成真。然而，许多贫穷国家的人口迅速增长，继续构成一种生态和经济发展问题。联合国预测，到 2050 年，大约 67 个发展中国家的人口数量将比当前翻番。有些人认为，这些地区正在出现一种**恶性循环**（vicious cycle）：贫穷导致较高的人口增速，后者又会产生更多贫困，并导致更高的人口增速，如此往复。对这类国家，仅靠经济增长不可能打破恶性循环；如果不采取积极措施控制人口增长，可能还需要一段时间才能让这些国家过渡到其他国家经历的低人口增长率模式。②

19.3 对家庭规模的经济学分析

在本章好几个地方我们都已经断言，更高的收入往往与较低的人口增长率相联系。无论是从跨国角度看还是从一国内部看，这个一般性规则都是对的。例如，在哥伦比亚、马来西亚和巴西，最贫穷的 20%的家庭抚养了这个国家 30%的儿童。与此相反，最富有的 20%的家庭只抚养了这个国家 9%的儿童。③ 不过，无法拿这种关系去一一对应。例如，高收入的石油出口国往往有较高的生育率，类似于斯里兰卡这类低收入国家

① 参见 Lanza (2006)。

② 参见 UN (1998)。

③ 参见 Birdsall and Griffin (1988)。当按照人均水平来度量家庭的贫穷程度时，这个结论是成立的。从绝对值意义上看，拥有更多孩子的家庭倾向于“更加富裕”。

也将其人口增长率降到较低水平。在美国，贫困家庭（将家庭福利包含在内后的贫困家庭）的人数并不比普通家庭的人数多。

很多因素决定了家庭规模——宗教和文化规范显然发挥着显著作用。然而，**贫困与生育率之间关系**（poverty-fertility relationship）的显著性意味着经济因素也相当重要。很明显，人们会根据其收入水平选择如何改变家庭规模。所以，这表明了以下内容。

问题

假设你们是一对居住在巴基斯坦的从事农业工作的夫妻，最近刚刚结婚。在光景好的年份，你们可能会赚得600美元。在这里，婴儿死亡率很高——你们的孩子在出生后第一年的死亡概率是1/10。你们的孩子能够上两年学的可能性也很小。在全国范围内，只有38%的男孩和27%的女孩能够上小学，你们是最不可能获得这种服务的那类人。公共福利体系、"社会保障"退休金以及公共卫生保健系统等也非常有限。

1. 对于你们这对父母，养育孩子的经济收益和成本是什么？
2. 用严格的经济学术语来回答，你们愿意生育两个孩子还是五个孩子？

解答

经济收益。在巴基斯坦这种贫穷国家，家庭是主要的社会安全网。如果你生一场大病，或年老而无法工作，你的孩子将会为你提供最基本的生活来源。因此，养育孩子的一个重要动机是**经济保险**（economic insurance）。第二个原因是童工可被家长控制，有助于为家庭提供直接**收入补贴**（income supplement）。孩子长到六七岁就可受雇于农业和制造业，有时能够为其父母提供（微薄的）经济收益。

经济成本。养育孩子是很费钱的一件事，既耗费金钱，又耗费时间。在经济方面，可以认为父母养育孩子的努力和他们投入其中的货币资源是提高子女未来生产率的投资。

鉴于这种经济意义上的计算，我们的答案可能是，这对农民夫妻应该养育五个孩子而不是两个孩子。

让我们更仔细地考察一下合意的家庭规模是多大。子女可以提供经济保险并为家庭提供收入补贴，但这并不一定意味着家庭规模大是件好事。鉴于资源有限，一个家庭可能通过使用以下两种方法之一来获取同等经济福利：采取生育一个或两个孩子并为其提供**高投资水平的策略**（high-investment strategy），或者采取生育多个子女并为其提供**低投资水平的策略**（low-investment strategy）。

高投资水平策略涉及将所有可用资源专注于一个或两个孩子——确保孩子顺利度过婴儿期，提供健康饮食和教育。这样的孩子可能获得一份好工作，从而极大地增加家庭收入。与此相反，认识到会有一两个孩子在年轻时死去，选择低投资水平策略需要生育很多孩子，剩下能够存活的子女只能为家庭收入和保险提供少量贡献。总之，低投资水平策略就是数量替代质量。①

虽然从理论上看所有人都可以选择两种策略，但是对资源有限且很难获得公共服务的农业劳动者家庭而言，高投资水平策略很难实现。此外，这种策略风险极大；也许在

① 这类基本模型由 Becker and Lewis (1973) 提出。也可见 Dasgupta (1995)。

5 年的密集投资之后，唯一的子女死亡了。因此，他们一般喜欢生育 2～5 个孩子。然而，随着收入的增加，高投资水平策略开始变得更有吸引力。用于长期（15～18 年）投资的资源更容易获得，也更加容易获取更好的卫生保健服务，这些都意味着子女过早死亡的可能性在下降。

在本节中针对贫困与生育率之间关系的分析意味着有一种人口控制的有效途径：将父母针对家庭的投资策略从低投资水平转到高投资水平，让他们更加关注子女的“质”而不是“量”。

19.4 控制人口增长

针对家庭规模提出的成本—收益模型比较粗略，省略了很多发挥重要作用的因素，例如文化、亲属关系、宗教、爱情和亲情。然而，它能够很好地解释我们在世界上很多地方观察到的贫困与生育率之间存在的密切关系。尤其是，因为穷人有提高家庭规模的经济理由，所以简单地提供低成本生育控制措施是很难解决人口问题的（尽管它肯定会有一些帮助）。我们能够使用这个成本—收益模型来给出其他一些控制人口增长的有效政策吗?

□ 均衡的人口增长与再分配

贫困与生育率之前存在的关系似乎提供了一种控制人口的简单方法：消除贫困！遗憾的是，如果消除贫困容易做到，各国早就去做了。然而，能够提高大多数贫困人口物质福利水平的平衡且快速的经济发展，确实是控制人口的最有效措施之一。如前所述，韩国人口增长的急剧下降主要应归功于该国在 20 世纪 60 年代和 70 年代取得的巨大经济成就。以劳动密集型制造业为主的经济增长使增长成果广泛分享。

除了均衡的经济增长外，减少贫困并降低人口增长速度的另一种方式是实现财富从富人向穷人的**再分配**（redistribution）。再分配经常表现为公共性社会服务：教育、卫生保健和公共养老金计划。另一种可能是进行**土地改革**（land reform）——将大量未经充分利用的土地划分成更小单位提供给失地农民。长期以来，土地制度改革一直在拉丁美洲和发展中世界的其他地区得到推动。这种形式的再分配有助于稳定农村流向城市的移民，可以提高粮食产量、减少贫困、降低人口增长率、减轻边际农用土地的环境压力。

再分配可能发生在一国内部的穷人和富人阶层之间，也可以发生在穷国和富国之间。例如，当土地被政府以低于市场价格的价格拿走时，富有的地主阶层有时（不知不觉地）就会为土地改革提供资助；一般来说，当地主阶层得到政府的足额补偿时，土地改革还可以得到发展中国家纳税人的资助；或者也可以得到国际发展组织的资助，此类资金是来自富裕国家的钱。

在更加广泛、宏观的层面上，能够与快速且均衡的经济发展结合起来的再分配政策显然是最好的“生育控制”措施。然而，世界上许多地区的增长和财富再分配都一直难以实现。幸运的是，通过在健康、教育和计划生育领域中推行更有针对性的政策，即使是贫穷国家也能大幅降低人口增长率。

□ 降低婴儿与儿童死亡率

得到改进的公共卫生系统是降低长期人口增速的一个重要因素。我们针对家庭规模进行的成本—收益分析指出，出于一个重要原因，医疗服务的改进将有助于减缓人口增长：对子女健康和教育进行投资的风险可以得到降低，这将鼓励家庭提高子女的质而不是量。①

然而，在短期内**儿童和婴儿死亡率**（childhood and infant mortality）的降低则加速了人口增长，因为父母需要一些时间来调整他们合意的子女数量，以便适应新的情况。如前所述，在 20 世纪 50 年代和 60 年代，随着现代医学的普及，常见疾病均得到有效控制，但是生育率仍然保持很高，所以贫穷国家的人口出现爆炸式增长，增速往往翻番。② 自那时起，在世界范围内，生育率以及由此而来的人口增长速度都出现了下降，不过在最贫穷国家里，人口的增长仍然是个严重问题。19.2 节所述的人口结构转型从某个侧面反映出儿童死亡率降低后父母所做的相应调整。

通过提供公共卫生和教育服务，人们可用相对较低的成本抗击儿童和婴儿死亡率。例如，贫穷国家婴儿死亡的最常见原因之一是腹泻脱水。使用一个简单的处方：清洁用水并加少许糖，这类疾病就能得到治疗。

□ 教育

我们针对家庭规模给出的经济学模型告诉我们，当父母遵循为孩子提供“高投资水平”的策略时，人口增长将会放缓。使这一战略得以实现的一个关键因素是为他们提供**接受教育**（access to education）机会。基于三个原因，这种做法确实能够产生效果。第一，无论父母是否接受过教育，能够接受教育直接降低了父母使用“高投资水平”策略时需要花费的成本。第二，随着父母自己接受教育，以质代量的策略会变得更加容易，因为这时父母可以向孩子提供指导。

第三，随着父母接受教育，他们的工资会倾向于上升。这就提高了**父母时间的机会成本**（opportunity cost of parents’ time），使“低投资水平”策略变得不那么有吸引力。因为相比于“高投资水平的、追求质的”策略，“低投资水平的、追求量的”策略要求父母在子女身上花费更多时间。另一种考察方式是随着父母工资的上升，相比于多生育子女，父母通过工作就能为家庭提供更好的收入和经济保险。

出于此原因，针对女性的教育显得特别重要，因为妇女承担着养育孩子的大部分职责。控制生育的最佳途径之一是让妇女参与现代经济的各个领域。让所有贫穷妇女都就业。然而，在农业领域就业或进行家庭劳动似乎并不会降低生育率。③ 随着妇女时间的

① 此外，在死亡率高的地区，只有死亡率下降才能使父母从根本上思考控制生育的问题。因此，婴儿死亡率下降会带来人们行为的改变，这使得生育率控制变得更有可能（Birdsall and Griffin，1988）。

② 正如 Birdsall and Griffin（1988）所报告的，这个调整过程可被进一步强化，因为父母通过生育更多孩子预防子女死亡时，往往会按照不低于 1∶1 的比例生育子女，而且更大的家庭规模并不能“确保”家庭不受婴儿死亡率的影响。

③ 参见 Birdsall and Griffin（1988）。

机会成本上升，将家庭作为一个整体看，在生育子女的过程中采用数量战略的吸引力会越来越低。

从其他理由看，为妇女提供教育似乎也能对生育控制产生很大影响。在这一点上，我们将“家庭”视为一个同质化单位，但是，男人和女人在家庭中扮演着不同角色，可能在限制家庭规模的可取性上存在不同想法。在发展中国家和在富裕国家，采取生育控制措施的责任——是否禁欲、延长母乳喂养时间以及采取某种技术方法——一般由妇女承担。因此，出生控制设施和生育控制信息的直接消费者往往是妇女——这是提高女性受教育水平的另一个理由。

然而，更重要的是，世界上绝大多数社会都由男性主导，存在**重男轻女的文化**(patriarchal cultures)。在这种社会中，如果妇女要控制自己的生育，往往必须获得丈夫批准。这种区别是重要的，因为在其他条件不变的前提下，妇女希望抚养的子女肯定比男性少。出于好几个原因，妇女会做出此种选择：妇女承担了绝大多数与抚养孩子有关的辛勤工作，养育孩子会干扰妇女的其他经济活动，以及对许多女性来说，分娩代表着一种重大的健康风险。因此，提高妇女在家庭内部的地位，强化其谈判能力的政策本身——例如，获得更好的教育或获得有偿就业——会对生育决策产生重大影响，无论这种政策是否会对家庭整体收入和经济保险产生重要影响。

□ 计划生育

如前文所述，穷人可能有很好的理由去扩大家庭规模，但是，阻碍其寻求“高投资水平”策略的一大障碍是缺乏获得计划生育服务的机会，这当然也是真实的。全世界仍有很多地方存在未被满足的生育控制需求。在撒哈拉以南的非洲地区，贫穷国家接近50%的妇女不希望多生孩子，在希望扩大家庭规模的人中，有2/3希望推迟生育下一个孩子。与此同时，一个消息来源估计，在世界3/4的穷国里，控制生育都不是普通人能够承担得起的事情。①

一般情况下，教育程度越高、越富有的城市妇女，越能够更好地真正实现生育控制。但是，有效的延伸性项目能够缩小城乡差距，在某些情况下几乎可以消除城乡差距。此类项目依赖受过良好训练的工人，他们能够为客户提供各种后续帮助和支持，提供各种各样的避孕方法，以及将计划生育纳入更完善的公共卫生服务中，这些做法已证明可以十分有效地降低生育率。在孟加拉国的一项得到充分研究的案例中，此类计划将两年内使用避孕药具的频率从10%提高到31%，从而将出生人数减少了大约25%。②

即使无法实现快速、均衡的增长和/或显著的财富再分配政策，包括公共卫生、教育（特别是针对妇女的教育）以及计划生育在内的综合性项目也是减少人口增长的有效方法。哥斯达黎加、古巴、墨西哥、哥伦比亚、斯里兰卡、印度尼西亚、中国和印度南部喀拉拉邦政府等都成功实施了上述政策组合。在中国台湾和泰国，与经济增长同步出

---

① 参见 Birdsall and Griffin (1988) 以及“Cost Said to Rule Out Birth Control for Many,” *New York Times*, 2 July 1991。这项研究由 Population Crisis Committee 完成，将可负担的生育控制费用定义为不足年收入的1%。也可见 Gakidou and Vayena (2007)。

② 参见 Birdsall and Griffin (1988)。

现的计划生育方案带来了生育率的极大下降。①

据联合国估计，目前全世界大约有 2 亿妇女对生育控制服务的需求还没有得到满足。为这些妇女提供计划生育服务大约需要花费 50 亿美元，到 2050 年估计可以将全球人口减少 5 亿——从 90 亿下降到 85 亿。② 相比之下，这些费用只相当于美国人每年在理发店、美容店、洗浴和健身俱乐部花费资金的 1/3。有鉴于此，对计划生育进行投资是解决从全球变暖到生物多样性丧失这类全球环境问题的最具成本效益的措施之一。

□ 强制性政策

前面所述政策都是通过鼓励家长自愿控制家庭规模来发挥作用的。一些国家，尤其是中国和印度，则采用了强制性生育控制方法。中国是个陆地面积比美国稍大，但高质量农业土地不如美国多的国家，这个国家有着 13 亿人口，是美国人口的四倍多。鉴于中国人的年龄分布，即使在今天就实现人口零增长，中国人口也要在达到 14 亿数量时才能稳定下来。

在 1980 年以前，通过使用非强制性节育措施，中国政府在降低生育率方面取得了令人印象深刻的成就。这些措施包括：通过经济增长和再分配提高穷人的地位，为人们提供教育、卫生保健、计划生育服务和退休福利。从 1970 年到 1979 年，中国每个家庭的子女数目从 5.0 个下降到 2.7 个。

在 1980 年，由于中国的婴儿潮达到生育年龄，为防止人口激增，政府提出所谓的独生子女政策。法律要求城市居民只能生育一个孩子，农村家庭允许生育两个或更多孩子。这个政策与补贴、罚款、单位压力等手段结合起来使用。政府为只生一胎的家庭每月提供津贴，让独生子女获得更好教育，并按照较低税率征税。政府对超过法律限制的子女数量征收罚款，这种经济罚款数额有时甚至可能超过一个家庭一年的收入。

到 1990 年，中国每个家庭的平均子女数目已降至 1.9——人口增长速度为零。《纽约时报》在 20 世纪 90 年代中期报道指出，中国人普遍认为这个政策令人感到不快，但是这项政策又是必需的，它有点类似于个人所得税。在城市，社会大众对这项政策的接受程度一直高于农村地区，随着中国的经济和政治制度在 20 世纪 90 年代开始开放，这项政策变得越来越难以在农村执行。到 2010 年，中国每个家庭的平均生育率下降到 1.1，远远低于人口更替比率。改革相关法律的争论一直在继续——部分原因是人们对人口老龄化的关切。但是一些分析家认为，即使这项法律被废除，独生子女习俗也不太会受到大的影响。

中国的独生子女政策——依靠自愿措施，严重的经济和社会压力以及其他手段——确实在发挥作用，虽然有时要付出较大的人力成本。虽然明显有人不遵从这项政策，但是情况并不普遍，不足以削弱这项政策的影响力。因为中国是个庞大的国家，中国的计划生育和生育控制项目的整体影响一直非常巨大。如果 1970 年的出生率仍然持续，那

① 参见 World Bank (1992) 以及 RAND (1998)。

② 参见 Wire (2009)。

么从1980年至2001年，中国将会出生另外2.5亿人口——只比美国的人口数量少一些。①

在中国的计划生育政策中，强制性手段虽然不占据主导地位，但却因为两个相互加强的因素得到人们的“接受”：中国政府在控制人口数量方面行使有效的威权政治，以及这项政策的目的似乎得到普遍支持。很多中国人似乎已经接受了一种可持续性的论点，即为了让后代人保持体面的生活质量，当代人必须有所牺牲。

与此相反的是，在20世纪70年代，民选的印度政府发起了包括为绝育提供资金奖励的大规模生育控制政策。随着在经济上做出惩罚和强迫绝育的证据开始出现，印度的大量公众对政府控制生育的所有项目都提出质疑且拒绝执行。②

在大多数国家，强制性人口控制方法不太可能得以运用。在世界上的许多地区，这种行为在道德上都令人无法接受。此外，除了在有效的权威体制和普遍存在的民众勉强支持所形成的非常情况下，这种政策都不太可能得到有效实施。事实上，其结果很可能适得其反。幸运的是，我们也无须用这种手段将全球人口稳定在可持续水平。在推动父母自愿实行高投资水平策略时存在一些非强制性的、价格相对便宜且在很多情况下都具有成本效益的措施。

这里非常好的消息是，我们无须踌躇徘徊去等待是否在不久的将来人口结构会“自然地”转向具有可持续发展的世界人口，抑或是出现新的马尔萨斯式恶性人口增长和苦难的周期。无论出现哪种情况，我们都无须推行强制性计划生育。相反，通过促进经济均衡增长、实行再分配政策以提高穷人的物质福利，以及关注卫生保健、教育和计划生育等领域的政策，应该足以实现我们在21世纪中叶稳定全球人口的目标。

19.5 消费与全球环境

在穷国，人口控制的拥护者有时被指责为种族主义者，甚至被认为犯了种族灭绝罪。他们会问，当事实上绝大多数全球生态破坏都可以直接或间接追溯到富裕国家（占大多数）的白色人种推行的富足生活方式时，为什么你要在穷国推荐大规模的、旨在控制黑色或棕色人种（占大多数）的措施，即使这种措施是非强制性的？

消费与污染之间的联系（consumption-pollution link）中有两个因素。第一个因素相对简单。因为富裕国家的居民担负了超过全球2/3的经济活动，所以至少有2/3的全球污染出现在富裕国家。在全世界人口（包括发达国家）中，最富有的20%人口消耗了世界产出的76%。③ 其结果是，迄今为止，富裕国家的消费要为全球大部分大气污染负责——全球变暖、臭氧层消耗、酸雨和放射性污染。到目前为止，富裕国家对污染和

① 这里提供的与独生子女政策有关的信息来自《纽约时报》的文章：“China，with Ever More Mouths to Feed，Pushes Anew for Small Families”（16 June 1991）；“China's Crackdown on Births：A Stunning and Harsh Success”（25 April 1993）；“Rural Flouting of One Child Policy Undercuts China's Census”（14 April 2000）；“China Sticking with One Child Policy”（11 March 2008）。

② 参见Jacobson（1987）。

③ 参见World Bank（2008）。

海洋过度捕捞产生的影响最大。现在，富裕国家的居民产生出堆积如山的有毒废物，有时这些物质会被放在贫穷国家进行处置。

除了产生全球污染问题外，消费和污染之间的联系中还存在第二个因素。在富裕国家，高水平消费需求要为许多贫穷国家不可持续的环境质量和自然资本存量下降负责。一个突出的例子是所谓的汉堡包与雨林枯竭之间存在的联系。在拉丁美洲地区，为了出口而出现的肉牛牧场扩张导致该地区热带雨林资源遭遇破坏，但是人们并未通过补偿性投资创造新的资本。

许多贫穷国家依赖出口初级资源产品或农产品赚取的资金进口燃料、食品、日用消费品和武器。从理论上看，这种贸易是环境可持续的。然而，可持续发展要求通过能够创建资本的投资弥补自然资本存量——无论是石油或矿产储量、热带雨林资源、耕层土壤，还是空气和水的质量——出现的任何下降。如我们在第 8 章和第 9 章所述，如果一国自然资本的耗尽速度快于新资本的创建速度，就会出现不可持续发展。

富裕国家对资源存在的压倒性需求——从汽油到钢铁，再到香蕉和牛肉——在许多情况下都耗尽了贫穷国家的自然资本存量，但却没有用补偿性投资创建新的资本。为什么会发生这种事情？在历史上，殖民地政府倾向于从被殖民地那里搜刮自然资源生成的财富，但是却很少对当地人力资本或基础设施进行投资。在后殖民地时期，初级资源型产品相对价格的下降，针对具有强大政治影响力的资源型工业收取较低税收，以及精英统治阶层在军事用品和消费品进口上进行的高水平开支，都对创建资本的投资产生约束。最后，在过去的几十年里，偿还债务的负担已经导致穷国创造的社会财富流向富国。

在 20 世纪 70 年代，世界银行第一次向世界各地贫穷国家的政府机构和私人公司贷出巨资。例如，拉丁美洲的外债从 1960 年的 72 亿美元上升到 1982 年的 3 153 亿美元。我们尚不完全清楚造成这种不负责任的放贷热潮的动机是什么；但是，这些贷款很少变成有效投资。很多贷款都被用来资助从第一世界国家进口消费品，或者消失并进入银行的私人账户。自 20 世纪 80 年代以来，人们达成一系列的重新安排和妥协。最近，人们正在对世界上一些最贫穷重债国所欠债务进行核销，这些行为部分来自公众压力，比如 U2 乐队的主唱波诺（Bono）的高调反贫困运动。但是，大多数发展中国家仍然深陷债务困境，在过去的 30 年里，数百亿美元的资金持续从穷国流向富国。在这些情况下，一些发展中国家不得不将自然资源变现来偿付债务，因而无法对资源租金做有效投资。①

这里的关键不在于将造成前殖民地贫困的责任推卸给富裕国家或是前殖民地的统治精英。相反，关键在于认识到一个简单的道理，富裕国家的高水平需求对环境造成的损害，一点也不亚于贫困国家人口高增长率对环境造成的损害。因此，种植、运输和烹饪如今可供一年使用的早餐——一根香蕉（来自厄瓜多尔）、一杯咖啡（来自危地马拉）和一个巧克力甜甜圈（可可来自加纳；糖来自洪都拉斯）——大概要花去 400 美元的市场资源。相比于为整年收入只有 400 美元或更少的人提供早餐，这一过程带来了更多这些国家的环境退化——水体受农药污染、表层土地损失、森林砍伐和

① 欲知债务积压对投资产生影响的实证信息，可见 Cohen（1993）。

全球变暖。

总的来说，这也并不意味着在农产品或任何其他物品上发生的贸易都对环境有害。我们会在下一章考察与贸易政策有关的问题。相反，为了确保可持续性，从贸易中得到的获益必须用来投资创造资本，从而足额抵消自然资本的减少。如果不这么做，富裕国家的消费确实会像快速的人口增长那样导致贫穷国家不可持续发展。

本节分别在全球层面和穷国背景下讨论了富裕国家高水平消费与全球环境问题发生联系的两种方式。在全球层面，类似于鱼、木材和石油消费与气候变化之类的全球污染问题以一种明显和直接的方式联系在一起。但此外，富裕国家的高需求水平还间接促使贫穷国家自然资本减少和环境质量退化。如果通过资源出口或污染密集型出口消耗的自然资本没能被投资创造的资本所替代，富裕国家的高消费水平可能助推贫穷国家出现不可持续的资源枯竭。许多人认为这种不可持续的发展事实上正在发生。鉴于这些联系，针对控制人口提出的批评是正确的吗？也许是出于无意识的种族主义，新马尔萨斯主义关注了错误的问题吗？

相反，我们认为人口过度增长和过度消费对全球环境与贫穷国家的可持续发展构成严重威胁。越来越多的证据表明，人口的快速增长会与经济发展问题纠葛在一起，从而对当地环境造成沉重压力。此外，随着穷人数量的增多以及他们对发达世界中出现的生活方式的向往，他们对全球环境问题造成的影响变得越来越重要。例如，在 2010 年，中国超越美国，成为全球变暖问题的主要推手。

然而，如果我们只是坚持将环境问题以及造成的全球性问题归咎于贫穷国家中穷人的生育行为，那么我们很有可能是短视的。富裕国家的高消费水平要对包括全球变暖在内的全球环境危机负主要责任，也要对间接造成贫穷国家自然资本不可持续的消减负主要责任。

在本书早些时候（第 11 章），我们讨论了各种可以处理富裕国家过度消费问题的工具。在本章到目前为止，我们在理论上考察了贫穷、人口增长与北方国家消费之间的联系。存在一条可持续发展之路吗？

19.6 对可持续未来的构想

当一个人开始考察环境退化、贫困、人口增长、过度消费以及贫穷国家的政治无能这类相互关联且广泛存在的问题时，总是希望看到一个比当前暗淡现状更加光明的未来。然而，所存在的承诺来自一种日益出现的生态认识，即将地球视为一艘单独的宇宙飞船。在过去的几十年里，富裕国家的公民已开始认识到，巴西圣保罗、加纳农村等地穷人家孩子的经济安全状况会对我们自己富裕的生活方式以及我们的后代所持有的生活方式产生极大影响，事实上也会对全世界产生极大影响。因为森林砍伐造成的全球变暖、臭氧层消耗和生物多样性丧失等全球环境威胁，以及穷人不断做出的合法或非法移民等都在提醒我们可能忽视了不那么幸运的兄弟姐妹的境况，进而忽视了我们自己所面临的危险。

这种认识事实上是最近才出现的。只是在 1987 年联合国出版了《我们共同的未来》

(*Our Common Future*) 这本书后，可持续发展这个术语才获得广泛传播。这本书也被称为**《布伦特兰委员会报告》**(Bruntland Commission Report)，该委员会以其主席格罗·布伦特兰 (Gro Bruntland) 的名字命名。这份报告试图提出一种警示——我们可以想象一个更光明的未来，但是如果不经过艰苦和有意识的工作，这个未来不太会实现。

这份报告要求在国家和国际层面针对四个关键性的**可持续发展步骤**采取快速行动。虽然这本书写于 25 年前左右，但是布伦特兰委员会所列出的主要挑战仍然与我们在今天要面对的挑战相同。[①] 基本上所有的讨论都围绕一个共同主线：发展中国家和发达国家必须一起采取真正的投资，才能实现可持续发展的未来。

□ 人口与人力资源

人口的迅速增长显然削弱了人们在可持续发展上做出的努力。在 1985—2000 年，发展中国家的城市人口规模增长了近 7.5 亿。因此，只是为了保持当前——在很多情况下是相当不足的——基础设施、住所和教育设施的水平，贫穷国家就不得不在短期内对这些领域增加相当规模的投资。幸运的是，我们正在学习如何有效控制人口增长。但这一进程本身——关注于减少婴儿死亡率，提供教育服务和有效的计划生育——也需要花钱。

□ 食品安全

在《愤怒的葡萄》中，乔德的故事说明了传统的经济发展模式下农业发生的转型：低生产率、劳动密集型的小型农业被高生产率、资本密集型的大型农业赶出土地。另外，由于城市中心提供的工业岗位能够吸纳流离失所的农民，所以这个过程"发挥作用"，当然，像乔德家这样的家庭在此过程中遭受到巨大困难。

遗憾的是，在许多贫穷国家，这种工业领域的工业岗位并未出现。相反，城市里充满了失业和半失业工人。其结果是，贫穷国家的政府几乎没有理由通过积极促进资本密集型农业的发展来取代更多的农业工人；相反，这些国家的政策着重于提高小型农户的生产率。此外，很多"现代"农业部门都主要生产用于出口的农作物，而不是为国内消费进行食品生产。贫穷国家需要提振国内粮食生产来改善粮食安全和基本营养水平。

既能鼓励小型农业业主又能增加粮食产量的最佳途径之一，是减少为压低城市食品价格而提供的补贴（为了让农民继续在土地上劳作，食品价格必须上涨）。然而，只有在拥有足够资金来缓冲城市贫困居民在粮食价格上涨时遭遇的打击时，这种做法才能在政治上实现。这种政策又需要穷国可能没有的资源。

□ 技术改进

布伦特兰委员会的第三个重点是对更加清洁的技术的需要。根据联合国做出的中等

① 参见 World Commission on Environment and Development (1987，overview)。我们采取了与布伦特兰委员会一致的格式。作者将城市面对的挑战与人口增长挑战等同。我们将前者吸收到了后者之中。它们还将技术需要细分为清洁能源技术和清洁制造技术。

人口增长速度假设，在21世纪，世界人口增至100亿人左右才能实现稳定。人均消费很有可能增至三倍。因此，当我们的子女进入中年时，地球将会承载更大数量的人口，每个人消费的商品和服务都是现在水平的两倍或三倍。现在想象一下，传统意义上的汽车、火力发电厂、危险废物和核废物或者用于住房和农业的土地增加两倍或三倍后世界会是什么样子。在这种情况下，可持续性根本不可能实现。

因此，发展清洁能源技术和清洁制造技术（如本书第17章和第18章所述）是实现可持续未来的基本先决条件。这是真实的，因为无法在不改善贫穷国家中贫穷人口的物质福利的前提下稳定人口增长。可负担得起的能源、食物和基本的工业制成品等，都是实现全球人口可持续发展的基本条件。然而，除非通过带来相当少环境影响的方式实现物质生产，否则生态退化会直接破坏可持续发展。

从本质上说，为了既提高收入又稳定人口增长，贫穷国家必须跳出富裕国家曾经成功奉行的那种存在环境污染的资源密集型发展模式。现在，印度、中国、韩国和巴西与发达国家一样开始占据技术领导地位。但是，在推动清洁技术快速发展、压低其成本并实现全球部署的活动中，富裕国家仍占据最大份额。

□ 资源保护

由于存在开放存取问题，而且市场给予的贴现率也比较高，所以自然资源往往以不可持续的速度在枯竭。因此，为了给子孙后代造福，需要采取行动维护贫穷国家的大部分自然资本。然而，鉴于这些国家中存在的大规模贫困，即使能够在国家层面采取一些保护措施，也几乎没有资源能够立刻用来保护自然资本不受所谓的非法开采。这里要再次强调，高收入、中等收入和低收入国家需要共同努力来保护我们的共同遗产。

总之，《布伦特兰委员会报告》产生了两个教训。第一个教训是，通过为地球提供一个可持续未来的前景，这份报告为分析国家和国际环境政策给出了一个框架。在下一章中我们会探讨各种可用于应对全球环境危机的工具。针对这类政策，我们现在有四个问题要问：它对人口增长和人力资源开发产生的影响是什么？它能够提高粮食安全吗？它能够促进清洁技术的发展和传播吗？它是资源节约型的吗？当然，这四个问题的答案肯定是复杂的，而且常常是矛盾的，但是，这些可持续性步骤是四条必须同时取得进展的战线。

从《我们共同的未来》中得到的第二个教训是，书中提出的问题的确是我们需要共同面对的未来。最终，地球是否能以可持续的方式承载100亿人，或者在环境退化、冲突和贫困螺旋式相互引发中承载130亿人，将最终取决于我们自己。我所谓的取决于我们自己，就是指正在阅读本书的读者。我们是400年来“环境污染型”发展的受益者；我们也是在地球上出现的最富有的人。因此，我们也是最有能力通过设计政策导入全球资源从而解决这四个问题的人，我们也是最终决定是否以可持续的方式延续我们的历史地位的人。

资源从哪里来？成功的发展中国家都能将资源租金及贸易利得导入经济发展。就全球而言，一个主要的资本开销当然是军事开支。全世界每年在武器上的花费超过1万亿美元，在许多情况下都是贫穷国家从富裕国家那里购买武器。只要把全球范围内几星期的军事开支拿来，就能够在人口增长和资源保护问题的解决上取得重大进展。

将资源从军事开支导入社会和环境开支的过程需要面对艰巨的政治挑战。具有同样挑战性的还有通过债务减免，以可持续发展的方式在穷国进行投资的政策。相比于35年前我们还是学生时学到的那些人口增长的无情公式，以及最终可能遍布全球的极度贫困，今天我们个人对解决所面临的挑战更加乐观。

在20世纪70年代和80年代有种信仰很流行，即人们认为富国可能变得越来越富裕，穷国将变得越来越贫穷，因此，我们这些处于富裕国家的人可以在一定意义上隔绝于发展中世界的贫穷和人口问题。[①] 今天，世界各地存在的环境威胁——全球变暖、臭氧层消耗和生物多样性的丧失——使这一立场越来越难以站得住脚。在历史上，富裕国家第一次在帮助贫穷国家稳定其人口增长中拥有了直接且日益重要的经济利益。因为实现这一目标的最有效方式是提高地球上最贫穷人口的生活水平，因而实现一个可持续发展的未来确实是有可能的。

19.7 总结

本章概述了贫穷、人口增长、过度消费与可持续发展之间的基本联系。第一步是描述当农业从小规模的劳动密集型转向大规模的资本密集型时，在吸收农业部门剩余劳动力时存在的基本的经济发展挑战。重要的是要注意到，虽然到目前为止人们认为农业部门的转型是发展的一个普遍特征，但是其转型速度在很大程度上受到政府政策的影响，例如，为大农场主提供的补贴信贷、为压低食品价格而提供的补贴等政策都会劝阻小型农户的粮食生产行为。

由于人们日益认识到自然资本也是经济增长的一种投入品，而且负的环境外部性也是经济增长的一种后果，人们的兴趣已经从传统的发展模式转移到那些着眼于可持续发展的模式。因为可持续性被定义为随时间推移的人均福利水平，而且在欠发达国家中人均福利水平相当低，所以可持续发展必须将注意力集中在穷人的状况上。

从四个原因出发，可持续发展都倾向于提高环境质量。第一，贫穷国家面对的最迫切的两个环境问题——水污染和室内空气污染（烟雾）——都是贫穷的直接结果。第二，穷人承担不起保护资源的行为，因此他们往往对当地环境造成令人难以承受的压力。第三，随着收入的增加，鉴于各种原因，某些受到监管的污染物浓度得以下降。第四，收入的增加是最有效的人口控制措施之一。

人们针对人口问题的严重程度进行了一场辩论。一方认为随着贫穷国家经济的进步，人口结构会“自然”转型到一种稳定的全球人口。与此相反，新马尔萨斯主义者认为一种恶性循环正在出现，即贫穷导致高人口增长率，高人口增长率又会产生更多贫困。他们争辩说，这种循环已经开始在很多地方压倒经济增长带来的有利影响。其结果是，他们很担心人口结构转型停滞，在按照物理或社会容量制约进行考察之前，全球人口就远远超过100亿。

---

① 例如，可见 Lucas (1976)。

在新马尔萨斯主义者和人口结构“自然”转型论的支持者之间发生的辩论在于，全球人口是否将在未来的100年里增长到90亿或100亿，或是增长到130亿、150亿。然而，从政策的角度看，这里其实没有分歧。双方都同意有效的、非强制性的人口控制方法可以加快人口结构转型，因此应该得到执行。

虽然分配低成本生育控制装置能够起到一定作用，但是对人口增长的控制不是那么简单的事情。穷人往往有很好的经济理由来扩大家庭规模。世界各地的父母都依靠子女获得经济保险和收入补充。由于机会受限以及面临一定风险，当贫困家庭选择家庭规模时，它们倾向于采用“低投资水平、以量为主”的子女抚养策略。鼓励家庭采取“高投资水平、以质为主”的子女抚养策略，是有效的人口控制计划的关键。

平衡的经济增长和/或大规模的经济再分配，是减轻贫困的最有效途径，因此可以让很多家庭得以采取高投资水平的子女抚养策略。然而，从很多原因出发，这种结果都是可取的，但通常却难以实现。不过，贫穷国家已经成功地通过综合采取以下三类策略来实现出生率降低：（1）减少婴儿和儿童死亡率；（2）提高获得教育的可能，特别是针对妇女；（3）提供全面的计划生育服务（当然，这些政策也是一种收入再分配的形式，有助于推动平衡增长）。

人们对环境造成的压力不仅取决于绝对人口数量，还取决于他们所消费的商品数量，以及每种商品对环境造成的损害。虽然在一些贫困国家中人口过快增长是当地和全球环境质量的最主要威胁，但是富裕国家的消费行为也是问题。消费与污染之间存在的联系既源自富裕国家在全球消费中不成比例的多，也源于由富裕国家的消费所驱动的、对自然资本和环境资源进行的不可持续消耗。高债务水平是造成穷国难以有效将其自然资本生成的资源租金进行投资的因素之一。

有可能带来一个可持续的未来吗？布伦特兰委员会对我们实现可持续未来所需采取的步骤提供了一个概述。它们包括控制人口增长、创造粮食安全、改进技术水平和节约自然资本。所有这些选择都将是昂贵的，最终必须在某种程度上得到富裕国家的资助。人们日益认识到，富裕国家的福利取决于贫穷国家推行可持续发展的进程，这使得为贫穷国家提供资助在政治上成为可能。一个能够资助可持续发展项目的可能的资源池是当前世界在军事硬件和人员上花费的开支。

应用19.0

高收入国家和危险废弃物

最近一些证据显示，美国的危险废物处理点与该地的收入成倒U形关系。[①] 也就是，随着该地收入的上升，危险废物处理点的数量一开始时会上升，然后会减少，转折点发生在人均收入在17 000～21 000美元时［作者也发现了“环境种族主义”的证据（见第7章）。控制收入后，白人的比例越高，则危险废物处理点的数量会发生显著下降］。

你能从有关收入的证据中指出越富裕的地区最终产生的危险废物越少吗？为什么？

---

① 参见Bohara et al.（1996）。

应用 19.1

儿童死亡率和人口增长

在贫穷国家减少婴儿和儿童死亡率显然会在短期内导致人口增加。使用在本章给出的家庭规模的经济模型来解释，为什么人口增长领域的专家仍然将改进公共卫生的措施作为人口控制策略的一个重要组成部分。

各节主要观点

19.0 在很大程度上，**传统经济发展**的成功意味着要有效吸收从**农业转型**中释放出的劳动力。因为贫困和环境退化会携手出现，所以经济的发展必须是**可持续的**；然而，也必须认识到经济增长存在环境代价。

19.1 在贫困与环境质量之间存在四个联系。(1) 穷人受到**不安全的饮用水、污水设施不足**和**室内空气污染**的侵害。(2) 穷人会让当地环境退化，因为他们负担不起环境保护的费用。(3) 一些受监管的污染物表现为收入的倒 U 形函数。这种关系产生**环境的库兹涅茨曲线**假设，也许是因为**产业结构转变**和**受教育后人们产生了污染控制的政治需求**。(4) 人们越富有，**人口增长**速度越低。

19.2 在这一节中我们给出了中等程度和“高度悲观”的**人口增长情况**。在前一种情况下，世界人口将稳定在 100 亿；在后一种情况下，到 22 世纪世界人口将会翻两番，达到 200 亿。生育率的微小变化会迅速改变人口增长的预测值。到目前为止，食品供应以算术级数增长而人口则以几何级数增长所带来的**马尔萨斯**人口陷阱得以避免。这部分是由于农业的绿色革命，部分是由于富裕国家的**人口结构转型**到低出生率状态。然而，人口增长导致贫困并进而引发更高人口增速的**恶性循环**仍然成为一些发展中国家的担忧。

19.3 可以用父母从子女那里寻求**经济保险**和**收入补充**这样一个经济模型来解释**贫困与生育率之间的关系**。由于缺乏资源以及面临风险，贫困的父母会选择“**低投资水平、以量为主**”的子女抚养策略，而不是“**高投资水平、以质为主**”的子女抚养策略。

19.4 基于该模型，可以通过以下方式控制人口增长：(1) 平衡的经济增长和（或）**收入再分配**（也许要通过**土地改革**来实现）。(2) 降低**婴儿和儿童死亡率**。(3) **接受教育**（受过教育的父母具有**更高的时间机会成本**，教育还可以在一个**重男轻女的文化**中提高妇女的地位和决策能力）。(4) 全面的**计划生育**。这些措施旨在通过增加机会来改变家长的行为，并且已被证明是成功的。除了这些措施，中国还通过**独生子女政策**来采用具有**强制性**的人口控制措施。

19.5 **消费与污染之间的联系**中存在两个因素。(1) 因为富裕国家消耗了世界上的绝大多数资源，所以我们要为世界上的大部分全球污染问题负责。(2) 富裕国家的需求可能导致贫穷国家的自然资本出现不可持续的缩减。

19.6 联合国的《**布伦特兰委员会报告**》确定出四个必需的**可持续发展步骤**。(1) 降低**人口增速**。(2) 通过提高小型农户的生产力来确保**食品安全**。(3) 开发和推广**清洁技术**。(4) 参与到有效的**资源保护**中来。这里每个步骤都需要资金，其中有些将不得不来自富裕国家。来源之一可以是从全球军事支出中转移一部分资金。

参考文献

Becker, Gary S., and H. G. Lewis. 1973. Interaction between quality and quantity of children. *Journal of Political Economy* 81: 279-288.

Birdsall, Nancy M., and Charles C. Griffin. 1988. Fertility and poverty in developing countries. *Journal of Policy Modeling* 10 (1): 29-55.

Bohara, Alok, Kishore Gawande, Robert Berrens, and Pingo Wang. 1996. *Environmental Kuznets Curves for U. S. hazardous waste sites*. Working paper. Albuquerque: University of New Mexico.

Cohen, Daniel. 1993. Low investment and large LDC debt in the 1980s. *American Economic Review* 83 (3): 437-449.

Cohen, Joel. 1995. *How many people can the earth support?* London: W. W. Norton.

Cost said to rule out birth control for many. 1991. *New York Times*, 2 July. http://www.nytimes.com/1991/07/02/science/cost-said-to-rule-out-birth-control-for-many.html.

Dasgupta, Partha. 1995. Population, poverty and the local environment. *Scientific American* 272 (2): 40-46.

Gakidou, Emmanuela, and Effy Vayena. 2007. Use of modern contraception by the poor is falling behind. *PLOS Medicine*, February.

Gillis, Justin, and Celia W. Dugger. 2011. U. N. forecasts 10.1 billion people by century's end. *New York Times*, 3 May.

Jacobson, Jodi L. 1987. *Planning the global family*. Washington, DC: Worldwatch.

Lanza, Robert. 2006. *One world: The health and survival of the human species in the 21st century*. Santa Fe, NM: Health Press.

Lucas, George (ed.). 1976. *Lifeboat ethics*. New York: Harper and Row.

RAND. 1998. International family planning. *Population Policy Briefing*. www.rand.org/pubs/research_briefs/RB5022/index1.html.

Stern, David I. 2004. The rise and fall of the environmental Kuznets Curve. *World Development* 32 (8): 1419-1439.

United Nations Population Division. 1998. *The world at six billion*. New York:

Department for Economic and Social Information and Policy Analysis. www. un. org/esa/population/.

Wire, Thomas. 2009. *Fewer emitters, lower emissions, less cost: Reducing future carbon emissions by investing in family planning*. London: London School of Economics; sponsored by Optimum Population Trust.

World Bank. 1992. *World development report 1992: Development and the environment*. New York: Oxford University Press.

World Bank. 2008. *World development indicators*. Washington, DC: Author.

World Commission on Environment and Development. 1987. *Our common future*. New York: Oxford University Press.

World Health Organization. 2004. *Water, sanitation and hygiene links to health*. Online fact sheet. www. who. int/water_sanitation_health/publications/facts2004/en/.

第 20 章

贫穷国家的环境政策

20.0 引言

在第 19 章末尾我们指出，如果要让人类实现可持续未来这样一个终极目标，需要在发展中国家推行四个相互关联的**可持续发展政策**（sustainability policy）。这四个政策目标是：（1）稳定人口增长并投资于教育；（2）实现粮食安全；（3）开发和推广清洁技术；（4）保护自然资本。本章开始考察穷国和富国可以促进四个政策目标的各种行动。

正如我们对美国环境政策的讨论，我们必须充分认识到贫穷国家的政府政策制定者面临的限制因素。部分由于商业集团对政策具有更强大的影响力，贫穷国家出现政府失灵的可能性很大，本章前半部分分析了旨在协调利益追求动机并进而实现可持续发展的措施。第一，贫穷国家的政府应消除为环境破坏行为提供的补贴政策。第二，通过加强财产权利，各国政府可以推行基于利润动机的环境保护行为。

虽然政府可有选择性地将自己从市场交易中解脱出来并致力于提高私人在环境保护中的利益，但是政府最终还得在促进可持续发展的过程中采取并发挥有效和积极主动的作用。因此，本章要考察监管的角色以及清洁技术战略必须发挥的作用。

最后，我们以讨论三种相关主题结束本章：资源保护、债务减免和国际贸易。在每种情况下，原本应该为经济发展奠定基础的资源租金都没有被贫穷国家获取。本章的基本信息是，实现可持续发展的四个步骤并不容易实现；如果无法有效获取和投资资源租金，不可能实现可持续发展。

20.1 可持续发展的政治经济学

在进入细节之前，我们需要停下来考虑政府在政策运作方面面临的限制。本书第 2 部分对美国有效执行政府政策时面对的壁垒给予了相当大的关注，此类壁垒主要源于不完美信息以及发生政治影响的机会。

美国是个富裕国家，有着效率颇高的市场和政府。相比之下，发展中国家的普通人则相当贫困，这种贫困会破坏政府与市场的效率。低收入国家的人均年收入大约为 600 美元，或者说每人每天收入约为 1.75 美元。但是，即使如此糟糕的数字，也还是对真实的贫困程度有所掩饰，因为低收入国家中存在着相当的财富分配不平等。

一般情况下，大多数国家都有一小撮**政治和经济精英**（political-economic elite），他们不成比例地控制这个国家的收入，并在政治事件中发挥不成比例的影响力。这种巨大的经济和政治差距往往可以从殖民统治时期追溯到一些历史根据。例如，在整个拉丁美洲，现存的大量土地被集中到一小部分人手中的情况就可追溯到西班牙殖民者建立的庄园制度。或者考虑另一个例子：英国在对赞比亚丰富的铜矿床进行了 40 年（英国对赞比亚的殖民统治时间为 70 多年）开采后才在 1964 年给予该国独立地位。在独立时，350 万非洲总人口中接受过大学教育的只有 100 人，接受过高中教育的不足 1 000 人。①

虽然有着过于简单化的风险，但图 20－1 还是给出了发展中国家典型的金字塔式社会阶层结构。在最顶部是一小群富裕的地主、实业家和军官，他们往往在西方国家的大学里接受过教育。这一团体中的商人包括本地资本家以及当地跨国公司的管理人员。他们之下是来自城市的中产阶层：教师、专业人员、国家工作人员、工厂工人、矿工和士兵。人口中绝大多数是穷人：依靠非全职工作维生的城市棚户区居民、小农和无土地的劳动者。

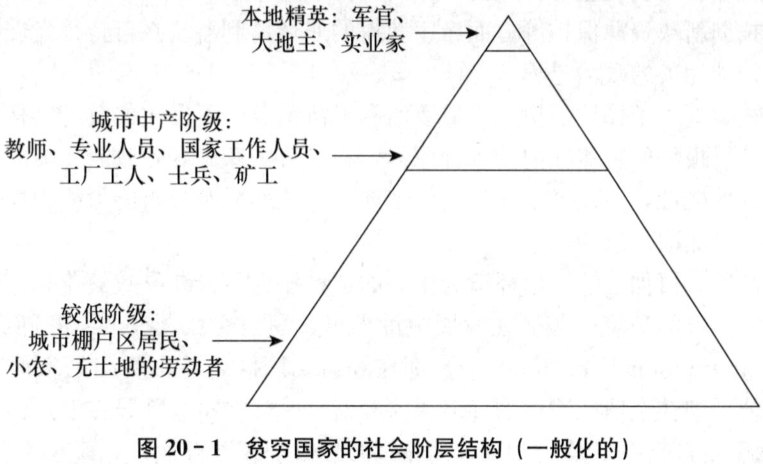

图 20－1　贫穷国家的社会阶层结构（一般化的）

① 参见 Musambachime (1990)。

根据定义，可持续发展——为每个普通人增加国民净福利——应该要求关注最下面一个阶层的人，因为他们才是普通民众。此外，正是这群人出于残酷求生的需要，才会经常以不可持续的方式减少本地自然资本存量。因此，当我们评估贫穷国家的发展和环境政策时，我们必须问的问题是："这项政策改善了穷人的状况还是恶化了穷人的状况?"

遗憾的是，因为发展中国家最下一个阶层几乎普遍都不具有政治权力，所以这些问题很少处于政策设计的核心。精英主导的政府往往通过军事力量保持他们的权力，很少为受政府政策不利影响的人提供进行抗议的民主途径。然而，为了环境的改善，抗议能力至关重要。

正如我们在第 12 章中所指出的，从苏联获得的环境方面的主要教训在于，民主的缺乏扼杀了人们对环境问题的认识。由于缺乏受影响人士带来的巨大压力，政府既无权力也无倾向去强迫经济决策者——无论是国营部门的官僚，还是私营公司的经理，抑或是普通公民——认识到自己的行为所产生的环境外部性成本，并进而将其内部化。

除了没有认识到这个重要问题外，当政府领导人不是民选的时，腐败会进一步加剧问题的严重性。当贫穷国家顶级政府官员都无法达到西方国家中产阶层的生活水平时，情况尤其如此。不足为奇，鉴于很低的工资水平和受训水平，贫困国家低级别官员中的腐败现象并非罕见。因此，作为一个一般性规则，贫困国家的政府官僚机构并不是特别有效（有几个并未出现这种情况的发展中国家在经济上表现出相当程度的成功）。其结果是，即使人们事实上认识到发展和/或环境的问题，并且设置政策来解决这些问题，但取得的进展仍然十分缓慢。

部分是为了应对贫穷国家出现的政府失灵，所谓的非政府组织开始出现并致力于解决农村发展问题、保护小型农户权利、提供城市服务和自然资源保护等。非政府组织包括国际发展和人权团体、国际环境保护组织、地方性的环保团体、农民和农村工人形成的工会，以及城市的激进团体。

与富裕国家不同，贫困国家"环保运动"的规模是非常小的。因此，面向可持续发展的进程必须或者源自统治精英对环境问题的关切，或者源自控制人口、保障粮食安全、推动科技创新或资源保护等方面希望获得的非环境利益。在可持续发展的方向上并没有强风潮推动相关的政治进程。

综上所述，基于殖民地历史、小撮政治和经济精英、不民主的政府结构，以及缺乏训练并希望获得报酬的官僚在内的各种原因，在贫穷国家中导致政府失灵的因素相互叠加。鉴于这种可能性，在发展中世界的许多地方，依赖复杂分析能力或积极监测和执法能力的政策不可能取得成功。

软弱的政府，再加上缺乏以环境为中心的那种压力，最终导致商业利益能够更加自由地影响贫穷国家的环境政策。在发展中世界里，**国内企业**（domestic businesses）和**跨国公司**（multinational corporations）都在经营。国内企业由贫困国家的居民拥有并经营；跨国公司则在全球范围内的许多国家经营，并往往将总部设在发达国家。在大多数采掘和资源加工产业以及类似于化学品和纸张等这类行业中，跨国公司占据主导地位。

无论是国内企业还是跨国公司，它们对环境政策目标都可以产生积极影响。例如，这些企业可以创造就业并带来均衡的经济增长，以及由此实现人口增长率减少。它们还可以导入或开发新的清洁技术。然而，这种影响也可以是负面的。商人可能会贿赂官员以获得具有补贴的木材或其他资源，可能会通过低估实际利润避免税收。或者企业可能会推动信贷补贴项目，使它们能够进口取代农业工人的资本密集型农业技术——从净效应上看，这会带来失业和贫困的增加。或者企业可能会利用资源阻止环境或者资源保护立法的通过和/或执行。

这里的关键是，不要去谴责也不要去赞美贫穷国家的企业对环境变化产生的影响。相反，这里的要点只是想让我们知道，无论是国内企业还是跨国公司，它们一般都对可持续发展不感兴趣。它们的兴趣在于追求利润。如果获取利润的机会能够促进可持续发展，企业会愿意推动可持续发展。然而，如果企业只是急切追求能够带来利润的选择，最终也将是不可持续的。

同样地，这里的关键不是谴责贫困国家的政府效率低下或是存在令人绝望的腐败。在发展中世界有很多政府成功的例子，也有很多政府失灵的例子。最终，如果我们要寻求实现一个可持续的未来，就必须依靠贫穷国家的政府采取更有效的行动。没有其他选择。

20.2 结束有害环境的补贴

世界各地的富国和穷国都带着所谓促进经济发展的意图针对特定行业保持范围广泛的**补贴**（subsidies）。这些补贴采取的形式包括特别的税收减免、进口零部件和材料的特权、保护企业免受国际竞争、低成本获得自然资源、提供补贴或免息贷款，以及基础设施投资。

遗憾的是，许多这类补贴政策都会产生破坏前述四个可持续措施的影响。本节将仔细考察林业，在这个行业中，政府政策常常是为了推动快速和不可持续的资源利用。在开始时，政府经常以“过低”的价格将公共木材卖给伐木公司。在这种情况下，我们意味着政府**不能获得所有与木材相关的资源租金**（fail to capture all the resource rent associated with the timber）。正如我们在第 9 章中所讨论的，为了让木材砍伐得以持续，所有的资源租金都必须保留在东道国并投资于创建资本。

在最近，加纳、印度尼西亚与菲律宾政府从木材生产销售和税收中获取的收入还不足资源租金总额的 38%。① 由于未能获得所有租金，所以政府使伐木行业表现出一种虚假的高利润状态，这加速了资源枯竭。此外，一旦木材销售完成、道路修好，事实证明政府很难在偏远地区执行环境合同条款，或是监督木材的非法采伐和走私。

许多国家的政府还通过**发展基础设施**（infrastructure development）来支持林业——建设道路和港口，对木材进行调查和分级。在极端情况下，纳税人实际上是在付钱让公司去砍伐木材。这种事情发生在美国，当时美国林务局在以无法偿还其行政和道路建设费用的价格水平上卖出木材。美国林务局提供的这种直接补贴的数额每年高达 2.3 亿美元。在发展中世界也存在着类似问题。

贫困国家也会**对“下游”行业提供补贴**（subsidize “downstream” industries），这

① 参见 Repetto (1988)。

些行业将木材加工成圆木、其他木制品和纸制品。补贴方式包括大幅减税和提供具有补贴的信贷，以及对未加工完成的木材设置出口禁令。不过，为了保护本国的木材加工工业，富裕国家设置的关税都比较高，所以许多此类政策没有取得成功。此外，由于缺乏国内竞争，贫困国家的木材加工业往往效率低下，需要持续补贴。另外，它们的存在带来了进一步压力，要求政府人为降低木材价格以维持就业。

各国政府还为重新安置雨林地区失地农民的**殖民化项目**（colonization projects）提供赞助。在马来西亚半岛，可以判断这种转换的努力取得了持续成功，在那里，自1950年以来该国约12%的森林已转换为永久性树木，例如可以产出橡胶和棕榈油的树木。① 然而，在巴西和印度尼西亚进行的努力失败了，在砍伐完森林后土地便被人们遗弃。这种失败部分是由贫瘠的土壤质量造成的。此外，政府的相关政策还致力于为偏远地区农产品分销渠道的发展提供额外补贴，这种补贴虽然并不足够，但规模已经很大。此类项目中提供的补贴来自政府和世界银行，在印度尼西亚，最高时达到每户10 000美元，而当时该国人均国民生产总值只有560美元。②

最后，政府一直非常积极地在林区促进**牧场**（cattle ranching）发展。在巴西亚马孙地区这个过程得到最大程度的推动，在那里，发展牧场成为森林砍伐的一个主要原因。根据理论，牧业发展可以刺激亚马孙地区整体经济发展，通过定居还能解决维护国家边界的忧虑，有鉴于此，巴西政府为牛肉行业提供了超过10亿美元的补贴。

综上所述，其表面上的目标是支持以资源为基础的经济发展（但是受到国防和个人利益等不同因素的影响），贫穷国家的政策制定者为伐木公司、森林产品行业、小农民和大牧场主设立了一系列补贴。除了少数例外，这种政策并未能推动形成一个独立行业，但却仍然在不断地耗尽来自其他部门的资本。在有限的经济发展成效下，人口增长并没有下降。由于政策侧重于牧场而不是基本食品，由于小型农场项目未能扎根，粮食安全问题并没有得到改善。清洁技术也几乎没有得到开发或引入。

与此同时，补贴政策导致自然资本——森林资源——出现不可持续的下降。此外，这些补贴政策还产生了一系列环境破坏，这种破坏包括泥沙淤积、洪水、森林火灾，以及生物多样性的巨大损失。最后，森林地区的原始居民失去了生存手段，他们的文化也受到了威胁。

本节详细探讨了补贴政策，此类政策导致世界上很多地方的森林被快速砍伐，但这种做法几乎没有对贫穷国家的经济利益带来帮助。在能源、农药、化肥以及灌溉用水等领域还出现为其他产品提供的，可能加重环境损害的补贴。例如，在埃及、印度、巴西和墨西哥，电力被以低于生产成本60%的价格出售，政府通过税收收入补偿其中存在的差额。③ 因为价格低廉而引发的越来越多的电力需求造成了与水电、煤炭和核能发电厂有关的环境损害。

有害环境的补贴不只出现在贫穷国家，我们在第17章和第18章中的讨论明确指出，美国林务局提供的补贴以及针对能源和农业的补贴都对环境有害。类似于在富裕国

① 参见 Gillis (1988)。

② 参见 Repetto (1988)。

③ 参见 World Bank (1992，68-69)。

家很难消除此类补贴那样，在贫穷国家此类补贴也很难得到消除。如果不对补贴受益方提供某种形式的补偿，补贴很难得到消除。

有时为了在政治上公平起见，需要动用资源补偿受损者，才能使有害环境的补贴得以取消。然而，消除这种补贴往往为贫穷国家提供了一种低成本改善环境质量的方式。取消补贴不需要政府进一步为此发生开支，并且可将腾出的资源用于一些生产性用途，从而强化了可持续发展。

20.3 建立与执行财产权利

回到本书第 3 章，在那里我们指出了造成污染和资源退化的主要原因之一——公共财产存在开放存取问题。回忆指出，当个人只考虑自己开采某种共享资源——空气、陆地或水——所发生的私人收益和成本，却不考虑因此对别人造成的社会外部成本时，就会出现**开放存取问题**（open-access problem）。我们也能回想起，社会管理共同财产的传统方式是通过非正规的社会控制和道德制裁。

然而，随着传统控制机制的失效，以及随着人口和消费压力的持续上升，开放存取问题开始成为世界范围内造成环境退化的主要根源。当土地或渔业等资源的**财产权利**（property rights）或者所有权没有得到明确规定时，开发此类资源的人几乎没有激励去根据利润保护资源，也几乎没有激励对控制水土流失这类长期环境保护措施进行投资。为了改变这种情况，政府有三个选择。

□ 集体所有

当存在一个社区来对财产进行可持续性管理时，政府政策可以保护和强制执行这种已经存在的公有财产权利。这往往意味着限制外部人对财产的使用，或者对先进技术的使用加以限制。例如，在一个案例中，当团体中的一些成员使用尼龙渔网并因此在捕鱼过程中得到一些"不公平"的优势后，巴西南部的合作渔业协定出现破裂。此外，根据巴西的法律，该团体不能排除外部人也使用这种渔网。集体所有制模式的主要优势在于，当它得到社团具有凝聚力的支持时，这种模式可以具有相当的可持续性。①

对集体所有权进行的最成功的一项现代试验是津巴布韦针对土著资源的公用区域管理方案（Communal Areas Management Programme for Indigenous Resources，CAMPFIRE），这个方案在 20 世纪 90 年代中期得到如火如荼的发展。农村议会代表社区持有公有土地权，它们将接触野生动物的市场准入赋予游猎经营者。然后，农村议会可以为该社区提供一些支付。针对土著资源的公用区域管理方案既成功推动了社区发展又实现了资源保护，因为村民看到，他们的象群和其他游乐物种也是资源，应该得到保护，而不是因干扰农业而被消除。

从 1989 年到 2001 年，针对土著资源的公用区域管理方案为参与社区提供了约

① 有关巴西的案例来自 World Bank (1992，70)。Katz (2000) 强调了资源管理中"社会资本"发挥的重要作用。也可见 Hanna and Munasinghe (1995)。

2 000万美元收入，其中89%都在运动打猎中产生。可悲的是，因为津巴布韦出现的政治风暴，针对土著资源的公用区域管理方案失效了，这个方案是依托**为生态系统服务付款**（payment for ecosystem services）功能的一种集体所有权案例。① 欲知更多相关内容，可见20.6节。

□ 国家所有

政府可以宣布一片土地是国家森林、保护区或公园，或者政府可以对海洋渔业资源进行监管。然而，简单地做出声明是不够的。政府还必须投入必要资源来对资源边界进行保护，防止未经授权的使用。对大多数贫穷国家而言，这种执法任务可能极其困难。即使在像哥斯达黎加这类拥有相对高效的官僚机构的国家，对国有资源的非法开采也还是个主要问题。

经济学家往往将津巴布韦得以成功保护大象的土著资源的公用区域管理方案与肯尼亚不太成功的国家公园战略进行比较。肯尼亚设置了一个物种避难所，通往这个避难所的通道由政府控制，并尝试依靠警察部队防止偷猎。相比于土著资源的公用区域管理方案，肯尼亚的这个战略比较昂贵，在平民之中造成了不满情绪，也没有为当地人保护野生动物提供激励。然而，津巴布韦政府最近出现的崩溃提醒我们，如果国家出现破产或濒临破产，没有任何保护环境的战略可以取得成功。

□ 私人所有

克服共同财产问题的最后一个选项是将财产权利分配给个人。然而，这一过程比它表面上看起来更加困难。首先，它不是免费的，因为政府不仅必须花费资源来完成产权划分工作，还要担负起强制执行私有财产权利的工作。此外，对林地进行私有化产生的环境影响也比较含糊不清。例如，为了明确确立所有权，许多贫穷国家都要求定居者对相关土地进行清理，从而获得所有权（如在美国边境进行的实践）。这一过程当然会鼓励人们砍伐森林。然而，如果这片土地没有实际的所有权和用途，定居者和政府官员将很难验证他们对这批土地的所有权是合法的。即使不要求对土地进行清理，许多贫穷国家也花了好几年时间来为土地建立法律意义上的产权。因此，为了建立事实上的控制，农民往往仍要对土地进行清理。

然而，因为有失去土地的风险，没有获得土地法定所有权的农民倾向于不对水土保持这类基于利润的土地保护措施进行足额投资，增加农场产出的措施也一样未得到足额投资。为了鼓励这种投资，各国政府可以加快土地所有权的确立过程，例如，雇用更多测量师和土地办事员，以及提供更好的执法以防止非法驱赶。这会提高农民私有财产权的安全性，并可鼓励他们对土地做更多投资。当强大的政治影响力可以保护而不是攫取小型农户的土地时，私有化是促进可持续发展的最有效手段。

对人们普遍持有的财产进行私有化往往会伤害以前在传统法律下能够使用某些财产的人。例如，肯尼亚的农村土地私有化导致已婚儿子和妻子失去传统上拥有的土地所有权，因为在这个过程中他们的利益难以得到代表。在许多情况下，私有化方案往往有利

① 参见 Frost and Bond（2008）和 Balint and Mashinya（2008）。

于富人和（或）有利于受过良好教育的个人增加其财富，却以穷人的利益为代价。[1] 从可持续发展的角度看，这种类型的私有化往往适得其反，因为它倾向于扩大贫穷状况并降低妇女的社会地位，这既会降低粮食安全，又会提高人口增速。因此，为了建立基于利润的资源保护机制而推动的私有化方案必须得到仔细推敲，以便提高而不是降低妇女的社会地位，并在总体上扩大社会的就业机会。

总而言之，明确和强化财产权利，是通过“内部化外部性”实现直接减少环境损害的一种方法。当产权明确界定时，其主人——社区、政府或个人——会承担起更大比例的环境资源退化或枯竭的社会成本。相较于政府所有，个人和社区拥有所有权的方式有一定优势，因为局部地区的人们直接受到资源退化的影响。其结果是，相比政府管理人员，他们有更大激励来确保和维持自己“拥有”的那部分环境的生产力。

因此，个人或社区层面的所有权往往可以推动人们基于获取利润的目的保护资源，但是，在国家所有权下，保护程度取决于政府精英内部对环境问题的重视程度。正如我们之前所主张的，这种重视程度可能相当低，即使重视程度高，贫穷国家的政府不高的执法能力也可能使资源保护和环境保护遭遇重重困难。

本章前两节集中讨论贫穷国家的政府改善环境质量的方法：或者有选择性地减少有害环境的补贴，或者加强公共和私人财产权利，从而促使人们基于获取利润的目的保护资源。现在，我们将考察更加积极主动的政府政策：监管以及推广清洁技术。

20.4 监管方式

环境监管是发达世界中新出现的现象。大部分主要的环境监管法律都是在刚过去的45年里通过的。在发展中国家，环境监管是最近才出现的事情：例如在墨西哥，它们在1988年通过了全面的联邦环境法。在本节中我们认为，一般来说，将直接监管和间接的污染税结合起来，可在发展中国家取得最有效的环境监管。

第15章和第16章已经为监管理论提供了深入分析。在那里有人认为，总体而言，相比于命令与控制型监管体系，**基于激励**（incentive-based）的监管体系（污染税或可市场化交易的许可证制度）既能在短期里提供更具成本效益的监管手段，也能在长期中更好地鼓励技术进步。回忆一下，典型的命令与控制型监管体系的特征是：(1) 对所有污染源提出统一的排放标准，以及 (2) 安装并使用政府授权的污染控制技术。这种方法缺乏灵活性，意味着它无法发掘基于激励的监管体系所拥有的成本节约机会，而且，它为企业改进技术所提供的激励也不足。这些教训在发展中国家也是成立的，不过要加入一些警示。

首先，在富裕国家，监测和执行是监管过程最薄弱的环节。在贫穷国家，这个观察表现得更加强烈。例如在墨西哥，部分是为了响应《北美自由贸易协定》，该国已经开始尝试加强执法，我们会在本章后面对此进行讨论。然而，尽管公共部门进行了包括关闭工厂在内的更大努力，但是按照美国的标准，执法力度仍然相当薄弱。因此，发展中世界的监管政策的主要关注点必须是**可执行性**（enforceability）。

---

① 参见 Barrows and Roth (1990)。

污染税可以提高执法力度，因为政府可以从执法过程中获得物质收益。如果允许执法机构保留部分罚款，那么这种情况尤其如此。当监管者可以强制企业安装低边际成本（“自动”）的污染控制技术时，命令与控制体系也在执行方面拥有一些优势。然而，回忆前面的内容，即使类似于催化转换器或电厂烟雾净化器之类的自动技术也会出现破损和维护的需要。

在选择监管工具时，贫穷国家的政府必须留意的第二个规则是**简化行政工作**（administative simplicity）。例如，中国的大连市有一项全面的管理战略来应对严重的水、空气和化学污染问题。大连市政府的官员关闭了陈旧、低效和高污染企业；通过新出台的污染控制要求，让一些企业从中心城区搬迁到郊区；对其他一些企业提出基于命令与控制体系的升级要求。虽然大连市可能也考虑了使用污染税或可市场化交易的许可证制度，但是这个城市的污染问题并不那么复杂，通过相对简单的命令与控制战略就可以在当地取得空气质量和水质量的大幅改善。另外，中国也正在考虑为二氧化碳排放实施区域性总量管制与排放交易制度，二氧化碳排放虽然并没有对健康产生直接威胁，但对气候变化却具有相当长期的负面影响。①

在实践中，避免行政复杂性并确保执行力意味着单纯依赖基于激励的体系（污染税或可市场化交易的许可证制度）是不可行的。然而，和命令与控制型监管体系结合起来，使用**间接污染税**（indirect pollution taxes）往往是一种好方法。相比于直接向排放的污染物征税的直接污染税制度，间接污染税向污染过程的投入品和产出品征税。此类例子包括能源税或燃料税（我们在第 18 章中有过讨论），或是对木材生产征税。

针对卖给造纸厂的木材征税［被称为**特许权使用费**（royalties）］是个有趣的例子，因为它可以说明一些污染的间接税产生的问题。这个税种背后的想法是，向雨林中的木材生产征税会使伐木行业的利润较低，从而减少此类活动。然后，由于伐木活动会造成包括泥沙淤积、洪水、全球变暖状况恶化和生物多样性丧失等一系列环境破坏，所以这种做法产生的结果应该是合意的。相关情况如图 20－2 所示。

在经典的供求分析中，提高特许权使用费会提高企业成本，使一些企业退出市场。这使供给曲线移动到 S'，能够提供给市场购买的木材数量降低到 T'。这似乎是这项政策的预期结果。然而，存在一种抵消效应可能让实际的伐木区域减少变得更小。随着特许权使用费的上升，看起来能够获利的树种类型也变得越来越少。然而，为了获得仍然能够获利的那些树种类型，企业可能需要砍伐相同面积。于是，企业将能够获利的物种都砍走，留下的是那些本来就不会提供给市场的树木种类；这个过程被称为选择性开采（high grading）。因此，虽然提高特许权使用费会对提供给市场的木材产生很大影响，但是对实际遭到砍伐的森林面积产生的影响可能不那么大。

为了解决这个问题，人们可能建议更多采用直接污染税——基于实际砍伐面积的特许权使用费。这个税种可以预先解决刚才提到的问题。但是，相比于在木材运入造纸厂的过程中对其征税，对伐木活动进行监测要困难得多，因此，从可执行的角度看，间接税更好。另外一种可选方案是按照树木种类的变动收取特许权使用费，针对价值更高的树种征收更高的税，人们已经开始在马来西亚的沙捞越州（Sarawak）实施这种措施。

① 参见 Shin (2004) 以及 World Bank (2012)。

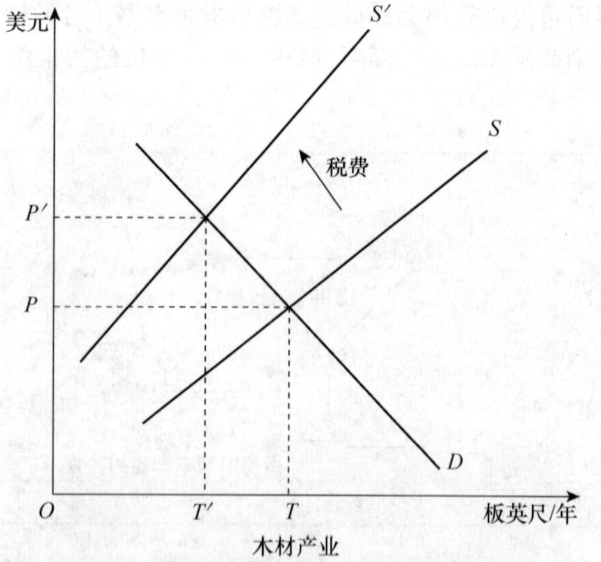

图 20-2　提高特许权使用费和伐木活动

这种措施可以降低选择性开采，因此对减少的森林面积产生更大影响。[①] 总体而言，从木材的特许权使用费案例中得到的教训是，间接污染税与直接污染税不同，不能轻信它对污染或资源退化产生的最终效果。必须对目前实施的间接税在环境问题上产生的影响进行仔细考虑。

然而，这并不是说间接污染税是个糟糕的主意。精心设计的间接税可以极大地影响环境问题。除了这些措施，还可以将节约成本的灵活性尽可能嵌入命令与控制型监管结构。为了看看如何将间接税的使用和命令与控制型监管方式中的灵活性结合起来从而减少控制污染的成本，我们转向墨西哥城的空气污染监管。

墨西哥城住着超过 2 000 万人口，也提供了墨西哥非石油制造业中超过一半的产出。这座城市的空气污染是世界上最严重的。一项研究表明，仅是呼吸墨西哥城的空气，产生的健康影响就相当于每天抽 40 根烟。[②] 污染问题在 1991 年冬天达到空前水平：运动员被警告不要外出训练，鸟儿从树上掉落并死亡，企业在大街上销售氧气。政府开始采取措施控制这一问题，其中包括关闭一些主要的私有和公有工业设施，以及提高城市中心停车费等基于激励的监管措施。到 2000 年，环境问题取得了重大改善，但是从全球范围看这座城市仍然处于整体空气质量最低的 10 座城市之列。[③]

世界银行进行的一项研究给出了城市中减少源自机动车辆的空气污染时发生的边际成本曲线；图 20-3 转载了这条曲线。这条曲线从左侧那些实际上能够省钱的措施开始：将一些使用频率高的公共交通工具改装为天然气驱动，建设补给燃料汽化系统。然而，进一步改善排放质量——使其达到第一等级废气排放标准的措施、加强检

① 尽管不必。事实上，哪种措施减少的采伐总面积更多取决于哪种措施减少的采伐盈利更多。Repetto (1988a) 提供了关于沙捞越州的特许权使用费结构信息。

② 这项研究由美国大使馆完成，在 Lepkowski (1987) 得到了引用。

③ 参见 "Smog City" and "Pay to Breathe," *The Economist*, 18 May 1991 and 16 February 1991，以及 "Terrific News in Mexico City," *New York Times*, 5 January 2001, A1。

查，以及改进燃料质量等措施都会变得越来越昂贵。根据作者的估计，单独使用命令与控制措施可使污染减少 120 万吨/年，减少最后一单位的污染所耗费的成本约是每吨1 800 美元。

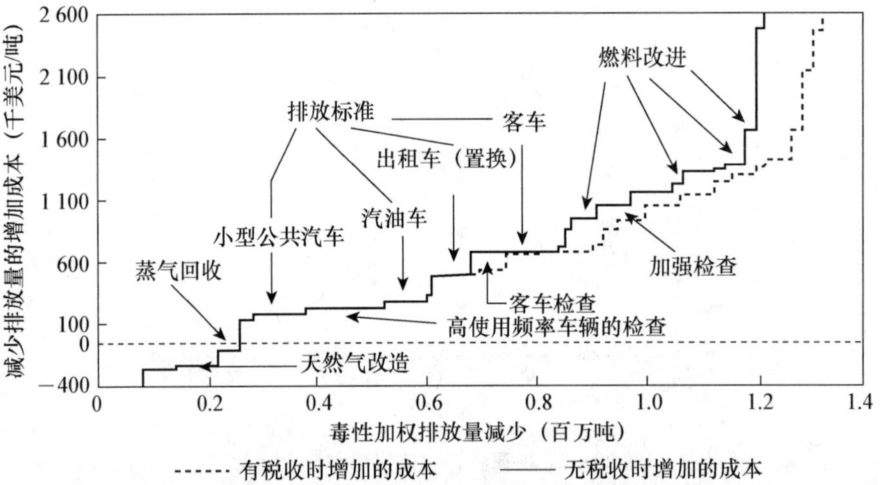

图 20－3　墨西哥城的空气污染控制，来自汽车的边际成本

资料来源：From WORLD DEVELOPMENT REPORT 1992 by World Bank. Copyright © 1992 by The International Bank for Reconstruction and Development/The World Bank. Reprinted by permission of Oxford University Press，Inc.

然而，正如虚线所示，如果各种措施与相对较低的**汽油税**（gasoline tax，约每升 0.05 美元）结合起来使用，可以在更低成本水平上实现相同的污染减少。你可以在图中看到，估计最后一吨减少的空气污染物可以得到每吨 300 美元的成本节约。其原因在于：汽油税可以在总体上减少人们的驾驶时间，从而防止用更加昂贵的命令与控制措施去实现给定的污染减排目标。事实上，政府自那时起已经提高了汽油税，提高幅度大大高于该项研究给出的建议。

然而，因为汽油税不是一种直接排放税，所以它并非完全符合成本效益。例如，污染严重和无污染的汽车都按照相同税率被征收税款。因此，实现成本效益必须满足的边际成本相等（见第 15 章）原则没有得到满足。其结果是，世界银行的研究建议，当进行检查时，排放水平较低的汽车应该得到一些汽油税返还，从而鼓励人们购买排放水平较低的汽车。在实现成本效益的另一个运动中，墨西哥政府要求出租车司机每三年就去购买新的、更清洁的汽车。因为出租车每年行驶里程数是私家车的 10 倍，所以这种措施实现了很大的环境收益。

政府也推行一类具有象征性但高度成本无效的监管政策：车辆限行计划。在这个计划中，能否驾车旅行取决于车牌号，特定车牌号会在某个特定工作日被禁止上路。这个简要的描述为提出下面这个问题提供了一个很好的机会。

问题

车辆限行计划必然能减少家庭总的驾驶里程数吗？

解答

到现在为止，你可能已经发现我们给出的这些问题的答案似乎都是“否”。首先，驾车出行量不可能下降1/5，因为人们会在不限牌的那些天驾驶更多，从而满足其购物或休闲需要。这种替代效应将导致驾驶里程数的总体下降幅度较小。此外，对那些遵守监管要求成本极高的家庭而言，它们可能购买第二辆车。第二辆车很有可能会提高此类家庭的驾驶时间。当然，这个计划可能产生另外的收益：特别是，它可以提高公众对交通堵塞的认识。

本节指出，鉴于可执行和易管理等原因，贫穷国家将主要依靠命令与控制型管理方法，并与间接污染税相结合。在通常情况下，这两种措施可以相互补充。此外，仔细分析常常揭示出一些能够提高间接污染税和命令与控制型监管体系的成本效益的简单方法。来自墨西哥城的例子包括在汽车检查时为清洁排放汽车返还汽油税，以及对出租车这类高污染源加强监管。

20.5 可持续性技术：开发与转让

除了监管外，促进更多可持续性技术得到应用是贫穷国家政府可以改善环境质量的另一个积极工具。在第17章和第18章中，我们对**清洁技术**（clean technology）进行了一般性讨论。在那里，我们将清洁技术定义为能够在可比的长期私人成本水平上提供与现有技术可比的服务，但是在环境方面更加先进。在贫穷国家我们需要再加上另外一项条件。出于通过减少贫穷来控制人口增长的考虑，政府推动的技术应该也实现（1）不减少就业，以及（或）（2）能够改善穷人，特别是妇女的经济地位。所谓可持续性技术就是有助于减少贫困的清洁技术。①

本节解决与促进可持续发展的技术有关的三个问题。第一，如何确认可持续性技术？第二，如何开发这种技术？第三，可以采取什么措施来对其进行推广？

只有通过现场测试才能判断技术是否具有可持续性，而且技术也许只在某些条件下才具有可持续性。例如，一项研究考察了在马里北部干旱地区引入灌溉抽水机和一种新型水稻产生的影响。这项新技术大幅提高了产量并增加了就业。整体的粮食安全性因而得到改善。产量增加也使社区有能力进口生产所需的资本品，至少从原理上看是这样的（从联合国之外获得的支持尚未被取消）。然而，灌溉抽水机带来了生产的大规模集中，使经济权利集中在一部分富裕族裔群体的男性手里，增加了性别不平等和收入不平等水平。②

这项技术是可持续的吗？从这一点看很难分辨它是否为可持续的。随着时间的推移，你需要回答以下两个问题。第一，在没有外部援助时村民能够承担得起这类更加资本密集型的繁荣生产方式的运营和维护吗？换句话说，这项技术真的有利可图并因此实

① 可持续性技术与适当性技术或中间性技术之间的区别在于，它们不需要小规模或本地化生产。可持续性技术可以包括传统的、中间的、常规的或新兴的技术，或者它们之间的任意结合。

② 参见 Ton and Jong (1991)。

现自我维持吗？第二，产出提高带来的收入增加和粮食保障能够抵过不平等的增加吗？换句话说，在引进新技术后，妇女和少数族裔也平等地从这个过程中收益了吗？如果上述问题的回答都是肯定的，我们就可以判断这项技术是可持续的。

可持续的技术并不一定是高级技术。此类例子包括通过岩石或黏土筑堤和种植树木实现控制水土流失的方法，或者可以将木炭的使用减少几百个百分点的高效炉灶。这些技术可以大大提高环境质量，还可以改善贫穷国家人民的物质福利。这些技术的短期成本效益是必不可少的。除非具有明确和实质性的优势，否则穷人难以负担得起对新技术的采用。

如何推动可持续性技术的发展？在第19章中我们强调富裕国家必须承担开发高级清洁技术的大量研发费用——光伏电池是个很好的例子。然而，也往往需要外部援助来建立和推动简单的可持续性技术。一个被称为国际计划署（Plan International）的**非政府组织**（NGO）为非洲国家布基纳法索（Burkina Faso）的一个项目提供了资助，这项资助可以是个很好的例子。这家非政府组织发现，通过大量使用当地制作的农具重新引入传统的防止水土流失技术，可以将花生和谷物的收益率提高超过100%。然后，在此基础上逐步撤回外界提供的农艺援助，使该项目变得可以自我维持。遗憾的是，这个成功故事没能得到广泛复制。布基纳法索政府虽然支持该项目，但是根本没有钱进行投资。①

虽然潜在有益的技术往往需要富裕国家的协助开发，但是技术的实际使用者也必须密切参与设计过程。这是对的，首先，因为贫穷国家的居民，特别是农民，往往对给定问题的潜在解决方案最为了解。其次，如果技术不符合用户需求，它们将永远不会被采用，无论它们在理论上是如何具有“可持续性”。

有时与国际发展机构和非政府组织结合起来，贫穷国家的政府可以采用各类工具来促进可持续性技术的发展——从技术标准设计到技术援助方案，再到消费者和生产者补贴，以及提供研发费用。在第17章我们详细讨论了这些方法的优点和缺点（总结在表20-1中），在此不再进一步讨论。

政府推广技术的努力固然重要，私营部门与跨国公司在新技术的生产和消费的传播中也发挥着尤其重要的作用。有时这些技术是可持续的，有时是不可持续的。跨国公司在制造业进行的外商直接投资可以带来的一个有利影响是，它们能够产生更加清洁的生产技术。例如，跨国公司的投资促进了造纸和纸浆工业中相对清洁技术的运用。② 此外，如ISO这类国际产品质量标准，以及像耐克公司所提倡的可持续的供应链倡议，都对发展中国家的劳工保护和环境保护实践产生影响。

表20-1　针对可持续性技术的政策

政策	后期阶段的可持续性技术
设计标准	能源效率和用水效率
技术援助	在制造业中减少废物、替代性农业和农林业、被动式太阳能发电、风力发电、能源效率和用水效率

① 参见Wardman and Salas (1991)。产量提高水平是根据邻近农村可比产出水平度量出来的。引入优良高粱品种也提高了产量。此外，该项目还包括农林业和畜牧业等部分。

② 参见Wheeler and Martin (1993)。

小规模赠与/贷款/税收抵免	能源效率和用水效率、主动式太阳能发电、被动式太阳能发电、农业和农林业、风力发电
政策	**早期阶段的可持续性技术**
研发	农业和农林业
基础设施投资	轨道交通、农业和农林业、主动式太阳能发电、风力发电、电信

平均而言，跨国公司有着更高的利润和较高的知名度，更容易获得技术，相比于贫穷国家的国内企业，跨国公司在某种程度上可能还有更好的环境和安全记录。然而，不令人惊讶的是，相比于在富裕国家的运营设施，发展中世界的跨国公司一般都更加危险，污染性也更大。

这种所谓的双重标准造成的最悲惨例子就是 1984 年在印度博帕尔联合碳化物公司的子公司中发生的化学品爆炸。这一事件由有毒气体云造成，导致 2 000 多人丧生，20 万人受伤，其中很多人伤势严重。虽然在博帕尔的工厂使用了类似其在西弗吉尼亚州的一个姊妹工厂的技术，但在博帕尔的这家工厂中，安全系统的运营水平很差。①

一般来说，由跨国公司从富裕国家进口的制造业和农业生产方法倾向于具有相当高的资本密集程度。在墨西哥的化工厂可能很像在俄亥俄州的化工厂。如果这些公司缴纳的税款较低和/或不在本地投资留存收益，那么对资本密集型技术的使用可能几乎不会对本地就业提高或贫困减少提供任何帮助，但却会加剧环境问题。这是另外一个例子，表明了将国外投资得到的经济收益留在国内并进行投资的关键作用。

本节将可持续性技术定义为有助于减少贫穷的清洁技术。在贫穷国家，如果人们想摆脱新马尔萨斯周期，也就是贫困导致人口增长，人口的增长进一步导致更高的贫困率，那么这种技术的快速推广将至关重要。这种技术也必须通过清洁的方式来减少贫穷，因为许多贫穷国家的环境退化已相当严重。由于在未来 50 年内这些国家的人口和人均资源消费量可能出现大幅增加，从而大大加剧环境退化，所以穷国必须跳出富国曾经经历的那种污染与发展相伴而生的发展路径。可持续发展性技术可能为此提供一些方法。

然而，开发、识别和推广可持续性技术都是非常昂贵的任务，不可能在不投入大量资源并做出持续承诺的前提下完成。与此同时，受援社区必须在这个进程中成为全天候的伙伴。在我们的书桌上有一幅关于当代津巴布韦东部一个偏远村庄的一处山头的美丽图画，它是由丹麦援建的风力发电设施。遗憾的是，有些风车已经失效。因为这些村庄无法筹措到足够资金来购买必须从丹麦进口的备件。这个教训是：成功的可持续性技术更多取决于社会需求、功能和组织这件事情的人，它的目的是提供服务，而不是提供硬件。

20.6 资源保护与债务减免

在之前几章里我们多次指出，事实证明贫穷国家很难通过设定保护区和公园的方式

① 参见 Lepkowski (1987)。

成功保护自然资源——湿地、森林、渔业资源和牧场。它们既在建设此类保护区的过程中面临问题，也在相关区域创建后的管理中面临问题。

在过去的几十年里，在设置荒野以保护太平洋西北地区斑点猫头鹰的栖息地、在减少阿拉斯加州汤加斯国家森林公园中的木材砍伐、在禁止北极国家野生动物保护区开采石油等方面，美国发生了激烈的争夺。贫穷国家也出现类似的**开发与环境保护之间的斗争**（development-environmental struggles），但是利益相关方更为强大。开发失败意味着数以百万计的居民将继续面临无法获得足够食物、住房、卫生保健服务和其他生活必需品的困境。但是，快速的发展又会产生生态系统退化的威胁。很多贫穷国家有着丰富的生物多样性。贫穷国家大多位于热带地区，这些区域往往有着比温带地区更多的物种。拼命想要发展的穷人和有钱的开发公司都对获得此类资源垂涎三尺，两股力量合在一起，往往形成一股反对环境保护的强有力的政治力量。

即使建立了保护区，政府在防止盗猎、非法伐木以及失地农民入侵等方面还是面临着加强**执法**（enforcement）的艰巨任务。这些国家的政府往往只有非常有限的预算，无法应对面临的挑战。鉴于这些事实，人们日益认识到贫穷国家保护自然资源需要直接解决那些依赖并威胁相关资源的穷人的经济需求。本节探讨三个相互关联的政策选择，可用于加强资源保护并实现经济机会——具有可持续产出的资源开发、为生态系统服务付款，以及自然债务互换（debt-for-nature swap）。

具有可持续产出的资源开发（sustained-yield resource development）意味着以一种生态可持续的方式使用可再生的自然资本。根据可再生规则，对自然资源的攫取不能超过土地或渔业的再生能力（可见第10章）。为了阐明这个概念，让我们考虑在巴西亚马孙雨林中有关森林砍伐的经济学。

如图20-4所示，亚马孙河流域存在的基于资源的商业活动主要表现为三种形式，它们往往顺次出现。首先，雨林被伐木公司、小型农户或商业性农场主砍光。后两个团体往往只是简单地把倒下的木材烧光。小型农户有时会沿着伐木者修建的道路进行几年的农作物种植。但是，这些早期的移民经常移居，或者放弃他们的土地，或者将其卖给养牛户。这种技术被称为移动耕作（shifting cultivation）或刀耕火种型农业（slash-and-burn agriculture）。

当人口和农村规模比较小时，刀耕火种型农业可以产生可持续产出，因为能够为雨林留出恢复时间。然而，随着人口压力的增加以及牧场主的介入，这个体系在某些情况下会变得难以维持生态。

一直有针对小型农户和牧场主放弃土地的动机进行的争论。有些人认为，质量低劣的热带土壤使雨林农业不可持续；其他人则认为，因为先进入雨林的那些人比较贫穷且在政治上乏力，所以当更加富裕的移民第二波进入时，他们往往无法保有自己耕作的土地。最后，在某些情况下，补贴的减少也会导致一些农场主遗弃土地。[1]

如何在亚马孙地区推行具有可持续产出的资源开发？正如我们将要看到的，雨林确实有重大的经济价值，可以用一种生态可持续的方式进行开发利用。实现这种利用则需要成功应用一系列前述的政策组合：消除造成不可持续的补贴、澄清财产权利，以及通

---

① 参见 Schneider (1993)。

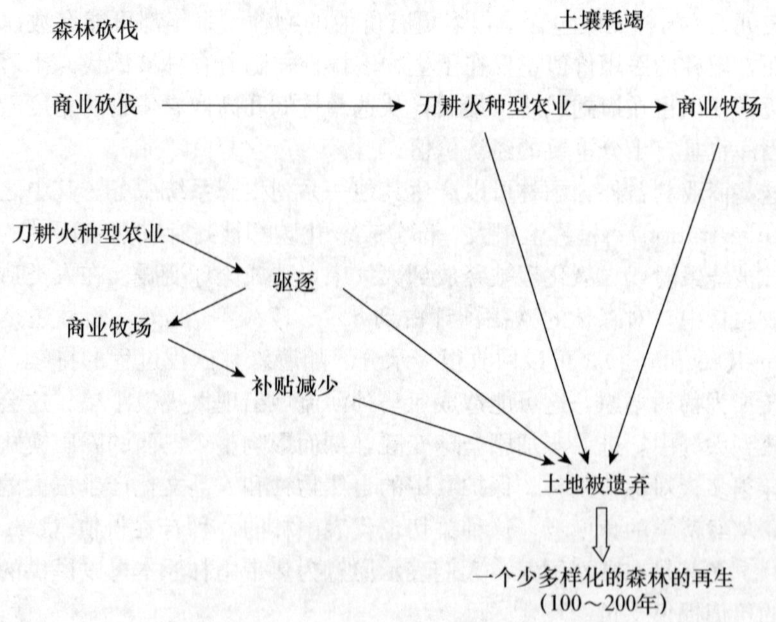

图 20-4　雨林砍伐过程

过技术援助方案、改善基础设施和提供补贴性信贷计划等措施促进可持续性技术的发展。然而，问题是复杂的，因为在具有可持续产出的资源开发中，很多收益都归雨林之外的人所有，尤其是那些富裕国家的人。因此，如何让我们为雨林保护这个公共品支付我们该付的那部分成了一个新出现的政策挑战。

雨林能够带来什么可持续的产出价值？首先，经验表明存在可以带来盈利的、**具有可持续产出的农业和牧业方法**（sustained-yield farming and ranching methods），这些方法适合热带雨林土壤，不需要移动耕作。政府既可以直接通过技术援助方案和有针对性补贴的信贷方式，也可以通过消除针对不可持续实践的补贴来鼓励农民采取这些可持续性技术。如果农场主和牧场主对更多土地的贪婪需求得以消除，对森林的砍伐步伐就会放慢。

一般来说，越来越多的人将现存森林视为一种具有重大经济价值的资源。从商业角度看，**收获野生产品**（harvesting of wild products），如肉类和鱼类，捕获灵长类动物（用于医学研究），此类活动可以每年为每公顷土地产生 200 美元的收入，这比将森林一次性砍伐光或者进行不可持续的放牧要赚得多。① 对这种潜力的开发需要培育市场并改善交通基础设施，并且需要澄清雨林的财产权利。有必要实施某种形式的集体所有制或私人所有制来避免对野生坚果、肉类或植物油等公众持有的可产生利润的资源做出过度开采。

雨林还可以产生其他两类重要的产品：**医学**（medicine）和**农业基因库**（gene pool for agriculture）。热带雨林中的生物是生物制剂产业的基础，这个产业每年的销售额超

① 参见 Pearce and Myers (1990)。他们的报告指出，商业性伐木的回报大约是每公顷 150 美元，而 Browder (1988) 发现经营牧场的收入大约是每公顷 112.5 美元。Balmford et al. (2002) 也发现，在马来西亚和喀麦隆，相比于在森林生态系统中进行传统的伐木或种植，低环境影响类伐木活动可以产生更高的回报（可见第 10 章）。也可见特别报告 *Environmental Development Economics* 4 (2), May 1999。

过 120 亿美元。[1] 雨林无疑包含了很多更有价值的物种，每年都可能有数以千计的物种灭绝。然而，雨林的医用价值不仅在于生物多样性；随着森林被砍伐，土著亚马孙人拥有的传统医学知识也在遭到威胁。最后，从选育抗病和高产农作物的角度看，雨林拥有的巨大基因库也具有十分重要的经济价值。

除了这些商业利益外，雨林可以产生其他一系列生态系统服务。其中之一是碳封存(carbon sequestration)；世界上很大一部分二氧化碳都被封存在热带雨林的生物群体之中。当森林被烧毁时，二氧化碳被释放到大气中，造成全球变暖。在人类造成的全球二氧化碳排放总量中，对森林的砍伐预计占到 6%～17%。[2] 此外，雨林还是一种**降雨调节器**（rainfall regulator)，可以回收很多水分。随着森林砍伐过程的持续，大部分森林被烧毁并转换为稀树草原，这可能造成亚马孙河流域出现大规模干旱。这会使大量二氧化碳被释放到大气中，进一步加剧全球变暖，从而影响整个巴西的降雨模式。

最后，很多人对保护雨林、保护其中的自然物种和人类文化产生很大的来自道德方面的兴趣。从经济学的角度看，这种关切也代表雨林的一种**存在价值**（existence value)（见第 5 章)。尤其是在富裕国家，人们表示愿意为热带雨林原本可以提供的物质性经济服务之外的价值提供支付。

雨林提供的医疗、农业、环境和存在价值服务等好处的受益者主要是居住在亚马孙地区之外的那些人，事实上也就是居住在巴西之外的人。因此，正如我们在第 3 章所述，雨林保护是一种经典的**公共品**（public goods)。我们很多人都向致力于“拯救雨林”的环保团体捐赠过钱。虽然我们每个人都在这个项目中有利害关系，但是我们也有激励**搭便车**（free ride)，让其他人为公共品的提供做出努力。因此，经济理论预测雨林保护团体能够收集到的资金数量会少于社会原本应该为这种努力所支付的资金数量。

这反过来意味着，基于简单的成本—收益分析，私有部门对亚马孙地区可持续产出发展的促进可能较小且无效。传统上，经济学家认为需要政府介入，需要用政府的力量征税，从而提供足额公共品——这种公共品可以是国家公园、清新的空气或国防。在国际方面，这意味着为了保护本国公民狭隘的经济利益，富裕国家的政府要增加为雨林保护提供的援助资金。当然，也可以基于经济的可持续性和未来几代人的公平性来说明这种援助的合理性。

有一种方法可以在富裕国家产生能够用于穷国保护自然资源的资金，这种方法是制定**为生态系统服务付款**（payments for ecosystem services，PES）的计划。在世界各地，近年来这方面出现了一系列努力。最近出现的一项雄心勃勃的倡议是联合国减少因森林砍伐和森林退化造成的排放（Reducing Emissions from Deforestation and Forest Degradation，REDD）项目。该项目致力于为发展中国家的森林土地所有者提供保留和恢复森林的激励，实现将碳封存在这些地方的树木和土壤中。但是与大多数此类项目类似，目前，减少因森林砍伐和森林退化造成的排放项目存在资金不足的问题。因为富裕国家往往是资源保护的主要受益者，只有建立一种富裕国家的居民为其享受到的好处进行支付的机制，才能实现有效的保护。

① 参见 Pearce and Myers (1990)。

② 参见 Balcini et al. (2012)。

在其他一些例子中，低收入或中等收入国家本身已经开始开展一些雄心勃勃的为生态系统服务付款的项目。哥斯达黎加在 1996 年推出了 Pago por Servicios Ambientales（PSA）项目。该项目为土地所有者提供支付来维护森林或种植树木，以便其提供四类生态系统服务：碳封存、水资源供应、生物多样性保护和维持秀丽风景。为土地所有者提供的资金主要来自化石燃料的使用税，其中一小部分源自国外。这个项目已经取得相当大的成功。在 PSA 项目开始之前，哥斯达黎加是世界上毁林率最高的国家之一。自 2000 年以来，哥斯达黎加开始出现造林面积的净增长。

在低收入或中等收入国家，其他成功的为生态系统服务付款的项目还包括在南非（即为水项目工作项目）以及在中国出现的最大型项目（即退耕还林还草项目）。退耕还林还草项目为农民在陡峭山坡上退耕种树提供支付，目的是防止水土流失，为预防洪水对径流做更好管理，并且固碳和提供其他生态系统服务。该项目已经使中国的森林面积大幅增加。更多本地性和区域性的为生态系统服务付款项目还包括为水源使用者提供支付，从而对饮用水流域提供保护。随着厄瓜多尔的基多出现的相关项目获得成功，此类"水资源基金"模式正在向拉丁美洲的其他城市推广。

为在资源保护领域进行投资提供激励的另一种方法是**自然债务互换**（debt-for-nature swap）。在 20 世纪 70 年代和 80 年代初，许多发展中国家在富裕国家的私营银行欠下大量债务。仅是为这笔债务支付利息便已成为今天这些贫穷国家的巨大负担。这类债务负担构成了可持续发展的主要障碍，因为它会减少贫穷国家迫切需要创建资本的投资。在自然债务互换机制下，富裕国家集团（政府、非政府组织或银行）按照一个很大的折扣购回部分贷款。银行愿意在账面上核销这种债务，因为它们认为贫穷国家可能根本无法偿还这笔债务。作为交换，贫穷国家的政府必须同意将一定数目的资金投资在本国的资源保护项目中。这些项目的重点往往是加强执法行动，以及为已有保护措施提供支撑性的可持续开发资源。自然资源的实际拥有权并不会发生改变。

发展中国家可以在几个方面获益。首先，这种方式减少了债务。其次，它们可以在国内进行必要的资源保护。最后，可以使用本国货币而不是外币（美元、日元或欧元）来推动资源保护项目。因此，从贫穷国家的角度来看，这种方式"价格更便宜"。图 20－5 提供了巴西政府和美国的非政府组织大自然保护协会之间进行自然债务互换的细节。

1. 大自然保护协会购买巴西欠一家私营银行的 220 万美元的债务。这家私营银行同意用 85 万美元来购买这笔债务，也就是用 0.38 美元购买 1 美元债务。
2. 大自然保护协会将这笔债务捐赠给 FUNATURA，它是巴西保护自然资源的一个非政府组织。另一方面，FUNATURA 用这笔钱来购买巴西政府价值 220 万美元的长期债券，按照 6%的利率计算，每年可以获得 13.2 万美元。
3. 这笔资金使大自然保护协会、FUNATURA 和巴西环保局（IBAMA）之间结成一个伙伴关系。其目标是管理 Grande Sertão Veredas 国家公园，这个公园处于巴西国内的高原上。在这个国家公园里避难的濒危哺乳动物包括美洲虎、南美草原、鬃狼、大食蚁兽和美洲角雕（harpy eagle）。
4. 管理策略包括在国家公园周边购买"缓冲区域"，雇用国家公园巡游队，以及促进可持续产出资源的开发。在早期优先考虑的基本措施包括购买一艘汽船和四轮驱动车辆，以及建设公园总部等。

图 20－5　巴西的自然债务互换

资料来源：Fundaçao Pró -Natureza and the Nature Conservancy (1991).

自然债务互换是一种富裕国家居民表达他们对贫穷国家资源保护需求的方式。然而，这种工具的使用受到相当限制。在贫穷国家圆满完成的交易只将第三世界国家债务总额减少了 1%。在这些互换中，大约 1/4 由私人当事方资助，主要是致力于环境保护的非政府组织。剩下的 3/4 主要由富裕国家的政府进行支付。[①]

这种手段之所以受到限制，部分是因为贫穷国家的政府存在担心，它们担心来自富裕国家的环保主义者会将其资源基础"锁定"。可能更为重要的是富裕国家的非政府组织只能为这一目的筹措到有限的资金。鉴于前面已经讨论过的搭便车问题，这个结果已被致力于提供公共品的私人团体预见到。与此同时，由于缺乏政治支持，政府的努力也是有限的。如果实际上在穷国进行的自然债务互换计划能够有效实现资源节约——近期的记录能让我们为此进行充分判断——那么基于成本—收益的理由，这类方式应该得到大幅推广。

总之，在贫穷和人口密集的国家，保护自然资源的唯一可行办法往往是将资源保护与提高经济发展机会结合起来。这种环境保护往往能够提供宝贵的生态系统服务功能，是促进人们为环境保护提供资金的一种方法。成功的环境保护项目可以将有意的买家（能够从生态系统服务中获益的人）和有意的卖家（一般是可以采取行动增加环境服务功能的那些土地所有者）对接起来。在许多低收入和中等收入国家，为生态系统服务成功提供支付的项目让人们有了希望，这些项目让人们感到，总体上看，对处于贫穷国家的那些具有重要地区性和全球性生态系统服务功能的资源进行保护是可以获得成功的。

20.7 贸易与环境

在 1999 年，随着环保主义者和工会成员针对世界贸易组织的一次会议进行大规模抗议活动，西雅图的街道上飘荡起催泪瓦斯的味道。世界贸易组织是一个国际性机构，负责对成员之间通过谈判达成的贸易和投资协议进行监督；世界贸易组织的使命是促进全球贸易和投资增加。示威者传达出的消息则是，通过促进自由贸易，世界贸易组织加剧了全球环境问题并削弱了工人权利。在此之前十年里，在**《北美自由贸易协定》**（North American Free Trade Agreement，NAFTA）的辩论期间，类似担忧就曾出现在头条新闻中。《北美自由贸易协定》是 1993 年在加拿大、墨西哥和美国之间达成的协定，目的是降低关税和补贴等贸易壁垒，消除对外国投资和资本流动设置的限制。在美国，《北美自由贸易协定》的通过引起了激烈争议，部分原因是人们对这三个国家环境恶化加剧的担心。

从本质上看，有三种环境论点反对自由贸易，有一种环境论点支持自由贸易，这些论点都总结在图 20－6 中。支持自由贸易法案的理由是，对墨西哥的投资和经济增长的刺激能够减少贫穷，能够进口和使用更清洁的技术，从而导致环境的库兹涅茨曲线"扁平化"。在第 19 章中我们知道，因为水和空气质量得到了改善，不可再生资源面

① 参见 Deacon and Murphy (1997)。

对的压力得以下降，更多的资源可用于卫生保健、教育和计划生育方面的投资，而且，父母也会在决定家庭规模时更倾向于提高质而不是增加量的策略，所以贫穷国家**减少贫困**（poverty reduction）可以带来重要的环境效益。在《北美自由贸易协定》的例子中尤其如此，这个协定的支持者认为协议进程既加强了墨西哥的民主程度，又强化了其境内在环境方面的政治运动。

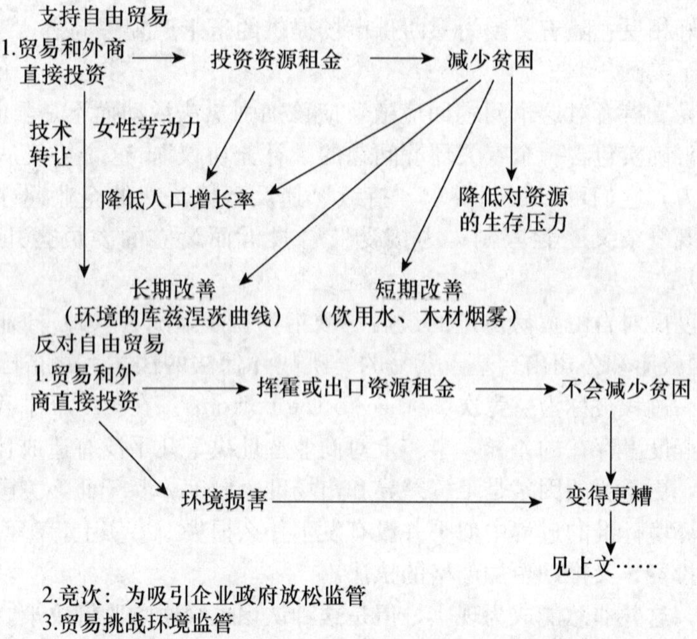

图 20-6　贸易与环境

批评者从环境角度对贸易协定主要提出了三类反对意见。首先，他们辩称事实上贸易并不会减少贫穷。例如，《北美自由贸易协定》要求墨西哥政府大量减少给种植玉米的农民提供的补贴。随着廉价的北方粮食进入市场，数以万计的小型农户担心他们可能失去生计（通过自己设计的补贴政策，美国和加拿大建立了非常具有生产率的农业部门）。虽然墨西哥的城市居民可能受益于较低的玉米价格，但是他们也会遭受大量人口迁移到城市产生的压力，以及由此造成的工资下降压力。其结果是，城市居民的状况可能变得更糟。更多贫困的出现还会带来较高的出生率以及对本地资源带来更多的压力。

随着《北美自由贸易协定》的通过，美国对墨西哥的谷物出口迅速增长，但是因为垄断定价，城市消费者似乎没有从较低价格中获得较大收益。另外，有点奇怪的是，墨西哥以玉米生产为主的地区似乎相对未受影响。来自美国的生产商以低廉的价格获得所有市场增幅，但是农民继续生产自己的口粮。底线是：是美国农民而不是墨西哥农民从日益增长的国内市场中获益，看上去是美国和墨西哥的批发商而不是墨西哥的消费者获得了最大份额的收益。[①] 因此，虽然墨西哥生产玉米的农民受到较低的产品价格的冲击，但是这个价格并未低到将以玉米为生的农民大量从土地上驱赶出来的地步。

---

① 参见 Ackerman et al.(2003)。

反对《北美自由贸易协定》的第二条理由认为，由于**环境执法机构能力不足**(weak environmental enforcement)，随着制造业和蔬菜生产中投资的增长，墨西哥可能面临极大且不断升级的环境污染问题。例如，有证据表明，随着贸易协定的达成，墨西哥的农药污染会增加（但是佛罗里达州的农药污染会下降）。随后人们给出判断：减少贫穷和进口技术带来的环境改善并不能抵消直接增加的污染。总的来说，人们认为更加自由的贸易将会导致贫穷国家的环境条件不断恶化。具有讽刺意味的是，至少在玉米的例子中事实正好相反：随着美国为墨西哥市场提供的玉米产量提高近1%，农业污染从墨西哥转移到了美国。①

再次，贸易支持者对这个问题回应道，应该加强执法活动而不是限制贸易。《北美自由贸易协定》确实包含一个有关环境问题的"补充协议"，这个协议从原则上给予各成员国一种能力，它们可以强制要求"持续"违反环境法律的企业遵守相关法律。然而，这个过程既复杂又受到限制；为接受监督投诉而设立的委员会几乎没完成什么任务。②

从环境角度反对自由贸易协定的最后一项指责在于，随着（1）商业流动性的增加以及（2）外国政府和公司出台基于贸易的、挑战环保法的法案，富裕国家的环保法规将被削弱。这一过程被称为**"竞次"**(race to the bottom)。在第6章中我们了解到，环保法规在严格程度上存在的差异，事实上对商业选址决策几乎没有造成什么影响。在商业选址决策中，更重要的因素是工资差异和市场准入制度。鉴于此，美国的国会议员在保持一个较高环境标准的过程中似乎并没有发生什么损失。事实上，墨西哥可以既不牺牲美国提供的投资，又推动更加严格的执法。

遗憾的是，这并非总能成为现实，但是这种认识也会影响监管决策。大部分公众和许多政策制定者似乎认为严格的环境标准会阻碍投资。在有限的几个行业中出现了环境监管阻碍投资的证据，这些证据可能会被行业界用来削弱环境标准。

由于自由贸易协定为外国政府和公司提供了将特定监管作为贸易壁垒并进而挑战这种监管要求的能力，所以可能导致一场竞次比赛。表20-2列出了最近遇到的一系列挑战。得到最广泛引用的案例之一是美国政府对拉丁美洲金枪鱼实施的进口禁令。这项禁令之所以生效，是因为这些国家没有使用美国法律要求的、用以降低海豚和其他海洋动物死亡概率的捕鱼技术。墨西哥在关税与贸易总协定下对这项禁令提出挑战，关税与贸易总协定是世界贸易组织的前身。贸易法院的裁定支持墨西哥的诉求，认为关税与贸易总协定的成员方不应在其国境之外对生产方式提出强求。美国被迫撤销了此项禁令，否则它将面临国际贸易制裁。

表20-2　　　　贸易对环境监管造成的挑战

措施	贸易协定/组织	挑战者	决策
美国对来自拉丁美洲的金枪鱼实施进口禁令	关税与贸易总协定	墨西哥政府	禁令被认定为非法

① 参见 Ackerman et al.(2003)。

② 这家机构由北美自由贸易协定和北美环境合作委员会设立，其网址是 www.cec.org。

续前表

措施	贸易协定/组织	挑战者	决策
丹麦要求用可重复使用的容器出售饮料	《罗马条约》	英国政府、欧洲的啤酒制造商	保证金要求得到支持，可重复使用的要求被削弱
美国对石棉提出禁令	《美国-加拿大自由贸易协定》	加拿大魁北克政府	基于其他理由禁令被推翻；相关贸易方面的问题被提交关税与贸易总协定
加拿大要求在鱼类出口之前必须先进行采样，以此来推动对鱼类资源的保护	《美国-加拿大自由贸易协定》	—	要求被认定为非法
加拿大要对天然气出口许可证进行审查	《美国-加拿大自由贸易协定》	美国的能源公司	审查被终止
对新配方汽油提出了美国标准	世界贸易组织	委内瑞拉政府	标准被修改
针对汽车发动机提出日本的能效标准	世界贸易组织	美国政府和汽车制造商	此案例被终止
加利福尼亚州对甲基叔丁基醚（MTBE）提出禁令	世界贸易组织	梅塞尼斯公司	因技术性原因，该审查被终止

资料来源：Based on data from Shrybman（1992）；U. S. defeated in its appeal of trade case. 1996. *New York Times*，30 May D1；and Wallach and Sforza（1999）.

《北美自由贸易协定》有一个人们未能预见的特点，那就是它让人们产生很大担忧的地方不在于对贸易的限制，而在于对投资的限制。在协定中有一组条款被称为“第11章”，这个条款禁止一国在不给予投资者赔偿的前提下没收财产。根据该条文，企业可以针对政府实行的环保法规提起诉讼，它们认为这类监管实际上侵占了企业利润。例如，针对美国在一次疯牛病事件发生后关闭加拿大的牛肉进口通道，一家加拿大养牛公司对美国政府提起价值3亿美元的诉讼。针对加利福尼亚州因影响美国原住民圣地而提出的露天开采矿山回填要求，一家加拿大矿业公司对美国政府提起价值5 000万美元的诉讼。此外，一家美国企业在针对加拿大禁止在汽油中添加甲基环戊二烯三羰基锰（MMT）的起诉中获胜。北美自由贸易区法庭裁定加拿大政府败诉后，该国政府取消了这项禁令并向这家公司因此产生的损失赔偿1 300万美元。[①] “第11章”有效破坏了“污染者支付”这一原则，向企业赋予了污染权力，剥夺了政府防治污染的权力。

如表20-2所说明的，通过取消进口和出口禁令以及相关监管和关税，自由贸易协定会束缚环保机构的手脚。实际上，由民选机构（国会和议会）做出的环境方面的决定可能会被一个非常封闭的国际法律过程驳回，其中主要是那些希望推动自由贸易从而获取效率提升好处的协定。

本节为人们针对自由贸易协定的环境影响所进行的争论提供了一个回顾。显然，在任何旨在促进可持续发展的战略中，贸易都可以成为一个重要组成部分。当贸易能够减少贫穷时，它能带来空气和水质方面的更多投资、能够降低本地环境面临的压力，并且能够降低人口增长率，这些方式都能提供环境收益。

① 参见 Public Citizen（2005）。

然而，伴随自由贸易协定出现的经济增长不一定会减少贫困。在墨西哥的例子中，北美自由贸易区的“输家”就是大量小型玉米生产农户。一般来说，我们在第 19 章看到，在以自然资源为基础的产业中进行贸易可能造成不可持续发展。当发展中国家所有的资源租金都没能再投资于资本创造时，这种情况就会发生。在一个贫穷国家的政府债务缠身，并且很难从资源型产业中收取税收进行有效投资的世界中，这种结果不是不可能发生。

批评者也指出，虽然存在与经济增长相伴的环境收益，污染的直接增加将导致贫穷国家环境质量下降。最后他们还指出，由于商业流动性增加以及国际竞争对手提出的法律挑战，富裕国家的环保监管可能会被削弱。

在自西雅图世界贸易组织会议上出现抗议活动以来的十余年里，美国和欧洲一直通过政府权力推动对本地食品的购买，希望通过这种方式实现经济活动的“本地化”，从而对那些抗议做出回应。这一运动基于一种信念而推动，这个信念就是将普通番茄从 1 500 英里外的农场运送到餐桌是一种无效做法！让我们先停下来考虑一个有关食品的问题。

问题

如果事实上本地粮食生产比全球农业效率更高，为什么本地生产的食品一般来说还比较贵？如果我们对用本地生产的食物替换全球食品这件事情是严肃的，那么何种政策会最有效？

解答

有好的和不好的理由可以解释为什么农业粮食是便宜的。好的理由包括在粮食生产和运输过程中存在规模经济，以及土壤、气候和劳动力方面拥有比较优势。不好的理由则是无法计算的社会成本：外部性。所以，例如，全球粮食生产和运输是人为的便宜，因为石油人为地廉价（可见在第 1 章中我们对全球变暖进行的讨论，以及在第 8 章中对石油峰值进行的讨论）；水和表层土壤也人为地便宜（见第 8 章）；未纳入统计的移民农业劳动力也人为地便宜；来自农业的杀虫剂和化学径流基本上不受监管（见第 13 章）。

当存在这些情况时，旨在促进本地粮食生产的政策可能会通过监管和/或污染税的方式提高存在外部性的那些投入的价格，或是提高存在外部性的产出的成本，从而让价格得到“正确”反映。在这种情况下，经济学家的回应是不要限制食品进口，因为它可以为社区提供实实在在的好处，并能够让那些更穷的、以食品出口为生的邻国过得好些。此外，可以通过公平竞争直接解决污染及劳动力问题。

推动本地粮食生产的一个鼓舞人心的实验来自巴西的第四大城市贝洛奥里藏特(Belo Horizonte)。在那里，市政府通过遍及市区的农贸市场为人们提供粮食零售点和“ABC”商店（ABC 是葡萄牙语里“廉价食品”的首字母缩写）。政府要求这些商店按照国家规定的价格出售 20 种基本健康食品，其他商品可以按照市场价格进行销售。这座城市每天还提供 12 000 份由本地“人民餐厅”使用当地食物制作的饭菜。这些和其他倡议的结果带来了本地健康食品行业的发展和饥饿人群的大幅度减少：贝洛奥里藏特将婴儿死亡率减少了50%以上。花费的成本则十分合算：每年大约1 000万美元，占到该市预算的2%左右，大约每天每位居民花费一便士。①

自由贸易对环境是好还是坏？自由贸易一般得到经济学家的拥护，因为它往往可以提高效率；正如我们在第4章中所了解到的，更有效的生产意味着更大的总体经济成就。其中，环境面临的挑战就是将从贸易中获得的效率提升收益导入具有可持续性未来的投资。从这个角度看，贸易自由化应被视为达到这一目的——稳定人口增长、建设人力资本、加强粮食安全、转让可持续性技术，以及节约资源——的一种手段，而不是一种目的。然而，在这一点上，贸易协定才刚刚开始认识到人们对环境和可持续发展提出的担忧。

20.8 总结

贫穷国家的环保政策不能被狭隘地视为对“污染的控制”。贫穷、人口增长和环境与资源退化之间存在复杂且矛盾的问题，这要求人们对这些问题给予更大关注：促进可持续发展。这项任务可以被分解成四个子任务：控制人口增长、确保粮食安全、促进可持续的清洁技术发展，以及保护自然资源。

本章考察了政府在这方面进行努力的几个常规步骤。它们包括减少产生环境危害的补贴、努力澄清并实施公共或私人财产权利、尽可能以具有成本—收益的方式对污染进行监管、促进可持续发展型技术的开发和转让、通过鼓励具有持续产出的资源开发方式保护自然资本，以及确保从贸易中得到的收益被导入推动可促进可持续发展的措施。

在本章中反复出现的一个主题是谁来为这些项目付费。直到最近，很多贫穷国家还在质疑保护环境或自然资源的智慧，还在说它们负担不起推行这些措施的成本。然而，越来越多的人认识到提高环境质量往往是很好的经济投资。然而，贫穷国家的财务现状并没有发生改变。发展中国家还是负担不起如此之多的投资。

作为一个例子，如果在20.5节中讨论的水土流失控制措施得到广泛采用，那么布基纳法索人将会从中大大得益，能够在提高农业生产力和收入的同时减缓人口增长速度以及农村人口向城市迁移的速度。然而，该国极度贫穷。其结果是，这类项目只能由富裕国家的人们通过私人捐款资助，推进速度很慢。

最终，如果我们这些富裕国家的人不能对可提供的资源做出实质性承诺，那么低收入国家的可持续发展便不太可能发生。相关承诺可以表现为各种形式：对太阳能发电、风力发电、生物技术、改进冰箱和炉子之类的清洁且可持续性技术提供研发，为计划生育工作提供经费，以自然债务互换的方式保护自然，为农村发展项目提供国际援助，在实施环境管理方案的过程中提供资金和技术援助；消除贫穷国家的产品面对的贸易壁垒，调整援助以帮助贫穷国家减少自己出台的有害环境的补贴。

在某些情况下，可以从狭隘的自身利益出发来为这种提供资源的承诺找到理由。如果不这样做，温室效应加速和臭氧耗竭这类全球污染现象就无法得到适当解决。如果我

① 参见 Lappé (2009)。

们不在保护中尽一份应尽责任，富裕国家所珍视的自然资源——医疗产品、农业基因池、野生动物物种和荒野——就会被迅速耗尽。然而，除了狭隘的自身利益外，如果我们想要确保后代过上一种高质量的生活，我们这些生活在富裕国家的人就必须承诺提供一些资源。

一方面，持续的人口与消费增长对环境产生的一个影响将是加剧本地空气及水污染、增加固体和危险废物处理数量、更多暴露于有毒化学品，以及绿色空间和野生动物消失等问题。另一方面，这种趋势也导致全球环境发生新的和不可预见的变化。在过去的十年中已经出现两个这种威胁：臭氧耗竭和全球变暖。本书最后一章将转向一个日益重要的问题：全球环境监管。

应用 20.0

取消补贴：环境和社会影响

一些人认为，取消压低食品价格的政府管制是确保粮食安全的一个必要步骤。① 此外，有些人坚持认为随后的价格上升将会减少土壤侵蚀，因为它可以为农民提供更强的激励（以及获取资本的途径），使其投资于控制水土流失的长期措施。

1. 在许多情况下，认为提高消费者面对的食品价格实际上会改善其获得食品的途径这个观点似乎违反直觉。你该如何解释这种说法？

2. 从短期来看，谁会在解除食品价格管制中受损最多？如何解决这个问题？

3. 你能想出一个原因来解释为什么食品价格上涨可能实际上会加剧水土流失吗？

应用 20.1

环境监管与非关税壁垒

过去，美国已经对太平洋西北地区公共土地上未经加工的原木出口施加了禁令，它们声称这样做的目的是减缓对斑点猫头鹰生态系统所在森林的砍伐。日本则反对这一禁令，它们认为这实际上是贸易中“稍加伪装的非关税壁垒”。“这项禁令并不能实现环保目的，因为它对加工后木材产品不适用。然而，它会提高日本进口的未处理木材的价格（美国是日本最大的木材供应商），对境况不佳的美国木材加工行业产生一定的激励。”②

当然，从美国的角度来看，如果更高的价格负担由主要的竞争对手承担，那么帮助我们的木材加工工业发展似乎是一个很好的想法。当然，危险在于这种行为可能会促使日本以贸易限制的形式对美国进行报复。

要分辨清楚是否源于环境保护的监管或产品标准确实是合适的，抑或它只不过是稍加伪装的贸易壁垒，请考虑以下建议：标准或监管条例必须不仅满足环境目标，而且要

① 这个问题部分来自 S. Barret（1990）的一篇未发表论文，题为“Macroeconomic Policy Reforms and the Third World Soil Conservation”，Dean（1992）对其中的观点进行了概括。

② 对日本提出的反对进行的上述总结，可见 Dean（1992）。

以最低成本的方式予以实施。

1. 你认为如上所述日本提出的反对是正确的吗?

2. 你认为这项禁令是一项环保措施还是一项贸易壁垒?

3. 如果法规或产品标准无法以最低成本的方式满足环境目标，我们有理由假定这是一种贸易壁垒。你同意这一说法吗?

各节主要观点

20.0 本章考察了贫穷国家的**可持续发展政策**。传达的基本信息是，这些政策都需要相当的投入；在许多情况下，如想获得成功，就需要来自富裕国家的投资援助。

20.1 我们从简要讨论不完美信息和政治影响力可能造成的政府失灵开始，这种政府失灵可能会被缺乏资源与存在小型**政治和经济精英**团体等问题所强化。**跨国公司和国内企业**都可以在贫穷国家产生强大的政治影响。

20.2 首先需要在政策上考虑的是取消木材、能源和农业等行业存在的**有害环境的补贴**。例如，造成热带森林遭到砍伐的原因是：(1) **未能获取资源租金**（“较低”的木材价格）。(2) **发展基础设施**。(3) **对“下游”产业提供补贴**。(4) **殖民化项目**。(5) 为**牧场发展提供补贴**。当取消补贴时，出于政治上和公平上的理由，往往必须提供补偿。

20.3 第二个政策是减少**公共财产存在的开放存取问题**。通过**集体所有**、**国家所有**或**私人所有**，**财产权利**可以得到加强。一旦建立产权，至少可能建立一个**为生态系统服务付款**的系统。当所有权得到强化时，业主更有可能基于获取利润的动机从事资源保护工作。在贫穷国家，相比于国家所有制，私人和集体所有制的业主通常有更大激励与更多资源做好资源管理工作。然而，私有化可能对穷人不利，对贫穷国家的政府而言，管理好私有化过程本身就是一项艰巨的任务。

20.4 在第 15 章和第 16 章，我们针对**基于激励**的监管体系和基于**命令与控制**的监管体系进行比较并给出了一些一般性观点。然而，需要对**可执行性**和**简化行政工作**等方面的问题给予特别注意。如**木材特许权使用费**或**汽油税**这类**间接污染税**因此就具有了吸引力；但是，因为这些手段不直接征收污染税，所以必须仔细考虑其环境效应。灵活或有针对性的基于命令与控制的措施也是很好的监管策略。

20.5 **可持续性技术**是一种能够提升大多数穷人经济地位的**清洁技术**。政府可以使用诸如**补贴**和**基础设施投资**之类工具促进可持续性技术的推广。技术转让的主要来源有**非政府组织**和**跨国公司**。通过发起环境监管以及获得跨国公司的适当税收优惠在经济中的其他地方进行再投资，贫穷国家可以鼓励清洁技术转让。

20.6 在贫穷国家，资源保护存在两个障碍，一是**开发与环境保护之间的斗争**，二是在**执法**方面存在的困难。解决这些问题的一种方法是进行**可持续产出的资源开发**。此类例子包括**具有可持续产出的农业**，以及为**制药业**、**农业基因**和旅游业提供**具有可持续性的野生产品开采**。然而，森林还提供非市场性产品（**公共品**），例如**碳汇**、**降雨调节器**和**存在价值**。**搭便车问题**意味着如果富裕国家不采取一些为资源保护支付资金的集体行动，可能会产生低效的环境保护后果。其中一类机制就是**自然债务互换**。

20.7 针对**《北美自由贸易协定》**出现的辩论说明更自由的贸易对环境有利有弊。如果能带来墨西哥**贫穷水平下降**，那么《北美自由贸易协定》可能改善环境质量。然而，随着美国产玉米如洪水般进入墨西哥市场，农村的贫困可能进一步加剧。此外，由于环境执法**机构能力不足**以及在环境标准方面出现的**竞次**行为（反过来这也来自**商业流动性的增强**，以及**从贸易出发对监管提出的挑战**），贸易协定可能会破坏贸易国的环境质量。

参考文献

Ackerman, Frank, Timothy Wise, Kevin Gallagher, Luke Ney, and Regina Flores. 2003. *Environmental impacts of the changes in U. S. -Mexico corn trade under NAFTA*. NACEC. Global Development and Environment Institute, Working paper 03-06. Medford, MA: Tufts University.

Baccini, A., S. J. Goetz, W. S. Walker, N. T. Laporte, M. Sun, D. Sulla-Menashe, J. Hackler, et al. 2012. Estimated carbon dioxide emissions from tropical deforestation improved by carbon-density maps. *Nature Climate Change* 2: 182-185.

Balint, Peter, and Judith Mashinya. 2008. CAMPFIRE during Zimbabwe's national crisis: Local impacts and broader implications for community-based wildlife management. *Society and Natural Resources* 21 (9): 783-796.

Balmford, A., A. Bruner, P. Cooper, R. Costanza, S. Farber, R. Green, M. Jenkins, et al. 2002. Economic reasons for conserving wild nature. *Science* 297: 950-953.

Barrows, Richard, and Michael Roth. 1990. Land tenure and investment in African agriculture: Theory and evidence. *Journal of Modern African Studies* 28 (2): 265-298.

Browder, John O. 1988. Public policy and deforestation in the Brazilian Amazon. In *Public policies and the misuse of forest resources*, ed. Robert Repetto and Malcolm Gillis. Cambridge: Cambridge University Press.

Deacon, Robert, and Paul Murphy. 1997. The structure of an environmental transaction: The debt-for-nature swap. *Land Economics* 73 (1): 1-24.

Dean, Judith. 1992. *Trade and the environment: A survey of the literature*. Policy research working paper WPS966. Washington, DC: World Bank.

Frost, Peter G. H., and Ivan Bond. 2008. The CAMPFIRE programme in Zimbabwe: Payments for wildlife services. *Ecological Economics* 65 (4): 776-787.

Fundacao Pró-Natureza and the Nature Conservancy. 1991. *Grande Sertao Veredas National Park debt conversion proposal, revised draft*. Washington, DC: The Nature Conservancy.

Gillis, Malcolm. 1988. Malaysia: Public policies and the tropical forest. In *Pub-*

lic policies and the misuse of forest resources, ed. Robert Repetto and Malcolm Gillis. West Nyack, NY: Cambridge University Press.

Hanna, Susan, and Mohan Munasinghe. 1995. *Property rights and the environment: Social and ecological issues*. Washington, DC: World Bank.

Katz, Elizabeth. 2000. Natural resource management in Guatemala. *Land Economics* 76 (1): 114-132.

Lappé, Frances Moore. 2009. The city that ended hunger. *Yes!* 49 (Spring). http://www.yesmagazine.org/issues/food-for-everyone/the-city-that-ended-hunger.

Lepkowski, Wil. 1987. The disaster at Bhopal—Chemical safety in the third world. In *Multinational corporations, environment and the third world*, ed. Charles S. Pearson. Chapel Hill, NC: Duke University Press.

Musambachime, Mwelma. 1990. The impact of rapid population growth on economic decline: The case of Zambia. *Review of African Political Economy* 448 (2): 81-91.

Pearce, David, and Norman Myers. 1990. Economic values and the environment of Amazonia. In *The future of Amazonia: Destruction or sustainable development?*, ed. David Goodman and Anthony Hall. New York: St. Martin's Press.

Public Citizen. 2005. *NAFTA Chapter 11: Investor-state cases: Lessons for the Central America Free Trade Agreement*. Washington, DC: Public Citizen.

Repetto, Robert. 1988. Overview. In *Public policies and the misuse of forest resources*, ed. Robert Repetto and Malcolm Gillis. West Nyack, NY: Cambridge University Press.

Schneider, Robert. 1993. *Land abandonment, property rights, and agricultural sustainability in the Amazon*. LATEN dissemination note 3. Washington, DC: World Bank, Latin America Technical Department.

Shin, Sangbum. 2004. Economic globalization and the environment in China: A comparative case study of Shenyang and Dalian. *Journal of Environment & Development* 13 (3): 263-294.

Shrybman, Steven. 1992. Trading away the environment. *World Policy Journal* (Winter) 93-110.

Ton, Kees, and Kees de Jong. 1991. Irrigation technology and social change: An analysis of social variables of technology. *Journal of Developing Areas* 25: 197-206.

Wallach, Lori, and Michelle Sforza. 1999. *Whose trade organization? Corporate globalization and the erosion of democracy*. Washington, DC: Public Citizen.

Wardman, Anna, and Luci G. Salas. 1991. The implementation of anti-erosion techniques in the Sahel: A case study from Kaya, Burkina Faso. *Journal of Developing Areas* 26 (1): 65-80.

Wheeler, David, and John Martin. 1993. *Prices, policies and the international diffusion of clean technology: The case of wood pulp production*. Paper presented at the American Economic Association Meetings, Anaheim, California.

World Bank. 1992. *World development report 1992: Development and the environment*. New York: Oxford University Press.

World Bank. 2012. State and trends of the carbon market report 2012. http://web.worldbank.org/WBSITE/EXTERNAL/TOPICS/ENVIRONMENT/EXTCARBONFINANCE/.

第 21 章

全球协定的经济学

21.0 引言

在本书最后一章，我们回到一开始时所讨论的问题。仅在 20 年前，全球变暖的事实才突然闯入人类意识，并使 20 世纪定义的地区性和区域性污染问题相形见绌。令人难以置信的是，现在人类的生态足迹扰乱了整个地球的气候控制体系。即使我们设法将气温上升控制在 4°F 以内，我们还是会将地球推向一个完全不同于过去一万年来支撑人类文明的气候条件。在未来几十年中，人类引起的全球变暖既会挑战人类的适应性，也会挑战地球上一半物种的生存。减缓并适应气候变化将是你们这一代人要承担的工作。

自之前对全球变暖问题进行简要描述以来，我们探讨了四个困难且具有一般性的环境保护的经济学问题。这些问题的答案可以帮助我们应对全球变暖带来的挑战。第一，何种程度的污染——在这种全球变暖的情况下——可称为过量？我们对这个规范性问题提出了三大类答案：效率标准、安全标准和生态可持续性标准。效率标准的拥护者希望让我们小心翼翼地在减缓全球变暖所带来的非常实际的开支和明显的好处之间求得平衡。安全标准和生态可持续性标准的拥护者则发现成本—效益分析太过狭隘，很难据此做出决策，进而主张不要考虑成本，立刻对二氧化碳排放量进行控制。

第二个问题是，政府采取行动实现我们提出的目标时存在什么障碍？假设我们定的目标是到 2020 年将二氧化碳排放量削减 15%？我们事实上能实现这个目标吗？政府的政策制定者受到不完美信息的干扰。此外，当可能出现影响环境政策的政治影响力时，监管机构必须做出自由裁量选择。我们 40 多年的环境监管经验表明，雄心勃勃的污染减排目标是难以实现的。特别是，证据证明执法已经是监管链中的一个薄弱环节。

第三个问题是我们如何能做得更好？本书建议两个可能的答案：（1）更聪明的监管，以及（2）政府的工作重点转向清洁技术推广。相比于当前我们依赖的命令与控制型监管方式，基于激励的监管能够以更具成本效益、更能实现技术动态更新的方式实现降低污染的承诺。在温室气体减排的例子中，这意味着相比于强制运用特定类型的二氧化碳减排技术，碳税或可市场化交易的许可证制度可以帮助我们以更低的成本实现目标。

除了更好的监管外，政府还可以启动积极政策来促进清洁技术的快速发展和推广。一项技术必须在当前或提供短期补贴后具有成本竞争力，这样才能成为清洁技术。如果政府能够奉行这种选择规则，促进清洁技术的政策也将具有成本效益。清洁技术可以通过提高能源效率、太阳能发电和风力发电等方式实现二氧化碳排放量的大规模降低。

第四个也是最后一个问题是这样的：抗击全球变暖的努力与贫穷国家实现可持续发展的需要一致吗？一方面，增加占地球人口大多数的穷人的收入，让亿万人摆脱极度贫困，提高粮食安全水平并最终减少人口增长速度的措施均与短期内二氧化碳减排目标背道而驰。然而，占地球一半人口的最贫穷居民的消费并不是造成温室问题的主要原因。此外，在任何控制全球变暖的计划中，降低人口增速都是重要的一步。与此同时，促进和推广可持续发展型技术，用更大努力来保护森林资源等措施都将直接减少二氧化碳的排放量。

在这一章我们考虑在减缓全球变暖等全球环境问题上出现的最后一个艰巨障碍：协调国家行动的需要。因为二氧化碳污染出现在全球各地，所以没有一国可以单独解决全球变暖问题。进而，只有通过有效的国际协定才能实现国际性行动。遗憾的是，这类协定很难达成，而且即使能够达成，也被证明难以得到执行。

我们从分析一国初始参与国际性污染控制协定并在签署协定之后遵守该协定条款时存在的激励开始。随后，我们转而对执行这些协定的工具进行讨论。然后，本章分析两个国际性协定，一个与臭氧消耗有关，另一个与生物多样性有关。最后，我们通过全方位考察阻止全球变暖的协定的前景结束本章。

21.1 作为公共品的协定

有效的国际协定是很难形成的。最基本问题在于各国对所承担责任很难达成一致。原则上，每个国家都应为协定提供它们**真正的支付意愿**（true willingness to pay）。这种支付意愿依赖该国从协定中获得的收益及其支付能力，在不同国家之间，这两类事物可能存在很大差别。例如，地势较低的孟加拉国和埃及在减缓全球变暖与防止海平面上升中有着很大的利害关系。但是这两个国家都很穷，可能很难为减少二氧化碳排放的措施提供强有力的融资。另外，像德国这样的富裕国家具有很强的支付能力，但是可能在这方面没有太多利害关系。

相比于富裕国家，仅是因为国民收入较低，贫穷国家参与某项协定时的支付意愿就可能小得多。然而，贫困国家的参与往往至关重要。例如，如果中国进一步使用其丰富的煤炭储备实现工业化，那么全球变暖进程将会大大加快。鉴于中国在减缓全球变暖方面存在较低的支付意愿（由于收入较低），为了让中国签署温室气体排放条约，就必须建立一只补偿基金。那些有着高支付意愿的国家（通常是富裕国家）则必须花钱帮助中国以快于现在的速度采用污染程度较低且成本较低的能源来源。否则，签署该条约将不符合中国的利益。

如果每个国家都确实按照其真正的支付意愿做贡献，协定进程将会产生一个高效的全球污染控制水平。然而，首先，一国在某项协定中的潜在支付意愿很难定义，而且显然这个信息对其他国家的谈判者是不透明的。因此，每个国家的谈判者都会低估他们在一项协定中的真实利益，希望其他人承担起更大责任。在极端情况下，一国可能根本不会去签署防止全球变暖的协定或其他环境协定，但却仍然能从其他国家在这方面的努力中得益。

这只是另一种形式的**搭便车问题**（free-rider problem），从第 3 章开始，我们在本书中已经多次遇到这个问题。从经济学的角度看，国际性污染控制协定是一种**公共品**（pubic good），应该由世界各国自愿提供。减少全球变暖是一种公共品，因为不能排除搭便车的人获取协定提供的收益。

环境条约的公共品性质有两层含义。第一，从成本效益的角度看，条约的约束性可能**太弱**（too weak），因为在讨价还价的过程中缔约国不愿意揭示其真实支付意愿并对此做出承诺。第二，一旦签署，各国都有在协定中**作弊的强烈动机**（strong incentive to cheat）。单方面作弊是另一种搭便车的方式，作弊者可以从其他人控制污染的努力中获益。当然，如果每个缔约国都作弊，协定就瓦解了。

虽然公共品理论给出的预测认为国际性环境协定的约束力会很弱，并且容易出现执法问题，但还是达成了此类协定，也为保证协定的遵从性做出了努力。表 21-1 列出了目前还在发挥作用的一些重要的环境协定。

表 21-1　全球环境协定

正式的名称（通称）	签署年份	在 2010 年的突出非成员
《南极条约体系》	1959	小范围内的成员
《禁止核试验条约》	1963	法国、中国
《濒危野生动植物种国际贸易公约》(CITES Treaty)[a]	1973	
《国际捕鲸委员会的新管理程序》(Whaling Moratoria)	1974	日本
《海洋法》(目前还未执行)	1982	美国、英国、联邦德国
《关于消耗臭氧层物质的蒙特利尔议定书》(简称《蒙特利尔议定书》，Montreal Protocol)	1987	
《控制危险废物越境转移及其处置巴塞尔公约》(简称《巴塞尔公约》，Basel Convention)[b]	1989	非洲国家
关于全球变暖的《京都议定书》	1997	美国
《生物多样性公约》[c]	1992	美国

a. www. wcmc. org. uk/CITES.
b. www. ban. org.
c. www. biodiv. org.
资料来源：Treaty websites：www. cites. org/www. ats. aq.

21.2 监督与执行

在第 3 章中我们注意到有两种方法可以克服搭便车问题：政府提供公共品以及运用社会压力。在一国之内，政府通常可以通过征税、罚款与判处监禁的能力防止私人和企业搭便车，进而为环境保护提供公共品。例如在美国，国会通过环境法律，监管机构给出监管细节，然后由国家环境保护局和司法部强制执行。

在国际层面，环境协定就类似于环境法。然而，并不存在一个国际政府来强制一国执行得到广泛商定的环境保护措施，在未来似乎也不会出现这样一个组织。在环境领域，联合国对其成员并不具有管辖权。然而，每项条约确实都设置了**政府间组织**（intergovernmental organization，IGO），这个组织负责监督协定。各国很少会同意给予政府间组织强制执行条约协定的权利；这将会让渡过多主权。然而，各国还是能够赋予政府间组织一些实质性权力。其中之一是设置**不具约束力的标准**（nonbinding standards），即“希望”各国遵守但并不要求必须满足的标准。之二是对协定的遵守程度进行**监督**。

例如，根据《南极条约体系》，该条约可以任命一个环境委员会，每个国家都必须向这个委员会提交有关其管理程序的信息。环境影响报告（见第 8 章）现在也要求纳入一些由某个成员支持的新活动，其中包括旅游业。然后，也可以让未能达到标准或不符合要求的成员承担社会压力。环保团体绿色和平组织已经对北美大陆上环境记录特别差的那些国家进行了有效“羞辱”。

这种**社会压力**（social pressure）是传统上控制搭便车问题的第二种方式。然而，一项精心策划的、旨在鼓励美国加入“国家共同体”的公关活动未能让美国签署《生物多样性公约》。一旦签署了条约，这种道德压力也不太可能有效确保法规的遵从性。然而，正如我们在前面提及的有关南极的案例，对不良形象的宣传和社会压力仍然是国家间谈判的重要工具。

鉴于缺乏国际性污染控制机构以及社会压力作用有限，强制执行的责任就落在各国签署的条约本身所达成的各种措施上。签署条约的成员必须事先商定好针对不遵守条约的成员或非成员采取的制裁措施。如果没有这种制裁，法规遵从性会很容易变得很差。例如，《濒危野生动植物种国际贸易公约》对濒危物种贸易进行的监管，主要依赖成员内部的执法努力。世界野生动物联合会——一个自愿监测《濒危野生动植物种国际贸易公约》的环境集团——披露，约 1/3 的成员从未提交过条约里要求的两年期进展报告。提供报告的大多数成员则用一种非常缓慢的方式完成报告。最基本的问题是缺乏对资源的承诺。即使在美国这样的富裕国家，由于缺乏受过训练的海关官员，每年有 60 000 只鹦鹉非法进入该国。[①]

有两个基本的执法工具：限制成员获取补偿基金和实行贸易制裁。最简单的机制是建立一个**补偿基金**（compensation fund），将其作为加入条约并遵守条款的激励手段，

① 参见 Heppes and McFadden (1987)。

这种措施是一种胡萝卜政策。然而，此类补偿基金只能迫使穷国遵守义务，因为是高收入国家出钱设立了这类基金。**贸易制裁**（trade sanction）是可用的最强大工具。正如我们将看到的，在控制臭氧层损耗的条约获得成功的过程中，贸易制裁措施发挥了重大作用。贸易制裁往往仅限于与条约有关的商品。它之所以有用，是因为它将出于执法目的实施的制裁演变为一场贸易战的可能性降至最低。例如，根据《濒危野生动植物种国际贸易公约》，对来自泰国的野生动物制品施加的贸易禁令将会鼓励该国严厉打击非法出口。许多环境协定都授权实施某种形式的贸易制裁。

21.3 臭氧层与生物多样性

本节考察两个环境条约：1987 年达成的用来控制臭氧层损耗的《蒙特利尔议定书》，以及 1992 年在里约热内卢地球峰会上签署的《生物多样性公约》。我们将专注于考察促进协定达成和建立执行机制的各类因素。在控制臭氧层消耗的案例中，我们也对条约遵从性进行了考察。

□ 臭氧层损耗

地球的上层大气被一层自然产生的、被称为臭氧薄膜的化学物质包围。在地面上的臭氧又被称为烟雾，这种物质相当有害。相比之下，地球周围的**臭氧层**（ozone layer）则可以过滤太阳的有害紫外线，对地球是有好处的。暴露于紫外线会导致皮肤癌和眼部疾病，会降低农业生产力，还会杀死作为食物链基础的小型陆地和海洋有机体。

由于人造化学物质在大气层上层堆积，臭氧层正在受到威胁。这些化学物质被称为含氯氟烃（chlorofluorocarbons，CFCs），是人类在 20 世纪 40 年代发明的。自那时起，这类物质被用来制造气雾剂推进剂、冰箱和空调中的冷却剂、泡沫发泡剂，以及医学和计算机设备中的气体净化剂。它们是具有很长寿命的存量污染物。从今天的废弃冰箱中释放到大气的含氯氟烃将会在长达 100 年的时间里对臭氧层形成持续性破坏。

在 1974 年，人们第一次发现含氯氟烃会对大气臭氧造成重大损耗。尽管臭氧消耗会带来严重的健康和生态效应，但是人们对含氯氟烃与臭氧层消耗之间的科学联系存在疑虑，这减缓了国际性监管政策的出台。虽然美国在 1977 年单方面禁止将含氯氟烃作为气雾剂推进剂，但是并没有几个国家效仿此举。在 1982 年，一项成本—收益分析发表在著名的《美国经济评论》（*American Economic Review*）上，这项分析虽然承认存在巨大不确定性，但是从效率标准出发反对对含氯氟烃进行监管。[①] 含氯氟烃的生产商也赞成这一立场。

然而，在国际层面，关心这个问题的人越来越多，1985 年英国的一项研究结果指出在南极洲上空存在一个巨大的季节性**臭氧洞**（ozone hole），这一事实对人们关注臭氧层损耗问题起到推波助澜的作用。整个中纬度地区也发生着不太严重但却可衡量的臭氧层消耗。在 1987 年，基于联合国为期 6 年的努力，24 个国家签署了旨在保护大气臭氧

---

① 参见 Bailey (1982)。

不再减少的《蒙特利尔议定书》(Montreal Protocol)。在该协定签署后不久，人们发现了臭氧消耗和含氯氟烃之间存在的确凿科学联系。

该协定呼吁各国以1986年的排放水平为基准，在十年里将生产的含氯氟烃数量减少50%。这个协定对贫穷国家做出了一些让步，否则这些国家会被锁定在低消费水平，不会将对全球性问题负责放在第一位。发展中国家被给予了十年的宽限期，之后必须削减含氯氟烃生产量。此外，人们呼吁富裕国家（但并未强求）设立一只援助基金以实现平稳过渡。①

这些激励措施并不足以吸引印度和中国，这两个国家都认为通过廉价含氯氟烃制冷的冰箱能带来很大收益，难以放弃。结果是，为了向贫穷国家使用含氯氟烃替代品的调整提供融资，1990年修订的《蒙特利尔议定书》要求发达国家设立一只2.6亿美元的基金，其中有0.6亿美元由主要的含氯氟烃生产国——美国——提供。这只基金为剩下的大多数非成员的加盟提供了足够激励，这些国家包括印度和中国。

阻止非成员搭便车的方法之一是《蒙特利尔议定书》授权对含氯氟烃贸易做出限制。《蒙特利尔议定书》禁止成员向非成员进口和出口含氯氟烃、含有含氯氟烃的产品、用含氯氟烃生产的产品与生产含氯氟烃的技术。这些贸易制裁能够限制非成员得到的收益，从而降低搭便车的可能性。

全世界最大的六家含氯氟烃生产企业最终支持了1987年的《蒙特利尔议定书》，不过它们认为削减50%产出的目标有些高于实际需要。但是到1988年，有关臭氧消耗出现越来越多的证据，其主要生产商杜邦公司宣布它打算在2000年完全淘汰含氯氟烃。在1990年，《蒙特利尔议定书》的成员还修订了这一协定，呼吁在2000年全面禁止使用含氯氟烃。在1992年，在发现加速淘汰含氯氟烃可以降低皮肤癌并挽救数以百万计的生命后，成员同意在1996年完全淘汰含氯氟烃的生产。相应的补偿基金额度也提高到5亿美元。

在早期，富裕国家很好地遵守了《蒙特利尔议定书》的各项条款；因为几个国家的落实进度已经提前于原计划，所以，在1992年通过的加速淘汰是可能实现的。如第16章所述，美国采用了一种基于激励的监管办法——可交易的许可证制度与间接污染税相结合——来推动自己履行条约义务。发展中国家似乎也很好地实现了它们的承诺。特别是，补偿基金对中国实现强制淘汰目标起到了相当大的作用。②

本章前两节提出，从理论上讲，关于环境的国际协定在执行层面的前景不妙。但是在许多方面，《蒙特利尔议定书》并未让这幅令人沮丧的画面出现。尽管存在科学上的不确定性，初始的国际协定还是得以达成。贸易制裁的威胁有助于克服搭便车问题。最终，足额补偿基金的成立使穷国愿意加入。随着科学知识的进步，污染控制目标得到大幅提高，发达国家也很好地遵守了这个协定。

几个因素有助于解释《蒙特利尔议定书》的成功。在南极洲上空发现的臭氧空洞引人注目，为协定过程提供了最初的推动力，1992年在北极洲上空发现的空洞也起到了同样的作用。然而，一旦《蒙特利尔议定书》得到签署，另外两个因素也开始发挥作

---

① 参见Somerset (1989)。

② 参见Zhao (2005)。

用。第一，因为只有六个主要公司在生产含氯氟烃，所以一直相对比较容易监督含氯氟烃的淘汰进度。第二，因为全面禁令，含氯氟烃的清洁技术替代品发展迅速。早期人们预测可能出现的高昂遵从成本实际上并未发生。

综上所述，《蒙特利尔议定书》已被证明是一项出奇成功的环境条约。从1980年最初的几次会议起，到在1987年同意将含氯氟烃产量削减50%，再到在1992年决定加速淘汰含氯氟烃，只花了十几年便有效禁止了含氯氟烃的生产。到2010年，南极的臭氧空洞停止扩大，并会在2050年左右实现完全自我修复。[①] 由于在1996年淘汰含氯氟烃后皮肤癌仍然可能加速出现，作为人类释放到环境中的最具破坏性的污染物之一，含氯氟烃在历史书上有了自己的一席之地。

□ 生物多样性

保护**生物多样性**（biodiversity）就是保护濒危物种——不仅是可爱的哺乳动物，而且是它们生活的整个生态系统。正如我们在上一章对森林砍伐进行的讨论中所提到的，维护自然生态系统中发现的遗传物质存量的目的不仅是为了**存在价值**（existence value），而且有两个额外的功利性原因：**医药**（pharmaceuticals）和**农业育种**（agricultural breeding）。作为一个例子，一株墨西哥野生玉米对两种严重的病毒性疾病有天然免疫力。现在可以从美国的种子企业中购买到基于这类玉米的基因材料制成的杂交玉米种子。

墨西哥没有从这种有利可图的创新中获取一丝利益，这个事实有助于解释为什么宝贵的生物多样性资源受到威胁。[②] 从历史上看，人们一直将遗传物质视为可以**开放存取**（open access）的公共财产资源。总部设在富裕国家的种子企业和制药企业会将资源探索者派往热带国家，因为这些国家拥有世界上绝大多数的物种。（在亚马孙雨林里，一棵树上可能存在43个不同种类的蚂蚁，种类之多超过整个不列颠群岛的蚂蚁种类！）资源探索者可以将样品带回并针对未来的商业用途加以分析。如果一类动物或植物产生利润回报，那么此类资源的来源国将无法获得任何好处。由于资源来源国居民无法实现生物多样性的任何商业价值，所以他们一直没有兴趣保护此类资源。

这种情况已经开始有所改变，这主要归功于技术方面的进步，这些技术可以对物种的经济吸引力进行大规模筛查和编目。哥斯达黎加与制药公司和美国的几个基金会以及大学达成了数项交易，以此来发展“森林勘探行业”。这一做法的长期目标是培养能够对生物资源探索者进行监管并且由哥斯达黎加人组成的一支队伍。然后，哥斯达黎加基于在农业或医药创新中获得的利润，授权相关人员进入该国森林。为这个产业构建一个强大体制基础是重要的，这样哥斯达黎加就可以防止人们对生物资源进行非法勘探，以及防止企业根据发现的植物发明一种新药但却不对此事进行报告。

本质上，哥斯达黎加正在做的事情就是通过加强技术**执法能力**（enforcement capabilities）来将开放存取的公共财产资源转为国有资源。这反过来极大地强化了基于利润的生态资源保护力度。哥斯达黎加在这件事情上可谓适逢其时，因为它拥有一个相对高

① 有关该协定现状的信息可见 www.unep.org/ozone/。

② 参见 Sedjo (1992)。

效的官僚机构、教育水平很高的人口，而且已经有了一个广泛存在的国家公园网络，并与总部设在美国的环保团体有着紧密联系。①

在全球层面，保护生物多样性的努力表现为 1992 年在里约热内卢地球峰会上签署的条约。这一举措有三个主要特点。首先，要求各国清查和监测它们拥有的生物资产。其次，依托来自富国的财政支持，围绕具有可持续产出的资源开发保护资源。最后，条约具体指出，依托一国的遗传资源开发出的产品，其知识产权仍属东道国所有，除非这家公司同意与东道国建立一种利润分享机制。② 换言之，根据该条约，墨西哥这类国家有权阻止基于墨西哥玉米开发出的杂交玉米种销售，除非它被保证可以获得一些利润份额。

在里约热内卢地球峰会上，发展中国家也设法让富国同意将其年度国内生产总值的 0.7%用于可持续发展项目，最低不少于其年度国内生产总值的 0.4%（也就是每年 550 亿～980 亿美元）。然而，这种坚定承诺最终并未出现。在首脑会议上，富国愿意在未来五年每年援助 50 亿美元：其中 80%来自日本，16%来自欧洲共同体，4%来自美国。根据《生物多样性公约》，其中一些援助被用来资助资源保护计划。

由于发展中国家反对列出处于濒危状态的物种和物种栖息地（在《濒危野生动植物种国际贸易公约》里使用了这一方式）的最初要求，所以里约协定的力度被削弱。最终，该项协定由 158 个国家签署，但是美国坚决不参加。美国有好几个反对理由，但主要反对为东道国分配遗传资源财产权利的规定。

根据该协定，国外和国内企业必须购买这些权利。正如我们在第 20 章中所知道的，每当共同财产资源进行私有化时，那些以前可以免费获得的人便会吃亏。在这种情况下，跨国制种企业和制药企业（很多企业的总部都在美国）都是输家。美国的生物技术行业发言人是这样说的："对我们而言这就类似于在高速公路上抢劫，第三世界国家仅仅因为提供了一只昆虫、一棵树或一种动物，便要获取发明保护的权利。这种条约对发展中国家过于有利了。"虽然日本和英国也和美国有类似的顾虑，但是在国内环保团体的压力下，这两个国家最终还是签署了条约。然而，美国参议院仍拒绝批准。③

从象征性的角度看，里约协定是重要的，因为富国正式承认为了保护生物多样性有必要进行资源转移。然而，这项条约并没有减缓我们正在目睹的大规模且正在加速的物种灭绝。

第一，条约本身并未对富裕国家提供自然资源保护基金做出要求。虽然在里约各国承诺大量资金，但是没有建立进一步的金融机制。第二，虽然里约协定正式对各国拥有的遗传资源赋予财产权利，但是并没有设定具有法律约束力的利益共享机制，而且美国选择退出。如果生物技术公司忽视或绕过国际法，又能怎样？由于没有类似哥斯达黎加建立的那种技术执法能力，这个条约提供的财产权利很容易变得相当空泛。

鉴于两个相关原因，人们对进一步强化《生物多样性公约》的前景并不看好。首先，很难对目标是"保护生物多样性"的条约评估其遵守程度和实施进度。《生物多样性公约》也承认，造成物种灭绝问题的原因多样且根深蒂固，最根本原因是人口的迅速增长和贫困国家的极度贫困。总之，有效保护生物多样性意味着在整个欠发达世界实现

① 欲知哥斯达黎加相关努力的细节，可见 www.inbio.ac.cr。

② 参见 Hathaway (1992)。

③ 这些引用来自 Biodiversity convention a "lousy deal" says US. 1992. *New Scientist*, 4 July。要想获知有关这一协定的更多信息，可见 Rosendal (2011)，也可访问协定的网站 www.cbd.int。

可持续发展。由于它与生物多样性相关，所以这就要求富国向穷国转让相当可观的技术和其他资源。

达成一项有效的国际协定所面临的第二个障碍也与此密切相关。生物多样性的丧失不太可能激发发达世界为这种努力提供大量援助。在热带雨林里，每天都有几十种植物、昆虫和动物灭绝，它可能让我们的后代无法拥有本该存在的重要药品和农业产品。然而，这种威胁消极且遥远。生物多样性的丧失可能降低幸福感，但它无法立即对许多人的生命产生威胁。相比之下，在臭氧层损耗的案例中，禁止含氯氟烃的行动得到进一步推动，这是因为它具有造成直接且正面危害的可能：患皮肤癌的危险大大增加。

综上所述，在里约热内卢地球峰会上奠定的保护生物多样性的框架肯定会有所帮助，但是《蒙特利尔议定书》的成功则不可复制。其结果是，一些非政府的生物资源保护组织、跨国制药和农业企业，以及东道国政府，在很大程度上正在依靠其自身力量努力保护生物多样性。然而，在下一节我们会讨论，保护热带森林可能是全球变暖协定带来的一个重要的附带收益。

21.4 阻止全球变暖：理论

对控制全球变暖的国际协定而言，其有效性的前景介于《蒙特利尔议定书》和《生物多样性公约》之间。全球变暖的特点类似于臭氧层损耗，与生物多样性的丧失则不太类似，全球变暖代表很多国家都将面对一个独特且正面的威胁。与臭氧层损害类似的是，温室气体产生的威胁源自几个得到明确界定的大气污染物——主要是二氧化碳和甲烷。因此，这项条约可以围绕具体目标控制这些污染物，而不是一种“保持生态系统”这样含糊不清的目标。这两个特点——对我们的后代产生**正面伤害**（positive harm），以及存在一个**得到明确界定的问题**（well-defined problem）——都有效提高了一项协定的前景。

然而，一项**全球变暖协定**（global warming treaty）也存在很多生物多样性的案例中出现的问题。其中最重要的是这个问题有着极大的**分散性**（decentralized）。与含氯氟烃的情况不同，世界上有着数以百万计的二氧化碳和甲烷生产商。在现代经济中，几乎没有一个环节的运行不产生二氧化碳，甲烷污染还会产生于天然气管道、稻田和牧场等地。如果将注意力集中于排放二氧化碳的两个主要来源——燃煤发电厂和汽油动力运输——二氧化碳问题似乎并不那么令人生畏。然而，在清洁能源完全具有成本竞争力并代替这些技术（在第 18 章中进行了讨论）之前，执法开始变为一项制约条约有效发挥效力的主要障碍。

此外，与生物多样性丧失的例子类似，**砍伐森林**（deforestation）和贫穷国家的**经济增长**（economic growth），都是全球变暖的重要驱动力。虽然目前大多数温室气体排放量产生于富裕国家，但是也许在接下来 20 年的某个时点上，来自贫穷国家的排放量将占主导地位。这意味着“解决”全球变暖问题也与欠发达世界实现可持续发展这个重大任务息息相关。

这对解决全球变暖问题有何含义？在一切照旧的情景下，到 2100 年，能够吸热的二氧化碳浓度会远高于我们在工业化前的水平，达到百万分之 700、800，甚至 1 000。这将导致全球气温上升 6°F～12°F，会对人类福祉以及地球上的很多生物产生深远的、以消极后果为主的影响。

图 21-1 概述了一个不同的未来。在这里，通过协调一致的工作减少二氧化碳排放量——在全球范围内大约开始于十年前——可以到 21 世纪中叶使大气中二氧化碳浓度最终稳定在百万分之 450。这并不会阻止全球变暖——在这个浓度水平的二氧化碳仍然会使地球的气温上升 4°F。但是这能防止二氧化碳层进一步加厚（到 2050 年之后，它又会开始回到百万分之 300），我们要确保气候变化不会导致真正的灾难性影响：因格陵兰岛或南极西部冰原坍塌而造成的海平面快速上升、从冻土带出现的大规模甲烷释放，或是在亚马孙河流域以及地球上其他地方用烧毁树木实现的森林砍伐。

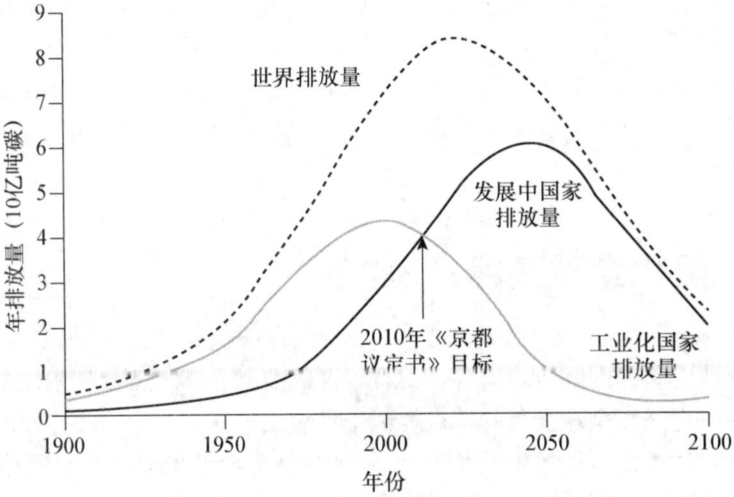

图 21-1　将二氧化碳浓度控制在 450ppm

资料来源：Bernow et al.（1999）. © 1999 WWF（panda. org）. Some rights reserved.

这幅图显示，发达国家实现了《京都议定书》设定的目标（到 2010 年实现二氧化碳排放量比 1990 年的水平低大约 5%），然后，到 21 世纪末，将温室气体排放量削减 90%。在这种情况下，在短期内，穷国会持续提高污染水平；但是到 2050 年，它们也能实现大幅削减，将温室气体排放量降低到当前水平的 50%。图 21-1 也清楚地表明，发展中国家的温室气体排放量将很快超过工业化国家。

作为一个参考点和对事实的检查，记得欧洲国家已经实现了《京都议定书》的目标，但是美国在 2011 年的排放量仍然比 1990 年高 11%。展望未来，欧洲人将致力于如图 21-1 所示的中期轨迹，到 2020 年将温室气体排放量削减到比 1990 年低 20%，但是最近美国提出的提案——即使获得通过——也只能使美国在 2020 年达到 1990 年的排放水平。因此，要达到百万分之 450 的目标，就要求在 2050 年之前发达国家和发展中国家都实现更大幅度的减排。

实现如图 21-1 所示的二氧化碳减排——富裕国家在未来 100 年里要将温室气体排放削减 90%——可能看起来像是不可能的任务。回忆一下，100 年前运输部门的主要污染源是马粪，知道这一点是有益的。我们确实设法将街上的马粪减少了 90%以上。因此，这幅图只是对淘汰化石燃料并转向廉价清洁能源做出的一个假设，此类廉价清洁能源来自由风能、太阳能和生物质能提供的电力，以及由电动和混合动力汽车、生物燃料和氢燃料电池提供动力的运输模式。这些都不是白日梦的技术。然而，不确定的问题是它们的成本能以多快的速度降低到具有竞争力的水平，这些技术能以多快的速度在发展中国家得到推广，这些地方的温室气体排放增长最快。

很明显，与《蒙特利尔议定书》不同的是，减缓全球变暖的有效协定不能将注意力集中在对富裕国家的行业（和消费者）进行监管。相反，它最终必须应对一组范围广泛、相互联系且困难的发展问题：贫穷、人口增长和富裕程度上升、对森林的砍伐，同时迅速用清洁能源技术重新布置地球。幸运的是，工作的首要任务仍然是那个聚焦的、可量化的任务，即减少二氧化碳和甲烷的排放量。

在此背景下，一项成功协定的基本要素必须完成三件事：（1）针对二氧化碳和甲烷制定**数值化的减排目标**（numerical emission reduction targets）；（2）提供一种机制来让富裕国家有效地向贫困国家资助可持续发展**转让技术和资源**（transfer technology and resources）；（3）提供强有力的执法机制。同时实现这三个目标的一类潜在工具就是国际性的总量管制与排放交易体系。

这个体系是如何工作的？图 21－2 说明了一类总量管制与排放交易体系的流程。初始的条约首先会为一种如二氧化碳之类的温室污染物设定全球年度排放上限。然后，将总额中的某个份额分配给某个国家。有人建议，可根据一国人口数量分配碳排放许可证，其他一些人则建议最初在富国和穷国之间对半分割碳排放许可证。无论如何，为了让这个体系发挥作用，都应为穷国提供多余的排放许可证，同时让富裕国家拥有过多的碳排放需求。

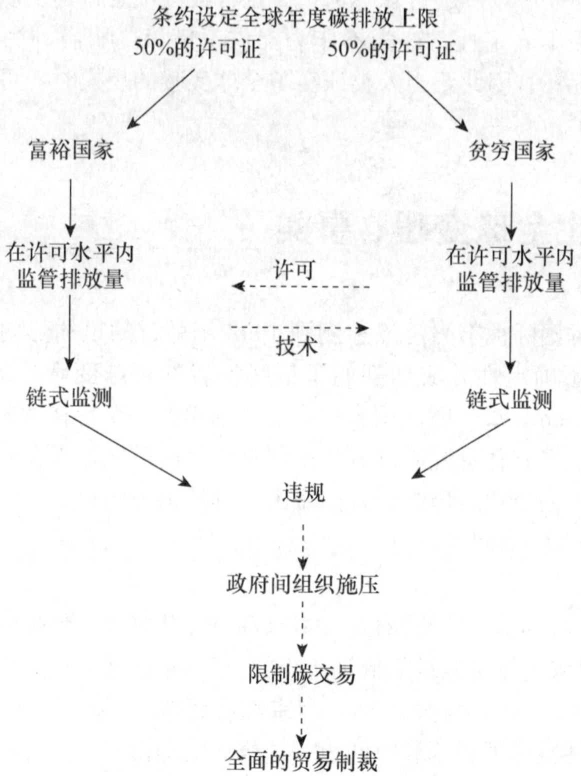

图 21－2　温室气体排放协定的运作模式

这个进程中的下一步将是，富国与穷国在温室气体减排的专业知识和技术上进行交易，富国以此换取碳排放许可证。只有那些可以明显减少温室气体排放量的措施才能得到贸易授权。为了减少腐败，这个体系将不鼓励基于现金交易的贸易。

然后，每个国家都要将二氧化碳排放量减少到与它所持有的碳排放许可证对应的水平。这可以通过"国内"的许可证交易体系、碳排放税、命令与控制型监管，或者推动清洁技术投资项目等方式实现。由初始条约建立的政府间组织将必须拥有广泛的法规遵从性监察权。一种可能的实现方式是**链式监测**（chain monitoring），在这种方式下，各国按照二氧化碳排放量排名，每个国家都被比它的排放量稍低的那个国家所监测。据推测，这种监测方式能够提供经济激励，确保各国的最大竞争对手不在协定中作弊。

最后，对超过允许排放量或违反协定中其他条款的国家，可对它们的碳排放许可证交易进行限制，从而使许可体系得以执行。可以禁止穷国出售碳排放许可证或富国购买碳排放许可证。许可证制度的一个美好之处在于，如果一国拒绝履行条款，它为该国提供的东西可以被拿走。最后，如果一国反复或故意超过协定要求的排放水平，那么协定可以授权对该国进行更加**全面的贸易制裁**（comprehensive trade sanctions）。

无论是富国还是穷国，都不对这种全面协定的近期前景看好。首先，一项有效的条约既会要求各国允许外国或政府间组织来监测条约遵守情况，也会授权对故意违法实施全面的贸易禁运。到目前为止，几乎没有国家答应放弃这么多主权。其次，这样一项条约可能被描绘成一个大规模的对外援助项目，因为要把资源转移到发展中国家，要去支持这些国家转向清洁能源以及进行森林保护。这种提法不是特别受欢迎。最后，全球变暖问题的严重性存在不确定性，这为不作为提供了借口。然而，在臭氧层损耗的例子中，温室气体长期存在。因此，当人类证实了全球变暖的规模时，可能已经太晚而无法采取任何有效行动了。

21.5 阻止全球变暖：事实

应对全球变暖的国际性努力可以追溯到1992年举行的里约热内卢地球峰会。在那里，美国政府承认不确定性并成功削弱了最终签署的**全球变暖公约框架**（framework global warming convention）。欧洲国家原本要推动出台一个旨在大幅度减少全球二氧化碳排放量的时间表。老布什总统通过威胁抵制里约热内卢地球峰会的方式，最终使会议达成一个力度弱很多的协定。最终，各国做出不具约束力的承诺，"试图"在2000年年底将碳排放量稳定在1990年的水平。这一努力失败了——例如，在此期间美国的碳排放量上升了约11%。①

在1997年12月，世界各国政府在日本京都召开并签署了更强有力的协定，要求在大约2010年时将温室气体排放量降低到比1990年水平还低5%。美国的目标是比1990年水平低7%，日本是6%，欧盟是8%。**《京都议定书》**（Kyoto Protocol）只为工业化国家规定了温室气体减排的目标和时间表。这样做的理由有两个方面：第一，温室气体

---

① 参见"How Bush Achieved Global Warming Pact with Modest Goals"（1992）。

长期存在，因此，即便穷国很快提高年度排放量，来自发达国家的、累积下来的温室气体排放量仍将成为中期内造成气候变化的主要原因。第二，穷国不具有在替代性技术——电动汽车和生物能汽车，以及太阳能和风力发电——上进行投资的资源，而这些技术正是解决全球变暖问题所需要的。

因此，《京都议定书》背后的想法——显然是对《蒙特利尔议定书》所采取模式的模仿——在于富国先行一步开发可以替代汽油动力汽车和火力发电厂的低成本技术。然后，这些技术可以从发达国家推广到发展中国家，让穷国跳出富国曾经采取的以化石燃料为基础的发展模式。这一进程是关键的：假如某个发展中国家现在每个星期都在开工建设新的、功率达到足以为达拉斯这种规模的城市供电的燃煤电厂，那么按照这个速度，在接下来的1/4世纪里，单就该国而言，其温室气体排放量的增加就已经是《京都议定书》所要求的削减量的五倍。[①]

第16章讨论了《京都议定书》中设置的交易体系，其中包括**清洁发展机制**（Clean Development Mechanism），在这种机制下，富国将从穷国的清洁技术投资中获取排放额度。这是稳定气候所需的那种大规模技术转让的一个原型。如果《京都议定书》被扩大到包括对发展中国家的排放限制，那么全球性碳排放总量管制与排放交易体系将可以按照这种做法建立。该交易体系应该为穷国提供多余的碳排放额度；这些额度可以被“出售”给富国以换取太阳能发电和燃料电池技术，或者穷国可以在森林保护方面得到帮助。此外，第16章指出，《京都议定书》目前确实包含了一个更为有限的可市场化交易的许可证制度：**联合执行**（joint implementation）程序，它允许面对碳排放限制的工业化国家之间进行碳排放权交易。

欧洲国家和加拿大、日本、澳大利亚以及俄罗斯都批准了《京都议定书》。美国是未能批准《京都议定书》的唯一主要工业化国家。事实上，在2001年布什总统让美国退出了《京都议定书》。

美国的保守派反对党集中于两个论点：《京都议定书》的成本太高而收益太少，穷国也应是这个协定的成员，应该按照与富国同样的时间表强制削减温室气体排放量。否则，它们认为美国的产业将在竞争中处于劣势，会带来大规模失业。正如我们在第6章中所看到的，在过去人们经常预测会出现这种普遍存在的工作机会与环境保护之间的冲突，但是这种预测从未实现过。[②]

在2009年12月，各国在哥本哈根开始敲定后京都时代的国际性框架。这次没有出现“大买卖”；相反，包括美国、欧洲、日本和中国在内的主要国家都承诺采取联合行动，实现让气候变暖幅度维持在最大2℃的目标（也就是图21-1中建模得到的二氧化碳浓度为百万分之450时对应的气温上升结果）。关于协调各国排放指标、为技术转让和森林保护设立基金等困难的决策都被推后。也就是说，奥巴马总统承诺到2020年将美国的温室气体排放量削减到1990年的水平——根据现行的《清洁空气法案》，这是一个可能实现的目标——而且中国也开始在这个问题上进行对话，这为会议提供了一丝乐观气氛。

在2010年，随着与“茶党”有联系的、反对对气候问题采取行动的十几个国会成

---

① 参见 Bradshaw and Barboza (2006)。

② 参见 Goodstein (1999)。

员赢得选举，美国政治出现一种强硬的右转态势。这一事实与鹰派重回政治中央以及奥巴马总统在 2012 年连任结合起来，意味着 2016 年美国气候政策将在很大程度上由美国国家环境保护局依照《清洁空气法案》进行推动。美国国家环境保护局有权按照将大气层中二氧化碳稳定在“安全”水平这个目标制订监管计划，但是这个机构——可能受到国会中保守派的强烈反对——不太可能采取大规模行动来监管源自现有公用事业单位或工业的二氧化碳排放。考虑到这些政治因素，沿着乐观的轨迹向前，美国可以在更低的经济成本上实现奥巴马总统提出的将温室气体排放量削减 17%的目标，这需要在未来十多年里针对排放量削减推动进一步的立法活动。

以美国为主对气候变化行动做出强烈反对不足为奇。美国和中国一样，是世界上两个最大的温室气体排放国之一。直到现在，美国对条约进程的反对还是我们在本章引言中概述的一般性问题的一个反应。相对于日本和欧洲的那些更加节能的竞争对手，美国有更多人可能在全球变暖协定中丧失利益。这些利益相关者包括利润丰厚的石油公司，这些公司具有相当大的政治影响力。因此，美国对强化碳排放削减的反对声音很强。

在哥本哈根会议之后，最令人惊讶的发展是中国开始寻求削减国内二氧化碳排放。在中国，城市环境质量已成为一个主要的政治问题；这与中国沿海地区人口和农业生产力面临的长期危险结合起来，导致中国政府宣布了多项政策实验——包括二氧化碳税和碳排放交易系统。这些政策是否会强大到足以改变中国日益增长的碳足迹扩大势头，将会成为 21 世纪及以后决定全球变暖轨迹的关键所在。

从事实上看，针对全球变暖采取紧急国际行动是否合理，乃是一项重要的经济（和伦理）辩论，也是我们在第 1 章和第 18 章探讨的主题。然而，很明显《京都议定书》并不会导致美国经济破产。事实上，从 2002 年到 2007 年，美国在伊拉克战争上花费的资金要比实现《京都议定书》所有期限的预期目标所花费的成本——即使满打满算——还高。[①] 控制二氧化碳排放量的初始步骤（提高能源效率、扩大风力发电范围和控制天然气泄漏）并不会特别昂贵。事实上，正如我们在第 1 章中所指出的，大多数致力于研究全球变暖问题的经济学家已经公开呼吁人们采取行动——从每吨碳收 10 美元税这样的温和措施到完全实现《京都议定书》所规定的目标——基于效率的论点。鉴于人们对这些行动的呼吁，从全球的成本收益角度看，美国在过去十年的行动是不成功的。

如《蒙特利尔议定书》那个案例所示，达成条约的过程漫长且充满曲折。《京都议定书》虽然比 1992 年的里约协定更强有力，但与图 21 - 2 概述的有效协定还相距甚远。它只处理步骤 1，即建立数值化减排目标，但是不能通过一系列严肃方式解决其他两项要求：为可持续发展和执法提供资源。从这个角度看，美国在 2005 年左右对各项行动的反对削弱了这项协定原本可以提供的保障价值，这项协定原本至少可以解决三个必要步骤中的第一个。当附加的各项步骤都得到认真考虑后，达成《京都协定书》的进程可以得到很好的推进。

我们在前面提到，有利于全球变暖条约的因素之一是气候变化可能对很多国家的公民造成正面且显著的伤害。我们将人们对这种明确且现实存在的危险做出的令人印象深刻的全球性反应作为一个例子，考察了 1985 年发现的臭氧空洞，正是这个空洞激

---

① 参见 Sunstein (2006)。

发各国签订了《蒙特利尔议定书》。在全球变暖的过程中，没有任何个别的极端天气事件可归因于人类引起的气候变化。然而，很可能一系列灾难性事件与全球变暖是一致的——2003 年席卷欧洲的致命热浪、2005 年的卡特里娜飓风、在 2011 年和 2012 年横跨美国中西部大部分地区的史无前例的高温与干旱之后出现的洪水泛滥，以及紧随其后的超级飓风桑迪，不管接下来是什么——都可能为一项有效的全球变暖条约提供推动力。

21.6 总结

本章说明了在全球环境问题上采取有效的国际行动时所面临的基本障碍：协定具有公共品的性质。搭便车问题意味着从效率角度看协定有可能约束力太弱，容易出现违约行为。为管理协定而设立的国际机构可能监测各国对协定的遵守情况，但是这些机构几乎没有执法权。非正式的工具之一是社会压力。正式的执法机制必须写进条约，还要包括限制成员获取补偿基金以及有针对性的贸易制裁。

保护臭氧层的《蒙特利尔议定书》代表了到目前为止最成功的环境条约。在 16 年间，各国从针对含氯氟烃监管产生大量质疑转变到禁止含氯氟烃的大规模生产。这项议定书的成功可以归结为三个因素：(1) 能够指出含氯氟烃对健康造成严重威胁的证据得以迅速积累。(2) 含氯氟烃的生产具有高度集中的特点，这使执法问题得以最小化。(3) 低成本的含氯氟烃替代品出现快速发展。

相比之下，里约《生物多样性公约》的价值主要在于它象征着人们对相应问题的关切。这项公约正式承认两个关键点：(1) 要想保护生物多样性，富国必须为穷国具有可持续性产出的资源开发项目提供资助；(2) 基于利润的资源保护中存在的一个重要障碍是跨国公司可以对遗传资源开放存取。然而，这项公约的强制执行机制很薄弱，富裕国家几乎没有政治动机去支付强化这项公约所需的必要代价。

摆在人类面前的威胁以及一小撮污染物强化了全球变暖条约的发展前景。然而，类似于生物多样性的情况，解决这一问题实际上需要在贫穷国家实现可持续发展——以清洁方式增加收入，同时降低人口的增长。

有效的条约可以强制执行减排任务，可以提供一种向贫穷国家转让技术和资源的手段，也可以建立一个执法机制。国际性的总量管制与排放交易体系能够实现前两个目标，但是可能难以监测和执行。最终，还是要通过全面贸易制裁的威胁保证协定的执行。到目前为止，以《京都议定书》这种形式表现出的国际行动只反映出第一个功能——减少排放量——即使这个作用有限的协定也还是受到搭便车问题的困扰。《京都议定书》的继任者将不得不应对这些挑战。

和本书一开始时讨论的主题相同，本书以全球变暖问题的讨论作为结尾。今天，只要我们开车去上班和打开计算机，就会加剧全球变暖问题的严重程度。然而，全球变暖只是我们在未来数年将面临的紧迫的环境问题之一。从社区层面废物处理设施的选址到国家层面以及全球各地对可持续发展采取的监管政策，环境挑战无处不在。虽然这些问题十分艰巨，但是我们别无选择，必须正视。本书为这样做提供了一些工具。

冒着重复自己观点的风险，让我们总结一些我们给出的三个步骤：

第 1 步。设置您的环境目标。效率标准、安全标准还是生态可持续性标准？

第 2 步。认识到政府采取有效行动面临的制约因素。不完美信息、政治影响力和执法不力。

第 3 步。寻求更好的办法。基于激励的监管以及推广清洁技术。

现在，去着手工作吧。

应用 21.0

收益、成本和《京都议定书》

耶鲁大学的经济学家威廉·诺德豪斯为《京都议定书》做了大量成本—收益分析。鉴于估计《京都议定书》的成本和收益中存在的巨大不确定性，考虑在图 21-3 中给出的结果。到 2070 年，相比于什么都不做的情况下出现的二氧化碳排放量，初始的《京都议定书》可以将全球变暖污染物排放量降低 15%，有效的政策可以带来 10%左右的削减。

1. 假设诺德豪斯在计算成本和收益时使用 5%的贴现率。此外，假定今天减少排放量的大多数好处都只能在 80～100 年后实现，但是主要的成本需要在未来 10～20 年间支付。如果他改用 3%的贴现率，那么"有效率"的曲线看起来有什么不同？（针对《京都议定书》填写那个示意性表格，以此帮助你找到答案：在 3%的贴现率上，《京都议定书》会比 5%的贴现率更有效吗？）

年	成本（美元）	收益（美元）	5%	5%	3%	3%
20	700 亿	×		×		×
100	×	8 000 亿	×		×	

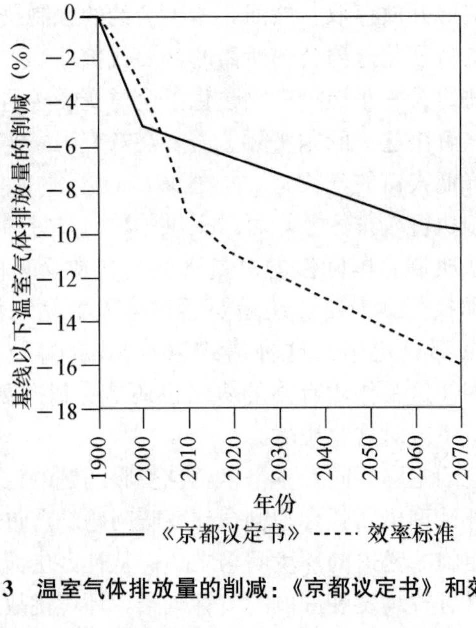

图 21-3　温室气体排放量的削减：《京都议定书》和效率标准

资料来源：Adapted from Nordhaus (2001).

2. 一般来说，诺德豪斯是效率标准的倡导者。然而，在对图 21-3 给出的结果进行介绍之后，他的结论是："人们对这种'制度创新'几乎没有表达出什么欣赏，对没有机制来处理全球变暖这类全球性经济公共品的事实也没有什么认知。出于这个原因，《京都-波恩协定》可能是一个有用的小白鼠。

京都-波恩机制的运作将为复杂的国际环境项目如何运作提供宝贵见解。很难解释为什么美国未能和其他国家一道为积累这方面的宝贵知识进行支付。"

全球变暖的"公共品"性质有助于解释什么？

3. 事实上，从 2005 年到 2012 年，《京都议定书》在没有美国参与的背景下得以向前发展。回顾本章和第 16 章，我们能够从欧洲的碳排放交易体系中得到什么重要的知识？

4. 诺德豪斯对《京都议定书》做出如下评论："针对协定进行的经济学分析指出，这个协定存在效率低下问题，特别是在使用无上限的排放约束和税收等单纯的数量型工具时存在不足……因此，应该优先考虑沿着全球统一的碳排放税路线重新设计协定。"

为什么具体国家的碳税制度会优于国际性的碳排放总量管制与交易体系？如果不允许在国家间进行碳排放交易，会造成什么损失？

各节主要观点

21.0　本章对全球性污染管制协定的经济学进行了分析。

21.1　每个国家都在污染控制协定中存在一个真实**支付意愿**，它是收入和可能获得的环境保护收益的函数。然而，因为协定是**公共品**，所以**搭便车问题**意味着从效率标准（和安全标准）角度看这类协定的约束性**太弱**，可能**为作弊提供激励**。

21.2　对一国是否遵守协定的监测通常成为**政府间组织**的责任，这类组织由相关协定设立。政府间组织也可以发布**不具约束力的标准**和**监督**遵守情况。三个主要的执法工具是**社会压力**、对获得的**补偿资金**做出限制，以及有针对性的**贸易制裁**。

21.3　本节介绍了两项协定。第一项是**《蒙特利尔议定书》**，它发起了全球性的淘汰**含氯氟烃**的活动，目的是保护地球的**臭氧层**。这个协定的成功源于（1）**臭氧空洞**造成了清晰且已经存在的危险；（2）对问题的定义比较具体；（3）含氯氟烃的生产者有限，容易执行。第二项是《生物多样性公约》，这项公约的目的是通过鼓励成员储存资源、采取保护措施，以及为东道国提供**医药和农业育种**利润分成等方式保护**生物多样性**（**存在价值**以及基因池）。这项协定只具备象征性价值，因为（1）造成的负面危害虽然明确但过于遥远；（2）定义的问题过于宽泛；（3）在没有富国资助的情况下穷国无力采取行动。

21.4　**全球变暖条约**如何成为一项有效协定？优点包括存在**正面伤害**的可能性以及**明确界定的问题**。缺点来自生产者的高度**分散**，以及温室气体排放条约必须面对的从**砍伐森林**到**人口增长**等一系列可持续性问题。有效的协定有三个组成部分：（1）**数值化的减排目标**；（2）**技术和资源转让**；（3）**很好的执行**。全球性的**总量管制与排放交易体系**

与**链式监测**和**全面的贸易制裁**结合起来，成为能够满足这些要求的一个模式。

21.5　在 1992 年，人们在里约热内卢针对**《联合国气候变化框架公约》**进行谈判，该公约呼吁人们为防止碳排放增长提供资源，但是这个努力失败了。随后的会议带来了**《京都议定书》**的签署，该议定书要求工业化国家共同努力，在大约 2010 年将温室气体排放量减少到比 1990 年水平低 5%。通过**清洁发展机制**，《京都议定书》确实将发展中国家纳入碳排放交易体系。它还针对工业化国家提供了一个教科书式的总量管制与排放交易体系，被称为**联合执行**机制。美国退出了《京都议定书》；大多数其他工业化国家都在进步，并在这个问题上取得不同程度的成功。2009 年在哥本哈根，《京都议定书》被一个体系所替代，在这个体系中，每个国家都承诺一个减排目标，汇总起来各国同意尽力将全球变暖幅度控制在 4°F 以内。

参考文献

Bailey, Martin. 1982. Risks, costs and benefits of fluorocarbon regulation. *American Economic Review* 72 (2): 247-250.

Bernow, Stephen, Karlynn Cory, William Dougherty, Max Duckworth, Sivan Kartha, and Michael Ruth. 1999. *America's global warming solutions*. Washington, DC: World Wildlife Fund.

Bradshaw, K., and D. Barboza. 2006. The energy challenge: Pollution from Chinese coal casts a global shadow. *New York Times*, World Business, 11 June.

Goodstein, Eban. 1999. *The trade-off myth: Fact and fiction about jobs and the environment*. Washington, DC: Island Press.

Hathaway, Oona. 1992. Whither biodiversity? The global debate over biological variety continues. *Harvard International Review* 15 (2): 58-60.

Heppes, John B., and Eric J. McFadden. 1987. The convention on trade in endangered species: The prospects for preserving our biological heritage. *Boston University International Law Journal* 5 (2): 229-246.

How Bush achieved global warming pact with modest goals. 1992. *Wall Street Journal*, 27 May.

Nordhaus, W. D. 2001. Global warming economics. *Science* 294: 1283-1284.

Rosendal, G. K. 2011. Biodiversity protection in international negotiations: Cooperation and conflict in beyond resource wars scarcity, environmental degradation, and international cooperation, ed. Shlomi Dinar. MIT Press: Cambridge.

Sedjo, Roger A. 1992. Property rights, genetic resources and biotechnological change. *Journal of Law and Economics* 35 (1): 199-213.

Somerset, Margaret. 1989. An attempt to stop the sky from falling: The Montreal Protocol to protect against atmospheric ozone reduction. *Syracuse Journal of International Law and Commerce* 15 (39): 391-429.

Sunstein, Cass. 2006. It's only $300 billion. *Washington Post*, 10 May.

Zhao, Jimin. 2005. Implementing international environmental treaties in developing countries: China's compliance with the Montreal Protocol. *Global Environmental Policy* 5 (1): 58-81.

经济科学译丛

序号	书名	作者	Author	单价	出版年份	ISBN
1	环境经济学(第七版)	埃班·古德斯坦等	Eban Goodstein	78.00	2019	978-7-300-23867-8
2	组织经济学:经济学分析方法在组织管理上的应用(第五版)	塞特斯·杜玛等	Sytse Douma	62.00	2018	978-7-300-25545-3
3	经济理论的回顾(第五版)	马克·布劳格	Mark Blaug	88.00	2018	978-7-300-26252-9
4	实地实验:设计、分析与解释	艾伦·伯格等	Alan S. Gerber	69.80	2018	978-7-300-26319-9
5	金融学(第二版)	兹维·博迪等	Zvi Bodie	75.00	2018	978-7-300-26134-8
6	空间数据分析:模型、方法与技术	曼弗雷德·M. 费希尔等	Manfred M. Fischer	36.00	2018	978-7-300-25304-6
7	《宏观经济学》(第十二版)学习指导书	鲁迪格·多恩布什等	Rudiger Dornbusch	38.00	2018	978-7-300-26063-1
8	宏观经济学(第四版)	保罗·克鲁格曼等	Paul Krugman	68.00	2018	978-7-300-26068-6
9	计量经济学导论:现代观点(第六版)	杰弗里·M. 伍德里奇	Jeffrey M. Wooldridge	109.00	2018	978-7-300-25914-7
10	经济思想史:伦敦经济学院讲演录	莱昂内尔·罗宾斯	Lionel Robbins	59.80	2018	978-7-300-25258-2
11	空间计量经济学入门——在R中的应用	朱塞佩·阿尔比亚	Giuseppe Arbia	45.00	2018	978-7-300-25458-6
12	克鲁格曼经济学原理(第四版)	保罗·克鲁格曼等	Paul Krugman	88.00	2018	978-7-300-25639-9
13	发展经济学(第七版)	德怀特·H. 波金斯等	Dwight H. Perkins	98.00	2018	978-7-300-25506-4
14	线性与非线性规划(第四版)	戴维·G. 卢恩伯格等	David G. Luenberger	79.80	2018	978-7-300-25391-6
15	产业组织理论	让·梯若尔	Jean Tirole	110.00	2018	978-7-300-25170-7
16	经济学精要(第六版)	巴德、帕金	Bade, Parkin	89.00	2018	978-7-300-24749-6
17	空间计量经济学——空间数据的分位数回归	丹尼尔·P. 麦克米伦	Daniel P. McMillen	30.00	2018	978-7-300-23949-1
18	高级宏观经济学基础(第二版)	本·J. 海德拉	Ben J. Heijdra	88.00	2018	978-7-300-25147-9
19	税收经济学(第二版)	伯纳德·萨拉尼耶	Bernard Salanié	42.00	2018	978-7-300-23866-1
20	国际宏观经济学(第三版)	罗伯特·C. 芬斯特拉	Robert C. Feenstra	79.00	2017	978-7-300-25326-8
21	公司治理(第五版)	罗伯特·A.G. 蒙克斯	Robert A. G. Monks	69.80	2017	978-7-300-24972-8
22	国际经济学(第15版)	罗伯特·J. 凯伯	Robert J. Carbaugh	78.00	2017	978-7-300-24844-8
23	经济理论和方法史(第五版)	小罗伯特·B. 埃克伦德等	Robert B. Ekelund. Jr.	88.00	2017	978-7-300-22497-8
24	经济地理学	威廉·P. 安德森	William P. Anderson	59.80	2017	978-7-300-24544-7
25	博弈与信息:博弈论概论(第四版)	艾里克·拉斯穆森	Eric Rasmusen	79.80	2017	978-7-300-24546-1
26	MBA宏观经济学	莫里斯·A. 戴维斯	Morris A. Davis	38.00	2017	978-7-300-24268-2
27	经济学基础(第十六版)	弗兰克·V. 马斯切纳	Frank V. Mastrianna	42.00	2017	978-7-300-22607-1
28	高级微观经济学:选择与竞争性市场	戴维·M. 克雷普斯	David M. Kreps	79.80	2017	978-7-300-23674-2
29	博弈论与机制设计	Y. 内拉哈里	Y. Narahari	69.80	2017	978-7-300-24209-5
30	宏观经济学精要:理解新闻中的经济学(第三版)	彼得·肯尼迪	Peter Kennedy	45.00	2017	978-7-300-21617-1
31	宏观经济学(第十二版)	鲁迪格·多恩布什等	Rudiger Dornbusch	69.00	2017	978-7-300-23772-5
32	国际金融与开放宏观经济学:理论、历史与政策	亨德里克·范登伯格	Hendrik Van den Berg	68.00	2016	978-7-300-23380-2
33	经济学(微观部分)	达龙·阿西莫格鲁等	Daron Acemoglu	59.00	2016	978-7-300-21786-4
34	经济学(宏观部分)	达龙·阿西莫格鲁等	Daron Acemoglu	45.00	2016	978-7-300-21886-1
35	发展经济学	热若尔·罗兰	Gérard Roland	79.00	2016	978-7-300-23379-6
36	中级微观经济学——直觉思维与数理方法(上下册)	托马斯·J·内契巴	Thomas J. Nechyba	128.00	2016	978-7-300-22363-6
37	环境与自然资源经济学(第十版)	汤姆·蒂坦伯格等	Tom Tietenberg	72.00	2016	978-7-300-22900-3
38	劳动经济学基础(第二版)	托马斯·海克拉克等	Thomas Hyclak	65.00	2016	978-7-300-23146-4
39	货币金融学(第十一版)	弗雷德里克·S·米什金	Frederic S. Mishkin	85.00	2016	978-7-300-23001-6
40	动态优化——经济学和管理学中的变分法和最优控制(第二版)	莫顿·I·凯曼等	Morton I. Kamien	48.00	2016	978-7-300-23167-9
41	用Excel学习中级微观经济学	温贝托·巴雷托	Humberto Barreto	65.00	2016	978-7-300-21628-7
42	宏观经济学(第九版)	N·格里高利·曼昆	N. Gregory Mankiw	79.00	2016	978-7-300-23038-2
43	国际经济学:理论与政策(第十版)	保罗·R·克鲁格曼等	Paul R. Krugman	89.00	2016	978-7-300-22710-8
44	国际金融(第十版)	保罗·R·克鲁格曼等	Paul R. Krugman	55.00	2016	978-7-300-22089-5
45	国际贸易(第十版)	保罗·R·克鲁格曼等	Paul R. Krugman	42.00	2016	978-7-300-22088-8
46	经济学精要(第3版)	斯坦利·L·布鲁伊等	Stanley L. Brue	58.00	2016	978-7-300-22301-8
47	经济分析史(第七版)	英格里德·H·里马	Ingrid H. Rima	72.00	2016	978-7-300-22294-3
48	投资学精要(第九版)	兹维·博迪等	Zvi Bodie	108.00	2016	978-7-300-22236-3
49	环境经济学(第二版)	查尔斯·D·科尔斯塔德	Charles D. Kolstad	68.00	2016	978-7-300-22255-4
50	MWG《微观经济理论》习题解答	原千晶等	Chiaki Hara	75.00	2016	978-7-300-22306-3
51	现代战略分析(第七版)	罗伯特·M·格兰特	Robert M. Grant	68.00	2016	978-7-300-17123-4
52	横截面与面板数据的计量经济分析(第二版)	杰弗里·M·伍德里奇	Jeffrey M. Wooldridge	128.00	2016	978-7-300-21938-7
53	宏观经济学(第十二版)	罗伯特·J·戈登	Robert J. Gordon	75.00	2016	978-7-300-21978-3

经济科学译丛						
序号	书名	作者	Author	单价	出版年份	ISBN
54	动态最优化基础	蒋中一	Alpha C. Chiang	42.00	2015	978-7-300-22068-0
55	城市经济学	布伦丹·奥弗莱厄蒂	Brendan O'Flaherty	69.80	2015	978-7-300-22067-3
56	管理经济学:理论、应用与案例(第八版)	布鲁斯·艾伦等	Bruce Allen	79.80	2015	978-7-300-21991-2
57	经济政策:理论与实践	阿格尼丝·贝纳西-奎里等	Agnès Bénassy-Quéré	79.80	2015	978-7-300-21921-9
58	微观经济分析(第三版)	哈尔·R·范里安	Hal R. Varian	68.00	2015	978-7-300-21536-5
59	财政学(第十版)	哈维·S·罗森等	Harvey S. Rosen	68.00	2015	978-7-300-21754-3
60	经济数学(第三版)	迈克尔·霍伊等	Michael Hoy	88.00	2015	978-7-300-21674-4
61	发展经济学(第九版)	A.P. 瑟尔沃	A. P. Thirlwall	69.80	2015	978-7-300-21193-0
62	宏观经济学(第五版)	斯蒂芬·D·威廉森	Stephen D. Williamson	69.00	2015	978-7-300-21169-5
63	资源经济学(第三版)	约翰·C·伯格斯特罗姆等	John C. Bergstrom	58.00	2015	978-7-300-20742-1
64	应用中级宏观经济学	凯文·D·胡佛	Kevin D. Hoover	78.00	2015	978-7-300-21000-1
65	计量经济学导论:现代观点(第五版)	杰弗里·M·伍德里奇	Jeffrey M. Wooldridge	99.00	2015	978-7-300-20815-2
66	现代时间序列分析导论(第二版)	约根·沃特斯等	Jürgen Wolters	39.80	2015	978-7-300-20625-7
67	空间计量经济学——从横截面数据到空间面板	J·保罗·埃尔霍斯特	J. Paul Elhorst	32.00	2015	978-7-300-21024-7
68	国际经济学原理	肯尼思·A·赖纳特	Kenneth A. Reinert	58.00	2015	978-7-300-20830-5
69	经济写作(第二版)	迪尔德丽·N·麦克洛斯基	Deirdre N. McCloskey	39.80	2015	978-7-300-20914-2
70	计量经济学方法与应用(第五版)	巴蒂·H·巴尔塔基	Badi H. Baltagi	58.00	2015	978-7-300-20584-7
71	战略经济学(第五版)	戴维·贝赞可等	David Besanko	78.00	2015	978-7-300-20679-0
72	博弈论导论	史蒂文·泰迪里斯	Steven Tadelis	58.00	2015	978-7-300-19993-1
73	社会问题经济学(第二十版)	安塞尔·M·夏普等	Ansel M. Sharp	49.00	2015	978-7-300-20279-2
74	博弈论:矛盾冲突分析	罗杰·B·迈尔森	Roger B. Myerson	58.00	2015	978-7-300-20212-9
75	时间序列分析	詹姆斯·D·汉密尔顿	James D. Hamilton	118.00	2015	978-7-300-20213-6
76	经济问题与政策(第五版)	杰奎琳·默里·布鲁克斯	Jacqueline Murray Brux	58.00	2014	978-7-300-17799-1
77	微观经济理论	安德鲁·马斯-克莱尔等	Andreu Mas-Collel	148.00	2014	978-7-300-19986-3
78	产业组织:理论与实践(第四版)	唐·E·瓦尔德曼等	Don E. Waldman	75.00	2014	978-7-300-19722-7
79	公司金融理论	让·梯若尔	Jean Tirole	128.00	2014	978-7-300-20178-8
80	经济学精要(第三版)	R·格伦·哈伯德等	R. Glenn Hubbard	85.00	2014	978-7-300-19362-5
81	公共部门经济学	理查德·W·特里西	Richard W. Tresch	49.00	2014	978-7-300-18442-5
82	计量经济学原理(第六版)	彼得·肯尼迪	Peter Kennedy	69.80	2014	978-7-300-19342-7
83	统计学:在经济中的应用	玛格丽特·刘易斯	Margaret Lewis	45.00	2014	978-7-300-19082-2
84	产业组织:现代理论与实践(第四版)	林恩·佩波尔等	Lynne Pepall	88.00	2014	978-7-300-19166-9
85	计量经济学导论(第三版)	詹姆斯·H·斯托克等	James H. Stock	69.00	2014	978-7-300-18467-8
86	发展经济学导论(第四版)	秋山裕	秋山裕	39.80	2014	978-7-300-19127-0
87	中级微观经济学(第六版)	杰弗里·M·佩罗夫	Jeffrey M. Perloff	89.00	2014	978-7-300-18441-8
88	平狄克《微观经济学》(第八版)学习指导	乔纳森·汉密尔顿等	Jonathan Hamilton	32.00	2014	978-7-300-18970-3
89	微观经济学(第八版)	罗伯特·S·平狄克等	Robert S. Pindyck	79.00	2013	978-7-300-17133-3
90	微观银行经济学(第二版)	哈维尔·弗雷克斯等	Xavier Freixas	48.00	2014	978-7-300-18940-6
91	施米托夫论出口贸易——国际贸易法律与实务(第11版)	克利夫·M·施米托夫等	Clive M. Schmitthoff	168.00	2014	978-7-300-18425-8
92	微观经济学思维	玛莎·L·奥尔尼	Martha L. Olney	29.80	2013	978-7-300-17280-4
93	宏观经济学思维	玛莎·L·奥尔尼	Martha L. Olney	39.80	2013	978-7-300-17279-8
94	计量经济学原理与实践	达摩达尔·N·古扎拉蒂	Damodar N. Gujarati	49.80	2013	978-7-300-18169-1
95	现代战略分析案例集	罗伯特·M·格兰特	Robert M. Grant	48.00	2013	978-7-300-16038-2
96	高级国际贸易:理论与实证	罗伯特·C·芬斯特拉	Robert C. Feenstra	59.00	2013	978-7-300-17157-9
97	经济学简史——处理沉闷科学的巧妙方法(第二版)	E·雷·坎特伯里	E. Ray Canterbery	58.00	2013	978-7-300-17571-3
98	管理经济学(第四版)	方博亮等	Ivan Png	80.00	2013	978-7-300-17000-8
99	微观经济学原理(第五版)	巴德、帕金	Bade, Parkin	65.00	2013	978-7-300-16930-9
100	宏观经济学原理(第五版)	巴德、帕金	Bade, Parkin	63.00	2013	978-7-300-16929-3
101	环境经济学	彼得·伯克等	Peter Berck	55.00	2013	978-7-300-16538-7
102	高级微观经济理论	杰弗里·杰里	Geoffrey A. Jehle	69.00	2012	978-7-300-16613-1
103	高级宏观经济学导论:增长与经济周期(第二版)	彼得·伯奇·索伦森等	Peter Birch Sørensen	95.00	2012	978-7-300-15871-6
104	宏观经济学:政策与实践	弗雷德里克·S·米什金	Frederic S. Mishkin	69.00	2012	978-7-300-16443-4
105	宏观经济学(第二版)	保罗·克鲁格曼	Paul Krugman	45.00	2012	978-7-300-15029-1
106	微观经济学(第二版)	保罗·克鲁格曼	Paul Krugman	69.80	2012	978-7-300-14835-9

经济科学译丛

序号	书名	作者	Author	单价	出版年份	ISBN
107	克鲁格曼《微观经济学(第二版)》学习手册	伊丽莎白·索耶·凯利	Elizabeth Sawyer Kelly	58.00	2013	978-7-300-17002-2
108	克鲁格曼《宏观经济学(第二版)》学习手册	伊丽莎白·索耶·凯利	Elizabeth Sawyer Kelly	36.00	2013	978-7-300-17024-4
109	微观经济学(第十一版)	埃德温·曼斯费尔德	Edwin Mansfield	88.00	2012	978-7-300-15050-5
110	卫生经济学(第六版)	舍曼·富兰德等	Sherman Folland	79.00	2011	978-7-300-14645-4
111	宏观经济学(第七版)	安德鲁·B·亚伯等	Andrew B. Abel	78.00	2011	978-7-300-14223-4
112	现代劳动经济学:理论与公共政策(第十版)	罗纳德·G·伊兰伯格等	Ronald G. Ehrenberg	69.00	2011	978-7-300-14482-5
113	宏观经济学:理论与政策(第九版)	理查德·T·弗罗恩	Richard T. Froyen	55.00	2011	978-7-300-14108-4
114	经济学原理(第四版)	威廉·博伊斯等	William Boyes	59.00	2011	978-7-300-13518-2
115	计量经济学基础(第五版)(上下册)	达摩达尔·N·古扎拉蒂	Damodar N. Gujarati	99.00	2011	978-7-300-13693-6
116	《计量经济学基础》(第五版)学生习题解答手册	达摩达尔·N·古扎拉蒂等	Damodar N. Gujarati	23.00	2012	978-7-300-15080-8
117	计量经济分析(第六版)(上下册)	威廉·H·格林	William H. Greene	128.00	2011	978-7-300-12779-8
118	国际贸易	罗伯特·C·芬斯特拉等	Robert C. Feenstra	49.00	2011	978-7-300-13704-9
119	经济增长(第二版)	戴维·N·韦尔	David N. Weil	63.00	2011	978-7-300-12778-1
120	投资科学	戴维·G·卢恩伯格	David G. Luenberger	58.00	2011	978-7-300-14747-5
121	博弈论	朱·弗登博格等	Drew Fudenberg	68.00	2010	978-7-300-11785-0

金融学译丛

序号	书名	作者	Author	单价	出版年份	ISBN
1	金融学原理(第八版)	阿瑟·J. 基翁等	Arthur J. Keown	79.00	2018	978-7-300-25638-2
2	财务管理基础(第七版)	劳伦斯·J. 吉特曼等	Lawrence J. Gitman	89.00	2018	978-7-300-25339-8
3	利率互换及其他衍生品	霍华德·科伯	Howard Corb	69.00	2018	978-7-300-25294-0
4	固定收益证券手册(第八版)	弗兰克·J. 法博齐	Frank J. Fabozzi	228.00	2017	978-7-300-24227-9
5	金融市场与金融机构(第8版)	弗雷德里克·S. 米什金等	Frederic S. Mishkin	86.00	2017	978-7-300-24731-1
6	兼并、收购和公司重组(第六版)	帕特里克·A. 高根	Patrick A. Gaughan	89.00	2017	978-7-300-24231-6
7	债券市场:分析与策略(第九版)	弗兰克·J·法博齐	Frank J. Fabozzi	98.00	2016	978-7-300-23495-3
8	财务报表分析(第四版)	马丁·弗里德森	Martin Fridson	46.00	2016	978-7-300-23037-5
9	国际金融学	约瑟夫·P·丹尼尔斯等	Joseph P. Daniels	65.00	2016	978-7-300-23037-1
10	国际金融	阿德里安·巴克利	Adrian Buckley	88.00	2016	978-7-300-22668-2
11	个人理财(第六版)	阿瑟·J·基翁	Arthur J. Keown	85.00	2016	978-7-300-22711-5
12	投资学基础(第三版)	戈登·J·亚历山大等	Gordon J. Alexander	79.00	2015	978-7-300-20274-7
13	金融风险管理(第二版)	彼德·F·克里斯托弗森	Peter F. Christoffersen	46.00	2015	978-7-300-21210-4
14	风险管理与保险管理(第十二版)	乔治·E·瑞达等	George E. Rejda	95.00	2015	978-7-300-21486-3
15	个人理财(第五版)	杰夫·马杜拉	Jeff Madura	69.00	2015	978-7-300-20583-0
16	企业价值评估	罗伯特·A·G·蒙克斯等	Robert A. G. Monks	58.00	2015	978-7-300-20582-3
17	基于Excel的金融学原理(第二版)	西蒙·本尼卡	Simon Benninga	79.00	2014	978-7-300-18899-7
18	金融工程学原理(第二版)	萨利赫·N·内夫特奇	Salih N. Neftci	88.00	2014	978-7-300-19348-9
19	投资学导论(第十版)	赫伯特·B·梅奥	Herbert B. Mayo	69.00	2014	978-7-300-18971-0
20	国际金融市场导论(第六版)	斯蒂芬·瓦尔德斯等	Stephen Valdez	59.80	2014	978-7-300-18896-6
21	金融数学:金融工程引论(第二版)	马雷克·凯宾斯基等	Marek Capinski	42.00	2014	978-7-300-17650-5
22	财务管理(第二版)	雷蒙德·布鲁克斯	Raymond Brooks	69.00	2014	978-7-300-19085-3
23	期货与期权市场导论(第七版)	约翰·C·赫尔	John C. Hull	69.00	2014	978-7-300-18994-2
24	国际金融:理论与实务	皮特·塞尔居	Piet Sercu	88.00	2014	978-7-300-18413-5
25	货币、银行和金融体系	R·格伦·哈伯德等	R. Glenn Hubbard	75.00	2013	978-7-300-17856-1
26	并购创造价值(第二版)	萨德·苏达斯纳	Sudi Sudarsanam	89.00	2013	978-7-300-17473-0
27	个人理财——理财技能培养方法(第三版)	杰克·R·卡普尔等	Jack R. Kapoor	66.00	2013	978-7-300-16687-2
28	国际财务管理	吉尔特·贝克特	Geert Bekaert	95.00	2012	978-7-300-16031-3
29	应用公司财务(第三版)	阿斯沃思·达摩达兰	Aswath Damodaran	88.00	2012	978-7-300-16034-4
30	资本市场:机构与工具(第四版)	弗兰克·J·法博齐	Frank J. Fabozzi	85.00	2011	978-7-300-13828-2
31	衍生品市场(第二版)	罗伯特·L·麦克唐纳	Robert L. McDonald	98.00	2011	978-7-300-13130-6
32	跨国金融原理(第三版)	迈克尔·H·莫菲特等	Michael H. Moffett	78.00	2011	978-7-300-12781-1
33	统计与金融	戴维·鲁珀特	David Ruppert	48.00	2010	978-7-300-11547-4
34	国际投资(第六版)	布鲁诺·索尔尼克等	Bruno Solnik	62.00	2010	978-7-300-11289-3

Economics and the Environment，7e，by Eban Goodstein and Stephen Polasky
ISBN：1118539729

图书在版编目（CIP）数据

环境经济学：第七版/（美）埃班·古德斯坦（Eban Goodstein），（美）斯蒂芬·波拉斯基（Stephen Polasky）著；郎金焕译. —北京：中国人民大学出版社，2019.1
（经济科学译丛）
书名原文：Economics and the Environment（Seventh Edition）
ISBN 978-7-300-23867-8

Ⅰ.①环… Ⅱ.①埃…②斯…③郎… Ⅲ.①环境经济学 Ⅳ.①X196

中国版本图书馆 CIP 数据核字（2017）第 009302 号

"十三五"国家重点出版物出版规划项目
经济科学译丛
环境经济学（第七版）
埃班·古德斯坦　斯蒂芬·波拉斯基　著
郎金焕　译
Huanjing Jingjixue

出版发行	中国人民大学出版社		
社　址	北京中关村大街 31 号	**邮政编码**	100080
电　话	010－62511242（总编室）		010－62511770（质管部）
	010－82501766（邮购部）		010－62514148（门市部）
	010－62515195（发行公司）		010－62515275（盗版举报）
网　址	http://www.crup.com.cn		
	http://www.ttrnet.com（人大教研网）		
经　销	新华书店		
印　刷	涿州市星河印刷有限公司		
规　格	185mm×260mm 16 开本	**版　次**	2019 年 1 月第 1 版
印　张	32 插页 2	**印　次**	2019 年 1 月第 1 次印刷
字　数	745 000	**定　价**	78.00 元

WILEY

John Wiley 教学支持信息反馈表

www.wiley.com

老师您好，若您需要与 **John Wiley** 教材配套的教辅（免费），烦请填写本表并传真给我们。也可联络 **John Wiley** 北京代表处索取本表的电子文件，填好后 **e-mail** 给我们。

原书信息

原版 ISBN：
英文书名（Title）：
版次（Edition）：
作者（Author）：

配套教辅可能包含下列一项或多项

教师用书（或指导手册）/ 习题解答/ 习题库 /PPT 讲义/ 其他

教师信息(中英文信息均需填写)

- 学校名称（中文）：
- 学校名称（中文）：
- 学校地址（中文）：
- 学校地址（英文）：
- 院 / 系名称（英文）：
- 院 / 系名称（英文）：

课程名称（Course Name）：
年级 / 程度（Year / Level）： □大专 □本科 Grade: 1 2 3 4 □硕士 □博士 □MBA □EMBA
课程性质（多选项）： □必修课 □选修课 □国外合作办学项目 □指定的双语课程
学年（学期）：□春季 □秋季 □整学年使用 □其他（起止月份____________）
使用的教材版本： □中文版 □英文影印（改编）版 □进口英文原版（购买价格为____元）
学生：______个班共______人

授课教师姓名：
电话：
传真：
E-mail：

WILEY - 约翰威立商务服务（北京）有限公司
John Wiley & Sons Commercial Service (Beijing) Co Ltd
北京市朝阳区太阳宫中路12A号,太阳宫大厦8层 805-808室，邮政编码100028
Direct +86 10 8418 7869 Fax +86 10 8418 7810
Email: sliang@wiley.com 梁爽

John Wiley & Sons Commercial Service (Beijing) Co.,Ltd